suhrkamp taschenbuch
wissenschaft 857

Daß Familienmitglieder gegenseitig ihre körperliche, seelische und sexuelle Integrität verletzen, wird seit einiger Zeit auf neue Weise öffentlich thematisiert. »Gewalt gegen Kinder« und »Gewalt gegen Frauen«, neuerdings »Gewalt gegen Alte« in Familien sind die Stichworte, die eine gesellschaftliche Auseinandersetzung von erheblicher sozialpolitischer Brisanz kennzeichnen.

Um die Spezifität familialer Gewalt zu begreifen, versucht die vorliegende Untersuchung in einem ersten Schritt, die weitgehend in voneinander abgeschotteten Zirkeln – primär der konventionellen Familiensoziologie, der feministischen Sozialwissenschaft, der Therapieforschung und der Sozialpsychologie, aber auch anderer Ansätze – diskutierten Problemstellungen, Konzepte und Befunde als selektive Wirklichkeitskonstruktionen aufzufassen und in einem fiktiven Kolloquium aufeinander zu beziehen.

Im Mittelpunkt des zweiten Untersuchungsschritts stehen Interpretationen narrativer Interviews über die sozialen Bedeutungen von Gewalthandeln im Familienalltag. Sie gelten Normalisierungsstrategien. Das sind nicht Entschuldigungen, Rechtfertigungen, Vorwände oder Ausreden, sondern Erklärungen, mittels derer die Akteure in der Interviewsituation ihrem Gewalthandeln oder Gewalterleiden, von dem sie berichten, Sinn verleihen. Dabei explizieren sie handlungsorientierende Deutungsmuster.

Zentrales Thema des Nachworts zur Taschenbuchausgabe ist die sexuelle Ausbeutung von Kindern innerhalb und außerhalb ihrer Familien.

Michael-Sebastian Honig
Verhäuslichte Gewalt

Sozialer Konflikt,
wissenschaftliche Konstrukte,
Alltagswissen,
Handlungssituationen

Eine Explorativstudie
über Gewalthandeln von Familien

Mit einem Nachwort
zur Taschenbuchausgabe 1992:
Sexuelle Ausbeutung
von Kindern

Suhrkamp

Die Deutsche Bibliothek – CIP-Einheitsaufnahme
Honig, Michael-Sebastian:
Verhäuslichte Gewalt : sozialer Konflikt, wissenschaftliche Konstrukte,
Alltagswissen, Handlungssituationen ;
eine Explorativstudie über Gewalthandeln
von Familien /
Michael-Sebastian Honig.
Mit einem Nachw. zur Taschenbuchausg.:
Sexuelle Ausbeutung von Kindern. –
1. Aufl. – Frankfurt am Main :
Suhrkamp, 1992
(Suhrkamp-Taschenbuch Wissenschaft ; 857)
ISBN 3-518-28457-6
NE: GT

suhrkamp taschenbuch wissenschaft 857
Erste Auflage 1992

Satz und Druck: Wagner GmbH, Nördlingen
Printed in Germany
Umschlag nach Entwürfen von
Willy Fleckhaus und Rolf Staudt

1 2 3 4 5 6 – 97 96 95 94 93 92

Inhalt

III Gewalthandeln von Familien: Ergebnisse einer explorativen Studie

IV VORÜBERLEGUNGEN ZU EINER THEORIE FAMILIALER GEWALT

NACHWORT ZUR TASCHENBUCHAUSGABE 1992

Vorwort

> Es ist merkwürdig, daß unsereins eine solche Anhänglichkeit für das Thema Gewalt entwickelt hat. Das beginnt mit dem Entsetzen, das über das Dritte Reich zu empfinden wir nicht aufhören können, während diejenigen, die es zustande brachten in bürokratischer Einstellung, ja augenscheinlich überhaupt nichts dabei empfanden. Und heute, wo die Sozialpädagogik, das kommunikative Handeln ohne jeden utopischen Glanz ist, scheint Gewalt einer der ganz wenigen Begriffe, die überhaupt noch Transzendenz, die Idee von etwas ganz Anderem mit sich führen. (Michael Rutschky 1985, S. 763)

Zwischen dem Entsetzen über Gewalt und der Hoffnung auf Befreiung von Gewalt besteht ein innerer Zusammenhang. Er ist über die Sinnlichkeit des Gewalthandelns und -erlebens vermittelt, über das Leiden und die Lust an der Gewalt. Der Prozeß der Zivilisation hat diesen Zusammenhang verkehrt. Dafür steht exemplarisch die bürokratisch-industrielle Organisation der Vernichtung im Nationalsozialismus. Seither ist unübersehbar geworden, daß die menschliche Vorstellungskraft, die Fähigkeit, Angst zu haben, und die Möglichkeit, Verantwortung und Schuld auf sich zu nehmen, dem zivilisatorisch fortgeschrittensten Niveau der Drohung mit Gewalt nicht mehr gewachsen sind. Wenn die gegenseitige Vernichtungsdrohung zum Synonym für Frieden wird, wird das individuelle Gewalthandeln zu einer Vergewisserung des eigenen Selbst und darin zum Protest; daher rührt, was Rutschky den »utopischen Glanz« nennt. Die Angst wird diffus, weil sie kein sinnlich-anschauliches Objekt mehr hat; zugleich wird die Betroffenheit, der moralische Diskurs über die Legitimität von Gewalt, unverhältnismäßig. Sie gilt jetzt vorzüglich dem Bild der Gewalt, dem die individuelle Gewalthandlung als Erkennungssignal dient; ihre Empörung richtet sich auf das Spektakuläre, während sie die Gewalt des Bildes in der Wirklichkeit nicht mehr erkennt (Willemsen 1985).

In der Familie scheinen Gewalt und Sinnlichkeit noch nicht voneinander abgespalten. Empörung und Betroffenheit können daher, so scheint es, unmittelbar in eine Befreiung der Familien von Gewalt übergehen: Als müsse man sie nur entdecken, um sie beseitigen zu können.

Zwei Thesen sind für diese Arbeit zentral. Die eine lautet: »Gewalt in Familien« ist keine unmittelbar gegebene soziale Realität. Man muß sie vielmehr als eine Chiffre öffentlicher Diskurse über familiale Gewalt auffassen, die das Verhältnis von Herrschaft und Intimität in Familien zugleich ausdrückt und unkenntlich macht. Die andere These läßt sich so formulieren: Als Lebenspraxis von Familien fügt sich die Gewalt keineswegs dem öffentlichen Bild von Brutalität und Verfügung, sondern ist in irritierend mehrdeutiger Weise verwoben mit dem Familienalltag und seinen sozialen Funktionen. Allein als ein Scheitern in Beziehungen ist die Gewalt von Familien nicht zureichend begriffen. Aber: Als was läßt sie sich dann begreifen? Wie läßt sich jene irritierende Mehrdeutigkeit, in der die Grenzen zwischen »dem Bösen« und der Normalität brüchig werden und verschwimmen, beschreiben und verstehen/erklären? Das ist das Thema dieser Untersuchung.

Als sensibilisierende und perspektivierende Annahmen bilden diese Thesen den Ausgangspunkt, werden in einer immanenten Kritik des vermeintlich gesicherten Wissens über Gewalt in Familien substantiiert und in Interpretationen narrativer Interviews über Situationen des Gewalthandelns konkretisiert. Der Gang der Argumentation insgesamt versucht, eine *Problemstellung zu formulieren.* Sie wird abschließend in einigen wesentlichen theoretischen Elementen resümiert. In diesem Sinne will die vorliegende Untersuchung eine Explorativstudie sein.

Das Material der Untersuchung ist das institutionalisierte/öffentliche und das informelle *Reden über Gewalt* in Familien. Die theoretische Reflexion muß sich mit Diskursen und Bildern, die forschungspraktische Exploration mit Selbstdarstellungen und Alltagstheorien von Akteuren konfrontieren. Diese unterschiedlichen Formen des Redens über Gewalt regulieren, mit je unterschiedlichen Graden der Verbindlichkeit, die *Legitimität* des Gewalthandelns. Sie ziehen Grenzen, explizieren dabei Kriterien des Unterscheidens, schließen ein und grenzen aus, kurz: sie codieren Wirklichkeit, genauer: sie *konstruieren Normalität.* Dabei variieren die Normalitätsmaßstäbe mit der Pluralität sozialer

Wirklichkeiten (Wahl/Honig/Gravenhorst 1985), in denen sie als Orientierungsmuster fungieren. Das Spezifische an den sozialen Konstruktionen von Gewalt (in Familien) ist, daß sie dem Körper gelten. Das Soziale trifft auf ein Proto-Soziales, das zugleich sozial vermittelt ist. In anderen Worten: Die Analyse der sozialen Konstruktionen von Gewalt ist immer bezogen auf ein Leiden an der Gewalt, auch wenn das Leiden selber diffus ist und nicht eindeutig auf Gewalt als seine Quelle verweist.

Der erste Teil der Untersuchung thematisiert den gesellschaftlichen Konflikt um die Legitimität privater/familialer Gewalt. Die staatliche Rechts- und Sozialpolitik, sozialtherapeutische Agenturen und soziale Bewegungen konkurrieren um Definition und Bearbeitung familialer Gewalt als soziales Problem. So unterschiedlich, ja: gegensätzlich die konkurrierenden Diskurse die soziale Wirklichkeit und Bedeutung familialer Gewalt codieren: Gemeinsam ist ihnen die Voraussetzung, daß Gewalt als Familienwirklichkeit kein Recht hat, daß es sie nicht geben darf. Symbolisiert ist diese quasi apriorische Ausgrenzung der Gewalt aus dem Spektrum legitimer Familienwirklichkeiten in dem spektakulären Bild von Blut und Tränen, das als Metapher für Gewalt schlechthin fungiert. Es verlangt nach dem fraglos pazifizierenden Eingriff in den familialen Lebenszusammenhang, sei es als Strafe, als Hilfe oder als Trennung. Das Bild von Blut und Tränen transportiert Empörung und verhindert so zu sehen, was genau geschieht, und zu verstehen, was genau es für die Beteiligten bedeutet. In diesem Sinne wird im Anschluß an Roland Barthes (1967) und Tilmann Broszat (1984) vom *Mythos Gewalt* gesprochen.

Sozialwissenschaftliche Forschung über familiale Gewalt gewinnt ihren Gegenstand in einer Kritik dieses Mythos. Wenn »Gewalt« (in Familien) die Metapher eines sozialen Konflikts ist, zersplittert die vorgebliche Evidenz und Objektivität. Wenn die Stilisierung zur Ausnahme, zum Gegenbild der Normalität, zum »Bösen« durchschaut ist, stellt sich die Frage nach dem Zusammenhang der spektakulären Brutalität mit der Alltäglichkeit des Familienlebens; und da der Blick nicht mehr empört abgewendet wird, rücken subjektive Intentionen und soziale Funktionen ins Bild. Diese Perspektive muß provozieren, denn sie scheint unmoralisch die Fragen der Legitimität, der Herrschaft und des Lei-

dens zu ignorieren. Es handelt sich indes lediglich um eine methodische Indifferenz: Tatsächlich verflüchtigt sich die Empörung unter dem analytischen Blick, in gleichem Maße aber diffundiert die Gewalt, sensibilisiert sich der Blick, wird das angeblich Unheimliche alltäglich. Das Außergewöhnliche sickert gewissermaßen in die Normalität ein. Der Gang der Untersuchung verfolgt zwei Wege der Annäherung: Auf dem einen vergewissert sie sich ihres Gegenstandes, indem sie die sozialwissenschaftlichen Konstruktionen familialer Gewalt einer immanenten Kritik ihrer Verdinglichungen unterzieht; auf dem anderen Wege fragt sie nach den Maßstäben, nach denen die Akteure selber die Normalität von Gewalthandeln als Familienwirklichkeit bemessen, indem sie diese in Situationsschilderungen explizieren läßt.
Theorie und Empirie der sozialwissenschaftlichen Forschung bilden genau genommen einen weiteren öffentlichen Diskurs über familiale Gewalt. Er unterscheidet sich aber dadurch, daß er sich in seiner Theoriebildung selber zum Gegenstand machen kann. Daher werden *im zweiten Teil der Untersuchung* die weitgehend in voneinander abgeschotteten Zirkeln – primär der konventionellen Familiensoziologie, der feministischen Sozialwissenschaft, der Therapieforschung und der Sozialpsychologie, aber auch anderer Ansätze – diskutierten Problemstellungen, Konzepte und Befunde einerseits als selektive Wirklichkeitskonstruktionen (gewissermaßen ohne Erkenntnisprivileg) aufgefaßt. Andererseits steht die Auseinandersetzung mit ihnen unter der konstruktiven Fiktion einer real existierenden scientific community als reflexiver Totalität ihres gesellschaftlich vermittelten Gegenstandes. Unter dieser Voraussetzung werden die subjektiv-intentionale, die familiendynamische und die sozialstrukturelle Ebene der Beschreibung und Konzeptualisierung familialer Gewalt unterschieden und in einen Zusammenhang gebracht. Dabei zeichnen sich gewissermaßen durch die Inkonsistenz des »gesicherten Wissens« hindurch Umrisse einer Wirklichkeit ab, die sich den Ausgrenzungen der öffentlichen Diskurse nicht fügt. Dem prägnanten Bild spektakulärer Brutalität, das für »Gewalt« stehen soll, steht die ebenso unermüdliche wie erfolglose Suche nach einem abgrenzbaren Typus von Familienproblemen, nach einem Typus der »Gewaltfamilie« gegenüber. Gewalt ist als Familienwirklichkeit eigentümlich diffus und kaum als abwei-

chendes Verhalten abgrenzbar. Gewalt kommt in »ganz normalen« Familien vor, wird von »ganz normalen« Männern, Frauen, Eltern ausgeübt. Alle Versuche, Gruppen von Risikofaktoren zu bestimmen, Risikopopulationen zusammenzustellen und Ursachen familialer Gewalt trennscharf zu bestimmen, müssen als gescheitert angesehen werden. Natürlich sind die Fortschritte im pragmatischen Wissen groß, man weiß mittlerweile viel über Bedingungen, die zu Gewalttätigkeit von Familienmitgliedern beitragen. Aber die Lücken in der Theoriebildung sind unübersehbar. Die avanciertesten – handlungstheoretisch, (ethno)psychoanalytisch und im Kontext einer Theorie sozialer Probleme argumentierenden – Ansätze haben den Glauben an die Objektivierbarkeit der Gewalt aufgegeben und sind reflexiv geworden.

Die narrativen Interviews, die im Mittelpunkt *des dritten Teils* stehen, wurden in der Perspektive geführt, ob sich »Gewalt in Familien« womöglich besser begreifen läßt, wenn man sie als sinnhaft strukturiertes soziales Handeln und als selbstverständlich-funktionales Element des Familienalltags betrachtet, statt sie von vornherein in einen Gegensatz zu Kommunikation und Intimität zu bringen, als sprachlos-manifeste Herrschaft, Nicht-Anerkennung zu fassen. Deklarierte »Gewaltfamilien« und Familien, die keine Unterstützung bei psycho-sozialen Diensten suchen, wurden gefragt, welche Rolle Gewalthandeln bei ihnen spielt; sie haben ausführlich geschildert, wie es bei ihnen zu Gewalthandlungen kommt, wie sie sich dabei fühlen und wie sie sich die Ursachen erklären. Dabei kamen gesellschaftlich gemeinhin für unproblematisch erachtete Ereignisse ebenso zur Sprache wie massive Mißhandlungen. An diesen Schilderungen und Erklärungen ist weniger wichtig, ob sie »wahr« sind, sondern was sie den Interviewern vermitteln wollen. Für die Interpretationen sind diese *Normalisierungsstrategien* relevant. Darunter werden nicht Entschuldigungen oder Rechtfertigungen (»accounts«, Scott/Lyman 1968; Sykes/Matza 1968), Vorwände oder Ausreden verstanden, sondern Erklärungen (Bograd 1984a), mittels deren die Akteure ihr Handeln und Erleben als Teil der familialen Normalität, als Teil des *Spektrums legitimer Familienwirklichkeiten* ausweisen. Im Sinne sozial verbindlicher Normalitätsentwürfe (Oevermann 1985) explizieren die Akteure im Interview *Orientierungsmuster sozialen Handelns.* Dabei kennzeichnet es die paradoxe Strategie dieses methodischen Vorgehens, daß es ein rationales Kalkül der Akteure, also willentliches und bewußtes Handeln, fingiert. So werden Brüche sichtbar, an denen die komplexen Determinationen des Gewalthandelns studiert werden können.

Was ist das für eine Normalität, in der sich die, die sich doch am nächsten stehen, Gewalt antun? Wo die Interviews nach den Intentionen und subjektiven Deutungen fragten, richten sich die Interpretationen auf den Strukturaspekt der Schilderungen: Was macht den Schlag möglich (statt: Warum schlägt jemand zu?)? Damit gewinnen die Interpretationen eine Souveränität gegenüber dem Ereignis und sehen die funktionalen Äquivalente physischer, psychischer und sexueller Viktimisierung in Familien. Die Typisierungen, in denen *der vierte Teil* den theoretischen Ertrag der Untersuchung zu resümieren versucht, laufen jedoch Gefahr, die Vielfalt der Vermittlungen zugunsten »glatter« Erklärungsmuster zu verkürzen, ihr zum Teil gar nicht mehr nachzugehen und so ihrerseits die Familienwirklichkeit von Gewalt zu verdinglichen. Diese Gefahr ist um so gravierender, als diese Erklärungsmuster die Subjektivität der (Leidens-)Erfahrung und die Intentionalität der (verantwortlichen) Handlung mit der Analyse der sozialen Vorstrukturiertheit von Situationen des Gewalthandelns zu verknüpfen suchen. Dies geschieht über eine Focussierung auf Brucherfahrungen der Akteure und auf Kontingenzen ihres Handelns, über die sich die Vergesellschaftung familialer Gewalt vermittelt. Erklärt werden muß nicht primär, warum oder unter welchen Bedingungen Akteure gewalttätig werden, sondern wie die Akteure Gewalt im Medium der Intimität reproduzieren, obwohl sie selber darunter leiden.

Im interpretierenden Durchgang durch das Protokollmaterial eröffnet sich die strategische Einsicht, daß »Gewalt« weniger ein sichtbares Verhalten in Familien bedeutet als ein Strukturmerkmal, das für die moderne, eigentumslose Kleinfamilie ebenso charakteristisch ist wie ihre emotionale Intensität. Es ist nicht unhistorisch, sondern an die Intimität der modernen Familie gebunden, gewissermaßen ihre »andere Seite«, so daß weniger die manifeste Gewaltanwendung als eine strukturelle Labilität im Verhältnis von Macht und Schutz, von Fürsorge und Ausbeutung, von Bindung und Individuierung, von Unterlegenheit und

Besonderheit die Gewalt von Familien charakterisiert. Es leuchtet ein, daß diese Familienwirklichkeit sich den Ausgrenzungskriterien der öffentlichen und professionellen Diskurse über »Gewalt in Familien« weitgehend entzieht.
Diese strategische Einsicht über den Doppelcharakter familialer Intimität läßt sich in drei Thesen differenzieren: Die These von der inhaltlichen *Offenheit* familialer Gewalt sieht die Dialektik der Herrschaft, wie sie paradigmatisch von Hegel im »Kampf um Anerkennung« analysiert worden ist. In jüngster Zeit haben Margrit Brückner (1983) und Jessica Benjamin (1985) mit ihren stark psychoanalytisch geprägten Analysen des Verhältnisses von Erotik und Herrschaft daran angeschlossen. Die These von der *Eigenlogik* familialen Gewalthandelns betont im Anschluß an Ostner/Pieper (1980) die konstitutive Bedeutung einer schöpferischen sozialen Praxis der Akteure für die Realisierung von Familie. In diesem Sinne wird Gewalthandeln als paradoxe Strategie der Herstellung eines familialen Lebenszusammenhangs begriffen. Die These von der *Historizität* familialer Gewalt schließlich sieht die Intimität der modernen Kleinfamilie verschränkt mit der Entwicklung eines marktvermittelten Familienhaushalts, der geschlechtshierarchisch segmentiert ist. Damit geht die Entstehung einer Kindheit einher, in der das Generationenverhältnis nicht über individuell-ökonomische Interessen am Nachwuchs, sondern primär emotional vermittelt und damit strukturell labil ist. Im Prozeß der Modernisierung/Individualisierung tritt die Problematik von Bindung und Differenzierung in intimen Beziehungen überhaupt erst auf; ebensosehr wird es erst unter diesen historischen Bedingungen notwendig, Familie als gemeinschaftliches Lebensmuster alltäglich herzustellen. Unter diesen Thesen wird in einem Fallbeispiel erkennbar, daß die verfügende Gewaltanwendung eines Mannes gegenüber seiner Frau, statt Ausdruck einer normativ abgestützten Überlegenheit zu sein, eine kontrafaktische individuelle Strategie sein kann, um ein historisch überholtes Identitätsmuster zu bestätigen; Sanktionen der Instanzen sozialer Kontrolle sind die Konsequenz. Dabei werden die Vorstellungen von einer »normalen« Ehe, einer »normalen« Familie, denen der Mann folgt, von seiner Frau (dem Opfer) geteilt, obgleich sie unter den Schlägen wehrlos ist. In einem anderen Beispiel wird erkennbar, daß Gewalthandeln eine im Verhältnis

von Müttern und Kindern – wie es gesellschaftlich vorstrukturiert ist – angelegte Möglichkeit ist, im Kampf um Anerkennung als eigene und unabhängige Person die Beziehung und Bindung zum kindlichen Gegenüber zu bewahren. Verzweiflung und Schuldgefühle sind die Konsequenz.

Gewalthandeln von Familienmitgliedern folgt der Struktur von Familie und ist zugleich ein Versuch, deren widersprüchliche Tendenzen zu bewältigen: ein Versuch, der – wenn überhaupt – in den öffentlichen Diskursen nur als Scheitern an Familie codiert wird. Lassen sich andere Maßstäbe und Grenzen familialen Gewalthandelns in verallgemeinerbarer Weise begründen? Diese Frage richtet sich auf die *Grenzen einer Kritik des Mythos Gewalt*. Sie hat ja darin ihr Recht, daß sich die Normalitätsmaßstäbe der öffentlichen Diskurse über familiale Gewalt als Diskurse der Ausgrenzung in eine Logik des Zivilisationsprozesses einfügen, in der das Versprechen auf Überwindung der Gewalt in Gestalt einer Monopolisierung der legitimen physischen Gewaltsamkeit beim Staat, durch die institutionalisierte Drohung mit Gegengewalt also, eingelöst wurde. Dieser Logik folgen – wie die gegenwärtige Diskussion über den sexuellen Mißbrauch von Kindern, meist Mädchen, in ihren Familien zeigt – sogar Teile der Frauenbewegung, die private/familiale Gewalt als politisches Problem codieren; sie wollen die strafende Gewalt des Staates als sittliche Instanz rehabilitieren (Scheerer 1985). »Verhäuslichte Gewalt« als Titel der vorliegenden Untersuchung spielt darauf an, daß die Gewalt von Familien auf die Monopolisierung der Staatsgewalt bezogen ist und im Prozeß der Zivilisation ebensosehr domestiziert wie aus dem öffentlichen Leben ausgegrenzt wurde. Es spricht einiges dafür, daß – gemessen an den Maßstäben der öffentlichen Skandalisierung – Familien noch nie so friedfertig waren wie in der Gegenwart. Die Legitimation familialer Gewalt hat sich historisch enorm gewandelt; die rohe Gewalt ist »veraltet« (Rutschky). Insofern könnte die große öffentliche Resonanz auf die Skandalisierung für die Pazifizierung der Familie sprechen und zugleich anzeigen, daß die öffentlichen Diskurse die historisch-konkrete Form familialer Gewalt verfehlen, ja: unkenntlich machen.

Die Kritik des Mythos Gewalt will dazu beitragen, diese historisch-konkrete Form familialer Gewalt zu bestimmen. Indem sie auf die Janusköpfigkeit von Befriedung und Disziplinierung reflektiert, wirft sie mit ihrer Analyse auch die Frage nach *Strategien der Befreiung von Gewalt* auf. Mit anderen Worten: Eine Kritik des Mythos Gewalt, wie sie den roten Faden dieser Arbeit bildet, bewegt sich immer schon im Horizont einer kritischen Moral. Wie sich alternative Kriterien der Legitimität bzw. Illegitimität familialen Gewalthandelns begründen ließen, wird dabei jedoch bestenfalls angedeutet; ohne diesen Hinweis könnte der Gang der Argumentation mißverstanden werden.

Das Projekt, die Legitimität familialen Gewalthandelns jenseits des Kreislaufs von Gewalt und Gegengewalt zu begründen, sieht sich der Schwierigkeit gegenüber, daß sich auf der inhaltlichen Offenheit und der Eigenlogik familialen Gewalthandelns keine verallgemeinerbaren Kriterien seiner Legitimität begründen lassen. Die Grenzen einer Kritik des Mythos Gewalt werden vom geschlechts- und generationshierarchischen Bias familialer Gewalt bestimmt, der die Offenheit und Eigenlogik des familialen Gewalthandelns bricht. Eine Strategie der Befreiung und damit eine Überwindung dieser Grenzen würde bedeuten, daß die Monopolisierung der legitimen physischen Gewaltsamkeit beim Staat auch auf die Intimsphäre ausgedehnt würde, mit anderen Worten: Angesichts der spezifischen Betroffenheit von Frauen und Kindern durch familiale Gewaltverhältnisse müßte der Staat die Persönlichkeitsrechte von Frauen und Kindern gegenüber (Ehe-)Männern und Vätern aktiv schützen und so die historische Freisetzung der Individuen aus partikularen Bindungen und Verfügungsrechten – immerhin ein zentrales Element der gesellschaftlichen Modernisierung – vollenden. Hier ist also die emanzipatorische Funktion des (sozialstaatlich transformierten) Gewaltmonopols gefordert, die nicht nur formelle Gleichheit verspricht, sondern auch der Besonderheit von sozialen Lagen schützend und fördernd Rechnung tragen will. Solange jedoch die Pflicht der Ehefrau zur ehelichen Lebensgemeinschaft (§ 1353 I 2 BGB) eine Rechtspflicht zum Geschlechtsverkehr einschließt (Horn 1985), wird man von Vergewaltigung in der Ehe als einer Form rechtlich lizensierter Gewalt gegen Frauen sprechen müssen. Befriedung der Privatsphäre durch das staatliche Gewaltmonopol bedeutet hier eine Institutionalisierung naturwüchsiger Abhängigkeitsverhältnisse. Befreiung von Gewalt würde hier daher umgekehrt eine Ent-Staatlichung der Privatsphäre verlangen, desgleichen im Bereich der öffentlichen Interventionen zum Schutz des Kindes: Obwohl sozialtherapeutische Interventionsmodelle an Einfluß gewinnen, ist die rechtliche Grundstruktur der Intervention immer noch auf die Wahrung des Kindeswohls qua Trennung von der Familie gerichtet. Sie reagiert auf eine Krise der Familienbeziehungen mit einem zerreißenden Eingriff, der überdies von Sanktionsdrohungen begleitet wird. Würde darauf grundsätzlich verzichtet und würde außerdem die Abhängigkeitsstruktur Familie durch aktive Gleichberechtigungspolitik virtualisiert, dann könnte die familienstrukturelle Dialektik von Herrschaft und Intimität vielleicht kultiviert und/oder ritualisiert werden. Daß sie beseitigt werden könnte, ist eine sozialhygienische Kontrollphantasie. Jessica Benjamin formuliert die Utopie: »Erotische Beziehungen müßten dann eine Art Experimentierfeld werden, wo die Individuen versuchen, das Gefühl der Spannung zwischen Verlust und Bestätigung des Selbst, zwischen Negation und Anerkennung des Anderen immer wieder zu erzeugen« (Benjamin 1985, S. 26).

Texte wie der vorliegende sind letztlich immer Produkte kollektiver intellektueller Arbeitsprozesse. Allerdings trage ich für seine Unvollkommenheiten allein die Verantwortung. Ich möchte mich besonders bei Katharina Abelmann, Wolfgang Bonß, Ingrid Breckner, Wilhelm Brinkmann, Anette Engfer und Charles McGehee bedanken. Ilona Ostner meinte, »Gewalt« sei kein wissenschaftsfähiges Thema; heute meint sie, von »Gewalt« handle die Arbeit eigentlich nicht. Ich verdanke ihr viele wichtige Ideen, auch wenn sie es nicht glaubt. Ludwig Liegle hat die Dissertationsfassung betreut; er hat mir sehr dabei geholfen, daß ein vager Plan Schritt für Schritt Gestalt gewann. Als die Dissertation fertig war, hat mich Hans Thiersch mit seinen vehementen Einwänden daran erinnern müssen, daß eine Rekonstruktion der Alltäglichkeit familialer Gewalt Gefahr läuft, das Leid derer zu vernachlässigen, denen Gewalt angetan wird.

Alle englischsprachigen Zitate wurden von mir ins Deutsche übertragen. Das Register wurde von Haymo Pelz erarbeitet, der damit einen wesentlichen Beitrag dazu geleistet hat, den Gebrauchswert dieses Buches zu steigern. Die verschiedenen Fassungen des Manuskripts und die Transkriptionen der Intensiv-

interviews hat überwiegend Helga Laugsch-Hampel hergestellt. Sie hat hervorragend gearbeitet.
Am meisten jedoch verdanke ich meiner Kollegin Lerke Gravenhorst und meinem Kollegen Klaus Wahl. Lerke ist die beste Kritikerin, die ich kenne: präzise und unterstützend; Klaus ist von großen Tönen nicht zu beeindrucken und theoretisch ebenso kenntnisreich wie unbestechlich. Wir haben fast zehn Jahre miteinander gearbeitet, ohne einander überdrüssig zu werden. In dem vorliegenden Text steckt so viel gemeinsame Arbeit und gemeinsame Lebens-Zeit, daß ich ihn meinen beiden Kollegen und Freunden widme.

1

Die gesellschaftliche Definition eines sozialen Problems: Was ist der Gegenstand sozialwissenschaftlicher Beschäftigung mit Gewalt in Familien?

In mehreren Schüben sind seit Mitte der siebziger Jahre in der Bundesrepublik zunächst die Gewalttätigkeit an Kindern in Familien (zuerst Bast et al. 1975; Petri/Lauterbach 1975), dann körperliche Angriffe auf Frauen in der Ehe (zuerst Pizzey 1976, Haffner 1976), später die sexuelle Ausbeutung von Mädchen durch ihre Väter und andere vertraute Personen (zuerst Miller 1983 [1982], Rush 1982) zu einem öffentlichen, das heißt: nicht mehr nur eine kleine Gruppe von Experten beschäftigenden Thema geworden.[1] Frauenhäuser und Kinderschutzzentren haben dokumentieren können, daß Gewalt in Familien alltäglich ist und in allen Schichten der Bevölkerung vorkommt. In weniger als zehn Jahren ist es ihnen gelungen, eine auf fragwürdigen wissenschaftlichen Grundlagen beruhende Praxis der »Hilfe« für Kinder, Frauen und Familien zu delegitimieren und vielerorts auch praktisch in den Hintergrund zu rücken.[2] Heute gehört der Ausdruck »Gewalt in Familien« zum Sprachschatz der etablierten Fürsorge ebenso wie der Familienpolitik; Fortbildungsseminare der Wohlfahrtsverbände belegen dies ebenso wie Verlautbarungen, Förderungsmittel und Forschungsaufträge von Landes- und Bundesministerien. Der Frauenbewegung und dem Alternativen Kinderschutz ist es gelungen, *»Gewalt in Familien« als soziales Problem* durchzusetzen (vgl. Stallberg 1984 und Sack/Eidmann 1985 über den Alternativen Kinderschutz und die Frauenbewegung als nichtstaatliche Problempolitik; allgemein zu dieser Perspektive, die gesellschaftliche Konstruktion eines sozialen Problems und seine sozialpolitische Bearbeitung im Zusammenhang zu betrachten, Giesen 1983).[3]

Im Vordergrund: Frauenhäuser und Kinderschutzzentren

Gewalt in Familien ist nichts historisch Neues; sie hat – anders etwa als soziale Probleme wie die Erwerbslosigkeit oder der Gebrauch »harter Drogen« – in der Gegenwart wahrscheinlich nicht einmal außerordentlich zugenommen. Gewalt in Familien wird auch nicht zum ersten Mal »entdeckt« – im Gegenteil: Brutalität gegen Ehefrauen und Mißbrauch von Kindern waren schon früh wichtige Themen der modernen Fürsorge im 19. Jahrhundert (May 1978; Ross 1982; vgl. auch Honig 1984). So ist die gegenwärtig breite Aufmerksamkeit für familiale Gewalt *weniger Entdeckung eines Unbekannten als Neubewertung* einer bis dato als selbstverständlich und zumindest partiell legitim angesehenen Wirklichkeit. Zu konstatieren sind mehrere solcher Neubewertungen familialer Gewalt in den vergangenen gut hundert Jahren, die vordergründig in Zyklen öffentlicher Betroffenheit und darauffolgender Gleichgültigkeit verliefen (Stark/Flitcraft 1983). Diese Zyklen sind begleitet von einer »moral panic« (Marsden 1978), einem sozialen Klima der verunsicherten Aufgeregtheit. Langfristig betrachtet drücken sich in ihnen substantielle historische Wandlungen der sozialen, ökonomischen und politischen Bedingungen von Familie aus (Bacon 1982; Merten 1982).

Obwohl Kinderschutzzentren und Frauenhäuser keineswegs aus derselben Wurzel stammen, entstanden das erste Zentrum und das erste Frauenhaus in der Bundesrepublik fast zur gleichen Zeit und am selben Ort, nämlich in Berlin, im Herbst 1976. Die Frauenbewegung hat »Gewalt gegen Frauen« zu einer »political issue« gemacht (vgl. Frauen gegen Männergewalt 1978) und so veränderte Maßstäbe für die Rechte und Lebenschancen von Frauen und Kindern in Anspruch genommen und propagiert; aber auch die Kinderschutzzentren sind in Opposition gegen die gesellschaftliche Tabuierung familialer Gewalt und gegen das ungenügende sozialpolitische und therapeutische Instrumentarium der Hilfe entstanden; mindestens biographisch, wenn nicht auch theoretisch stehen ihre Initiatoren in der Tradition der Kinderladenbewegung (vgl. Wolff 1975, 1982a). Die »Entdeckung« familialer Gewalt, wie sie sich seit Mitte der siebziger

Jahre in der Bundesrepublik vollzieht, fußt auf einer politischen Initiative zur Enttabuierung und Skandalisierung von »Gewalt gegen Kinder« und »Gewalt gegen Frauen«. Frauenhäuser und Kinderschutzzentren sollen Orte sein, an denen ein Leben ohne Unterdrückung und Mißhandlung möglich sein soll; und in dem Maße, in dem Frauen, Kinder, Familien diese Orte in Anspruch nehmen, wird deutlich, wie sehr Ehe und Familie Orte privater Gewaltanwendung, Abhängigkeit und Ohnmacht sind: Dieser gesellschaftliche Sachverhalt wird öffentlich, er zerstört die Legende, daß die Privatsphäre – hier das Familienleben – eine Sphäre der Gewaltfreiheit sei.

In diesem Sinne sind die beiden Ausdrücke »Gewalt gegen Kinder« und »Gewalt gegen Frauen« *Kampfbegriffe,* die sensibilisieren sollen für eine gesellschaftliche Wirklichkeit des Leidens und der Ungerechtigkeit. Daß es Kampfbegriffe sind, drückt sich auch in ihrer *Selektivität* aus. So hat sich der Alternative Kinderschutz in seiner Polemik gegen die Verkürzung von Gewalt gegen Kinder auf spektakuläre Einzelfälle als Ausdruck der Tabuisierung familialer Gewalt auf die *körperliche Mißhandlung* als Kern der Gewalt konzentriert. Als theoretisches Problem ist diese Focussierung kaum explizit diskutiert worden; verständlich wird sie jedoch im Sinne einer wirkungsvollen Skandalisierung. Denn die körperliche Mißhandlung von Kindern ist viel besser zu demonstrieren als sublimere Formen von Gewalt, und sie erzeugt auch eine unmittelbare Betroffenheit bei denen, die angesprochen werden sollen. Da der Alternative (bzw. Neue) Kinderschutz sich von Beginn an nicht als lediglich wissenschaftliche Schulrichtung, sondern als *soziale Praxis* verstand, mußte er sich auch berufspolitisch gegenüber den konventionellen Bearbeitern familialer Gewalt (vornehmlich den Rechtsmedizinern) ein eigenes Terrain, das heißt: eigene Problemdefinitionen und Praktiken schaffen. Dies geschah, indem die soziale Definition von »Gewalt gegen Kinder« – die es durchzusetzen galt – theoretisch als historisch-spezifische Gestalt des *Generationenkonflikts* (mit Gewalttätigkeit als seinem schärfsten Ausdruck) konzeptualisiert wurde; in seinen Praktiken ist der Neue Kinderschutz in der Bundesrepublik heute weitgehend psychoanalytisch oder systemisch inspirierte Familientherapie. Jedoch besteht eine Differenz zwischen dem Enttabuierungsmotiv und der professionellen Praxis, die sich in den theoretischen Analysen aus dem Umkreis der Kinderschutzzentren ausdrückt. »Gewalt« ist dort weniger ein Kampfbegriff als ein zivilisationstheoretisches Konzept (im Anschluß an Elias und Freud), das über körperliche Mißhandlung von Kindern in ihren Familien weit hinausreicht. Die Focussierung auf die körperliche Mißhandlung im Neuen Kinderschutz bleibt dennoch doppeldeutig. Erst neuerdings wird der *Vernachlässigung* von Kindern Beachtung geschenkt (Beiderwieden 1985), und zwar charakteristischerweise nicht über eine Demonstration des Problems, sondern über eine Fortentwicklung des zivilisationstheoretischen Ansatzes. Die »Evidenz des Problems« (der Vernachlässigung) hatten nämlich, wenn man so salopp formulieren darf, die Sozialpolitiker gepachtet (vgl. etwa Pelton 1981), die es in den Kontext von Armut und sozialer Benachteiligung einfügten und es damit zugleich nichtstaatlichen Interventionschancen weitgehend entzogen. Andererseits stand einer Reformulierung des Problems in terms einer kritischen Sozialisationstheorie entgegen, daß das Thema »Vernachlässigung« von den deprivationstheoretisch argumentierenden Entwicklungspsychologen und Kinderärzten besetzt ist.[4]

Erst relativ spät hat der Neue Kinderschutz den *sexuellen Mißbrauch* von Kindern thematisiert (Fürniss 1982, 1983, 1984; Frank/Stachiw 1984; Kinderschutzzentrum Bremen 1985) – und dies, obwohl (wenn man schon mit den Zahlen der Kriminalstatistik operiert und vom »Dunkelfeld« redet) er um ein Vielfaches häufiger offiziell registriert wird als die körperlichen Mißhandlungen. Dieses Thema hat die Frauenbewegung für sich reklamiert (vgl. Kavemann/Lohstöter 1984); sie thematisiert es aber nicht als Generationskonflikt, sondern *geschlechtspolitisch:* die Tatsache betonend, daß es in der weit überwiegenden Zahl von Fällen *Mädchen* sind (und nicht allgemein Kinder), die von Vätern und anderen engen Verwandten und Freunden der Familie vergewaltigt und mißbraucht werden (Zahlen z. B. bei Finkelhor 1979; Baurmann 1983). Den sexuellen Mißbrauch von Mädchen in ihren Familien stellt die Frauenbewegung mehrheitlich (besonders in der Bundesrepublik) in den Kontext der *Vergewaltigung* von Frauen (Brownmiller 1980; Barry 1983). In der feministischen Perspektive ist die Mißhandlung von Frauen und Mädchen weniger ein familiales oder gar individuelles Problem, sondern primär ein Ausdruck patriarchaler Gewaltverhältnisse, der gesellschaftlichen Benachteiligung von Frauen, besonders ihrer rechtlichen und ökonomischen Abhängigkeit von Familie. Insofern wird in dieser Perspektive Macht und Gewalt gleichgesetzt (Saner 1978). Daß Mütter ihre Töchter und Söhne mißhandeln und sexuell mißbrauchen, taucht nur selten in der feministischen Literatur auf (Washburne 1983) und wenn, dann mit »blinden Flecken« in bezug auf die Generationsproblematik (z. B. im Bericht der wissenschaftlichen Begleitung des Ersten Berliner Frauenhauses; vgl. Hagemann-White et al. 1981, Kap. 5) oder eingeschränkt auf die Perspektive des Mutter/Tochter-Verhältnisses. (Sebbar 1980; Millett 1980. Entsprechende »blinde Flecken« sind auf seiten des Neuen Kinderschutzes für die geschlechtspolitische Problematik feststellbar.) Analysen, welche die Behandlung (im doppelten Sinne!) des Problems auf einer psychologischen oder beziehungsdynamischen Ebene als Rekonstruktion patriarchaler bzw. männlich dominierter Strukturen von Familie belegen, untermauern die geschlechtspolitische Perspektive (vgl. Stark et al. 1979; Dobash/Dobash 1979; eine feministische Kritik der systemischen Familientherapie formuliert Bograd 1984).

Der Hintergrund: Gesellschaftliche Auseinandersetzung um private Gewalt

Die »Entdeckung« familialer Gewalt findet – nicht nur in der Bundesrepublik – in einem Klima des Zweifels an der Legitimität männlicher und elterlicher Autorität statt (Marsden 1978). Die Enttabuierung privater Gewalt als *politischer Vorgang* wirft die Frage nach der Legitimität und Funktionalität geschlechtsgebundener Abhängigkeitsverhältnisse, der elterlichen Erziehungsgewalt über Kinder, der Traditionen »Schwarzer Pädagogik« und der mit ihnen verbundenen Normalitätsmaßstäbe und Identitätsnormen auf. Die »Tiefenstruktur« der politischen Initiativen gegen die Gewalt an Frauen und an Kindern in Familien, die diese Skandalisierung erst zu einem öffentlichen Thema werden ließ, besteht indes in einer *gesellschaftlichen Auseinandersetzung*. Was die Kinder anbelangt, so macht sich diese Auseinandersetzung an der rechtlichen Verfassung des gesellschaftlichen Status von Kindern fest (vgl. die gelungenen und gescheiterten Gesetzesvorhaben der siebziger Jahre von der Reform des Rechts der elterlichen Sorge, der Senkung des Volljährigkeitsalters bis zur vertagten Reform des Jugendwohlfahrtsgesetzes) und an der Marginalisierung von Kindern/Kindheit, ihrer Ausgrenzung bei der Entwicklung der Lebensverhältnisse in der Bundesrepublik (Kaufmann/Lüscher 1979; Kaufmann 1980). Die zentrale Kategorie ist hier die des Kindeswohls, und es ist in diesem Sinne charakteristisch, wenn die erste umfassende deutschsprachige Arbeit zu einem modernen Kinderschutz »Kindesmißhandlung und Kindesrechte« hieß (Zenz 1979). Was die Gewalt gegen Frauen anbelangt, so wird die Auseinandersetzung explizit als eine politische geführt: Sie dreht sich nicht erst seit der Jahrhundertwende um die rechtliche Gleichstellung und materielle Flexibilisierung des Status Frau (Gerhard 1978; Knieper 1981; Ostner 1983). Diese Auseinandersetzung hat sich in der Familiengesetzgebung und -politik, der Bildungs- und Kriminalpolitik (§ 218) der siebziger Jahre ebenso niedergeschlagen (Barabas/Sachße 1975; Honig/Ostner 1983) wie in der »Reform« des Arbeitsförderungsgesetzes (1982), die Frauen als Sondergruppe einstuft, deren Integration in die Erwerbsarbeit als ökonomisch wünschenswert, aber nicht notwendig angesehen wird (Gerhard/Metz 1982). Wenn sie Gewalt in Familien, private Gewalt also, aufgreift, thematisiert die öffentliche Auseinandersetzung immer auch das Verhältnis öffentlicher und privater Gewalt, also das (mittlerweile sozialstaatlich überformte) staatliche Gewaltmonopol (vgl. Narr 1980). So war etwa die Diskussion um die elterliche Gewalt auch eine Diskussion über zwei Varianten staatlicher Gewalt: einmal über die »besonderen Gewaltverhältnisse« zwischen Eltern und Kindern – die klassische, die »bürgerliche« Variante – und zum anderen über das Ordnungsmittel Recht zur Entwicklung der kindlichen Persönlichkeit (Diskussion um Grundrechtsmündigkeit und soziale Rechte von Kindern und Jugendlichen). Die Diskussion um die »Reform der elterlichen Sorge« hat häufig übersehen, daß hinter beiden Varianten ein staatliches Interesse an der Sicherung eines qualifizierten, loyalen und gesunden Nachwuchses für diese Gesellschaft steht, daß also *Sozialisationspolitik* getrieben wird (Honig/Ostner 1983). Diese sucht u. a. festzulegen, wo die Grenzen legitimer privater Willkür im familialen Rahmen zu setzen sind.[5]

So berührt die Auseinandersetzung um Gewalt gegen Frauen und Kinder in Familien immer auch die *Janusköpfigkeit der sozialstaatlichen Vergesellschaftung*, in der die Liberalisierung bislang privater Abhängigkeitsverhältnisse qua Recht an die Ausweitung institutionalisierter sozialer Kontrolle bei gleichzeitiger Entpönalisierung von Abweichung gebunden ist (Donzelot 1980; Riedmüller 1981). Daß sich die Skandalisierung von Gewalt gegen Frauen und Kinder in einem alternativen Hilfeangebot (Kinderschutzzentren, Frauenhäusern) – finanziert aus öffentlichen Mitteln – institutionalisiert, verdeutlicht diesen Kontext und zeigt zugleich einen neuen Ort der zugrundeliegenden gesellschaftlichen Auseinandersetzung an. Besonders die Hilfeformen der Kinderschutzzentren reflektieren die Verwissenschaftlichung pädagogisch-therapeutischer Techniken der Intervention in das Familienleben, die sich seit Beginn der siebziger Jahre in der enormen Ausweitung psychosozialer Dienste und der Akzeptanz familientherapeutischer Schulen und Verfahren ausdrückt, denen die fließenden Grenzen zwischen Familienalltag und Familienpathologie geläufig sind (vgl. Richter 1969; Richter et al. 1976; für die Diskussion um eine »emanzipatorische« Therapie vgl. Bauriedl 1980). Wie verwandt sich emanzipatorischer Impuls und moderne Kontrolltechnik sind, läßt sich schnell demonstrieren: Die Enttabuierung privater Gewalt als alltäglicher Wirklichkeit, quer durch alle Schichten und in allen Milieus, wie sie Kinderschutzzentren und Frauenhäuser immer wieder betonen, mit ihrer Inanspruchnahme belegen und mit empirischen Untersuchungen (z. B. Straus et al. 1980) untermauern, fordert den Umkehrschluß heraus, *alle Familien (bzw. alle Männer) als potentiell gewalttätig* aufzufassen und die Kriterien zu ermitteln, nach denen vorab ihre »Gefährdung« zwecks optimaler »Prävention« ermittelt werden kann. Dies ist denn auch eines der Hauptanliegen der interventionsorientierten Mißhandlungsforschung in den USA (zur methodologischen Kritik vgl. Cicchetti/Aber 1981; zur politischen Kritik vgl. Stark/Flitcraft 1983).

Die »Entdeckung« der Gewalt in Familien als soziales Problem bezieht sich also keineswegs nur auf einen innerfamilialen, therapeutisch zu diagnostizierenden, in die Sammlung abweichender Verhaltensweisen aufzunehmenden Sachverhalt. Sie ist vielmehr Element und Ausdruck eines gesellschaftlichen Konflikts über die Legitimität familialer Gewalt. Dabei ist entscheidend, daß in diesem Konflikt *umstritten ist, was als »Gewalt« gelten soll:* Es geht also keineswegs nur um »effektive Hilfen« – als stünde schon fest, wogegen (oder wofür).

Wie die Sozialwissenschaften die Gewalt (in Familien) entdeckten

Als die Sozialwissenschaften (zuerst in den USA) begannen, sich mit familialer Gewalt zu befassen, war das Thema als »soziales Problem« bereits etabliert. Die Frauenbewegung hatte es politisch skandalisiert, und die Ärzte, später die Psychologen und Sozialarbeiter, hatten es terminologisch besetzt. Wie wenig die familiensoziologische Forschung (in den USA) auf eine Tradition der Problematisierung familialer Gewalt zurückblicken konnte, erhellt die Beobachtung von O'Brien (1971), daß in den dreißig Jahren des Bestehens der einschlägigen Fachzeitschrift »Journal of Marriage and the Family« nicht ein einziger Artikel erschien, der den Begriff »violence« im Titel trug; seither hat sich die Zahl der Veröffentlichungen explosionsartig vermehrt (vgl. die graphische Darstellung bei Nelson 1984, S. 64). Warum diese plötzliche Veränderung? Murray Straus, führender Family-violence-Forscher in den USA, nennt drei Gründe: einmal eine Sensibilisierung der Öffentlichkeit und mit ihr der Sozialwissenschaftler für Gewalt durch die alltägliche TV-Präsenz des Gemetzels im Vietnam-Krieg, die spektakulären politischen Morde in den USA, die für jedermann erfahrbar zunehmende Kriminalität auf den Straßen, der gewalttätige Protest gegen soziale Benachteiligung, Rassendiskriminierung und Armut; zweiter Grund: die Frauenbewegung und die Frauenhäuser, die sexuelle Ungleichheit und Ausübung von körperlichem Zwang zur Aufrechterhaltung dieser Ungleichheit anprangerten; als dritten Grund schließlich nennt Straus den Niedergang des Consensus-Paradigmas in der Sozialforschung zugunsten einer Anerkennung des Konflikts als Voraussetzung individueller und gesellschaftlicher Entwicklung (Straus, in: Gelles 1974, S. 14; Steinmetz/Straus 1974). Diese Liste von Gründen legt es nahe, in einer (weiterreichenden) gesellschaftlichen Auseinandersetzung den Anstoß für eine neue Konzeptualisierung der sozialen Wirklichkeit, konkret: für die Thematisierung familialer Gewalt durch die Sozialwissenschaften zu sehen.[6]

Wie geht die Sozialwissenschaft in den USA mit dieser politischen Erfahrung um, bzw. *welche Bedeutung gewinnt die gesellschaftliche Auseinandersetzung für den innerwissenschaftlichen Prozeß*, etwa für die Wahl von theoretischen Orientierungen, für die Methodologie, für die Forschungspraxis? Grob kann man zwei Linien unterscheiden: Die eine Linie, vertreten vor allem in der Frauenforschung und in einer Minderheitenposition der akademischen Sozialwissenschaft (vor allem durch David Gil), will den gesellschaftlichen Prozeß des Relevant-Werdens mittels einer Position von Parteilichkeit in die Theorie und Methodologie der Sozialforschung aufnehmen. Die Autorinnen und Autoren beharren darauf, daß Gewalt in Familien ein *philosophisches und politisches Problem* sei und weit über den professionellen und therapeutischen Rahmen hinausreiche, der durch eine pragmatische Frage nach Präventions- und Interventionsprogrammen geschaffen wird (Gil 1979; Dobash/Dobash 1983). Dominierend jedoch ist die zweite, die pragmatische Orientierung, welche auf die *Entwicklung und Evaluation von Interventionsstrategien* gerichtet ist. »Violence« erscheint in diesen Forschungsansätzen als ein isolierbares Phänomen abweichenden Verhaltens, das unter Kontrolle gebracht, beseitigt oder geheilt werden kann. Wesentliche theoretische Probleme – beispielsweise, ob es sich tatsächlich um eine Devianzproblematik oder nicht eher um ein Extremphänomen handelt; ob »family violence« nicht nur im Zusammenhang mit Struktur und Funktionen von Familie zureichend verstanden und gegebenenfalls geändert werden kann – kommen so gar nicht erst in den Blick. Diese an »Hilfe« und »Heilung« orientierte Linie hat bereits den frühen Kinder- und Frauenschutz des 19. Jahrhunderts, wo er sich nicht auf rechtliche Sanktionen konzentriert, bestimmt. Die Verknüpfung von mora-

lisierendem Pragmatismus zur Kontrolle abweichenden Verhaltens mit Erkenntnis ist auch heute wirksam.
Die Situation in der amerikanischen Forschung über »family violence« läßt also zwei spezifische Reaktionen auf das außerwissenschaftliche Relevantwerden des Themas erkennen: die parteiliche Forschung, die von oppositionellen moralisch-politischen Prinzipien ausgeht, und die pragmatische Forschung, die auf professionelle/institutionelle Problemlösungen zielt und ihre Wertorientierungen nicht thematisiert. In der Bundesrepublik sind uns beide Reaktionsformen im Kontext von Reformforschung (Riedmüller et al. 1982) vertraut geworden (Badura 1976; Wahl/Honig/Gravenhorst 1982, S. 252 ff.). Komplementär dazu sucht eine andere, einflußreiche Gruppe von Forschern ihre wissenschaftliche Eigenständigkeit zu behaupten, indem sie die außerwissenschaftlich »verunreinigte« Violence-Terminologie in vorfindlichen Theorieansätzen und Wissenschaftstraditionen kontextualisiert und so ein Gegenstandsverständnis zu gewinnen sucht, das nicht immer schon unter dem Vorzeichen der gesellschaftlichen Auseinandersetzung um familiale Gewalt instrumentalisiert ist. Die politische Auseinandersetzung und der pragmatische Druck haben, mit diesem Argument behaupten die akademischen Sozialforscher ihrer Eigenständigkeit, zu einem *theoretischen Vakuum* geführt (Finkelhor et al. 1983, S. 149; vgl. auch Breines/Gordon 1983). Das Thema sei »überpolitisiert und untererforscht«, meint etwa Richard Gelles (1979a, S. 178).
Diese polemische Formel wird indes der historischen Konstitution von »family violence« als einem wissenschaftlichen Thema nicht gerecht. So berechtigt es ist, die reflexive Distanz von Wissenschaft gegenüber dem Handlungsdruck und den Relevanzkriterien gesellschaftlicher Praxis zu betonen, so wenig kann diese Distanz allein sich als beruflicher Habitus von Wissenschaftlern legitimieren, als Attitüde, die an ihren sozialen Status geknüpft ist. Die Frage ist: Wie kann die Handlungsentlastetheit wissenschaftlicher Reflexion als Chance genutzt werden, den gesellschaftlichen Prozeß der Gegenstandskonstitution zum Thema zu machen? Offenbar nicht dadurch, daß sie sich methodisch gegen ihre Involviertheit in diesen Prozeß immunisiert, sondern indem sie sich sowohl hinsichtlich des Entdeckungszusammenhangs wie hinsichtlich des Begründungszusammenhangs

ihrer Aussagen auf diese Involviertheit hin reflektiert. Dies wird in der vorliegenden Arbeit versucht (vgl. Wahl et al. 1982, S. 192 ff.). In jüngster Zeit wird auch in der amerikanischen Family-violence-Forschung, die lange Zeit einen methodischen Objektivismus verfocht, anerkannt, daß der gesellschaftliche »Prozeß der Entdeckung« der Formulierung von Forschungsproblemen nicht äußerlich ist (vgl. Finkelhor 1983).

Die jüngste »Entdeckung« der Gewalt gegen Kinder beispielsweise begriff sich selbst als Moment einer stetigen Verbesserung der Lage der Kinder und insofern als erstmaligen Vorgang. So ist die berühmte Arbeit von Radbill (1978) »Mißhandlung und Kindestötung in der Geschichte« eigentlich ein Traktat über den medizinischen Fortschritt. Auch der Sammelband von DeMause (1977) teilt diese Perspektive einer Evolution der Kindheit, bei der die professionellen Helfer eine maßgebliche Rolle spielen. Skeptischer gegenüber dieser evolutiven Perspektive ist Ariés (1975): Hier ist der Blick auf die historisch-spezifischen Formen der Herstellung und Zurichtung von Kindheit durch Experten gerichtet (für die Frauenfrage vgl. Ehrenreich/English 1978; 1982[3]; auch die jüngeren deutschen Beiträge zur psychohistorischen Schule der Kindheitsforschung teilen den Fortschrittsoptimismus ihrer Gründer nicht mehr, vgl. Ende 1980). Aber erst Beiträge über den Umgang mit der Kinder- und Frauenfrage in den Anfängen der modernen Fürsorge (z. B. May 1978 und Ross 1982 für Großbritannien) und die Kontroversen um den Rechtsstatus von Frauen und Kindern eröffneten den Weg, das »Entdecken« selber als Prozeß der Gegenstandskonstitution zu reflektieren (vgl. neuerdings Nelson 1984).

Die wenigen Beiträge, die dazu über die »Entdeckung« von Kindesmißhandlung vorliegen (Antler 1981; Bacon 1982; Pfohl 1983), belegen eine »Wiederentdeckung«. Stephen Antler berichtet über die amerikanischen Kinderschutzverbände, daß sie Armut, Krankheit und Abhängigkeitsverhältnisse als die primären Ursachen des Kinderelends bekämpften. Unter dem Begriff »Grausamkeit« – heute würden wir »Gewalt« sagen – wurde u. a. Kindersterblichkeit, Kinderarbeit, Armut etc. verstanden, also eine historisch-spezifische soziale Problematik. Erst als Mediziner und Ärzte die Szene betraten, wurde »child abuse« zu einem Problem der Fürsorge und der Beziehungen in Familien. Gewalt

wurde als medizinisch diagnostizierbare Schädigung aufgefaßt. Unter dem Einfluß der Familientherapie wurde der beziehungsdynamische Aspekt weiter verstärkt und hat heute die medizinische Diagnose in den Hintergrund gedrängt. Diese Erinnerung an die »Vorgeschichte« verweist auf eine *historisch sich wandelnde Form von »Gewalt gegen Kinder«* und auf einen *berufspolitischen Kampf um die Definitionsmacht;* sie wirft Fragen auf nach dem sich wandelnden *öffentlichen Interesse an familialer Gewalt* (in diesem Fall an Kindesmißhandlung) und am kulturellen und ökonomischen Zusammenhang gewalttätiger Handlungen in Familien (vgl. Honig 1984).
Allerdings blieb es der Frauenbewegung vorbehalten, diese Einsichten für eine Analyse der Konstitution von »Gewalt gegen Frauen« bzw. »Gewalt in Familien« als wissenschaftlichen Gegenstand zu nutzen. Im Anschluß an Foucault und Donzelot analysieren beispielsweise Stark et al. (1979) die Rolle der medizinischen Wissenschaft und ihrer Vorstellungen von Krankheit für die Aufrechterhaltung der Frauenunterdrückung in der Familie. Erst durch die diagnostischen Praktiken von Ärzten, so das Ergebnis ihrer Untersuchungen in einer medizinischen Ambulanz, wird aus dem privaten Ereignis des Schlagens ein institutionelles Merkmal der Frauenrolle in der Familie: Daß eine Frau keine Hilfe erwarten kann, liefert sie der privaten Willkür ihrer Ehemänner/Freunde/Lebensgefährten aus, macht sie erst zu einer »battered woman«. Später haben die Autorin und die Autoren die Interdependenz der kognitiven Praktiken genauer untersucht, die hier wirkt und die einen Zusammenhang stiftet zwischen helfenden Berufen, Staat, Familienideologie und eben auch der Wissenschaft und ihrem methodischen Objektivismus. »The violent family« – so Stark/Flitcraft (1983) – ist keine Deskription, wie die Sozialwissenschaft vorgibt, sondern Element eines durchaus neuen »sozialen Wissens« über Familie, das in der Dialektik von Fürsorge und Kontrolle und im Widerspruch gegensätzlicher politisch-ökonomischer Funktionsanforderungen an die Familie Interventionen staatlicher und nichtstaatlicher sozialer Dienste anleitet und legitimiert. Andere feministische Autorinnen (vgl. etwa Wardell/Gillespie/Leffler 1983) haben in einer Analyse einflußreicher theoretischer Ansätze zur Gewalt gegen Frauen bzw. in der Familie sogar in feministischen Konstrukten Grund-

vorstellungen gefunden, die sich in diese Interdependenz kognitiver Praktiken einfügen und die Opferrolle der Frauen legitimieren. Diese Überlegungen führen zu dem Ergebnis: »Gewalt in Familien« ist primär kein Problem von Familien, sondern es wird im Zusammenwirken von sozialen Diensten, Staat und Wissenschaft erst dazu *gemacht* – und zwar im wörtlichen Sinne, wie die Praktiken im »emergency room« der Klinik, die Stark et al. untersuchten, zeigen. Die Abstraktion von diesen Praktiken führt zu jenen Artefakten, die Wardell et al. analysieren.
Wissenschaftssoziologische und methodologische Analysen dieser theoretischen Schärfe liegen über Forschungen zur Gewalt gegen Kinder nicht vor.[7]

Die Entdeckung: Eine soziale Konstruktion von Wirklichkeit. Das Beispiel »Dunkelziffer«

In buchstäblich jedem Zeitungsartikel und Fernsehfeature über Kindesmißhandlungen (bei Mißhandlungen von Frauen und sexuellem Mißbrauch von Kindern ist es ähnlich) wird an zentraler Stelle die Behauptung aufgestellt, die bekanntgewordenen Fälle von schweren Körperverletzungen, die Eltern ihren Kindern zufügten, seien »nur die Spitze des Eisbergs«, Experten sprächen von einer »Dunkelziffer von 95%«. Tatsächlich hat Elisabeth Nau 1961 diese Zahl genannt; sie ist aber nie belegt und in der Literatur längst en detail kritisiert, ihre Unhaltbarkeit ist nachgewiesen worden (zuerst und immer noch gültig Petri/Lauterbach 1975, S. 39ff.). Dennoch hält sich diese Zahl hartnäckig in der öffentlichen Diskussion. Offensichtlich erfüllt sie eine soziale Funktion. Sie soll die soziale Bedeutung von Kindesmißhandlungen mit dem Ausmaß ihres Vorkommens begründen und verleiht ihnen den Charakter des zugleich Alltäglichen und Unheimlichen (Broszat 1984, S. 59f.). Die Rede von der »Spitze des Eisbergs« suggeriert, hinter jeder zweiten Wohnungstür werde ein Kind gequält (vgl. S. 318, Anm. 46).[8]
Elke Heinsen (1982) hat akribisch herausgearbeitet, wie unklar

der Begriff »Dunkelfeld« schon in bezug auf die Zählung von »Fällen« von Kindesmißhandlung ist, wie vollends diffus er bei den auf dieser Basis erfolgenden Potentialschätzungen wird. Am verläßlichsten sind noch die amtlichen Zahlen der polizeilichen Kriminal- und der Strafverfolgungsstatistik; interpretierbar sind sie indes nur unter sorgfältiger Beachtung der rechtlich festgelegten Tatbestandsmerkmale der §§ 170d, 217, 223b StGB (Verletzung der Fürsorge- und Erziehungspflicht; Kindestötung; Mißhandlung von Schutzbefohlenen – das sind die drei Delikte, die statistisch familiale Gewalt gegen Kinder indizieren), der Konstruktionsmerkmale der Statistik und der Prozeduren, unter denen die Zahlen zustande kommen. Dabei bezieht sich die »Dunkelziffer von 95%« auf die Differenz zwischen den von der Polizei der Staatsanwaltschaft übergebenen und den strafrechtlich anerkannten und geahndeten Fällen – keineswegs also auf eine unbekannte soziale Wirklichkeit. Gleichwohl repräsentieren diese beiden Statistiken nur einen quantitativen und qualitativen Ausschnitt aus der sozialen Realität familialer Gewalt gegen Kinder. Andere Aspekte werden nicht der Polizei und Strafjustiz, sondern den sozialen Diensten bekannt. Bisher hat nur das Land Berlin versucht, anhand von Zählungen dieser Dienste einen Überblick über die Lage der mißhandelten und vernachlässigten Kinder in dieser Region zu gewinnen (Senatsbericht 1977). Der Versuch scheiterte u. a. daran, daß die Zahlen der einzelnen Einrichtungen nicht addierbar sind und ihr Verhältnis zu den polizeilichen Zahlen nicht zu bestimmen ist. Die Frage nach dem Potential der Mißhandlungen ist mithin gegenwärtig kaum seriös zu beantworten. In seiner Methodenkritik an statistisch begründeten Aussagen über das Ausmaß von Kindesmißhandlungen in der Bundesrepublik kommt Thomas Kullmer zu einem sehr deutlichen Urteil:

»[...] das Problem der statistischen Messung der Anzahl der Kindesmißhandlungen pro Zeiteinheit, also die Ermittlung der relativen Häufigkeit solcher Handlungen in der Bundesrepublik Deutschland, (ist) methodisch und damit auch praktisch nicht lösbar. [...]«

Kullmer zieht aus seiner Untersuchung drei Folgerungen:

»(1) Alle über die Kindesmißhandlung in der Bundesrepublik Deutschland veröffentlichten statistischen Zahlenangaben bzw. Daten – sowohl

quantitative als auch qualitative Aspekte betreffend – müssen wegen grundsätzlicher statistisch-methodischer Einwände als höchst problematisch, wenn nicht unzutreffend angesehen werden.
(2) Da zudem die Anwendung durchaus gängiger statistischer Verfahren in einem bis jetzt ungebräuchlich großen Rahmen unerfüllbare Anforderungen implizierte, sind Fortschritte in der einschlägigen statistischen Forschung in naher Zukunft nicht zu erwarten.
(3) Die Ergebnisse der vorliegenden Untersuchung zeigen, daß alle bis jetzt vorliegenden einschlägigen Theorien ohne Ansehen ihrer inneren logischen Stringenz sich voraussichtlich in naher Zukunft mit Hilfe statistischer Untersuchungen bzw. Messungen weder bestätigen noch widerlegen lassen« (Kullmer 1982, S. 274; S. 277).

In einer Studie, die Fritz Sack und Barbara Willenbacher mit ihren Mitarbeiterinnen an der Universität Hannover durchführten (Eidmann et al. 1982; Sack/Eidmann 1985), berichteten jeweils rund die Hälfte der befragten geschiedenen bzw. in Zufluchtstätten lebenden Frauen, daß es in ihren Familien zu mit körperlicher Gewalt ausgetragenen Konflikten gekommen sei. Dieses Ausmaß wird den sozialen Diensten, die in derselben Studie untersucht wurden, nicht bekannt. Gewalttätig ausgetragene Familienkonflikte sind für sie eher selten ein Anlaß, tätig zu werden, wenngleich Polizei, Allgemeiner Sozialdienst, Kinderschutzbund etc. in sehr unterschiedlichem Umfang damit konfrontiert werden. Indes: Der Anteil schwerer, das heißt ärztlicher Behandlung bedürfender Fälle körperlicher Gewaltanwendung, mit denen die untersuchten Institutionen befaßt sind, ist erheblich höher als der Anteil, den die Geschiedenen und die Bewohnerinnen berichteten. Dort werden »in 4% aller Ehebeziehungen behandlungsbedürftige Verletzungsfolgen genannt« (Eidmann et al. 1982, S. 10), leichtere Verletzungen (nicht behandlungsbedürftig) in 11% der Fälle (ähnliche Zahlen bei Straus et al. 1980). Daraus leitet die Hannoveraner Forschungsgruppe die Vermutung ab, »daß schwere Gewalttätigkeiten in der Regel sichtbar werden dürften« (a.a.O.). Dieser Vermutung würde Elke Heinsen vor dem Hintergrund ihrer Überlegungen vermutlich zustimmen können.[9] Mit anderen Worten: In bezug auf die schweren Mißhandlungen, die primär in der amtlichen Statistik erfaßt sein dürften, sind Spekulationen über ein riesiges Dunkelfeld ohne Grundlage (vgl. S. 318, Anm. 46). Zugleich aber gibt es eine

Wirklichkeit familialen Gewalthandelns, gewalttätig ausgetragener Konflikte, die den Kriterien der amtlichen Statistik nicht entsprechen bzw. bei den sozialen Diensten nicht in Erscheinung treten (Sack/Eidmann 1985, S. 18). Von dieser Wirklichkeit ist in den Dunkelfeld-Spekulationen nicht die Rede, denn sie verwenden die brutale Mißhandlung/Körperverletzung als »Leitsymptom« der Gewalt zwischen Eltern und Kindern bzw. (Ehe-)Männern und (Ehe-)Frauen und tragen damit nichts zu ihrer »Aufhellung«, sondern eher etwas zu ihrer »Verdunkelung« bei. Was da verdunkelt wird, deuten Eidmann et al. in sporadischen Hinweisen an: So ist der Anteil von Kindern, die in dem untersuchten Heim wegen Entwicklungsretardierungen infolge von Vernachlässigung aufgenommen wurden, dreimal so groß (20% vs. 6%) wie der Anteil mißhandelter Kinder (a.a.O., S. 8 f.); unter den schweren Fällen familiärer Gewalttätigkeiten, die dem ASD bekannt werden, werden Frauen häufiger als Kinder schwer verletzt, während die Kinder nicht nur wegen körperlicher Verletzungen, sondern auch wegen Entwicklungsrückständen ärztlich behandelt werden müssen (S. 10). Die Aufregung über ein riesiges Dunkelfeld schwerer körperlicher Mißhandlungen – diese Aussage gilt entsprechend für die anderen Aspekte privater, familialer Gewalt – kann sich mit Forschungsergebnissen nicht begründen; zu vermuten ist ein anderes Motiv: Sie möchte sich die Macht der kriminalpolitischen Sanktion für ein ganz anderes Modell des Verhältnisses von Staat und Familie ausleihen, für das diese Sanktion eigentlich nicht gedacht ist. Die Suggestion der großen Zahl korrespondiert einem verallgemeinerten Verdacht und einer Umkehr der Beweislast: Wenn man nicht warten will, bis in der privatisierten Kleinfamilie »das Kind in den Brunnen fällt«, dann muß die Familie als Gefahren*potential* aufgefaßt werden.

Alternativer Kinderschutz und Frauenhausbewegung haben beide, allerdings in spezifisch unterschiedlicher Weise, versucht, die Suggestion der Dunkelfeld-Metapher für ihre (ganz anderen) Positionen zu nutzen. Beiden kommt es auf die *Enttabuierung* familialer Gewalt an. Der Alternative Kinderschutz verfolgt dabei eine Strategie der Entdramatisierung: Mißhandlung, Vernachlässigung, Ausbeutung von Kindern sollen aus persönlichen Krisen, lebensgeschichtlichen Erfahrungen und sozialen Belastungsfaktoren heraus verstanden und so zugleich die Kluft zwischen der schweren Verletzung und der alltäglichen Vernachlässigung und Disziplinierung geschlossen werden (vgl. etwa Honig 1979). Die Suggestion der großen Zahl wird hier also für die strategische Position nutzbar gemacht, Gewalt in Familien sei weniger dämonisch als allgemein menschlich. Die Frauenhausbewegung will demgegenüber die Attacken auf Ehefrauen nicht als verständliches Handeln erscheinen lassen, weil dann womöglich noch das einzelne Opfer für die Gewalt, die den Frauen als Frauen angetan wird, verantwortlich gemacht würde, sondern als exemplarischen Machtmißbrauch brandmarken. Enttabuierung heißt hier, eine öffentliche Sensibilität, ja: Anerkennung von Unrecht an Frauen einfordern. Spekulationen über ein riesiges Dunkelfeld sind willkommen, um diese Forderung zu untermauern (vgl. Wolff 1975 und Kavemann/Lohstöter 1984 als Belege für diese gegensätzlichen Strategien der Enttabuierung). Diese Strategien führen indes zu Ambivalenzen in der jeweiligen Position. Der Alternative Kinderschutz wird von der Erwartung abhängig, »Gewalt gegen Kinder« effektiv verschwinden zu lassen, die seinem Selbstverständnis nicht entspricht[10]; die Frauenhausbewegung gerät in die Lage, Polizei und staatliche Sanktionsmittel als effektivste Bündnispartner gegen männliche Gewalttäter zu gewinnen, obwohl sie Staat, Justiz, Medizin und soziale Dienste zugleich beschuldigt, Gewalt gegen Frauen mindestens zu tolerieren. So wird die Ambivalenz des staatlichen Gewaltmonopols in Anspruch genommen, aber theoretisch und politisch wird diese Ambivalenz zu wenig reflektiert (vgl. Scheerer 1985).

Daß unter dem Begriff der *Enttabuierung sowohl Entstigmatisierung wie Skandalisierung* verstanden werden kann, macht deutlich, daß die »Entdeckung« familialer Gewalt keine Frage von Statistik, sondern Element eines gesellschaftlichen Konflikts ist. »Gewalt«, das macht die Gegensätzlichkeit der Enttabuierungsmotive deutlich, »gibt« es nicht ohne Betroffenheit, ohne ein Leiden an der Gewalt, ohne Gegenwehr oder Schutz vor Gewalt (letzterer involviert unvermeidlich Staat und soziale Dienste) – und genau das ist der Aspekt der gesellschaftlichen Auseinandersetzung an dem Thema. Eine sozialwissenschaftliche Forschung über Gewalt in Familie kann davon nicht abstrahieren; für sie bietet sich Gewalt (in Familien) immer im Medium dieser Auseinandersetzung dar, als *eine soziale Konstruktion von Wirklichkeit* unter spezifischen historischen Bedingungen. Erst »durch diese hindurch« ließe sich womöglich auch klären, *worauf* sich Aufregung und Betroffenheit richten. Die richtige Frage ist: Welche Zusammenhänge kommen durch die Strategien der Enttabuierung *nicht* mehr zur Sprache?

Sozialwissenschaftliche Forschung über »Gewalt in Familien« hat es mit einem Begriff zu tun, der gesättigt ist von seiner Rolle in einer gesellschaftlichen Auseinandersetzung und der damit verknüpften Problempolitik. Eine Untersuchung über familiale Gewalt kann diesen Begriff daher nicht einfach aufgreifen, als verkörpere er einen substantiellen Gegenstand, der im Zusammenhang gesellschaftlicher Auseinandersetzungen »entdeckt« worden wäre und den man nun vermessen könne; sie kann sich auch nicht von diesem Konstitutionszusammenhang ihres Themas lösen, indem sie einen Begriff »definiert«. Welche Implikation ein solches Vorgehen hat – es ist jenes Vorgehen, das Gelles in seiner polemischen Bemerkung (s. o., S. 30) verlangte –, wird nachfolgend am Beispiel einer einflußreichen Dunkelfeldstudie gezeigt.

Moralisierung und Verdinglichung: Das Beispiel Dunkelfeldforschung

Neben Bemühungen um eine treffende Definition und der Suche nach Ursachenfaktoren beschäftigte die Frage nach dem *Ausmaß der Gewalt* in Familien die sozialwissenschaftliche Forschung, als sie sich mit dem Thema zu beschäftigen begann (Gelles 1980). Die Grenzen einer sozialwissenschaftlichen Forschung über Gewalt in Familien, die sich unreflektiert auf vorgefundene Problemdefinitionen und Relevanzkriterien – hier: auf die Enttabuierungsrhetorik der Frauen- und Kinderschutzbewegung – einläßt, das heißt: ohne auf die Soziogenese jener Definitionen und Kriterien zu reflektieren, lassen sich an der nationalen Repräsentativstudie belegen, die in der zweiten Hälfte der siebziger Jahre in den USA durchgeführt wurde (Straus et al. 1980). Diese

Untersuchung sollte u. a. die Frage nach dem Ausmaß familialer Gewalt endlich verläßlich beantworten. Ihre These (und das bestätigende Untersuchungsergebnis) von der Normalität – das heißt: von der gesellschaftlich tolerierten und sogar geforderten, in der Familie trainierten und massenhaft ausgeübten Gewalttätigkeit (gegen Kinder, unter Geschwistern, zwischen Ehepartnern) – steht und fällt mit dem moralisch-politischen Grundsatz »people are not for hitting«. Auch der Deutsche Kinderschutzbund (aber bezeichnenderweise nicht die Frauenbewegung, die eine Vorstellung von Sich-Wehren hat) formuliert, die Forderung von Astrid Lindgren (1979) aufgreifend: Niemals Gewalt! Mit anderen Worten: Jede Schlaghandlung – gleich welcher Intensität, gleich welchen situativen, beziehungsdynamischen, lebensgeschichtlichen etc. Kontextes – wird als »violence« (d. h. physical aggression: eine Handlung mit der Absicht oder der perzipierten Absicht, Schmerz zuzufügen; a.a.O., S. 20 f.) konzeptualisiert, so daß der bewaffnete Angriff mit einem Messer oder einer Pistole in eins fällt mit dem disziplinierenden Klaps oder der Rempelei: in eins fällt auf der Ebene der *Konzeptualisierung*; denn Straus et al. haben sehr wohl zur *empirischen* Frage gemacht, ob es eine Kontinuität zwischen der »normalen« und der »mißbräuchlichen« Gewalttätigkeit gibt. Es gibt sie (vgl. Straus 1983): Je häufiger in Familien »normale« Formen von körperlicher Gewalt zur Konfliktlösung verwendet werden, desto größer ist die Wahrscheinlichkeit (unter angebbaren Bedingungen), daß auch gefährlichere (»abusive«) Formen der Gewaltanwendung vorkommen. Diese statistische Aussage kann aber erst unter Abstraktion von den konkreten Umständen, der gesellschaftlichen Vorstrukturierung und subjektiven Deutung körperlicher Aggressionen zu der Schlußfolgerung umgeformt werden, daß Gewalttätigkeiten in amerikanischen Familien in »erschreckendem Ausmaß« vorkommen. Sie könnte zwar auch dazu ermuntern, die Ambivalenz der körperlichen Nähe in Familien zu betonen (statt sie durch die große Zahl scheinbar eindeutig werden zu lassen). Aber Straus et al. machen keinen *theoretischen* Unterschied zwischen »normal« und »abusive« bzw. »minor« und »severe« (vgl. Kalmuss/Straus 1982), so daß der moralisch-politische Grundsatz durchschlägt. Straus et al. wenden sich ausdrücklich gegen das abwiegelnde Argument, daß »ein Klaps doch keine

Gewalt« sei (Straus 1980d, S. 17ff.); aber sie übergehen die theoretische Problematik der Frage, worin eigentlich *»die Gewalt des Klapses«* besteht. Mit anderen Worten: Die These von der *gesellschaftlichen* Bedeutsamkeit weil Massenhaftigkeit unterschlägt wichtige Besonderheiten und Unterschiede, und die strikt verhaltenstheoretische Konzeptualisierung von »violence« verhindert es, die Frage zu beantworten, wodurch die Gleichsetzung von Klaps und bewaffnetem Angriff im Merkmal der körperlichen Aggression zu einer gesellschaftlich brisanten Information wird. Statt dessen führt die Fixierung auf das Sichtbare zu einer unglaubwürdigen Überverallgemeinerung und zu einem Verlust an Aussagekraft: Als wären die Zahlen über die bewaffneten Angriffe in Familien nicht schon aussagekräftig genug (3-4% pro Jahr); aber plötzlich liegen Dramatisierung und Verharmlosung ganz nah beieinander.

Die Rolle, die der moralische Grundsatz »people are not for hitting« in der Argumentation von Straus et al. spielt, macht auf ein in der Family-violence-Forschung typisches Problem aufmerksam. Während bei Straus et al. moralische Grundsätze und verhaltenswissenschaftliche Methoden immerhin deutlich getrennt und dezisionistisch aufeinander bezogen werden, findet man bei sehr vielen Autorinnen und Autoren, besonders – was in der Forschung ohnehin dominierend ist (s. o., S. 29) – wenn sie interventionsorientiert und praxisbezogen arbeiten, ein politisch-moralisches Apriori, das »Gewalt« gleichsetzt mit Prügel und Vernachlässigung, Verletzungen und Demütigungen und das diese Gewalt fraglos für abschaffenswürdig hält, oft begleitet von der Unterstellung, Gewalt in Familien nehme immer mehr zu (zur Kritik der feministischen Version dieses Apriori vgl. Breines/Gordon 1983, S. 519). »Gewalt« fungiert dabei als *Dramatisierungsmetapher* einerseits, als *dingliche Wirklichkeit*, deren Zustandekommen korrelativ ermittelt werden soll, andererseits. Versuche, Gewalt in Familien zu erklären, werden so häufig zu kaum verbrämten Rekonstruktionen jener moralischen Grundsätze. Schon die Fragestellungen solcher Untersuchungen sind charakteristisch: Werden Kinder, die mißhandelt werden, später kriminell, drogenabhängig, suizidgefährdet etc.? Sind es eher äußere Belastungsfaktoren oder familiendynamische Bedingungen, die zur Gewaltanwendung in Familien führen? Diese und andere Fragen nach Definition, Ausmaß und verursachenden Faktoren sind für die Verhaltensförmigkeit von Gewalt (s. Straus et al. 1980) mehr oder minder beantwortbar; aber das, *was die Relevanz, die öffentliche Beunruhigung ausmacht*, wird so nicht erfaßt.

So entstehen offensichtliche Tautologien, vor denen man sich dann in der Regel in Hilfskonstruktionen flüchtet, die das Skandalöse, Außerordentliche von »Gewalt« faßbar machen sollen. Beispielsweise wird Gewalttätigkeit mit Manövern psychischer Erpressung, Entwertung und Einengung kontextualisiert (mit der »psychischen Gewalt«), ihre Ursachen in die Tiefe der Charakterstruktur oder des Zivilisationsprozesses verlegt – »Gewalt« bleibt bei alledem *vorausgesetzt*, Artefakt einer moralisierenden Vorentscheidung. Ein neben der *Überkontextualisierung* zweiter Versuch, den Tautologien zu entkommen, ist die Problemverschiebung: Die Folgen (Verletzungen, Depressionen etc.) von Mißhandlungen für die betroffene Person rücken in den Mittelpunkt des Interesses, sie stellen das »Problem mit der Gewalt« dar und werden – medizinisch, therapeutisch – behandelt. Die Verschiebung bewirkt zugleich eine Individualisierung des sozialen Vorgangs und den Schein, man könne »helfen« (vgl. Stark/ Flitcraft 1983, S. 332 f.). Die Frage, *worin bei alledem das soziale Problem besteht*, wird nicht gestellt und muß daher offenbleiben. So schlägt in der eilfertigen Beteuerung, in jedem Falle »gegen Gewalt« zu sein, die gesellschaftliche Tabuierung des Themas durch und macht die Erkenntnisanstrengung vergeblich. Nur als zu behandelnde, abzuschaffende schlüpft »Gewalt in Familien« durch die Barrieren des Denkverbots. Unter dem Vorzeichen von »Hilfe« findet das Tabu über der Gewalt seine Bekräftigung. Die Tendenz ist, Individuen und Handlungen zu Ursachen zu erklären (so wird auch das Problem, Gewaltverhältnisse abzuschaffen, auf einen individuellen, sprich professionell-therapeutisch zu bewältigenden Maßstab gebracht).[11]

Die Vorstellung von Gewalt (hier: in Familien) als eines raumzeitlich bestimmbaren Verhaltens bzw. seiner Konsequenzen (z. B. Verletzungen oder psychische Traumatisierungen), die meßbar, medizinisch diagnostizierbar und rechtlich qualifizierbar sind, ist eine *kognitive Praktik der öffentlichen Thematisierung von Gewalt.* Diese Vorstellung ist für die erwähnte Dunkelfeldstudie ebenso grundlegend wie für die gegensätzlichen Enttabuierungsstrategien der Kinderschutz- und Frauenhausbewegung, von denen vorher die Rede war. In einer Untersuchung der Presseberichterstattung über Ereignisse familialer Gewaltanwendung hat Tilman Broszat diese Praktik analysiert. In Anlehnung an den französischen Strukturalisten Roland Barthes nennt er sie »Mythos Gewalt«. Dieser Mythos

»[...] ist eine Aussageweise, die ihre suggestive Kraft dadurch erhält, daß sie einen vermeintlichen Faktenzusammenhang darstellt, der doch nur ein bildhafter, sprachlicher, der Zusammenhang eines semiologischen Systems ist. Der Effekt des Mythos besteht in seiner Naturalisierung« (Broszat 1984, S. 69).

Naturalisierung bedeutet eine pseudokonkrete Gegenständlichkeit, die *auf spektakuläre Weise evident* ist: Prügel, Schmerzen, Verletzungen, Tränen. Die suggestive Eindeutigkeit verbietet jede erwägende Distanz. Personalisierung, Parteinahme, Schuldzuschreibung treten in den Vordergrund. Der Mythos lebt von der Ausgrenzung (Partikularisierung, vgl. Gravenhorst 1984b) aller Wirklichkeitselemente, welche die Geschichte und den Zusammenhang des spektakulären Ereignisses ins Bewußtsein heben und seine Eindeutigkeit verwischen könnten. In diesem Sinne ist »Gewalt« eine Dramatisierungsmetapher, die nichts erklärt und nichts versteht, sondern Empörung verkörpert.
Zunächst also ist der Mythos im Barthesschen Sinne eine Aussageweise, eine *kognitive Operation der Identifizierung und Ausgrenzung.* Die »Entdeckung« familialer Gewalt – ein Ausdruck, dessen verdinglichende Implikationen bereits kritisiert wurden – läßt sich als Etablierung einer neuen Weise auffassen, von Gewalt in Familien zu sprechen, als eine *neue Codierung* von Gewalt. Sie gehört – wie ebenfalls bereits argumentiert wurde – einer gesell-

schaftlichen Auseinandersetzung um die Legitimität privater Gewalt an, einem gesellschaftlichen Konflikt von grundlegender Bedeutung für die soziale Ordnung. In dieser Auseinandersetzung ist die »Entdeckung« als Versuch zu verstehen, neue *Problemdefinitionen durchzusetzen*: Kinderschutz- und Frauenbewegung haben dafür in den vergangenen zehn Jahren eine ganze Reihe deutlicher Beispiele geliefert. Dabei fungiert die zunächst formale kognitive Operation des *Mythos als Träger, verkürzt gesagt, als Instrument* der »Entdeckung«. Der Grund: Unter den Bedingungen des gesellschaftlichen Konflikts ist eine Re-Codierung doppeldeutig. Sie integriert zwar bislang ausgeschlossene oder neu entstandene Elemente der sozialen Wirklichkeit, ist aber zur Durchsetzung auf den spektakulären Charakter des Mythos angewiesen, weil das Spektakuläre am Mythos dem Substrat des Konflikts, dem vor aller Verhandlung Gegensätzlichen, am nächsten steht.[12] Diese *Verbindung von Naturalisierung und Problempolitik charakterisiert konkurrierende Diskurse,* konkurrierende soziale Konstruktionen von »Gewalt in Familien«. Sie sind gewissermaßen die *Medien des gesellschaftlichen Konflikts*: Als seine Elemente bilden sie untereinander einen Zusammenhang; als Gegner sind ihre Codierungen *inhaltlich selektiv* und miteinander nicht vereinbar, zerreißen sie den gesellschaftlichen Zusammenhang.

Man kann typisierend *drei Diskurse* unterscheiden, die um die gesellschaftliche Geltung ihrer Problemdefinitionen konkurrieren: den administrativen, den therapeutischen und den politischen Diskurs über Gewalt in Familien.

Der *administrative Diskurs,* der von Justiz, Polizei, Medizin und öffentlicher Sozialarbeit geführt wird, thematisiert Gewalt in Familien im Kontext der rechtlich geregelten Sonderbeziehungen in Familien einerseits (Artikel 6 GG) und des staatlichen Wächteramtes zur Wahrung des Kindeswohls bzw. der strafrechtlich konkretisierten Garantie körperlicher Integrität aller Staatsbürger andererseits. So erscheint Gewalt in Familien als Mißbrauch des elterlichen Züchtigungsrechts bzw. als Körperverletzung. Im administrativen Diskurs wird familiale Gewalt auch da, wo sie nicht strafrechtlich verfolgt wird, nach dem Modell einer *Straftat* codiert. Der Tatbestand ist straf- und sorgerechtlich geregelt und muß medizinisch diagnostiziert werden.

An der prekären Grenze staatlichen und privaten Handelns kommt es auf präzise Abgrenzungen an. Die rechtliche Würdigung verlangt das Eingehen auf den Einzelfall und physische Beweise. Daher ist beispielsweise der Diskurs um die »Kindesmißhandlung« bzw. »-vernachlässigung« eine Diskussion um die Abgrenzung, was schon und was noch nicht Mißhandlung sei, eine Diskussion, die außerdem unter der Voraussetzung des schlimmstmöglichen Falles stattfindet, denn dieser legitimiert ja das staatliche Wächteramt. In dieser kasuistisch geführten Diskussion wird über *Täter* und ihre Handlungen und Hilfsmittel gesprochen, und es wird über *Opfer* und ihre Verletzungen gesprochen. Von »Gewalt in Familien« wird geredet, wenn man vom sogenannten Dunkelfeld spricht: also von den unentdeckten Mißhandlungen, die strafrechtlich relevant wären, wie man unterstellt. *Unterschlagen wird dabei die Struktur der behördlichen Zuständigkeit,* für die die Familienwirklichkeit erst unter der Voraussetzung straf- und sorgerechtlicher Erheblichkeit relevant wird (Heinsen 1982). Familiale Gewalt ist also insofern ein Konstrukt, das auf das historisch-spezifische Verhältnis innerfamilialer (privater) Gewaltanwendung und staatlichen (öffentlichen) Gewaltmonopols und auf historisch sich wandelnde öffentliche Interessen an der Qualität des Nachwuchses und an einer »Ordnung der Familie« (Donzelot) verweist (Honig 1983).
Der moderne *therapeutische Diskurs,* der von Teilen des Neuen Kinderschutzes und der psychosozialen Dienste sowie in der Familientherapie geführt wird, verbündet sich mit der leidenden Subjektivität (wo der administrative Diskurs lediglich die Staatsräson im Auge hat), indem er die Anwendung strafrechtlicher Kriterien auf private Lebenszusammenhänge kritisiert und Gewalt in Familien als *Beziehungsstörung* unter der Perspektive von Hilfe thematisiert. Der therapeutische Diskurs löst das Gewalt-Konzept von der sichtbaren Handlung und ihren Folgen ab; zugleich erweitert er den individualisierenden Blick auf den Beziehungszusammenhang aller Familienmitglieder. Damit wird »Gewalt« zu einem familienpathologischen Phänomen, ohne daß die im administrativen Diskurs noch vorhandene politische Vermittlung des familialen Lebenszusammenhangs reflektiert würde. *Übersehen wird die soziale Formbestimmtheit* der Bedürfniskonflikte und der Beziehungsdynamik in Familien. Die Verstaatli-

chung bzw. Verrechtlichung der familialen Gewalt wird therapeutisch transformiert, ohne daß die Lokalisierung der Problemgenese und -lösung *in* der Familie verändert würde. Diese *Grenzen der Therapeutisierung* werden im therapeutischen Diskurs in die Problemlösungskapazität des Beziehungssystems verlegt.
Der *politische Diskurs* der Kinderrechts-[13] und Frauenbewegung skandalisiert, daß das Grundrecht auf körperliche Unversehrtheit für Frauen und Kinder im quasi vorkonstitutionellen Raum von Ehe/Familie faktisch nicht gilt und daß darüber geschwiegen wird. Der politische Diskurs thematisiert die Privatbeziehungen als interpersonelle Form gesellschaftlicher Herrschaft und opponiert damit dem familistischen Apriori des therapeutischen Diskurses und der Individualisierung der Gewalt. Wenn die Frauenbewegung von Gewalt gegen Frauen spricht, dann thematisiert sie nicht Straftatbestände oder Beziehungsstörungen, sondern eine patriarchale Organisation weiblicher Lebenschancen, also die *Unterdrückung* von Frauen. Die individuellen Besonderheiten des prügelnden Ehemannes treten hinter seiner Zugehörigkeit zum herrschenden Geschlecht zurück. Die Kinderrechtsbewegung greift Erziehung bei gleichzeitig vorenthaltenen Grundrechten als eine Form von Entmündigung/Herrschaft an. Die Schläge (Traumatisierungen, Entwicklungsstörungen etc.) werden zu Zeichen der Unterdrückung, Männer/Eltern zu potentiellen Schlägern/Vergewaltigern, zu brutalen Repräsentanten des Patriarchats/der elterlichen Gewalt. Die (zum therapeutischen Diskurs komplementäre) *Ausgrenzung der Subjektivität der Täter und der familialen Beziehungsdynamik* im Namen der Parteilichkeit mit den Opfern stellt die spezifische Mystifikation im politischen Diskurs über familiale Gewalt dar.
Die Diskurse – der »alte« kriminalisierende, der »moderne« sozialtherapeutische und der beiden oppositionelle politische – kreisen um familiale Gewalt als spektakuläres Ereignis; es bildet ihr unausgesprochenes Zentrum, sie setzen es voraus. Der Mythos Gewalt ist in ihnen repräsentiert, insofern sie »Gewalt« in einer spezifischen Form unbestimmt lassen: Sie thematisieren sie *indirekt, als zu bekämpfende* Gewalt – als Rechtsbruch, Pathologie, Exzeß des Patriarchats, Mißbrauch des Elternrechts. Die öffentlichen Diskurse über »Gewalt in Familien« sind *soziale Konstruktionen einer interventionsbedürftigen Problematik;* in

diesem Sinne sind es Theorien von Gewalt als sozialem Problem, und zwar eines einheitlichen, ausgegrenzten und behandelbaren Problems. Eine wissenschaftliche Untersuchung familialer Gewalt stößt bei der »Suche nach ihrem Gegenstand« auf diese Konstruktionen; in Gestalt dieser Konstruktionen wird private Gewalt öffentlich zur Kenntnis genommen, definiert und verhandelt. Daß familiale Gewalt, trotz ihrer spektakulären Evidenz, eine interpretierte Wirklichkeit ist, belegt auch die Studie von Giovannoni/Becerra (1979) über berufsspezifische Definitionen von Sozialarbeitern, Anwälten, Ärzten, Polizisten und Einstellungen von Laien. Sie konvergieren in überraschend geringem Maße, hängen indes stark ab von den Handlungsmöglichkeiten und -bedingungen der jeweiligen Institution (Recht, Medizin, soziale Dienste etc.) und von moralischen Orientierungen, Bildungsniveau, Schicht- und ethnischer Zugehörigkeit u. a. Gerade auch die körperliche Verletzung wird in bezug auf »Gewalt« sehr unterschiedlich bewertet. Das Konzept der öffentlichen Diskurse meint soziale Konstruktionen, die sich auf einen zentralen gesellschaftlichen Konflikt (und nicht auf subkulturelle Orientierungsmuster) beziehen. In einer konstruktivistischen Perspektive können sie als objektive Matrix situationsbezogener Interpretationsprozesse, gewissermaßen als gesellschaftlich verbindliche Modellvorstellungen aufgefaßt werden, die den Mythos Gewalt in die Situationsdefinitionen »transportieren«. Wissenschaftliche Arbeit über Gewalt in Familien muß daher eine *Kritik des Mythos* Gewalt sein, muß nacherzählen und rekonstruieren, kurz: Sie muß zur Sprache bringen, was er verschweigt.

Zum einen verschweigt er, daß die Konkurrenz der Diskurse die Unterstellung widerlegt, »Gewalt in Familien« sei ein abgrenzbares, in sich konsistentes soziales Problem, das sich behandeln/lösen läßt: Gewalt (in Familien) ist offenbar mehr als ein (illegitimes) Mittel der Konfliktaustragung, mehr und anderes als eine Störung, eine Abweichung: Sie ist (auch) der Konflikt selber, ihr eigener Zweck gewissermaßen, ein *integrales Element der Familienstruktur*, damit aber auch diffus, nicht festzulegen auf körperliche Gewaltanwendung und Verletzung. Unter diesem Gesichtspunkt verweisen die Wirklichkeitskonstruktionen der Diskurse aufeinander; setzen sich gegenseitig voraus. Eine Kritik des Mythos Gewalt muß also einerseits die Frage nach der Gewalt als einheitlichem Problemtypus (Eidmann et al., a.a.O.) anhand empirischer Befunde beantworten, und andererseits muß sie den gesellschaftlichen Konflikt rekonstruieren, der den konkurrierenden Wirklichkeitskonstruktionen der Diskurse zugrunde liegt und ihren Zusammenhang stiftet. Zum anderen ist es die *soziale Praxis der Akteure*, die nicht zur Sprache kommt, die Normalität der Gewalt und der Auseinandersetzung mit ihr, ihre Rolle im Alltag von Familien, kurz: das Unspektakuläre und Diffuse an der Gewalt, das sich der moralisierenden Maxime »Niemals Gewalt!« nicht fügt. Eine Kritik des Mythos muß also auch die Rolle der Gewalt in den Praktiken der Herstellung von Familie studieren.

Einem solchen Zugang könnte es gelingen, den Doppelcharakter, die Doppeldeutigkeit familialer Gewalt zu verstehen und zum Ausdruck zu bringen, einer Gewalt, die einerseits subjektiv und spezifisch, andererseits vergesellschaftet ist. Stark et al. (a.a.O.) hatten dies in ihrer Unterscheidung zwischen dem Schlagen als privatem und der Mißhandlung als öffentlichem Ereignis – als sozialer Konstruktion – zum Ausdruck gebracht und den Vergesellschaftungsaspekt – die Rolle der sozialen Dienste bei der Aufrechterhaltung einer Familienstruktur, die Gewaltanwendung impliziert – analysiert. Die Analyse der privaten Seite dieses Prozesses steht noch aus.

Resümee

Familiale Gewalt kann nicht unabhängig von dem historischen Prozeß untersucht werden, in dem sie als soziales Problem »entdeckt« wird. In diesem Prozeß konstituiert sich der Forschungsgegenstand oder besser: das Thema der Reflexion. Die Vorstellung, »Gewalt« (in Familien) sei eine gegenständliche (Angriff, Verletzung), objektivierbare (Dunkelziffer) Realität, die man »entdecken« oder »enttabuieren« könne, ist ein moralisierender, verdinglichender Mythos. »Gewalt« (in Familien) ist nicht vorfindlich, sondern tritt als soziale Wirklichkeitskonstruktion im Kontext eines gesellschaftlichen Konflikts um die Legitimität privater Gewalt auf – aber, und das veranschaulicht der Mythos, sie bleibt gebunden an den fundamentalen Sachverhalt physischen Zwangs.

Zunächst wird geschildert, wie die familiale Gewalt in der Bundesrepublik zu einem öffentlichen Thema wurde, und es wird gezeigt, daß dies als Enttabuierung eines sozialen Problems geschah. Das war nur möglich, so wird argumentiert, weil die Skandalisierung von Gewalt gegen Frauen und gegen Kinder in Familien den schwelenden Konflikt um den Rechtsstatus von Frauen und Kindern und um das Verhältnis privater und staatlicher Gewalt veranschaulichte. An diesem Konflikt, der auch eine ganze Reihe anderer Ausdrucksformen gefunden hat, ist der Staat beteiligt (Stichwort: Verrechtlichung), die öffentliche und private Fürsorge (Stichwort: Hilfe), und nicht zuletzt greifen soziale Bewegungen selber in diese Auseinandersetzung ein (Politisierung eines »sozialen Problems«). In diesem Konflikt wird ausgehandelt, was als »Gewalt« in Familien gelten und wie die Bearbeitung des Problems institutionalisiert werden soll. Auch die Sozialwissenschaft ist an diesem Konflikt beteiligt; sie treibt die »Entdeckung« voran, sie nimmt gutachterlich teil, sie macht Lösungsvorschläge. Ihre Untersuchungen dokumentieren, wie sehr sie in diese Auseinandersetzung involviert ist: Mal übernehmen sie die Perspektive der Opfer von Gewalt, mal die Perspektive des Staates und machen professionell-pragmatische Vorschläge zur Institutionalisierung und Evaluierung von Interventionen; andere wiederum betonen die Differenz zwischen der Entdeckung des Themas und den Verfahren seiner Untersuchung. In der vorliegenden Arbeit wird die These vertreten, daß erst die Selbstreflexion der Sozialwissenschaft auf ihre Involviertheit in den Prozeß der »Entdeckung« familialer Gewalt ihr das Thema als gesellschaftlichen Sachverhalt erschließt.

Was folgt daraus für eine theoretische und empirische Untersuchung familialer Gewalt? Zunächst wird ex negativo argumentiert: »Gewalt« läßt sich deshalb als Thema nicht einfach »aufgreifen«, weil die öffentliche Auseinandersetzung nur scheinbar über den besten Weg der Beseitigung/Lösung des sozialen Problems debattiert, während tatsächlich darum konkurriert wird, worin das Problem mit der Gewalt eigentlich besteht. Eine wissenschaftliche Thematisierung kommt also an diesem Prozeß der Herstellung des Problems nicht vorbei. Versucht sie es dennoch, wie am Beispiel einer bekannten Dunkelfeldstudie gezeigt wird, dann reproduziert sie Mystifizierungen, die für die Vorstellung einer »Entdeckung« familialer Gewalt charakteristisch sind. Eine solche Thematisierung kann keine Antwort darauf geben, was an dieser Entdeckung eigentlich so wichtig, so neu, so beunruhigend ist und warum die Entdeckung angeblich erst 15 Jahre alt ist. Mit anderen Worten: Die Tabuierung der familialen Gewalt setzt sich auf dem Umweg ihrer Skandalisierung erneut durch.

Hier wird ein anderer Ansatz vorgeschlagen. Reflexion auf die »Entdeckung« von familialer Gewalt heißt Reflexion auf die Verdinglichung, Moralisierung, auf das Pseudokonkrete und Spektakuläre. Die Untersuchung muß statt dessen zur Sprache bringen, was der Gestus der Enttabuierung verschweigt und das Spektakuläre unkenntlich macht. Die theoretische Reflexion muß den Prozeß der Ausgrenzung rückgängig machen, den die Diskurse über Hilfe, Schutz und Kontrolle betreiben, und Gewalt als integrales Element der Familienstruktur und nicht als eine Störung oder einen Fremdkörper untersuchen. Die empirische Aufmerksamkeit gilt der sozialen Praxis von Familienmitgliedern und der Rolle, die Gewalt bei der alltäglichen Herstellung von Familie spielt. Der Normalität von Gewalt in Familien gilt das Interesse, das heißt auch: ihrer Trivialität und ihrer Diffusität.

II

Sozialwissenschaftliche Konstruktionen familialer Gewalt: Theoretische Modelle und empirische Befunde

In seiner Übersicht über den Stand der Family-violence-Forschung in den USA hat David Finkelhor (1983, 1983a; vgl. für die Forschung über Kindesmißhandlung Zigler 1980) konstatiert, daß das empirisch gestützte Wissen heterogen sei und es an differenzierter Theoriebildung in diesem Felde mangele. Richard Gelles hatte schon 1980 in seinem Resümee der Forschung der siebziger Jahre ein ähnlich ernüchterndes Urteil formuliert (Gelles 1980). Es hat seine Berechtigung nicht nur im sozialwissenschaftlichen Bereich: Die Übersichtsaufsätze in den psychologischen Zeitschriften werden immer länger, die Befunde immer vielfältiger und die Resümees immer vorsichtiger (vgl. etwa Keller/Erne 1983). Das Portrait der »Gestalt« und des Typus sozialwissenschaftlichen Wissens über familiale Gewalt[1], welches das folgende Kapitel zeichnet, wird deutlich machen, daß dieser *eigentümliche Verlust des Gegenstandes* mit einem szientistischen, auf quantifizierende Objektivierung verkürzten Wissenschaftsverständnis zu tun hat, das sich ursprünglich – Anfang der siebziger Jahre – einem klinischen, dabei häufig stigmatisierenden, methodologisch und theoretisch ungenügenden Wissenstypus polemisch entgegengestellt hatte (vgl. Gelles 1973). Die Darstellung wird sichtbar machen, daß eine auf »saubere« definitorische Abgrenzungen und Untersuchungsdesigns bedachte Forschung immer in Gefahr ist, von der gesellschaftlichen Dynamik ihres Themas eingeholt zu werden, wenn sie nicht auch auf diese Dynamik, also auf die Konstitution ihres Themas, reflektiert.

Methodisch zielt die Untersuchung auf die Erklärungsmuster, ihre paradigmatische Struktur und empirischen Belege, in denen das Spezifische familialer Gewalt ausgedrückt wird. Dabei folgt die Darstellung einerseits der »Chronologie der Entdeckung« (die additiv verlaufen ist und den Themen der öffentlichen Aufregung – körperliche Mißhandlung von Kindern, Gewalt gegen [Ehe-]Frauen, sexueller Mißbrauch etc. – folgte), andererseits will sie eine unbewußt gebliebene Theoriegeschichte rekonstruieren und deren einzelne Stationen und Positionen, Ergänzungen und Unvereinbarkeiten zueinander ins Verhältnis setzen, als bildeten sie einen bewußt sich entwickelnden diskursiven Zusammenhang untereinander.

Problemstellungen: Das psychogenetische und das soziogenetische Paradigma

Die Wiederentdeckung der Kindesmißhandlung fand auf dem Röntgenschirm statt: Caffey (1946) beschäftigte sich mit der radiologischen Diagnose von schlecht verheilten Knochenbrüchen bei sehr kleinen Kindern, deren Ursachen er sich nicht erklären konnte. Kempe und seine Kollegen vom National Center for the Prevention and Treatment of Child Abuse and Neglect in Denver lieferten mit ihrem berühmten Aufsatz (Kempe et al. 1962) – der als Beginn der modernen Forschung über Kindesmißhandlung angesehen werden kann – indes nicht nur verfeinerte medizinische Diagnoseverfahren. Sie stellten vor allem die Frage, *warum Eltern ihre Kinder körperlich mißhandeln*: Eine Frage, von deren Beantwortung nicht nur sorge- und strafrechtliche Beurteilungen profitierten, sondern die potentiell zu einer therapeutischen Alternative zum sanktionierenden Eingriff führen sollte (Helfer/Kempe 1976; 1978, am. 1968, fortlaufend aktualisierte und veränderte Neuauflagen; Kempe/Helfer 1972; Kempe/Kempe 1980, am. 1978).[2]

In der Folge beherrschten medizinische und juristische Erörterungen (einschließlich der Meldegesetzgebung) die ersten zehn Jahre der modernen Mißhandlungsforschung. Auch in der Bundesrepublik Deutschland ist das Zusammenwirken von Recht, Medizin und Psychotherapie zu einem Ausgangspunkt der neueren Mißhandlungsforschung geworden. Kindesmißhandlung als Beispiel für die *Gefährdung des Kindeswohls* demonstrierte die Schwächen des rechtlichen Kinderschutzes; die amerikanischen

Beiträge wurden in diesem Zusammenhang rezipiert und fügten sich gut ein in eine bestehende Tradition der Therapeutisierung/Pädagogisierung des Straf- ebenso wie des Familienrechts (Zenz 1978, 1979).[3]

Die klassischen und bis heute einflußreichen Antworten auf die *Schlüsselfrage der frühen Mißhandlungsforschung*, warum eine Mutter oder ein Vater das eigene Kind tätlich angreift und verletzt, geben Brandt Steele und Carl Pollock (1978, am. 1968). Die Autoren legen Erfahrungen aus der therapeutischen Arbeit mit 60 Eltern aller sozialer Schichten zugrunde, die ihre Kinder mißhandelt haben. Steele und Pollock gehen von einer Beschreibung *konsistenter Verhaltensstrukturen* und von der *Psychodynamik in der Mißhandlungssituation* aus und rekonstruieren deren *lebensgeschichtliche Entstehung und Bedeutung* mit psychoanalytischen Begriffen.

Steele/Pollock haben in der Interaktion zwischen Mutter/Vater und dem betroffenen Kind ein Verhaltensmuster gefunden, das schon Morris und Gould (1963) beschrieben haben: Hohe und verfrühte Anforderungen an die Leistungen und an die Verständnisfähigkeit der Kinder, verknüpft mit der Ungewißheit, ob sie als Vater oder als Mutter geliebt werden. »Es ist kaum übertrieben, wenn man sagt, daß sich die betroffene Person wie ein angstvolles, ungeliebtes Kind verhält, das sein eigenes Kind erlebt, als sei es ein Erwachsener, der Trost und Liebe vermitteln könne« (Steele/Pollock 1978, S. 174). Diese Umkehrung der Abhängigkeitsrolle nennen die Autoren mit Morris/Gould *role reversal,* zentral für die Beziehungsdynamik zwischen »Täter« und »Opfer«. Väter oder Mütter, die in diese Beziehungsdynamik mit ihren (vor allem kleinen) Kindern verstrickt sind, haben selber als Kinder eine destruktive Konstellation aus Forderungen ihrer Eltern nach Befriedigung ihrer Bedürfnisse einerseits, der Kritik an der mangelnden Fähigkeit dazu andererseits erlebt. Steele/Pollock berichten über ihre Klienten: »Alle haben sie den Eindruck intensiver, allseitiger, ununterbrochener Ansprüche seitens ihrer Eltern. [...] Was sie auch zu tun versuchten, sie hatten das Gefühl, es sei falsch, nutzlos, untauglich und unangemessen, es war nicht genug, es war nicht richtig, es war zur falschen Zeit, es verdroß die Eltern, es würde den Eltern in den Augen der umgebenden Welt Schande machen, oder es war nicht dazu angetan, das Ansehen der Eltern in der Gesellschaft zu heben. Zwangsläufig hatte das heranwachsende Kind guten Grund zur Annahme, daß es ungeliebt war, daß seine eigenen Bedürfnisse, Wünsche und Fähigkeiten nicht beachtet würden, unerhört und unerfüllt blieben, ja: daß sie eigentlich falsch waren« (a.a.O., S. 177f.). Die Eltern, so

Steele/Pollock, litten als Kinder unter einem *fundamentalen Mangel an mütterlicher Fürsorge,* wobei die Autoren weniger die Fürsorge von Müttern als eine spezifische Qualität der Zuwendung meinen: Besorgtheit, Wahrnehmung und Berücksichtigung der Bedürfnisse und Wünsche des Kleinkindes und eine emotionale Interaktion. Kindesmißhandlung liegt also die *Wiederholung einer tiefen biographischen Erfahrung* unter umgekehrten Vorzeichen zugrunde. Dabei ist es bei Steele/Pollock nicht erheblich, ob die heutigen Eltern als Kinder selber körperlich mißhandelt wurden. Warum aber führt die Wiederbelebung dieser Kindheitserfahrung zu einer körperlich verletzenden Handlung? Steele/Pollock argumentieren, daß die beständige Frustration kindlicher Bedürfnisse nach Liebe und Nähe bereits vor der Entstehung eines selbständigen Ich ein Aggressionspotential ausbildet, das in der ödipalen Phase der Lebensgeschichte durch das Über-Ich kanalisiert wird. Die Frustration kindlicher Bedürfnisse setzt sich fort in einer moralischen Erziehung, der Werte wie Respekt vor der Autorität oberste Maximen sind und die damit indirekt *Kriterien legitimer Aggressionsabfuhr* vermittelt. In einem solchen Erziehungskonzept erscheint die Mißhandlung als eine Strafaktion, bei der der/die Disziplinierende die Selbstkontrolle verliert.

Dieses neopädiatrische Modell der Erklärung von Kindesmißhandlung, wie es Steele und Pollock klassisch formuliert haben, geht von *körperlichen Verletzungen,* die Eltern ihren Kindern *absichtlich* beigebracht hatten, aus: Medizinisch und juristisch betrachtet, sind sie nicht tolerierbar. Ihr Zustandekommen muß erklärt werden, weil die Folgen dieser Verletzungen für die *körperliche und seelische Entwicklung der Kinder* destruktiv sind. Gegenstand der Erklärung ist die *Täter/Opfer-Beziehung.* Wesentliches Element der Erklärung ist die *Lebensgeschichte* der Täter. Aus ihr resultieren *Persönlichkeitsmerkmale,* die in der Mißhandlungssituation mit Eigenschaften des Opfers und situativen Belastungen interagieren, aber diese sind sekundär.
Das Erklärungsmodell *weitet das ursprünglich rein juristisch definierte Problem des Mißbrauchs der elterlichen Gewalt auf ein Problem der Persönlichkeiten von Eltern und der Beziehung von Eltern zu ihren Kindern aus.* Nicht allein körperliche Verletzungen (das »battered child syndrome«) charakterisieren »child abuse«, sondern ein *Zusammenhang von körperlicher Gewaltanwendung, körperlicher und seelischer Vernachlässigung, seelischem Mißbrauch und sexueller Ausnutzung.* Seit den fünfziger Jahren, so Cicchetti/Aber (1980), sind diese Tatbestände bekannt,

aber sie hießen anders: exzessive körperliche Bestrafung, elterliche Deprivation, verbale Erniedrigung, Inzest/Vergewaltigung/Pädophilie. Die »moderne Konstruktion von Kindesmißhandlung« (a.a.O., S. 245) sucht ein *Mißhandlungssyndrom* zu formen, das unter dem Leitmotiv der seelischen Mißhandlung und Vernachlässigung steht. Die körperliche Verletzung – Gegenstand öffentlicher Empörung und »harter Kern« medizinischer und juristischer Entscheidungen – wird dabei lediglich als *unvermeidlicher Begleitumstand jener Vernachlässigung* angesehen (a.a.O., S. 246).

Die empirischen Untersuchungen und Interventionsprogramme, die in dieser Perspektive entstehen, machen offenkundig, daß dieses Verständnis nicht auf einem neuen theoretischen Konzept beruht, sondern in der – kinderärztlich seit den fünfziger Jahren favorisierten – Linie der *Deprivationsforschung* steht (exemplarisch die Untersuchungen von Gray et al. 1979; Hunter et al. 1978; ebenso die führende britische Forscherin in dieser Perspektive: Lynch et al. 1976; Lynch/Roberts 1982). In den Mittelpunkt rückt die Mißhandlung als »serious dysfunction in mother–baby-interaction« bzw. die »abnormal parenting practices« (Gray et al. 1979, S. 128, 138). Die Untersuchungen wollen letztlich *Risikofaktoren* identifizieren, die individuelle Fälle voraussagen können, und eine entsprechend intensive Betreuung und Anleitung der Mütter in der Klinik organisieren, damit die *Bindung* zwischen Mutter und Kind erleichtert sowie Belastungen durch das Familienleben möglichst positiv verarbeitet werden können. Was bei Steele/Pollock noch als *Beziehungsproblem* beschrieben wird, wird in den jüngeren deprivationstheoretisch bestimmten Arbeiten zu einem familienpädagogisch beeinflußbaren Problem von *Erziehungspraktiken*.

Eine nichtpathologische Störung

Was aber sind »abnormal child-rearing practices«? Gray et al. (1979) beantworten die Frage kasuistisch, d. h. in langen Listen konkreter Verhaltensweisen (z. B. Augenkontakt zwischen Mutter und Kind, Art der verbalen Kommunikation zwischen Mutter und Baby, Unterstützung durch den Vater u. a.), denen die

Bedeutung von Warnsignalen für eine mögliche spätere Mißhandlung zukommen soll. Dabei wird eine Frage korrelationsstatistisch umgangen, die Steele und Pollock noch direkt stellten: *Ist Kindesmißhandlung ein spezifisches pathologisches Syndrom?*[4]
Steele und Pollock charakterisieren die von ihnen untersuchte Gruppe von Eltern als zufällige Querschnittsstichprobe der Gesamtbevölkerung: Nicht nur in demographischer Hinsicht könne man »bei der überwiegenden Mehrheit [...] von stabilen Familienverhältnissen sprechen« (a.a.O., S. 169). Sie stellen fest, »daß ein Verhalten der Kindesmißhandlung« – die Autoren sprechen von Eltern, die ihre Kinder körperlich schwer verletzt hatten – »sich nicht auf ein oder zwei diagnostische Krankheitsbilder beschränkt und daß dieses Verhalten auch bei Personen auftritt, die ein flexibles und anpassungsfähiges Ich haben« (a.a.O., S. 228). Ihre Klienten hatten sehr vielfältige seelische Probleme, keines jedoch ließ sich im klassisch psychiatrischen Sinne diagnostizieren, und die Autoren meinen, daß ihre Klienten sich in dieser Hinsicht *nicht von der Normalbevölkerung unterschieden* (a.a.O., S. 172f.). Steele/Pollock weisen die Idee zurück, einen »Typ des Mißhandlers« psychiatrisch zu diagnostizieren, und geben zu erkennen, daß es keine spezifische Persönlichkeitsstruktur mißhandelnder Mütter oder Väter gibt. Sie gehen sogar noch weiter: Den Unterschied zwischen Eltern, die ihre Kinder mißhandeln und solchen, die es nicht tun, sehen Steele/Pollock nicht darin, welche Grundsätze der Erziehung sie vertreten, sondern daß sie diese Grundsätze rigide und verfrüht vertreten. Kindesmißhandlung ist für Steele/Pollock daher ein *Extremphänomen* jenes Musters von Kindererziehung, das gesellschaftlich akzeptiert und verbreitet ist. Kindesmißhandlung ist also ein Paradox: eine nichtpathologische Störung der Eltern/Kind-Interaktion.
Was ist von einer solchen »Störung« zu halten, die einerseits weit verbreitet und in diesem Sinne »normal« ist, andererseits aber für die Betroffenen so katastrophale Folgen haben kann, daß medizinische Hilfe erforderlich wird? Wie groß ist der Unterschied zwischen Züchtigung und Mißhandlung? Für Steele/Pollock sind diese Fragen nicht so wichtig, im Gegenteil: Daß es einen *Übergang* gibt, ist entscheidend. Denn ihre Konzeptualisierungen sollen fördernde und unterstützende Hilfen für Familien begrün-

den, vorbeugend wirken. Für eine Prognose von Mißhandlungen und eine Unterscheidung zwischen gefährdeten und nicht gefährdeten Familien, wie sie Gray et al. (1979) und viele andere *Studien über Risikofaktoren und frühzeitiges Screening* anstreben, ist jedoch der *Unterschied* wichtig. Denn es wird eine implizite Unterscheidung zwischen Normalität und Abweichung vorgenommen, für die Steele/Pollock keine Argumente liefern.[5] Im Gegenteil: Steele/Pollock beschreiben, wie die Beschädigung des Bedürfnisses nach Zuwendung und Nähe in frühester Kindheit sich verschränkt mit der Einübung in eine gesellschaftlich akzeptierte Aggressionsabfuhr in der späteren Kindheit. Wie normal ist die Mißhandlung in Familien? Und: *Wie verwoben ist Mißhandlung mit den Strukturen von Familie?*

Mütterlichkeit und die Lebenschancen von Frauen

Unter diesem Gesichtspunkt spielt die biographische Erfahrung von »Mütterlichkeit« eine zentrale Rolle im Erklärungsmodell von Steele und Pollock. »Mütterlichkeit« meint die Fähigkeit, »Zärtlichkeit, Freundlichkeit und Einfühlung zu zeigen und ein geliebtes Objekt höher zu bewerten als sich selbst« (a.a.O., S. 184). Mütterlichkeit ist eine fundamentale Qualität in Eltern/Kind-Beziehungen, die nicht therapeutisch hergestellt werden kann, sondern vorausgesetzt werden muß und *an die Sozialform Familie gebunden* ist. Kindesmißhandlungen zeigen also das *soziale* Problem an, daß das Vorhandensein von *Mütterlichkeit nicht mehr selbstverständlich* ist. Diese Schlußfolgerung ziehen Steele und Pollock allerdings nicht, und sie erkennen darin auch keine theoretisch bedeutsame Fragestellung. Sie haben ein *klinisches Interesse;* unter diesem Interesse beobachten sie, daß ihren Klienten durchgängig jene Erfahrung von Mütterlichkeit fehlt, daß sie alle in frühester Kindheit einen Mangel an Anerkennung erlebt haben. Sie meinen auch, daß diese Mangelerfahrung eher diffuse und vielfältige Folgen gehabt hat, als daß sie zu einer spezifischen Störung geführt hätte. Sie verstellen sich aber die Frage, ob der »Zusammenbruch der mütterlichen Fürsorge«, den sie in der Mißhandlungssituation beobachten, nicht allein ein persönliches Drama, sondern auch eine »unausweichliche Möglichkeit« der familialen Reproduktionsbedingungen (und in diesem Sinne »normal«) ist. Einerseits vermischen sie immer wieder die fundamentale Beziehungsqualität im Verhältnis der Eltern zu ihren Kindern mit der sozialen Position der Mutter in Familien, andererseits schwanken sie zwischen einer gradualisierenden und einer pathologisierenden Argumentation. So erscheint der Mangel an Mütterlichkeit in Familien als ein Defizit an Fürsorge und Altruismus bei den Müttern. Auf diese sexistischen Implikationen des neopädiatrischen Erklärungsmodells von Kindesmißhandlung hat die Frauenbewegung aufmerksam gemacht (vgl. Breines/Gordon 1983).

Generell entgeht es diesen Klinikern der Eltern/Kind-Beziehung, daß die Kindererziehung primär in den Händen der Frauen liegt. Ironischerweise jedoch wird von Mütterlichkeit bzw. »maternal bonding« gesprochen und dieses Konzept mit einer kritischen Periode in der frühesten Kindheit verknüpft, in der entscheidende Weichen für die Persönlichkeitsentwicklung gestellt würden. Das neopädiatrische Modell setzt implizit eine spezifische *soziale Organisation und Arbeitsteilung von Familie* voraus. Die vielfältigen seelischen Probleme ihrer Klienten – in über 50 der zugrundeliegenden 60 Fälle müßte man korrekter Klientinnen sagen – bringen Steele/Pollock mit frühkindlichen Erfahrungen (eben einem Mangel an mütterlicher Fürsorge) in Zusammenhang, aber nicht mit ungewollten Schwangerschaften, fehlenden Alternativen etc. der erwachsenen Frauen. Mit der Abstraktion von den strukturellen Lebenschancen und von den Lebensbedingungen der Männer und Frauen bleibt eine zentrale Dimension der Problematik unerschlossen.

Die Unterordnung der theoretischen Überlegungen unter die klinische Perspektive zwingt schließlich dazu, die Gründe für die Mißhandlungen von Kindern in ihren Familien dann doch in den *Persönlichkeitsmerkmalen* der Eltern/Täter zu suchen und so die *Mißhandlung aus der Normalität von Familie auszugrenzen*, wie es am deutlichsten in den klinischen Risikostudien geschieht.

Der juristische Beurteilungsprozeß setzt individuelle Verantwortlichkeit voraus. Steele und Pollock hatten Persönlichkeitsmerkmale genannt, die sie beeinflussen: ein niedriges Selbstwertgefühl zum Beispiel, mangelnde Empathiefähigkeit oder den Rückzug von der umgebenden realen Welt. Kempe selber (1962) spricht von unreifen und impulsiven, selbstbezogenen und übersensiblen Personen, andere charakterisieren sie als rigide und dominierend (Johnson/Morse 1968). Keller/Erne (1983) haben eine Übersicht über die Persönlichkeitsmerkmale zusammengestellt, die in empirischen Untersuchungen »gefunden« wurden: eine Liste, die fast so lang ist wie die Liste der Autoren, die sie »gefunden« haben. Auch verschiedene Versuche, sie zu Typologien und Clustern zusammenzufassen (Merrill 1962; Zalba 1967; Melnick/Hurley 1969; Gil 1970), führen zu eigenartig beliebigen Ergebnissen ohne theoretisches Konzept.

Weniger stigmatisierend, aber dafür um so deutlicher den Focus dieses klinischen, an den Erfordernissen eines sachgerechten rechtlichen Urteilsfindungsprozesses orientierten Erklärungsmodells betonend, formuliert Gisela Zenz in ihrer für den modernen Kinderschutz in der Bundesrepublik grundlegenden Arbeit: »Je konkreter der Zusammenhang zur Mißhandlung selbst gesucht wird, desto unabweisbarer wird die Einbeziehung von familiendynamischen Prozessen und psychischen Strukturen der beteiligten Personen. Die Mechanismen der psychischen Verarbeitung sozialer Belastungen und der Umsetzung in familiale Interaktion müssen herangezogen werden« (Zenz 1979, S. 196).

In ihrem Übersichtsaufsatz über die Mißhandlungsforschung der sechziger Jahre stellen Spinetta und Rigler (1972) die Rolle der Persönlichkeitsmerkmale mißhandelnder Mütter und Väter als zentrale Erkenntnis der zurückliegenden zehn Jahre Forschung heraus und fordern zugleich, die bislang nur ungesicherten »professionellen Meinungen« in kontrollierten Forschungsdesigns systematisch zu testen. Nach einer Durchsicht der Literatur über demographische Charakteristiken, Biographien und Erziehungseinstellungen, über Persönlichkeitsstörungen sowie Persönlichkeitscharakteristiken der Eltern kommen sie zu dem Schluß, daß ein »allgemeiner Charakterdefekt – mit welchen Ursachen auch immer – mißhandelnden Eltern erlaubt, aggressive Impulse zu wenig kontrolliert auszudrücken. In Zeiten zusätzlicher Belastungen und Spannungen richten sich diese Impulse auf das hilflose Kind« (a.a.O., S. 300 f.). Spinetta/Rigler argumentieren in ihrem Aufsatz gegen Forscher wie David Gil (s. u., S. 61 ff.), welche die Bedeutung sozioökonomischer Faktoren betonen. Nicht alle Eltern – so das wesentliche Gegenargument –, die unter Armut, Ungleichheit und belastenden Arbeitsbedingungen existieren, mißhandeln ihre Kinder. Der Aufsatz von Spinetta und Rigler eröffnet der nun massiv einsetzenden psychologischen Forschung ein genuines Arbeitsfeld.

Nach einer Durchsicht der Literatur über innerfamiliale Bedingungen von Kindesmißhandlung kommt Berger (1980b, S. 64 f.) zu dem Schluß, die Literatur über die Persönlichkeitsmerkmale mißhandelnder Mütter oder Väter und über die Eigenschaften mißhandelter Kinder sei heterogen, inkonsistent und verwirrend. Mit diesem Urteil über die langjährigen Versuche, Kindesmißhandlung aus den persönlichen Eigenschaften der Täter und Opfer zu erklären, formuliert Berger eine seit der zweiten Hälfte der siebziger Jahre allgemein immer mehr anerkannte Position (vgl. etwa Lystad 1975; Parke/Collmer 1975; Keller/Erne 1983). Die Erklärungsversuche seien tautologisch (Parke/Collmer 1975), ihre Monokausalität zu eng (Keller/Erne 1983) und die Methodologie der zugrundeliegenden Studien unter vielerlei Aspekten unzulänglich (Berger 1980a; 1980b, S. 65 f.; vgl. auch Gelles 1973, 1980).[6]

Eine komplementäre Perspektive

David Gil hat auf der Grundlage einer Untersuchung aller in den Jahren 1967/68 aufgrund der Meldegesetzgebung in den USA registrierten Mißhandlungsfälle, aufgrund von Fallstudien aus einem repräsentativen Sample von 1400 Fällen und anderer Datenquellen eine Typologie von Kindesmißhandlungen entwickelt und das Ausmaß von Mißhandlungen zu ermitteln versucht. Auf dieser Basis hat Gil ein *theoretisches Modell* entworfen, das die *extrafamilialen Bedingungen, die gesellschaftliche Genese* von Mißhandlungen in den Mittelpunkt stellt.

Gils Untersuchung zeigte erstmals, daß jährlich Millionen Kindern in den USA körperliche Verletzungen durch jene zugefügt werden, die doch für ihr körperliches und seelisches Wohl verantwortlich sind. *Dieses Ausmaß relativiert alle Versuche, Mißhandlungen aus individuellen Pathologien der mißhandelnden Eltern zu erklären.* In den meisten Fällen, so Gil, seien es »normale« Individuen, die lediglich ihr Erziehungsrecht wahrnähmen.

Zu den *gesellschaftsstrukturellen Ursachen* zählen, so Gil, zentrale *Werte* der amerikanischen Gesellschaft, welche die Anwendung von Gewalt in interpersonellen Konflikten – sowohl als Zufügung eines »vernünftigen Maßes« an körperlichem Schmerz als Erziehungsmittel wie als Ausdruck eines innerpsychischen oder innerfamilialen Konflikts – tolerieren oder ermutigen. Gesetzgebung und Common sense belegen dies. Zu dieser Gruppe der Ursachen zählt außerdem die historisch-spezifische Gestalt von *Kindheit,* wie sie sich im minderen Rechtsstatus von Kindern (beispielsweise in der Einschränkung des verfassungsmäßigen Rechts auf körperliche Unversehrtheit) und in der allgemeinen Erwartung von Gehorsam, Unterordnung und Anpassung definiert. Zu den gesellschaftsstrukturellen Ursachen von Kindesmißhandlung zählt auch die *soziale Ungleichheit* bzw. die gesellschaftliche Diskriminierung ganzer Bevölkerungsgruppen und die Beeinträchtigung ihrer Lebenschancen in der Bildungs- und Sozialpolitik.

Die zweite Gruppe von Ursachen liegt auf der Ebene der *familialen Lebensumwelt* von Kindern. Zur Ursache wird sie, weil der Familie die gesellschaftliche Funktion zukommt, die emotionale Stabilität jener Familienmitglieder wiederherzustellen, die dem entfremdenden und inhumanen gesellschaftlichen Alltag ausgesetzt sind. Familien sind der einzige institutionalisierte Ort in der Gesellschaft, an dem Frustrationen, Wut, Depression legitimerweise ausgedrückt werden können. Armut, mangelhafter Wohnraum, Arbeitslosigkeit oder entfremdende Arbeitsbedingungen, soziale Kontrolle durch Polizei und Wohlfahrtsbehörden etc. wirken so als »triggering contexts« und »stress«, aber auch unmittelbar gefährdend (in der Gilschen Typologie von Mißhandlungssituationen bilden sie den Typus der »umweltbedingten Zufallsereignisse«).

Zu den Ursachen auf der *personenbezogenen Ebene* zählen die innerpsychischen und innerfamilialen Konflikte und Frustrationen, die sich aggressiv äußern; das kulturelle System stellt dafür Ausdrucksformen/Symptome zu Verfügung, die gesellschaftlich tolerabel sein können.

Zu den *Erscheinungsformen* von Mißhandlungen zählt Gil, was aufgrund dieses Erklärungsmodells nicht überraschen kann, nicht nur die körperliche Mißhandlung von Kindern in der Familie und durch Sorgeberechtigte; diese ist lediglich ein allerdings charakteristischer Aspekt. Dazu zählen auch die Mißhandlung und Vernachlässigung in den Institutionen des öffentlichen Fürsorge- und Bildungswesens, welche die Entwicklungschancen der Kinder beeinträchtigen oder zumindest brachliegen lassen (vgl. Gil 1970; 1975; 1979a, b; 1980).[7]

Die paradigmatische Bedeutung des Gilschen Ansatzes besteht darin, daß Gil auf die Tautologien psychodynamischer Erklärungsversuche mit der Frage nach den *soziokulturellen Bedingungen der Möglichkeit* individueller Gewalttätigkeit reagiert. Gil fragt nicht nach den Motiven der Täter, sondern nach den gesellschaftlichen Voraussetzungen der Gewalttat. Die *strukturelle Gewalt* der Gesellschaft bildet das Apriori individueller Gewalttätigkeit (Gil 1979, S. 362 ff.). Strukturelle Gewalt hindert die Individuen – hier: die Kinder – daran, die ihnen innewohnenden Entwicklungspotentiale auf dem historisch möglichen Niveau zu entfalten (Gil 1979, S. 358; 1980, S. 30 ff.).[8] Sie manifestiert sich in der organisierten Vernachlässigung durch das Bildungssystem ebenso wie in der Mißhandlung/Vernachlässigung durch Sorgeberechtigte. Diese ist also lediglich ein Aspekt der Gewalt gegen Kinder und nicht mehr, wie in den medizinisch-juristisch-therapeutischen Ansätzen, der Inbegriff dieser Gewalt. Folgerichtig verwendet Gil den in diesen Ansätzen gebräuchlichen Begriff »abuse« synonym mit dem Begriff »violence«.
David Gil hat Gewalt als makrostrukturellen Begriff in einen Zusammenhang mit individueller, privater Gewalttätigkeit gestellt. Gewalt in Familien als »political issue«, als Thema einer sozialen Bewegung (vgl. Teil 1) bedarf einer theoretischen Begründung in Begriffen sozialer Ungleichheit, gesellschaftlicher Macht und historisch-kultureller Wandels von Gewalt; David Gil hat als erster einen solchen Bezugsrahmen vorgeschlagen.[9]

Soziale Bedingungen von Mißhandlung und Vernachlässigung

Empirische Befunde *interkultureller Vergleichsstudien, Inhaltsanalysen von Fernsehprogrammen und internationale Vergleiche über Raten von Mord und Körperverletzung* unterstützen Gils

These einer *kulturellen Ermutigung* individueller, privater Gewalttätigkeit. Parke/Collmer (1975, S. 524) resümieren in ihrer Literaturübersicht: »Die interkulturellen Vergleiche unterstützen die These, daß Unterschiede im kulturspezifischen Ausmaß von Gewalttätigkeit sich in familialer Gewalttätigkeit und speziell in der Verbreitung körperlicher Bestrafung als Erziehungsmittel reflektieren« (vgl. Korbin 1981; Gelles/Cornell 1983).

In Gils theoretischem Modell sind die *Lebensverhältnisse von Familien* bestimmt von der Struktur sozialer Ungleichheit; aber diese gehen bei Gil nicht in Merkmalen sozialer Schichtung auf. In ihnen ist ein »moralisches« und politisches Element enthalten, nämlich gesellschaftliche *Diskriminierung und Entfremdung* in der Lohnarbeit. Gil behauptet, diese Diskriminierung sei eine spezifische Quelle von Streß und Frustration; sie bewirke eine Demoralisierung, die sich gegenüber den Kindern in einem Verlust der Selbstkontrolle äußert. Das andere Element der familialen Lebensverhältnisse ist die soziale Deprivation, die Benachteiligung, die Armut, die soziale Kontrolle durch Institutionen der Fürsorge und der inneren Sicherheit. Auch diese *Benachteiligung und Überwachung* bewirkt Streß, aber einen Streß anderer Art, einen alltäglichen Überlebenskampf könnte man ihn vielleicht nennen.[10] Er bewirkt außerdem eine unmittelbare Gefährdung für Kinder und eine Beeinträchtigung ihrer Entwicklung. Es ist ganz deutlich, daß Gil dabei in erster Linie an die deklassierten sozialen Schichten denkt, an Proletariat und Randgruppen. Sie erleben materielle Benachteiligung und gesellschaftliche Diskriminierung am massivsten, bei ihnen sind daher Frustration und Zukunftslosigkeit am stärksten und die Mißhandlung und Vernachlässigung von Kindern – Gil unterstreicht diesen Befund seiner Studie – am häufigsten.

Elizabeth Elmer hat 1977 eine Untersuchung veröffentlicht (Elmer 1977), in der sie durch körperliche Gewalt traumatisierte Kinder aus sozial deklassierten Verhältnissen mit Kindern aus denselben Verhältnissen verglich, die nicht mißhandelt worden waren. Sie kommt zu dem Ergebnis: »Das Ausmaß unterschiedlicher Probleme im gesamten Sample war überraschend. 70% der Kinder hatten Probleme mit dem Sprechen, über 50% zeigten eine individuelle Störung, 39% waren Schulversager. Diese Behinderungen waren zwischen den mißhandelten, verunglückten und den Vergleichskindern gleich verteilt. Die meisten von ihnen schienen traurig und voller Angst vor persönlichen Attacken ihrer Eltern oder Gleichaltriger. Die Berichte vieler Mütter ließen darauf schließen, daß es in den Familien, gleich welcher der drei Kindergruppen, ständig Erfahrungen mit Gewalt gibt: entweder innerhalb der Familien oder in ihrer Umgebung. Man kann daraus den Schluß ziehen, daß die *Einflüsse, die von der Unterschichtzugehörigkeit auf die Entwicklung der Kinder ausgeht, ebenso mächtig sind wie die Wirkungen von Kindesmißhandlung*« (Elmer 1977, S. 273; Hervorh. MSH). Eli Newberger, selber Kinderarzt, spricht sogar von einem »Mythos des Battered-child-Syndroms« (Newberger 1979) und meint damit wie Elmer, daß soziale Deklassierung das Problem sei und das »battered child syndrome« lediglich ein Etikett, das die Folgen der Deklassierung zu einem medizinisch-therapeutischen Problem erkläre und in die Hände einer Berufsgruppe übergebe. Ähnlich argumentiert Pelton (1979), der zunächst die empirischen Befunde zusammenstellt, welche die Schichtabhängigkeit von Kindesmißhandlungen belegen. Gewalt gegen Kinder, so Pelton, sei ein Armutsproblem; wenn dies erst einmal erkannt sei, könne auch nachvollzogen werden, daß unter Bedingungen von Armut die Vernachlässigung von Kindern ein noch viel gravierenderes Problem sei als die Mißhandlung, ja: daß diese erst aus der Perspektive struktureller Kindesvernachlässigung in deklassierten bzw. armen Familien richtig verstanden werden kann. Wie Gil unterscheidet Pelton zwischen der demoralisierenden Wirkung von sozialer Ungleichheit und den direkten Gefährdungen, die Armut für Kinder bedeutet. Als Beispiel nennt Pelton die häufigste Form der Vernachlässigung, nämlich ein Kind allein und unversorgt sich selbst zu überlassen. Pelton zeigt die Alternativlosigkeit armer, alleinstehender Mütter in solchen Situationen (Pelton 1979, S. 314 f.). Er vertritt keineswegs die Ansicht, die meisten armen Familien vernachlässigten ihre Kinder oder unter Armutsbedingungen seien Kinder grundsätzlich gefährdet. Er sieht die Bedeutung des »Mythos von der Schichtunabhängigkeit« aber darin, daß die sozialstrukturelle Problematik unkenntlich bleibt und keine Anstrengungen unternommen werden und keine finanziellen Mittel zur Verfügung stehen, um diese Problematik zu untersuchen und sozialpolitisch anzugehen.[11]

Aber anders als Sozialarbeiter und Mediziner, die an die sogenannte Multi-Problem-Familie denken und für die Gewalttätigkeit in Familien ein Merkmal von Asozialität ist, steht bei Gil der Gesichtspunkt sozialer Ungleichheit im Vordergrund. Diese deformiert alle, aber nicht alle gleich. Deshalb ist es wichtig, den Unterschied zwischen *Schichtzugehörigkeit und Streß* bei Gil zu betonen.[12]

Empirische Untersuchungen zur Rolle der Schichtzugehörigkeit haben häufig diesen Unterschied nicht gemacht (Parke/Collmer 1975, S. 526) und damit dem Stereotyp Vorschub geleistet, Gewalt in Familien sei ein Unterschichtphänomen (zur Kritik des Stereotyps vgl. Steinmetz/Straus 1974). Erst Gils differenzierte Position läßt gegenüber der neopädiatrischen Position, Kindesmißhandlung sei schichtübergreifend, weil pathologisch, eine dritte These zu, welche unterschiedliche Formen von Streß annimmt. Ohne Gils Konzept einer strukturellen Gewalt wäre dies nicht möglich. Damit löst sich allerdings auch eine Vorstellung individueller Gewalttätigkeit auf, die am Bild der körperlichen Verletzung orientiert ist. Denn mit Gil kann man nun auf der mittleren Ebene der familialen Lebensverhältnisse unterschiedliche Belastungen, unterschiedliche Lebensverhältnisse, damit unterschiedliche Motive denken, gewalttätig zu sein, und unterschiedliche Mittel, Frustrationen auszudrücken oder zu kompensieren: unterschiedliche Erscheinungsformen von Gewalt, die nicht mehr unbedingt an eindeutigen Handlungskonsequenzen zu erkennen sind, sondern an ihrem *Bezug auf die zugrundeliegenden Konflikte und deren Macht- bzw. Ungleichheitsstruktur.*

Die *personbezogene, interaktionelle Ebene der Ursachen* ist in Gils Modell am wenigsten ausgearbeitet, enthält aber ein paar wichtige theoretische Ideen. Gil unterscheidet auf der Ebene interpersonellen Handelns zwischen Konflikten und ihrem Ausdruck. Während sich Gil nicht damit beschäftigt – und dies ist eine wichtige Leerstelle in seinem Modell –, welche Konflikte sich auf der interpersonellen Ebene konstituieren, erkennt er in ihren Ausdrucksformen *kulturelle Muster.* An diese Idee knüpft im Kontext der deutschsprachigen Diskussion Reinhart Wolff mit seinem Konzept der Kindesmißhandlung als einer ethnopsychischen Störung an (s. S. 67). Gewalt gegen Kinder muß immer als Handeln oder Nichthandeln von Individuen in Erscheinung treten: Die gesellschaftlichen Bedingungen müssen sich auf der interpersonellen Ebene vermitteln. Das Verhalten der Individuen reflektiert gesellschaftliche Mächte und vermittelt diese mit der Persönlichkeitsstruktur der handelnden Individuen (Gil 1979a, S. 9). Soweit dieses (Miß-)Handeln in der Familie stattfindet, findet es in einem sehr spezifischen »triggering context« statt.

Denn, so führt Gil aus, gerade die gesellschaftliche Funktion von Familien, die emotionale Stabilität der Individuen wiederherzustellen, disponiert sie dazu, Gefühle der Verletztheit, der Wut, der Frustration – die eigentlich aus der Sphäre der entfremdenden Erwerbsarbeit stammen oder aus den diskriminierenden Lebensverhältnissen – ungehindert auszudrücken (Gil 1979b, S. 360). Mit anderen Worten: *Gewalttätigkeit in Familien ist nur aus der gesellschaftlichen Reproduktionsfunktion von Familie heraus zu verstehen.* Mit diesem nicht weiter ausgeführten Gedanken (vgl. auch Gil 1980, S. 38 f.) formuliert Gil erstmals eine *familientheoretische These.* Familie ist nicht lediglich ein Ort, an dem Individuen miteinander gewalttätig umgehen – ein Ort wie andere Orte in der Gesellschaft; sie ist auch nicht lediglich ein Filter äußerer Einflüsse oder ein unter dem Druck von Armut leicht zu beschädigendes psychosoziales Gefüge, sie ist – um das Bild von »innen« und »außen« noch weiter zu pointieren – auch nicht lediglich als »Knautschzone« aufzufassen, sondern sie ist gerade als Ausgleich gesellschaftlicher Entfremdung selber ein Ort dieser Entfremdung. Dieser Gedanke findet erst in der feministischen und in der gesellschaftstheoretisch orientierten Forschung über Gewalt in Familien Resonanz und wird dort erst weiterentwickelt.

Gils Erklärungsmodell gilt der Kindesmißhandlung als Gewalt gegen Kinder. Seine Bedeutung geht aber darüber weit hinaus. Es wird sich zeigen, daß feministische Argumentationen Figuren beinhalten, besonders was das Verhältnis von Gewalt und Gewalttätigkeit anbelangt, die bei Gil bereits vorgezeichnet sind. Gil selber wiederum hat keinerlei Blick für patriarchale Machtverhältnisse; gesellschaftliche Ungleichheit zwischen den Geschlechtern und eine geschlechtshierarchische Machtstruktur werden bei David Gil nicht reflektiert. So bleiben seine familientheoretischen Überlegungen zwangsläufig allgemein. Das gilt auch für den Gewaltbegriff, der quasi zum Synonym gesellschaftlicher Strukturen wird: Gewalttätigkeit, Macht, Ungleichheit, Entfremdung etc. sind fast austauschbare Begriffe hinsichtlich ihrer Funktion, »Gewalt« zu repräsentieren.[13]

Im Umkreis des Berliner Kinderschutzzentrums (Wolff 1975; Bast 1975; Wolff 1981, 1982; Beiderwieden/Wolff 1982; Beiderwieden et al. 1984) ist eine theoretische Position formuliert worden, die sich gegen die Verabsolutierung eines psychogenetischen bzw. soziogenetischen Zugangs wendet. Die Autorinnen und Autoren verwenden die Begriffe »Kindesmißhandlung« und »Gewalt gegen Kinder« synonym; schon dieser Wortgebrauch signalisiert ein *Ineinander von politischer/gesellschaftlicher Gewalt einerseits, familialer und persönlicher Gewalttätigkeit andererseits.*

Was hat die Struktur von Familie mit der Mißhandlung von Kindern zu tun? Die moderne Familie, so die Berliner Position, ist ihrer verwandtschaftlichen und nachbarschaftlichen Beziehungen in hohem Maße verlustig gegangen: *Anonymität und soziale Kontrolle* sind der Preis der Privatheit. Der Warencharakter menschlicher Beziehungen im Kapitalismus, Konkurrenz und Leistungsorientierung unter den Bedingungen ungleich verteilten gesellschaftlichen Reichtums zwingen Familie in eine *kompensatorische Funktion,* in der sie zugleich behindert wird: Rhythmus und Funktionsanforderungen des Erwerbslebens setzen Familie als diffuses und expressives Kommunikationsmilieu unter einen *strukturellen Streß;* die Verallgemeinerung von Lohnarbeit zerstört ein existentielles (materielles) *Interesse* an Nachwuchs; die Knappheit materieller Ressourcen – besonders in Unterschichtfamilien – schränkt die *Möglichkeiten eigener Bedürfnisbefriedigungen* ein; schließlich ist das kompensatorische Milieu selber ambivalent: das Versprechen auf Nähe und Intimität kann zum *Agieren der Spannungen und Frustrationen* führen, für die es einen anderen legitimen Ort nicht gibt. Unter diesen Voraussetzungen werden die Kinder tendenziell zu *Garanten des Glücks* der Eltern. Der Umgang mit ihnen steht zugleich unter dem Imperativ einer Erziehung zur Lebenstüchtigkeit, das heißt zu Triebfesselung und Affektkontrolle: Die *Erziehung ist unabdingbar autoritär* (vgl. dazu auch Petri/Lauterbach 1975). Die Ambivalenz dieser Eltern/Kind-Beziehung ist offenkundig.

Die moderne Familie, das ist die Antwort dieses Erklärungsmodells auf die Frage nach der Normalität von Kindesmißhandlungen, ist dem *Druck der Vergesellschaftung* nicht gewachsen. Unter diesem Druck wird der Wunsch nach Kindern beliebig,

Intimität zum Ventil, und statt daß die Eltern den Kindern eine Zukunft versprechen könnten, müssen die Kinder als Lebenssinn der Eltern fungieren. Mit anderen Worten: *Die gesellschaftlichen Funktionen von Familie werden zu Bedingungen ihrer Zerstörung*, die sich in Kindesmißhandlungen manifestiert. Die Ambivalenz des kompensatorischen Milieus Familie wird dabei zwar angesprochen, aber sie dient nur zur Markierung eines Zerfalls. Familie wird als *reaktive* soziale Einheit konzipiert, die unter äußerem Druck destruktiv wird (vgl. Heinsen 1982).
In den neueren Arbeiten wird Streß nicht mehr allein als »Außendruck« aufgefaßt, dem eine Familie nicht gewachsen ist, sondern als ein exogener Stimulus, der sich mit einer spezifischen Reaktion von Individuen bzw. des Familiensystems zu einer Gestalt vereinigt, einer Szene, die den *Person/Umwelt-Zusammenhang des Konflikts* ausdrückt (Devereux 1978, S. 64f.).

Kindesmißhandlung wird als Ausdruck der *Krise der familialen Reproduktion* aufgefaßt, als psycho-soziokulturelles Syndrom (Wolff 1975, S. 32; 1982, S. 71). Wolff nennt Kindesmißhandlung eine *ethnopsychische Störung*: Persönliche und/oder familiale Konflikte drücken sich in einem Code aus, der gesellschaftlich zur Verfügung gestellt wird, in der »Sprache der Gewalt«. Subjektiv ist Gewaltanwendung »ultima ratio«, allerdings auf der Basis eines erlernten Verhaltens: Anders könnte der Code nicht wirksam werden. Er schließt sich zusammen mit einer Biographie gestörter Objektbeziehungen und narzißtischer Kränkungen (Wolff 1982, S. 77). In der Konfrontation mit einem anspruchsvollen, bedürftigen Kind, unter den Bedingungen von Isolation, ökonomischer Knappheit und womöglich einer Krise der ehelichen Beziehungen biete der soziale Code der Gewaltanwendung die Möglichkeit zu einer projektiven Verarbeitung des Konflikts.[14]

Der Focus verschiebt sich von der Analyse der Vergesellschaftung zu einer Analyse familialer Soziopathie. Deren gesellschaftliche Vermittlung wird gefaßt als innerfamiliale Verwendung einer gesellschaftlichen »Sprache« (Gewaltanwendung) als Konfliktlösungsmuster. Was disponiert Familienmitglieder dazu, diesen Code zu benutzen? Antwort: biographisch vermittelte, innerpsychische Probleme/Störungen. Mit anderen Worten: Der familiale Charakter des Konflikts wird verstanden als Konflikt der Familienmitglieder untereinander, dessen Wurzeln ebenso in der Biographie der einzelnen Personen zu suchen sind wie die

Gründe, warum sie den gesellschaftlichen Code der Gewaltanwendung verwenden, um den Konflikt zu lösen. Die Frage, *wie die Konflikte von Familienmitgliedern und ihre Dynamik in den Widersprüchen der Vergesellschaftung* von Familie entstehen, wird nicht gestellt.[15]

Eine zivilisationstheoretische Deutung des Generationenverhältnisses

Warum äußert sich die Krise der familialen Reproduktion als Kindesmißhandlung? Die Pointe der Berliner Position liegt in der Bedeutung, die der *Ambivalenz der Generationsbeziehung* zugeschrieben wird und die nicht nur die Spezifität des Konflikts bestimmt, sondern auch die Übertragung des Konflikts von Generation zu Generation, seine prinzipielle Unlösbarkeit und die notwendige Rolle, welche die Anwendung körperlicher Gewalt dabei spielt.

Was als »Mißhandlung« galt, war in der Sozialgeschichte der Kindheit massivem Wandel unterworfen. Daß Kinder überhaupt als Subjekte anerkannt werden, die man »miß-handeln« kann, ist ein Ergebnis der Aufklärung. Kulturgeschichtliche Reflexion zeigt aber, daß Mißhandlung nicht erst entstand, als es darüber ein Bewußtsein gab, sondern daß in der Aufklärung und der Entstehung des modernen Staats lediglich die realhistorische Transformation eines *Grundkonflikts des patriarchalen Zivilisationsprozesses* vollzogen wird: der mythischen Angst vor der nachwachsenden Generation, die immer wieder in offene Barbarei umschlägt.

Der Monopolisierung der Gewalt beim Staat und der damit einhergehenden Pazifizierung des öffentlichen Lebens entspricht eine *Introversion der Gewalt im Generationsverhältnis.* An die Stelle der Gewalt als Qualität des Freien und an die Stelle der unmittelbaren Gewalt über Leben und Tod der Kinder treten die Verfügungsrechte und die Fürsorge der patria potestas, die Erziehung mit ihrem Recht auf Gewaltanwendung, die Vorbereitung auf ein Leben in abstrakten Regeln der gesellschaftlichen Ordnung, ein Training in Affektkontrolle, autoritäre Erziehung. Diese Introversion unmittelbarer Gewalt zielt auf die Abschaffung von Gewalt; sie bleibt aber an die patriarchale Form des Zivilisationsprozesses gebunden, also an ein Herrschaftsverhältnis oder besser: an seine selbstverständliche Geltung.

Aber diese Geltung bleibt prekär, denn die Übermacht der Eltern ist nur durch das Erfordernis des Schutzes vor dem gesellschaftlichen Kampf aller gegen alle legitimiert, und die *Strafe* – der Kern jeder Zivilisierung der nachwachsenden Generation – ist körperliche und psychische Verletzung des kindlichen Selbst. So zeugt sich die Dialektik von Fürsorge und Bedrohung fort. Mißhandlung ist das Scheitern dieser ambivalenten Generationsbeziehung.

Indem das Gewaltverhältnis zwischen Eltern und Kindern sich als »Mißhandlung« äußert, demonstriert es seine historische Auflösung (Beiderwieden/Wolff 1982, S. 7). Die historische Bedeutung der Kindesmißhandlung und -vernachlässigung besteht darin, Ausdruck für das Auseinanderbrechen (Ent-Dialektisierung, Beiderwieden et al. 1984, S. 349) des Generationszusammenhangs zu sein; *subjektiv ist es ein Mittel, dieses Auseinanderbrechen zu verhindern.* Insofern ist die therapeutische Arbeit, aus der diese Argumentationen entstanden sind und auf die sie sich beziehen, eine konkrete Arbeit an der Entwicklung nichtpatriarchaler, nichtgewaltsamer Familienstrukturen.
Trotz der geschichtsphilosophischen Reflexion handelt es sich im Kern um ein psychogenetisches Modell zur Erklärung von Kindesmißhandlung. Die Form der Beziehungsstörung (die ambivalente Introversion der Gewalt) ist zwar paradigmatisch für den Zivilisationsprozeß, darin aber auch wieder unwandelbar und überzeitlich (Beiderwieden/Wolff 1982, S. 7). Das beziehungstheoretische Konzept der Ent-Dialektisierung bleibt gegenüber den Widersprüchen der Vergesellschaftung (die in den früheren Schriften noch detailliert analysiert wurden) unspezifisch, der Bezug auf Herrschaft, zumal patriarchale Herrschaft, undeutlich. Die Frage nach der *unterschiedlichen Betroffenheit von Männern und Frauen* unter dem wenn auch zerfallenden Patriarchat wird nicht gestellt, auch nicht die *Bedeutung der Gewalt gegen Frauen für eine Erklärung von Kindesmißhandlung* unter patriarchalen Bedingungen erörtert. Die historische und gesellschaftliche Vermittlung der Störung im Generationsverhältnis bleibt dadurch eigentümlich blaß und allgemein. So wird der postulierte Zerfall des Patriarchats in seinem genetischen Zusammenhang mit den konkreten Familienproblemen kaum hergestellt und greifbar.[16]
Gerade weil das Berliner Modell einer zivilisationstheoretisch begründeten Sozialisationsforschung den fatalen Riß zwischen

einer subjektivistischen und einer objektivistischen Analyse familialer Gewalt überwinden will, steht seine soziologische Konkretisierung noch aus. Konkret wird die Analyse in den *therapeutischen Prozessen* mit Eltern und ihren Kindern.[17]

Belege und Reduktionen: Die empirizistische Reformulierung des Problems

»Wenn man an dem Auftreten von Gewalttätigkeit in Familien etwas ändern will, dann reicht es nicht aus, unmittelbar heranzugehen an solche Aspekte innerfamilialer Gewalttätigkeit wie Kindesmißhandlung und Kämpfe zwischen Ehepartnern. Die Aufmerksamkeit auf solche Ereignisse und ihre unmittelbaren Vorzeichen zu beschränken ist vergleichbar mit einem Herumdoktern an Symptomen. Es braucht einen wesentlich grundsätzlicheren Ansatz, einen, der erkennt, daß Verhalten in der Familie eingebettet ist in die Gesellschaft und ihre Funktionen« (Steinmetz/Straus 1974, S. 20). Das ist der Grundtenor, mit dem – erstmals auf einer Konferenz des National Council of Family Relations (1970) – »Violence and the Family« zum Thema eines breit angelegten sozialwissenschaftlichen Forschungsprogramms in den USA wird. Gewalt in Familien soll nicht länger einer »selektiven Nichtbeachtung« unterliegen und wird in den siebziger Jahren zu einem öffentlichen Thema von hoher Dringlichkeit (Gelles 1980, S. 874).

Der Versuch, die *Spezifität familialer Gewaltanwendung* theoretisch zu bestimmen und empirisch greifbar werden zu lassen, steht unter dem Eindruck militärischer, politischer und sozialer Konflikte der USA und in den USA. Aber der Bezug darauf bleibt unspezifisch[18]; die Friedens- und Violence-Forschung, die zur selben Zeit direkt auf Ghetto-Unruhen und wachsende Kriminalität reagiert, wird nicht zur Kenntnis genommen. Von vornherein steht daher der Versuch, die Spezifität familialer Gewalt zu bestimmen, unter der Vorentscheidung, es handele sich um ein rein innerfamiliales Problem. Der Typus von Forschung, der dabei entstanden und bis heute in den USA (und weit über die Staaten hinaus) tonangebend ist, läßt sich exemplarisch an dem *sozialpsychologischen Modell* einer Erklärung von Kindesmißhandlung in Familien veranschaulichen, das Richard Gelles (1973) entwickelt hat. Ein ähnliches *systemtheoretisches Modell* entwerfen Steinmetz/Straus (1974, S. 18 f.) für die Erklärung *innerfamilialer Gewalt generell* (vgl. auch die Ausformulierung der systemtheoretischen Konzeptualisierung familialer Gewalt in Straus 1973).

Ein Modell der Mißhandlungssituation

Im Mittelpunkt des Gelles-Modells stehen *Streßfaktoren*, die sich auf die Interaktion zwischen Eltern und Kindern situativ auswirken. Diese sind: ehelicher Streit, Arbeitslosigkeit, soziale Isolation, zu viele Kinder und Gefährdungen der elterlichen Autorität bzw. der Wertorientierungen oder des Selbstwertgefühls von Eltern; schließlich Eigenschaften des Kindes: Es war unerwünscht, oder es ist behindert, krank, ungehorsam, aufbrausend, zu lebhaft. Diese Belastungen können unter *plötzlich eintretenden Bedingungen*, in akuten Auseinandersetzungen etwa oder bei einem kindlichen Fehlverhalten, zu Mißhandlungen führen, die ihrerseits unterschiedliche Erscheinungsformen von der einmaligen körperlichen Attacke oder dem Anschreien bis zum wiederholten Verprügeln annehmen können. Um dieses Modell der Mißhandlungssituation herum gruppiert Gelles *sozioökonomische und soziokulturelle Faktoren*. Spezifisch jedoch für das Agieren der Belastungen in der Form von Mißhandlungen ist die *biographische Erfahrung* mit Mißhandlung. Was bei Steele/Pollock psychoanalytisch formuliert wird, erscheint bei Gelles in der Terminologie einer Theorie sozialen Lernens, die auf die Bedeutung von Rollenmodellen in der Biographie abhebt. Später hat Suzanne Steinmetz (1977) dafür die Formel vom »cycle of violence« geprägt.[19]

Gelles versammelt die Thesen und Befunde klinischer Erfahrungen, empirischer Studien und theoretischer Untersuchungen und transformiert sie in Faktorengruppen, die auf ihren korrelativen Zusammenhang untereinander und mit Gewaltanwendung (in diesem Fall: Kindesmißhandlung) empirisch geprüft werden sollen. Das Modell verknüpft zwei Eigenschaften miteinander: Zum einen abstrahiert es von allen besonderen Erscheinungsformen familialer Gewalt, von den Besonderheiten der Kindesmißhandlung, der Mißhandlung von Frauen in der Ehe, des sexuellen

Mißbrauchs, von den spezifischen Merkmalen der Gewalt gegen alte Menschen in Familien[20] etc. und *gewinnt in dieser Abstraktion ein Konzept »Family Violence«;* zum anderen trägt das Gelles-Modell inhaltlich alles Anfang der siebziger Jahre vorhandene Wissen der verschiedenen Ansätze und Disziplinen zusammen in einer Art *Topographie von Bedingungsfaktoren* in Familien. Es ist mit einer entschiedenen Kritik an monokausalen Erklärungsmustern und den vielfältigen methodologischen Schwächen der klinisch-psychiatrischen Studien verbunden und betont die Multidimensionalität und die multifaktorielle Bedingtheit der Gewaltanwendung in Familien. Ein alternatives Erklärungsmodell jedoch ist es strenggenommen nicht; die theoretische Qualität des Modells ist die eines Puzzles, das faktorenanalytisch zusammengesetzt werden muß. Als solches hat es allerdings Schule gemacht; der Zuwachs an Wissen über familiale Gewalt hat seither und bis heute zu wesentlichen Teilen über statistische Analysen von Zusammenhängen zwischen einzelnen Faktoren, Faktorengruppen und ihren begrifflich differenzierten Varianten stattgefunden (vgl. Engfer 1986, bes. S. 41).

Befunde zu den Bedingungen familialer Gewalttätigkeit: Ist Gewalt gleich Gewalt?

Der Stand des empirisch recherchierten Wissens läßt sich entlang der bei Gelles genannten Faktorengruppen, wenngleich diese zum Teil erheblich differenziert wurden, folgendermaßen skizzieren (vgl. die Übersichtsaufsätze von Lystad 1975; Parke/Collmer 1975; Maden/Wrench 1977; Steinmetz 1978; Gelles/Straus 1979; Berger 1980a, b; Gelles 1980; Hotaling/Straus 1980; Breines/Gordon 1983; Keller/Erne 1983):

Zu den immer wieder zitierten Befunden zählt, daß Personen, die in ihrer Kindheit mißhandelt wurden oder in ihren Familien Zeugen gewalttätigen Verhaltens waren, ihrerseits mit größerer Wahrscheinlichkeit den/die Ehepartner/in bzw. eigene Kinder mißhandeln als Personen, die solche Erfahrungen nicht gemacht haben. Owens und Straus (1975) belegten, daß Personen der Anwendung von Gewalt gegen andere – nicht nur in der Familie, sondern generell – eher zustimmen, wenn sie selbst in ihrer Kindheit Gewalt ausgesetzt waren. Straus et al. (1980) belegten den direkten Zusammenhang zwischen dem Ausmaß der Gewalterfahrung und der Wahrscheinlichkeit, selber gegen Partner bzw. Kinder gewalttätig zu werden; Steinmetz (1977) zeigte, daß dieser *»cycle of violence«* auch für weniger traumatische Gewalterfahrungen gilt. Dem Konzept kommt eine strategische Bedeutung insofern zu, als es – sei es lerntheoretisch, interaktionistisch oder auch nach der Aggression-Frustration-These gefaßt – eine Verknüpfung zwischen kulturellen Normen, die Gewaltanwendung tolerieren oder unterstützen, einerseits, individuellem Verhalten andererseits herstellt (Steinmetz/Straus 1974).[21]

Gewalt in Familien steht in enger Beziehung zu sozialem *Streß*, dies ist der zweite Schwerpunkt empirischer Belege über die Bedingungen und Ursachen der Gewaltanwendung in Familien. Verschiedene Quellen von sozialem Streß lassen sich unterscheiden: emotionale und Beziehungsprobleme in der Ehe und im Verhältnis von Müttern/Vätern und Kindern; Beeinträchtigungen der materiellen Subsistenz von Familien durch Arbeitslosigkeit, Armut, finanzielle Probleme, schlechte Wohnverhältnisse; eine dritte Gruppe betrifft den Streß, der vom Opfer der Mißhandlung ausgeht: dem »Problem«-Kind bzw. der »Problem«-Frau – eine Thematisierung, die auf heftige Kritik stieß, weil dabei das Opfer für die Gewalt, die ihm/ihr angetan wird, verantwortlich gemacht werde. In diesen drei Gruppen sind Streßfaktoren, für die sich eine empirische Bestätigung fand, noch lange nicht erschöpft. Die Liste dürfte fast so lang sein wie die Liste der Persönlichkeitsmerkmale von Eltern, die ihre Kinder mißhandeln.[22]

Gewalt gegen Kinder und Frauen, auch dafür gibt es klare Belege, kommt in *niedrigen sozioökonomischen Schichten* häufiger vor; dies bedeutet allerdings nicht, daß Gewaltanwendung ein Unterschichtproblem wäre. Steinmetz und Straus weisen darauf hin, daß die Unterschiede *in* den einzelnen sozialen Schichten mindestens so wichtig seien wie die *zwischen* ihnen, und nennen drei Dimensionen, welche die Schichtunterschiede differenzieren: Zugang zu Ressourcen; Arbeitszufriedenheit und Zukunftsorientierung in bezug auf die Kinder (Steinmetz 1971; 1974; Straus 1971). Diese Dimensionen können auf die Situation von Männern und Frauen sowie auf die spezifischen Lebensumstände und Wertorientierungen der unterschiedlichen sozioökonomischen Statusgruppen bezogen werden und erlauben komplexe Hypothesen (vgl. O'Brien 1971; Allen/Straus 1980).

Jenseits der Schwierigkeit, Streß und sozioökonomischen Status zu unterscheiden, ist eine spezifische Quelle von Streß besonders hervorzuheben, die ebenfalls als Bedingung familialer Gewaltanwendung gesichert zu sein scheint: *Soziale Isolation* verschärft das Risiko schwerer Gewalttätigkeit gegen den/die Partner/in bzw. gegen Kinder. Hohe Mobilität und der Verlust eines sozialen Netzwerks machen Familien verletzlich gegenüber Streßsituationen. »Support systems« sind daher als Ressourcen anzusehen, die – sei es in Gestalt persönlicher Unterstützung, sei es als soziale Dienstleistungen – für die Bewältigung von Krisensituationen von zentraler Bedeutung sind (vgl. dazu auch Garbarino, s. u. S. 82).

Am Ende des Jahrzehnts, nach einem geradezu exponentiellen Wachstum der soziologischen und psychologischen Forschung über Kindesmißhandlung und Gewalt gegen Ehefrauen, stehen Beobachter vor einer Fülle von Einzelstudien, aber die Fortschritte in der Theoriebildung sind vergleichsweise bescheiden. Gelles selbst stellt in einem resümierenden Aufsatz fest (1980; auch 1983), es gebe zwar »consistent findings« über Faktoren, die mit familialer Gewalt korrelieren, aber man könne sich nicht erklären, warum sie korrelieren. Zwar kristallisieren sich gewisse empirische Befunde heraus, aber bei näherem Hinsehen häufen sich Vorbehalte und Bedenken.[23]

Was sich als »gesicherte Erkenntnis« ausgibt, ist häufig nur ständig wiederholt worden (»Woozle-Effekt«, Schumm et al. 1982). Wichtiger aber ist die theoretische Problematik, daß ein faktorenanalytischer Beleg die Ebene der *lebensweltlichen Konstruktion von »Gewalt« durch handelnde Subjekte* verfehlt und so zu zweideutigen »Evidenzen« führt. Beispiel Streß: Arbeitslosigkeit ist für Männer, deren Familienrolle an Erwerbstätigkeit gebunden ist, in einem ganz anderen Sinne »Streß« als für (Ehe-) Frauen und Mütter, deren Arbeit nie ausgeht, weil sie nicht entlohnt wird. Die forschungssoziologische und -politische Bedeutung des Gelles-Modells besteht darin, daß es »violence« als individuelles Verhalten faßt, es als individuelles Verhalten isoliert und so forschungstechnisch zur unabhängigen Variablen macht.

Befunde zum Ausmaß von Gewaltanwendung in Familien: Doppelmoral

Die größten Erfolge hat diese Forschung dort, wo sie das *Ausmaß* solchen Verhaltens zu bestimmen versucht. Dort wird der aufklärerische Impuls dieser Forschung sichtbar, »kritische Fakten« gegen eine Tabuierung familialer Gewalt aufzubieten.

Nicht erst in den siebziger Jahren belegte eine Reihe von Studien, daß bis zu 97% der Eltern ihre Kinder mit *körperlichen Strafen* disziplinieren (für Deutschland erhob zuletzt 1979 Allensbach ähnliche Zahlen); überraschend waren Ergebnisse (Straus 1971, Steinmetz 1974), nach denen noch rund die Hälfte der High-School-Absolventen, soweit sie bei ihren Eltern leben, von diesen geschlagen werden.
Zur *Mißhandlung von Kindern* gibt es viele Schätzungen, die weit voneinander abweichen (s. die Übersicht bei Steinmetz 1978; für die Bundesrepublik Kullmer 1982, S. 261). Die Untersuchung von Gil legte Daten zugrunde, die nach der Meldegesetzgebung in den USA Ende der sechziger Jahre anfielen. Erst Ende der siebziger Jahre (Straus et al. 1980) wurden die bislang zuverlässigsten, repräsentativ erhobenen, nicht auf gemeldeten Fällen beruhenden Daten erhoben. Jährlich, so diese Studie, werden 3,8% der *Kinder* im Alter zwischen 3 und 17 Jahren von ihren Eltern schwer mißhandelt, die meisten mehrfach: sie werden zusammengeschlagen, -getreten oder mit einer Waffe bedroht/verletzt.
Dieselbe Rate trifft für die *Mißhandlung von Ehefrauen* zu, wobei 28% der Befragten erklärten, es sei mindestens einmal im Laufe der Ehe zur Anwendung körperlicher Gewalt gekommen.[24] Schon in den sechziger Jahren zeigten kriminologische Untersuchungen, die nun in einen neuen Zusammenhang gestellt werden (Gelles/Straus 1979; Steinmetz/Straus 1974; Steinmetz 1978; Lystad 1975; Dobash/Dobash 1977-78), daß zwischen 20% und 40% der Morde zwischen Familienmitgliedern stattfinden und überwiegend Frauen die Opfer sind; »Familienmitglied« ist die größte einzelne Opfer-Kategorie, ein Tatbestand, der auch international gilt. Gewalttätige Auseinandersetzungen in Familien sind der häufigste Grund für Polizeieinsätze, ergab eine Studie in Chicago (nach Eidmann et al. 1982 machen in der Bundesrepublik Polizeieinsätze in Familienstreitigkeiten einen verschwindend geringen Anteil an allen Polizeieinsätzen aus); 22% der Polizisten, die im Dienst ums Leben kamen, starben bei Interventionen in Familienstreitigkeiten. Eine Studie über Ehepaare, die sich scheiden lassen wollen, zeigte, daß zwischen 23% (Mittelschicht) und 40% (Unterschicht) der Fälle körperliche Gewaltanwendung als Scheidungsgrund nannten (Levinger 1966). Explorative Studien, die mit Intensivinterviews durchgeführt wurden, ergaben Anfang der siebziger Jahre noch größere Raten familialer gewalttätiger Auseinandersetzungen, als die quantitativen Studien ergeben hatten (Gelles 1974; Steinmetz 1977; für die Bundesrepublik s. oben, S. 33 ff.).

Als kritisch können diese Befunde wahrgenommen werden, wenn »körperliche Strafe« und »Mißhandlung« als Ausprägungen desselben Konzepts »Gewalt(tätigkeit)« (violence) verstanden werden. Straus, Gelles und Steinmetz sehen sich darin von der Regelhaftigkeit und ungleichen Verteilung der Gewaltanwendung zwischen Männern, Frauen, Kindern bestärkt. Daher zerstörten diese Befunde die herrschende Vorstellung, die Familie sei charakterisiert durch Gewaltfreiheit. Im Gegenteil, Steinmetz und Straus resümieren: »Wir sehen das Potential für Gewalt in Familien für ebenso fundamental an wie das Potential für Liebe« (1974, S. 6); später formulieren Gelles und Straus: »Gewalt mag für die Institution Familie sogar typischer sein, als es Liebe ist« (1979, S. 550). »Typisch« heißt hier nicht nur »verbreitet« oder »häufig«, sondern meint auch ein *normatives Mandat zur Gewaltanwendung zum Zwecke sozialer Kontrolle*: ein Privileg, das die Familie nur noch mit der Polizei teilt.

Stark/McEvoy (1970) hatten ermittelt, daß in allen sozioökonomischen Gruppen einer von vier Männern und eine von sechs Frauen der Meinung waren, unter gewissen Bedingungen sei es zulässig, die Ehefrau zu schlagen; die körperliche Züchtigung aus Erziehungsgründen hielt die Mehrheit der Befragten sogar für eine moralische Pflicht. Inhaltsanalysen von Kinderbüchern (Huggins/Straus 1980), von kulturellen Traditionen, rechtlichen Regelungen und Medien der Populärliteratur (Straus 1976, dt. 1976) ergaben ebenso wie die Einstellungsuntersuchung im Kontext der bereits erwähnten Repräsentativstudie (Straus et al. 1980) Hinweise auf die Existenz kultureller Normen, welche die Anwendung von Gewalt gegen Kinder und Frauen legitimieren (vgl. auch Dobash/Dobash 1979). Sie stehen jenen Normen gegenüber, welche Familie mit Liebe, Harmonie und Partnerschaft verbinden. Diese sind offenkundig und akzeptiert, jene sind überwiegend unverbalisiert und in die Strukturen des Alltags eingelassen, wo sie quasi-automatisch, vergleichbar den Garfinkelschen Entscheidungsregeln funktionieren (Gelles/Straus 1979, S. 560).

Der Unterschied zwischen »normaler« und »mißbräuchlicher« bzw. »legitimer« und »illegitimer« Gewalt liegt nicht in der Gewalt selbst – wie die Vorstellung von der gewaltfreien Familie möchte –, sondern ist – wie es schon Steele/Pollock und Gil betonten – eine gesellschaftliche Konvention, über deren »Natur« genauer nachzudenken lohnt.

So verschieden die erzieherische Ohrfeige und die schwere Körperverletzung sind: gemeinsam – so Gelles/Straus (1979) – ist ihnen der absichtliche oder als absichtlich wahrgenommene *Gebrauch körperlicher Kraft, um Schmerz zuzufügen.* Sie unterscheiden sich in der Gefährlichkeit für die Gesundheit der betroffenen Person: dem Unterscheidungskriterium von »normal« und »abusive violence« (später: »minor« vs. »severe«, vgl. Kalmuss/Straus 1982). Dennoch hebt die Definition nicht auf die Handlungsfolgen ab (wie die klinische Definition). Sie betont damit die Diskontinuität von Motiv, Handlung und Handlungsergebnis, was für die Forschung folgenreiche Differenzierungen ermöglicht. Indem er mit dem Ausmaß und mit der sozialen Vorstrukturiertheit innerfamilialer Gewaltanwendung (z. B. geschlechtsspezifische Ungleichverteilung und gewaltbefürwortende Normen) die These von der Normalität körperlicher Aggression in Familien begründet, enthält dieser Violence-Begriff *Elemente des Konzepts struktureller Gewalt* von David Gil; so spielen auch Begriffe wie »sexuelle Ungleichheit« (Straus 1980c), »Machtstruktur« (Allen/Straus 1980), »sozialstrukturelle Ursachen von Gewalt« (Hotaling/Straus 1980) eine charakteristische und tragende Rolle in der Argumentation. Aber die gesellschaftliche Regulierung der Gewaltanwendung wird in diese Definition *nicht* aufgenommen (die Diskussion dieser Entscheidung ist bei Gelles/Straus 1979, S. 550 nachzulesen) mit der Folge, daß »violence« als eine »Handlung an sich« erscheint, die Bedeutungen stiftet, statt umgekehrt durch die Kontexte, in denen sie auftritt, Bedeutung zu erlangen.
Statt die Beobachtung des kulturellen Doppelstandards gegenüber Gewaltanwendung zum Anlaß zu nehmen, einen historisch-gesellschaftsstrukturellen Begriff von »Gewalt« zu entwickeln, in dem die Gewalttätigkeit ihre Bedeutung erhält durch die Strukturen von Abhängigkeit und Ungleichheit, die durchaus auch andere Erscheinungsformen haben, bleibt nun körperliche Aggression sich immer gleich: Die Prügelei im Sandkasten und der Terror einer Ehe unterscheiden sich vor diesem Konzept nicht prinzipiell. Es sind letztlich Zugeständnisse an ein spezifisches Wissenschaftsverständnis, Zugeständnisse an Beobachtbarkeit

und Operationalisierbarkeit, die eine inhaltliche Verkürzung des Gewaltkonzepts erzwingen. Es wird dadurch inkonsistent, denn das Kriterium, um »normal« und »abusive violence« nun zu unterscheiden, wird doch – was zunächst abgelehnt wurde – die drohende körperliche Verletzung. Die Verletzung aber ist als Kernbereich personaler Integrität nicht nur unverzichtbares Element jedes Gewaltkonzepts, sondern sie ist auch in philanthropischer Verabsolutierung Kern des »Mythos Gewalt«, Element des eben noch aufgewiesenen kulturellen Doppelmaßstabs, Kriterium der Ausgrenzung aus der Normalität. Wenngleich unbeabsichtigt, gehen Straus und seine Kolleg(inn)en in diese Falle. Die strukturelle Ambivalenz von Liebe und Gewalt in Familien ist nun untersuchungsmethodisch nicht mehr faßbar und epistemologisch in einer moralisierenden Maxime verschwunden, die unterschiedslos »Gewalt« ablehnt. Dann ist es schon stimmiger, wenn man die Tabuierung von Gewalt in Familien aufhebt, indem man Gewalt als Mißhandlung ausgrenzt und »normale Gewalt« nicht als Gewalt faßt: So verfährt die Konzeptualisierung von Parke und Collmer (1975).[25]
Indem soziologische Violence-Forscher wie Straus diese konventionalistische Wendung des Violence-Konzepts nicht mitvollziehen und daran festhalten, daß Gewalt in Familien ein soziales Problem sei, tritt die Dualität psychologischer und gesellschaftlicher Anteile deutlich hervor. Ihr *Empirizismus* besteht darin, daß sie diese Dualität ignorieren und nicht als Moment ihres Gegenstandes »Gewalt in Familien« reflektieren. Ansätze dazu gab es. Die bereits erwähnte qualitative Studie von Gelles (1974; wichtig in diesem Zusammenhang auch die Studie von LaRossa 1977) wird heute als »Pilot-Studie« heruntergespielt, als Steinbruch von Hypothesen (auch vom Autor selber), während sie doch die Spezifität familialer Gewalt, ihre Doppelnatur – Normalität und Abweichung, körperliche Attacke und symbolische Handlung, Abhängigkeitsstruktur und Willkür, Nähe und Feindseligkeit – viel greifbarer werden ließ, als dies die Gütekriterien massenstatistischer Repräsentativität je vermögen. Wie der gesellschaftliche Funktionszusammenhang »Gewalt« sich durch individuelle Handlungen und Orientierungshorizonte hindurch reproduziert, ohne daß sich die Logik individuellen Handelns doch ableiten ließe aus einem begrifflichen Modell dieses Funktionszusammen-

hangs, den es bestätigt: dieses theoretische Problem, in der frühen qualitativen Studie von Gelles angelegt, wird nicht weiter verfolgt.[26]
Die Scheingewißheit des empirisch untermauerten Wissens über Gewaltanwendung in Familien, die Gelles später so geißelt (1980; 1983), ist die unvermeidliche Folge eines wissenschaftstheoretischen Konzepts, das primär quantitativ objektivierbare Fakten anerkennt. Die Formulierung eines empirisch fruchtbaren Modells familialer Gewalt hat zwar den Focus der Aufmerksamkeit, der auf die körperliche Verletzung von Kindern beschränkt war, erweitert. Seine Abstraktionen und Untersuchungsfragen fallen aber hinter das Niveau der Problematisierung zurück, das von Steele/Pollock und Gil bereits erreicht war, ja: sie fallen sogar hinter ihr eigenes Programm zurück. Seine Resultate sind so heterogen und diffus, daß man die Frage stellen muß, ob »violence« als individuelles gewalttätiges Handeln überhaupt sinnvoll einer sozialwissenschaftlichen Analyse zugrunde gelegt werden kann. Nach einer intensiven Phase empirizistischer Forschung ertönt – nicht überraschend – der Ruf nach Theorie (Gelles 1980; Hotaling/Straus 1980; Finkelhor 1983). Aber was für eine Theorie ist gemeint? Gelles' frühe Studie zeigt, daß ein Sinn für Zusammenhänge verlorengegangen ist, der durch ein nomothetisches Theoriekonzept, wie es ihm selber (1983) vorzuschweben scheint, nicht ersetzt werden kann.

Rekonstruktion des Zusammenhangs: Theoretische Konzepte über Gewalt in Familien

Die Gegensätzlichkeit eines psychogenetischen und eines soziogenetischen Denkens erscheint in einer *sozialökologischen Perspektive* als Komplementarität (Belsky 1978a, b; 1980; Garbarino 1977, 1981). Die theoretischen Gegensätze heben sich in der Vernetzung von Umwelten – »inneren« und »äußeren«, personalen und institutionellen, »nahen« und »fernen« – und ihren Interdependenzen auf. In dieser Perspektive entfällt die traditionelle Frage nach dem »Ob« der Ursachen zugunsten einer Frage nach dem »Wie« des Zusammenhangs.

Der Kern des sozialökologischen Verständnisses von Kindesmißhandlung ist eine Rekonzeptualisierung. Zunächst wird das Konzept thematisch erweitert, ganz analog zu dem Fortschreiten der öffentlichen Diskussion: Die körperliche Bestrafung, die körperliche Mißhandlung, die Vernachlässigung von Kindern, der sexuelle Mißbrauch und der bisher schwer abgrenzbare Bereich der emotionalen Deprivation von Kindern in ihren Familien werden zusammengefaßt im *systematischen Problem eines wechselseitigen Anpassungsprozesses* zwischen Eltern/Kindern/Lebensumwelt-(Nachbarschaft)/Gesellschaftsstruktur. An die Stelle von »child abuse« tritt »child maltreatment« als Grundbegriff; damit wird – ganz ähnlich wie bei Pelton, aber auch bei Steele/Pollock und Gil – die *Vernachlässigung* von Kindern, ihre nicht kindgemäße, nicht genügend förderliche Behandlung zum Oberbegriff, Mißhandlung zu einer Variante.

In der *Familienumwelt* des Kindes erscheint dieses Anpassungsproblem als *situative Dysfunktion* des Familiensystems. Das Handeln der einzelnen Individuen wird als *situative Inkompetenz* gefaßt, die sich unter den Bedingungen von Streß als ein immer weniger mit der Situation zurechtkommendes Verhalten gegenüber dem Kind von der Bestrafung zur Mißhandlung entwickelt. In diesem Prozeß fungieren die Merkmale des sozioökonomischen Status – Bildungsniveau, Berufsmilieu und finanzielle Ressourcen – als Ereignisse, welche die Interaktion im Familiensystem formen.
In der *sozialen Struktur* als Umwelt des Kindes erscheint das Anpassungsproblem als *Inkompetenz in der Rolle des/der Versorgenden.* In dieser Rolle kristallisieren sich die kulturellen Erwartungen (man könnte mit Parke/Collmer 1975 ergänzen: auch die subkulturellen Standards, die für die Diagnose »Kindesmißhandlung« wesentliche Bedeutung haben).
Eine zentrale These in dem Modell von Garbarino ist nun, daß diese Rolle in einem Prozeß der *Statuspassage* – Probehandeln, Klärung der Erwartungen an die Elternsituation, Änderung von Prioritäten der Lebensführung und -planung – *biographisch erworben* und durch Familienmuster, kulturelle Wertorientierungen, beruflich gesicherte materielle Subsistenz *institutionell stabilisiert* wird. Wenn diese Statuspassage irritiert wird bzw. wenn es Veränderungen der sozioökonomischen und soziokulturellen Bedingungen der Versorger-Rolle gibt, kann es zu einer *Asynchronizität zwischen Lebenssituation und Bewältigungsfähigkeiten kommen* und das *Leben außer Kontrolle* geraten. Die Konsequenz kann (eine Variante von) Kindesvernachlässigung/»child maltreatment« sein.

Dieses Konzept kann am besten vor dem Hintergrund des *Lebenszyklus von Familien* verstanden werden: Wichtig ist ein falsches »timing« zentraler Ereignisse. Schwangerschaften zur Unzeit beispielsweise können einen zu raschen Übergang in die Elternrolle erzwingen und mit schwachen ökonomischen Ressourcen zu einer typischen Krise junger Familien führen. Umgekehrt kann eine ökonomische Depression über Arbeitslosigkeit in die Eltern/Kind-Beziehung hineinwirken, indem die Eltern versuchen, die Kontrolle über die Familiensituation auf dem Wege einer übermäßigen Disziplinierung der Kinder zurückzugewinnen.

Die genannten Bedingungen machen Familien *strukturell verwundbar.* Daraus folgt aber nicht notwendigerweise, daß Kinder mißhandelt und vernachlässigt werden. Dafür müssen zwei weitere Bedingungen erfüllt sein: Die *Anwendung körperlicher Gewalt gegen Kinder muß kulturell akzeptiert sein,* und die Familie muß *von sozialen Unterstützungssystemen isoliert* sein. »Soziale Isolation« wird gefaßt als Netto-Effekt aus dem Vorhandensein sozialer Netzwerke, die Unterstützung und Kontrolle gewährleisten, und der subjektiven Fähigkeit, diese Netzwerke zu nutzen.

Während die kulturellen Normen, die Gewaltanwendung tolerieren oder befürworten, nur schwer direkt zu beeinflussen sind, sind soziale Netzwerke *sozialpolitischer Intervention* zugänglich. Aus diesem Grund hat sich Garbarino in seinen empirischen Untersuchungen auf die *Qualität der Lebensbedingungen von Familien* konzentriert. Relative Armut und der Mangel an Unterstützungssystemen bewirken eine *soziale Verarmung* und schwächen so die Ressourcen, die einer Familie zur Bewältigung ihrer persönlichen und Beziehungsprobleme zu Gebote stehen. In einer Reihe empirischer Untersuchungen hat Garbarino zeigen können, daß im Vergleich »verwundbarer« Populationen jene eine entscheidend geringere Rate von Mißhandlungen aufweisen, in denen unterstützende soziale Netzwerke vorhanden waren (Garbarino et al. 1977; Garbarino 1981; vgl. bestätigend Gray et al. 1979; kritisch Engfer 1982; Engfer/Gavranidou 1984).

Die strukturelle Gefährdung der familialen Reproduktion

In sozialökologischer Sicht ist »child maltreatment« überdeterminiert: Es kann tausend Gründe und Anlässe für Mißhandlung und Vernachlässigung geben, weil der Anpassungsprozeß zwischen Eltern und Kindern zukunftsoffen und *strukturell gefähr-*

det ist. Die Pointe des Garbarino-Modells lautet daher: Nicht ein gewalttätiges Rollenmodell in der eigenen Kindheit, nicht Ehekonflikte, nicht problematische Eigenschaften des Kindes, nicht Streß, nicht soziale Benachteiligung, nicht demographische Faktoren (z. B. große Kinderzahl) etc. allein oder gemeinsam erklären, warum Kinder mißhandelt oder vernachlässigt werden, sondern der *Mangel an sozialer Unterstützung* für die Familien, die überfordert sind (und die kulturelle Rechtfertigung von Gewaltanwendung gegen Kinder), ist die entscheidende Bedingung für Mißhandlung.

Diese Argumentation ist nicht nach dem populären Bild von dem »Tropfen, der das Faß zum Überlaufen bringt«, zu verstehen; soziale Unterstützung verändert vielmehr, um im Bild zu bleiben, die Größe des Fasses. Persönlichkeits- oder Beziehungsstörungen, wie im psychogenetischen Paradigma, sind daher ebensowenig wie andere Subjektivitätsvariablen (Einstellungen etc.) befriedigende Erklärungsgründe. Sie können aber auch nicht objektivistisch übergangen werden, denn sie sind die Parameter von »Lebensqualität«, das heißt *des Kriteriums der Balance zwischen Person und Umwelt.* »Mißhandelndes Verhalten« ist Funktion eines Ungleichgewichts im wechselseitigen Anpassungsprozeß. In dem Garbarino-Modell ist daher »child maltreatment« ein *sozialer Indikator für Lebensqualität,* und zwar nicht nur von Kindern, sondern von Familien (in denen Kinder leben). Das Modell von Garbarino enthält ein wohlfahrtspolitisches Konzept: Nicht die Störung ist das Problem, sondern der Mangel an Ressourcen, ihr abzuhelfen.

Die Störung aber ist strukturell angelegt in der Relation von Eltern/Kindern/gesellschaftlicher Umwelt (und damit keine »Störung« mehr): Das unterscheidet Garbarinos Modell von dem Faktoren-Puzzle, das Gelles (1973) vorgelegt hatte. Der sozialökologische Ansatz von Garbarino stellt eine empirisch fruchtbare Konzeptualisierung der gesellschaftlichen Bedingungen dar, unter denen sich eine Eltern/Kind-Beziehung entwickeln und aufrechterhalten muß. »Child maltreatment« ist daher als Begriff für die *systematischen Gefährdungen der Entwicklung von Kindern unter den gegebenen historischen und gesellschaftlichen Bedingungen* aufzufassen. Ausbuchstabiert lautet Garbarinos Diagnose: Die Veränderung kultureller Wertorientierungen, der

Wandel der traditionellen Familienstruktur und die Schwächung der ökonomischen Basis von Familie beeinträchtigen die persönlichen Ressourcen von Familien, aus eigener Kraft die Gefährdung von Kindern zu vermeiden, wenn es zu Krisen kommt oder – was so gut wie unvermeidlich ist – andere belastende Faktoren hinzutreten. Familien ohne soziale Unterstützung durch Nachbarschaften und/oder soziale Dienstleistungen sind überfordert.

Unterstützung und Kontrolle

Aber diese Diagnose verfügt nicht über eine Theorie von Familie. Wenn sie über potentielle Gefährdungen spricht, dann meint sie Gefährdungen eines traditionellen Familienmodells und argumentiert überraschend funktionalistisch. Die familienzyklische Herausbildung der Versorger-Qualitäten von Eltern wird orientiert an kulturellen und institutionellen Standards, die einen spezifischen Ausschnitt familialer Möglichkeiten fixieren und die Orientierung an Vorstellungen bürgerlicher Lebensplanung verraten (vgl. Garbarino 1977, S. 724 f.). Familie erscheint in diesem Modell ausschließlich als Kindererziehungsfunktion mit allen unausgesprochenen sexistischen Implikationen, kurz, das Konzept der »mutual adaptation« wird nicht konsequent ausgeschöpft: Männer, Frauen und Kinder in Familien entfalten in diesem Modell keine Eigenaktivität, so etwas wie »Eigenlogik von Familie« (Ostner/Pieper 1980) kommt nicht vor.

Umgekehrt abstrahiert dieses Modell der »gegenseitigen Anpassung« als Gleichgewichts- und Stabilitätsmodell von *strukturellen Grenzen der Anpassungsfähigkeit,* die der Familie Identität verleihen, zum Beispiel von der patriarchalen Struktur der Familienbeziehungen, der Relation von Öffentlichkeit und Privatheit, von Erwerbs- und Hausarbeit: Diese Strukturmerkmale von Familie sind indes zugleich Brennpunkte der gesellschaftlichen Funktionsanforderungen an Familie. Mit anderen Worten: Funktionalistisch ist das sozialökologische Modell, weil es stillschweigend unterstellt, daß die moderne Familie sich an die historisch sich wandelnden Funktionsanforderungen anpassen werde, wie es schon Parsons analysiert hatte. Dennoch schöpft es das Konzept der »mutual adaptation«, mit dem es über den Strukturfunktionalismus hinausgehen will, nicht aus. Weder erwägt es die inhaltlichen Möglichkeiten, Familie anders zu leben als in der traditionellen geschlechtshierarchischen Arbeitsteilung, noch analysiert es jene Aspekte des gesellschaftlichen Wandels, welche die Identität des traditionellen Familienmodells berühren.

Dem Modell entgeht auch der *Doppelcharakter sozialer Isolation.* Die Intimität und Nähe des familialen Privatlebens bringt eine »legitime Indifferenz« (Schumacher/Vollmer 1983) gegenüber den sozialen Netzwerken mit sich, in die Familien eingebettet sind. Privatheit kann Potential sozialer Partizipation sein, sie kann Schutz vor Öffentlichkeit bieten, sie kann gerade als abgeschotteter und mühsam abgerungener Lebensbereich Selbstwert und Identität gewährleisten: Isolation und Privatheit sind zwei Seiten eines Konstitutionsmerkmals von Familie.

Weil Garbarino diesen Doppelcharakter der familiären Isolation nicht berücksichtigt, gehen die öffentlichen Problemdefinitionen, wie sie soziale Netzwerke und soziale Dienste vornehmen, bei ihm bruchlos in die Problemdefinitionen der Betroffenen über: »Social support« ist ein unproblematisierter Begriff (vgl. kritisch Engfer/Gavranidou 1984). Aber ohne die Spezifizierung, welche Bandbreite von Normalitätsstandards für Familienrollen und Kindererziehung auf soziale Unterstützung rechnen können, bleibt Familie als anpassungsfähige Funktion konzeptualisiert und »social support« als informelle gesellschaftliche Instanz, welche diese Anpassungsfähigkeit fördert, im schlechten Sinne abstrakt.

Wo eine Theorie von Familie stehen müßte, steht bei Garbarino ein *Konzept von Intaktheit,* also ein Normalitätsstandard. Dieser geht als Konstante in sein Modell ein, und zwar in die Funktion sozialer Netzwerke: Intaktheit stellt sich ein, wenn soziale Netzwerke *Unterstützung* geben/*soziale Kontrolle* ausüben. Auch hier besteht eine Spannung zwischen einem subjektivitätsorientierten Konzept »Lebensqualität« und einem funktionalistischen Konzept »child maltreatment«. Denn ohne die Problemdefinitionen der Betroffenen, das heißt: ohne die Berücksichtigung von Lebensentwürfen, ist »Intaktheit« ebensowenig festzustellen wie »system dysfunction«. Ohne ein Feedback zwischen sozialen Ressourcen einerseits, Familienmitgliedern und ihren Vorstellungen von Lebensqualität andererseits wäre das Modell von Garbarino als ein Modell sozialpolitischer Intervention kaum mehr als eine Rechtfertigung vorbeugender sozialer Kontrolle, welche die Vielfalt privater Lebensformen und die Konflikte und Ambivalenzen familialer Beziehungsstrukturen zu normalisieren verspricht und durch den Verzicht auf objektivierte Eingriffskriterien nur flexibler, nicht etwa liberaler wird: eine sozialhygienische Utopie.

Eine *Theorie von Familie*, die bei Garbarino ausgespart bleibt, bildet den Bezugspunkt des Family Violence Research Program an der Universität von New Hampshire in Durham. Thematisch stand zunächst Gewalt zwischen (Ehe-)Männern und (Ehe-) Frauen im Vordergrund; später wurden Kindesmißhandlungen, Gewalttätigkeiten zwischen Geschwistern, sexueller Mißbrauch von Kindern, Vergewaltigung in der Ehe und, seit neuestem, Gewalt gegen alte Menschen in Familien thematisiert (vgl. Family Violence Research Program 1984). Dieser Radius von Themen steht unter der theoretischen Leitfrage: *Was macht Familie zu einer so gewalttätigen sozialen Gruppe, Institution, Beziehungsstruktur?*[27]

Die Paradoxie familialer Intimität

Familie unterscheidet sich von anderen *Intimgruppen* durch das *Ausmaß an Zeit*, das Familienmitglieder miteinander verbringen, durch den *expressiven* Charakter und die große *thematische Breite* der sozialen Interaktion. Noch größer freilich sind die Unterschiede im *Ausmaß von Gewalttätigkeit* im Vergleich zu anderen Gruppen außerhalb der Familie: Leben in der Familie ist riskant.

Spezifisch für Familie ist die *persönliche Bedeutung*, die sie für ihre Mitglieder hat. Das beträchtliche emotionale Engagement macht jedoch *verletzlicher* für Kränkungen, *persönliche Grenzen* werden durch die Nähe zueinander kritisch, zumal viele Entscheidungen im Familienleben *Entweder/oder-Entscheidungen* sind. Das Recht, *unerwünschtes Verhalten anderer zu ändern*, verschärft das Problem der persönlichen Grenzen und ihrer Respektierung zusätzlich (vgl. Brückner/Kieper-Wellmer 1985, S. 305 f. über die Unsicherheit, die Grenzen der körperlichen Integrität in intimen Beziehungen zu bestimmen).

Als *Institution*/soziale Struktur ist die Familie durch eine *hierarchische Organisation der Geschlechts- und Generationsrollen* charakterisiert.

Einflußchancen sind an biologische Merkmale, nicht an Befähigung und Interesse geknüpft. Das bringt nicht nur kulturelle *Konflikte zwischen geschlechts- und generationsspezifischen Erfahrungswelten* mit sich, sondern auch *Konflikte zwischen sexistischen und egalitären Wertorientierungen* und zwischen *Rollenzuschreibung und individueller Rollenkompetenz.*
Die *Privatheit* von Familie gibt ihrem Alltag, ihrer Intimität und ihrer Reproduktionsfunktion dadurch spezifische Bedeutung, daß sie die Familie von der Verwandtschaft, von der Nachbarschaft und von der Erwerbssphäre distanziert. *Soziale Kontrolle bzw. Unterstützung* müssen daher bewußt hergestellt bzw. institutionalisiert werden. Rechtliche Regelungen, kulturelle Normen, materielle Abhängigkeiten und emotionale Bindungen/Verstrickungen stellen familiale Privatheit auf Dauer und entziehen sie in hohem Maße individueller Willkür. In diesem Sinne ist – für Kinder, Frauen und Männer in unterschiedlicher Weise – die Mitgliedschaft in der Familie, einmal eingegangen, *unfreiwillig.*
Zwar werden die Beziehungen der Familienmitglieder untereinander durch die Institutionalisierung individueller Willkür entzogen, aber die *Phasen des Familienzyklus* bringen unweigerlich Krisen mit sich, welche die strukturelle *Labilität emotional begründeter Bindungen* verstärken (hier besteht ein Berührungspunkt mit dem Ansatz von Garbarino s.o. S. 81 f.). Die Familienkohärenz ist eine Balance, die aktiv hergestellt werden muß. Dabei spielt die *intime Kenntnis der sozialen Biographien,* welche die Familienmitglieder voneinander haben, eine integrierende oder aber eine desintegrierende Rolle; letzteres als Quelle von *Attribuierungen böser Absichten* (vgl. Gelles/Straus 1979; Hotaling/Straus 1980).

Diese Merkmale von Familie als Intimgruppe und als Institution schaffen die Voraussetzungen dafür, daß es zu Gewalttätigkeiten in Familien kommen *kann.* Dieselben Merkmale indes, so die These (Hotaling/Straus 1980, S. 15), schaffen auch die Voraussetzungen für Vertrautheit in Familien. *Das Potential für Gewalttätigkeit ist die Kehrseite des Potentials für Liebe und Intimität.* Aber, so muß eingewandt werden, die Merkmale von Familie als spezifischer Intimgruppe und die Merkmale von Familie als Institution wirken *nicht gleichsinnig* auf Intimität wie auf Gewalttätigkeit hin. So leuchtet unmittelbar ein, daß Intimität etwa ohne expressive Interaktion, ohne hohes persönliches Engagement etc. nicht möglich wäre und daß diese Merkmale ebenso zu Reibereien, Ärger und Feindseligkeit beitragen können; es leuchtet aber nicht unmittelbar ein, daß die hierarchische Organisation der Geschlechts- und Generationsrollen oder die unfreiwilligen Aspekte der Mitgliedschaft in einer Familie zu persönlicher Bindung und Nähe beitragen (genau dies jedoch vertritt Siebel 1984; vgl. Tyrell 1985). Das Merkmal der Privatheit wiederum ist ein gutes Beispiel für den Doppelcharakter der Institution Familie; denn sie bietet zugleich die Voraussetzung und die gesellschaftlich lizensierte Form für Intimität, wie sie sie auch gefährden kann in Zeiten von Konflikt und Krise.

Die Bedeutung der Merkmale ändert sich außerdem, je nachdem, ob sie *auf Kinder, auf Frauen oder auf Männer bezogen* werden. So bedeutet »unfreiwillige Mitgliedschaft« für Kinder, denen die Familie einen Orientierungsrahmen des Aufwachsens bietet, in der Regel geradezu das Gegenteil von dem, was sie für Frauen bedeuten kann: nämlich einen strukturellen Mangel an Lebensalternativen. Das institutionelle Merkmal »Privatheit« wirkt nicht nur in einem Aspekt gleichsinnig mit Merkmalen der Intimgruppe Familie – z. B. großes persönliches Engagement –, sondern gibt der individuellen Beziehung zwischen den Familienmitgliedern eine besondere Dynamik und ein besonderes Gewicht, das sich durchaus entfernen kann von institutionellen Fixierungen der Rolle von Männern, Frauen und Kindern in der Familie: Man muß nur daran denken, daß Familie heute ganz anders gelebt wird als vor hundert Jahren und daß es doch »Familie« ist, die gelebt wird.

Kurz: die These muß berücksichtigen, daß sich die ursprüngliche Einheit der bürgerlichen Privatsphäre (vgl. Habermas 1968[3], S. 168 ff.) bzw. die Intimgruppe Familie – der familiale Lebenszusammenhang – *von der (ökonomisch-rechtlich-moralisch bestimmten) Institution Familie ausdifferenziert* hat und daß dadurch die aufgezählten Merkmale nicht nur eine unterschiedliche Bedeutung bekommen, sondern zum Teil auch in Wechselwirkung zueinander stehen. Die Intimität des Lebenszusammenhangs und die Dauerhaftigkeit der Institution Familie ergänzen und verstärken sich nicht selbstverständlich. So spricht einiges für die These, Familie werde »immer privater« – die Familienbeziehungen stünden immer stärker unter dem Anspruch individueller i. S. v. emotionaler Selbstverwirklichung (vgl. Held 1983) – Familie werde immer stärker um dessentwillen gesucht, was das Familienideal verspricht: Nähe, Wärme, Anerkannt-Werden als

Person. Zugleich aber nimmt der Verpflichtungscharakter der Institution Familie ab: Die Scheidungsziffern zeigen das ebenso wie das beständige Anwachsen sogenannter »Ehen ohne Trauschein« oder alternativer Lebensarrangements (Schumacher/Vollmer 1983). Man könnte auch den Rückgang der Geburtenzahlen und den Wandel des Kindeswunsches in diesem Zusammenhang interpretieren: Es wird stärker unterschieden zwischen Partnerschaft und Elternschaft, und ein Kind zu haben wird zum Anlaß der Eheschließung bzw. wird mehr als früher zu einer bewußten Entscheidung (vgl. Nave-Herz 1984). So kann die »Privatisierung« bzw. Individualisierung von Familie sowohl zu einer Flexibilisierung der Institution Familie, aber paradoxerweise auch zu einer größeren Stabilität von Familie führen, wenn das Leben in Familien befriedigender wird. Umgekehrt aber dürften die Ansprüche auf Selbstverwirklichung unter den Bedingungen von Privatheit die Sensibilität für Ungleichheit und Abhängigkeit, nicht zuletzt für Gewalttätigkeit in Familien erhöhen.

Man müßte die These von der Paradoxie familialer Intimität also umformulieren. Nicht die Familie aus sich heraus enthält qua Intimität ein Potential an Gewalttätigkeit; vielmehr wird die Ambivalenz von Nähe und Konflikt im familialen Lebenszusammenhang durch die Institutionalisierung von Ungleichheit und Abhängigkeit in einer spezifischen Weise inhaltlich zugespitzt. *Weil die Bedeutung von Intimität für die Familienmitglieder wichtiger wird und damit egalitäre Wertorientierungen an Einfluß gewinnen, werden Ungleichheit und Abhängigkeit als Strukturmuster familialer Beziehungen delegitimiert* im gleichen Maße, wie individuelle Erwartungen sich abkoppeln von institutionellen Normierungen (vgl. Brückner 1983, S. 92).[28] Das kann zu zwei Arten von Konflikten führen: Die eine resultiert aus der Überforderung privater Beziehungen; die andere resultiert aus der Unverträglichkeit an individuellen Bedürfnissen orientierter Intimität mit der sexistischen Struktur der Institution Familie.[29]

Im Anschluß an Goodes funktionalistische Theorie von Gewalt und Gewalttätigkeit als Ressourcen familialer Integration (Goode 1971; dt. 1975) vertreten Straus und Hotaling die These, daß Konflikte im Familienleben dann eine gewalttätige Form annehmen, wenn die *Machtstruktur* von Familie in Frage gestellt wird. Gewalttätigkeit sei die »letzte Ressource« (vgl. auch Allen/Straus 1980), um die Ungleichheit in der Familie aufrechtzuerhalten.[30]
Die These ist allerdings mehrdeutig: Bezieht sie sich auf makrostrukturelle Zusammenhänge oder auf Handlungssituationen? *Makrostrukturell* wäre zu fragen, ob nicht andere Medien als Gewalttätigkeit effektiver die Benachteiligung und Diskriminierung von Frauen aufrechterhalten – zum Beispiel die Struktur von Erwerbschancen – und ob nicht gerade auf der makrostrukturellen (z. B. familienrechtlichen) Ebene die Anwendung von Gewalt durch Privatpersonen ständig mehr delegitimiert wird. Auf der *situativen Ebene* müßte gemäß der These Gewaltanwendung mit Intentionen, Motiven, Interessen, mit einer Kalkulation von Kosten und Erträgen verbunden sein (vgl. auch Gelles 1983).[31] Die These von der »letzten Ressource« wäre dann für einen spezifischen Typus von Gewaltanwendung, nämlich für den instrumentellen Gebrauch von Gewalt, zutreffend. Was aber kann man in der Familie durch den Gebrauch von Gewalt gewinnen?
Goode arbeitet in seinem theoretischen Modell heraus, daß die Funktion von Gewaltanwendung für die Aufrechterhaltung der familialen Ordnung *auf ihrem Nichtgebrauch beruht,* also auf einer latent gehaltenen Drohung. Familie, so Goode, beruht nicht nur auf (dem Nichtgebrauch von angedrohter) Gewalt, sondern – unter anderem und für Familie spezifisch – auf »Liebe«, das heißt auf einer nichtrechenhaften Ressource, die nicht wie eine Ware bewertet und ausgetauscht werden kann. Intimität wiederum stellt sich nur im Medium von Gleichheit her, allerdings einer Gleichheit besonderer und spezifischer Bedürfnisse. Die These verweist auf ein theoretisch ungelöstes *Verhältnis von Macht und Gewalt* in Familien.
Unter diesem Gesichtspunkt könnte man die These von der Paradoxie familialer Intimität weiterentwickeln: Familie als insti-

tutionalisierte Abhängigkeitsstruktur vermag ihr Versprechen auf Selbstverwirklichung in der Intimität der Privatsphäre nur so lange aufrechtzuerhalten, wie die Ungleichheit zwischen Männern, Frauen und Kindern als Anerkennung ihrer Besonderheit verstanden wird. Dann ist die Machtstruktur von Familie unbestritten in Geltung und die Gewalt latent. Wenn die männliche Dominanz (analog müßte die These für die elterliche Dominanz spezifiziert werden) aber – wie Allen/Hotaling/Straus unterstellen – nur noch mit Gewaltanwendung als letzter Ressource aufrechterhalten werden kann, dann muß zuvor die Akzeptanz der Ungleichheit zerbrochen sein. Die Möglichkeit dazu ist mit dem Gegensatz von Ungleichheit und Intimität als zentralen Strukturmustern von Familie gegeben. Die Anwendung von Gewalt, in der Regel von Männern in der Ehebeziehung, würde zwar die Ungleichheits-/Machtstruktur als eine der persönlichen Verfügung bestätigen, wird aber rechtlich nicht akzeptiert und stellt die Grundlage von Intimität erst recht in Frage.
Der *instrumentelle Gebrauch von Gewalt* als Mittel zur *Aufrechterhaltung männlicher Dominanz, so lautet daher die Gegenthese, dürfte die Ausnahme sein,* und seine Wirkung wäre aversiv – zumindest auf der Ebene der Ehepartner; auf der Ebene der Eltern/Kind-Beziehungen mag das anders sein, nicht zuletzt wegen der ökonomischen Natur von Schlägen: Sie kürzen Streit ab und ändern Verhältnisse effektiv. Vor allem aber können Kinder den Überlegenheitsanspruch der Erwachsenen nicht in Frage stellen, Ehepartner allerdings können das. Insofern ist die Delegitimation von Überlegenheitsansprüchen sogar eine Voraussetzung dafür, daß nicht geschlagen wird. *Liebe und Gewalt sind keine funktionalen Äquivalente, obwohl sie Kehrseiten derselben »Medaille« sind* – das wäre die Gegenthese zum »negativen Funktionalismus« (Marsden 1978) in der Theorie familialer Gewalt der New Hampshire-Schule. Gewaltanwendung könnte entsprechend nur erklärt werden, wenn man die *Nicht-Zweckrationalität von sozialem Handeln* systematisch berücksichtigt bzw. die Diskontinuität von Absicht und Handlung oder von Handlung und Ergebnis (wie Straus und Hotaling es im Ansatz bereits versuchten) betrachtet.
Welche Art der Gewaltausübung ist für Familie charakteristisch? Die theoretischen Überlegungen in der New Hampshire-Schule

zur Besonderheit von Familie als Ort und Kontext von Gewalttätigkeit gehen in die untersuchungstechnisch bestimmten Definitionsmerkmale von »violence« nicht ein. »Violence«/»physical agression« läßt die Frage nicht mehr zu, ob nichtphysische Formen des Zwangs und der Manipulation, die aber in einer engen Beziehung zur Paradoxie von Intimität und Gewalt in Familien stehen, nicht viel spezifischere Formen familialer Gewalt darstellen, als es körperliche Aggression ist. So besteht die Gefahr, das *Spezifikum familialer Gewalt* zu verfehlen bzw. körperliche Formen der Auseinandersetzung und Feindseligkeit einseitig zu stigmatisieren.
William Goode hatte des Konzept »Gewalttätigkeit« auf den illegitimen Gebrauch von Gewalt beschränkt und damit die historische Einsicht zum Ausdruck gebracht, daß private Gewaltanwendung per se illegitim geworden ist gegenüber dem Monopol legitimer physischer Gewaltsamkeit beim Staat. Er hatte auf diese Weise ausdrücken können, daß die Aufrechterhaltung der familialen Machtstruktur qua Gewaltanwendung (und nicht mehr nur durch eine latente Gewaltandrohung) eine *Inkonsistenz innerhalb der gesellschaftlichen Ordnung* anzeigt, die erklärt werden muß. Indem Gelles und Straus Gewaltanwendung und Kriterien ihrer Legitimität unterscheiden, lösen sie die historische Dimension innerfamilialer Gewaltanwendung aus ihrem Argumentationszusammenhang heraus. Die Frage nach der »strukturellen Gewalt« kann jetzt gar nicht mehr gestellt werden. Gewalt in der Familie wird so zu einem privaten Ereignis, zu einem unerfreulichen freilich, das *als privates* nicht mehr reflektiert werden kann (s. o., S. 78 ff.).

Die feministische Kritik: Betroffenenperspektive und soziale Bewegung

Am Beginn der Forschung über die Mißhandlung von Ehefrauen standen – ähnlich wie im Fall der Kindesmißhandlungen – Studien von Psychiatern und klinischen Psychologen (s. den Überblick bei Pagelow 1981). Seit der klassischen Untersuchung von

Snell et al. (1964) dominierten Begriffe der Psychopathologie. Die klinischen Untersuchungen über Mißhandlung in der Ehe beschäftigten sich aber eher mit den Opfern als den Tätern; ihre implizite, oft explizite Leitfrage lautet: *»Was sind das für Frauen, die mißhandelt werden?«* Die Antworten auf diese Frage ähneln den Antworten aus der klinischen Forschung über Kindesmißhandlung: Es seien unreife Persönlichkeiten, oft mit Mißhandlungserfahrungen in der Kindheit, sie hätten Charakterdefekte. Aber während diese Antworten in der Forschung über Kindesmißhandlung die Handlungsweise der Täter erklären sollten, sollen sie nun erklären, wie die Frauen ihre eigene Mißhandlung provozieren bzw. warum mißhandelte Frauen erst nach vielen Jahren oder gar nicht ihre prügelnden Männer verlassen.[32]
Man kann die feministisch orientierte sozialwissenschaftliche Forschung über Gewalt gegen Frauen in den Familien nicht richtig verstehen, wenn man dieses »victim-blaming« (Ryan 1971) nicht versteht. Die Rolle einer psychologisierenden Fragestellung bei der Verdunkelung der patriarchalen Unterdrückung von Frauen, die Verknüpfung von Wissenschaft als Institution und Methodologie mit einer diffamierenden Ideologie und Sozialpolitik ist der zugleich methodologische und thematische Ausgangspunkt und Bezugsrahmen einer feministischen Sozialforschung über Gewalt gegen (Ehe-)Frauen (vgl. etwa Wardell et al. 1983), die sich als Beitrag zur Beseitigung der Unterdrückung von Frauen versteht. Aber dieser Bezugsrahmen erschwert es auch, die gegenseitige »Durchdringung gesellschaftlicher Zusammenhänge und Persönlichkeitsstrukturen ausreichend zu unterscheiden« von der Beschuldigung der Opfer (Brückner 1983, S. 22). Dennoch: Es waren die Frauenbewegung und die aus ihr heraus entstandenen Zufluchtstätten für mißhandelte Frauen, welche die Mißhandlung von Frauen in ihren Familien zu einem öffentlichen/wissenschaftlichen Thema gemacht haben.

»Frauenhäuser machen den *gesellschaftlichen Charakter* von Frauenmißhandlung deutlich, indem durch sie die *große Zahl* mißhandelter Frauen öffentlich wird und indem über sie der normalerweise diskriminierende, bestenfalls vernachlässigende *institutionelle Umgang durch Polizei, Gerichte und Sozialbehörden* sichtbar wird. Auf der anderen Seite wird in den Frauenhäusern nicht nur die oft *ausweglose soziale Lage* mißhandelter Frauen deutlich, sondern auch die psychischen Auswirkungen der

Mißhandlung, das *subjektive Verhaftetsein vieler Frauen in traditionellen Frauenbildern* und die Schwierigkeit in der Suche nach neuen Lebensformen« (Brückner 1983, S. 15; Hervorhebungen MSH).

Macht und Gewalt(tätigkeit)

Hatten die herkömmlichen familiensoziologischen Ansätze »violence« als Mittel der Konfliktlösung, als Ressource der familialen Beziehungen oder als eine Form von Devianz thematisiert, so wird in der feministischen Perspektive die physische und sexuelle Gewalttätigkeit von (Ehe-)Männern als *Spezialfall der generellen Viktimisierung von Frauen* in der Gesellschaft aufgefaßt, als »brutalster und klarster Ausdruck patriarchaler Herrschaft« (Dobash/Dobash 1979, IX). Das feministische Konzept von Gewalt gegen Frauen hebt also auf die *patriarchale Struktur ab, in der Gewalttätigkeit stattfindet* und eine bestimmte Funktion, nämlich die Aufrechterhaltung weiblicher Unterordnung, erfüllt.[33]
Aus der scheinbar partikularen Perspektive der betroffenen Frauen werden drei Themen miteinander verknüpft: Gewalt durch (Ehe-)Männer, Gewalt durch »helfende« Institutionen und die Kritik an einer Wissenschaft, deren Abstraktionen diese Gewaltverhältnisse unkenntlich machen (Martin 1976). Der Aspekt familialer Gewalt wird durch diesen Zugang erweitert und umfaßt nicht nur physische Gewaltanwendung, sondern alle Formen ökonomischer, sexueller und psychischer Ausbeutung von Frauen und Mädchen in der Familie (Chapman/Gates 1978). Charakteristisch für die feministische Thematisierung familialer Gewalt ist also die Unterscheidung zwischen einer *geschlechtshierarchischen Machtstruktur und gewalttätigen Handlungen* (violence). (Sie findet eine Parallele in der Unterscheidung, die David Gil zwischen strukturellen Ursachen und Erscheinungsformen von Gewalt gegen Kinder – vgl. S. 61 ff. – getroffen hat.) Erst vor dem Hintergrund dieser Machtverhältnisse erhalten körperliche, sexuelle, psychische Gewaltanwendung, Erpressung, Ausbeutung etc. ihre spezifische Bedeutung. Die Unterscheidung verhindert die philanthropischen Krokodilstränen; sie läßt aber die Frage offen, ob diese Bedeutung gewalttätiger Handlungen darin besteht, die Unterdrückung von Frauen zu

illustrieren, oder ob sie soziales Handeln sind, ob sie also eingebunden in Situationen, ihre Dynamik und ihre subjektiven Bedeutungen die Machtverhältnisse nicht nur manifestieren, sondern auch *aushandeln*.

Dobash/Dobash (1977-78; 1979) vertreten die These, daß die Aufrechterhaltung von *Macht und Verfügung über Frauen historisch gebunden war an ein Recht auf körperliche Züchtigung* und daß dieses Recht erst im letzten Drittel des vorigen Jahrhunderts (die Autoren sprechen über die USA und Großbritannien, in Deutschland war dies mit der Einführung des BGB 1900 der Fall) relativiert wurde. Sie werten diese Relativierung als moderne Form der Fortsetzung der traditionellen männlichen Verfügungsrechte. Das Bürgerrecht auf körperliche Unversehrtheit wurde erst 1891 in den USA höchstrichterlich durchgesetzt; in England konnte diesem Recht nur graduell Nachdruck verliehen werden: Es blieb in den Erwägungen über das »rechte Maß« an Prügel, in Vergleichen über die Lebensbedingungen von Tieren und Frauen und Unterscheidungen zwischen »angemessener« und »brutaler« Prügel stecken – Relativierungen, die bis heute das Alltagsbewußtsein über »legitime« und »illegitime« Gewaltanwendung in Familien prägen.
Ähnlich wie die New Hampshire-Schule argumentieren Dobash/Dobash hinsichtlich der aktuellen Geltung dieser Traditionen mit kriminologischen Daten über Täter und Opfer bei Mord und Körperverletzung.[34] Sie betonen die *Richtung* der Angriffe, wie sie aus den Materialien hervorgeht: »Gewalt wird von Männern benutzt, um ihre Frauen für reale oder empfundene Verstöße gegen ihre Autorität zu bestrafen, und sie versuchen damit, eine hierarchische und moralische Ordnung in der Familie zu bekräftigen oder aufrechtzuerhalten« (Dobash/Dobash 1977-78, S. 434). Diese These erhält zusätzliches Gewicht dadurch, daß die Rolle der »helfenden Institutionen« bei der Viktimisierung der Frauen detailliert beschrieben wird.

Was den Frauen, die Dobash/Dobash in den schottischen Frauenhäusern interviewt haben, zugestoßen ist – das sollen die historischen, kriminologischen und sozialpolitischen Kontextualisierungen belegen –, sei also typisch für die soziale Lage von Frauen im Patriarchat. Wardell et al. (1983) haben diese Position noch deutlicher ausgeführt. Die Daten über die Gewalt an Frauen – seien es die Befunde der Viktimologie, der Repräsentativitäts- und Explorationsstudien der New Hampshire-Schule oder die Erfahrungen von Frauen und die Historie der Frauenunterdrükkung – belegen, so die Autorinnen, daß Gewalt an Frauen so

verbreitet sei, daß sie nicht als Ausnahme, sondern als Regelerscheinung, als *Strukturmoment der Männer-Frauen-Beziehung* aufzufassen sei. Deshalb, so schließen sie, sei jede Frage nach dem Unterschied zwischen Frauen, die geschlagen werden, und solchen, die nicht geschlagen werden, eine Beleidigung der Opfer: Als wäre dieser Unterschied in den Frauen begründet! Erklärt werden müsse – so kann man die Argumentation fortführen –, warum manche Frauen nicht geprügelt werden, statt nach den Gründen zu suchen, warum Frauen Mißhandlungen erleiden.[35]
Die Analyse ist nicht auf individuelles Fehlverhalten von Männern abgestellt, sondern auf einen *systematischen Set von gesellschaftlichen Strukturen,* der individuellem Verhalten erst Bedeutung und Gewicht verleiht: Es macht das Netz, in dem Frauen als Frauen gefangen sind, lückenlos.[36] In der Konzeption der Dobashs wird das Patriarchat, die Machtstruktur, als empirische Allgemeinheit von Männern aufgefaßt, die eine historische und kulturelle Identität hat. Dieses Konzept ermöglicht, das Interesse an der sozialen Kontrolle von Frauen als überindividuell, kulturell vermittelt und zugleich als persönlichen Wunsch von Männern zu suggerieren. Individuelles Gewalthandeln ist dann Mittel, die kollektive männliche Dominanz im Einzelfall durchzusetzen. Diese Dominanz ist mithin offene Unterdrückung, persönliche Verfügung über andere Personen, eine quasi *feudale Struktur.*
Aber wenn die Gewalt schon so instrumentell konzipiert wird: Worauf soll das Interesse von Männern an persönlicher Verfügung über Frauen beruhen – oder handelt es sich dabei »nur« um eine kulturelle Tradition, um eine Art Gewohnheit also?

Staatspatriarchat

Sie haben, antworten Stark et al. (1979), ein *ökonomisches* Interesse daran. Die patriarchale Machtstruktur der Familie beruht, so die Autoren, auf der Aneignung weiblicher Arbeit, mit anderen Worten: auf unbezahlter Reproduktionsarbeit[37] (Hausarbeit, Sexualität, Kindererziehung u. a., die in der geschlechtshierarchischen Arbeitsteilung in der Familie den Frauen zufallen; vgl. für diese Argumentation in der Bundesrepublik Bock/Duden 1977, Ostner 1978). Die zunehmende Marktvermittlung der Familienökonomie (Ostner 1984) und die unverzichtbar gewordenen öffentlichen Leistungen für Familien (monetäre Leistungen, aber auch soziale Dienste vom Kindergarten über die Eheberatung bis zum Altersheim; vgl. Kickbusch/Riedmüller 1984) delegitimieren die patriarchale Organisation der weiblichen Arbeitskraft in der Familie. Zugleich wird in diesem Vergesellschaftungsprozeß die Ambivalenz des weiblichen Status deutlich: Er läßt sich weder allein innerfamilial noch allein über Erwerbsarbeit bestimmen. Mit dieser Situation müssen die Frauen zurechtkommen, wie sich u. a. in der mittlerweile selbstverständlich gewordenen Suche nach einer männerunabhängigen Subsistenzgrundlage, im Geburtenrückgang und generell in der Formulierung frauenspezifischer Lebensentwürfe zeigt. Dieser Prozeß stellt die männerdominierte familiale Machtstruktur in Frage (vgl. auch McGrath 1979). Gewaltanwendung, so die Autoren, ist eine Reaktion darauf.

Als einzelne jedoch können Familienmänner ihr Interesse an der Verfügung über weibliche Arbeitskraft nicht mehr realisieren, dazu ist der Vergesellschaftungsprozeß bereits zu weit fortgeschritten, etwa in Gestalt der Verrechtlichung familialer Beziehungen. Die zentrale These der Autoren lautet, daß *die patriarchale Struktur von Familie nur qua Intervention familienunterstützender sozialer Dienste aufrechterhalten werden kann* (»extended patriarchy«). Die Rolle von Polizei, Justiz, Medizin und sozialen Diensten ist die der Rekonstitution einer sozialen Form, die anderenfalls ihre Hegemonie verlieren würde (vgl. auch Klein 1979; Morgan 1981). Wie dies praktisch geschieht, wie geschlagene Frauen, die versuchen, Hilfe zu erhalten, in ihre Familien zurückgezwungen werden, haben die Autoren am Beispiel einer großen medizinischen Poliklinik im einzelnen studiert und belegt (a.a.O.). Sie schildern einen diagnostischen und therapeutischen Prozeß, den sie die *soziale Konstruktion der Mißhandlung* nennen. Im Zuge dieses Prozesses gerät die Klientin in eine unhaltbare Position (im Sinne Laings) und produziert all jene Symptome, die vor allem klinische Forscher als Ursache der Mißhandlungen ausgeben.

Für die Ausgangsfrage nach dem Verhältnis von Machtstruktur und individuellem Gewalthandeln ist diese Argumentation wichtig wegen der Unterscheidung zwischen

»der privaten Natur von Kämpfen in der Familie (bei denen Frauen ebenso aggressiv sein können wie Männer) und dem sozialen Charakter der Mißhandlung (battering), die entsteht, wenn die Aggression von Männern implizit und explizit von außen unterstützt wird« (Stark et al. 1979, S. 479).[38]

Die individuelle körperliche Aggression von Männern mag von enttäuschten Hoffnungen motiviert sein, die möglicherweise sexistisch genannt werden können – dennoch ist sie, so Stark et al., Reaktion auf einen Vergesellschaftungsprozeß, dem sie selbst unterliegt und der sie depotenziert: Sie manifestiert weniger die Geltung als den *Niedergang männlicher Dominanz* in der Familie. Erst die Unterstützung durch tragende Institutionen der sozialen Ordnung legitimiert die individuelle Aggression als Recht auf Verfügung. Sie versiegelt gewissermaßen eine soziale Struktur, die sich im Übergang befindet. Allerdings befindet sich der wieder »in sein Recht« gesetzte Familienmann unter der *Vormundschaft von Justiz, Medizin und Therapie*, denn seine Familie ist zu einer »violent family« geworden. Die traditionelle Familienstruktur wurde bekräftigt, wenn auch auf Kosten chronischer Gewalttätigkeit; dafür wird sie jetzt betreut. An die Stelle des Patriarchen ist das »extended patriarchy« getreten; Donzelot spricht vom Vormundschaftskomplex (1980, S. 108 ff.)
Wo die Autoren der New Hampshire-Schule in überraschender Übereinstimmung mit der radikalfeministischen Position der Dobashs an die gewalttätige Handlung fixiert bleiben, können Stark et al. – die einer sozialistisch-feministischen Position zuzurechnen sind – eine klare Unterscheidung zwischen Machtstruktur und Gewaltanwendung treffen. Die vorgeschlagene Erklärung hat einiges für sich:
– Schon Steele/Pollock konnten sich nicht erklären, warum so normale Menschen so schreckliche Dinge tun, wie es Kindesmißhandlungen sind. Ihre Epigonen suchten vergeblich nach disponierenden Persönlichkeitsmerkmalen, und auch die sozial-situationale Forschung führte eher zu diffusen Ergebnissen. Stark et al. können dieses Scheitern erklären: Mißhandlung ist kein familienpathologisches Syndrom, sondern Artefakt einer Intervention von außen zur Aufrechterhaltung einer »intakten Familie«. Von Pathologie zu sprechen ist ein Element dieser Intervention.
– Garbarino hatte die strukturelle Gefährdung von Familie im Prozeß der Modernisierung sehr deutlich konzeptualisiert und die sozialstaatliche Vergesellschaftung als Überlebensbedingung von Familie herausgearbeitet. Die Argumentation von Stark et al. liest sich wie eine Fortführung der Argumentation von Garbarino, nur: Dieser hatte, wie erinnerlich ist, keine Theorie der

Familie entwickelt, so daß die Struktur der Familienbeziehungen wie natürlich sich zu ergeben schien. Sein Konzept von »social support« gilt der Familie als Kindererziehungsfunktion. Es scheint, folgt man der Argumentation von Stark et al., auf jene Art »hilfreicher Intervention« hinauszulaufen, die Frauen auf die geschlechtshierarchische Arbeitsteilung festlegt, auch wenn es dabei zur Gewaltanwendung kommt. Daß diese etwas mit der internen Strukturiertheit von Familie zu tun haben könnte, wird bei Garbarino nicht einmal angedeutet.

– Das Erklärungsmodell beendet die Fragen, ob schon einmalige Gewaltanwendung (z. B. Hagemann-White et al. 1981, S. 23 f.), spezifische Episoden oder ein strukturiertes, sich wiederholendes Verprügeln »wife battering« heißen soll (so Dobash/Dobash 1977-78): Intensität und Häufigkeit oder ein spezifisches Ablaufmuster von aggressiven Akten, psychischem Terror oder sexueller Ausbeutung sind nicht ausschlaggebend, sondern deren Zwangscharakter. Mit anderen Worten: Auch eine Ohrfeige kann »Gewalt« sein – wenn sie den Mangel an Lebensalternativen für das Opfer erlebbar werden läßt – und vice versa. Die Autoren machen die wesentliche Unterscheidung zwischen einem »privaten Ereignis« und einer »sozialen Konstruktion« und werfen damit die Frage nach dem *Verhältnis von Selbst- und Fremdbestimmung* in der familialen Privatsphäre auf. Als privates Ereignis ist körperliche Gewaltanwendung prinzipiell offen für Bedeutungen, sie kann auch in den Formen der Gegenwehr, der Selbst-Gewalt u. a. erscheinen, in dieser Bedeutung wahrgenommen und dennoch in der patriarchalen Machtstruktur rekonstruiert werden: Die Vermitteltheit privater Aggressivität wird in diesem Erklärungsmodell erkennbar. Wegen ihres (theoretisch allerdings nicht ausformulierten) Konzepts von Privatheit hat sie gegenüber der radikalfeministischen Position außerdem den Vorteil, erklären zu können, warum nicht viel mehr Frauen mißhandelt und vergewaltigt werden bzw. warum es Männer gibt, die nicht gewalttätig sind.[39]

In den radikalfeministischen Modellen erscheint die Lebenssituation von Frauen schematisiert, Gewalt als ihr dominierendes Merkmal. Handlungssituationen scheinen einem vorab inszenierten Ablauf zu folgen, der den Akteuren keine andere Möglichkeit läßt, als »Täter« und »Opfer« zu sein. Die feministische Kritik an den dominierenden sozialwissenschaftlichen Konstruktionen familialer Gewalt thematisiert wie diese »Gewalt in Familien« nicht als soziales Handeln, sondern als soziales Problem. Zwar nimmt sie *bewußt* eine parteiliche Perspektive ein und läßt sich die Relevanzkriterien einer Bewertung *als* Problem nicht vorgeben; aber ihr Selbstverständnis, Element einer verändernden Praxis zu sein, läßt sie ihre Parteilichkeit nicht mehr als theoretische Hypothese verstehen.

Wenn in den bislang diskutierten Ansätzen von »Gewalt« (violence) gesprochen wird, sind *Handlungen* gemeint: Schläge, sexuelle Berührungen; es geht aber auch um *Nicht-Handlungen*: den Entzug von körperlicher und emotionaler Fürsorge. Es geht schließlich auch um *Handlungskonsequenzen*: Verletzungen, seelische Traumatisierungen, Hemmungen der Persönlichkeitsentwicklung. Die *Absichten* des Handelnden – Bestrafung, Unterwerfung u. a., also das Zweckhafte des Tuns – sind nicht einfach auszublenden, und seien sie auch »nur« von den Betroffenen attribuiert. Und nicht zuletzt: Es geht auch um die *Erfahrungen* der Betroffenen – keine Gewalt ohne ein Leiden an der Gewalt. Gewalttätige Handlungen sind auch *symbolisch vermittelte Handlungen*. Das wird am direktesten sichtbar in den die gewalttätigen Handlungen begleitenden sozialen Definitionen der Legitimität oder Illegitimität. Ob eine Schlaghandlung als »legitim« oder »illegitim«, als »angemessen« oder »unangemessen« gilt, hängt beispielsweise vom subkulturellen Kontext ab, in dem diese Handlung vollzogen wird – aber auch von dem Sektor der Gesellschaft, in dem sie vollzogen wird: Beim Militär oder beim Boxen gelten andere Regeln als in der Universität – oder eben in der Familie. Ob eine Schlaghandlung als »Erziehungsmaßnahme« oder als »Kindes-/Frauenmißhandlung« bewertet wird, hängt mehr von der bewertenden Institution ab als von der

Handlung selber. »Strafe« ist eine Codierung von Gewalttätigkeit, die diese vom Odium der Illegitimität befreit. Ohne die Analyse sozialer Codes der Gewaltanwendung, -tolerierung, -forderung, ohne die Analyse kultureller Traditionen und ideologischer Orientierungen (»spare the rod and spoil the child«; »marriage license as a hitting license«; »the real man«) wird eine Untersuchung familialer Gewalt nicht auskommen. So ist »Gewalt« einerseits ohne *Körperlichkeit* nicht zu fassen, andererseits ist die Körperlichkeit selber in komplexe *soziale Deutungsmuster* eingewoben, von denen nicht abstrahiert werden kann. Die Gewalthandlung steht in einem *interaktionellen Zusammenhang*, sie ist auch insofern eine soziale Handlung. Was sich als individuelles Handeln manifestiert, kann nur in der Täter/Opfer-Schematisierung getrennt werden von der Familiendynamik, die sich situativ konkretisiert und spezifische Bedeutungen erzeugt. Leiden an der Gewalt und Lernen der sozial regulierten Gewaltanwendung im Familienzusammenhang sind subjektive Wirklichkeiten, die gebunden sind an soziale Interaktion. Allerdings weist die Regulierung der Gewaltanwendung in der Familie über diese hinaus auf die *rechtliche Verfassung der Institution* Familie[40] und auf strukturelle *geschlechts- und generationsspezifische Einfluß- und Lebenschancen*: Gewalt als Mißbrauch von Macht, als Ausdruck von Ohnmacht oder als Widerstand gegen Übermacht.
»Gewalt«, wie es hier aus den referierten verschiedenen Forschungsansätzen »herausbuchstabiert« wurde, ist ein überkomplexes Konzept, wenn es eine objektive, eine »gegenständliche« Wirklichkeit fassen soll. So hat es viel für sich, diese Grundannahme, die allen bisher dargestellten Modellvorstellungen zugrunde liegt, zu revidieren. Anders etwa als die Autorinnen und Autoren der New Hampshire-Schule wäre dann mit Michele Bograd (1984a) zu formulieren: »Körperliche Kraft allein, wie immer destruktiv sie sich auswirken mag, konstituiert ›Gewalt‹ nicht, es sei denn, ihr wird die soziale Bedeutung von ›Gewalt‹ zugeschrieben. Daß ein Mann seine Frau schlägt, ist unleugbar. Ob diese Handlung ›Gewalt‹ ist oder nicht, ob sie gut oder schlecht ist, normal oder abweichend, ist eine Frage sozialer Interpretationen« (a.a.O., S. 2). In dieser Perspektive sind die genannten Aspekte des Gewaltkonzepts gewissermaßen das Material *sozialer Prozesse der Herstellung symbolisch vermittelter*

Wirklichkeiten. Die referierten Ansätze haben diese Prozesse übersprungen und die Überkomplexität des sozialen Phänomens »Gewalt« nach Maßgabe unausgewiesener Kriterien für die Relevanz von Gewalt als soziales Problem selegiert, »handhabbar« gemacht. Die psychogenetischen Ansätze verknüpfen das Handlungselement der *Intention* bzw. des Motivs und – wenn sie eher dem medizinischen Modell folgen – das Element der *Handlungsfolgen* mit dem Relevanzkriterium der körperlichen Verletzung/ Beeinträchtigung der Persönlichkeitsentwicklung des Opfers. Die empirizistischen Ansätze verknüpfen das Element des *beobachtbaren Verhaltens* (»physical aggression«) mit der gesellschaftlichen Ächtung privater Gewaltanwendung und belegen die Bedeutung familialer Gewalt als soziales Problem mit ihrem Ausmaß. Feministische und sozialpolitische Ansätze verknüpfen die *Kontextbezogenheit* sozialen Handelns mit dem Relevanzkriterium der sozialen Ungleichheit: Gewalt in Familien als Armutsproblem bzw. als brutaler Ausdruck der Machtunterworfenheit von Frauen im Patriarchat. Die Verknüpfung gesellschaftlich sanktionierter Problemdefinitionen mit einzelnen Elementen sozialen Handelns verleiht diesen Elementen den Charakter eines *quasi-objektiven Problemdrucks,* dem die Sozialwissenschaft wie »sozialen Tatsachen« gegenüberzustehen scheint: So geht der »Mythos Gewalt« (vgl. S. 42 ff.) in die Methodologie ein.
Diese Verknüpfungen sollen die *Doppeldeutigkeit* familialer Gewaltanwendung bewältigen, die zur einen Seite hin *individuelles Handeln und subjektives Leiden ist, zur anderen Seite hin gesellschaftlichen Bedingungen und Mustern folgt:* Gewalt in Familien ist ein zugleich privates und öffentliches Ereignis. Aber dieses Ziel, zumal nur selten ausdrücklich reflektiert, wird nicht erreicht. Die »Störung«, welche in den psychogenetischen Ansätzen Gewaltanwendung und ihre Äquivalente erklären soll, ist von der »Normalität« – das haben schon Steele/Pollock gesehen – kaum zu unterscheiden: Diese enthält bereits alle jene Muster, die dann unter dem selektiven, ex post rekonstruierenden Blick von Justiz und Medizin überlebensgroß werden. Der Versuch, das soziale Problem über das Ausmaß von Gewaltanwendung deutlich zu machen, scheitert an der einmaligen Ohrfeige, welche die familialen Machtverhältnisse ein für allemal ins Gedächtnis ruft: So abwegig ist das Konzept der Traumatisierung dann doch

nicht. Umgekehrt schon in der einzelnen gewalttätigen Handlung das Zeichen für die Geltung von Machtverhältnissen zu erkennen und den Beweis durch entsprechende »Kontextualisierung« auch zu führen scheitert daran, daß in Familien nicht nur die Stärkeren, sondern auch die Unterlegenen Gewalt ausüben (Kinder gegen Eltern, Frauen gegen Männer). Für ein Verständnis von »Gewalt in Familien« ist das Verhältnis von Macht und Ohnmacht mindestens so wichtig wie das Verhältnis von Macht und Machtmißbrauch/Brutalität. Mit anderen Worten: Der Versuch der dominierenden konventionellen und feministischen sozialwissenschaftlichen Ansätze, »Gewalt in Familien« in ihrer subjektiven *und* gesellschaftlichen Relevanz zu fassen, scheitert daran, daß sie jeweils unterschiedliche, immer aber *wesentliche Elemente sozialen Handelns ausgrenzen und »Gewalt« als eine Art objektiver Realität voraussetzen.*

Unklare Normen

Eine neue Generation qualitativer Studien in den USA knüpft an die These an, es gebe einen kulturellen »Code der Gewalt«: Eine These, die seit Wolfgang/Ferracutis (1967) Konzept »subculture of violence« in verschiedenen Varianten sich durch alle wichtigen Theorie-Ansätze der Family-violence-Forschung von David Gil über James Garbarino und die New Hampshire-Schule bis zur feministischen Argumentation hindurchzieht. Wie vermittelt sich dieser Code in konkreten Handlungssituationen? Welche Rolle spielt er darin? Wie ist die Widersprüchlichkeit zu würdigen, daß gewaltbefürwortende und -verurteilende Normen nebeneinander existieren? Um solche Fragen zu beantworten, greifen Dennis Marsden (1978), Cathy Greenblat (1983) und Michele Bograd (1984a, b) auf den labeling approach, den Symbolischen Interaktionismus und die Ethnomethodologie zurück, mit anderen Worten: Sie betonen die wirklichkeitskonstitutierende Bedeutung sozialen Handelns; soziales Handeln wird nicht mehr als mehr oder minder gelungene, angepaßte oder zutreffende Realisierung von Regeln und Normen aufgefaßt, sondern als Aushandlungsprozeß situativer Bedeutungen, als kompetente Regelverwendung unter gegebenen praktischen Umständen.

Cathy Greenblat (1983) erhebt drei Einwände gegen die weithin akzeptierte These, kulturelle Normen gäben Männern ein Mandat für Gewaltanwendung in Familien (»marriage license as a hitting license«). Das erste Argument ist ein theoretisches: In der These werden *(präskriptive) Befürwortung und (nachträglich-rechtfertigende) Duldung von Gewalt vermischt.* Das zweite Argument ist ein empirisches: Die *Belege,* die sich in der Literatur für die Existenz präskriptiver Normen der Gewaltanwendung finden lassen (und auf die sich die zitierte These stützt), sind *schwach.* Das dritte Argument ist ein historisches: Bis weit ins 19. Jahrhundert ist die Gewaltanwendung von Männern ein allgemein anerkanntes Mittel, um (Ehe-)Frauen an ihren Platz in der Familie zu erinnern; Dobash/Dobash (1977-78; 1979) haben diese Normen und ihre historischen Wurzeln nachgezeichnet. Seither jedoch haben *konkurrierende Normen, die Gewalt gegen Frauen und Kinder ächten,* einen wachsenden Einfluß gewonnen. Besonders deutlich ist diese Veränderung im Rechtssystem nachweisbar. Das normative Mandat, so Greenblat, ist also zumindest *uneinheitlich.* Zusammengenommen begründen die drei Argumente ihre These, daß Gewaltanwendung nicht als Ausführung präskriptiver Normen verstanden werden kann, sondern an interpretative Regeln gebunden ist, die situationsspezifisch konkretisiert werden müssen.[41]

In ihrer Studie kommt Greenblat zu dem Ergebnis, daß *spezifische Unterschiede zwischen den Rechtfertigungen bestehen, die Frauen als Opfer von Gewalttätigkeit und gewalttätige Männer* in den »accounts« gaben, die ihrer Studie zugrunde liegen. Greenblat analysiert die Rechtfertigungen/Entschuldigungen, welche die Frauen für ihre Männer finden, als *Techniken der Neutralisierung* (Sykes/Matza 1968; Marsden 1978)[42], die in akzeptabler Weise den Mangel an Lebensalternativen/Fluchtmöglichkeiten überdecken sollen. So wird verständlich, daß Frauen das Verprügeltwerden damit rechtfertigen, ihr Mann sei »außer sich« gewesen. Umgekehrt sei dieser Mangel an Alternativen eine Bedingung für die Gewaltanwendung gegen (Ehe-)Frauen (vgl. die entsprechende Argumentation bei Stark et al. 1979). Die Rechtfertigungen der Männer analysiert Greenblat als *Kosten/Nutzen-Kalkulation* (ähnlich Walker 1983): Wenn es ohne großes Risiko sei, die Frau zu schlagen, geschehe das auch. Die familiale Privatheit, die geringe Sanktionsbereitschaft bei Polizei und Justiz sowie die geringe Gefahr, daß die Frau die Ehe verläßt, erhöhen die Chance der Gewaltanwendung (vgl. auch Marsden 1978; Gelles 1983). »Neutralisierungstechniken« schwächen dann normative Konflikte ab. In Anspielung auf sozialökologische Begriffe spricht Greenblat von »moral environments«, die danach unterschieden werden können, wie sehr sie solche Neutralisierungstechniken

(z. B. man sei »außer Kontrolle« gewesen) akzeptieren und so Gewaltanwendung gegen Frauen ermöglichen/dulden.

Die Pointe einer Analyse von familialer Gewalt als soziales Handeln (vgl. Broszat 1982 für die deutsche Diskussion über Kindesmißhandlung) liegt darin, die *Rationalität* sichtbar zu machen, die in der Gewaltanwendung liegt, ohne allerdings »verschwörungstheoretisch« zu argumentieren. Eine Studie von Michele Bograd (1984a), die ebenfalls mit dem Ansatz des »interpretativen Paradigmas« argumentiert, untersucht, wie mißhandelte Frauen und gewalttätige Männer Gewaltanwendung in ihrer Ehe wahrnehmen, klassifizieren und bewerten. Ihre Befunde unterstreichen, daß die derart erzeugten sozialen Bedeutungen vom Ausmaß und von der Intensität, also den »gegenständlichen Eigenschaften« gewaltsamer Handlungen weitgehend unabhängig sind. Noch stärker als Greenblat betont sie den vagen, impliziten, inkonsistenten Charakter von Normen, die an Gewalthandeln geknüpft werden, und die Notwendigkeit, sie situationsspezifisch zu konkretisieren.[43]
Unter dem Gesichtspunkt der sozialen Konstitution von Gewalthandeln in Familien reflektiert der interaktionistische Ansatz, daß die *Grenzen der Normalität* unklar sind. Unter diesen Umständen werden die subjektiven Deutungen und Bewertungen der Akteure für die Unterscheidung von »Gewalt« und »Gewaltlosigkeit« maßgeblich.

Erlernte Hilflosigkeit

Aber diese Deutungen sind nicht voraussetzungslos. Lenore Walker ist daran interessiert, wie sich die *patriarchale Organisation weiblicher Lebenschancen mit der Subjektivität von Frauen vermittelt,* mit anderen Worten: Sie befaßt sich mit der Viktimisierung von Frauen (Walker 1979, S. 14).[44]

Die traumatisierende Wirkung der Gewalttätigkeit von Ehemännern und Freunden beruht nicht in erster Linie, so Walker, auf körperlicher Gewalt oder der Heftigkeit der Attacke, auch nicht auf den körperlichen Folgen für das Opfer, sondern auf der *Unberechenbarkeit* der Attacke. Walker liefert Belege für einen Drei-Phasen-Zyklus der Gewalt; in der ersten Phase baut sich Spannung auf, in der zweiten kommt es zur

Gewalttätigkeit, in der dritten Phase folgen Reue, Entschuldigungen, Versprechungen der Männer (Walker 1983a).
Diesen *Zyklus von liebevoller Zuwendung und Gewalttätigkeit* hat Ann Fillmore auch an Opfern von Geiselnahmen studiert (1981). Er erzeugt einen Zustand von *Hilflosigkeit* (Walker 1977-78), von Angst und Depression, der einen Ausweg aus der Falle – auch wenn er objektiv möglich wäre – nicht mehr beschreiten läßt. Fillmore berichtet von einem psychischen Prozeß bei Opfern von Geiselnahmen, bei mißhandelten Frauen und auch bei Kindern, die mißhandelt werden, der mit einer *Gehirnwäsche* verglichen werden kann. Der Geiselnehmer bzw. der mißhandelnde Vater/Ehemann, der Gesundheit und psychische Integrität der Opfer am meisten bedroht, von ihm ist das Opfer auch abhängig, in seiner Hand liegt das Überleben, daher sichert er es auch, garantiert es – zumal, in Fällen von Geiselnahmen – gegenüber der Polizei. Es entsteht eine Intimität, eine Homöostase der Abhängigkeit, symbiotische Beziehungen und tiefe Ängste vor einem Leben »auf eigenen Füßen«. Was die »Gehirnwäsche« perfekt macht: Dies ist nicht allein eine psychische Realität, denn eine »Befreiung« gefährdet das Leben von Geiseln (bzw. bei Kindern und Ehefrauen die Bindungen an die Eltern/die materiellen Lebensbedingungen) objektiv; im buchstäblichen und im übertragenen Sinne ist sie auch eine Gefahr. Oft geraten solche Frauen in Beziehungen dieser Art, bemerkt Walker, die *in ihrer Kindheit tiefe Erfahrungen von Unkontrollierbarkeit* und Zwangsläufigkeit mit ihren Müttern und Vätern machen mußten und die als erwachsene Personen *ohne Alternative sind zu einem Leben als verheiratete Hausfrau.* So fügen sich eine biographische Verwundbarkeit, ein Mangel an Lebensalternativen und die im Gewaltzyklus erworbene Hilflosigkeit zu einer *Falle,* aus der diese Frauen allein von außen befreit werden können – konkret: durch die Chance, einen alternativen Ort zum Leben, einen Ort der Sicherheit und der Solidarität zu finden –, wenn sie als Personen Integrität und Kraft zu einem eigenen Leben entwickeln sollen (Walker 1977-78; 1979).

Die Pointe der These von der »erlernten Hilflosigkeit« liegt darin, daß die Frau nicht primär durch die Gewaltanwendung zum Opfer wird, sondern es ist die dritte Phase des Zyklus, die Reue des prügelnden Mannes, seine Bußfertigkeit, welche die Frau in der Beziehung hält und die Falle schließt. Dann entsteht jene psychologische Paralyse, die aus einer Frau, die geschlagen wurde, eine mißhandelte Frau macht. Erst so werden Reaktionen verständlich, wie sie Walker (1977-78; 1979) sorgsam analysiert, die, von außen betrachtet, erscheinen, als fordere die Frau Gewalttätigkeit geradezu heraus. In Wirklichkeit versucht sie, die

unberechenbare Gewaltandrohung unter Kontrolle zu bekommen, die Phase des Spannungsaufbaus abzukürzen. Was Ärzte und Psychologen häufig als Grund oder Anlaß der Mißhandlung ansehen, als »den Anteil des Opfers«, ist nach Walker also eine *Überlebenstechnik*, um eine unhaltbare Situation zu bewältigen (Walker 1983). Mißhandelte Frauen können die Beziehung mit dem gewaltsamen Mann in der Regel erst dann aufgeben, wenn im Prozeß der Veralltäglichung von Gewalttätigkeit die dritte Phase (Reue) seltener wird (Walker 1983a).[45]
Diese Erklärung erhellt die wechselseitige Beziehung von *symbiotischen Beziehungsmustern zwischen »Täter« und »Opfer« und der geschlechtshierarchischen Struktur von Ehe/Familie*. Die Autorin beansprucht (1977-78, S. 526), daß es sich weniger um ein Modell individueller Psychopathologie als um ein Beziehungsmuster handelt, in dem soziologische und psychologische Variablen sich zu einem kulturspezifischen Muster institutionalisierter Männer/Frauen-Bindungen zusammenfügen.

Erzwungene Nähe

Das gilt besonders für den sexuellen Mißbrauch von Kindern in Familien. Sexueller Mißbrauch/Inzest kann von den betroffenen Kindern als Angriff und als Zwang erlebt werden, als Form von körperlicher Mißhandlung; insofern primär Mädchen betroffen und Männer die Angreifer sind, ist er eine Form von Gewalt gegen Frauen. Körperlicher Zwang, Brutalität und Verletzung sind aber nicht notwendig damit verbunden. Baurmann (1984[3]) findet in seiner Studie, daß »Sexueller Mißbrauch von Kindern« (§ 176 StGB) zwar die größte Fallgruppe unter den angezeigten Sexualdelikten ausmacht. Aber eine Analyse nach Opfer-, Täter- und Tatmerkmalen ergibt, daß sich »mindestens drei Viertel dieser Fälle auf sehr unterschiedliche Fallgruppen verteilen. Es konnten davon (...) 20,6% Sexualkontakte herauskristallisiert werden, die viel gemeinsam haben mit sexueller Nötigung und Vergewaltigung« (Baurmann 1984, S. 24). Diese Angriffe richteten auch die größten psychischen Schäden bei den Opfern an. Für die amerikanische Literatur diskutiert Finkelhor (1984, S. 48 ff.) unterschiedliche Typen sexuellen Mißbrauchs von Kindern, die meisten von ihnen nicht gewalttätig (vgl. die Typologie bei Baurmann 1983, S. 64 f.).[46] Darin besteht die Provokation für eine Theorie familialer Gewalt. Inzest – hier verstanden als offener sexueller Kontakt zwischen Eltern, meist Vätern, mit Kindern, meist Mädchen –

»geschieht im Kontext einer liebevollen Beziehung. Das Opfer fühlt sich überwältigt von der größeren Macht des Vaters und unfähig, sich zu widersetzen; sie mag sich ekeln oder schämen. Zugleich aber fühlt sie oft, daß dies die einzige Art von Liebe ist, die sie bekommen kann, und zieht diese der Lieblosigkeit vor. Die Tochter wird nicht vergewaltigt, sondern verführt« (Herman/Hirschman 1977, S. 748; vgl. auch Finkelhor 1978; 1979; Armstrong 1985, S. 256 ff.).[47]

Die Beziehungsstruktur in inzestuösen Familien, so Herman/Hirschman (1977; vgl. auch Herman 1981) in ihrer theoretischen und klinischen Studie, ist von einer tiefen *Entfremdung zwischen Müttern und Töchtern* gekennzeichnet. Die Töchter erleben ihre Mütter, die häufig ihre Rolle als Hausfrauen und Mütter nicht ausfüllen können, krank oder behindert sind, als hilflos, schwächlich oder unterdrückt, als Personen, die nicht für sich selber sorgen können und noch weniger für ihre Kinder. »Die Botschaft, welche diese Mütter ihren Töchtern wieder und wieder vermitteln, lautet: Zuerst Dein Vater, dann Du! Es ist gefährlich, sich gegen ihn zu wenden, denn wenn ich ihn verliere, verliere ich alles. Für mein eigenes Überleben muß ich Dich Dir selbst überlassen. Ich kann Dich nicht verteidigen, und wenn notwendig, würde ich Dich sogar Deinem Vater opfern« (Herman/Hirschman 1977, S. 746).

Ganz anders, so Herman/Hirschman, ist die Beziehung der Töchter zu ihren Vätern. Von ihnen erhalten sie Schutz, Zuwendung, Anerkennung und fühlen sich in ihren Entwicklungsbedürfnissen unterstützt und befriedigt. Noch in der therapeutischen Situation drücken viele der Frauen, mit denen die Autorinnen gearbeitet haben, warme Gefühle gegenüber ihren Vätern aus. Die Tochter rückt in der inzestuösen Familienkonstellation in die Position der Mutter ein. Sie übernimmt Verantwortung für den Haushalt, übernimmt Verantwortung dafür, daß der Vater glücklich ist. Sie teilt mit dem Vater das Geheimnis ihrer Beziehung und wehrt sich gegen eine Offenlegung, nicht zuletzt, um ihm Schande und Statusverlust zu ersparen.

Der *Haß auf die Mutter*, so Herman/Hirschman über ihre Klientinnen, steht neben Gefühlen des Ausgeliefertseins und der *Hilflosigkeit gegenüber dem Vater.* Schamgefühle und Schuldgefühle stehen ambivalent neben Gefühlen der Zuneigung. Die Mütter scheinen ganz selbstverständlich zu erwarten, daß die Töchter ihre Rolle übernehmen. Die Väter denken gar nicht daran, den Töchtern gegenüber die mütterliche Rolle mit zu übernehmen, sondern verlangen, selber »bemuttert« zu werden, auch in sexueller Hinsicht.

Der sexuelle Mißbrauch durch den Vater erscheint bei Herman/Hirschman als *Konsequenz einer Familienkonstellation*, nicht als kontextunabhängige Handlung, die individualpsychologisch oder aus der dyadischen Beziehung zwischen Vater und Tochter zu erklären wäre. Auch wenn der Mißbrauch keine brutale Attacke ist, beruht die sexuelle Intimität zwischen Vater und Tochter auf der Ausübung von Zwang. Er ist einer Familienkonstellation inhärent, in der die Tochter von beiden Eltern als dritte Erwachsene in Anspruch genommen wird. Die Konstellation muß das Kind überfordern, wenn sie auch Bedürfnisse nach Zuwendung und Verantwortung befriedigt. Der Anspruch entstammt dem Zusammenbruch der Ehebeziehung, und er wird ausgedrückt mit elterlicher Dominanz und Autorität, auch wenn diese sich – was die Mutter angeht – nicht aktiv-fordernd, sondern passiv-hilfesuchend darstellen. Daß Eltern an ihre Kinder Erwartungen richten, die sie nur als Erwachsene befriedigen könnten, hatten schon Steele/Pollock bei ihren Klienten beobachtet (s. o. S. 53 f., »role reversal«). Was bei ihnen jedoch als situativer Begleitumstand der Mißhandlung (mit biographischen Wurzeln) konzipiert ist, wird in der Analyse von Herman/Hirschman als *dauerhaftes Merkmal einer Familienkonstellation erkennbar, in der die Ehebeziehung das Generationsverhältnis substituiert* hat. Insofern könnte man den sexuellen Mißbrauch von Kindern/Töchtern in der Familie auch als *strukturelle Vernachlässigung* bezeichnen, weil Kinder nicht als Kinder wahrgenommen werden. Indem das Geschlechts- *und* das Generationsverhältnis einbezogen sind, erscheint der sexuelle Mißbrauch/Inzest als familiale Gewalt im vollen Sinne des Wortes. In ihr sind der Mißbrauch des Kindes durch den Vater und die untergeordnete Stellung der Ehefrau zu einer Konstellation verknüpft, die *einerseits unverwechselbar patriarchalisch ist, andererseits aber mehrere Täter und mehrere Opfer* hat. Daher kann der sexuelle Mißbrauch sowohl als Extremform männlicher/väterlicher Dominanz wie auch als Zusammenbruch der patriarchalen Familienstruktur begriffen werden, in der Fürsorge und Autorität ihren Sinn verloren haben (vgl. Breines/Gordon 1983, S. 527; Finkelhor 1981; Mitscherlich-Nielsen

1984; Herman 1981, S. 50ff.; Kinderschutzzentrum Bremen 1985, S. 11ff.).

Weiblichkeitsbilder

Im feministischen Diskurs ist Mißhandlung in heterosexuellen Intimbeziehungen eine *Extremform des typischen weiblichen Lebensschicksals,* das unter der männlichen Vorherrschaft immer von der Möglichkeit der Mißhandlung bedroht ist (Brückner 1983, S. 10f.; s. o., S. 94f.).

Was das Lebensschicksal mißhandelter Frauen »von dem nicht mißhandelter Frauen unterscheidet, ist, daß sie die im herrschenden Arrangement der Geschlechter festgelegte weibliche Rolle als Zweitem Geschlecht, gekennzeichnet durch Eigenschaften der Unterordnung, Opferbereitschaft und Erduldung im Extrem am eigenen Leib erlitten und ausgelebt haben« (Brückner/Kieper-Wellmer 1985, S. 296).

Die Besonderheit dieser Form von Unterdrückung liegt in der Bindung/Nähe zwischen mißhandelter Frau und mißhandelndem Mann. Die Subjektivität der Akteure muß also systematisch in die Erklärung einbezogen werden. Margrit Brückner untersucht, wie die »patriarchalische Gesellschaftsstruktur und eine korrespondierende Struktur der weiblichen Psyche und weiblicher Lebensentwürfe« miteinander verwoben sind (a.a.O., S. 88). Sie vermeidet damit die Reduktion auf ein institutionelles Skript männlicher Gewaltanwendung, wie es die Formel »Gewalt in der Ehe« nahelegt, und betont die Seite der *internalisierten Machtverhältnisse in den Beziehungswünschen und ihrer Dynamik* zwischen Männern und Frauen – ob nun in der Ehe oder in anderen Liebesbeziehungen.[48] Zwei Erfahrungen bilden den Ausgangspunkt der Untersuchung: Warum geht von den mißhandelten Frauen bei allem Elend eine solche Faszination auf die Frauenhaus-Mitarbeiterinnen/Forscherinnen aus? Warum halten es mißhandelte Frauen so lange bei ihren Männern aus und gehen oft mehrfach zu ihnen zurück, bis sie sich endgültig trennen? Allgemein formuliert: *Was haben mißhandelte Frauen mit nichtmißhandelten gemeinsam?* Und: Wie vermittelt sich die geschlechtliche Ungleichheit und die Unterdrückung von Frauen mit dem Selbstkonzept der einzelnen Frau?

Brückners zentrales Konzept ist das der *Weiblichkeitsbilder.* Das sind kollektive Phantasien von und über Frauen, die in die Selbstbilder und Beziehungswünsche von Männern und Frauen konstitutiv eingehen.[49] Sie entstammen patriarchalen Mythen und formen weibliche Traditionen, die älter sind als Aufklärung und Kapitalismus. Weiblichkeitsbilder vermitteln soziale Strukturen mit Merkmalen individueller Persönlichkeiten; diese Verknüpfung denkt Brückner nicht linear oder deduktiv. Denn in den Weiblichkeitsbildern als *kulturellen Idealen transformieren sich patriarchale Machtverhältnisse zu Merkmalen weiblicher Besonderheit* und können so die Identität und die Selbstbilder von Frauen bestimmen. Sie sind Folien weiblicher *Schwäche und Stärke, Ohnmacht und Macht, Fremdbestimmung und Selbstbestimmung.* Die Psychoanalyse dient als Schlüssel zum Verständnis dieser Verknüpfungen und ihrer dramatischen Inszenierung in den Liebesbeziehungen von Männern und Frauen.

Zu den Phantasien und *Selbstbildern* der Frauen, die Margrit Brückner während ihrer Arbeit im Frauenhaus kennenlernte, gehört die Vorstellung *grenzenloser Mütterlichkeit.* Sie bindet Frauen an extrem eifersüchtige Männer, die ihre Bedürftigkeit brutal zur Geltung bringen. Die Beziehungsdynamik zwischen ihnen und ihren Frauen beruht auf einem von beiden geteilten *kollektiven Bild von der omnipotenten Mutter*[50], auf Phantasien einer lebenspendenden und lebengefährdenden weiblichen Macht. Diese Phantasien werden von der realen Ohnmacht von Frauen nicht nur kontrastiert, sondern noch gesteigert (a.a.O., S. 62, 101). In dieser Verstrickung ist die Frau ohnmächtig, weil sie nur durch andere lebt; mächtig ist sie, insofern sich ihr Selbst im Opfer für andere verwirklicht. Die Selbstaufopferung speist sich aus dem kulturellen Ideal der Selbstlosigkeit, das unter patriarchalen Machtverhältnissen jedoch zu einer »weiblichen Tugend« verkürzt wird.[51]

Ein anderes Beispiel für kollektive Bilder von Weiblichkeit ist die Vorstellung von der *Schutzbedürftigkeit* von Frauen; sie hängt an der Idealisierung zum Inbegriff von Liebe und Mütterlichkeit. Diese Idealisierung reflektiert indes die patriarchale Einschränkung der Lebensmöglichkeiten von Frauen, indem sie in Beziehungen mit Männern *sowohl Fürsorge wie kontrollierende Einengung* nach sich zieht. Die Abhängigkeit, welche diese Idealisierung für Männer bedeutet, kann nur durch verstärkte Überwachung des Lebens der Frau unter Kontrolle gebracht werden; für die Frauen, die dieser Idealisierung verpflichtet sind, ist diese Kontrolle ein »Liebesbeweis«. So konstituiert sich die Attraktivität des besitzergreifenden Mannes (a.a.O., S. 72), die Brückner an Frauen im

Frauenhaus so irritiert hat. Sie sind gefangen im Wechsel von Fürsorge und Kontrolle, fasziniert von der Jekyll/Hyde-Gesichtigkeit des Mannes.[52]

Brückner hebt auf die *Widersprüchlichkeit von heterosexuellen Liebesbeziehungen unter patriarchalen Machtverhältnissen* (vgl. auch Sichtermann 1983) ab. Sie zeigt, wie die *soziale Ungleichheit von Männern und Frauen zur Bedingung von Intimität und Reziprozität* in ihren Beziehungen wird; sie zeigt außerdem, wie die Ungleichheit in den Beziehungen dennoch nicht aufgehoben wird, sondern Gewalttätigkeit erzeugt. Sie bietet außerdem eine Deutung dieser Gewalttätigkeit an: Die Gewalt von Männern, so Brückner, ist nicht unvermittelt ein Mißbrauch der sozialen Privilegierung, sondern Ausdruck der Enttäuschung, daß die Frauen nicht halten, was die Weiblichkeitsbilder versprechen: eine Falle für Frauen (vgl. auch Stark et al. 1979, S. 480; sie hatten diese »falschen Versprechungen« mit dem Marxschen »Warenfetischismus« verglichen). Entscheidend für das Verständnis der patriarchalen Dynamik von Mann/Frau-Beziehungen ist die *Aufspaltung ganzheitlicher Beziehungswünsche* in eine (weibliche) Zuständigkeit für Empathie, Gefühle, Abhängigkeitsbedürfnisse, Wünsche nach Symbiose und Verschmelzung einerseits und in (männliche) Wünsche nach Selbstsein, Unabhängigkeit, Macht und die Einschränkung von Empathiefähigkeit andererseits und ihre Verdinglichung zum Geschlechtscharakter. Mutter/Ehefrau als Inbegriff von Weiblichkeit, als totales Liebesversprechen: Das nährt Omnipotenzphantasien, macht aber auch völlig schutzlos gegenüber Ansprüchen auf Fürsorge und Selbstlosigkeit, macht Frauen tendenziell zu Gefangenen dieses Versprechens, letztlich zu seinen Opfern.

Resümee

Das vorliegende Kapitel hat die Entfaltung der sozialwissenschaftlichen Reflexion über familiale Gewalt nachvollzogen und dabei eine zweifache Fragestellung verfolgt: Gibt es so etwas wie einen konsistenten Wissensstand? Und: Wie reflektiert sich in

den einzelnen Ansätzen die gesellschaftliche Konstitution familialer Gewalt als »soziales Problem«?
Zwei paradigmatische Perspektiven stehen sich scheinbar kontradiktorisch gegenüber: Ein klinischer Blick erkennt den Zusammenbruch der mütterlichen Fürsorge als Kern einer Mißhandlungsbeziehung zwischen Eltern und Kindern und spricht damit ein *Problem der Familienstruktur* aus. Komplementär sieht ein sozialstruktureller Zugang die Mißhandlung von Kindern eingebettet in soziale Ungleichheit, Armut, eine kulturelle Akzeptanz von Gewaltanwendung und in einen gesellschaftlichen Auftrag an die Familie, entfremdende und demoralisierende Lebensbedingungen zu kompensieren. Aber die beiden Zugänge sind nur scheinbar widersprüchlich: Denn in dem dramatischen Ereignis der Mißhandlung entdeckt der klinische Blick die Extremform eines konventionellen Interaktionsmusters, und in den empirischen Studien aus der soziogenetischen Perspektive tritt eine Familienwirklichkeit zutage, die *nicht auf einen einheitlichen Problemtypus*, auf ein abgrenzbares Bündel von Erscheinungsformen und Ursachen zu fixieren ist. Mit anderen Worten: Das spektakuläre Ereignis erscheint in beiden Blickrichtungen als Fassade einer *strukturellen Vernachlässigung von Kindern in der Familie.* Aber deren subjektiv-intentionale und objektiv-vergesellschaftete Seite bleiben in ihrem Zusammenhang dunkel. Soziologisch erscheint die Mißhandlung von Kindern als Armutsproblem und verschwindet darin; klinisch-psychologisch wird sie individualisiert und als Beziehungsstörung behandelt bzw. einer vorbeugenden Sozialkontrolle unterworfen. Die *paradoxe Normalität der Kindesmißhandlung* ist erst später, in dem Konzept einer *ethnopsychischen Störung im Generationenverhältnis,* formuliert und in einem zivilisationstheoretischen Rahmen reflektiert worden.
Die empirische Sozialforschung, die sich später und zum Teil in kritischer Distanz zur klinisch-psychiatrischen und psychologischen Forschung entwickelt und in den USA bald exponentiell zunimmt, erweitert von Beginn an ihre Gegenstandsbestimmung auf Gewalt *in Familien.* Sie steht unter dem Eindruck militant ausgetragener gesellschaftlicher Konflikte; ihre Programmatik nimmt die spektakuläre Gewalttätigkeit als Hinweis auf ein gesellschaftsstrukturelles Problem. Der Versuch aber, dieses Pro-

blem in der beobachtbaren körperlichen Aggressivität zu objektivieren, führt zu einem *Verlust des Gegenstandes in einer Flut zersplitterter Befunde.* Gewalt in Familien erscheint additiv als körperliche Mißhandlung *und* emotionaler Mißbrauch *und* sexuelle Ausbeutung *und* Vergewaltigung in der Ehe, betroffen sind Kinder *und* Frauen *und* Geschwister *und* Mädchen *und* alte Leute etc. Das frühere Niveau der Problematisierung geht verloren, die Programmatik wird offenbar vergessen. Die siebziger Jahre sind gekennzeichnet von *definitorischen Klärungsversuchen,* Untersuchungen über das *Ausmaß* von familialer Gewalttätigkeit und Studien über ihre *Bedingungsfaktoren.* Dennoch sind die empirischen Befunde nicht einfach disparat. In dem Resümee, das Finkelhor anläßlich der Zweiten Nationalen Konferenz der Family-violence-Forscher gibt, zeichnet sich ein komplexer Zusammenhang ab, der – empirisch untermauert – die Umrisse der paradigmatischen Kontroverse erkennen läßt: Mißhandlung von Frauen und Kindern in der Familie ist ein *Mißbrauch von Macht,* resümiert Finkelhor vorliegende Untersuchungen. Jedoch kennzeichne es die familiale Besonderheit dieses Mißbrauchs, daß er im Gefühl der *Ohnmacht* ausgeübt wird. Die Wirkungen auf die Betroffenen gehen über sichtbare Verletzungen weit hinaus: Es kennzeichne ebenfalls die familiale Besonderheit der Gewaltanwendung, daß sie nicht abzulösen ist von einer *Beziehungsdynamik, die wie eine Gehirnwäsche wirkt.* Außerdem scheint nun gesichert, folgt man Finkelhor, daß alle Formen familialer Gewalt eher in *niedrigen sozialen Schichten* vorkommen, häufiger in Familien, die von *Armut und Arbeitslosigkeit* betroffen sind, eine *ausgeprägte patriarchale Entscheidungsstruktur* aufweisen und in ihrer sozialen Umgebung *isoliert* sind.

Unter den theoretischen Ansätzen ragen zwei heraus, die in komplementärer Weise die Programmatik der frühen Mißhandlungsforschung wiederaufnehmen. In einer sozialökologischen Perspektive bettet Garbarino die Mißhandlung von Kindern in die *strukturell gefährdete soziale Konstitution der Eltern-Kind-Beziehung ein.* Im Kontext gesellschaftlicher Modernisierung ist die familiale Reproduktion zu Anpassungsprozessen gezwungen, die sie destabilisieren können. Die Mißhandlung von Kindern gehört daher in den allgemeineren Zusammenhang der optimalen Förderung der *Entwicklungschancen von Kindern* unter gegebenen historischen Bedingungen: Wie Gil und Steele/Pollock sieht auch Garbarino die strukturelle Vernachlässigung von Kindern als primäres Problem, weniger die Mißhandlung. Da das familiale Reproduktionsmilieu gefährdet ist, braucht es strukturelle Unterstützung. Mit anderen Worten: Garbarino reflektiert die *sozialstaatliche Vergesellschaftung* von Familie und familialer Lebenswelt. Die paradoxe Normalität der Mißhandlung, die Gil und Steele/Pollock noch ratlos werden ließ, verlegt er in die Offenheit und Kontingenz der »wechselseitigen Anpassung« von Familie und Umwelt. Für Garbarino ist undenkbar, daß »child maltreatment« etwas mit der internen Strukturiertheit von Familie zu tun haben könnte und nicht nur mit situativer Inkompetenz, Dysfunktionen, kumulativen Prozessen im Lebenszyklus, »mismatch« zwischen Mutter und Kind etc.: Darin steckt eine implizite normative Vorentscheidung, daß »child maltreatment« unnormal, abweichendes Verhalten sei. Genau diese Vorentscheidung greifen Straus und die Autor/inn/en der New Hampshire-Schule an; was bei Garbarino fehlt, steht bei ihnen in Mittelpunkt: Ihre Theorie familialer Gewalt richtet sich auf die *interne Strukturiertheit von Familie.*

Die New Hampshire-Theoretiker(innen) sehen die *Paradoxien einer hierarchisch strukturierten Intimität.* Die Gegenläufigkeit von Ungleichheit und Abhängigkeit zwischen Männern und Frauen, Eltern und Kindern einerseits und den auf Egalität gerichteten Wertorientierungen, die sich im historischen Prozeß der Individualisierung und Emotionalisierung von Familie herausgebildet haben, deutet auf eine *Ausdifferenzierung von Institution und Lebenswelt Familie.* Dem New Hampshire-Ansatz ist also eine *Theorie der Vergesellschaftung von Familie* inhärent, deren Bezug auf die sozialökologische Konzeption von Garbarino zu diskutieren wäre. Vom Prozeß dieser Ausdifferenzierung ist auch das Verhältnis von Macht und Gewalt betroffen; Gewalt – in der New Hampshire-Fassung – ist »ultima ratio«, letzte Ressource von Männern, um die Struktur der Ungleichheit aufrechtzuerhalten. Aber ähnlich wie der sozialökologische Ansatz hat auch diese Familientheorie ihre blinden Flecken: Welche Funktion kann Gewaltanwendung haben, wenn der Familienzusammenhang sich über Intimität, nicht über Hierarchie strukturiert? Als instrumentelle Gewalt, wie sie ressourcentheoretisch konzipiert ist, muß sie erfolglos sein. Damit aber rückt das *Verhältnis von Machtstruktur und Gewaltanwendung ins Zentrum der theoretischen Reflexion.*

Für die feministische Sozialforschung über Gewalt gegen Frauen ist dieses Verhältnis von Beginn an Thema, weil sie familiale Gewalt aus der Perspektive der Betroffenen problematisiert. In der radikalfeministischen Position ist das Gewalterleiden der Frauen für die soziale Lage von Frauen im Patriarchat charakteristisch und hat Tradition. Patriarchat als kulturelle und politische Hegemonie von Männern beruht auf der sozialen Kontrolle von Frauen. Diese Kontrolle muß tagtäglich aufrechterhalten und von jedem einzelnen Mann ausgeübt werden. So gibt es in dieser Perspektive keinen Bruch zwischen Machtstruktur und Gewaltanwendung. Diese fügt sich als letztes Mittel in ein Arsenal von Zwangsmitteln ein, die Frauen in ihrer gesellschaftlich nachgeordneten Position festhalten. Dieser Konzeption von männlicher Dominanz als persönlicher Verfügung, Willkür, quasi *feudaler Unterdrückung*, stellt die sozialistisch-feministische Position ein Konzept der *Vergesellschaftung des Patriarchats* gegenüber, in der *an die Stelle der persönlichen Verfügung das Staatspatriarchat* tritt. Die Basis der patriarchalen Machtstruktur in der Familie ist die unentgeltliche Aneignung der weiblichen Arbeitskraft. Die Vergesellschaftung von Familie macht dies immer weniger möglich und delegitimiert diese Aneignung auch. An ihre Stelle mag privater Terror treten, aber dieser ruft Medizin, Justiz und soziale Dienste auf den Plan, die den Bereich der »rechtlichen Sonderbeziehungen« – zu dem die vormals quasi vorkonstitutionelle Familie geworden ist – überwachen, betreuen, unterstützen. Gewalt in Familien ist als *soziales Problem* identifiziert; zugleich aber richtet sich die vormundschaftliche Intervention sozialstaatlicher Instanzen – was Garbarino offenließ – auf die *Rekonstitution männlich dominierter Verhältnisse* in der familialen Binnenstruktur. Nicht das Schlagen manifestiert die männliche Dominanz – es manifestiert eher deren Niedergang –, sondern die Intervention von öffentlichen Hilfsinstitutionen, die der geschlagenen Frau den Weg aus der Familie hinaus versperren und so das Schlagen legitimieren, zum Muster werden lassen. Diese Rekonstruktion der gesellschaftlichen Vermittlung körperlicher Aggression (sie würde für andere Formen familialer Gewalt ebenso gelten) impliziert einen wesentlichen Unterschied zwischen der *Privatheit der Aggression und dem sozialen Muster des »battering«*. Implizit ist hier eine *Theorie familialer Privatheit* in Anspruch genommen, die nicht ausgeführt wird, ja: deren Fehlen ein blinder Fleck dieses im übrigen äußerst differenzierten Erklärungsmusters ist. So sehr es die Unterscheidung von Macht und Gewalt von ihrer familistischen Begrenztheit bei den New Hampshire-Autor/inn/en befreit und historisch-systematisch rekonstruiert, so wenig berücksichtigt dieser Ansatz Familie als einen Lebenszusammenhang, der sich über soziales Handeln konstituiert.

Im Anschluß sowohl an die feministische Diskussion wie an die familiensoziologische Diskussion der New Hampshire-Autor/inn/en entstehen Versuche, *familiale Gewalt als soziales Handeln zu konzeptualisieren*. Greenblat studiert *Neutralisierungstechniken*. Sie zeigt, wie schwach die Belege für präskriptive gewaltbefürwortende Normen tatsächlich sind, und belegt mit ihrem Material, wie Gewaltanwendung gegen Frauen durch Akzeptieren, Tolerieren und Verstehen in den Alltag von Ehen eingefügt, entdramatisiert wird. Darin steckt eine implizite interpretative Norm, welche Frauen zu Opfern von Gewaltanwendung durch ihre Ehemänner macht. Gewaltanwendung ist nicht als Ausführung normativer Skripts aufzufassen, sondern geschieht in einer *»moralischen Umwelt«*, die als Gelegenheitsstruktur zu verstehen ist und Kosten/Nutzen-Kalkulationen bedingt. Bograd belegt, wie wenig Urteile von Beteiligten, eine bestimmte Handlung oder Situation sei gewalttätig (gewesen), mit beobachtbaren Merkmalen der betreffenden Handlung oder Situation zusammenhängen. Es kann daher nicht wie selbstverständlich vorausgesetzt werden (wie es in den öffentlichen Diskursen über »Gewalt in Familien« geschieht), was gewalttätige Handlungen gesellschaftlich bedeuten, oder umgekehrt: Die Vergesellschaftung privater, genauer: familialer Gewaltanwendung (das eigentlich meint ja der Begriff »Gewalt in Familien«) *wird unter diesem theoretischen Ansatz überhaupt erst formulierbar*. Walker und Fillmore beschäftigen sich mit den interaktionellen Prozessen der *Viktimisierung* von Frauen und zeigen, daß nicht die Gewaltanwendung allein, sondern ein unberechenbarer Wechsel von Gewalttätigkeit und Zärtlichkeit die ausweglose Situation mißhandelter Frauen heraufbeschwört, weil die Frauen in diesem Ablauf gefangen und *handlungsunfähig* werden. Ebenfalls auf der Basis therapeutischer Erfahrungen (mit Mädchen, die von Vätern oder anderen nahen Verwandten sexuell mißbraucht wurden) argumentieren Herman/Hirschman. Sexueller Mißbrauch ist nicht unbedingt an brutaler körperlicher Zwangsausübung zu identifizieren: Intimität und Gewalt verfließen ineinander. Der Zwangscharakter des sexuellen Mißbrauchs besteht im *Ignorieren des Kindes als Kind,* also dem Einreißen/Zusammenbruch des Generationenverhältnisses. Margrit Brückner schließlich zeigt die Bedeutung *kollektiver Phantasien über Frauen,* in denen kulturelle Ideale und patriarchale Machtverhältnisse ineinander übergehen. Auf sie beziehen sich Männer und Frauen in Intimbeziehungen gleichermaßen. Brückner zeigt, daß Intimität unter Bedingungen geschlechtshierarchischer Machtverhältnisse zu *Selbstbehauptungskämpfen* führt, die letztlich auf Kosten der Frauen gehen. Obwohl sie unterschiedlichen Modellvorstellungen folgen (Symbolischer Interaktionismus, Soziales Lernen, Psychoanalyse u. a.), konvergieren die verschiedenen handlungstheoretischen Ansätze in der Intention, die *Verschränkung sozialer Vorstrukturierungen mit subjektiven Handlungsorientierungen* in Situationen familialen Gewalthandelns zu konzeptualisieren. Außerdem verbinden sie ihre theoretische Orientierung mit einer Forschungsphantasie, die überraschende Einsichten in die Konstitution familialer Gewalt eröffnet. Sie ermutigen einen Versuch, diese Konstitution in den *reflexiven Praktiken der Herstellung von Familie* aufzusuchen und die Kritik des »Mythos Gewalt« auf diesem Wege zu konkretisieren.

III
Gewalthandeln von Familien: Ergebnisse einer explorativen Studie

Fragestellung und Methoden der Untersuchung und Auswertung

Fragestellungen

Im folgenden wird ein Wechsel der Perspektive vollzogen. Im Mittelpunkt stehen nicht Fragen, ob in den untersuchten Familien »Kindesmißhandlung«, »Gewalt gegen Frauen«, »sexueller Mißbrauch« von Mädchen oder eine andere Variante familialer Gewalt vorkommt, in welchem Ausmaß und in welcher Intensität sie – wenn überhaupt – vorkommt, welche Schäden angerichtet werden oder welche Ursachen ermittelt werden können. Gefragt wird vielmehr: Wie sind die Situationen beschaffen, in denen Männer und/oder Frauen in diesen Familien gewalttätig werden? Was heißt für die Beteiligten »gewalttätig sein/Gewalttätigkeit erleiden«? Welche Erklärungen geben sie für solches Handeln? Wie fügen sie es ein in den Alltag ihrer Familie? Allgemeiner: *Welche Rolle spielt Gewalthandeln*[1] *bei der Herstellung von Familie als Lebenszusammenhang?* Das Spektakuläre des Gewaltkonzepts in den öffentlichen Diskursen (vgl. S. 45 f.) und seine Verdinglichung in sozialwissenschaftlichen Modellvorstellungen sowie deren empirischen Belegen sollen »zurückübersetzt« werden in Situationsdeutungen von Familienmitgliedern. Unter dieser Perspektive lassen sich dann auch Fragen formulieren, die den Bezug zu den referierten sozialwissenschaftlichen Konstruktionen familialer Gewalt herstellen, beispielsweise: Lassen sich soziale Codes, die Gewaltanwendung tolerieren oder gar dazu ermuntern, in den Erklärungen, Entschuldigungen, Rechtfertigungen von Beteiligten wiederfinden? Läßt sich die Bedeutung von Gewaltanwendung in einer Familie allein an deren Ausmaß und Brutalität ablesen? Kann man sagen: Die Qualität

»Gewalt« einer Handlung nimmt von der verbalen Aggression bis zur Körperverletzung kontinuierlich zu, oder muß man qualitativ unterschiedliche Begriffe entwickeln? Entsprechen die professionellen Konzepte von Gewalt gegen Kinder bzw. gegen Frauen, von körperlicher, psychischer, sexueller etc. Gewaltanwendung dem Alltagswissen, oder wird »Gewalt in Familien« dort ganz anders codiert?

Diese Perspektive hat theoretische und methodologische Implikationen. Theoretisch wird Gewalt als *symbolisch vermitteltes, soziales Handeln* aufgefaßt; das ist die Antwort auf den »Mythos Gewalt« (vgl. S. 42 ff.) und seine spektakuläre Pseudokonkretheit. Ohne den *fundamentalen Sachverhalt physischen Zwangs* jedoch wäre Gewalthandeln (vgl. Röttgers 1978), noch in seinen subtilsten Formen, gegenstandslos (vgl. Rammstedt 1978). In dieser Spannung ist die *Spezifität familialen Gewalthandelns* zu bestimmen. Daß der Zusammenhang von Kontext, Intention/Motiv, Verhalten und Folgen gewaltsamen sozialen Handelns durch Interpretationen/Zuschreibungen von Teilnehmern an Interaktionen gestiftet wird und keineswegs einfach »gegeben« ist, gilt für die Familie in besonderer Weise.[2] Familienmitglieder müssen ihren Zusammenhang untereinander alltäglich herstellen, »Sinn« produzieren und Orientierung vermitteln. Familie ist aber nicht mit einer Organisation zu vergleichen, in der Mitarbeitern Aufgaben übertragen werden, die diese lediglich situationsadäquat interpretieren müssen, damit die Organisation funktioniert. Der diffuse und expressive Charakter familialer Interaktion macht diese Tätigkeit mehr noch zu einer *Möglichkeitsbedingung* von Familie: Denn eine »gemeinsame Sache«, das heißt: eine inhaltliche Begründung des Zusammenlebens, kann in der modernen Lohnarbeiterfamilie nicht vorausgesetzt, sie muß vielmehr erst »gefunden« und immer wieder hergestellt werden (Ostner/Pieper 1980, S. 119 ff.). Daher vermittelt sich über diese *Tätigkeit des Herstellens von Familie im Alltag,*[3] *des Herstellens von Normalität, nicht nur die subjektive Bedeutung, sondern auch die Vergesellschaftung von Familie.* Diese Tätigkeit ist ein Prozeß der Zuschreibung von Bedeutungen, der Interpretation von Normen, Regeln und Verhalten, der Applikation von Kontexten, kurz: ein reflexiver Vorgang,[4] der unter spezifischen historischen Bedingungen stattfindet.

Gewalthandeln ist besonders reflexions- und begründungsbedürftig, weil es zwar eine traditionelle Handlungsressource in Familien ist, aber zunehmend öffentlich problematisiert wird. Es steht im Gegensatz zum Versprechen auf Fürsorge und Intimität, das als Ergebnis der Individualisierung/Emotionalisierung von Familie nicht nur subjektive Erwartungen bestimmt,[5] sondern auch die Institution Familie maßgeblich legitimiert (Schumacher/Vollmer 1982). Rechtlich hat es keine positive Grundlage, und die gewaltfördernden Konsequenzen des familiären Rechtsstatus von Frauen und Kindern werden immer weniger akzeptiert. Aber ohne ihre Strukturen von Ungleichheit und Abhängigkeit, ohne ihre personalen Verfügungsrechte verlöre die Familie ihre kulturelle Identität: Man denke nur an die ökonomische Struktur der Hausfrauenehe oder an das grundgesetzlich fixierte elterliche Erziehungsrecht.

Die dominierenden sozialwissenschaftlichen Modelle von »Gewalt in Familien« haben die *Eigenlogik* der familialen Wirklichkeit vernachlässigt. Sie haben damit zugleich eine wichtige *Voraussetzung für eine Theorie familialer Privatheit* unbeachtet gelassen. Die widersprüchliche Rolle, die Gewalthandeln als Element der Tätigkeit des Herstellens von Familie als Lebenszusammenhang spielt,[6] ermöglicht, einen spezifischen Aspekt der Vergesellschaftung von Familie zu studieren. Über die Rekonstruktion dieser Eigenlogik kann eine *familientheoretische Formulierung des Gewaltbegriffs* anvisiert werden.

Methodologisch bedeutet der Perspektivenwechsel, das angebliche Faktum familialer Gewalt *als* Faktum zu rekonstruieren, seine Naturalisierung (vgl. S. 42) durchsichtig zu machen. Der »Mythos Gewalt« dramatisiert das Gewöhnliche und vereinzelt das Spektakuläre; so wird der innere Zusammenhang beider zerrissen. Daher ist eine Umstrukturierung von Wahrnehmung und Erfahrung im Zuge einer *paradoxen Erkenntnisstrategie* angezeigt. Wenn das Spektakuläre eine Form von Ausgrenzung der Gewalt (in Familien) ist, dann gilt für die Kritik am »Mythos Gewalt«, was Mario Erdheim und Maya Nadig über die Erforschung des Fremden in der Ethnologie sagen:

»Uns schien es immer mehr, daß das Problem weniger darin liegt, sich dem Exotischen (bzw. dem Spektakulären, MSH) [...] auszusetzen, als vielmehr darin, das Alltägliche zu ertragen« (1979, S. 124).

Statt der spektakulären Züge familialer Gewalt wäre ihre Trivialität und Diffusität, statt ihrer Destruktivität die Rolle zu thematisieren, die sie als »Ferment« des Familienlebens spielt. Der Weg führt über die Explikation subjektiver Deutungen von Situationen der Anwendung körperlichen Zwangs (als dem Kern jedes Gewaltbegriffs, S. 140f.). Das beginnt damit, die verschiedenen Formen und Ausprägungen des Gewalthandelns zu betrachten und ihren Zusammenhang untereinander zu erschließen. Gewalthandeln wird dabei als Symbolisierung und als Instrument einer Tätigkeit aufgefaßt, in deren Folge Familienleben »hergestellt« wird. Die Suche nach einem Verständnis von familialer Gewalt ist an eine Genauigkeit der Erfahrungswiedergabe und an mikrologische Analyse ebenso gebunden wie an eine theoretische Rekonstruktion der im »Mythos Gewalt« ausgegrenzten Wirklichkeiten (vgl. Adorno 1973; Kluge 1979). Im Gang der Untersuchung fungiert die *Empirie familialen Gewalthandelns als Ausgangspunkt einer Explikation familialer Gewaltverhältnisse.*

Gemeint ist hier nicht der Erfahrungsbegriff einer empirizistischen Sozialwissenschaft. Es geht zwar um unbestechliche Beobachtung; es geht aber auch um die Reflexion auf die eigene »Betroffenheit« (i.S.v. Gegenübertragung als Erkenntnisquelle, vgl. Devereux 1973) der Forscher. Vor allem aber und in erster Linie geht es um die *Wirklichkeitskonstruktionen der beteiligten Familienmitglieder* (Wahl et al. 1985).

Eine solche Perspektive muß allerdings irritieren, weil sie scheinbar selbstverständliche Unterscheidungen von Gewalt und Gewaltlosigkeit, wie sie die öffentlichen Diskurse treffen, in Frage stellt. Sie kann als Verharmlosung und Apologie ebenso mißverstanden werden wie als verbalradikale Dramatisierung. Diese methodologische Orientierung ist in der Family-violence-Forschung relativ neu und kann nur an Arbeiten weniger Autorinnen und Autoren – z.T. kritisch – anschließen (Bograd 1984a,b; Broszat 1982; Ferraro 1983; Frieze 1979; Greenblat 1983; Marsden 1978).[7]

Um die sozialen Bedeutungen von Gewalthandeln im Familienalltag kennenzulernen, sind Intensivinterviews mit Beteiligten besonders geeignet. Sie sollen Konfliktsituationen, speziell Situationen der Gewaltanwendung explorieren. Die Interviews wurden im Rahmen einer Studie des Deutschen Jugendinstituts, München, im Sommer 1984 durchgeführt. Die Gesprächspartner/innen berichteten von konkreten Ereignissen, von Handlungen und Situationen, von Gefühlen und Überlegungen, von Ursachen und Folgen. Die Situationen, in denen ein Kind geschlagen wurde, ein gewaltsamer Ehestreit stattfand oder eine Frau sexuell unter Druck gesetzt wurde, wurden geschildert aus der Perspektive der Akteure, aus der Perspektive von Tätern und Opfern. Diese Schilderungen sind das zugleich methodisch und theoretisch zentrale Element einer Analyse sozialer Bedeutungen von Gewalt als Familienwirklichkeit.

»accounts«

Diese Schilderungen – *»accounts«* (Scott/Lyman 1968; 1970; Weingarten et al. 1976) – sind Rekonstruktionen von sozialem Handeln; sie geben Begründungen, schreiben der schildernden Person und den anderen Situationsbeteiligten Motive zu, kontextualisieren das Geschehen und bewerten es. »Accounts« sind durch ihre kommunikativen Funktionen bestimmt: Zum einen sollen sie ein in Frage stehendes Verhalten dem Gesprächspartner verständlich machen, sie sollen es zugleich akzeptabel machen; dem Schildernden selber dienen »accounts« zur Konsolidierung seiner Biographie: Sie sind identitätsstiftend. Zum anderen sollen »accounts« die aktuelle Situation des Schilderns bewältigen, sie sind also bezogen auf das Setting, in dem das Interview stattfindet, auf die Wahrnehmung des Gegenübers, auf die Interpretation der Situation etc. »Accounts« sind also Interaktionsstrategien, um abweichendes Verhalten zu normalisieren. Diese Strategien sind an Interpretationen gebunden, an Deutungen, die dem Gesprächspartner akzeptabel erscheinen müssen, das heißt: Sie müssen an gemeinsam geteilte Werte, Orientierungen, Normen etc. appellieren.

Abweichend im Sinne dieses Konzepts von »accounts« wird ein Verhalten allerdings nicht erst dadurch, daß es als kriminell, marginal oder, genereller, als Verstoß gegen Normen angesehen wird, sondern im *Kontext der Interviewsituation wird ein Verhalten dadurch »abweichend«, daß es thematisiert, problematisiert wird, Gegenstand von Reflexion werden soll.* Mit anderen Worten: Die Interviewsituation selber bringt »accounts« hervor. In diesen Gesprächen aber geht es überdies um ein Verhalten, das in der Öffentlichkeit als unverständlich, als Inbegriff von Unvernunft, von brutaler Unberechenbarkeit gilt, das die Gerichte, die Medizin und die Sozialfürsorge beschäftigt. In der Interviewsituation, deren Protokolle die Grundlage der folgenden Interpretationen bilden, sind beide Elemente der Problematisierung präsent: das selbstreflexive und das stigmatisierende Element. Die Problematisierung kommt zum einen von »außen«, von den öffentlichen Diskursen über Gewalt in Familien; aber diese Diskurse sind selber zweideutig, sie enthalten einen doppelten Maßstab: Als Erziehung ist Gewaltanwendung gegen Kinder in Familien ein Aspekt der elterlichen Sorge und selbstverständlich; Gewaltanwendung gegen Frauen ist traditionell ebenso verbreitet wie degoutant, aber als Privatangelegenheit wurde sie traditionell nicht zur Kenntnis genommen; das ändert sich jetzt stark. (Für andere Aspekte der familialen Gewaltanwendung gilt der doppelte Maßstab analog.) Als Wächter über das Wohl des Kindes bzw. als Strafverfolgungsbehörde ist das Gewaltmonopol des Staates mit diesem doppelten Maßstab verknüpft. Zum anderen kommt die Problematisierung von »innen«, von den je individuellen Konzepten der Beteiligten über ihren Status in der Familie und über den Charakter der Beziehungen in der Familie, konkret: Ist Gewaltanwendung zu vereinbaren mit den Vorstellungen von der Rolle der Männer, Frauen und Kinder in der Familie, mit den Vorstellungen über die innere Ordnung der Familie, von Konflikt und Harmonie, mit den Hoffnungen auf Fürsorge und Schutz? Das Intensivinterview geht also über persönliche Erfahrungen, aber es ist auch eine Situation, in der Vertretern der Öffentlichkeit (Forschern) – wenn auch ohne erkennbare Kontrollinteressen und -kompetenzen – Auskunft über einen besonders prekären Aspekt der familialen Privatheit gegeben wird. Die Auskünfte müssen mithin so beschaffen sein, daß sie beide Aspekte der Problematisierung bewältigen können.

Anders als Marsden (1978; desgleichen Ferraro 1983) unterstellt, werden die »accounts« also keineswegs von vornherein den

Charakter von Verleugnungen, Rechtfertigungen, Entschuldigungen etc., also von »Rationalisierungen«, haben, sondern sie werden die Bedeutung von Gewalttätigkeit im Familienleben auf eine akzeptable Weise plausibel zu machen versuchen. Dabei gewinnen sie einen Doppelcharakter: Um im Lichte der Öffentlichkeit bestehen zu können, muß Gewalttätigkeit als irrational, Ausnahme, Exzeß u. a. dargestellt werden oder als gerechtfertigt, unerheblich, unvermeidlich, wünschenswert etc. und sich dabei auf die *Normalitätsstandards* beziehen, die den Bedeutungshintergrund der Interviewsituation als einer öffentlichen Situation bestimmen. Andererseits aber müssen die »accounts« die *spezifische Bedeutung* klarmachen, welche Gewaltanwendung in dieser speziellen Familie, bei diesen speziellen Menschen, ihren Erfahrungen, ihrer Lebensgeschichte, ihren Wertvorstellungen, Bedürfnissen, Beziehungsproblemen etc. hat. Sonst wären die Schilderungen nicht glaubwürdig. Und in der Tat ist ja Gewaltanwendung nicht allein eine Fiktion öffentlicher Empörung, sie ist auch persönliche Erfahrung, Leiden, Demütigung, Verletzung, sie ist vielleicht auch noch viel mehr: Sie mag sexuelle, sinnliche Bedeutungen haben, sie mag Element einer Auseinandersetzung sein, vielleicht ist sie eine Selbstbestätigung: Warum sollte Gewalthandeln in Familien nicht so offen für Bedeutungen sein, wie es dem Familienleben als privater Lebensform prinzipiell eignet (Ostner/Pieper 1980, S. 133)?

Das Instrumentarium dieser Schilderungen – die Terminologie, die Bilder der »accounts«, die Relevanzkriterien, um die herum sie gebaut sind – entspricht diesem Doppelcharakter. Einerseits enthalten sie normative Maßstäbe, Kriterien der Legitimität und Akzeptanz, etwa Bilder von einer »gesunden Entwicklung« der Kinder oder einer »gerechten« Arbeitsteilung oder von den »Rechten und Pflichten« der Partner, mit denen die Erzählenden ihre Familie als Teil gesellschaftlicher Normalität ausweisen wollen; andererseits enthalten sie lebensgeschichtlich verankerte, subkultur- und situationsspezifische Relevanzkriterien, mit denen die Erzählenden sich »einen Reim machen« auf ihre Handlungen und Erfahrungen, sie in einen Lebensentwurf zu integrieren suchen.

Die *Untersuchungsgruppe* bilden 13 Paare (zwölf verheiratete Paare, ein unverheiratetes) bzw. 25 Männer und Frauen, die dauerhaft zusammenleben (ein Mann weigerte sich, an der Untersuchung teilzunehmen). Sechs Paare sind Klienten des Münchner Kinderschutzzentrums, weil sie sich selber an das Zentrum um Hilfe gewandt hatten oder von Dritten (z. B. Nachbarn, Sozialarbeitern u. a.) dem Kinderschutzzentrum gemeldet worden waren. In diesen Familien gibt es nach dem Urteil der Mitarbeiter des Zentrums »Gewalt gegen Kinder« (sog. klinische Untergruppe)[8]. Die anderen sieben Paare standen nicht in Kontakt mit Einrichtungen der Jugend- oder Familienhilfe bzw. der psychosozialen Beratung u. ä. und suchten einen solchen Kontakt auch nicht. Sechs von ihnen hatten an einer früheren Untersuchung über das Alltagsleben in Unterschichtfamilien teilgenommen (vgl. Wahl et al. 1980). Ein Paar wurde in der Pilotphase der Untersuchung interviewt; die Gespräche mit ihm deckten nur einen Teil des späteren Gesprächsleitfadens ab (sog. nicht-klinische Untergruppe). Das Alter der Gesprächspartner streute erheblich; die jüngste Interviewpartnerin war 22 Jahre, die älteste 45 Jahre alt; die Mehrheit (13) stammten aus den Jahrgängen 1949 bis 1954, älter waren fünf, jünger acht Mütter und Väter (der verweigernde Vater mitgerechnet). Diese Eltern lebten mit 37 Kindern zusammen (darunter vier, die amtlich oder privat in Pflege genommen wurden), deren Alter von wenigen Monaten bis zur Volljährigkeit streute. Neun Kinder waren 0 bis 3 Jahre alt; sechs Kinder im Vorschul- (4 und 5 Jahre) und 15 Kinder im Schulalter, also 6 bis 12 Jahre. Sieben Kinder waren 12 Jahre und älter.

Mit der Bildung einer klinischen und einer nicht-klinischen Untergruppe sollten Vergleiche ermöglicht werden, die zum einen die Gefahr der charakteristischen Zirkelschlüsse der frühen Mißhandlungsforschung (die sich häufig auf klinische Populationen ohne Vergleichsgruppen stützte) vermieden (vgl. Gelles 1979a) und zum anderen helfen sollten zu klären, ob »Gewalt in Familien« trennscharf als klinisches Syndrom gefaßt werden kann oder ob, was nach den einschlägigen Dunkelfeldstudien zu erwarten wäre (Straus et al. 1980), »Gewalt« auch in »normalen Familien« zum Alltag gehört.

Um diesen Vergleich besser zu kontrollieren, wurde die Untersuchungsgruppe nach einer Reihe von Kriterien strukturiert (»group matching«); diese Kriterien waren: Erwerbslosigkeit des Mannes; Erwerbstätigkeit der Frau; Schichtzugehörigkeit; Kinderzahl; Soziotop (vgl. Übersicht 1).

Durchführung der Intensivinterviews

Die *Intensivinterviews* wurden mit den Partnern jeweils getrennt, aber meist zeitlich parallel, von einer Frau und einem Mann des Forscherteams geführt und fanden in den Wohnungen der Familien statt. Die meisten Interviews wurden abends geführt, einige während des Tages. Sie dauerten meist rund drei Stunden, manche länger. Die Gespräche wurden nach Zustimmung (»informed consent«) durch die Interviewpartner/innen auf Tonband aufgenommen.
Das Forscherteam und seine Gesprächspartner/innen trafen sich zu den Intensivinterviews bereits zum dritten Mal innerhalb kurzer Zeit. (Die Interviews über Situationen der Gewaltanwendung bildeten den dritten Teil einer dreiteiligen Gesprächsserie, die in den meisten Fällen innerhalb von vierzehn Tagen oder drei Wochen absolviert wurde.) In einigen Fällen hatte es zusätzlich noch einen Kontaktbesuch gegeben; häufig kam es zwischen den Gesprächen zu Telefonaten, um Verabredungen zu ändern oder zu bestätigen. Zum Zeitpunkt des Intensivinterviews jedenfalls hatten sich die Gesprächspartner/innen schon kennengelernt und ein persönliches Verhältnis zueinander entwickelt. Die Atmosphäre war in allen Fällen freundlich, wenn nicht sogar vertrauensvoll und offen. Das Forscherteam war so weitgehend akzeptiert, daß es auch brisante Themen und persönlich schmerzliche Erfahrungen ansprechen konnte. Das galt zumal für die Familien, mit denen bereits seit der früheren Untersuchung ein Kontakt bestand.
Die Interviewer/innen haben jedoch vermieden, eine »private« Beziehung entstehen zu lassen. Die Männer und Frauen wurden als Experten ihrer Lebenssituation, ihrer Erfahrungen angesprochen; umgekehrt stellte das Forscherteam heraus, daß es ein durchaus professionelles Interesse an den Erfahrungen und Ur-

Übersicht 1

Fam. Nr., Alias	Alter m/w	Aktuelle Berufstätigkeit m/w	Ø Monatl. Fam. Einkommen / Pro-Kopf-Einkommen[2]	Ausbildung Schule/Beruf m/w	Konf. m/w	verh. j/n	Wohnung Zi/m²	Soziotop	Geschlecht, Alter d. Kinder (geb. Monat/Jahr)	KSZ j/n
013, Funk[1]	m: 29 w: 30	m: Gastwirt w: Mitarbeit im Betrieb	4000.– 1176.–	m: Hs., Koch (Meister) w: Hs., Schneiderlehre	m: rk w: ev	ja	3/68 m²	Wohnung im selben Gebäude wie die Gaststätte; Altbau; gemischtes Wohn- und Gewerbegebiet am Stadtrand; hohe Belastung durch Verkehrslärm	w: 9 J. (11/74) w: 4 J. (9/78)	nein
401, Antz	m: 38 w: 45	m: Industriehandwerker w: Hausfrau	3610.– 756.–	m: Hs., Handwerkslehre w: Hs., –	m: rk w: rk	ja	7[3]/125 m²	Reihenhäuser am Stadtrand, mit öffentl. Mitteln errichtet; Facharb., Angestellte, einfache Beamte; viel Grün; schlechte Verkehrsverbindung	m: 22 J. (6/61) m: 17 J. (6/66) m: 8 J. (11/75) m: 6 J.[4] (9/77)	nein
402, Briel	m: 31 w: 29	m: ungel. Tätigkeit w: ungel. Tätigkeit	2186.– 643.–	m: Hs., – w: Hs., Friseurlehre	m: rk w: rk	ja	3/79 m²	Preiswerte Sozialwohnungen der 50er Jahre am Stadtrand; Wohnblocks (mehrstöckig); trad. Wohngebiet mit gem. Bevölkerung; grün; ruhig; gute Infrastruktur	m: 13 J.[5] (2/71) w: 6 J. (8/77) w: 0,6 J. (12/83)	nein

403, Clade	m: 38 w: 28	m: Industriearbeiter w: Verkäuferin (TZ)	2540.– 747.–	m: Hs., Handwerkslehre w: Hs., Einzelhandelslehre	m: rk w: rk	ja	3/70 m²	Relativ teure Sozialwohnung am Stadtrand; weniger dichte Bebauung; grün und ruhig; gemischte Bevölkerung; gute Infrastruktur	w: 8 J. (8/75) w: 6 J. (1/78)	nein
404, Dexer	m: 35 w: 35	m: Handelsvertreter w: Hausfrau	3830.– 640.–	m: Hs., Tankwart w: Hs., –	m: rk w: ev	ja	3,5/84 m²	Soz. Wohnungsbau der 70er Jahre; Trabantenstadt; Wohnblocks; Belastung durch Fluglärm; Mieter niedr. Einkommensgruppen, kinderreiche Familien, schlechte Infrastruktur	w: 17 J.[6] (7/66) m: 16 J. (8/67) w: 15 J. (1/69) w: 11 J. (10/72) w: 9 J. (2/75) w: 1 J.[4] (2/83)	nein
405, Engel	m: 32 w: 31	m: Beamter, einfacher Dienst[7] w: Putzfrau (TZ)	3200.– 941.–	m: Reals./Beamtenausbil. w: Hs., –	m: ev w: rk	ja	4/82 m²	vgl. 404	m: 11 J.[8] (7/72) w: 10 J. (3/74)	nein
406, Fellner	m: 32 w: 27	m: ungel. Tätigkeit w: Hausfrau	2100.– 573.–	m: 6 J. Hs., – w: 8 J. Hs., –	m: rk w: rk	ja	3/78 m²	Renovierte städt. Unterkünfte f. Wohnungslose; »sozialer Brennpunkt«; Stadtrandlage; ausreichende Infrastruktur und Verkehrsverbindung	w: 7 J. (5/77) w: 3,6 J[4] (7/80) m: 1,6 J. (8/82)	nein
411, Geiger	m: 25 w: 23	m: erwerbslos w: Hausfrau	1692.– 290.–	m: Hs., – w: 8 J. Hs., –	m: ev w: rk	ja	5/84,5 m²	vgl. 406 Wohnung allerdings im unrenov. Zustand; Zerstörungen im Haus; »arme Gegend« (Wohnungslose und Sozialhilfeempfänger)	m: k. I.[5] w: 3 J.[8] (7/81) m: 2 J.[9] (6/82) w: 1 J. (7/83) w: 3 J.[4] (81)	ja

Fam. Nr., Alias	Alter m/w	Aktuelle Berufstätigkeit m/w	Ø Monatl. Fam. Einkommen / Pro-Kopf-Einkommen[2]	Ausbildung Schule/Beruf m/w	Konf. m/w	verh. j/n	Wohnung Zi/m²	Soziotop	Geschlecht, Alter d. Kinder (geb. Monat/Jahr)	KSZ j/n
412, Huber	m: 34 w: 25	m: techn. Angest. im geh. Dienst[16] w: Schreibkraft (TZ)	4000.– 1176.–	m: Hs., Handwerkslehre w: Hs., qual. Abschluß, Einzelhandelslehre	m: rk w: rk	nein	4/110 m²[10]	Siedlung mit Ein- und Mehrfamilienhäusern; Angestellte höherer Einkommensgruppen; schlechte Infrastruktur; Neubau; Stadtrandlage	m: 7 J.[11] (4/77) m: 4 J.[12] (11/79)	ja
413, Ingerl	m: 24 w: 36	m: Handwerker w: Hausfrau	3100.–[13] 645.–	m: Hs., Handwerkslehre w: Hs., –	m: rk w: rk	ja	4/84 m²	Soz. Wohnungsbau der 60er Jahre; gehört zum »besseren Viertel« in einem »sozialen Brennpunkt«; Arbeiter; vgl. 406 und 411	w: 18 J.[8] (2/68) w: 9 J.[8] (3/75) w: 4 J. (5/80) w: 1,6 J. (11/82)	ja
414, Jost	m: 30 w: 22	m: arbeitslos w: Hausfrau	958.– 355.–	m: Sonders., – w: k. I., –	m: – w: rk	ja	3/60 m²	Städtische Unterkunft; vernachlässigter Wohnblock; Innenstadtlage zwischen Bahngleisen und Hauptverkehrsstraße	m: 1 J.[14] (3/83)	ja
415, Köck	m: 36 w: 34	m: Handwerksmeister[16] w: Hausfrau	2300.– 676.–	m: Hs., Industrielehre w: Hs., Banklehre	m: rk w: ev	ja	4,5/120 m²[3]	Neue Mehrfamilienhäuser in wohlhabender Gegend; »bessere Leute«; grün und ruhig; schlechte Infrastruktur und Verkehrsverbindung; Stadtrandlage	w: 5,6 J.[15] (12/78) m: 4 J. (10/80)	ja

416, Linke	m: 35 w: 33	m: Beamter, mittl. Dienst w: Hausfrau	3250.– 956.–	m: Reals., Beamtenausbildung w: Hs., Pflegerinnenausbildung	m: rk w: rk	ja	3/74 m²	Trabantenstadt; Soz. Wohnungsbau der 70er Jahre; gemischte Bebauung: Mehrstöckige Blocks und Reihenhäuser; schlechte Bauqualität; schlechte Infrastruktur; Beamte, Angestellte, Sozialmieter; Belastung d. Verkehrslärm	m: 10,6 J. (11/73) m: 9 J.[11] (7/75)	ja

m = männlich; w = weiblich; rk = römisch-katholisch; ev = evangelisch; KSZ = Es bestand Kontakt zum Kinderschutzzentrum München; – = entfällt (dahinter verbergen sich bei sechs Frauen und einem Mann eine unabgeschlossene Berufsausbildung); Hs. = Hauptschulabschluß; TZ = Teilzeitarbeit; k.I. = keine Information. Die Angaben sind anonymisiert.

1 Pilotfamilie; Daten vom April 1983.

2 Das Familieneinkommen umfaßt das Einkommen aller Familienmitglieder einschließlich der Sozialeinkommen pro Monat; Dreizehntes Monatsgehalt und andere einmalige oder außerordentliche Einkünfte sind nicht berücksichtigt. Das Pro-Kopf-Einkommen errechnet sich unter Gewichtung der Kinder ohne eigenen Beitrag zum Familieneinkommen mit dem Faktor 0,7.

3 Die Familie wohnt im eigenen Haus.

4 Pflegekind (z. T. als privates Arrangement, z. T. als offizielles Pflegeverhältnis); das Pflegegeld bzw. die Entschädigungen, die für die Versorgung des Kindes gezahlt werden, werden bei der Berechnung des Familieneinkommens nicht berücksichtigt; bei der Berechnung des Pro-Kopf-Einkommens der Familie wird das Pflegekind nicht miteinbezogen.

5 Voreheliches Kind des Mannes; lebt nicht im Familienhaushalt.

6 Lebt nicht im Familienhaushalt.

7 Stundenweiser Zuverdienst neben der beruflichen Tätigkeit.

8 Voreheliches Kind der Frau.

9 Zwillinge.

10 Die Wohnung gehört dem Mann.

11 Kind des Mannes.

12 Kind der Frau.

13 In den Sommermonaten ist das Einkommen regelmäßig 700.– DM höher.

14 Die Frau ist hochschwanger.

15 Der erste Sohn starb 1977 im Alter von 2½ Jahren.

16 Angestellte(r) im öffentlichen Dienst.

teilen jener Experten hatte. Mit diesem Versuch, die Interviewsituation zu verfremden, sollte – nach den Erfahrungen früherer Studien – eine allzu schnelle »Erhitzung« des interpersonellen Klimas vermieden werden. Sie erschwert es in Studien dieser Art häufig, sensible und sehr persönliche Themen anzusprechen. Das verfremdende, »unmoralische« Arrangement bietet zugleich den Interviewpartnern immer eine Möglichkeit, sich zu schützen, und gibt ihnen daher eine größere Sicherheit in der Interaktion, fördert aber auch eine reflexive Haltung zu den eigenen Erfahrungen, zu der Betroffenheit durch das Thema »Gewalt«. Umgekehrt erleichtern diese Vorkehrungen ein »unverschämtes« Nachfragen. Im übrigen läßt sich dadurch die Beziehungsdynamik in der Interviewsituation nicht neutralisieren, und das war auch nicht beabsichtigt (vgl. die Reflexion früherer Erfahrungen mit Intensivinterviews und ihre methodologische Relevanz für die gemeinsame »Konstruktion von Wirklichkeit« in: Wahl et al. 1982, S. 98 ff.). In einer Familie, in der die Frau, aber nicht der Mann an den Gesprächen teilnehmen wollte, mußten die Verabredungen heimlich getroffen werden; bei zwei anderen Familien wurden zusätzliche Gespräche notwendig, weil Ereignisse in der Familie den Rahmen der Interviews sprengten: Das sind Hinweise darauf, wie mächtig die Beziehungsdynamik bzw. die Lebenssituation der Familien bis in die Gesprächs*planung* hineinragten.

Gesprächsleitfaden

Die Intensivinterviews wurden durch einen *Gesprächsleitfaden* strukturiert, der *drei Elemente* enthielt: Skalierte Listen von Belastungssituationen mit Kindern unter drei Jahren, über drei Jahren und mit dem Lebenspartner sowie von Konflikttaktiken, Schlüsselfragen zu zentralen Merkmalen der Handlungssituation und schließlich fakultative Fragen für solche Familien, in denen keine gravierenden Gewalttätigkeiten vorkommen.[9] Jedes Gespräch hatte grundsätzlich *zwei Teile*: im ersten Teil wurden Konflikte zwischen Eltern und Kindern besprochen, im zweiten Teil Konflikte zwischen den Partnern. In jedem Teil verlief das Gespräch in *drei Stufen*: Auf der ersten Stufe wurde nach Anlässen und Verlauf von Meinungsverschiedenheiten, Auseinandersetzungen, Streit u. ä. gefragt und der Verlauf solcher Auseinandersetzungen, besonders das Verhalten des/r Gesprächspartners/in bei diesen Auseinandersetzungen an Hand von einzelnen Situationen erörtert, die von den Gesprächspartnern als besonders wichtig, typisch oder belastend ausgewählt wurden. Auf der zweiten Stufe (»normal violence«, Gelles/Straus 1979) wurden Situationen besprochen, in denen Gesprächspartner leichte bzw. alltägliche, für wenig gravierend eingeschätzte Formen der Gewalt (z. B. ein »Klaps« oder »ein paar hinten drauf«) angewendet haben. Auf der dritten Stufe (»abusive violence«) wurde nach Situationen gefragt, in denen die Gesprächspartner ein Kind oder den/die Partner(in) heftig geschlagen bzw. massiv verprügelt haben. Auf allen Stufen wurde auch nach dem Verhalten des Gegenüber gefragt.

Typus der Exploration

Der *Typus der Exploration*, die sich aus dieser Grundstruktur des Interviews entwickelte, bezog sich auf konkretes Verhalten: Der situative Kontext, die Genese der Situation, die Konfliktpraktiken und die Reintegration von Situationen der Gewaltanwendung in den Alltag des Familienlebens (Versöhnung, Entschuldigung, Trost etc.) bildeten die zentralen Elemente. Diesen zentralen Elementen waren fakultative Vertiefungsfragen zur Seite gestellt, die entsprechend dem konkreten Verlauf des Gesprächs berücksichtigt werden sollten. Sie bezogen sich auf die Dimensionen Kausalattribuierung (Motive) und auf Kognitionen, die das Gegenüber bzw. sich selbst codieren (Fremd- und Selbstbilder), auf den instrumentellen vs. affektiven Charakter der Gewaltanwendung und deren Regelhaftigkeit (Warum nicht heftiger/weniger heftig zugeschlagen?), auf die erreichte Lösung, die Folgen und die Legitimität der Gewaltanwendung (»sozialer Code der Gewalt«). Außerdem wurde versucht, etwaige Geschlechtskodierungen zu erfahren. Besonders in solchen Familien, in denen es nicht oder nicht in einer lebendig erinnerten Vergangenheit zu Handgreiflichkeiten gekommen war, wurde nach Handlungsalternativen in Konfliktsituationen gefragt. Es gab außerdem Fragen nach funktionalen Äquivalenten von Gewaltanwendung: Diese Fragen hatten jedoch stärker den Charakter von Fragen nach allgemeinen Einstellungen oder Wertorientierungen bzw. nach Wissen (z. B. die Frage, ob die Interviewpartner von Gewaltanwendung in Familien ihrer Umgebung wissen), als daß sie Selbstreflexion stimulieren sollten. (Bei der Auswertung konnte sich die Ermittlung funktionaler Äquivalente von Gewaltanwendung allerdings auch auf Situationsschilderungen stützen, in denen das Thema spontan angesprochen wurde.)

Validität und Vergleichbarkeit der Produktion des Materials

Ähnlich wie Sexualität ist Gewalttätigkeit in Familien ein gesellschaftlich tabuiertes Thema, eingeschlossen in die Intimität und Privatheit von Familie. Daher stellt sich die Frage nach der *Validität und Vergleichbarkeit der Produktion des Materials* mit besonderer Dringlichkeit. Einem weitverbreiteten Verständnis zufolge ist Gewaltanwendung das Ende von Kommunikation: Sprachlosigkeit. Familientherapeuten haben die Erfahrung gemacht, daß Gewalttätigkeit in Familien häufig ein »Geheimnis« ist, über das man – zumal Dritten gegenüber – nicht spricht: eine Erfahrung, die von Opfern sexuellen Mißbrauchs durch Väter, Onkel, Freunde der Familie etc. bestätigt wird. Warum sollten Mütter und Väter gerade Forschern gegenüber von diesen Themen rückhaltlos sprechen? Zunächst: Die Wortprotokolle der Interviews zeigen, daß darüber gesprochen *wird*; ob »alles« erzählt wird, ist angesichts der ausführlichen, detaillierten und vielgestaltigen Schilderungen von sekundärer Bedeutung. Der ausschlaggebende Grund dafür scheint *in der Gesprächssituation* selber zu liegen: Erneut hat sich gezeigt, daß die soziale Distanz zwischen Interviewern und Interviewten, wenn sie einhergeht mit einem glaubwürdigen Interesse an den Erfahrungen, Gefühlen und Urteilen der Betroffenen, eine große Bereitschaft zur Selbstreflexion ermöglicht. Die Interviewer werden zwar deutlich als Angehörige und Vertreter »der Öffentlichkeit« wahrgenommen, aber nicht als Helfer/Therapeuten und auch nicht als

Kontrolleure. Sie haben etwas anzubieten, was für die Interviewpartner ein wertvolles Gut ist, nämlich Zeit und Aufmerksamkeit für »ihre Version der Geschichte«. Zugleich ist diese Aufmerksamkeit nicht gratis, sondern anspruchsvoll: Sie ist nämlich neugierig auf eine bestimmte Qualität der Selbstdarstellung; dieses Element der Gesprächssituation motiviert zusätzlich. Was die Validität zum zweiten beeinflußt, ist eine aktive Gesprächsstrategie, die darauf besteht, Bedeutungen zu klären und auf Widersprüche aufmerksam zu machen. Das dritte Element der Gesprächssituation, das die Validität beeinflußt, ist die Selbstobjektivierung, die im Prozeß der Selbstreflexion vor sich geht (vgl. Wahl et al. 1982, S. 142 ff.). Es gibt aber auch *der Gesprächssituation äußerliche Kriterien*, welche die Validität des Materials steigern helfen; eines ist die getrennte Erhebung der Perspektiven von Mann und Frau (s. S. 127). Wo sich die Schilderungen auf eine gemeinsame Geschichte oder identische Episoden beziehen, lassen sich gegebenenfalls blinde Flecken, systematische Auslassungen und auf charakteristische Weise unterschiedliche Deutungen und Interpunktionen erkennen. Ein anderes Außenkriterium ist die Thematisierung durch unterschiedliche Instrumente; so wird etwa nach dem Ausmaß von Gewaltanwendung sowohl im Rahmen der CTS-Skalen als auch im explorativen Gespräch gefragt. Die Unterschiede, die dabei auftreten, sind möglicherweise inhaltlich interpretierbar. Dem Kriterium der Vergleichbarkeit wollen die Interviews mit der Vorstrukturierung durch den Gesprächsleitfaden Rechnung tragen. Er sichert, daß für den Untersuchungsansatz strategische Fragen in allen Gesprächssituationen und in gleicher Weise gestellt werden. Vergleichbarkeit mit anderen Untersuchungen wird dadurch hergestellt, daß die Merkmale der Untersuchungsgruppe mit den sozialdemographischen Variablen, auf denen die »consistent findings« des Forschungsstandes beruhen, übereinstimmen.

Vergleichbarkeit und Validität zu gewährleisten bringt eine Paradoxie in die Gesprächssituation mit den Interviewpartnern: erstere verlangt eine deutliche *Vorstrukturierung* des Gesprächsverlaufs, letztere eine große *Offenheit* für spontane Gesprächsinhalte. Eine Paradoxie ist es deshalb, weil sich beide Elemente nicht *notwendig* widersprechen müssen, wie es in der Literatur über qualitative Sozialforschung oft behauptet wird. Im Vergleich zu der bereits erwähnten früheren Studie wurde die Balance zwischen Offenheit und Strukturiertheit zugleich deutlicher zugunsten der Strukturierung entschieden *und* souveräner gehandhabt (vgl. Hopf 1978; Wahl et al. 1982, S. 93 ff.).

Analyse des Materials

Der *Analyse des Materials*, die im folgenden vorgestellt wird, liegen 25 Interviews zugrunde. Davon sind 23 nach dem Leitfaden für den C-Teil der Gesprächsserie geführt worden; eines stammt aus der Pilotphase der Untersuchung und wurde von zwei Interviewern mit beiden Ehepartnern geführt; ein weiteres Gespräch, an dem ebenfalls beide Partner teilnahmen, entstand als ein viertes Gespräch und setzte die Thematik des dritten (C) Teils der Gesprächsfolge fort. Bei einer durchschnittlichen Dauer von drei Stunden umfaßt das Material ca. 75 Interviewstunden, die vollständig von einer Mitarbeiterin transkribiert wurden, die über große Erfahrung mit Gesprächstranskriptionen verfügt. Außerdem wurden Erinnerungsprotokolle von Gesprächen »off the records« herangezogen, die wie Notizen über Telefongespräche u. ä. wichtige Kontextinformationen enthalten.

Protokolle

Die Genauigkeit der *Protokolle* wird dadurch noch gesteigert, daß sie die Ausdrucksmöglichkeiten des Bayerischen in einer geglückten Umschrift vermitteln. Ironischerweise ergibt sich daraus für die meisten Leser, die mit dem bayerischen Dialekt nicht vertraut sind, eine Verstehensbarriere. Die Lektüre der Protokollauszüge verlangt ihnen Ausdauer, Sorgfalt und Gutwilligkeit ab. Diese Ironie führt indes in das grundsätzliche Problem der textlichen Repräsentation von Interaktionsprozessen. Die Protokolltexte sind eine enorme Reduktion der kommunikativen Vielfalt in der Gesprächssituation selber; nicht einmal die Vorgeschichte, die Umstände oder auch nur die paraverbale Ebene des Gesprächs ist repräsentiert, von psychodynamischen Tiefendimensionen der Interaktion ganz zu schweigen. Das wird aber nur als Mangel empfinden, wer seine Interpretation der Protokolltexte auf solche Dimensionen der Textproduktion stützen will. Mittlerweile sind Transkribierungstechniken entwickelt worden, die in dieser Hinsicht genauer sind (vgl. etwa Werner 1984). Demgegenüber geben die Protokolle, die den folgenden Interpretationen zugrunde liegen, lediglich Gesprächsinhalte wieder und dokumentieren deren argumentative Entwicklung, daher hat die sorgfältige Wiedergabe der spezifischen Mittel, die dem Bayerischen dabei zu Gebote stehen, besonderes Gewicht.

Einstellungsdaten und Situationsschilderungen

Die Interviews wurden in zwei aufeinander bezogenen Schritten ausgewertet, denen unterschiedliches Material zugrunde gelegt wurde. Im *ersten Schritt* sind es *verhaltensbezogene und Einstellungsdaten sowie Daten über lebensgeschichtliche Erinnerungen.* Sie wurden überwiegend mit *offenen oder geschlossenen (Listen) Fragen des Gesprächsleitfadens erhoben.*
Die Daten über *Ausmaß und Intensität der Gewaltanwendung in der eigenen Familie* wurden als verhaltensbezogene Informationen aus den explorativen Gesprächen herausgefiltert. Dabei wurden die eigenen Bewertungen der Interviewpartner/innen zugrunde gelegt, um dann nach Kriterien geordnet zu werden, die in der Literatur vorfindlich sind (etwa die Gradualisierung körperlicher Aggression in den CTS-Skalen) oder die theoretisch bedeutsam erschienen, wie die Dimension »Zeit«: In welcher Lebensphase ist ein Ereignis eingetreten? (Die Kriterien und Dimensionen können der späteren Darstellung entnommen werden.) Diese Aufbereitung des Materials ermöglichte u. a. gruppenspezifische Vergleiche in bezug auf das Auftreten von Gewaltanwendung und auf das Verhältnis von Gewalt gegen Kinder und gegen Frauen in den untersuchten Familien. Die Antworten aller Interviewpartner/innen zu den Fragen nach ihren *Vorstellungen von Gewalt in Familien* wurden nach den ihnen immanenten thematischen Motiven geordnet, in Antwortkategorien zusammengefaßt und quantifiziert. Die Häufigkeiten, in denen diese (z. T. recodierten) Kategorien auftraten, bildeten ein Profil aus, das inhaltlich interpretiert wurde (vgl. Mühlfeld et al. 1981;

Ostner 1982). Einzelne Aspekte dieses Profils (Themen) wurden daraufhin in narrativen Interviewpassagen aufgesucht und im Erzählzusammenhang betrachtet. So wurden in theoretischer Verallgemeinerung Zusammenhänge, zusätzliche thematische Dimensionen und Verweise erkennbar: eine Vernetzung allgemeiner Einstellungen und Einstellungsmuster zeichnete sich ab (vgl. zum Aspekt des Wissens über Gewaltanwendung in der sozialen Umgebung S. 331, Anm. 19). Ähnlich war das Vorgehen bei den Interviewaussagen, die *Erfahrungen mit Gewalt in Kindheit und Jugend* zum Thema haben. Hier wurde auch Material aus dem ersten (biographischen) Teil der Interviewserie herangezogen, in Inhaltsprotokollen (vgl. Wahl et al. 1982, S. 151-154) zusammengefaßt und nach für die einzelnen Fälle wie im Vergleich zu den anderen Fällen typischen Themen klassifiziert (vgl. S. 331, Anm. 20). Diese themenbezogenen Kategorisierungen mußten allerdings komplexer sein als bei der Aufbereitung allgemeiner Vorstellungen über familiale Gewalt, denn viele Informationen wurden in narrativer Form gegeben, und ihre Bewertungen sind natürlich viel spezifischer.

Das Material des *zweiten Auswertungsschritts* bilden nicht Einzelaussagen, die fallübergreifend quantifiziert und typisiert werden, sondern *ausführliche, spezifische Situationsschilderungen, die in schwach strukturierten Intensivinterviews* entstanden (vgl. S. 127ff.). Ihren Kern bilden Berichte von Konflikten und Gewalttätigkeiten in Familien, aber sie gehen auch darüber hinaus und kontextualisieren manifeste Gewaltanwendung mit den Strukturen und Routinen des Familienalltags und seinen subtileren Zwängen.

Die Interpretation dieser »accounts« gilt (selbst)reflexiven Vergewisserungen vergangener Handlungssituationen, die zugleich das eigene Handeln den Gesprächspartnern (in diesem Fall: den Interviewern) plausibel erscheinen lassen sollen. Die pragmatisch-funktionale Struktur dieser Vergewisserung ist die Wirklichkeit, die zum Gegenstand der Interpretation wird. Ihr inhaltlicher Kern und zugleich ihr methodischer Bezugspunkt sind die *diskursiven Praktiken, mit denen die Gesprächspartner Gewalt als Familienwirklichkeit darstellen.* Sie schildern nicht, »wie es wirklich war«, sondern entwerfen *Orientierungsmuster*, indem sie das, was sie tun, mit dem in Übereinstimmung bringen, was sie früher immer getan haben einerseits und was in der Interviewsituation ihrer Meinung nach von ihnen erwartet wird andererseits.[10] (Weiblichkeitsbilder, wie sie Margrit Brückner analysierte, sind möglicherweise solche Orientierungsmuster.) Hier interessiert eine bestimmte Gruppe dieser Orientierungsmuster, nämlich *Normalisierungsstrategien.* Das sind nicht lediglich Rechtfertigungen/Entschuldigungen/Erklärungen, sondern situationsspezifische Deutungen, welche die immanenten Widersprüche zwischen öffentlicher Duldung und Verurteilung familialer Gewaltanwendung sowie zwischen hierarchischer Ordnung und tendenziell egalitärer Intimität von Familie mittels *Grenzziehungen* (Was ist noch, was ist schon nicht mehr der Normalität zuzurechnen?) und *Kriterien der Normalität*, warum ein Verhalten akzeptabel, erforderlich, wünschenswert sei, zu bewältigen suchen (vgl. S. 123 ff.). Insofern sind sie *Instrumente der Herstellung von Familie und verwenden Parameter ihrer Strukturen* (vgl. S. 120). Das Interesse an Normalisierungsstrategien nötigt dem Material also keine ihm fremde Ordnung auf, sondern versucht vielmehr, es zu explizieren. Gleichwohl ist es ein hochselektiver Zugang zu einem Material, dessen Fülle und Vielfalt zahlreiche weitere Aspekte der Thematik enthält. Entsprechend der Doppelseitigkeit von normalisierenden Grenzziehungen richtet sich diese Explikation einerseits auf die *Eigenlogik der Familienwirklichkeit*, andererseits auf die *gesellschaftlichen Vorstrukturierungen* der scheinbar nur individuellen Tätigkeit des Herstellens von Familienleben.

Register

Obwohl die Untersuchungsgruppe nach Maßstäben ausschließlich quantitativ verfahrender Forschung sehr klein ist, war der Umfang des Materials beträchtlich: Mindestens 70 »accounts« über Gewaltanwendung zwischen Ehepartnern bzw. gegen Kinder auf ca. 900 Seiten mit Gesprächsabschriften lagen vor. Diese Materialfülle mußte handhabbar gemacht werden, man mußte sich einen Überblick verschaffen. Zu diesem Zweck wurden die Transkriptionen nach mehrfacher – zunächst nur neugieriger, dann zunehmend strukturierter – Lektüre in einem *Register* (bzw. Index) aufbereitet, das während des ganzen Interpretationsprozesses ein wichtiges Hilfsmittel war. Es erschließt das Material nach Maßgabe der Fragen des Gesprächsleitfadens zur *Struktur der geschilderten Situation* (also nach Anlaß des Konflikts, Selbst- und Fremdwahrnehmung in der Situation, ihre Entwicklung/Eskalation, Erklärung des eigenen Verhaltens etc., vgl. S. 133). Die Herstellung des Registers ähnelt der Herstellung von Inhaltsprotokollen (vgl. Wahl et al., a.a.O.), vermeidet also Fremdkategorisierungen, ist eine »Verdichtung« von Originalaussagen. Dennoch ist unbestreitbar, daß dieser forschungsökonomische Schritt inhaltliche Implikationen hat: Er focussiert, grenzt damit auch aus.

Der Prozeß der Interpretation

Die *erste Stufe* einer Interpretation der Situationsschilderungen bestand im bewußten »Ausbuchstabieren« der Perspektive des/der Schildernden: Was will er/sie mitteilen? Mit welchen Mitteln formuliert er/sie die Botschaft? Dieses im Prinzip nie abzuschließende Nachvollziehen subjektiver Deutungen des Zusammenhangs von Motiv/Verhalten/Kontext/Konsequenzen aller Beteiligten an Situationen sozialen Handelns wurde focussiert in einer Aufmerksamkeit für *wiederkehrende Motive und Themen.* Die Aufmerksamkeit für solche Themen (vgl. Ostner 1982) ist nicht voraussetzungslos und »emergiert« auch nicht nur aus dem Material. Sie richtete sich einmal darauf, wie die »accounts« die Grenzen der Normalität beschreiben würden; zum anderen richtete sich die Aufmerksamkeit darauf, ob zentrale Konzepte der Family-violence-Forschung der spezifischen Familienwirklichkeit, wie sie in den Schilderungen dargeboten wurde, adäquat wären (z. B. das Konzept von Gewaltanwendung als »ultima ratio«, als Mißbrauch von Macht, als irrationale Ausnahme- bzw. Exzeßhandlung etc.).
Die *zweite Stufe* des Interpretationsprozesses kann mit Garfinkel »dokumentarische Interpretation« genannt werden (vgl. Kökkeis-Stangl 1980, S. 539). Im Prozeß der immer wieder erneuerten Lektüre wurde die Aufmerksamkeit zugleich spezifischer und selektiver. Im Zuge dieses zugleich inhaltlichen und ökonomisie-

renden Vorgangs rückten die *Brüche* der Normalisierungsstrategien, beispielsweise der Bruch zwischen Machtstruktur und Handlungsorientierungen in Familien, in den Mittelpunkt der Aufmerksamkeit. Das vorläufige (Such-)Konzept »Brüche der Normalisierung« (es gab weitere) diente nun als »Kontrastmittel«, um in den verschiedenen Situationsschilderungen die Arbeit an den Grenzbestimmungen dort sichtbar zu machen, wo sie die Widersprüche nicht bewältigen kann, Grenzen verwischt, Kriterien mehrdeutig werden. Das war ein offener Prozeß der Annäherung und Distanzierung, in dem Konzepte und Einsichten sich herausbildeten und verworfen wurden (ein »iterativer« Austausch von Vorannahmen und Material, vgl. Hopf 1979), die das *Spezifische von Gewalt als Familienwirklichkeit* gegenüber den öffentlichen Diskursen über familiale Gewalt auszudrücken versuchten.

Die *dritte Stufe* des Interpretationsprozesses kann als Rekonstruktion des Materials verstanden werden. Sie ist ein *theoretischer Vorgang*, in dem die aus dem »iterativen Prozeß« entstandenen »integrierenden Konstrukte« (Ostner 1982 nach Barton/Lazarsfeld) dominieren: Typisierungen, die die Besonderheit des Einzelfalls mit der Allgemeinheit weiterer Fälle/Situationsschilderungen integrieren (vgl. S. 329, Anm. 15). In diesen Konstrukten wurden damit zugleich vergesellschaftete Gehalte zunächst subjektiver Deutungen artikulierbar (vgl. Becker 1972). Aus dem Material wird exemplarisch, d. h. diese Konstrukte illustrierend zitiert (vgl. aber S. 333, Anm. 26).

Auf diesem Niveau des Interpretationsprozesses konnten zusätzliche Fragen eingeführt werden, beispielsweise die nach den Unterschieden zwischen den Deutungen der Männer und Frauen in bezug auf dieselbe Situation oder die nach den Unterschieden zwischen familialer Gewalt in der Ehe- und der Eltern/Kind-Ebene. Ein Beispiel: Im Generationenverhältnis ist die öffentliche Duldung von Gewalthandeln viel größer; in den »accounts« schlägt sich dies nieder. Aber die private Souveränität erweist sich als ohnmächtig gegenüber den gesellschaftlich bestimmten Zukunftschancen der Kinder. So gewinnt das Thema »Ohnmacht und Übermacht« in der Eltern/Kind-Beziehung eine neue Dimension: Die subjektiven Deutungen lassen ihre *gesellschaftlichen Vorstrukturierungen* erkennen.

Gültigkeitsmaßstäbe

Die Frage nach den Kriterien für die *Gültigkeit* der Interpretationen lautet: Können sie die These begründen, daß sich »Gewalt in Familien« mit der Familie konstituiert, ihr also nicht strukturell äußerlich ist? Können sie die Kritik des Mythos Gewalt als Nachweis führen, daß Gewalthandeln zu den Praktiken der Herstellung von Familienalltag zählt? Dieser Maßstab enthält ein erkenntnislogisches und ein forschungspraktisches Element. Danach hängt Gültigkeit einmal davon ab, ob in der Interviewsituation die Gesprächspartner optimale Chancen der Selbstexplikation hatten (»ökologische Validität«, Mühlfeld et al. 1981; vgl. S. 324, Anm. 4), und zum anderen davon, inwieweit im Prozeß der Interpretation Vorannahmen offengelegt und Konzepte in der Vergegenwärtigung möglicher Lesarten der Protokolltexte präzisiert und revidiert wurden. Forschungspraktisch sind beide Bedingungen nur annäherungsweise zu erfüllen. Daher schlägt Terhart (1981; 1983) einen »Dialog mit den Interpretierten« vor; Köckeis-Stangl (1980) berichtet von verschiedenen Ansätzen »kommunikativer Validierung« (1980, S. 362 ff.).[11] Unter dem Interesse, zu begründeten Thesen zu gelangen, kann dem forschungslogischen Gedanken, der sich hinter der Idee »argumentativer Validierung« verbirgt, auch in einem Konzept kumulativer und approximativer Gültigkeit, wie es Gravenhorst und Wahl (1982) vorschlagen, Rechnung getragen werden. Die Differenz von Selbstdeutungen und theoretischen Generalisierungen ist damit indes nicht aufzuheben. (Eine kritische Bewertung des aktuellen Entwicklungsstandes nichtstandardisierter Forschungsmethoden findet sich bei Hopf 1985, Lüders/Reichertz 1986.)

Elemente alltagsweltlichen Wissens über familiale Gewalt

Was verstehen die Frauen und Männer, die an den Interviews teilnahmen, überhaupt unter »Gewalt in Familien«? Welche Erfahrungen haben sie mit ihr gemacht, als sie Kinder und Jugendliche waren? Was wissen sie über »Gewalt« in den Familien ihrer Nachbarn, Freunde, Verwandten? In welchem Ausmaß kommen Gewalttätigkeiten bei ihnen selber vor? Solche Fragen haben empirische Untersuchungen über »family violence« immer wieder gestellt.

Selbstwahrnehmungen

Ausmaß und Intensität der Ausübung körperlichen Zwangs zwischen den Ehepartnern und von Eltern gegen ihre Kinder werden in der Übersicht 2 dargestellt. Die Angaben beruhen auf Selbstaussagen der Ehepartner/Eltern. In der Tabelle werden sie auf ihre verhaltensbezogenen Informationen reduziert und damit vergleichbar mit Untersuchungen, die Gewalthandeln als körperlich aggressives Verhalten konzeptualisieren (z. B. Straus et al. 1980), haben allerdings wegen ihrer Herkunft aus narrativen Interviews den Vorzug höherer »ökologischer Validität« (Mühlfeld et al. 1981) für sich.[12] Sie wurden notiert *entsprechend der eigenen Qualifizierung*, zum Teil in der eigenen Wortwahl der schildernden Gesprächspartner/innen. Dabei wurde festgehalten, *wann bzw. wie oft* die geschilderten Handlungen geschahen, ob es sich eher *um expressive oder instrumentelle*, zweckgerichtete (zum Beispiel pädagogisch motivierte) Ereignisse handelt und welche *Formen und Konsequenzen* sie annahmen; allerdings sind die Informationen nicht zu allen Kriterien vollständig.

Daß die Eltern, die *Klienten des Kinderschutzzentrums* sind, (411-416), sich als Familien darstellen, in denen Kinder häufig und/oder heftig geschlagen werden, kann nicht verwundern. In drei von diesen sechs Ehepaaren ist es jedoch auch zu Gewalttätigkeiten gekommen, die das Kriterium »Gewalt in der Ehe« erfüllen: Für längere Zeit kommen/kamen häufig Schläge vor – in zwei Paaren Schläge des Mannes, im dritten sind beide Partner initiativ –, die auch zu erheblichen Verletzungen führen (411/Geiger: vgl. S. 194 ff., 199 ff.; 414/Jost: vgl. S. 187 ff., S. 197 ff.; 416/Linke: vgl. S. 206 ff.)[13]

In der *Kontrollgruppe* gibt es jeweils zwei Familien (es sind vier verschiedene Familien), in denen man von Kindesmißhandlung oder »Gewalt in der Ehe« sprechen kann. In der Familie Funk

Übersicht 2: *Gewaltanwendung zwischen den Partnern/gegen die Kinder (n = 25)*

	Mann/Frau	Eltern/Kinder
013	*Häufig heftige Auseinandersetzungen und Prügeleien, in denen F zurückschlägt und es »blaue Augen« gibt. Einmal war die Polizei da.	Beide strafen hart; häufig rutscht ihnen die Hand aus.
401	Einmal, ganz am Anfang der Ehe, gab es mal eine Ohrfeige.	*M schlägt Sohn (17) immer mal wieder, aber nicht oft, eine kräftige Ohrfeige; F hat Sohn schon mal mit dem Kleiderbügel geschlagen, gibt auch Ohrfeigen. Hat ihn kürzlich aus dem Haus geworfen. Sie ist sehr aufgeregt.
402	*In den ersten Jahren der Ehe hat er sie häufig geschlagen (Alkohol, Arbeitslosigkeit, Eifersucht), bis zu blauen Flecken. Das ist weniger geworden, »man kennt sich besser«.	Manchmal ein »paar hintendrauf«, vor allem von M.
403	Nein, R.	Wenn F gereizt ist, »rutscht ihr mal die Hand aus«; M zwischendurch »ein paar hintendrauf«.
404	Am Anfang der Ehe gab es mal gegenseitige Watschen, R.	M schlägt häufig heftige Ohrfeigen aus erzieherischen Gründen; F schlägt fast nie.
405	Zu Anfang der Ehe gab es eine Situation, in der er sie heftig geschüttelt hat, sonst nein, R.	*Wenn er sich provoziert fühlt, haut M auch schon mal »ein paar kräftige hintendrauf«; F, im Dauerkonflikt mit ihrem Sohn (11), hat ihn einmal mit Kochlöffel und Teppichklopfer massiv verprügelt.

	Mann/Frau	Eltern/Kinder
406	Einmal gab er ihr eine Watschen, R.	»Ein paar hintendrauf« und »auf die Finger« von F; vor zwei Monaten hat sie die Tochter (7) »richtig verhauen, das kommt mal vor«; M hat ihr am Tag zuvor »die erste Watschen« gehauen.
411	*F erlebt M als unberechenbar; M ist »explosiv« gegen Sachen (Wohnungseinrichtung), hat F vor einem halben Jahr schwer verletzt.	*Viele körperliche Alltagsdisziplinierungen auf die Finger, hintendrauf, Watschen; vor allem von M, auch von F; M schlägt auch heftiger; eine Verletzung des Sohnes, zwei ungeklärte Armbrüche in der Folgezeit (jeweils Klinikaufenthalt).
412	Auseinandersetzungen verlaufen gewöhnlich als Psychokrieg; einmal hat er F in einer Handgreiflichkeit verletzt.	*Viele spontane Alltagswatschen, F schreit und droht, manchmal eine Tracht Prügel, meist von F (die sich häufig hilflos fühlt), auch von M. F hat früher ihren Sohn massiv verprügelt.
413	Nein	*M gibt aus erzieherischen Gründen ein paar hintendrauf, nie unkontrolliert; F ist weniger konsequent in der Erziehung, gibt selten Alltagswatschen, hat vor ca. einem Jahr die Tochter (damals 16) in Wut »fast totgeschlagen«.
414	*Unter Alkohol »dreht er durch« und verprügelt seine Frau; er hat sie mindestens einmal schwer verletzt.	*M diszipliniert seinen Sohn (1) normalerweise mit »ein paar hintendrauf«; als er drei Monate alt war, hat M ihn so geohrfeigt, daß er einen Bluterguß am Kopf hatte.

	Mann/Frau	Eltern/Kinder
415	Nein, R.	*F wird schnell laut und »ist schnell mit Schlägen«, hat drei Monate vor dem Interview den Sohn (knapp 4) zusammengeschlagen (Gehirnerschütterung); M gibt »normale harte Schläge«, manchmal mit blauen Flecken; häufige Disziplinierungen »hintendrauf«.
416	*Bis vor einem Jahr heftige körperliche Auseinandersetzungen; »hemmungsloses Streiten«.	*F schreit schnell und viel, hat früher die Kinder (10; 9) häufig sehr geprügelt, M ebenso, nur nicht so oft. Alltägliche Klapse, auch massiver.

Legende:

* Nach Maßstäben von sozialen Diensten kommen/kamen Mißhandlungen gegenwärtig oder in der Vergangenheit vor.

R. (Regel) Es gibt Klarheit zwischen den Partnern, daß die Frau bei Schlägen die Ehe verlassen wird.

»...« In Anführungszeichen erscheinen Originalformulierungen der Sprecher/innen.

(013) wird zwar viel gesprochen, die Ehepartner sehen, wie problematisch die Beziehungen untereinander, zwischen ihnen und zu den Kindern sind; aber immer wieder kommt es zu gewalttätig verlaufenden Auseinandersetzungen. Zum Zeitpunkt der Interviews hatte das Ehepaar gerade wieder einen neuen Anfang versucht (vgl. S. 172 ff.). In der Familie Briel (402) liegen die massiven Mißhandlungssituationen bereits mehrere Jahre zurück: Die Gründungsphase der Familie war nicht nur von der unvermeidlichen Aushandlung der Ehebeziehung, sondern auch von sehr belastenden Lebensbedingungen bestimmt. Es gibt aber Hinweise darauf, daß auch in der Gegenwart der Mann seine Frau schlägt (vgl. S. 177 ff.).
Die beiden Familien der Kontrollgruppe, in denen massive Gewalttätigkeiten zwischen Eltern – in beiden Fällen Müttern – und Kindern vorkommen, sind aktuell in einer gefährdeten Situation.

In der Familie Antz (401) war der heute 17jährige Sohn schon sechs Jahre früher, als die Familie an der früheren Untersuchung teilnahm, das »Problemkind« der Familie. Heute gehen die Auseinandersetzungen um Pubertätskonflikte und werden mit außerordentlicher Härte, auch mit körperlichen Mitteln, ausgefochten (vgl. S. 247 ff.). In der Familie Engel (405) ist der betroffene Sohn ebenfalls schon zum Zeitpunkt der damaligen Untersuchung das »Problemkind« gewesen, weil er der voreheliche Sohn der Mutter ist. Gegenwärtiges Thema der Auseinandersetzung sind allerdings Konflikte um die schulischen Leistungen (vgl. S. 233 ff.; S. 252).

Es gibt also in beiden Teilgruppen gefährliche Formen von körperlicher Aggression. In beiden Gruppen gibt es allerdings auch Familien, in denen es entweder in der Beziehung zwischen Eltern und Kindern oder in der Beziehung der Partner untereinander bzw. in beiden Dimensionen nicht zu Handgreiflichkeiten kommt, wenn man die »Alltagswatschen« für die Kinder einmal vorübergehend unbeachtet läßt. In der Familie Clade (403) beispielsweise herrscht ein relativ gewaltfreies Klima. Die Familie Fellner (406) ist ihr ganz ähnlich, obwohl sie unter Bedingungen lebt, die sie nach dem öffentlichen Bild von »Gewaltfamilien« geradezu prädisponieren müßten für einen Gewaltpegel, wie er etwa in der Familie Geiger (411) herrscht. Die Ehebeziehung in der Familie Ingerl (413) – also einer Klientenfamilie des Kinderschutzzentrums – ist spürbar zärtlich, entspannt und geduldig. Es fällt ins Auge, daß in fünf der sieben Familien, in denen es zwischen den Ehepartnern nicht zu Gewalttätigkeiten kommt bzw. es ein Einzelereignis vor vielen Jahren gab, eine *ausdrückliche Regel existiert, daß Schläge des Ehemanns das Ende der Beziehung* bedeuten würden.[14] Meist ist diese Regel von beiden Partnern unabhängig voneinander im Interview erwähnt worden. Diese Feststellung impliziert nicht schon eine Aussage darüber, ob die Abwesenheit manifester Gewaltanwendung Ursache oder Folge dieser Bedingung ist. Allein die Existenz einer solchen Bedingung ist aber schon vielsagend.

Trotz (oder wegen?) der weitgehenden Beschränkung auf beobachtbares Verhalten deutet die tabellarische Übersicht *außerordentlich verschiedenartige Wirklichkeiten* an, die auf den Einzelfall orientierte Interpretationen erfordern (s. Übersichten 3a, b).

In der zeitlichen Dimension werden Ereignisse, die in der Vergangenheit liegen und mühsam hervorgesucht werden, ebenso berichtet wie solche, die in der Vergangenheit lange die Ehebeziehung bestimmt haben und vielleicht erneut vorkommen können. Oder: Es gibt Ereignisse, die einmal vorgekommen sind, andere gehören zum Alltag. Aber das Einzelereignis kann eine Schlüsselrolle spielen, während die alltäglichen disziplinarischen Klapse möglicherweise weniger einen Beziehungssinn haben als vielmehr eine Technik der Alltagsbewältigung sind.

Es fällt im Vergleich der beiden Übersichten auf, daß über Gewalttätigkeiten gegen Kinder viel stärker in einem Zeitmodus berichtet wird, der die Gegenwart betrifft. Das könnte damit zusammenhängen, daß Gewalttätigkeiten gegen Kinder viel stärker Moment des Alltags mit Kindern sind als Gewalttätigkeiten zwischen den Partnern. Das ist keine Aussage über Häufigkeiten, sondern über die Funktion von Gewaltanwendung im Verhältnis zwischen den Generationen bzw. zwischen den erwachsenen Partnern in der Familie. Bei den Kindern nehmen die Gewalttätigkeiten an Häufigkeit ab, je massiver sie sind, zwischen den Partnern nehmen sie zu. Mit einer Ausnahme wird Gewalt in Partnerschaften von den Männern ausgeübt. In den Eltern/Kind-Beziehungen ist es anders: Die Anwendung körperlicher Gewalt ist zwischen Vätern und Müttern annähernd gleich verteilt.

Es gibt Schläge, die sehr überlegt und begründet ausgeteilt werden, und solche, die aus Wut und – zumindest scheinbar – spontan gegeben werden. Gerade über die Beziehung der Eltern zu ihren Kindern als wesentlich kommentierender Ebene von körperlichen Strafen gibt diese Übersicht aber keinen Aufschluß; ebensowenig gibt sie Aufschluß über die Art des Verhältnisses, das die Ehepartner zueinander haben. Vor allem aber gibt sie keinen Aufschluß über die Konflikte und Handlungssituationen, in deren Zusammenhang die jeweilige Anwendung körperlicher Gewalt steht.[15]

Übersicht 3a

Gewalttätigkeiten an Kindern (Mehrfachnennungen möglich)			
	aktuell	lebendige Vergangenheit	abgeschlossene Vergangenheit
Schreien, Drohen (oft)	F401, F402, F412, F415, F416		
»ein paar auf die Finger« (oft)	FM411, F406		
»ein paar hintendrauf«			
– manchmal	M402, M403, M405, M413, F414		F404
– oft	F406, FM411, M414, FM415		
Ohrfeigen			
– selten	F403, M406		
– manchmal	FM401		
– oft	M404, FM411, F412, F415, FM416		
heftige Prügel/harte Strafen			
– manchmal	F406, FM412	M416	
– oft	FM013, M415, M411	F416	F412
heftige Schläge mit Gegenständen			
– selten		F405	F404
– manchmal	F401		
heftige Schläge mit gravierenden Verletzungen	M411, M414	F413, F415	

Übersicht 3b

Gewalttätigkeiten zwischen den Partnern (Mehrfachnennungen möglich)					
	Schubsen, Packen (selten)	Ohrfeigen (selten)	heftige Prügel (oft)	Drohung mit Gegenstand	Prügel mit gravierenden Verletzungen (oft)
aktuell			M013		M411, M414
in lebendiger Vergangenheit	M412	M406[1]	FM416[2]		
in abgeschlossener Vergangenheit	M405[3]	M401, F402, M-F404[4]	M402[5]	F411	
niemals	403, 413, 415				

Legende:
Die Kennzeichnung »M« oder »F« vermerkt in der Übersicht über Gewalttätigkeiten zwischen den erwachsenen Partnern, welcher Partner schlägt und daß dies übereinstimmend berichtet wird. In der Übersicht über Gewalttätigkeiten an Kindern sind die Elternteile getrennt aufgeführt, und die Kennzeichnung »M« und »F« markiert das. Steht dort »FM« meint dies, daß die Charakterisierung der Gewaltanwendung für beide Elternteile gilt.

1 M ist explizit friedfertig, F bestätigt das. Im Streit geht M eher aus dem Haus, als handgreiflich zu werden. F dominiert in der Beziehung. Daher tendiert 406 eher zu »niemals«.
2 »FM« bedeutet, daß beide Partner initiativ werden, beide bestätigen das.
3 Die Konfrontation, von der beide Partner berichten, war heftig, aber ohne Schläge. Das »Schubsen« war mehr als eine Rempelei, also mehr als eine Drohgeste. Eine ähnliche Handlung wird auch von den Paaren 411 und 412 (vgl. S. 317, Anm. 13) berichtet, allerdings mit anderen Konsequenzen (Verletzungen).
4 »M-F« bedeutet: Eine Episode wechselseitiger Ohrfeigen.
5 Die Beziehung erlebt häufige »ups and downs«, das Interview fand in

einer Hochphase der Beziehung statt. Auch gegenwärtig ist die Partnerschaft voller gegenseitiger Kritik und Enttäuschung, so daß man nicht definitiv sagen kann, ob die Vergangenheit der Schläge nicht doch in der Gegenwart fortwirkt oder gar aktuell ist.

Erläuterungen zu den Übersichten 3a und 3b

Die Skalierungen von Gewalttätigkeit sind den Aussagen der Interviewpartner entnommen, stammen also nicht vom Verfasser. Daraus erklärt sich die Diskontinuität der Häufigkeiten, besonders in der Übersicht über die Gewalttätigkeiten zwischen den Partnern. Dort gibt es einen deutlichen Bruch zwischen »leichter« und »heftiger« Gewalttätigkeit; anders bei der Übersicht über Gewalttätigkeiten gegen Kinder: Dort ist die Palette von Gewalttätigkeiten viel differenzierter. Die Maßstäbe sind auch anders: Was bei den Kindern als »milde« Gewalttätigkeit gilt, kommt bei den Erwachsenen gar nicht vor (der Typus der körperlichen Disziplinierung) bzw. würde schärfer bewertet. Gewaltfreie Eltern/Kind-Beziehungen gibt es in der Untersuchungsgruppe gar nicht. »Gewalttätigkeiten« umfassen hier *nicht* Gegenwehr, spielerisches Raufen (ambivalent) u. ä.
Die beiden durchgezogenen Linien unterscheiden jeweils aktuell gewalttätige und nicht gewalttätige Partnerschaften/Mütter und Väter sowie leichtere und heftigere Formen der Gewalttätigkeit in Anlehnung an die Unterscheidung in »normal« und »abusive violence« in den CTS-Skalen von Straus (1979). Dabei ist die eindimensionale Steigerung von »Schreien« zu »Verletzungen« ein Artefakt der Skalen. Drohen und Schreien können einschüchternder und »Totschweigen« verletzender sein (s. o. S. 158 ff.) als ein »paar hintendrauf« oder »auf die Finger«. Im Unterschied zu diesen Skalen wird hier jedoch nicht nur die Handlung qualifiziert und ihre Häufigkeit, sondern es wird auch eine biographische Dimension eingeführt, indem nach Gegenwart und Vergangenheit unterschieden wird – eine Differenzierung, die sich für die Schilderungen der Beteiligten und für die Einschätzung ihrer Bedeutung als wesentlich erwiesen hat. Dabei bedeutet »aktuell«, daß die Ereignisse erst kurz zurückliegen und auch in Zukunft wieder eintreten können; »lebendige Vergangenheit« bedeutet, daß bereits länger zurückliegende Ereignisse so berichtet werden, als könnten sie auch gegenwärtig noch eintreten bzw. daß die Erinnerung daran für die Einschätzung des Verhältnisses zum Partner bzw. zu den Kindern maßgeblich ist. »Abgeschlossene Vergangenheit« bedeutet, daß das Ereignis zu einer Lebensphase gehört, die nach der Einschätzung der Interviewpartner gegenwärtig nicht mehr von Bedeutung ist.

Am Ende der Interviewabschnitte, die Situationen der Gewaltanwendung gegen Kinder bzw. zwischen den Partnern detailliert explorierten, stand jeweils die Frage »Können Sie sich etwas unter dem Begriff ›Gewalt in der Erziehung‹/›Gewalt in der Ehe‹ vorstellen?« Die Frage provoziert situationsunabhängige, allgemeine Einstellungen.

Die weitaus meisten Befragten stellen sich unter »Gewalt« – ob an Kindern oder an Frauen in der Familie – *körperliche* Gewalt vor. Sie ist *brutal*, geschieht *häufig* und wird *willkürlich* ausgeübt (Schläge aus nichtigem Anlaß, blindlings u. ä.). Wenn mit *Gegenständen* zugeschlagen wird und es zu *Verletzungen* kommt, ist das Bild vollständig. Es repräsentiert nicht nur den quantitativen Schwerpunkt der geäußerten Meinungen, sondern gibt auch jenes Bild wieder, das in der Öffentlichkeit über Kindesmißhandlungen und über die Mißhandlung von Frauen, die in Frauenhäusern Zuflucht gesucht haben, gezeichnet wird. Das *öffentliche Bild von Gewalt in Familien* hilft auszudrücken, daß man selber niemals so handeln würde, daß »Gewalt« *die anderen* ausüben.

M: [16] Wenn ein anderer das Kind [seinen Sohn, der zum Zeitpunkt des Interviews ein Jahr alt ist, MSH] verletzen tät. Zum Beispiel, wie ich vorhin schon gesagt hab, sexuell mißbrauchen tät, wenns aufm Spielplatz oder wo ... den tät ich suchen, dem tät ich sein' Zipfel an Ort und Stelle abschneiden. Das hab ich meiner Frau schon gesagt, mein Kind darf keiner anrühren. Obwohl ich ihn früher nicht gemagt hab, jetzt mag ich ihn gern, es ist mein Heiligtum, wenn den einer anrührt, ob aufm Spielplatz oder sonstwo – ... den tät ich umbringen. Genauso wies die Bachmaier gemacht hat. Wenn der sich irgendwie an dem vergreift. [Der »Fall Bachmaier« ging im Herbst 1982 durch die Presse. Eine Frau hatte im Gerichtssaal den mutmaßlichen Mörder ihrer Tochter erschossen; MSH] (M414C, 37)

F: I hab zwar scho viel gelesen darüber, auch bei Kindern, wo Kinder mißhandelt werden und des. I kann mi da sehr drüber aufregn, wenns da um Kinder geht, und i des lesen tu. I hab da schon viel gelesen, zum Beispiel in der »Wochenend« und in der »Praline«, da stehen manchmal solchene Dinger drin, wie die Kinder mißhandelt werden und gequält, weil da kann i mi allweil so aufregen, ja, da sag i zu meim Mann, sag i, sag i, so wie i mi ausdrück, de Dreckschleudern, sag i, den tät i eigenhändig umbringen. Weil sowas ist gemein. (F406C, 45)

Diese Vorstellung von »Gewalt« (in den Zitaten: gegen Kinder) stützt sich auf das Sichtbare der Handlung, ihrer Umstände, Mittel und Folgen. Sie stützt sich nicht auf die Intentionalität der Handelnden (diese wird aus der Brutalität der Handlung »rekonstruiert«) oder andere subjektive Merkmale der Handlung und Situation. »Gewalt« ist ein objektiver Tatbestand: Das teilt diese Vorstellung mit Medizin und Justiz. Einige Interviewpartner/innen assoziieren mit »Gewalt« »Kindesmißhandlung« oder »Körperverletzung«, Namen für Straftaten also; anderen fällt auf die Frage, was sie sich unter »Gewalt« vorstellen, sofort ein, sowas sei *verboten*, sowas dürfe man nicht machen.

Vor diesem dominierenden Vorstellungsbild heben sich Differenzierungen ab, die um so markanter hervortreten, als sie nicht in die Logik der Empörung zu passen scheinen. Es werden Unterschiede gesehen zwischen der Gewalt an Kindern und der zwischen Ehepartnern; Frau Ingerl über die an Kindern:

F: Was i damit verbind? Daß i mein Willen meine Kinder aufzwing, also mit Schläg oder Prügel, so in der Richtung. (F413C, 18)

Das Verhältnis zwischen Eltern und Kindern ist ein *Machtverhältnis*, wie es das zwischen Erwachsenen nie sein kann; Gewalt gegen Kinder bedeutet hier, den eigenen Willen, den ein Kind allmählich entwickelt, durch den überlegenen Willen des Erwachsenen zu unterdrücken. Für Erwachsene, Eltern kann der »eigene Wille« des Kindes eine ungeheure Provokation sein. Sogar gelassene Mütter und Väter berichten, daß sie regelrecht ausflippen können, wenn ein Kind – überlegt oder im Zorn – *zurück*schlägt. Die Schilderungen solcher Situationen lesen sich, wie wenn ein *Privileg* angefochten würde – und die Reaktion ist fürchterlich:

I: Erinnern Sie sich an Situationen, wo die Kinder Sie geschlagen haben?

F: (Pause) Naa, also mi haben die Kinder nie geschlagen.

I: Oder zurückgeschlagen?

F: Ja, i glaub, der Ernst hat amal so a Anwandlung ghabt. Also, wo er gegen mi die Hand erhoben hat. Und da bin i also dann total autoritär.

I: Was heißt das?

F: Ja, also, da sag i zu dem: Ja, sag amal, was fallt denn dir ein? Was bildest du dir ein, wer bistn du überhaupt? (lacht) Daß du da moanst, du kannst mi neihaun, aber des war bloß, da kann i mi bloß no ganz schwach erinnern, und da reagier i dann hundertprozentig so. Da mach i ihn dann einfach moralisch fertig. Und das reicht. Ja, da putz i ihn dann richtig runter, wissens (lacht). So daß er si so kloa vorkimmt. Und i moan, der wachst von selber wieder (lacht), weil bei uns die Kinder, die werden bestimmt net unterdrückt, so daß' also niemand wären. (F405C, 38)

Der Sohn, von dem da die Rede ist, war zum Zeitpunkt des Interviews elf Jahre alt. Die Formel, die sich auch durch die anderen Episoden über Kinder, die zurückschlagen, hindurchzieht, lautet: er/sie meine wohl, er/sie »sei schon jemand«; es geht also um *Selbstbilder* in einer sehr fundamentalen Weise, und das *Recht zu schlagen* wird damit verknüpft.
Machtverhältnisse spielen auch in den Vorstellungen über Gewalt zwischen den Ehepartnern eine Rolle; auf die Frage, was sie sich unter »Gewalt in der Ehe« vorstelle, antwortete Frau Köck:

F: Ja, des is fast gleich [wie Gewalt in der Erziehung, MSH], also aa, wenn ma jemand verletzt, oder vielleicht aa so Vergewaltigung vom eigenen Ehemann, a sexuell, des find i schlimm. Da denkt ma vielleicht aa ... oder eben so verletzen, so körperlich, aber aa seelisch, kann ma aa jemand zugrunde richten. (F415C, 27)

Gewalt in der Ehe, darin sind sich die antwortenden Männer und Frauen so gut wie einig, ist *Gewalt von Männern an Frauen* (die Zahlen über Gewaltanwendung in diesen Familien bestätigen diese Einschätzung; vgl. Übersicht 3b, S. 149). Sie umfaßt körperliche, sexuelle, psychische Dimensionen und kann, wie Frau Köck ausdrückt, »jemand zugrunde richten«. Frau Ingerl sieht einen *Machtkampf*, wenn sie sich etwas unter »Gewalt in der Ehe« vorstellt:

F: Daßd Frau beweisen muß oder aa umgekehrt, daß der Mann beweisen muß, wer der Herr im Haus ist. Aber meistens ists der Mann, gell, muß i schon sagen. (F413C, 31)

Das Bild ist aber nicht immer so eindeutig. Frau Huber hatte zuvor einen heftigen Konflikt mit ihrem Freund geschildert, bei dem es auch zu Handgreiflichkeiten gekommen war, als die Interviewerin sie fragte, ob sie sich unter »Gewalt in der Ehe« etwas vorstellen könne:

F: Des war bestimmt aa Gewalt, da. Ja, aber i kann mir schon vorstellen, daß andere Gewalt – des war ja irgendwie a[17] Gewalt, wo von beide ausgegangen ist. I hab ihn ja aa rausgefordert und i hab ihn selber angegriffen, aber es gibt aa bestimmte Sachen, wo der Mann ... aggressiv durch Alkohol wird oder durch Arbeitslosigkeit, daß er von sich aus dann irgendwie ... Und da er ja der Stärkere ist, daß er des dann ausnützt. Und des würde i eher unter Gewalt dann ...

I: Und die Gewalt der Frauen ...

F: (Pause) Ja, des hört ma eigentlich so selten, oder ...

I: Können Sie für sich etwas unter dem Begriff verstehen?

F: (schweigt)

I: Gewalt in der Ehe ist also eher eine Gewalt der Männer?

F: Ja, wie vorher schon gesagt, daß die Frauen die Männer aa dazu bringen können, so wie i des bei mir festgestellt hab. (F412C, 53 f.)

Frau Huber entscheidet sich, daß Gewalt bedeutet, daß Männer gegenüber den Frauen ihre körperliche Überlegenheit ausnützen; aber irgendwie hat sie einen Anteil an der Situation, sie weiß nur nicht, wie sie ihren Anteil ausdrücken soll: Sie meint abschließend, auch einen Einfluß zu haben, der ihren Mann dazu bringen kann, gewalttätig gegen sie zu werden. Eine ambivalente Vorstellung von *Provokation durch die Opfer* der Gewalttätigkeit zieht sich als »roter Faden« durch die Schilderungen der Männer und Frauen. Frau Briel meint, sie habe es in der Hand, ob sie von ihrem Mann geschlagen wird oder nicht:

F: Sagen wir mal, in dem Moment, wo i woiß, wie mei Ma oder mei Freund auf solche Sachen reagiert, ka i'n net no reizen auf die Art. Wenn i des oimal woiß, aha, des mag er net, da krieg i a Watschen, dann mach i des nimme. I hab früher vom [...] aa vui Schläg kriegt, und wenn i dann heut nachdenk, muß i zugeben, daß i selber schuld war. Daß i den manchmal so arg g'reizt, daß er oifach net anders kenna hat. (F402C, 20)

Es geht in den Vorstellungen über »Gewalt in der Ehe« nicht nur um die Überlegenheit der Männer über die Frauen, es geht auch um die *Identität als Mann*; dieses Thema wird von den befragten Männern angesprochen. Einer meint, wer sich von seiner Frau schlagen lasse, sei kein richtiger Mann:

M: Doch, ich kenn a Familie, da kriegt er regelmäßig Dresche. Er ist Italiener, sie, die sperrt ihn aa ind Wohnung ein. I hab amal gelitten [= geläutet, MSH], hab i gsagt, ja, i hab a Nachnahme, sagt er, er kann nicht aufmachen, meine Frau hat mich eingesperrt, und außerdem hab ich kein Geld. [...] Aber sie war genauso, unverschämt, bin i gleich zusammengerückt [aneinandergeraten, MSH] mit ihra, gell. Und seitdem ist sie sehr freundlich. Ja, sie ist ... und er ist Italiener, also furchtbar. Mit dem Weib war i scho so Schlitten gefahren. Der kimmt in der Nacht hoam, von der Nachtschicht, und arbeitet bei [...] bis in der Früh um achte, und na[17] muß er mit ihr und die Kinder aufn Spielplatz gehn und einkaufen rennen. I moan, da bin i stockmüd, wenn i die ganze Nacht geschuftet hab, da brauch i scho mal mei Ruh. Gell, aber sie spielt dann Madam, und er muß rennen. Dann streiten sie auf der Straße rum, nicht grad das Ideale, gell. (M405C, 14)

Dieses Bild von »Gewalt gegen Männer« wirkt eher wie eine Karikatur; ein Mann, der sich von seiner Frau schlagen ließe, so die Botschaft dieser Geschichte, hätte überhaupt nichts mehr zu bestellen. Herr Engel sieht das Schicksal dieses italienischen Bekannten als geschlechtspolitisches Problem: Er fühlt sich von dessen Schicksal als Mann mitbetroffen und würde (stellvertretend gewissermaßen) »mit dem Weib schon Schlitten fahren«. Ganz anders Herr Dexer:

M: Wenn da no einer stolz drauf ist, des ist für mi koa Mann, des ist a Trottel. Wenn einer meint, er muß sei Frau prügeln oder was, des ist für mi a Zeichen von Schwäche. Der wär als Arbeitskollege bei mir untendurch. Den tät i schneiden wo's geht. Mir haben amal so an Arbeitskollegen gehabt, des weiß i no – der war stolz darauf, »Gestern hab i wieder meine Alte verprügelt«. Na hab i gesagt: da bist stolz drauf, du Depp, du. Den hab i echt aa so provoziert, bis er mit mir des Raufen angefangen hat. Dann hat er Dresche kriegt (lacht). (M404C, 29 f.)

Herr Engel meint: Wer sich von seiner Frau verprügeln läßt, ist kein Mann; Herr Dexer meint, wer seine Frau verprügelt, ist kein Mann, oder – wie andere Männer der Untersuchungsgruppe formulieren – »Frauen zu verprügeln, ist keine Kunst«. Auch Herr Dexer geht von der körperlichen Überlegenheit der Männer über die Frauen aus (er könnte, wenn er wollte), aber diese Überlegenheit auszunutzen, wäre unfair. Was man wirklich wert ist, muß man mit anderen Männern auskämpfen – und er zeigt dem Kollegen sogleich, daß dessen Überlegenheit über seine Frau nicht zählt (vgl. S. 191 f.).

Jenseits der Vorstellungen von spektakulärer Gewalt zeichnet sich ein *Alltagswissen von Überlegenheits- und Abhängigkeitsverhältnissen* ab, die – in durchaus unterschiedlicher Weise – die Beziehungen von Eltern und Kindern, von Männern und Frauen in Familien vorstrukturieren: Wer gegen wen handgreiflich wird, bestimmt sich auf dieser Ebene. Überlegenheit wird nicht nur mit Schlägen demonstriert. Manchmal scheint es, als symbolisierten Schläge lediglich die Botschaft »Du bist noch niemand!«:

F: Gewalt ist immer, wenn ma irgendwie ... jemand erniedrigt, also durch Schläge ... (F412C, 31)

Aber der fiktive Dialog der beiden zitierten Männer zeigt, daß Überlegenheit nicht handgreiflich demonstriert werden muß, um erfahrbar zu sein.

Wie verändern sich diese allgemeinen Vorstellungen, wenn man konkret fragt, *worunter der/die Gesprächspartner/in mehr leiden* würde bzw. womit er/sie dem/r Partner/in bzw. dem Kind mehr Schmerzen zufügen könnte als mit Schlägen? Für Kinder, das meinen die Mütter und Väter beider Teilgruppen mit wenigen Ausnahmen, sind seelische, kommunikative Mittel »schlimmer« als körperliche Strafen. Herr Jost begründet das so:

I: Würden Sie sagen, es gibt irgendwas für das Kind, das schlimmer ist als Schlagen?

M: Jo, kann ich mir schon vorstellen.

I: Nämlich?

M: Zum Beispiel kein Taschengeld, kein Spielen, also daß er nicht in den Hof kann oder was. Das kann als Kind eher ne Strafe sein, eigentlich, als Schlagen. Schlagen kann ma vergessen. Das ist nur einmal. Aber wenn ma, sagen wir mal, 14 Tage oder eine Woche kein Hofgang hat oder nicht spielen kann mit seinen Schulkameraden, oder kann keine Freunde einladen – ich glaub, das ist eine härtere Strafe. (M414C, 36)

Was dieses Statement deutlich bestimmt, ist die Parallelisierung von »schlimmer« und »wirksamer«, zusammengeschlossen im Ausdruck »Strafe«. Hatten die allgemeinen Vorstellungen von »Gewalt« überwiegend die Brutalität und andere objektive Merkmale der Gewalthandlung in den Vordergrund gestellt, so unterstreichen die meisten Antworten nun, wie das zitierte Statement, die *Funktion* der Gewaltanwendung. Der körperliche Schmerz wird hier zu einem Mittel, dessen Zweck viel besser von Verboten erreicht wird. Derselbe Vater nennt solche Strafen später im Interview »seelische Gewalt« (M404C, 21). Diesen funktionalen Gesichtspunkt formuliert eine Mutter so:

F: I hab mir dann einfach nimmer zum Helfen gewußt, i hab gesagt, was i die geschimpft hab, die haben aa scho mal a Watschen [bayr. Ohrfeige, MSH] kriegt von mir, i hab mir denkt, Mensch, was könnst ihnen antun, daß auch folgen? Da ist mir des wieder mit die Haar eingefallen, mei Mann hat ihnen angedroht ... da habens aa gewerkelt mit Händ und Füß, na hab i gsagt, so sag i, jetzt mach ichs wahr. Oamal wenn i euch seh, ohne Hausschuh, kummt a so a Stückl weg, irgendwie, i bin halt so auf 5 cm ungefähr kommen. Na sag i, i kann euch glei sagen, wie oft daß ihr die Hausschuh vergessen könnt ... (lacht) Und wenn i sowas sag, i bin dann aa so ernst, und aa so a bißl mit Bösartigkeit dabei, die haben mir des voll abgenommen. Und i hätts aa gmacht, des wissen die aa, daß i des dann mach. Und die hat ja doch Angst um ihre Haarpracht. (F403C, 14 f.)

Ob sie die Haare dann tatsächlich abgeschnitten hätte, das weiß sie wohl selber nicht so genau, aber glaubwürdig mußte ihre Drohung halt sein. Und es mußte eine Drohung sein, die schlimmer = wirksamer war als die Ohrfeige.

F: Des sand dann so Sachen, wosd ihnen irgendwie weh tun kannst, ja, wo sie recht dran hängen. Die Größere besonders, mit ihre langen Haar. Um Gottes willen, wenn da a Scher hinkommen tät. (F403C, 13)

Diese Erklärungen sind so instruktiv, weil sie die Debatten um »körperliche« und »seelische« Gewalt in ein anderes Licht rükken. Die sogenannte seelische Gewalt ist in den Augen der beiden zitierten Gewährleute Schlägen funktional äquivalent – immer vorausgesetzt, man verfolgt als Mutter oder Vater disziplinarische Zwecke. Das Instrumentarium ist weit gefächert: Hausarrest, Fernsehverbot, ins Bett schicken; aber auch ignorieren, tagelang nichts reden; zeigen, daß das Kind nicht zur Familie gehört, Essensentzug, einsperren. Diese »Instrumente« überschreiten aber schon den Charakter von Mitteln und bedrohen das Kind tendenziell in seiner körperlichen, seelischen und sozialen Existenz.

Entzug von Kommunikation ist auch das Schlimmste – glaubt man den antwortenden Männern und Frauen –, was zusammenlebende Erwachsene sich antun können. Frau Köck hat solche

Erfahrungen und steht damit im Kreis der befragten Frauen und Männer keineswegs allein. Sie verdeutlicht, daß – anders als im Verhältnis zwischen Eltern und Kindern – zwischen Ehepartnern das Sich-Totschweigen keine Funktion hat, sondern *Ausdruck* von Ärger, tiefer Abneigung, ja vielleicht von Haß ist.

F: Also, i find, Schlagen, des ist ja des allerletzte. Schlagen, und dann eben aa, wie i bei die Kinder gesagt hab, wenn er mi völlig ignorieren tät. Daß er vielleicht wochenlang mit mir nix mehr spricht. Mi total übergeht. Und vielleicht dann aa net hoamkummt oder was weiß i. Oder vielleicht bloß no hoamkummt und wieder geht. Dann möcht i sagen, da wär mir vielleicht lieber, er tät mir kurz oane runterhaun, und dann wär der Fall erledigt. Als wenn er jetzt irgendwie so ignorieren tät und dann hoamkummt und dann wieder geht. Und i woaß net, was er macht und wo er bleibt. So daß er sagt, er gibt mir jetzt vielleicht a Ohrfeign, und kurz danach sagt er: Du, des war jetzt a Reflex und es tut mir leid. Also, da wär mir lieber sowas, aber generell ... (F415C, 24)

Frau Köck spricht zwar im Konjunktiv, aber sie weiß, wovon sie spricht. Sie wird von ihrem Mann nicht geschlagen; aber ignoriert zu werden, als Person quasi nicht zu existieren, ist für sie ebenso schlimm; da würde sie eine Ohrfeige, für die sich der Mann später entschuldigt, schon eher einstecken.

Tagelanges, wochenlanges Schweigen, Entzug von Zärtlichkeit und Sexualität, die Drohung mit Trennung (womöglich mit den Kindern wegzugehen), zeitweise (zum Beispiel ohne Ankündigung über Nacht) tatsächlich nicht nach Hause kommen, das ständige Erinnern an alte Fehler, ein »Seitensprung«, Attacken auf die Mutter, an der man hängt, »Gemeinheiten« in Auseinandersetzungen, »ungerecht« behandelt werden: Die Antworten auf die Frage, worunter man mehr leide oder womit man den Partner mehr treffen könne als mit Schlägen, sind so vielfältig wie übereinstimmend bei Männern und Frauen beider Teilgruppen: »Schlimmer« sind nicht stärkere Schläge, sondern die *Bedrohung der Beziehung* selber.

I: Was, würden Sie sagen, ist »Gewalt in der Ehe«?

M: Gewalt in der Ehe – also unter Gewalt stell i mir net bloß Prügeln vor.

I: Was wäre sanfte Gewalt in der Ehe?

M: Na gut, i kann ja der Frau kein Hausarrest geben – das geht ja net.

Aber sanfte Gewalt in der Ehe, nimmer reden mitnand. Wie die Frau beispielsweise oft macht. Des ist für mi die größte Strafe, wos gibt.

I: Das ist für Sie die größte Strafe?

M: Ja, wenn der Partner nimmer redt. Des kann i auf die Haut net haben.

I: Und das passiert relativ häufig?

M: Das passiert häufig, ja.

I: Und auch über lange Strecken.

M: Mhm (bejahend). I hab zur Frau gesagt, die sechzehn Jahr, wo ma jetzt verheiratet sind, samma, wenn ma zusamm' zählt, bloß acht Jahr verheiratet. Weil ma die Hälfte Zeit nix geredet haben. (lacht)

I: Das ist wenig ...

M: Ja, des ist wenig – wir haben oft Zeiten gehabt, da haben wir drei, vier Wochen nix geredet. Aa heut no.

I: Wie kann man das aushalten?

M: Am Anfang wars für mi sehr schlimm, des muß i sagen. Des war für mi sehr schlimm. Weil wennst du sagst: Wenn du nix redst, dann red i aa nix ... (unverst.) Früher hat sowas bloß drei, vier Tag dauert. Spätestens am dritten Tag hab i nachgeben und versucht, wieder einzulenken. Aber heut kann i's ohne weiteres amal drei oder vier Wochen aushalten. Daß i mitm Partner einfach net red. Die Zeit hat mi verändert. I habs Ihnen schon mal gesagt, die Zeit verändert einen.

I: Ihre Frau muß ja wohl sehr massive Aggressionen gegen Sie haben.

M: Naa, mei Frau ist der Typ, die ist stolz. Des ist bei der Frau oft Stolz, der tuts oft leid, zu mir herkommen, die Hand rumlegen oder sagen, geh weiter, des war a Schmarrn oder was – des erlaubt ihr Stolz net. Und i weiß, daß des so ist. Und drum hab i mir eben gesagt gehabt, naa, du kommst von selber – aber die kommt nie von selber. I halt des net aus. ...

I: Was ist das Schlimmste, womit Sie Ihre Frau treffen können?

M: Des Schlimmste? Des Schlimmste – wenn i ihr des Gefühl gib, daß i sie net mögen tät oder sonst was. Oder daß i ihr des Gefühl geben tät, daß eine andere im Spiel ist. Des kann i voll ausdrücken, wenn i mag. Aber i mag ja gar net. ... (M404C, 30 ff.; vgl. auch 013,3: Frau Funk betont, daß die Verachtung ihres Mannes für sie schlimmer sei als seine Schläge.)

Angesichts dieses wortlosen Krieges erscheinen Schläge noch als Fortsetzung der Kommunikation mit anderen Mitteln. Natürlich ist der körperliche Tod unvergleichlich, aber als Familienwirklichkeit ist der spirituelle Tod, der Abbruch der Beziehung/

Partnerschaft – nicht als legales, sondern als intimes Verhältnis – tatsächlich »schlimmer« als körperliche Gewaltanwendung.[18]
In den explorativen Gesprächen wurden massive Depressionen und sexuelle Frustrationen mancher »gewaltfreier« Ehen oft blitzartig sichtbar und/oder auch offen ausgesprochen: Frau Antz (401) zum Beispiel konnte ihre Angst vor der Krebsoperation mit niemandem teilen, auch mit ihrem Mann nicht; Frau Köck (415) hat das Gefühl, ihr Mann höre ihr niemals zu; Herr Fellner (406) fühlt sich ständig unter der Drohung seiner Frau, ihn mit den Kindern, an denen er hängt, zu verlassen. Bei Herrn und Frau Dexer (404) sind Sturheit und Stolz mit Resignation verbunden: Unabhängig voneinander äußern sie vor den Interviewern den Wunsch, sich möglichst bald, wenn die Kinder endlich aus dem Haus sind, zu trennen.
Die 25 Frauen und Männer, denen die Frage nach *Gewaltanwendung in Familien ihrer sozialen Umgebung* gestellt wurde,[19] nennen zwölf verschiedene verheiratete oder unverheiratet zusammenlebende *Paare* (Verwandte, Freunde bzw. Freundinnen, Nachbar/inne/n), in denen es in der überschaubaren Vergangenheit bzw. in der Zeit der Interviews immer wieder zu Schlägen des Mannes oder zu gegenseitigen Prügelszenen gekommen ist. In einer dreizehnten Ehe kam es zu Schlägen des Mannes, die als einmaliges Ereignis geschildert wurden. In einer vierzehnten Ehe lagen die Schläge schon länger zurück. In mindestens einem Fall kam es zu ernsthaften Verletzungen. Neun dieser 14 Fälle werden von Frauen und Männern der Kontrollgruppe genannt.

M: Ja, freili, des weiß i scho, wies bei andere zugeht. Weil wenn da Streit ist, na drehn meistens die andern durch, die andern, die Männer, sind sauer und gehen zum Saufen, saufen si an Rausch an – und na kommens scho mal heim, rennen die Tür ein, und scho gehts los. Und scho schlagens die Weiber. Und des tu i halt net. I ärgert mi aa und geh. Aber die andern, die gehn direkt, die saufen si recht nei und na gehts heim und schlagen's d' Weiber. (M406C, 28)

Außerdem wird von sieben verschiedenen *Kindern* zum Teil detailliert berichtet, daß sie in der überschaubaren Vergangenheit regelmäßig körperlich bestraft oder geschlagen wurden, und zwar stärker als es den berichtenden Müttern und Vätern erzieherisch notwendig erschien: Es sind Schilderungen, in denen die Schläge als übertrieben hart, wahllos oder zu häufig beschrieben wurden. In zwei Fällen haben die Kinder sichtbare Verletzungen davongetragen:

M: Wie gesagt, bei dem einen Madl weiß ichs, die ist also des öfteren, die war, wie soll man sagen, der Sündenbock, des waren zehn Kinder oder was und da war sie der Sündenbock. Da warn Madln da, fünf und sechs Jahr größer wie sie – da hat sie dann am Sonntag ganz allein abspülen, da hats nix geben, hats abtrocknen müssen. Hat aufräumen müssen und wehe, des hat net paßt, na ist zuerst amal, zack-bumm ... na hats wieder amal an Scheinwerfer gehabt oder sonst irgendwas. Na haben sie's, die haben da drüben gewohnt, dann haben sie's ins Klo eingesperrt. Aufs Klo ins Treppenhaus, des ist bestimmt net das wärmste, und da ist des irgendwie gewesen, da ist das Kind verhaltensgestört. Also net extrem verhaltensgestört, sondern es sind scho mal Aussetzer da oder Angstzustände oder was. Drum bin i von Haus aus dagegen. (M413C, 25)

Auch hier kamen die meisten (6) Nennungen aus der Kontrollgruppe. In keiner der Familien, über die solche Ereignisse zwischen den Partnern oder zwischen Eltern und Kindern berichtet wurden, gab es Interventionen von Sozialen Diensten oder anderen Dritten. Auch die Frauen und Männer, die von diesen Ereignissen berichteten und die betreffenden Familien – zum Teil gut – kannten, haben sich trotz ihres Wissens und obwohl sie diese Schläge für falsch oder gar für gefährlich halten, nicht persönlich engagiert.
Es sind fast doppelt so viele Frauen wie Männer, die von Gewalttätigkeiten in ihrer sozialen Umgebung berichten. Das hat seinen Grund sicher darin, daß die meisten Frauen der Untersuchungsgruppe Hausfrauen sind und daher ihre soziale Umgebung besser kennen als ihre erwerbstätigen Männer. Bemerkenswert an diesen Wahrnehmungen in der sozialen und örtlichen Nachbarschaft ist, daß *Ausmaß und Intensität der geschilderten Gewaltanwendungen spektakulärer sind als in der Untersuchungsgruppe selber*. (»Alltagswatschen« werden beispielsweise keine geschildert.) Dies mag darauf hindeuten, daß solche Beobachtungen die Funktion einer sozialen Abgrenzung der eigenen Familie erfüllen, indem sie den diskutierten Einstellungsmustern einen konkreten Bezugspunkt liefern. »Die anderen« sind »schlimmer«. Daß es sich in diesem Sinne um »soziale Wahrnehmungen« handelt, belegen auch die Elemente öffentlicher Bilder (z. B. Alkohol;

Verhaltensstörung) in den Schilderungen. Schließlich ist interessant, daß mehr Wahrnehmungen von Gewaltanwendung in Ehen/Lebensgemeinschaften als gegenüber Kindern mitgeteilt werden, obwohl doch die Aufmerksamkeit für Kindesmißhandlungen von vielen Institutionen und in den Massenmedien bereits viel länger propagiert wird.

Erinnerungsbilder

Erinnerungen an Gewaltanwendung in Kindheit und Jugend enthalten die Perspektive des Opfers. Sind die Bilder der Vergangenheit in der Gruppe »gewaltbelasteter« Familien andere als in den Familien der Kontrollgruppe?[20] Schläge, körperliche Strafen, sind in der Kindererziehung, nicht nur in der deutschen, ubiquitär. Es ist daher nicht verwunderlich, daß sich alle befragten Frauen und Männer an Schläge zu einem Zeitpunkt ihrer Kindheit und/oder Jugend erinnern. Es lassen sich aber drei Typen von Erinnerungsbildern in der Untersuchungsgruppe unterscheiden.

Da sind einige Männer und Frauen, die sich an Strafen erinnern, weil man etwas gestohlen hat, an disziplinarische »Pflichtwatschen« oder Einzelereignisse, die sich vom Alltag abhoben. Sie stehen oft neben Aussagen, man habe eine schöne Kindheit gehabt. Es gab Personen, die einem viel bedeuteten, auch wenn sie es waren, von denen man seine Ohrfeigen bezog. Respekt und Auseinandersetzung schimmern bei diesen Schilderungen durch.

Ganz anders ist das Bild häufiger, ungerechter, oft auch heftiger Schläge. Da erscheinen jähzornige und unberechenbare Väter, deren Launen eine große Rolle spielen. Aber dieses Bild bezieht sich entweder auf eine bestimmte Lebensphase, oder es gibt Freundesgruppen oder Verwandte, die als glückliche, unterstützende Beziehungen in Erinnerung sind. Die dunklen Seiten scheinen abgeschlossen.

Das ist bei der dritten Gruppe anders. Die Ereignisse, von denen sie im Interview berichtet, sind nicht immer deutlich schlimmer als die Ereignisse, von denen in der zweiten Gruppe die Rede ist. Aber sie dominieren die Schilderung, und sie sind begleitet von fortbestehender Trauer, ja Feindseligkeit und Haß gegenüber den eigenen Eltern.

Herr Antz (401) beispielsweise schildert einen jähzornigen, aggressiven Vater, der ihn im Alter von zehn bis vierzehn Jahren regelmäßig und ungerecht verprügelte. Das ließ erst nach, als der Jugendliche beim Bau des eigenen Hauses mithelfen mußte; dies bedeutete mehrere Jahre schwere körperliche Arbeit. Herr Antz meint heute, ihm sei seine Jugend gestohlen worden. Sein Haß auf den Vater lockere sich erst allmählich: Er wird bald vierzig Jahre alt. Herr Briel (402) ist im Kinderheim mißhandelt worden, weil er Bettnässer war. Als ihn seine Mutter mit etwa zehn Jahren aus dem Heim holte, hatte er Erwachsenenarbeit zu verrichten: Während seine Mutter versuchte, eine Erwerbsarbeit zu finden, hatte er das Neugeborene zu wickeln, die Wohnung aufzuräumen und zu putzen, war häufig allein und hatte keinen Kontakt zu Gleichaltrigen. Noch heute, so Herr Briel, hat er »einen wahnsinnigen Haß« auf seine Mutter. Herr Clade (403) berichtet, er habe »überhaupt keine schöne Jugend« gehabt. Auch er hat schon als Kind viele Jahre beim Hausbau mithelfen und dabei schwer arbeiten müssen. Tägliche, grundlose Schläge seiner Stiefmutter zeigten ihm, daß er zu Hause nicht erwünscht war. Er sah zu, so schnell wie möglich das Elternhaus zu verlassen. Auch Frau Engel (405) sagt, sie habe eine »schwere Kindheit« gehabt. Dabei erscheinen ihr die massiven Prügel, die sie, wie sie sagt, einmal im Jahr von ihrer Mutter erhielt, bedeutungsvoll vor dem Hintergrund der Gleichgültigkeit und des Desinteresses an ihr, vor dem Hintergrund eines Familienklimas, in dem alle Konflikte unter den Teppich gekehrt wurden und Heimlichtuerei eine ständige Spannung erzeugte.[21]

Die Beispiele ließen sich fortsetzen. Es war nicht unbedingt zu erwarten, daß über die Hälfte der Frauen und Männer, die an den Gesprächen teilnahmen, ausführlich über massive Schläge in ihrer Kindheit und Jugend berichten. In der dritten Gruppe sind es sechs, in der zweiten Gruppe acht Männer und Frauen. Diese vierzehn gehören keineswegs alle zu den Familien, die als »gewaltbelastet« eingestuft wurden, im Gegenteil: vier von den sechs Männern und Frauen aus der dritten Gruppe und ebenfalls vier von den acht aus der zweiten Gruppe gehören – wie die zitierten Beispiele – zur Kontrollgruppe.
Die Interviewfrage nach Schlägen in Kindheit und Jugend evoziert Beschreibungen eines konfliktreichen Familienklimas und seiner Bündnisse, Manöver und Traumatisierungen. In einer Reihe von Schilderungen treten die Schläge dabei ganz in den

Hintergrund. Diese fungieren aber als *Code, um die Vergangenheit zu vergegenwärtigen.*

Das Schlimmste an den Schlägen – so der Ehemann von Frau Engel – seien nicht die Schläge selber gewesen, sondern daß danach tagelang nichts geredet worden sei: »Des trifft einen dann erst richtig« (M405C, 7). Frau Linke (416) definiert sich selbst als »geschlagenes« Kind. Aber wichtiger als die Schläge ist ihr, daß ihre Mutter sie ständig kontrollierte, ohne sich wirklich um sie zu kümmern: eine Situation, die sich in der Pubertät besonders zuspitzte. Sie war ein einsames, unglückliches Kind, erzählt sie. Frau Huber (412) betont ebenfalls weniger die Schläge – sie sei selten geschlagen worden, sagt sie – als ständige Sticheleien, ironische Bemerkungen, tagelang sei nichts gesprochen worden, sie fühlte sich tyrannisiert. Als ihre Eltern sich scheiden ließen, wurde sie zum Streitobjekt in einem jahrelangen Sorgerechtsverfahren. Frau Köck (415) berichtet, daß ihre Mutter die ganze Familie mit ihren Depressionen bestimmte und ihr, der Tochter, ständig diffuse Schuldgefühle machte – an Schlägen aber gab's nur »Alltagswatschen«. Auch Herr Linke (416) erinnert sich weniger an Schläge als an Erpressungsmanöver, Demütigungen und an seine Angst, die Liebe der Mutter zu verlieren.

Von der knappen Hälfte dieser Herkunftsfamilien, von denen die Interviewpartner/innen berichten, daß es nur *selten* Schläge gab (der erste Typus), waren einige durch erhebliche Spannungen und Beziehungsprobleme gekennzeichnet. An andere Familien erinnern sich die heutigen Mütter und Väter mit Freude, Respekt, manchmal sogar Dankbarkeit. In diesen Fällen werden Schläge als »gerecht« erinnert.

Herr Dexer (404) beispielsweise meint, er habe »Dresche für Streiche« bezogen, die seien gerechtfertigt gewesen; sowas stecke man weg, das schade nicht. Mit dem Stiefvater, der ihn bestraft hat, hatte er eine herzliche Beziehung. Ähnlich sieht es Herr Ingerl (413): Der Vater hat ihn geschlagen, aber er hat diese Schläge als gerechte Strafe erlebt und sehr an seinem Vater gehangen. Er ist sein Vorbild, auch in der eigenen Erziehung. Wie sein Vater achtet er darauf, klare Regeln und Prinzipien zu haben und sich nicht von seinem Ärger oder seiner Wut übermannen zu lassen, wenn er eines seiner Kinder körperlich bestraft.
Wie *ambivalent* diese Codierungen sein können, verdeutlicht das Beispiel von Herrn Köck (415): Er läßt auf seinen Vater nichts kommen, denn der sei »streng, aber gerecht« gewesen; der Vater, ein Handwerksmeister, habe große Erfahrungen und Voraussicht bei der Wahl der schulischen und beruflichen Ausbildung bewiesen und war ihm bei der Planung seines beruflichen Erfolgs sehr behilflich; aber: er habe gezittert

vor seinem Vater. Eine andere Ambivalenz wird in den Erinnerungen von Herrn Geiger (411) sichtbar. Es gab häufig heftige Schläge, erinnert er sich. Aber die fand er »nicht so schlimm«. In seiner Familie – der Vater war Kraftfahrer und selten zu Hause, es gab viele Kinder, und man lebte in einem proletarischen Milieu im Münchner Norden – gehörten körperliche Auseinandersetzungen zum Lebensstil; die Geschwister schützten sich im Notfall gegenseitig vor den Übergriffen des Vaters und deckten sich gegenüber Dritten, vor allem Polizei und Sozialfürsorge: den einzigen Instanzen offensichtlich, denen die häufigen, manchmal alkoholisierten Raufereien ein Problem waren. Als Jugendlicher war Herr Geiger, wie er sagt, »ein wilder Hund«. Im Bayerischen ist das ein starker Ausdruck. Herr Geiger gehörte zu einer Rocker-Gruppe, die in einem Freizeitheim des Münchner Nordens ihren Treffpunkt hatte. Es kam häufig zu Prügeleien mit anderen Gruppen, und der Ärger mit der Polizei war notorisch.

Was Herrn Geiger weit mehr belastet hat als die Schläge, die er von seinem Vater bekam, waren *die körperlichen Angriffe seines Vaters auf die Mutter*, die er häufig miterleben mußte. In diese Prügeleien hat er sich eingemischt, um die Mutter zu schützen. Elf Gesprächspartner/innen erinnern sich an Handgreiflichkeiten zwischen den Eltern. Einige berichten von »häufigem und sehr schlimmen Prügeln« zwischen den Eltern. Es werden nur wenige Einzelheiten geschildert. Wenn der Vater betrunken war, erinnern sich einige, griff er die Mutter an. Von Angriffen der Mutter auf den Vater berichtet niemand; in den Erinnerungen an die selbst erlittenen Schläge hingegen taucht auch die prügelnde Mutter auf (in ungefähr der Hälfte der Fälle beziehen sich die Erinnerungen auf die Mutter allein). Herr Fellner (406) erinnert sich, wie er als junger Mann den Vater angriff, als dieser seinen Bruder zusammenschlug. In der Familie von Herrn Jost (414) kam es zu brutalen Schlägen gegen die Kinder und zwischen den Eltern, aber es gab auch Diebstähle in der Familie, besonders als die Brüder größer waren.[22]

Haben die heutigen Männer und besonders die Frauen *Erinnerungen an sexuelle Belästigungen*? Zunächst: Was man »sexuelle Aufklärung« nennt, also zumindest eine zutreffende Information über Fortpflanzung und Schwangerschaftsverhütung, hat ein einziger Mann von allen 23 danach gefragten Interviewpartnern von seinen Eltern erfahren. Für die anderen ist »sexuelle Aufklärung«

entweder eine Sache des praktischen Experiments oder der Gleichaltrigengruppe gewesen. Neun dieser 23 Männer und Frauen erinnern sich an *sexuelle Belästigungen in Kindheit und Jugend.*

Zwei Männer und eine Frau berichten Begegnungen mit einem Exhibitionisten, von denen eine als nicht belastend qualifiziert wurde. Fünf der zwölf Frauen berichten von gravierenden Belästigungen. Frau Antz (401) wurde als Kind »verführt«; die Polizei wurde eingeschaltet, bis heute habe sie Hemmungen und Schuldgefühle davon zurückbehalten. Frau Geiger (411) wurde als 12jährige von einem 18jährigen Nachbarsjungen sexuell attackiert, aber sie wehrte sich erfolgreich. Frau Engel (405) hatte als Kind ein außerordentlich ambivalentes Erlebnis mit ihrem Großvater, eine Situation zwischen Vertrautheit und sexueller Stimulation; die Folge war große Aufregung in der Verwandtschaft. Frau Ingerl (413) wurde als Jugendliche von ihrem Bruder zur Masturbation mißbraucht; dieses Erlebnis fügte sich in die vielfältigen Erfahrungen, von dem Stiefbruder ausgenutzt und in der Familie ihm gegenüber benachteiligt zu werden. Frau Linke (416) schließlich wurde von einem älteren Mann, der in der Klinik lag, in der sie arbeitete, zu sexuellen Manipulationen mißbraucht. In allen diesen Fällen wurde das Ereignis nicht öffentlich, und vor allem hat sich niemand um die Mädchen gekümmert. Frau Ingerl berichtet das Erlebnis mit ihrem Bruder beim Interview überhaupt zum ersten Mal und hatte auch ihrem Mann bislang davon nichts erzählt. Als sie achtzehn war, wurde sie von einem Nachbarn vergewaltigt; kurze Zeit später war es ein amerikanischer Soldat, der sie vergewaltigte. Frau Briel (402) war achtzehn, als der Bekannte einer Schulfreundin sie mit dem Auto quasi entführte, erinnert sie sich; in einem einsamen Waldstück hat er sie dann vergewaltigt. Zum Teil auf Druck von Eltern und Freunden wurde auch in diesen Fällen die Polizei nicht eingeschaltet.

Resümee

Grundlage dieses ersten Auswertungsschritts waren jene aus ihrem genetischen, strukturellen und situativen Zusammenhang gelösten individuellen Daten, auf denen die meisten empirischen Studien über »family violence« beruhen. Eine statistische Prüfung vorab formulierter Hypothesen ist bei der geringen Größe der Untersuchungsgruppe nur schwer möglich, war aber auch nicht gewollt. Dennoch leistet dieser Auswertungsschritt mit seinen Quantifizierungen zunächst eine Orientierung über die Faktizität von Einstellungen und Verhalten.

So ist der Unterschied von *Ausmaß und Intensität* der Gewaltanwendung gegen Kinder zwischen den beiden Teilgruppen nicht so groß, wie es die Unterscheidung zwischen »gewaltbelasteten« Klienten des Kinderschutzzentrums und »nicht auffälligen« Familien vermuten läßt. Noch geringer sind die Unterschiede in der Dimension »Gewalttätigkeiten zwischen den Partnern«. Im Gegenteil: *Die beiden Gruppen überschneiden sich.* In allen dreizehn Familien kommt es aktuell zu Handgreiflichkeiten gegenüber den Kindern; von aktuellen – damit ist auch gemeint: erst kurz zurückliegenden – gewaltsamen Handlungen zwischen den Partnern wird in sechs Fällen berichtet. Die Handgreiflichkeiten gegenüber den Kindern reichen von alltäglichen Disziplinierungen über körperliche Strafen (z. B. Ohrfeigen) bis zu massiven Prügeln. Dabei stehen Häufigkeit und Intensität in einem umgekehrten Verhältnis zueinander: Je massiver geschlagen wird, desto seltener kommt es vor. Anders bei den Gewalttätigkeiten zwischen den Partnern: Sie werden als heftig und häufig, in einem Fall als Ausdruck eines »psychischen Krieges« geschildert. Die Differenzierungen sind geringer; sie reichen vom »hemmungslosen Streit« bis zur gefährlichen Körperverletzung. Dabei sind zumindest in vier Fällen die Frauen Opfer gewalttätiger Handlungen ihrer Männer; sie sind es auch, die ernsthaft verletzt wurden. Dazu stehen die sieben Paare im Kontrast, bei denen Gewalttätigkeiten nie oder als Ausnahme, meist zu Beginn der Ehe, vorkamen; bei fünf von ihnen ist es bei einem der Partner ausdrückliches Prinzip oder sogar eine regelrechte Vereinbarung, daß unter keinen Umständen geschlagen werden darf. Diese Befunde legen den Schluß nahe, daß *die soziale Bedeutung von »Gewalt in Familien« nicht allein auf der Ebene beobachtbaren Verhaltens definiert werden kann.* Die weithin akzeptierte Annahme, es gebe eine lineare Steigerung des Gewalthandelns von der verbalen Aggression bis zur schweren Körperverletzung, trifft zumindest für die Ehen der Untersuchungsgruppe nicht zu.

Auch die Daten über die Erinnerungen an *Gewalterfahrungen in Kindheit und Jugend* verwischen die Trennungslinie zwischen den beiden Teilgruppen eher, als sie inhaltlich zu begründen. Die populäre Behauptung, Gewalterfahrungen in der Kindheit prädisponierten zur Gewaltanwendung als Eltern bzw. Ehepartner, kann sich auf die vorliegende Untersuchung nicht stützen. Aber dieser objektivierende und quantifizierende Umgang mit einer so kleinen Untersuchungsgruppe kann nicht beanspruchen, etwa über biographische Bedingungen familialer Gewaltanwendung gültige Aussagen zu treffen. Schon bei der Produktion des Materials provoziert eine direkt und unvermittelt gestellte Frage über biographische Erfahrungen – und solche Fragen liegen diesem Auswertungsschritt überwiegend zugrunde – dazu, verletzende Ereignisse als abgeschlossene zu berichten, statt sich auf die schmerzende Aktualität ihrer Tiefendimension einzulassen. Die Interviewsituation ließe es gar nicht zu.

Die Aussagekraft dieser Erinnerungen beruht daher *weniger auf ihrer suggestiven Faktizität als auf der kommunikativen Funktion*, die sie in der Interviewsituation erfüllten. Die Gültigkeit dieser Selbstobjektivierungen steckt weniger in der Einzelaussage z. B. in den *Typisierungen* solcher biographischer Objektivationen wie in den Typisierungen, in denen auf die Einstellungsfragen geantwortet wird und die den Informationen über eigenes gewalttätiges Verhalten immanent sind. Sie repräsentieren – auf dieser These fußt der erste Auswertungsschritt – *interdependente Dimensionen eines alltagsweltlichen Wissens*, die in spezifisch unterschiedlicher Weise »Gewalt in Familien« als Faktizität codieren. Diese Codierungen (der Befragten) liegen gewissermaßen auf der Grenze zwischen einer öffentlichen und einer privaten Sphäre. Sie sind einerseits verwoben mit den Sprachmustern und Relevanzkriterien der öffentlichen Diskurse über familiale Gewalt (vgl. S. 43 ff.), andererseits enthalten sie subjektive Erfahrungen und subkulturelle Deutungsmuster.

Die Antworten auf die Fragen nach Erfahrungen mit Gewalt in Kindheit und Jugend sind also nicht primär als mehr oder minder zutreffende Aussagen über ein Stück Biographie zu werten, sondern als ein *spezifischer Modus der Selbstdarstellung*: spezifisch, weil er die Opferperspektive, Erfahrung von Leiden thematisiert und damit eine zentrale Dimension des Alltagswissens über familiale Gewalt. Diese Dimension wird unter den Umständen eines nicht explorativen, sondern resümierenden Interviews dargestellt, indem die Aktualität der Betroffenheit »delegiert« wird in eine abgeschlossene Vergangenheit: »Kindheit und Jugend«. Insofern gibt die Biographie gewiß den Rohstoff der Schilderungen bzw. Aussagen ab, bearbeitet wird er indes nach

Maßgabe situationsspezifischer Selbstdarstellung. *Erinnerungsbilder sind der Code, in dem die Opfer-Perspektive des Alltagswissens von familialer Gewalt ausgedrückt wird.* Einen anderen Code bilden die *Einstellungsmuster*, die vorher diskutiert wurden. Sie beziehen sich beobachtend/urteilend auf eine personunabhängige, all-gemeine Wirklichkeit; ihnen daher Beliebigkeit nachzusagen hieße, sie mißzuverstehen. Denn die *Beurteilerperspektive objektiviert die Präsenz familialer Gewalt*, extremisiert sie bis zur Karikatur, schreibt sie »den anderen« zu *und erlaubt so, zu erkennen zu geben, wie vertraut man mit dieser Wirklichkeit ist, was man über ihre Strukturen weiß.*

Einstellungsmuster und Erinnerungsbilder codieren also zwei verschiedene Dimensionen von Alltagswissen über Gewalt in Familien. Die Interpretation ihrer quantitativen Verteilung und inhaltlichen Struktur belegt, daß sie in unterschiedlicher Weise *brutale Gewaltanwendung als Zeichen nichtkörperlichen Zwangs* verwenden. In den Erinnerungsbildern stehen die Schläge für *Traumatisierungen*, denen nicht auszuweichen ist, weil sie von den Voraussetzungen der körperlichen, seelischen und sozialen Existenz ausgehen. An den Schlägen selbst unterscheiden sich traumatisierende von nichttraumatisierenden Erinnerungsbildern *nicht*, wie die Schilderung solidarischer Hilfe, »gerechter Strafen« etc. belegt: Sie mystifizieren häufig die traumatisierenden Bedingungen eher. Das Element der vitalen Bedrohung, das die Einstellungsmuster codieren, sind die identitätskonstitutierenden *Machtverhältnisse* zwischen Eltern und Kindern bzw. zwischen Männern und Frauen. Diese bedürfen der Brutalität gar nicht, die sie eher mystifiziert, unkenntlich macht. In den Machtverhältnissen sind Überlegenheit und Legitimität eine Verbindung eingegangen, die Gewalttätigkeit sogar illegitim erscheinen läßt: Für die zitierten Männer ist sie »unter ihrer Würde«; für die Frauen ist die Brutalität der Männer nur verständlich, wenn sie unterstellen, sie hätten sie provoziert. Die Verbindung von Überlegenheit und Legitimität erklärt auch den funktionalen Gebrauch von körperlicher Überlegenheit: Diese dient nämlich legitimen Zwecken, beispielsweise der Erziehung. Die Gewalt des »Totschweigens« liegt gerade darin, daß es die Machtverhältnisse außer Kraft setzt und damit auch die Beziehung zwischen den Ehepartnern bedroht.

Die Antworten, die sich aus dem ersten Auswertungsschritt ergeben, bieten eine Orientierung über die Faktizität von Verhalten, Einstellungen, Erinnerungen und sind als solche aufschlußreich; sie öffnen aber außerdem den Blick für die sozial-kognitiven Instrumente (Selbstwahrnehmung; Einstellungsmuster; Erinnerungsbilder), mit denen Gewalt als Familienwirklichkeit diskursiv konstruiert wird: Insofern verweisen sie auf die Berichte von Situationen der Gewaltanwendung (»accounts«), die im Mittelpunkt des zweiten Auswertungsschritts stehen. Dort soll die *Genese jener Faktizität* im Prozeß sozialen Handelns von Familienmitgliedern rekonstruiert werden. Die typisierende, fallübergreifende Perspektive entwertet die Subjektivität der befragten Frauen und Männer also nicht, sondern verdeutlicht einen Aspekt ihrer Wirklichkeit, der in der Spezifität des Einzelfalles nicht ohne weiteres erkennbar ist.

Berichte von Situationen des Gewalthandelns zwischen den Ehepartnern

Je stärker man den Blick vom isolierten, objektivierten Ereignis löst und eine Ohrfeige, eine Tracht Prügel oder eine Mißhandlung im Zusammenhang ihrer Vorgeschichte, ihrer Umstände, der subjektiven Bedeutung für die Beteiligten, der möglichen Alternativen etc. sieht, desto vielfältiger und scheinbar weniger vergleichbar wird »die Wirklichkeit«, um so stärker wird die Besonderheit des einzelnen Ereignisses sichtbar. Für die Beteiligten nimmt die Notwendigkeit zu, dieses Ereignis – zumal wenn es sich um ein derart umstrittenes Ereignis wie Gewaltanwendung handelt – zu klassifizieren, einzuordnen und zu bewerten, mit anderen Worten: über seine Normalität zu urteilen. Die *Normalisierungsstrategien* (s. S. 123-125, S. 138 f.) werden im folgenden näher untersucht.

Als das Interview mit Herrn und Frau Funk geführt wurde (es fand ausnahmsweise mit beiden Partnern gemeinsam statt), hatte das Ehepaar eine Krise gerade überwunden, sie war noch spürbar, knapp unter der brüchigen Oberfläche neuerlicher Einmütigkeit. Seit die beiden miteinander verheiratet sind, haben sie immer wieder heftige Auseinandersetzungen, die in massive Prügelszenen münden; früher – in der »brutalen Zeit« (Herr Funk) – soll es schlimmer gewesen sein als heute. Wie es heute dazu kommt, schildern die beiden so:

M: [...] Bei uns wars ja so, wenn i zughaut hab, dann hats was gsuffa ghabt. Und dann ists losgangen. Na hats mir den ganzen Schmarrn erzählt, wie vor zehn Jahr, wo ma uns kennenglernt haben. Du hast des gmacht und du hast des gmacht. Dann sag i: Du hör doch auf!

F: Ja, aber des ist der Fehler, daß i des dann aufbausch.

M: Ja, Moment amal. Du, was vor zehn Jahr war, des interessiert mi heut wirklich nimmer. Sei mir net bös, okay, des tut mir leid, des hab i vor zehn Jahr gmacht und da haben wir über das gestritten und geschimpft und fang doch net mit dem Schmarrn an.

F: Ja, aber des ist des ja. [...]

M: Und dann hab i mir denkt, ja, Kruzifix, sag amal, hat's jetzt da einen gsoffen, jetzt kapiert's des schon nimmer, was i sagen will. Aber die fangt da des Plärren an und will mi dabei irgendwie blöd anmachen oder was, ja, dann hab i halt wieder hinghaut, gell. Weil i mir gsagt hab, du, weißt was, hab i gsagt, bleib herrinn', laß mir jetzt mei Ruh, bevor mir wieder die Hand ausrutscht. Und dann bin i kaum im Gang draußen gwesen, na läuft sie mir hinten nach, und weiter ist's gangen, weiter. So richtig provozierend. Ja, dann hau doch her, so quasi. Bis i halt dann gsagt hab, ja, sag amal, willst du des jetzt wirklich haben, daß i dir eine schaller. Dann ists wirklich so weit gekommen, daß wieder kracht hat und dann ists losgangen. Dann hat einer den anderen angeschrien, und dann haben wir zu raufen angfangen und zughaut und da ists richtig, kriminell ists da zugangen, gell. Und i hab gsagt, Mensch, hab i gsagt, geh mir aus dem Weg, halt dein Mund, laß mir zwei Stunden mei Ruh. Dann hast dich du wieder beruhigt und i aa. Aber in ihrem Suff hat's des gar nimmer mitkriegt, naa, da ist des weitergangen. (013, 11-13)

Herr Funk schildert aus seiner Sicht, wie eine Situation beschaffen ist, in der es zwischen seiner Frau und ihm zu Schlägen kommt: Seine Frau ist betrunken, sie hat sich nicht mehr unter Kontrolle, sie kann nicht aufhören mit den alten Vorwürfen aus der Zeit, als die beiden sich kennenlernten und heirateten. Von diesen Problemen will er nichts mehr wissen. Aber dafür ist seine Frau in der Situation nicht mehr zugänglich, sie fordert ihn heraus, sie will geradezu die Prügel.
Der Moment, in dem er zuschlägt und die Prügelei beginnt, ist ein Moment der *Hilflosigkeit, gepaart mit dem sicheren Gefühl, im Recht zu sein*. An diesem toten Punkt »geht es irgendwann los.«

M: Ja, wenn man amal soweit ist, daß man zuhaut oder was, dann muß man irgendwas loslassen, find ich, wo man vielleicht mit Worten nimmer viel reden kann, wo man dann schon so weit gesunken ist, daß man dann – also mir ists oft so ergangen, wenns nimmer weitergangen ist, und i hab dann aa zughaut, daß i dann gar nimmer gwußt hab, kapiert sie es jetzt nicht, oder bin ich jetzt schon zu blöd, daß ich es ihr jetzt erklär, wie ich es mein, und was geht sie mich dann so an?

F: Ja, ... eher im Guten.

M: Ja, des dann und ein Wort gibt dann das andere und des bauscht sich dann so weit auf, bis'd halt dann nimmer weißt, was du drauf sagen sollst, und dann sagst: Jetzt Kruzifix, jetzt halt dein Mund, sonst krachts. Und der ander, der weiß halt dann doch noch weiter zu reden, und du weißt dann nicht mehr weiter, und dann, irgendwann gehts dann los und dann ists so weit, daß'd halt dann zuhaust. Na, entweder fliegt ein Trumm oder was-weiß-i.

F: (lacht) In die Glasscheiben. Hab i aa scho gmeint.

M: Und dann gehts dahin. Und dann kommst in des Fahrwasser nei und dann gibts bloß no Dresche.

IF: Und wie sieht das auf Ihrer Seite aus? Sie haben ja vielleicht auch manchmal das Empfinden, daß also ... die Situation nicht mehr lösbar ist.

F: Also, ich bin ja heut der Meinung – früher hab ich die Schuld immer bei ihm gsucht, weil von ihm krieg i ja Schläg, und er ist aa gschert [= gemein, MSH], und i find des net richtig. Aber heut bin i der Meinung, daß aa die Fehler bei mir sind, warum hab i ihn eigentlich so weit, daß er überhaupt zughaut hat? Er muß ja aa an Grund ghabt haben, daß er dann eben zughaut hat. Heut bin i der Meinung, ja, such amal die Fehler an dir. I mein, jetzt sind mir nimmer so weit, okay, daß mal so a bißl a Reiberei gibt, ja, laß ma doch mei Ruh! Es gibt jetzt scho manchmal aa noch so Ding, aber dann denk i mir, hab mi doch gern. (013, 9f.)

Für Herrn Funk ist die Eskalation, bis es zu Schlägen kommt, ein quasi subjektloser Prozeß, ein Selbstlauf: In dem verbal ausgetragenen Streit kommt er nicht mehr weiter, seine Frau »kapiert nicht, wie ich es meine«, er weiß nicht mehr, was er sagen soll. Seine Frau aber weiß noch einiges zu sagen und ist nicht bereit, zu schweigen. Frau Funk akzeptiert diese Schilderung: Früher war sie der Meinung, es sei nicht richtig, daß ihr Mann sie schlägt. Aber heute meint sie, sie habe ihren Teil dazu beigetragen: »Die Fehler sind auch bei mir.« *Seine Schläge gelten ihr als Symptom ihrer Fehler*: »Er muß ja auch einen Grund gehabt haben.«
Alkohol und *provozierendes Verhalten* sind die Gründe, mit denen Herr Funk sein Verhalten rechtfertigt. Er verstärkt sie mit dem Hinweis auf seine Appelle, sich aus dem Weg zu gehen für ein paar Stunden und sich zu beruhigen. Aber dann werden die Schläge »kriminell«, fliegen Gegenstände, gibt es »Dresche«. Seine Frau ist nicht nur Opfer der Schläge, sondern auch daran schuld. Frau Funk akzeptiert diese Schilderung, nicht zuletzt indem sie den Vorschlag, sich aus dem Weg zu gehen, im Interview als Verbesserung darstellt.
Wenn man Frau Funk allerdings nach ihrer Sicht der Dinge fragt, wird sehr schnell deutlich, daß der Alkohol nach ihrer Ansicht keineswegs das Problem ist. Alte Wunden, von denen ihr Mann nichts mehr hören will, schmerzen nach wie vor, ja: Sein gegenwärtiges Verhalten reißt sie wieder auf.

IF: Also, das ist jetzt, so hat es Ihr Mann erlebt. Wie haben Sie das denn erlebt? Daß es schließlich so weit gekommen ist, daß er Sie verprügelt hat?

F: Ja, weil i ihn herausgefordert hab halt immer. Weil i hab ... I hab gwiß manchmal versucht, Aufmerksamkeit zu schinden. Wenn er heimkommen ist und ... und – I mein, wenn man verheiratet ist, dann – okay, er muß arbeiten und es ist auch jetzt noch oft so. Der ist so was von lieblos – ich weiß nicht, wie ich das sagen soll – so richtig, wie er auch wieder gsagt hat – der sagt manchmal Sätze, da könnt i meinen, wie er gesagt hat, ja, jetzt kriegst nie wieder, jetzt kriegst dann einen Monat, kriegst von mir kein Geld mehr. Dann hab i gsagt: Ja, sag amal, hab i gsagt, wir sind doch verheirat. Genauso, wie er heut in der

Früh wieder gsagt hat, du hast keine Rechte und du vergißt deine Pflichten. Sag i, i mach jetzt wirklich meine Pflichten, i putz und i steht dir jetzt wieder bei; und manchmal, da ärgerts mi, mit die andern Leut macht er und macht er und tut und macht Gaudi, und bei mir sitzt er da und so. Und des, was mir dann oft so ausschlaggebend war, des – durch irgendein Grund, wurscht bloß, daß ich irgendwas gredt hab. Aber ob das das Richtige war? Heut red i vielleicht, naja, übers Salate-Machen oder dieses und jenes, und sag mir oft, na gut, die ganze Krise, vielleicht brauch er jetzt wieder a Zeit, a bißl, daß er si aa wieder umstellt, gell. Aber i weiß net, da komm i einfach net hin. Wie i gestern gmacht, gsagt hab, hab i mir denkt, ach geh, jetzt ist er z'wider, er werd dann scho kommen. Ja, und auf'd Nacht war er wieder, ja, laß mir mei Ruh und und. Sag i: Ja, Paul, was hab i dir denn jetzt, jetzt laß i dir dei Ruh, i tu dir nix mehr. Sag, i bin nett, ich versuch zu lachen und nimmer ein Streit und alles, des war einmal. (013,16f.)

An einer anderen Stelle verdeutlicht sie dieses Motiv noch:

F: Und des kann i zur Zeit, okay, i sag mir, ja laß ihm nur Zeit, er wird schon wieder a bißl anders werden. Aber i find, i bin dabei, sagt ja d'Petra [ihre Freundin, MSH]: Du hast di total umgstellt, du versuchst und machst. Und des geht mir eben, mi gfreut des, daß ich von andere Leut, aa jetzt in der Wirtschaft, [...] daß i sag, wenn i des von andere hör, ja, okay, wie'sd vorher warst, da warst net ganz richtig. Und jetzt hab i a Bestätigung, daß i mir sag, siehst es, und da möcht ich es dann hören – wo wir ja soviel Mist hinter uns haben. (013, 15)

Sie akzeptiert, daß sie ihren Mann herausgefordert habe, daß sie versucht habe, »Aufmerksamkeit zu schinden«. Aber ihr Mann gebe ihr keine Chance, sich zu ändern, bestätige Bemühungen nicht, eine gute Ehefrau zu werden, die ihren Pflichten nachkommt: »I putz und steh dir jetzt wieder bei.« Im Gegenteil: Er ist »lieblos«, er kümmert sich mehr um seine Gäste als um seine Frau, er läßt sie spüren, daß sie von ihm abhängig ist. Sie schwankt zwischen Empörung über ihren Mann und Selbstkritik. Sie ist bußfertig, will Versäumnisse, Fehler der Vergangenheit vergessen machen. Ihre Freundin Petra wird als Kronzeugin zitiert, daß Frau Funk sich mit Erfolg anstrengt, aber auf die Anerkennung des Mannes kann sie nur hoffen: »Laß ihm nur Zeit, er wird schon wieder anders werden.«[23]

Es sind mindestens zwei in sich stimmige Wirklichkeiten, die hier aufeinanderprallen – *Wirklichkeiten allerdings mit unterschiedli-*

chem Gewicht, wenn man den Ausgang des Konflikts betrachtet, der – was Frau Funk anbelangt – einer Unterwerfung gleichkommt. Ihre Schilderung der Situation ist durchtränkt von dem Ergebnis der Auseinandersetzung, steht schon unter dem Vorzeichen, daß sie Schuld trägt, einen Fehler wiedergutzumachen hat, keine Ansprüche erheben kann. Insofern prallen hier nicht nur zwei subjektive Wirklichkeiten aufeinander, sondern hier spielen auch Kriterien eine Rolle, welcher dieser subjektiven Wirklichkeiten ein größeres Gewicht zukommt.

Um diese doppelte Struktur der Situation zu erkennen, sollte man die vorgebliche Subjektlosigkeit des Prozesses, wie ihn Herr Funk schildert, wörtlich nehmen. Dann kann die Schilderung gelesen werden als eine *Erklärung, wie Gewaltanwendung bei der Lösung von Meinungsverschiedenheiten situativ funktioniert*, eine Erklärung, die von beiden Beteiligten geteilt wird. Diese Erklärung hat einen motiv- und handlungsbezogenen Aspekt: seine Beschreibung ihres Verhaltens als provozierend und durch Alkohol außer Kontrolle; vor allem aber enthält sie eine *Selbstwahrnehmung von Herrn Funk als hilflos, ohnmächtig*. Die Selbstwahrnehmung von Frau Funk geht in die Erklärung nicht ein. Der *strukturbezogene* Aspekt der Erklärung wird erkennbar in dem Bezug auf die »Rechte und Pflichten« von Ehepartnern und in der Asymmetrie, die darin steckt, daß Herr Funk seine Hilflosigkeit in Gewaltanwendung umsetzen kann, während Frau Funk ihre Empörung als »Aufbauschen« und »Aufmerksamkeit-Schinden« entwerten muß. Diese Selbstentwertung ist nicht aus der Interaktion, sondern nur aus Normen zu erklären, die für Auseinandersetzungen wie diese bereitstehen und von den Akteuren auf die Situation angewendet und ausgestaltet werden. In der Selbstbeschuldigung von Frau Funk steckt der Bezug auf und das Einverständnis mit einem *Bild der Mutter und Ehefrau*, dem sie nicht genügt. Dem entspricht ein objektiver *Mangel an Alternativen*: Frau Funk ist gezwungen zu bleiben. Beides macht erklärbar, warum Frau Funk ihre Meinung geändert hat und jetzt »den Fehler bei sich« sieht. Die Herstellung von Gewalt als Familienwirklichkeit vollzieht sich auf der subjektiven und der objektiven Ebene, und diese Ebenen müssen voneinander unabhängig sein, um sich miteinander verschränken zu können: Darin besteht eine Spezifität *familialer* Gewalt.

Auch Herr Briel hat seine Frau – vor allem in den Jahren vor der Ehe – häufig und heftig geschlagen. Hätte die behördliche Familienfürsorge von ihnen Notiz genommen: Die Briels wären gewiß zum Beispiel für »Gewalt in der Ehe« geworden. Aber die Schläge blieben »privat«; heute sind sie zwar nicht Vergangenheit, aber sie sind sporadisch geworden.

M: [...] Also frühers ist des bei mir auch vorgekommen. Am schlechten Tag. Aber heit tat das nicht mehr vorkommen. Heite ist das so, daß ma sich, also daß ich mich mit dem Wort verteidigen kann und früher hab i des net können, da ...

I: Und da greift man zum Körper.

M: Freilich, i hab ja, des ist die einzige, also meint man, das ist die einzige, das ist der einzige Ausweg, daß man das macht, daß man aus der Situation rauskommt. [...]

I: Das war dann so, daß Sie sozusagen kein Wort gefunden haben.

M: Ja, genau. Da warn wir noch net verheiratet. Da warn wir noch net amoal verlobt. Und da war sie krankhaft eifersüchtig. Gell, da hat sie mir immer Sachen vorgeschmissen und dann »Warum hast die so lang ogschaut«, und die hat ja auf mi aufpaßt wie a Wachhund, ob ich jetzt die zu lang oschaut hab oder warum ich überhaupt dahinter schau. »Ja, gefallt die dir scho wieda.« Geh, und das hat sich halt so aufgestaut, ja weil, ja weil, i komm net sofort raus, das staut sich alles auf, und dann host auf einmal, dann hats platzt und dann, und dann ist losganga. Also sind halt so Sachen.
[...]

I: Und wie haben Sie in der konkreten Situation Ihre Frau erlebt – hat sie Sie beleidigt oder provoziert? [...]

M: Jetzt, wie kann ma des sagen? Wie sagt ma da jetzt also? Übermächtig, also. Die hat si halt zuviel rausgenommen. Also, die hat halt gmoant, sie ist der Herrgott, was weiß i. Und die andern, des sand alles Deppen. Und a so ist mir des vorkommen. Also, i bin der Depp und sie ist die gute Frau und kann keiner Fliege was zuleide tun – und die arme Frau und a so. Ja, so ungefähr.

I: Und wie haben Sie sich selbst in der Situation gefühlt?

M: Ja, des war Haß und Abneigung war des.

I: Und aus diesem Gefühl heraus haben Sie zugschlagen?

M: Ja, weil wenn Liebe dag'wen wär, hätt ichs ja net gemacht. Ja, und in dem Moment, wie man so runtergebuttert wird, da kann ja bloß a Haß entstehen. Und der Haß ist wieder Abneigung, und dann sand die zwoa Komponenten zsamm – und dann schepperts halt amal.
[...]

I: Hatten Sie damals das Gefühl, erreicht zu haben, was Sie wollten?

M: Erreicht hab ich nix, und des hab i scho vorher gwußt, daß i nix erreich. Aber i hab mi halt dann abreagiert. Also, i hab mi halt befreit, weil irgendwo muß i mi ja befrein. Und meistens wars aa so, daß, wenn i was sagen hab wollen, i hab ja an Sprachfehler ghabt aa no, den hab i heut no a bißl, da bin i net sofort zu Wort kommen, also, sagen wir mal, das Wort abgeschnitten ist, also, des war dann der Rest, und dann hab i wieder des Gefühl gehabt, du bist wieder der Depp, derfst dei Meinung gar net äußern oder so. (M402C, 28 f., 39 f., 48)

Früher, das heißt: in den ersten Jahren der Ehe und vorher, als die beiden noch nicht einmal verlobt waren, da waren Schläge für Herrn Briel der einzige Ausweg aus einer Situation, in der er »runtergebuttert« wurde, »der Depp« war (also einer, der nicht ganz richtig im Kopf ist, den man daher nicht ernst nehmen muß), der seine Meinung nicht äußern darf. Seine Frau bringt ihn in diese Situation; er beschreibt sie als *übermächtig und krankhaft eifersüchtig* (also auch nicht ganz bei sich, ein Stück jenseits der Vernunft). In dieser Situation muß sich Herr Briel, so deutet er seine Lage, *verteidigen*; Haß und Abneigung geben ihm die Energie, und sein Sprachfehler hindert ihn daran, sich »mit dem Wort« zu verteidigen. Es »staut sich alles auf, dann hats platzt«.
Herr Briel schildert das Schlagen wie ein Naturereignis, das man ja auch nicht beherrschen kann, das sich anbahnt und dann geschieht. Es geschieht in einer Situation, die er als eine ausweglose Situation darstellt, eine Situation der Überwältigung, der Unterlegenheit als Person. Die Sprachbehinderung wird zur Metapher seiner Hilflosigkeit. In dieser Lage ist Gewaltanwendung *Notwehr* – er spricht sogar von Befreiung. Diese Befreiung ist nur sprachlos möglich, das macht sie zu einer monologischen Handlung, die nicht nur das Gegenüber aus dem Blick verliert, sondern sich auch gänzlich abzulösen scheint von dem Thema des Konflikts oder von den objektivierbaren Ressourcen, die den Beteiligten zur Verfügung stehen mögen. Dieses Handeln ist nicht eigentlich Mittel, es hat seinen Zweck in sich, es ist eine Manifestation, eine Selbstbehauptung. Daher ist Herr Briel mit dieser Phase seines Lebens auch im reinen:

M: Und danach bin i mir aa net schlecht vorkommen, i hab mi bloß gwehrt, i hab mei Meinung verteidigt. Des ist halt net anders gangen. (M402C, 47)

Auch Frau Briel hat noch lebhafte Erinnerungen an diese Zeit, allerdings könnte man meinen, sie habe mit einem anderen Mann zusammengelebt.

F: Ja, früher, hab i vui Schläg kriegt, und da war i aa selber schuld. I kann ihm da in dem Sinn net bös sein, weil er hat ja meistens immer was trunken ghabt. Und zuviel, in dem Sinn. Und i hab ihn dann immer no greizt, weil i no gsagt hab, jetzt bischt scho wieder bsuffe oder warum säufst denn soviel? Und des hat er net habe könne, weil er war ja immer nüchtern. Der hat no so bsuffe sei könne, der war immer nüchtern. Und da hab i den immer soweit bracht, mit meim blöden Dahergered, weil wenn er scho bsuffe ist, na braucht ma net no drüber rede. Wahrscheinlich ists an mir gelege, warum er gsuffe hat, i woiß es net.

I: Das ist Ihnen ganz unerklärlich?

F: Manchmal, denk i mir oft, weil, wo i ihn kennenglernt hab, da hat er ja mindestens 20 Halbe am Tag ghabt, und des hat er jeden Tag ghabt, und i wollt ihn halt davon wegbringe, weil i der Meinung war, des muß net sei. Er hat koin Grund zum Saufe, aber wies bei ihm innerlich ausschaut, mit seiner Familie, und der hat scho ziemlich viel mitgmacht, da hat er wahrscheinlich doch an Grund ghabt. Aber i hab des oifach net akzeptiert, und hab halt dann gschaut, daß i ihn so langsam, aber sicher runterbring. I hab zwar viel einstecke müsse, aber mei, wenn i ihn net so gern ghabt hätt, na wär i wahrscheinlich heut nimmer mit ihm zsamm. Weil da gibts viele Fraue, die bei der ersten Watschen scho abhaun. I laß mi doch von dem net schlage, und gehe. Dann ist der Fall für die erledigt. [...] Aber i woiß net, i bin an dem so ghange, i woiß aa net. Da hab i halt des eingsteckt, mein Gott, der hat mi gschlage, und fünf Minuten später bin i wieder, hin Schatzl, her Schatzl.

I: Für mich ist das schwer zu verstehen.

F: Ja, mei, sonst hab i ja niemands ghabt wie bloß ihm. Des koi aa sei. Weil i war ja in München alloi, i hab ja niemand ghabt. Und zu meine Eltern wollt i aa nimmer zrückgange. Und durch des, daß i wahrscheinlich so verknallt bin oder war ... (F402C, 28)

Frau Briel spielt auf die Umstände an, unter denen sie damals mit ihrem Mann zusammenlebte. Beide waren erwerbslos, hatten wenig Geld und verbrachten die meiste Zeit gemeinsam in ihrer Wohnung. Er trank viel und schlug sie oft. Sie hatten kaum sozialen Kontakt, wenn man einmal von seinen »Spezln« in den

Kneipen absieht; denn sie war aus einer Kleinstadt nach München gekommen, und er hatte sich von seiner Herkunftsfamilie geradezu losreißen müssen, in der er als Kind ausgebeutet und vernachlässigt worden war.
Frau Briel macht deutlich, daß sie in dieser Zeit viel eingesteckt hat, daß es eine schwere Zeit für sie war, und dennoch nimmt sie die Schläge ihres Mannes hin. Dafür nennt sie Gründe: Wer betrunken ist, ist nicht für sein Handeln verantwortlich. Wer einen Menschen in einer solchen Lage bloßstellt, hat sich die Folgen selbst zuzuschreiben; ich habe ihn gereizt. Drittens: Wahrscheinlich hatte er persönliche Probleme, aber ich habe sein Trinken trotzdem nicht akzeptiert: Dafür mußte ich bezahlen. Vierter und fünfter Grund: Ich war verliebt; ich hatte niemand anderen.
Im Gegensatz zu fast der Hälfte der Untersuchungsgruppe sind Schläge – und zwar keineswegs nur gelegentliche und/oder leichte Schläge – ihres Mannes für Frau Briel kein Grund, die Beziehung zu verlassen. Darin stimmt sie mit Frau Funk überein; aber in anderer Hinsicht sind die Unterschiede zwischen den beiden Frauen beträchtlich. Während Frau Funk sich dem Bild einer guten Ehefrau unterwirft, obwohl es ihren Vorstellungen von Zusammenleben und Anerkennung durch ihren Mann nicht entspricht, schreibt sich Frau Briel eine aktive Rolle zu. Sie versucht nicht nur, seine Motive zu verstehen (wobei sie die zentrale Dimension: überwältigt zu werden, verfehlt), sondern faßt die Schläge primär als das Risiko auf, das sie mit dem Versuch eingegangen ist, ihren Mann vom Trinken abzubringen. Daß sich Frau Briel für die Schläge ihres Mannes selber verantwortlich macht, hat also eine ganz andere Bedeutung als die Selbstbeschuldigungen von Frau Funk: Es ist keine Selbstentwertung, sondern eine Selbstbehauptung. Wenn sie ihre Erklärung gleich zu Beginn damit einleitet, ihr Mann sei nicht zurechnungsfähig gewesen und sie habe ihn noch gereizt, dann ist dies als Versuch aufzufassen, ein *Selbstbild von Kompetenz und Souveränität zu konsolidieren* – andernfalls müßte man wohl Masochismus unterstellen. Was die Schläge bedeuten, bemißt sich für Frau Briel aber auch danach, welche Alternativen sie zu einem Leben mit diesem Mann hat; und auch in diesem wichtigen Punkt unterscheidet sie sich von Frau Funk: Während diese hinnehmen

muß, daß ihr Mann ihre Erwartungen an ihn ignoriert, weil sie keine Alternative hat, macht Frau Briel sehr deutlich, daß ihre Familie eine Chance ist, aus der sie etwas machen will. Die beiden Frauen veranschaulichen die ambivalente Bedeutung von Familie für Frauen und die mehrdeutige Rolle, die sie als Ehefrau und Mutter in der Familie spielen (vgl. Gravenhorst 1984c).

Provokation ist ein wichtiges, daher auch immer wieder erwähntes Erklärungsmuster, warum es in bestimmten Situationen zu Schlägen kam. Sagt man (wie Herr Funk) über eine Handlung, sie sei provoziert worden, dann wird sie in einem doppelten Sinne normalisiert; sie wird zugleich gerechtfertigt, ja fast zu einer angemessenen, gar vom Provozierenden erwünschten Handlung, und sie wird zur Ausnahme erklärt, als solche aber der (hier: gewaltfreien) Normalität eingefügt; so verträgt sich das Prinzip der Gewaltfreiheit mit der Gewaltanwendung. Dieses Erklärungsmuster kommt in unterschiedlichen Varianten mit einer entsprechend variierenden Bedeutung vor. Wenn etwa Frau Briel sagt, ihr Mann würde sie nie schlagen, wenn sie ihn nicht provozierte, steckt hinter der Fassade der Selbstbeschuldigung ein Selbstbewußtsein, daß sie ihr Schicksal in den eigenen Händen hält.

I: Ihr Mann würde Sie also nie schlagen, wenn Sie ihn nicht reizen würden?
F: Naa, nie.
I: Es gibt bestimmte Sachen, womit Sie ihn provozieren können.
F: Ja, es gibt echt halt so Sachen, aber nur, wenn er, sagen wir, unter Alkohol steht. Also, so nüchtern, daß er schlagen tät – nie! Er isch so a gute Haut, des gibts gar net, normalerweis. (F402C, 32)

In die gleiche Richtung wie das Muster »Provokation« wirkt das Erklärungsmuster *»Alkohol«*, das Frau Briel hier ergänzend erwähnt. Beides zusammengenommen verstärkt das Bild von ihrem Mann als »guter Haut«, die »normalerweise« sie niemals schlagen würde. Der Unterschied zwischen der Täter- und der Opferperspektive ist auch bei Hinweisen auf die Rolle von Alkohol in Situationen der Gewaltanwendung wichtig. Herr Funk führt als Rechtfertigung, daß er seine Frau in der geschilderten Situation schlug, ihren alkoholisierten Zustand an: etwa in dem Sinne, es habe keine andere Möglichkeit gegeben, sich verständlich zu machen; Frau Briel wiederum entschuldigt die Schläge ihres

Mannes mit dessen Alkoholkonsum. Beides sind *Neutralisierungen* für ein Verhalten, das »unter anderen Umständen« für illegitim angesehen wird. Die Grenzen der Normalität werden gewissermaßen situationsspezifisch suspendiert oder ausgedehnt. Daß dabei nicht die Alkoholisierung selber »neutralisiert« wird, sondern die Neutralisierung begründet, deutet darauf hin, daß nicht lediglich Normalitätsgrenzen ausgeweitet, sondern *Basisstrukturen dieser Normalität bekräftigt* werden. Neutralisierungstechniken haben also einen Doppelcharakter, der in der interaktionistischen Analyse nicht immer berücksichtigt wird: Sie eröffnen situationsspezifisch Handlungsspielräume, die – wie Frau Briel verdeutlicht – aktiv genutzt werden können; sie können aber auch – wie Herr Funk belegt – die zugrundeliegenden Machtverhältnisse qua »Ausnahmeregelungen« zementieren.

Provozierte Schläge werden auch als *Reflex* erklärt wie von Frau Fellner, die damit zugleich die geschilderte Episode zu einer einmaligen Ausnahme erklärt. Auf die Frage, ob es zwischen den Ehepartnern nicht auch mal zu Handgreiflichkeiten gekommen sei, antwortet sie:

F: Also von mir aus nicht. Aber es ist schon vorgekommen, daß mir mei Mann aa eine runtergehaut hat – des schon. Des brauch i aa gar net, also net, daß i da verprügelt worden bin (das heißt auf hochdeutsch: Das würde ich auch gar nicht zulassen, daß ich mich verprügeln lasse, MSH). Er hat dann halt mir einfach, so im Reflex eine runtergehaut. Also a Ohrfeige kann ma des nennen.

I: Wie kam es zu einer solchen Situation?

F: Da kann i mi no ganz gut erinnern – a zwecks der Franziska war des. Und da hat mir die Franziska in die Hosen neigmacht, groß, obwohl daß sie sauber war, und da bin i so bös worden über die Franziska und hab sie geschimpft und is mei Mann von der Arbeit zum Mittag heimkommen, na hat er mi dabei überrascht, wie i die Kleine z'sammg'schimpft hab. Und na hat mir mei Mann, hat er gesagt, i soll die Kleine in Ruh lassen. Hab i gesagt, wenns ihm net paßt, so solls er saubermachen, also saubermachen, und er braucht si da net neimischen, und na hab i mein Mann halt aa so gereizt, daß ihm da die Hand ausgerutscht ist. Und also sonst, ist no nie was gewesen. (F406C, 32)

Frau Fellner schildert einen heftigen Wortwechsel, dessen Ende als Reiz und Reflex geschildert wird; das Automatische der Situation unterstreicht sie mit dem Bild der Hand, die der

Kontrolle entglitten ist (zumal dieses Bild ein widersprüchliches Element innerhalb ihrer Erklärung ist: sie hat ihn ja *gereizt*). Allerdings: Eine Ausnahme ist dieses Ereignis auch deshalb, weil Frau Fellner Prügel auch gar nicht zulassen würde; das Erklärungsmuster »Provokation«, kann man daraus schließen, sichert auch das Selbstwertgefühl derer, die sich schlagen lassen müssen.

Die ganze Ambivalenz dieser Selbstzuschreibungen wird in der folgenden Überlegung von Frau Huber deutlich. Auf der Suche nach einer Interpretation ihres Verhaltens bezieht sie sich auf *das öffentliche Bild der nörgelnden Ehefrau* und versucht, sich diesem Bild anzumessen. Die Interviewerin hatte sie gefragt, ob Handgreiflichkeiten mit ihrem Mann eher von ihm als von ihr ausgehen.

F: Naa, des möcht i also net sagen – ja, vielleicht, aber ... des stimmt scho, i hab des scho amal ghört, daß wenn a Mann handgreiflich wird, daß da aa oft vui die Frau dran schuld ist. Daß des net so ist [daß die Handgreiflichkeiten vom Mann ausgehen, MSH] und des hab i aa bei mir gmerkt. Da bin i so ... da schau i aa, wie a Kind. Soweit, wie i gehn kann, so, i muß den irgendwie treffen, so stark, und der ist öfters, hab i also öfters mir so gedacht, kann si also no soweit beherrschen, eigentlich – was i da alles gsagt hab und ... Wissens, des kann ma aa richtig rausfordern. I moan, da muß ma si scho sehr in der Gewalt haben, da müßt ma dann eigentlich gehn, weil des kann ma eigentlich net ertragen, i hab des scho oft so empfunden. Daß i solang hingemacht hab, wie a Kind eben dann. Daß i eigentlich gwußt hab, jetzt müßt eigentlich Schluß sein – ja, irgendwann ist jetzt dann amal zu weit, i hab des aa richtig herausgefordert.

I: Wie sind Sie sich in der Situation vorgekommen?

F: (Pause) Mei, i wollt ihn eigentlich furchtbar treffen. I woaß aa nimmer. I hab halt nach allen Mitteln gsucht. (F412C, 48)

Sie ist wütend, und sie ist – der Anlaß war kurz zuvor ausführlich erzählt worden – verletzt und gekränkt; sie findet ihren Mann zu bequem, fühlt sich »angehängt« an Haushalt und Kinder. Die Wut, die daraus entspringt, und auch die Absicht, diese Wut wirkungsvoll zur Geltung zu bringen, werden sehr deutlich. Indem Frau Huber aber ihr Verhalten als Provokation bewertet, deren stupide Beharrlichkeit jede Selbstbeherrschung überfordern müsse, wendet sie ihre Wut gegen sich selber. Der Vergleich mit einem Kind soll das Unvernünftige ihres Handelns unterstreichen, aber er zitiert – wie schon der Bezug auf das Hörensagen über die Schuld der Frauen an den Schlägen ihrer Männer – ein öffentliches Bild von Frauen, die sich »wie Kinder aufführen«: ein Bild, in dem stillschweigend unterstellt ist, daß Frauen auch wie Kinder behandelt werden, das heißt legitimerweise bestraft, mit Schlägen erzogen werden können.

Kindern aber kommt es nicht zu, Erwachsene zu schlagen. Daraus läßt sich auch ein Stück Identität gewinnen. Frau Briel, die vehement die These verficht, Frauen hätten es selber in der Hand, ob sie geschlagen werden, ist selber nicht fürs Schlagen; das sei eher Männersache:

F: Naa, also, i halt vom Schlage nix. Erstens mal, i find des an Schmarrn, weil du kannst mit ihm rede aa, und warum immer schlage, des versteh i net. Und i an Ma, des find i ja sowieso Idiotie. Mei, andersrum versteh i des vielleicht scho eher – aber i halt von dem nix, wenn a Frau an Ma schlägt. (F402C, 27)

Das hält sie nicht davon ab, selber ihren Mann zu schlagen, und das keineswegs lediglich als Abwehr einer Attacke (F402C, 24 ff.). Aber solche Schläge bleiben Ausnahme; sie tangieren die Rolle dieser Vorstellung nicht, in Auseinandersetzungen bestimmen zu helfen, was der »weibliche Part« ist. Frau Engel teilt diese *Bilder über Männer und Frauen* auch. Auf die Frage, ob sie sich vorstellen könne, ihren Mann zu schlagen, antwortet sie:

F: Ja, i woaß net, i kanns net. Vielleicht bin i zu blöd dazu, i woaß net, es gibt Frauen, die tun es, kenn i aa, aber i wär einfach net fähig dazu. I hab des einfach aa nie tun dürfen. I hab mi zwar als Kind alleweil sehr lebhaft gewehrt, immer mit Buben – also wo i in die erste, zweite Klasse gangen bin, hab i mi allweil mit Achtklassler abgeben. Aber also gegen mein Mann, also i woaß net ... Wissens, da wär i so gelähmt, also von dem ... also, die Überraschung, da wär i nimmer fähig, im Affekt zu handeln, daß i so ohne, also ausm blauen Himmel raus, ihm eine dusch'. Weil wenn er mir jetzt oane geschmiert hätte, dann hab i im Hinterkopf scho, daß er drauf reagiert, wenn i jetzt desselbe tun würde. Dann käm i nimmer zum Zug, wo i eigentlich wollte. Des sand lauter so Sachen, wo mi hindern. Und i will mi dann da aa net lächerlich machen. Wenn i den Schlag verfehle [lacht]. Weil instinktiv reagiert er natürlich und dann würd ich vielleicht an der Hand abprallen oder was. (F405C, 47)

Als sie heranwuchs, hat man es ihr verboten zu schlagen. Jetzt, als erwachsene Frau, wäre sie dazu gar nicht fähig, und sie wüßte auch nicht, wie man »richtig« schlägt: Ein Versuch würde mißglücken, und sie würde sich lächerlich machen. Als Frau rechnet sie außerdem damit, daß die Männer zurückschlagen. Insofern: Die Ressourcen stehen ihr als Frau nicht zu Gebote; mit den Schlägen von Männern muß man als Frau leben, weil Männer so sind. Wenn man Frau Engels Antwort so ausbuchstabiert und mit Frau Briels Sätzen verknüpft, dann wird ein *geschlechtspolitischer Diskurs* erkennbar, in dem Gleichheit zwischen Männern und Frauen in bezug auf das Recht auf körperliche Unversehrtheit nicht gilt; statt dessen kommen Vorstellungen von einem (durchaus sozial hergestellten) »Geschlechtscharakter« zur Sprache.

Als *Zwischenresümee* bleibt festzuhalten: Vorstellungen, was »typisch männlich« und »typisch weiblich« sei, repräsentieren eine – im zitierten Material nur im Ansatz nachvollzogene – »Tiefenschicht« von Kriterien, nach denen Situationen der Gewaltanwendung in das Familienleben »eingewoben« werden. Als Gründe, mit denen Gewalthandeln der Charakter von Unrecht und Unangemessenheit genommen werden soll, werden Provokationen, Trunkenheit (vgl. auch S. 332, Anm. 24 und S. 333, Anm. 25 sowie S. 192 f.), Reflexhandlungen genannt, das Handeln sei außer Kontrolle geraten, oder man habe sich nicht anders zu helfen gewußt. Das Vorbringen solcher Gründe ist schon früher untersucht und als *Neutralisierung* analysiert worden (vgl. Marsden 1978; Greenblat 1983; Bograd 1984a). Es blieb indes unklar, worin die Plausibilität dieser Gründe besteht, die ja *Täter, Opfer und Dritte* davon überzeugen sollen, daß »alles im Rahmen« geblieben ist. Es muß besonders irritieren, daß es im zitierten Material die Opfer von Schlägen – die Frauen – sind, die selbstkritische, akzeptierende, verständnisvolle Deutungen des Gewalthandelns formulieren, während ihre Männer die Schläge mit Hilflosigkeit und Ohnmacht rechtfertigen (s. o., S. 104). Wie ist diese *gemeinsame Bemühung* um Neutralisierung zu verstehen?

Dazu muß man annehmen, daß sich Neutralisierungen auf einer ersten Ebene motiv- und verhaltensbezogener Selbst- und Fremddeutungen und auf einer zweiten Ebene impliziter fami-

lienstruktureller Regeln konstituieren. Diese doppelte Konstitution bringt einerseits eine machtbezogene *Hierarchie* in die Familienbeziehungen, andererseits wird diese Hierarchie – und die mit ihr gegebene Täter/Opfer-Relation – nach Maßgabe persongebundener Orientierungen konkretisiert und virtualisiert. Die Gegensätzlichkeit von Hierarchie und Intimität, die geschlechtsspezifischen Interessen an Familie und die personbezogenen Lebensentwürfe sind Voraussetzungen von Neutralisierungen. Diese sind also nicht einfach Verleugnungen illegitimen Verhaltens (Marsden) – dann wären sie nicht *glaubwürdig*; sie sind auch nicht nur situationsspezifische »Ausdehnungen der Normalitätsgrenzen« (Greenblat) – dann wäre ihr *Geschlechtsbias* nicht erklärbar, sondern *interpretative Techniken, um strukturelle Gegensätze zu bewältigen* und so Familie erst herzustellen.
Unter dieser These läßt sich das präsentierte Material interpretieren. Es zeigte zwei unterschiedliche Formen von *»Schlägen aus Ohnmacht«* (Gewaltanwendung als »ultima ratio«). Im ersten Fall bezieht sich die Hilflosigkeit über eine Situation der Nichtverständigung auf die geschlechtshierarchische Arbeitsteilung von Familie, objektiv dienen die Schläge der Durchsetzung dieser Struktur; im zweiten Fall liegt ebenfalls Nichtverständigung vor, aber die Schläge haben den Charakter der Selbstbehauptung, sie sollen nichts durchsetzen. Insofern könnte man die beiden Formen von Gewalthandeln (mit Stark et al. 1979) als »Gewalt« und »Aggression« unterscheiden. Das Material zitiert außerdem *Selbstbeschuldigungen* von Frauen, die geschlagen wurden. Auch sie sind sich nur auf den ersten Blick ähnlich. Zwei Beispiele betreffen Frauen, die mit ihren Vorstellungen von Familie und ihren Handlungsorientierungen an die Grenzen der Normalität geraten, die ihre Männer aufrechterhalten wollen. Da sie zugleich kaum oder keine Lebensalternativen haben, müssen sie über Neutralisierungen ihre Selbstachtung und Handlungsfähigkeit im gegebenen Rahmen zu erhalten trachten. Dies geschieht unter Anschluß an ein Familienbild, in dem Mann, Frau und Kinder spezifische Plätze einnehmen. Zwei andere Beispiele betreffen Frauen, die daran interessiert sind, Gewaltanwendung ihrer Männer zu neutralisieren, weil sie Familie als Lebenschance auffassen. Diese Neutralisierungen sind also ein Ausdruck für das Selbstbewußtsein, die Situation in der Familie – und damit auch den

Alkoholkonsum des Mannes, seine Gewalttätigkeit etc. – unter Kontrolle zu haben und den eigenen Lebensentwurf qua »intakter Familie« zu realisieren.

Machtstruktur und Gewaltanwendung

Gibt es Hinweise in den Protokollen, daß Männer meinen, ihnen komme es *als Männern* zu, ihre Frauen zu schlagen: weil sie es so gelernt haben, weil sie körperlich überlegen sind, weil sie als Ehemänner und Väter ein Recht dazu haben?

I: Wenn Sie das Verhalten Ihrer Frau ändern möchten, was tun Sie dann, um das zu ändern?

M: Ja, was tu ich da – eigentlich gar nichts. Wenn ich wirklich partout da drauf besteh, dann scheiß ich sie mal zusammen, kanns mal passieren, daß sie ne Watschn kriegt, dann ist der Fall für mich erledigt. Dann ist sie für 14 Tage wieder zu gebrauchen. Das kann auch ohne Alkohol passieren, daß sie ne Watschn kriegt. Ist auch schon passiert. Wenn sie partout nicht wollte oder wenn sie mir Medikamente versaut hat, die sehr teuer für mich waren, hab ich sie schon verdroschen, auch ohne Alkohol. Dann war sie 14 Tage wieder manierlich, hat man sie wieder gebrauchen können. So hab ich meine Frau erzogen. Die hat mehr Schläge wie zum Fressen gekriegt von mir, die ersten – das erste halbe Jahr. Weil sie auch gedacht hat, sie ist der King hier in München. Hatte von Tuten und Blasen keene Ahnung. Kannte keinen Haushalt, konnte nicht kochen, kein garnichts. Und war auch nicht bereit, irgendwas zu machen. Da hab ich halt den Spieß rumgedreht, und dann hats gescheppert.

I: Und da hatten Sie das Gefühl, das ist auch anders nicht möglich?

M: Nee, weil meine Frau das anders nicht wollte. Jetzt kann man ihr was sagen, jetzt macht sies auch von selber. Ich bleib hier flacken [liegen, MSH] und sie räumt dann hier auf. Unter der Woche. Am Wochenend helf ich ihr dann schon beim Gangputzen oder so, weil das schafft sie nicht. Aber hier die Wohnung, die kann sie aufräumen, das hab ich lang genug gemacht. Jetzt mag ich nimmer. Weil wenn ich Arbeit hätte oder kriegen würde mal, das hofft sie immer, dann muß sies auch selber machen. Dann muß sie ja auch das Essen kochen oder was. Kann ich mich auch nicht abends hinstellen und die Bude putzen oders Essen kochen. Dann muß sies auch.

I: Ob wir mal so eine Watschn-Situation durchgehen können?

M: Ja mei, wie soll ich das beschreiben? Also wenn sie partout irgendwas nicht will, angenommen, was kann ich jetzt da als Beispiel nehmen, sie sollte irgendwo mithelfen, entweder beim Putzen oder irgendeine Situation, und sie will partout nicht, dann sag ich ihrs mehrmals und dann will sie immer noch nicht, will dann woanders hingehn. Dann kanns passieren, daß sie eine gescheppert kriegt. Wenns dann soweit ist, dann kriegt sie eine gescheppert, ja, und dann kriegt sie saftig eine geschmiert – dann putzt sie auch.

I: Das ist also eine Situation, wo Sie eine bestimmte Vorstellung haben, wie etwas ablaufen soll?

M: Ja, genau.

I: Und Ihre Frau teilt vielleicht nicht diese Vorstellung?

M: Nee, die hat so ein rosarotes Leben gehabt. Die hat sich alles rosig vorgestellt. Das kriegt sie alles umsonst, kommt alles so reingeflattert, braucht sie nix für zu tun, und den Schneid hab ich ihr schnell abgekauft, das erste halbe Jahr. Sie hat sehr viele Schläge eingesteckt. Sie ist die ersten drei Monate jeden Tag mit so 'nem Auge rumgelaufen. Der hab ich jeden Tag ein Veilchen geknallt.

I: Und Sie fanden, das war notwendig?

M: Ja, das Veilchen nicht, da hätts vielleicht ne Ohrfeige auch getan. Aber weil sie einfach partout nicht wollte. Hab ich mir gedacht: Wenn du nicht willst, dann will ich auch nicht, da hats gescheppert. Dann hats a Veilchen gehabt und ist mitm Veilchen in die Arbeit gegangen. Das war mir wurscht, und da waren wir noch nicht verheiratet. Das war das erste halbe, da hab ich sie mir erzogen, so wie ich sie jetzt hab. (M414C, 74-76)

Hier erzählt ein Mann, was er dazu getan hat, daß seine Frau und er ein Ehepaar wurden. Er schildert einen Erziehungsprozeß. Zu Beginn wußte und konnte seine Frau nichts von dem, was eine Ehefrau wissen und können muß. Überdies, so berichtet er, wollte sie auch nichts lernen. Sie glaubte, ihr »rosarotes Leben« als unverheiratete Frau werde sich fortsetzen. Diese Vorstellung habe er ihr im ersten halben Jahr ausgetrieben. Herr Jost schildert seine Frau als ein Kind; wie dieses allmählich zivilisiert wird, so lernte sie in einem halben Jahr, Ehefrau zu sein. Die Erziehung ähnelt einer Dressur, die angesichts einer widerspenstigen Natur unumgänglich ist. Es gab mehr Schläge als Essen, erzählt er, und am Ende dieser Zurichtung steht eine Frau, die putzt und kocht, die vorbereitet ist, die Rolle der Hausfrau zu übernehmen. Das war ein hartes Stück Arbeit; in seiner Schilderung steigert er sich: Spricht Herr Jost zunächst davon, daß seine Frau »mal ne

Watschn« gekriegt hat, erzählt er zum Schluß, sie sei die ersten drei Monate täglich mit einem blauen Auge zur Arbeit gegangen. Die Frau erscheint in seiner Schilderung lediglich als Widerstand gegen seine Erziehung; sie ist Person lediglich als jemand, die nicht will, was sie sein und lernen soll. Sie ist der Inbegriff der Provokation für eine Macht, die sich als zivilisierende versteht. Und als solche versteht sich dieser Mann. Sein Ziel bzw. sein zivilisatorischer Auftrag ist von extremer Normalität.

M: Wenn man heiraten will und will Kinder haben und bereitet sich so darauf vor, dann soll man eigentlich auch so sein, daß man sich danach entsprechend benimmt. Und nicht wie ein kleines Kind. Ein kleines Kind, wenns was ausfrißt, kriegt ein paar aufn Hintern, und dann ist a Ruah. Also, so wars bei meiner Frau auch. Ich wollte was erreichen bei ihr, wollte haben, daß sie da und da mithilft und nicht nur umsonst daherlebt, und das hab ich ja in dem Sinne erreicht. Und jetzt, als wir dann die Wohnung gekriegt haben, gings dann auch. [...]

I: Wer sind Sie in dem Moment und wer ist Ihre Frau?

M: Sie ist meine Frau und bleibt meine Frau. Und ich bin der, der ich sonst auch war. Aber ich seh mich in dem Moment als Oberhaupt der Familie. Weil ich die Hosen anhab und nicht meine Frau. Wenn ich das alles durchgehn lassen würde, würde dann irgendwann rauskommen, daß meine Frau die Hosen anhätte, dann hätt ich gar nichts mehr zu melden. Und das ist noch nicht passiert. Die Hosen habe immer noch ich an. Hier bin ich der Herr im Haus, auch wenn ich leider nicht arbeite. Es ist zwar ein blödes Sprichwörtchen, aber sie habens nun mal so eingeführt, es war 1800 und ein paar Gequetschte, haben sies nun mal so eingeführt, daß der Mann von Gesetz wegen das Oberhaupt der Familie ist, und das hat sich auch bis heut beibehalten, also wird es auch hier beibehalten.

I: Wenn Ihr Leben so verliefe, wie Sie es sich wünschten, also, Sie hätten Arbeit und Sie hätten Geld ...

M: Das wär schön, des wär das schönste Leben für mich. Da könnt ma mal fortfahren mit meiner Frau und dem Kind, dann gäbs auch nicht soviel Streit wie jetzt. Hab ich ja schon immer gesagt, wenn ich ne Arbeit hätte und den ganzen Tag fort wär – sie könnte hier werkeln und wirtschaften, könnte zur Nachbarin gehen, und ich käm abends wieder und hätte mein Essen. Und des müßt sie mir kochen, weil wenn sie mir nichts zu essen kochen würde, dann täts schon patschen. Tät ich ihr schon ein paar schmieren, wenn ich nichts zu essen hätte. Oder ich tät's anrufen und tät sagen, ah, heut abend braucht's nichts kochen, gehen wir zum Essen. Dann wär nämlich manches anders hier. Das weiß ich hundertprozentig, also, da bin ich mir sogar sehr sicher, daß manches anders wär. Weil dann die Beziehung zum Kind und zur Frau ganz anders wär. (M414C, 77-79)

Was ihn seine Schläge für fraglos gerechtfertigt halten läßt, ist ein *Familienbild*, das gleichzeitig antiquiert und archetypisch erscheint. Sein Wunschbild, ja: sein Traum von der eigenen Familie steht so ganz im Gegensatz zum Leitbild einer »partnerschaftlichen« Ehe und Familie. Aber das Modell der Hausfrauenehe, das seinem Wunschbild zugrunde liegt, steht der kollektiven Vorstellung einer Normalfamilie näher als die verschiedenen Varianten privater Lebensformen, in denen Partnerschaft nicht lediglich als individuelle Ausgestaltung eines im Kern unveränderten juristisch-ökonomischen Abhängigkeitsverhältnisses gelebt wird. Auf diese normativ-ökonomische Struktur bezieht sich Herr Jost explizit (vgl. ähnlich die Funks, S. 174 ff.). Um in dieser Struktur zu funktionieren, hat er seine Frau »erzogen«. In dieser Struktur gibt es ein Familienoberhaupt, und Oberhaupt ist der, der »die Hosen anhat«. Es steht Frau und Kind(ern) gegenüber, wodurch die Ehefrau den Kindern zugleich nähersteht und ihnen ähnlicher ist als der Ehemann. Dies ist der Zusammenhang, in dem allein man sinnvoll die Vorstellung einer Frau als Kind haben kann, auf die sich Herr Jost ausdrücklich bezieht und die schon Frau Huber (S. 183) zitiert hatte, um verständlich zu machen, warum die Schläge ihres Freundes unvermeidlich gewesen seien. Erziehung, ob von Kindern oder Frauen, ist eine Erziehung zu dieser Struktur, die ein hierarchisches Abhängigkeitsverhältnis ist. Obwohl er sich zufrieden über seinen Erziehungserfolg äußert, verrät das Wunschbild von seiner Familie, daß dieser nie vollkommen ist, daß Schläge immer möglich, mit der Struktur selber gegeben sind.

Daß sich sein Wunschbild nicht verwirklicht, nachdem er seine Frau dazu erzogen hat, ihre Rolle darin zu spielen, hat seinen Grund darin, daß er seine *Ernährerrolle* nicht ausfüllt. Herr Jost ist schon lange arbeitslos und aus gesundheitlichen Gründen auf absehbare Zeit nicht in der Lage, einer Erwerbsarbeit nachzugehen und ein entsprechendes Einkommen zu erzielen. Die Rolle des Familienoberhaupts beansprucht er dennoch. Als er seine

Frau »erzog«, in den ersten Monaten ihres Zusammenlebens, war er auch schon ohne Arbeit, und seine zukünftige Frau verdiente für beide den Lebensunterhalt. Es geht aus seinen Schilderungen nicht hervor, warum Frau Jost ihre Erwerbstätigkeit aufgegeben hat, nur *daß* seine Frau fortan unter seinen Bedingungen leben sollte.

Daß Herr Jost seine Ernäherrolle nicht ausfüllt, ist ein fundamentaler Widerspruch zu seinem Familienbild, und es ist daher verständlich, wenn er diesen Widerspruch sich nicht zu einer Umkehrung der Verhältnisse auswachsen lassen will: So wäre es nämlich, wenn seine Frau die Familie unterhielte. Mit seiner Rolle als Familienoberhaupt, genauer: mit deren fürsorglichen und schützenden Aspekten, ist es ebensowenig vereinbar, wenn er seine Frau im Alkoholrausch verletzt. Er hält das für unvereinbar mit der »Würde eines Mannes« und macht sich Vorwürfe deswegen.

I: Handgreiflichkeiten zwischen Ehepartnern sind ja durchaus keine Seltenheit ...

M: Aber es ist aa net normal, find ich.

I: Sie finden das nicht normal?

M: Aus seelischen, psychologischen Gründen und so. Psychologischen Gründen – find ich diese Art eines Mannes unwürdig. Das ist unnormal.

I: Unnormal?

M: Der Mann ist sowieso stärker als das weibliche Objekt, von der Natur schon her. Auch wenn man von der Bibel geht, ist der Mann das stärkste Wesen. (M414C, 52)

Herr Jost zitiert eine Norm, von der weiter oben schon einmal die Rede war (vgl. S. 156; S. 170f.). Dort hatten zwei Männer, die ihre Ehefrauen nicht schlagen, klargemacht, daß die (körperliche) Überlegenheit für die Identität von (Ehe-)Männern grundlegend sei. Damit meinten sie zweierlei: Einerseits ist es unter der Würde von Männern, Schwächere zu schlagen; andererseits berührt es diese Würde ebenso, von Schwächeren geschlagen zu werden. Herr Fellner – er schlägt seine Frau nicht – verdeutlicht diesen Punkt aus eigener Erfahrung:

M: Gerade so meine Schwäger, die haben überhaupt nix zum Sagen. Da haben die Weiber die Hosen an. Also, die stehn praktisch unterm Pantoffel. Und da kanns amal vorkommen, he, daß'd Weiber die

Männer schlagen. I sag mir zwar alleweil, das sind ja für mich keine Mannsbilder, sowas gehört si einfach net. Er ist der Herr im Haus, aber net sie ... Aber scheinbar ist des bei dene andersrum. Weil sie mehra zum Sagen hat als wie er.

I: Und wenn die Männer ihre Frauen schlagen, dann müssen sie sich vorher Mut ansaufen?

M: Ja, so kann mans aa nennen.

I: Glauben Sie, daß die Frauen in ihren Familien in Wirklichkeit mehr zu sagen haben als die Männer?

M: In Wirklichkeit – naa, des glaab i net. Ja, sie kümmern si zwar um alles, aber daß sie die Macht haben – da gibts Einzelfälle, die sich das einbilden, daß sie die Macht haben, daß sie die Mannsbilder kommandieren können, da haben wir schon a paar. (M406 C, 30)[24]

Warum schlägt Herr Jost seine Frau, wenn er doch derselben Norm verpflichtet ist; erkennt sie seine Überlegenheit nicht an, attackiert sie ihn, versucht sie, ihn »zu kommandieren«?

M: Das kommt denn doch dazu, weil manchmal sagt meine Frau Sachen, die mich dann aufregen. Dann auch manchmal durch Alkohol, daß es Kurzschlußhandlungen sind, wo sie irgendwas drauf anspricht oder irgendeine dumme Bemerkung macht, wo ich dann Kurzschlußreaktion hab, und dann geh ich dann halt in die Luft. Und dann, wo ich dann lande, das weiß man dann. Entweder in Haar [das ist eine psychiatrische Klinik, MSH] ...

I: Reicht die Stärke des Mannes nicht dazu aus, um das nicht zu tun?

M: Ja, genau, in dem Sinn, da reicht sie dann wieder nicht aus. Weil dann der Geist, das Fleisch ist willig, nee – umgekehrt, der Geist ist willig, aber das Fleisch ist schwach. (M414C, 53)

Er heilt den Widerspruch, indem er biblisch zwischen »Geist und Fleisch« unterscheidet, im übrigen aber seiner Frau im Verein mit dem Alkohol die Schuld an seinen »Kurzschlußreaktionen« gibt. Was geschieht dann? Er »dreht durch«, kann »sich nicht mehr steuern«, ist »wie ein Roboter, auf Knopfdruck«, »gemeingefährlich«. Herr Jost macht aber einen großen Unterschied zwischen den Schlägen im Rausch und der »Erziehung« seiner Frau:

I: Sie haben gesagt, das erste halbe Jahr ist Ihnen Ihre Frau wie ein Kind vorgekommen und Sie ...

M: Wie der Vater vorgekommen. Bestimmt nicht wie der Freund oder Verlobte. Kam mir eher vor wie der Vater, weil des hätt ja meine Tochter sein können.

I: Dann wars auch ganz bewußt zu schlagen, also nicht, daß Sie da durchgedreht haben?

M: Naa, des war bewußt. Ich wußte genau, was ich wollte, und was ich von meiner Frau verlangte. Des war alles genau programmiert. Und des hab ich auch erreicht.
I: Würden Sie dann auch sagen, das war richtig und in Ordnung?
M: Ja.
I: Brauchen sie sich heute keine Vorwürfe zu machen?
M: Naa. Nur wegen dem Scheißdreck, da. Naja, Vorwürfe mach ich mir deswegen auch nicht, weil ich kanns nicht ändern – es ist passiert – kann man nichts mehr ändern dranne. Es war halt nicht gut, find ich. Und für eines Mannes Ehre wars auch nicht gut, nee. Man kann nichts mehr ändern.
I: Es gibt also Situationen, wo Schlagen berechtigt ist und wo es nicht berechtigt ist?
M: Ja. (M414C, 79 f.)

Herr Jost expliziert hier nicht lediglich einen doppelten Maßstab der Gewaltanwendung, legitime und illegitime, sondern er gesteht eine Unvereinbarkeit mit dem Familienmodell ein, das seine erzieherische Gewaltanwendung rechtfertigt: Eigentlich dürften seine unkontrollierten Ausbrüche nicht vorkommen. Dieses Eingeständnis macht es glaubwürdig, wenn er an anderer Stelle im Interview die Unhaltbarkeit seiner Position schildert und den Alkohol und die folgenden gefährlichen Körperverletzungen als verzweifelte und selbstdestruktive Reaktionen darstellt (Herr Jost hat mehrere Suizidversuche hinter sich).

M: Allein das durch die Arbeit, meine Frau merkt das nicht. Sie weiß zwar, daß es mir stinkt, aber was ich fühle und empfinde, das merkt auch meine Frau nicht. Wenn ... das setzt sich alles ab, und nach zwei, drei Jahren oder in nem halben Jahr, wie Ihnen halt der Kopf steht, explodierts dann raus. Traurig, aber wahr.
[...]
M: Nee, ich brauch nicht [den Alkohol, MSH]. Nur durch des, daß ich keinen Erfolg hab, oder Erfolg in dem Sinne schon – aber ich werd von anderen nicht bestätigt, daß ich keine Arbeit krieg und so und da werd ich nicht unterstützt. Und das regt mich dann auf. Weil ich keinen Ausweg seh, nehm ich den Alkohol, und dann knallts. Und da ist meistens meine Frau, die drunter leiden muß, obwohl sie gar nichts dafür kann. (M414C, 61; 62)[25]

Was immer man von seiner »Alkoholtheorie« halten mag, eine Legitimierung von Gewalttätigkeit ist sie nicht, eher noch eine Entschuldigung für Schwäche und Unfähigkeit, sein Leben zu meistern – zumal nach den Maßstäben, die sein Familienbild aufstellt. Die schweren Mißhandlungen seiner Frau stehen im Widerspruch zu seinem Selbstanspruch, das Familienoberhaupt zu sein; die »Erziehungsschläge« entsprechen ihm hingegen. Auch Herr Geiger beansprucht »das Sagen« in seiner Familie. Als seine Frau diesen Anspruch herausforderte, hat er sie schwer verletzt.

I: In welcher Situation haben Sie sie körperlich verletzt?

M: Des war bei ihre Eltern draußen. Und des war mit ihra Mutta, da hab i gesagt, jetzt fahrn wir mal wieder hoam. Ja, weil da haben wir ja die Wohnung scho ghabt, und da hab i gsagt: Okay, fahrn wir übers Wochenend amal zu deine Eltern naus, daß net so langweilig ist. Und du gfreust di, und deine Eltern gfreun si aa, wenns di mal wieder sehn. Okay, mach ma. Und dann ists ankommen, da hat ihr Mutter, am Sonntag, wo ma halt hoamfahrn wollten, naa, am Samstag wars (unverst.) dann wäre ihr Muatta am Samstag in die Klinik kommen, die hat ja neimüssen in die Klinik, na hat sie gsagt: Ja, brauchst di um nix kümmern, bleib da. I bleib bei euch da, i kümmert mi um an Vada und um die andern. Hab i gsagt: Ja, und um die ander brauchst di gar net kümmern, hab i gesagt, weil die sind aa erwachsen. Und der Vada werd wahrscheinlich net so dumm sei, und werd si wahrscheinlich nix zum Essen macha kennen, oder? Ja, und a so und a so – und sie bleibt dahoam, bleibt bei ihre Leut. Na hab i gsagt: Des machst du net! Ja, und danna, ist ihr Muatta ins Krankenhaus kommen, na hats bleckt [gemault, MSH] und alles, na wollts eben nimmer hoamfahrn. Ja, und die Kinder waren aa no draußen, die warn aa lästig, weil wo Fremdes schlafen die selten. Und da hab i ihr, wie beim Georg, hab i durchdreht – genauso wie beim Georg. Na hab i ihr a Heftige geben. Da ist sie z'sammg'fall'n, war bewußtlos. Und wo sie z'sammag'fall'n ist, da ist sie praktisch, da ist sie, also, da ist der Kasten und nebendran da ist des Bett. Des ist so a altes Bett no, recht dicke Möbeln. Und da ist sie genau mitm Kopf an die Kanten gflogen. Und bluat hat sie, übers ganze Bett bluat und alles. Und dann samma am nächsten Tag zum Arzt ganga und da hat ers gröngt, na hat er festgstellt, daß sie an Schädelbruch hat. Praktisch. Aber i kann mir des bloß vorstellen, daß sie, wo sie bewußtlos ist, daß sie mit der vollen Wucht an die Kanten vom Bett hingeflogen ist mitm Schädel. Des haben wir festgestellt ghabt, also, weil der Schädel brochen ist. [...]

I: Wie haben Sie sich in der Situation gefühlt?

M: Ja, i hab Angst ghabt.

I: Waren Sie tatsächlich so wütend, daß Ihre Frau etwas macht, was Sie nicht wollen?

M: Ja, das ist des. Wenn sie des Gegenteil macht, was i wui, und sie macht das Gegenteil. Na seh i schwarz, dann drah i durch. Und drum machts des jetzt nimmer. Jetzt tuts Rücksicht nehmen. (Unverst.) wenn i sag, des und des, na ist praktisch alles klar. Ab und zu hats scho no a Meinung dazua. Aber danna gibts doch a Ruah.

I: Also, Sie haben das Sagen in der Familie?

M: Ja, klar. (M411C, 28-30)

Das ist, zumindest auf den ersten Blick, eine klare Aussage: Wenn seine Frau das Gegenteil von dem macht, was er will, dreht er durch (der Ausdruck für »unkontrollierte« Aggression). Im Gegensatz zu früher aber nimmt seine Frau heute mehr »Rücksicht« (auf seine Wünsche, muß man wohl ergänzen), das heißt: sie widerspricht wohl noch manchmal, aber dann lenkt sie ein, gibt sie nach. Die Schilderung einer Domestizierung, wie sie auch Herr Jost gab?

Daß die Auseinandersetzung, die Herr Geiger schildert, bei den Schwiegereltern stattfindet, ist nicht zufällig, denn seine Frau hat nach wie vor enge Beziehungen zu ihrer Familie, besonders zu ihrer Mutter. An anderer Stelle berichtet Herr Geiger, wie sehr es ihn ärgert, wieviel Zeit und Aufmerksamkeit seine Frau für ihre Eltern aufwendet, so daß für ihn manchmal überhaupt keine Zeit mehr übrigbleibe. Jetzt muß die Mutter in die Klinik, und Frau Geiger handelt in dieser Situation als Tochter: Sie will den Vater und die anderen Familienmitglieder versorgen, solange ihre Mutter es nicht kann. Ihr Mann sieht dazu keinen Anlaß: Alle sind erwachsen und können sich um sich selber kümmern. Daher stellt sich die Frage, in welche Familie seine Frau eigentlich gehört: In seine Familie, in der er das Sagen hat, oder in ihre Herkunftsfamilie, in der sie die Verantwortung einer Tochter hat? Im Hintergrund der Auseinandersetzung steht also die Frage der *Familiengrenze*, und diese Frage ist verknüpft mit der *Autorität des Familienoberhaupts.* Daher führt Herr Geiger in seiner Schilderung des Konflikts als zusätzliches Argument auch die Kinder ein, die »lästig« wurden, um die sich seine Frau/ihre Mutter also hätte kümmern sollen: Sie sind im Unterschied zu den erwachsenen Mitgliedern der Herkunftsfamilie seiner Frau nicht nur »wirklich« hilfsbedürftig, ihre Erwähnung erinnert auch an die *Aufgabenverteilung in der Familie Geiger*: Für die Kinder, das wird auch an anderen Stellen des Interviews deutlich, ist die Frau als Mutter zuständig. So betrachtet ist der heftige Schlag, mit dem er seine Frau schwer verletzt, ein Schlag, der seine Familie zusammen- und seine Hegemonie darin aufrechterhalten soll. Angesichts der Folgen bekommt er es allerdings mit der Angst zu tun.

Das ist verständlich, wenn man daran denkt, daß ihm das nicht zum ersten Mal passiert ist; außerdem hat er als Jugendlicher miterlebt, wie scharf Körperverletzungen von Polizei und Justiz geahndet werden (er gehörte zu einer Rocker-Gruppe). Seine Darstellung des Zuschlagens selber ist von dem Versuch gekennzeichnet, seinen Anteil daran zu verkleinern und die Verletzung als unglückselige Verkettung von Umständen zu erklären. Das ist nicht nur ein Versuch, die eigene Verantwortung zu minimieren, sondern gerade darin liegt auch ein Eingeständnis, daß *er als Familienoberhaupt – wie Herr Jost – nicht einmal sein eigenes Verhalten unter Kontrolle hat.* (In der Schilderung erwähnt er seinen Sohn Georg, den er mindestens einmal so heftig schlug, daß dieser in der Klinik behandelt werden mußte, S. 236 ff.).

Daher ist es bedeutsam, daß die Verwandtschaft – konkret: seine Geschwister und die Familie seiner Frau – gerade bei Auseinandersetzungen ständig wichtige Beiträge dazu leistet, daß seine Familie nicht auseinanderfällt. Im Streit weichen mal er, mal sie dorthin aus; von dort kommen »Parlamentäre«, um die Bereitschaft zur Versöhnung zu sondieren und Friedensangebote zu übermitteln; die beiden Familien fungieren als »Chor« im Hintergrund, der das Ehepaar mahnt, besänftigt und an seine Pflichten erinnert. Ebenso wichtig sind sie als Ziel für Wochenend-Unternehmungen und als vertraute und gesellige Umgebung in der Freizeit. Beide Herkunftsfamilien wohnen in der näheren Umgebung. Kurz, die Familie Geiger ist eingebettet in ein *soziales Netz verwandtschaftlicher Beziehungen, die für die Familie das Problem der Abgrenzung aufwerfen, die aber auch Unterstützung und Kontrolle bedeuten.* Dieses Netz ist um so wichtiger, als Herr Geiger wie Herr Jost als relativ junger Mann quasi ohne Aussicht auf ein Erwerbseinkommen ist, das ihm erlauben würde, die Rolle des Ernährers seiner Familie auszufüllen. Sein Anspruch, in seiner Familie »das Sagen« zu haben, ist entsprechend brüchig; auch das hat Herr Geiger mit Herrn Jost gemeinsam. Wie dieser hegt er ein Wunschbild von der eigenen Familie, das allerdings weniger patriarchal (vgl. S. 189f.) als idyllisch ausfällt (M411C, 32f.) – ein Bild harmonischer Geselligkeit. Der Familie Jost aber fehlt jenes soziale Netz verwandtschaftlicher Beziehungen, das für die Geigers so charakteristisch ist. Beide Geigers sind in München geboren und aufgewachsen, er sogar in dem Stadtteil, in dem er heute mit seiner Familie lebt. Herr Jost stammt dagegen aus Norddeutschland, seine Frau aus Franken. Ihre Herkunftsfamilien sind desolat, und häufiger Ortswechsel hat ein übriges dazu beigetragen, daß keine Kontakte zu ihnen mehr bestehen. Neue Freundschaften, Kollegenkreise etc. sind nicht entstanden, auch wegen der langen Erwerbslosigkeit nicht. Kurz: Familie Jost ist eine sozial isolierte, wenn nicht sogar marginalisierte Familie.

Frau Jost erwähnt die »Erziehungsschläge« nicht, sondern spricht nur von den Aggressionsausbrüchen ihres Mannes, wenn er betrunken ist. Diese erlebt sie so wenig als Auseinandersetzung oder auch als Streit zwischen den beiden, daß sie nicht einmal sagen kann, was der Anlaß für diese Ausbrüche ist:[26]

I: Und was war dann der Auslöser, daß er was zertrümmert hat?
F: Er hat si über irgendwas aufgeregt, glaab i. Aber was des war, weiß i nimmer. [...]
I: Was gab es für einen Anlaß für Ihren Mann, Sie zu schlagen?
F: Daß er si irgendwie aufgeregt hat.
I: Aber Sie wissen nicht mehr, über was?
F: Naa, des weiß i nimmer. [...]
I: Wie haben Sie Ihren Mann erlebt in der Situation?
F: Wie wenn er net ganz dicht is. [...]
I: Denken Sie das auch, wenn Ihr Mann nicht unter Alkohol ist?
F: Naa. So ist er ja in Ordnung, wenn er [...]
I: Hat Ihr Mann das ernst genommen, daß Sie sich gewehrt haben?
F: Naa.
I: Es ist ja nochmal vorgekommen, daß Ihr Mann Sie geschlagen hat. Haben Sie dann wieder versucht, sich zu wehren?
F: Naa.
I: Haben Sie das aufgegeben – was machen Sie jetzt?
F: (schweigt)
I: Untendurch kriechen?
F: Mhm.

I: Finden Sie, das ist erfolgreicher?
F: Naa, aa net.
I: Wenn Sie könnten, was Sie wollten, was würden Sie dann machen?
F: Gehn ... aber es geht net. [...]
I: Was ist der Hauptanlaß, daß Sie am liebsten gehen würden?
F: Wenn er halt soviel trinkt, wenn er nimmer weiß, was er tut, na müssen die Viecher drunter leiden und so. Der Vogel[27] hat ja aa scho drunter leiden müssen.
I: Was ist denn dem Vogel schon passiert?
F: Ja, er, wenn er sein' Narrerten hat, dann haut er ihn so umeinander und so. Dadurch kann er nämlich kaputtgehn. Ist ja überhaupts a Wunder, daß er no lebt.
I: Was hindert Sie am Gehen?
F: Das Kind.
u58I:Und das Kind, was jetzt noch kommt?
F: Mhm (F414C, 28; 33; 39f.; 41f.; 44f.; 52)

In ihrer bedrückenden Sprachlosigkeit verkörpert Frau Jost geradezu das Bild eines Opfers männlicher Gewalt. Anders als ihr Mann, der gewissermaßen aus einer Perspektive »von oben« Episoden und Handlungen einordnen kann in einen zeitlichen und strukturellen Rahmen familialer Normalität, zeichnet Frau Jost eine unkontrollierbare, sinnlose und unentrinnbare Lebenssituation. Sie kulminiert in einer Gegenwart, die eine Falle ist: Frau Jost möchte diese Situation und diesen Mann verlassen, aber sie hat einen Säugling und erwartet demnächst ein zweites Kind.

Das ist die Gegenwart; aber so ausweglos war die Situation anfangs nicht. Da Frau Jost die Vorgeschichte nicht erzählt, muß man sich hier an ihren Mann halten: Herr Jost hatte ja berichtet, daß zu Beginn ihrer Bekanntschaft seine Frau erwerbstätig war und er erwerbslos; er berichtete auch, daß er sie schon heftig geschlagen, »erzogen«, hatte, als die beiden noch gar nicht verheiratet waren. Mit anderen Worten: Frau Jost hatte – wie man so sagt: objektiv – sowohl die materiellen Voraussetzungen wie die Gelegenheit, diesem erkennbar gewalttätigen Mann auszuweichen. Warum hat sie ihn trotzdem geheiratet? Warum hat sie sogar ihren Beruf aufgegeben? Der Grund muß etwas zu tun haben mit einem kollektiven Bild, einem *Normalitätsmaßstab der weiblichen Biographie*, dem sich Frau Jost verpflichtet fühlt. Dieses Bild der Hausfrau und Mutter, die von Erwerbsarbeit freigesetzt in Liebe und Fürsorge sich selbst verwirklicht, vervollständigt jenes Modell der Normalfamilie, das ihr Mann expliziert hatte und das sein Handeln, auch seine »Erziehungsschläge« orientiert.

Diese These könnte plausibel machen, warum Frau Jost die »Erziehungsschläge« ihres Mannes im Gegensatz zu seinen massiven Ausbrüchen unter Alkohol nicht erwähnt: Diese Schläge dienen einem Ziel, das sie mit ihrem Mann teilt, und sie zeigen ihr, daß sie ihrem eigenen Anspruch nicht genügt. Aber dahinter verbirgt sich auch eine Brechung dieser Normalitätsvorstellung: Wenn Herr Jost nämlich berichtet, seine Frau habe eine »rosarote Vorstellung vom Leben« gehabt, dann ist dies nicht allein ein Vorwand, um die »Erziehungsschläge« zu begründen, sondern signalisiert geschlechtsspezifische Interessen an Familie. Frau Jost mag erwartet haben, ihr Leben erfülle sich in Liebe und Fürsorge, während ihr Mann – er macht das ja ganz deutlich – Interesse an der weiblichen Hausarbeitskraft hat.

Frau Jost drückt ihr Leiden an der Situation nicht in Tränen, nicht in Vorwürfen oder in Wut aus, sondern am ehesten noch in der Sorge um den Kanarienvogel als Opfer ihres Mannes. Der gleiche Grund mag erklären, warum sie die brutalen Ausbrüche ihres Mannes wegerklärt, im klassischen Sinne neutralisiert (»nicht ganz dicht«, »so ist er ja in Ordnung«). Frau Jost kann ja auch Gründe und Anlässe dieser Ausbrüche nicht nennen – Hinweise darauf, daß eine individualisierte persönliche Beziehung zwischen den Ehepartnern gar nicht existiert, sondern lediglich ein gemeinsamer Bezug auf das Modell einer patriarchalisch strukturierten Normalfamilie.

Obwohl die Lebensverhältnisse der Familien so verschieden nicht sind – auch beide Geigers sind erwerbslos, sie haben vier kleine Kinder, ihre Zukunftsaussichten sind miserabel: und das mit Anfang Zwanzig –, ist die Situation von Frau Geiger ganz anders als die von Frau Jost. Ihr Mann berichtet, wie militant sie sein kann:

I: Und wann kommt das vor, daß Ihre Frau auf Sie losgeht?

M: Des ist, wenn i mit die Kinder rumstreiten tu, weil die laßt über ihre Kinder nix kommen. Wenn i mit die Kinder rumstreiten tu, hauptsächlich mit der Gerda, da wenn sie moant, sie moant halt, daß i im Unrecht bin und die Gerda ist im Recht, ja, und danna geht sie halt auf mi scho los. (unverst.) tu i mi wehren. Weil sie holt ja glei des Messer raus, so ists net.

I: Das macht sie auch?

M: Jaja. Scho. Aber des ist scho lang her. Des hats amal gmacht und seitdem nimmer. (M411C, 30f.)

Im patriarchalen Familienmodell hat die Ehefrau als Mutter eine Macht, die sich aus ihrer größeren Nähe zu den Kindern ergibt: Sie kennt die Kinder besser, sie ist ihre primäre Bezugsperson (besonders wenn sie klein sind), in der Regel ist sie mit ihnen vertrauter. Sogar rechtlich ist sie in einer stärkeren Position als der Vater. Im Ehestreit kann sie diese Ressource nutzen, indem sie sich zwischen die Kinder und den Vater schiebt, um so ihre Stellung in der Geschlechtshierarchie zu stärken.[28] Das wird ihr um so eher gelingen, je mehr sich der Vater seinen Kindern zuwenden will. Frau Geiger erzählt sehr anschaulich, wie sie das einmal gemacht hat. Zum Hintergrund: Sie lebt mit ihrem Mann und ihren Kindern in einem Haus, in dem es bis vor kurzem lediglich ein Gemeinschaftsbad für alle Mieter gab. Eines Abends geht ihr Mann zum Baden; man verabredet, daß er zum Abendessen zurück sein soll. Die Zeit vergeht, er kommt nicht zurück. Schließlich packt die schwangere Frau ihre kleinen Kinder und sucht ihren Mann, den sie dann auch schließlich im Bad findet: in Gesellschaft 14jähriger Nachbar-Mädchen, in bester Stimmung.

F: War'n da a paar Schulmadln da unten, mit denen muß er sich irgendwie unterhalten haben oder wie, was woaß i, die haben gleich geschaut, wie i, wie sie mich gesehen haben, gell, und die haben dann zum Schluß das Lachen angefangen, weil i da mit eahm das Streiten angefangen hab. [...] Und das hat ihm natürlich auch net paßt, weil – i laß mi doch net auslachen von a Madl von 14 Jahr. Ja, wer bin i denn und des hab i eahm dann sauber vorgehalten, wie er kemma ist, gell. Also, da hats dann scho ganz schön Ding geben. [...]

I: O.K. und das, dieses hat dann hauptsächlich hier stattgefunden? Hier in der Wohnung?

F: Der Rest war dann in der Wohnung. [...] Wir haben uns halt, er hat mi net anglangt, und i hab ihn zwar net anglangt, aber i hab gewußt, wie i eahm fertigmachen muß, und des hab i aa gmacht. Dann. Da war er dann a bißl a Zeitlang kloaner und da hat er a Zeitlang nicht mehr soviel gsagt oder ist halt nicht mehr soviel zum Baden gangen.

I: Und wie ist das, wenn Sie ihn fertigmachen? [...]

F: Ach ja, da wo i mein Bauch no ghabt hab, da hab i gwußt, i kann ihn eh auslachen, er langt mi ja eh net an, und da hab i mi ind Tür so recht breit neigstellt und hab gsagt, und du red nur weiter, di lach i ja immer no aus. Und das hat eahm halt weh tan, gell. Des hat eahm halt gstunken. Und dann war i halt immer dann so, daß wenn i zum Einkaufen gangen bin, dann hab i halt um fünf oder zehn Mark mehra mitgnommen als wie i braucht hätt und hab für die Kinder dann mitgnommen, gell. So'n Zeigl, halt was essen haben können und gell. Und das hat eahm halt dann aa gstunken ghabt, weil i die Kinder halt dann, so dann zu mir herzogen hab. Das hat eahm dann scho gstunken. Weil dann die Kinder mit der Zeit beinahe net mehr zu eahm hinganga wärn, gell. [...] I hab mir denkt, na da laß i mi net unbedingt kloa macha von eahm. Und i hab dann mit den Kindern gspielt und des hat dene halt gfallen. Sie sind dann gekommen, Mama trinken, dann hab i ihnen halt was zum Trinken gmacht, oder ich, oder Mama, machen wir Tee. Dann hab i Tee gmacht und hab sie dann helfen lassen oder Eiswürfel nei tun oder so, des hat ihnen auch, da war i dann wieder mehra da, weil er hat, naja, aggressiver, er hat ja die Zeit nicht so ghabt. Er wollt dann auch einfach nichts wissen denn da davon.

I: Wann war dann so der Zeitpunkt, daß Sie gedacht haben, jetzt hab ich Genugtuung?

F: Ach der müßet so, also drei Tage hab i Kinder, da hab i des durchgezogen, und dann hab i das noch zwei Tage mit de Kinder so ungefähr so gemacht und dann hab i mir eigentlich denkt, jetzt kannst eigentlich auch mal wieder einladen, gell, daß er nicht ganz vergißt, daß er noch Kinder hat. Naja, und dann hat er dene Kinder halt wieder gschrien »Gerda geh mal her, geh her zum Papa, der Papa hat was für dich«, dann ist er halt kommen und hat er für die Kinder auch was mitgebracht gehabt, gell. Ich hab zwar dann lachen müssen, aber ...

I: Aber Sie haben den Ausschlag gegeben, daß Sie ihn überhaupt wieder an die Kinder herangelassen haben?

F: Ja. (F411C, 61 ff.)

Unverkennbar selbstbewußt vermittelt Frau Geiger der Interviewerin die Botschaft, daß sie ihre Stellung in der Familie zu verteidigen vermag. Es stand einiges auf dem Spiel: Als schwangere Frau in ihrer körperlichen Behendigkeit, vor allem aber in ihrer sexuellen Attraktivität beeinträchtigt, muß sie erleben, wie sich ihr Mann offensichtlich mit anderen, jüngeren Frauen amüsiert. Es kommt zu einer öffentlichen Konfrontation, in der sich ihr Mann zumindest ambivalent verhält, wenn er nicht gar seine Frau zum Gespött macht. Sie aber dreht schon in der öffentlichen

Situation den Spieß um; erst einmal wieder daheim, gerät ihr Mann dann vollends in die Defensive. Indem sie sein Selbstwertgefühl attackiert, macht sie ihn »klein«, macht sie ihn »fertig«. Dazu benötigt sie keine handgreiflichen Mittel: Das sind nicht ihre Waffen. Aber es gelingt ihr, die Gewalttätigkeit ihres Mannes in Schach zu halten.[29] Dabei nutzt sie ihre Schwangerschaft aus, durch die sie sich geschützt fühlt.[30] Sie rechnet also mit Schlägen, geht mit dieser Gefahr aber kompetent um, sucht vor allem mit Erfolg eine Situation zu vermeiden, die ihrem Mann als Vorwand (»Provokation«) dienen könnte, sie zu schlagen. Auf der nächsten Stufe bringt sie die Kinder ins Spiel. Sie demonstriert ihrem Mann, daß sie die Kinder zu sich »herüberziehen« kann, daß die Kinder den Vater eigentlich nicht brauchen. Die Situation in der Familie wird durch dieses Manöver, wie sie zu erkennen gibt, kritisch. Offenbar droht jetzt doch ein aggressiver Durchbruch bei ihrem Mann. Immerhin kann sie ihren Kampf fünf Tage lang führen und einen klaren Sieg verbuchen, indem sie ihn dazu bringt, mit ihr um die Kinder zu konkurrieren, und ihm das Gefühl gibt, er habe sie für sich zurückgewonnen. Ein Sieg ist das vor allem deshalb, weil sie den Mann zugleich in die Familie hineingezogen und sein Gesicht gewahrt hat, und nicht zuletzt: weil sie den richtigen Zeitpunkt gewählt hat, die Konfrontation zu beenden, solange sie noch die Fäden in der Hand hielt (konkret: bevor ihr Mann sie möglicherweise verprügelt hätte).[31]

Diese Geschichte transportiert aber noch eine andere Botschaft. Um sie wahrzunehmen, muß man sich daran erinnern, daß Frau Geiger in ihrer eigenen Familie vermeiden will, worunter sie als Kind gelitten hatte.

F: I hab immer gesagt: »I heirat net, weil i immer Angst haben muß, daß mi mei Mo aa haut oder daß er mal a Kind verstoßt« oder so, also wie es halt mein Vater gemacht hat. Er hat es zwar nicht mit Absicht gemacht, des weiß i heit auch, aber er hats getan, und deswegen hab i dann eigentlich gesagt: »Naa, i heirat net.« (F411C, 43)

Sie konnte Schläge aber nicht vermeiden; so spricht sie wenigstens nicht darüber. (In den Gesprächen erwähnt sie nicht ein einziges Mal, daß ihr Mann eines der Kinder mindestens einmal schwer mißhandelt hat und sie selbst mindestens einmal schwer verletzte; es wäre das Eingeständnis eines Scheiterns, einer Kränkung.) Statt dessen schildert sie sich und ihre Familie *unter der Perspektive ihrer Anstrengungen, das ursprüngliche Ziel zu erreichen.* Sie spricht von ihren Erfolgen, die sie dabei hat: Sie will ausdrücken, daß sie die *Situation unter Kontrolle* hat.

F: I hab mir bloß denkt, hoffentlich überlegt er sich, ob er jetzt wirkli herhaut oder net. I war dann ganz erschrocken, weil i des eigentlich garnet gwohnt war von eahm. Gegenüber den anderen, wenn er da die Hand gehoben hat, war mir das ja egal, aber mir gegenüber, i war da scho a bißl gschockt und hab mir auch denkt, das kann ja lustig werden, wenn der jetzt wirkli herhaut, gell. Ja, und a komisch Gfühl hab i aa dabei ghabt, aber i hab mir dann oifach immer gsagt, eigentlich, entweder du wehrst di, du wehrst di oder du laßt di schlagn. Da hab i mir denkt, lieber wehr i mi, bevor i mi schlagn laß. Und des war eigentlich des Gute, weil wenn i nichts gmacht hätt, hätt i vielleicht wirklich a Watschn kriagt. Aber a Watschn tat mir aa net schaden, aber es muß oifach net sei. (F411C, 73 f.)

Das ist eine Botschaft über sie und ihre Arbeit an einer »intakten Familie«, zugleich eine Botschaft an die Öffentlichkeit: Sie verhindert, daß es zu Prügeleien kommt; aber sie will auch nicht geschlagen werden (obwohl sie nicht zimperlich sei). Daß sie beides nicht immer erreicht, verschweigt sie. Frau Geiger *wehrt sich* und strebt in der Auseinandersetzung mit ihrem Mann eine *Gleichwertigkeit* der unterschiedlichen Positionen und Ressourcen an. Unter diesen Kriterien normalisiert sie die Gewalttätigkeit ihres Mannes und fügt sie ein in den Alltag ihrer Familie.

Ein Zwischenresümee: Herr Jost und Herr Geiger rechtfertigen ihre Schläge nicht und versuchen auch nicht, sie zu entschuldigen, sondern sie *befürworten Gewalthandeln als Voraussetzung von Familie*: Eine Ehefrau und Mutter kann keine doppelte Loyalität haben (Geiger), ohne daß ihre Familie Gefahr läuft, sich aufzulösen; ebensowenig kann eine Familie Bestand haben, wenn die Hausfrau ihre Aufgaben nicht wahrnimmt und über die Fähigkeiten und Kenntnisse dafür nicht verfügt (Jost). Die Befürwortung gilt also *nicht willkürlicher und grenzenloser, sondern geregelter Gewaltanwendung.* Die Grenze ist beispielsweise im Alkoholrausch, wenn Herr Jost seine Frau schwer verletzt, überschritten: Dann erst setzen Entschuldigungen ein; auch Herr Geiger ist mehr über die Folgen seines Handelns als über sein

Handeln selbst erschrocken. Beide Männer präsentieren ein klares, Herr Jost sogar ein elaboriertes Konzept der Normalität familialer Gewalt, das jedoch in den Augen Dritter auf Ablehnung stoßen dürfte. Soweit ist die Verrechtlichung von familialen Privatbeziehungen schon vorangeschritten, daß kein »Familienoberhaupt« unwidersprochen das Recht auf körperliche Integrität seiner Familienmitglieder in die eigenen Hände nehmen dürfte.

Um so mehr muß geprüft werden, ob dieses Normalitätskonzept zwei prominente Thesen bestätigt, die in der theoretischen Diskussion vertreten werden: die feministische These, die Anwendung von Gewalt gegen Ehefrauen sei ein brutaler Ausdruck der männlichen Vormachtstellung in der Familie (vertreten etwa von Dobash/Dobash 1979); und die Straus-These von der »marriage license as a hitting license«, also die These vom kulturellen Mandat für Gewalt gegen Frauen (Straus 1976). Was dieses Mandat angeht, so müßte man – die beiden zitierten Fälle vor Augen – genauer sagen, daß es *kein Freibrief* ist (wie es sich in der Literatur manchmal liest), sondern daß dieses Mandat eine Funktion erfüllt, nämlich eine männlich dominierte, geschlechtshierarchisch differenzierte Familienstruktur zu etablieren und aufrechtzuerhalten. Es sind *Erziehungsschläge*, von denen Herr Jost berichtet, sie sind auf ein *Familienbild* bezogen, das ihm die Rechte und die Verantwortung eines Familienoberhaupts gibt (an denen er eingestandenermaßen nicht selten scheitert), und gelten seiner Frau nicht als Person, sondern ihrer Rollenkompetenz als Hausfrau und Mutter. Die willkürliche Gewaltanwendung ist von diesem Mandat nicht systematisch gedeckt, und auf sie – so wäre zu vermuten – bezieht sich auch die sozialstaatliche Kontrolle. Sind die beiden Fälle also Musterbeispiel für die feministische These, daß, wer Gewalt anwendet, auch die Macht hat? Der Bezug auf das handlungsorientierende Familienbild ist – an einer Stelle (S. 187) sogar ausdrücklich – *antizipativ*. Die sozioökonomischen Voraussetzungen für die Realisierung dieses Bildes sind in beiden Familien nicht gegeben, weil beide Männer die ihnen zugedachte Rolle als Familienernährer nicht ausüben können und aller Voraussicht nach auch in absehbarer Zukunft nicht ausüben werden. Die Familienökonomie wird in beiden Fällen sozialstaatlich alimentiert, mit anderen Worten: für eine patriarchale Struktur, ja: für eine strukturelle männliche Dominanz fehlen die ökonomischen Voraussetzungen. Es ist ein *Bild der Macht*, auf das sich diese Männer beziehen. Ihre Überlegenheit ist eine dramatische Inszenierung dieses Bildes, für die es den Ausdruck »Machismo« gibt. Diese Art der »Macht« ist in der feministischen These allerdings nicht gemeint. Im Blick auf die beiden Männer müßte man genauer von einem Gewalthandeln sprechen, das einem kulturell (und indirekt durch die sozialstaatliche Alimentierung) abgestützten Phantasma (»Familienoberhaupt«) männlicher Macht entspringt.

Diese Präzisierung erlaubt auch eine Differenzierung sozialökologischer bzw. streßtheoretischer Argumente. Diese werten ja Gewaltanwendung in Familien als Zeichen für den Zusammenbruch der familialen Ordnung unter dem Druck von Armut und sozialer Deprivation. Tatsächlich sind beide Familien seit langem Klienten der öffentlichen Sozialarbeit, und zumindest eine von ihnen wird als »Multi-Problem-Familie« etikettiert. In beiden Fällen aber ist das Gewalthandeln keine Folge von Verwahrlosung, sondern zeigt den Versuch an, unter Bezug auf ein gesellschaftlich anerkanntes Familienbild *die soziale Marginalisierung zu bewältigen* und kontrafaktisch eine innerfamiliale Ordnung herzustellen. Gleichwohl ist es eine *männliche* Normalisierungsstrategie; sie zwingt Frauen zu dieser Ordnung. Das bestärkt die Skepsis gegenüber Garbarinos Modell einer sich selbst regulierenden Familie, die lediglich sozialpolitischer Unterstützung bedürfe, um »ihr Leben unter Kontrolle« zu behalten.

Auch was die *Bedeutung sozialer Isolation* bzw. *die Rolle sozialer Beziehungen von Familien* angeht, scheint eine Differenzierung möglich. Daß Herr Geiger – anders als Herr Jost – seine Frau nicht mit Schlägen »erzieht«, mag seinen Grund darin haben, daß die »Erziehung zur Familie« in den engen Beziehungen zur Verwandtschaft und Nachbarschaft stattfindet. Jeder Ratschlag in Krisensituationen, jede Stellungnahme in Auseinandersetzungen, jede Erörterung von Problemen im größeren Kreis ist eine »Trainingseinheit«. Diese sozialen Beziehungen sind ein Stück Veröffentlichung von Privatheit; sie wirken sich daher als ständige Überwachung und Unterstützung der *Familienstruktur* (und nicht von quasifeudalen persönlichen Abhängigkeiten) aus. Sie gelten also der patriarchalen Komplementarität der Geschlechts-

rollen und unterstützen nicht nur das »Familienoberhaupt«, sondern zugleich die »häusliche Macht« der Ehefrau und Mutter (zur Doppelbödigkeit dieser »Macht ohne Stärke« vgl. Brückner 1983, S. 59 ff.). Zumal zu Zeiten von Erwerbslosigkeit ist die Stabilisierung dieser Komplementarität besonders wichtig, von der alle profitieren, solange sie die Struktur akzeptieren.
Diese These könnte erklären, warum Frau Geiger sich anders als Frau Jost gegen ihren Mann wehren und eigene Machtmittel aufbieten kann. Sie könnte auch erklären, warum in dieser Konstellation die Gewaltanwendung des Ehemanns nicht verschwindet: Sie ändert vielmehr ihre Bedeutung und wird tendenziell zum Element einer mehr oder minder *offenen Auseinandersetzung*, die an *geschlechtsspezifische Interessen an Familie* gebunden ist und in der die Frau – *untergeordnet, aber nicht ausgeliefert* – eigene Ressourcen (u. a. auch jene »weiblichen« sozialen Kompetenzen, die Frau Geiger in ihrer Schilderung darstellt) mobilisieren kann.[32] Es geht ja Frau Geiger in der Auseinandersetzung mit ihrem Mann nicht nur um ihre Selbstachtung, sondern um den *Zusammenhalt der Familie, der ihre gesellschaftliche Stellung definiert.* Für ihren Mann ist das anders; wenn er mit jungen Mädchen flirtet, demonstriert er, daß er als *Mann einen familienunabhängigen Status* hat. Die Schläge ihres Mannes, gegen die Frau Jost keine Mittel zu Gebote stehen, bestimmen ihre Lebenssituation. Frau Geiger hingegen demonstriert, daß Schläge allein die Stellung von Frauen in Ehe und Familie nicht bestimmen, daß es neben körperlicher Überlegenheit (und der kulturellen Unterstützung für sie) noch andere Ressourcen (und auch für sie kulturelle Unterstützung) gibt, die auf die Machtstruktur der Ehebeziehung Einfluß haben, ja: die ihrerseits dafür maßgeblich sind, ob es zur Anwendung körperlicher Gewalt überhaupt kommt.

Gegenwehr und Gegenseitigkeit

Schläge können ein geschlossenes Gehäuse familialer Abhängigkeit nicht nur – wie bei Frau Jost – unterdrückerisch affirmieren, sondern auch revoltierend aufbrechen: als Gegenwehr und als Versuch, Kommunikation und Austausch zu erzwingen und so

Gemeinsamkeit/Intimität herzustellen. Es kann kein Zufall sein, daß Belege dafür von Frauen aus der Untersuchungsgruppe geliefert werden, die sich gegen ihr »Angehängtsein«, also ihre naturwüchsige Stellung in der Familie, wehren.[33]

F: Irgendwie muß ja da irgendwas raus, i hab zu viel Energie. Oder i bin halt dann meistens, daß i mi mit meim Mann aa net so besonders versteh, wenn i mit ihm gut auskomm oder von ihm Zärtlichkeit krieg, dann is es aa besser. Aber wennst des dann wochenlang net hast, dann werd i noch aggressiver und werd auch grantig. Da wo i ihn so geschlagn hab, da war nie was net, keine Berührung und nix, da war halt keine Berührung. [...] Das kommt zwischendurch immer wieder vor. I mein, jetzt vielleicht, ein-, zweimal im Monat nur noch, daß ma, wir uns anschreien, oder daß i ihn pack, aber schlagen nimmer.

I: Dann sind Sie die Aggressive?

F: Ja, er auch: Er fangt aa an. Er packt mi ja am Arm und so. I hau ihm dann glei eine nei. (lacht) Aber er ist total, er ist ja viel stärker wie i, i mein, und des provoziert mi natürlich noch mehr, daß i ihm eine neihau. I geb net auf. I hau dann zum Schluß noch zu, wenn i gar nimmer kann, hau i auch noch. (F416C, 22)
[...]

I: Kann das eine Beziehung nicht kaputtmachen?

F: Kaputtmachen tuts uns net. Waren halt Auseinandersetzungen, haben das irgendwie gebraucht auch, so a andere Berührung oder so. [...] I habs immer wieder versucht, i wollts wieder. I hab das irgendwie gebraucht, also, i wollt die Schläge haben. (F416C, 25)

Frau Linke nennt sich selbst »ein geschlagenes Kind« voller aufgestauter Wut und diffuser Aggressionen, so daß es oft nur unbedeutender Anlässe bedürfe, daß sie explodiert. Sie hat in den vergangenen Jahren häufig an Encounter-Gruppen teilgenommen, um die bedrückenden Erinnerungen an ihre Kindheit zu verarbeiten; eine Reihe gestalttherapeutischer Workshops gehören zu ihren wichtigsten Erfahrungen. Ihre Schilderung ist ganz anders als die Berichte, von denen bisher die Rede war. Sie spricht von Gewalttätigkeit/körperlicher Aggression als Energie und Ausdruck eines Bedürfnisses nach Zärtlichkeit und Berührung: Wenn dieses Bedürfnis nicht ausreichend befriedigt wird, steige die Neigung zu körperlicher Aggression. Diese stellt sie ambivalent als »Lust des Zerstörens« (Zeller 1981; vgl. S. 336, Anm. 36) dar: Einerseits mit dem Hinweis, das sei im wesentlichen vorbei, Berührung anders möglich, andererseits mit einer anschaulichen Lebhaftigkeit, als brauchte sie, wünschte sie diese Art Berührung auch gegenwärtig. Ihr »Zuhauen« schildert sie als Ausbruch aufgestauter Wut, aber auch als lustvollen Kontakt, auch als Befreiung von der Wut; irritierend ist, daß sie auch das Geschlagen-Werden als Bedürfnis darstellt. Darin vermischt sich die Idee vom Bestrafungswunsch des »geschlagenen Kindes« mit der Idee, die Sinnlichkeit der aggressiven Berührung genießen zu können.

Der therapeutisierende Code, in dem Frau Linke ihr Verhalten interpretiert, unterscheidet sich stark von dem Common sense, der bislang in den Berichten dominierte. Er erfüllt seine normalisierende Funktion anders. Während in den Common-sense-Berichten die gesellschaftliche Stigmatisierung privater Gewaltanwendung zum Ausdruck kommt, indem sie neutralisiert wird, ist körperliche Aggression im therapeutisierenden Code als authentisches Verhalten gefaßt. Dieses ist allerdings widersprüchlich, weil es einerseits »echt«, andererseits »beschädigt« ist (»geschlagenes Kind«). Der therapeutisierende Code bewältigt die gesellschaftliche Stigmatisierung privater Gewaltanwendung, indem er ihr die *widersprüchliche Mehrdeutigkeit der »Lust des Zerstörens«* zuschreibt.

Welche Möglichkeiten ergeben sich daraus für Frau Linke, mit ihrer Lebenssituation umzugehen? Zunächst: Sie kann ihre Unzufriedenheit legitim *artikulieren* (statt sich dafür Selbstvorwürfe zu machen) und tut das auch vehement: Die Kinder seien trotzig und laut, darüber beschwerten sich die Nachbarn. Sie fühlt sich dadurch unter Druck und überfordert. Den Druck gebe sie an die Kinder weiter, was ihr nicht nur ein schlechtes Gewissen macht, sondern die Kinder noch trotziger werden läßt. Die Wohnung ist ihr zu eng und zu hellhörig: eine Quelle der Vorwürfe an ihren Mann, er kümmere sich nicht genug um die Familie, verdiene nicht genug, damit diese anständig leben kann. Seit sie die Kinder hat, sagt sie, könne sie sich nicht mehr um ihre Freunde kümmern. Über die sexuellen Beziehungen mit ihrem Mann ist sie unzufrieden: Es fehle ihr was, betont sie. Vor allem aber: Sie »haßt« die Mutter ihres Mannes, ist eifersüchtig auf die enge Beziehung, die er zu ihr pflegt. Die zweite Verhaltenschance, die sich aus der Deutung ihrer Gewalttätigkeit als Ausdruck eines legitimen Bedürfnisses ergibt, ist der *Wunsch nach Veränderung* der Gründe ihrer Unzufriedenheit. Diesen Wunsch richtet sie an ihren Mann. Aber jetzt gerät sie in ein Dilemma. Denn weil ihr Mann ihren Code nicht »spricht«, nimmt er die *Mehrdeutigkeit* ihrer Aggressivität nicht wahr, mehr noch: Er empfindet sie als Provokation und schlägt zu, oder er entzieht sich.[34] Daß ihr Mann nicht gern über seine Probleme spreche, ist – so Frau Linke – eine Quelle häufiger und heftiger Auseinandersetzungen, in denen sie ihn bedrängt, endlich zuzugeben, daß auch er ein »geschlagenes Kind« sei, daß auch seine Kindheit ein Alptraum war, der ihn heute noch quält. Ihr Mann verweigert sich aber dem therapeutisierenden Diskurs; damit entfällt die Grundlage dafür, daß die Mehrdeutigkeit ihrer Aggressivität in den Familienalltag integriert werden kann, denn sie kann ihr Bedürfnis nach Kontakt anders als in dieser mehrdeutigen Weise nicht kommunizieren.

F: Ja, i mein, das ist schon, er hört mir scho immer zu, aber i möcht, daß er das von allein sieht oder daß er mi lobt oder einfach irgendwie halt, daß i seh, daß i gsehn werd und daß er das halt sagt.

I: Glauben Sie, daß Sie das erreichen können, indem Sie ihn packen oder schütteln oder schlagen? Bringt Sie das weiter?

F: Da wehrt er sich erst recht, da sagt er gar nix mehr. Der packt mi höchstens, daß i a Ruh geb aber, direkt daß, der regt si garnet auf, net zu mir, der macht des gar net.

I: Wie können Sie sich denn dann helfen ihm gegenüber?

F: I müßt mehr Geduld haben und ihn nehmen, wie er ist. Aber des kann i net. Des kann i net. Er nimmt mi aa net so an, wie i bin, er will ja auch, daß i anders bin. Ihn stört ja auch alles mögliche.

I: Wie fühlen Sie sich in der Situation? [...]

F: Ja, es ist Befreiung. Auch. Hilflos bin i aa, ja. Und deprimiert. (F416C, 39 f.)

Sie ist sich der Ambivalenz des Wunsches bewußt, ihr Mann möge sich ändern, sie anerkennen, sein Interesse an ihr ausdrükken. Denn eine solche Änderung kann man heftig wünschen, aber nicht erzwingen, das weiß sie. Ihr Änderungswunsch kann nur in Gegenseitigkeit verwirklicht werden: Aber diese vermißt sie ja gerade, strebt sie mit ihrem Änderungswunsch erst an. So ist ihr Deprimiertsein nachvollziehbar und auch, daß sie gleichzeitig ein Gefühl von Befreiung und Hilflosigkeit hat. Gewalttätigkeit/körperliche Aggression als *Instrument der Herstellung von Reziprozität* in privaten, intimen Beziehungen stößt auf das Paradox, daß es vermittelt werden muß, wenn der körperliche Zwang als Kontaktwunsch gedeutet werden soll. Als Ausdruck von Bedürfnissen ist Gewalttätigkeit nicht unmittelbar kommunizierbar. Zugleich verweist dieses Paradox erneut darauf, daß Gewalthandeln in privaten, intimen Beziehungen wie die zwischen erwachsenen Partnern oder auch zwischen Eltern und Kindern eingebettet ist in einen Prozeß der Aushandlung von sozialen Bedeutungen und keineswegs als »soziale Tatsache« an sich und kontextfrei Bedeutung »hat«.

Eine Episode, wie sie Frau Linke sicher gern angeführt hätte, kann Frau Huber erzählen. Es ist die Geschichte einer heftigen Auseinandersetzung, die sich lange aufgestaut hatte, ehe sie ausgerechnet zu Weihnachten losbrach. Sie ging über mehrere Tage; dabei gab es keine Schläge, aber Vorwürfe, Kränkungen, Zurückweisungen, demonstratives Schweigen. Am dritten Tag – Frau Huber hatte ihren Freund, mit dem sie zusammenlebt, um seinen Wagen gebeten; sie wollte ihre Mutter im Krankenhaus besuchen – war es schließlich soweit. Mit dem Hinweis, es sei *sein* Wagen, erhielt sie die Schlüssel nicht. Daraufhin schloß sie sich in *ihrer* Küche ein, was die Wut des Hausherrn erregte. Was dann geschah, schildert Frau Huber:

F: Und dann hat er mit einer Gewalt des Schloß, des ganze Ding rausgerissen. Na ist die halbe Mauer mit raus gegangen, und da war aber er scho so wütend, daß er dann glei mir nach ist, und dann hat er mi dann gschubst und i bin aus Versehen hingefallen. (F412, 46f.)

Er habe sie zwar nur »geschubst«, also ein bißchen gestoßen, und sie ist auch nur »aus Versehen hingefallen«, und das »Brett«, an das sie mit dem Kopf geschlagen ist, stellt sich später als »Marmording« heraus, aber diese Verkleinerungen können nicht darüber hinwegtäuschen, daß die Situation ganz ähnlich zu der ist, die Frau Geiger erzählt hat. Nur fiel sie unglücklicher und erlitt eine Kopfverletzung, die sie vierzehn Tage ans Bett fesselte. Das Wichtige an dieser Geschichte ist jedoch die Umbewertung dieser Attacke zu einer *Katharsis der Beziehung* zwischen Frau Huber und ihrem Freund.

F: Andre jammern so, wenns von ihrem Mann gschlagen werden, i moan, i möcht jetzt net da des irgendwie einführn oder gutheißen, aber da, i woaß net, des war irgendwie ...

I: War das irgendwie wie ein Korken, der von der Flasche geflogen ist?

F: Ja, er war über sich erschrocken, und i war sowieso erschrocken. Und also, sagen wir mal, weher tut mir aa, wie bei die Kinder, weher tut mir des Dahinsticheln, des ... dieses Schlechtmachen und so. Des Abfällige halt immer dann. Weil da ist ma ja, da sagt ma ja Sachen, die sand furchtbar, und dann muß i sagen, im Vergleich dazu war des eigentlich doch gar net so schlimm. Des hat irgendwie, des war zwar net glei gut, aber zumindest hat er dann mit meiner Mutter gredet, das heißt: sie beruhigt, des hat zuglei mi beruhigt. Weil i gar net gwußt hab, was i der erzähln soll. Und, da hat sies halt angnommen und hat mit uns beiden geredet. Und dann ist es halt doch wieder, so ists halt überhaupt zu eim Gespräch wieder mal gekommen.

I: Das hat also die Sticheleien beendet und ne andere Grundlage geschaffen?

F: Genau. (F412C, 47f.)

Der Mutter gegenüber hätte sie sich schämen müssen: vom Freund verletzt werden! Aber er spricht selbst mit ihr und übernimmt die Verantwortung. Daraufhin vermittelt die Mutter ein Gespräch zwischen den beiden, das die Versöhnung einleitet. Aus dieser Perspektive zieht Frau Huber einerseits eine klare Parallele zur Mißhandlung von Frauen; andererseits aber findet sie eine solche gewaltsame Lösung besser als ein angeblich gewaltfreies »Dahinsticheln«, denn sie eröffnet neue Möglichkeiten.

F: I möcht ja net sagen, daß des nie wieder vorkommt, es kommt net oft vor, es ist wirklich selten, aber da hab i mir aa scho a bißl überlegt, ob des normal is, daß ma des für gut heißt. Also, net für gut heißt, sondern sagt, des war jetzt gut. Ma täts vielleicht nimmer gut finden, wenn ... vielleicht tät ichs wieder mal gut finden, also im nachhinein dann. Wenn des wieder sowas bereinigt, wenn ma dann eben wieder drüber reden kann – und wo ma alles, über alles reden kann. Aber wenn des oft vorkommen tät, dann tät i aa die Achtung verlieren. (F412C, 52f.)

Nachdem sie das Ereignis selber heruntergespielt und geschildert hat, wie daraus ein Neuanfang in ihrer Partnerschaft wurde, nachdem sie schließlich – und dabei spielen ihre leidvollen Erfah-

rungen als Kind eine wichtige Rolle – den Vergleich zum »abfällig Reden« gezogen hat, wagt sie aus der Perspektive einer Betroffenen zu definieren, wann für sie *Gewalttätigkeit in ihrer Partnerschaft produktiv* ist. Wenn solche gewalttätigen Handlungen, sagt sie, tatsächlich die Möglichkeit eröffnen, daß »man drüber reden kann« – was man niemals prinzipiell, immer nur im Einzelfall und im nachhinein sagen könne –, und wenn es tatsächlich Ausnahmen blieben – sonst würde nämlich die Voraussetzung einer Veränderung, ihre Achtung für den Freund, verlorengehen –, dann könnte sie eine solche Attacke akzeptieren.
Ob diese Bedingungen erfüllt sind, ob sich eine Partnerschaft wegen oder nach einer gewalttätigen Attacke verändert hat, ihre Möglichkeiten erweitert hat, ist eine Frage von Interpretationen der Beteiligten, eine Sache subjektiver (Re-)Konstruktion sozialer (interpersoneller) Wirklichkeit. Frau Engel blickt auf eine Geschichte der produktiven Veränderungen ihrer Ehebeziehung zurück, bei denen körperliche Aggressionen eine wichtige Rolle gespielt haben. Welchen Kriterien folgt sie, wenn sie die produktive Funktion von Handgreiflichkeiten bestimmt?[35]

F: Also, da war halt a Riesenärger, mei, wie soll i des sagen, des war aa so a allgemeiner Ärger. Des ist zwar scho auf mein Mann abgezielt gewesen, aber des war irgendwie, so a Muß, daß des sein muß. Der Ärger und so. Aber net, um si weniger zu verstehen, sondern wahrscheinlich, um sich mehr zu verstehen.
I: Und wie kam es dazu, daß Sie durch die Wohnung geflogen sind?
F: Ja, weil i des so gesteigert hab. Also, des hab i scho in der Hand gehabt, daß i den no steigern hab können.
I: Und das Können haben Sie auch gewollt?
F: Ja, des hat mir Spaß gemacht. Vielleicht wars grad da so, aber des woaß i jetzt nimmer so genau, wenn er also so a Wut gehabt hat, so an absoluten Haß, dann hab i des Lachen angefangen. (lacht) Also da hab i einfach lachen müssen, und des hat ihn natürlich erst recht fertiggemacht. (lacht) Und wahrscheinlich, also i woaß nimmer genau, ob i da gelacht hab, aber wenn i amal gelacht hab in so a Situation, na hat er echt ausgerast'. (lacht) Da hab i mi zurückstecken müssen (lacht). (F405C, 50)

Die gewalttätige Situation wies große Ähnlichkeiten auf zu den Situationen, die Frau Geiger und Frau Huber schildern: Wie für Frau Huber ist es auch für Frau Engel eher Glückssache gewesen,

daß sie nicht schwer verletzt wurde. Für die Bedeutung dieser Episode spielt das allerdings keine Rolle. Frau Engel weist ihr zunächst (in der Schilderung der Vorgeschichte) einen *Ort in der Ehegeschichte* zu: Das Ereignis gehört in den Prozeß des Sichkennenlernens. Es stellt, in diesem Kontext, eine *Machtprobe* dar: von Frau Engel mit ähnlichem Geschick und mit ähnlichem Vergnügen gespielt und geschildert, wie es für Frau Geiger zutraf, die ihrem Mann die Grenzen zeigte. Die Angst vor der Wut des Mannes, seine plötzliche Unberechenbarkeit, seine Kraft, mit der sie nicht gerechnet hatte – all dies balanciert sie mit ihrer Waffe: mit dem Lachen, das seine Wut und Machtdemonstration lächerlich macht und zugleich steigert. In weiteren Passagen, die hier nicht erscheinen, schildert sie, mit welcher Aufmerksamkeit sie darauf achtete, daß er nicht »ausrastet«, daß Schläge, daß Handgreiflichkeiten nicht stattfinden. Auf diese Weise stellt sie *Gleichheit der Macht* in dieser Situation her, und über dieses Gleichgewicht *entsteht Beziehung*, in der unterschiedliche Elemente vereinigt werden: Diese Machtprobe hat eindeutig erotische Komponenten.
Die Zeiten der Drohungen, Wohnung und Familie zu verlassen, sind Erinnerung; der »Riesenärger« ist vorbei: Zeichen, an denen Frau Engel abliest, *daß die Auseinandersetzungen zu Veränderungen geführt haben.*

F: Des ist über Jahre schon gangen, mit dem Davonlaufen und so, i woaß aa net, was i damit bezwecken will. Irgendwie einfach davonlaufen. Im Grunde will i ihn garnet verlassen und die Kinder. Aber der Drang ist einfach amal da. Jetzt nimmer. Aber ... naa, kannt i eigentlich nimmer sagen, weil er si jetzt scho so verändert hat, daß i also an ihm koan Reibepunkt mehr find, wo i sag, also mit dir nimmer. I hab bis vor a paar Jahr no, hab i mir gedacht, wenn meine Kinder erwachsen sand, dann hau i ab. Weil er si überhaupt net verändern wollt. (F405C, 54 f.)

So abgeschlossen scheint die Vergangenheit noch nicht zu sein, daß sie darüber nicht im Präsens spräche. Um so wichtiger ist das Kriterium des Unterschieds zu »früher«: Ihr »Drang« davonzulaufen sei nicht mehr da, seit ihr Mann sich verändert habe; daher gebe es keine Reibungspunkte mehr. Worin bestehen die Veränderungen?

F: In unserer ganzen Ehe war des für mi immer wieder so a Aufgab, daß i gsagt hab, ja, Herrgott, du mußt dochmal narrisch werden können! Oder mal frustriert sein oder sonstwas. Und heut zeigt er mir des aa. I fühl des sofort, wenn er launisch ist. Des hab i früher net spüren können. (F405C, 56)

Sie hat sich durchgesetzt mit ihrer Idee, ihr Mann müsse »Gefühle zeigen«; heute nimmt sie seine Launen, seinen Ärger, seine Unzufriedenheit stärker wahr. Wie Frau Linke orientiert sich auch Frau Engel an dem Kriterium der Authentizität in Beziehungen, an dem sie deren Qualität (Intimität und Nähe) bemißt. Damit verbunden ist ein Konzept von »Partnerschaft«, das sie aber auch für die Charakterisierung der Zeit der Auseinandersetzungen verwendet und das die Kontinuität der beiden Zeit- und Beziehungsabschnitte sichert.

F: Wir haben uns scho das Gefühl gegeben, daß mir uns halt mögen, des war scho da und alles. Und des war vielleicht aa in dem Jahr des Wichtigste, was uns überhaupt verbunden hat. Also, net der Sex, sondern da ist oaner fürn andern da. (F405C, 52)

Ein wichtiges Kriterium der Veränderung bezieht sich auf Frau Engel selber. Sie sagt nämlich, sie sei »erwachsen geworden«, das heißt: Sie stellt die Auseinandersetzungen und die Handgreiflichkeiten, die es dabei gegeben hat, in einen Rahmen von »Entwicklung« und »Lernen«, wobei das »Erwachsenwerden« ein besonders scharfer Einschnitt ist, weil er die Zeit der Kindheit (und der »Unvernunft«) beendet.

F: I moan, des muß i Ihnen einfach amal aufn Tisch knallen, und zwar kommt des einfach aus meiner Kindheit. Wissens, i bin also nicht erzogen worden, sondern also wie a Hund an der Leine eben gehalten worden, hab i was Unrechts getan, dann hat ma angerissen, ansonsten hat er laufen können, wie er wollen hat. Und es war einfach, wissens schon, ma woaß einfach net wo ma hinghört. Und wenn ma da also an Partner hat, und er hat unheimlich viel Verständnis für mi ghabt und Zuneigung und Einfühlungsvermögen hat er trotzdem ghabt. Und durch des hab i des erst gelernt. Und des müssen dann auch diese Auseinandersetzungen gewesen sein, wissens. Des wo uns praktisch am Leben gehindert hat, das ma aufbaun. Sondern da war erst amal für mi amal das Erwachsenwerden. (F405C, 55)

Im Rückblick deutet sie die Auseinandersetzungen mit ihrem Mann, die Drohungen, das Haus zu verlassen etc., als Suche nach einem Ort, »wo sie hingehört«. Sie rechtfertigt also diese Auseinandersetzungen mit allen ihren Begleiterscheinungen als Ausdruck eines lebensgeschichtlich bedingten Bedürfnisses. Indem sie erwachsen wurde, fand sie diesen Ort und ließ die Auseinandersetzungen hinter sich. Das Erwachsenwerden ist eine Zäsur im Lebenslauf, die es ermöglicht, einerseits ein Geschehen anzuerkennen und andererseits sich davon zu distanzieren. Die Partnerschaft mit ihrem Mann ist von dieser Zäsur nicht betroffen, eher im Gegenteil: Sie hat ihr in ihr »erwachsenes Leben« hineinverholfen und ist, nachdem auch ihr Mann dem Kriterium der »persönlichen Entwicklung« genügen kann, für ihre Gegenwart charakteristisch.

Warum erscheint der Wunsch nach Veränderung durch körperliche Aggression bei Frau Engel, anders als bei Frau Linke, als Erfolg? Zwei Unterschiede fallen ins Auge: Frau Engel ist zwar bereit zu akzeptieren, daß ihr Mann sie mit Gewalt am Davongehen hindert und sie dabei um ein Haar verletzt: Sie akzeptiert dies als »Authentizität«. Frau Linke akzeptiert Schläge als authentischen Ausdruck eines Bedürfnisses nach körperlichem Kontakt. Für Frau Engel hingegen besteht ein qualitativer Unterschied zwischen der Gefahr von Schlägen – die sie akzeptiert, mit der sie als Machtprobe sogar spielt – und tatsächlichen Schlägen, die sie als Erniedrigung in der Ehebeziehung bewertet. Der zweite Unterschied besteht in der »Biographisierung« des Veränderungswunsches. Indem Frau Engel, anders als Frau Linke, den Wunsch nach Veränderung als Element des Erwachsenwerdens klassifiziert, gewinnt sie ein Verhältnis zu ihm, das ihr ermöglicht, in den aktuellen Streitfragen pragmatisch zu sein. Frau Linke indes sieht sich auch in der Gegenwart immer noch als »geschlagenes Kind« auf der Suche nach Zuwendung.

Zwischenresümee: Der »Mythos Gewalt« läßt Gewalthandeln nur als antisoziales Handeln zu; unter der Perspektive, es zu reintegrieren in die Prozesse des alltäglichen Herstellens von Familie, werden die Ambivalenzen und Mehrdeutigkeiten familialer Gewalt zunehmend erkennbar. Unter welchen Bedingungen kann Gewalthandeln in Ehebeziehungen *eine produktive Rolle* spielen? Diese Frage würde zynisch klingen, wenn nicht drei Frauen zitiert worden wären, die in unterschiedlicher Weise und mit unterschiedlichem Erfolg körperlichen Zwang einbezogen haben in Versuche, den Zwangscharakter ihrer Familiensituation aufzubrechen und ein anderes Zusammenleben durchzusetzen, das ihren Bedürfnissen mehr entspricht. Frau Linke erlebt den Zwangscharakter ihrer Familiensituation in der quasi körperlosen Abstraktheit der Beziehung zu ihrem Mann; sie revoltiert, indem sie ihr Bedürfnis nach Nähe »handgreiflich« ausdrückt. Es gelingt ihr aber nicht, auf diesem Wege Gegenseitigkeit herzustellen, die ihr Bedürfnis erst befriedigen würde. Sie scheitert an der protosozialen Qualität körperlichen Schmerzes als fundamentalem Element von Gewalthandeln (vgl. S. 322 ff., Anm. 1). Frau Huber und Frau Engel hingegen ist es offenbar gelungen, eine gewalttätige Auseinandersetzung in eine Änderung ihrer Familiensituation umzumünzen.

Was Frau Huber als eine Katharsis beschreibt und Frau Engel als Machtprobe deutet, sind Codierungen der *Reziprozität* von Gewalthandeln. Diese werden möglich durch die Rekonstruktion des Täter/Opfer-Verhältnisses im Kontext eines Verständnisses von Ehe/Familie als *lebensgeschichtlichem Prozeß bzw. als Aushandlung von Beziehungen.* Die Normalisierung familialen Gewalthandelns als positives Element von Familie, wie sie die beiden Frauen vornehmen, expliziert also ein *individualisiertes Familienmodell* (Held 1983), das Konzepte wie Wahlfreiheit, Bedürfnisorientierung, Selbstkongruenz und Konflikt in den Vordergrund rückt. Die Grenzen, jenseits derer Gewalthandeln nicht mehr akzeptabel ist, werden situativ flexibel, aber prinzipiell gezogen, wie den Äußerungen von Frau Huber und Frau Engel prägnant zu entnehmen ist. Der *reflexive Umgang mit der Körperlichkeit* des Gewalthandelns bzw. mit der Mehrdeutigkeit interpersoneller Aggression macht den Unterschied zur Schilderung von Frau Linke aus, die jedoch einem ähnlichen Familienkonzept folgt.

In einem Modell der individualisierten Familienbeziehungen, das um die Gleichwertigkeit besonderer Bedürfnisse zentriert ist, kann Gewalthandeln zu einem Element im Austausch von Bedürfnissen und Befriedigungen werden. Dieses Modell ist nicht nur ein privater Entwurf, sondern charakterisiert wesentliche Aspekte der modernen Familie, ihre Privatisierung und Emotionalisierung. Als privates Geschehen ist Gewalthandeln *prinzipiell offen für mögliche Bedeutungen* einschließlich der Unterscheidung von »Gewalt« und »Nicht-Gewalt«. *Diese Offenheit und ihre Reflexivität machen ein Spezifikum familialen Gewalthandelns aus.* Gerade weil die moderne Familie sich nicht nur über Macht, sondern auch über »Liebe« steuert (vgl. Goode 1971; s.o. S. 90), kann Gewalthandeln (als körperliche Aggression) Element in einer Auseinandersetzung sein, kann »Zusammenraufen« bedeuten, ja mit Lust verbunden sein.[36] Solche *Widersprüchlichkeiten und Ambivalenzen* sind für Familie charakteristisch. Gewalt und Gewalthandeln in Familien stehen nicht in einem eindeutigen Verhältnis zueinander. Diese Offenheit bleibt aber immer begrenzt durch die unhintergehbare Körperlichkeit von Schmerz und Leiden.

Berichte von Situationen des Gewalthandelns zwischen Eltern und Kindern

Gewalthandeln in der Erziehung ist gesellschaftlich akzeptiert, soweit es nicht »entwürdigend« ist (so die Formulierung im neugefaßten Recht der elterlichen Sorge, § 1631 II BGB). Diese öffentliche Akzeptanz macht einen wesentlichen Unterschied zur Gewaltanwendung zwischen den erwachsenen Partnern, der sich auch in der Selbstverständlichkeit ausdrückt, mit der Eltern die Gewaltanwendung gegen ihre Kinder als Teil des Familienlebens schildern. Allerdings müssen sie die Grenze bestimmen, jenseits derer Erziehung »entwürdigend« wird, und diese Grenze muß sowohl der Öffentlichkeit gegenüber als auch angesichts der konkreten Umstände, Gegebenheiten, Persönlichkeitseigenschaften der eigenen Kinder etc. bestimmt werden. Nach welchen Kriterien werden diese Unterscheidungen getroffen? Auch was der Gesetzgeber nicht mehr toleriert, kommt vor, und das weder selten noch zufällig. Wie wird diese Form der Gewaltanwendung verständlich gemacht, erklärt, das heißt als Bestandteil eines »normalen Familienlebens« ausgewiesen? Wie wird das Verhältnis zwischen der Gewaltanwendung diesseits und jenseits der imaginären Grenze beschrieben? Mit Abgrenzungen ist es nicht getan, denn das Generationsverhältnis ist in einer noch fundamentaleren Weise ein Macht- und Abhängigkeitsverhältnis als dasjenige zwischen den Geschlechtern in der Ehe/Familie, weil es die körperlichen, seelischen und sozialen Lebensvoraussetzungen betrifft. Außerdem enthält es eine fundamentale Beziehungsproblematik, weil die eigene Kindheit der Eltern in der Beziehung zu ihren Kindern wiederbelebt wird. Der Umgang mit diesen strukturellen Bedingungen hat maßgeblichen Einfluß darauf, wie »Familie« gelebt wird. Dabei unterscheidet sich die Stellung der Mütter zu den Kindern von der der Väter besonders dann, wenn die Mütter nicht erwerbstätig sind. Diese Mütter und ihre Kinder leben einen gemeinsamen Alltag, den die Väter mit ihren Kindern nicht haben; die Kinder bestimmen zugleich maßgeblich die Lebensbedingungen und Lebensperspektiven dieser Mütter.[37]

Gewalthandeln als Erziehung

Die tagtäglichen Formen des körperlichen Zwangs (bzw. der Gewaltanwendung, der körperlichen Aggression) von Müttern und Vätern gegen ihre Kinder sind vielfältig und werden weithin als unproblematisch empfunden.

M: Nehmen wir das Beispiel Doris. Wenn i jetzt der was anschaff, na gehts da scho los. Dann sagts: Mach i scho no. Und i mein, i bin da vielleicht a bißl eigen, wenn i sag: Mach des – dann soll sies sofort tun. Ja nicht später, weil später ist dann meistens, wenns die Mutter schon gemacht hat. Des ist dann später. Und drum sag i, naa, sofort; naa, ich machs dann scho no. Oder wenn i zum Beispiel sag, du mit deiner frechen Goschen, jetzt bleib mal wieder a Zeitlang heroben: i hab kei freche Goschen net; ja, aber wies des halt sagt! Na schreits ein' halt an, die hat ein Organ, des könnens Ihnen net vorstellen. Mit der red i so, wie i jetzt mit Ihnen red, und dann fangts Schreien an, und des kann i auf die Haut net leiden. I mein, das kommt drauf an, wenns mi spontan anschreit, kommt immer auf die Situation drauf an. Wenns a Situation ist, sagen wir, wo des Anschreien als frechnamig erscheint, ja also patzig, frech, dann kanns passieren, daß sofort eine derwischt. Wenns nacha dasteht, dann derwischts eine, auf alle Fälle. Weil des kann i überhaupt net ausstehen. Des, des mag i überhaupt net. (M404C, 7f.)

Herr Dexer schildert eine Situation, wie sie in Familien mit jugendlichen Kindern alltäglich vorkommt: Ein Vater gibt seiner Tochter (15 Jahre alt) einen Auftrag, aber die Tochter will ihn nicht sofort erledigen. Was ist an dieser Situation »Erziehung«? In der Familie lernen Kinder weniger durch Unterweisung als durch Teilnahme an der alltäglichen Organisation der Lebensvollzüge; diese Organisation ist hierarchisch, das heißt: Gebote und Verbote prägen die Teilnahme der Kinder am Familienalltag, ihre Befolgung ist »lernen« (zu einem allerdings wesentlichen Teil). Schläge sollen die (innere) »Ordnung der Familie« dadurch vermitteln, daß sie sie bekräftigen, durchsetzen. Daher sind sie nie nur Erziehungsmittel, immer auch eine Botschaft über die Regeln des Zusammenlebens und die Stellung des betreffenden Kindes in der Familie. Die Botschaft dieser Schilderung lautet: Die 15jährige Tochter hat einen Spielraum; wenn sie aber »patzig« wird, »frech«, mit anderen Worten: wenn dem Vater das Recht bestritten wird, der Tochter einen Auftrag zu erteilen, dann gibt es eine Ohrfeige. Zeitliches Verzögern, Widersprechen, Anschreien, Frech-Werden versus definitive Anweisung (»sofort«), Zurechtweisung, Hausarrest, Verärgerung, Ohrfeige: Die Schilderung gibt eine Auseinandersetzung wieder, die aus der überlegenen Position des Vaters heraus entschieden wird. *Die Tochter wird bestraft für die Herausforderung der väterlichen Hegemonie.* Vermittelt in diesem Lernprozeß wird eine *Machtstruktur.*

Wie kann Herr Dexer begründen, daß er seine Hegemonie gegenüber dem Kind handgreiflich durchsetzt, mit anderen Worten: Was unterscheidet sein Verhalten von Willkür? Die nämlich hätte mit »Erziehung« nichts zu tun. Er gibt zwei Antworten; die erste argumentiert mit *Eigenschaften* seiner Tochter als Kind (er vergleicht sie dabei mit seinem älteren Sohn Dieter):

M: Bei der Doris ist des, die fordert des einfach raus. Die fordert des richtig raus. Des kann ma garnet vergleichen mit dem Dieter – die Situation. Weil des bei der Doris eigentlich immer wieder dasselbe ist, die Situation, sie weiß genau, wenns a patzige Antwort gibt oder sonst was, daß ihr passieren kann, daß eine runterkriegt von mir. Oder daß Hausarrest oder sonst was. Und mit Hausarrest, des tut ihr zur Zeit am meisten weh. Weils da net zu die Freund kommt. Aber der Dieter kapierts wenigstens. Aber die kapierts ja net. Weil normalerweis muß a Kind des doch kapieren, daß genau weiß, der Vater mag des net, daß doch da irgendwo mal des Zehnerl fallen muß und sagen: So gehts besser. Und sie weiß ja genau, wenns des macht oder ohne daß i was sagen muß, daß die Arbeit schon gemacht ist, sie fahrt ja gut damit. (M404C, 9)

Er deutet das Verhalten der Tochter als Provokation, als legte sie es auf die Schläge an. Die Herausforderung besteht darin, daß sie eine Regel, die sie kennt (»bei patzigen Antworten gibt es eine Ohrfeige«), nicht beachtet. Das ist Dummheit, ein Lernproblem. Mit anderen Worten: Die Motive der Tochter, ihre Interpretation der Situation sind vernachlässigenswert; damit erspart sich Herr Dexer zugleich die Begründung seines Anspruchs. Dieser Begründung gilt die zweite Antwort:

M: I könnt ja normalerweis sagen, des geht mi nix an, mach was'd willst. Könnt i ja aa sagen. Aber ob des später mal richtig ist. Sie fangt jetzt a Lehre an, beispielsweise. Da kann sie si des net erlauben. Weil dann fliegts nämlich. Später im Berufsleben genauso. Wenn heut der Chef zu ihra sagt, Sie, passens auf, machens des so und so – naa, i mag jetzt net. Wissens, was der zu ihra sagt: Sie machen des jetzt sofort, oder Sie gehen. Also helfts des im späteren Leben überhaupt nix, so wies jetzt im Moment ist. Weil normalerweis, da müßt man dann halt sagen ... Aber des ist wie i zuerst scho gsagt hab, ma hat eben als Eltern die Verantwortung, daß aus dene Kinder was wird. I mein, was aus die Kinder wird, des liegt an ihnen selber, aber man kanns doch a bißl leiten. Drum explodier i vielleicht aa. Sag i, des geht mi nix an, mach doch, was du willst, dann – Sie, die tanzen einem auf der Nasen oder sonstwas. I kenn viel Kinder, die zu ihra Mutter sagen: Du blöde Sau. Die täten von mir Dresche kriegen, daß sie si ... Einmal, wenns des sagen tät. I mein, des traut si keine sagen bei mir. Sagt aa keine. (M404C, 13)

Er argumentiert mit seiner *Verantwortung als Vater*, seiner Tochter die *Regeln beizubringen, die im Berufsleben gelten.* Das sind so fundamentale Regeln, verdeutlicht er, daß die materielle Subsistenz daran hängt. Die Situation im Betrieb, die er in seinem Argument simuliert, ähnelt zum Verwechseln jener Situation, die er zu Anfang selber als Beispiel für seinen Konflikt mit seiner Tochter gewählt hatte. Will er auf eine solche Situation im Betrieb vorbereiten, oder fühlt er sich selber als Vorgesetzter? Der zweite Teil seines Arguments verlangt Respekt für die

Mutter (für den Vater aber auch, wie das Eingangszitat deutlich macht) als Mutter, unterstreicht also eine *fraglose Hegemonie*, die er (Mütter schlagen nicht!) auch handgreiflich durchsetzen würde: Ein traditionelles Familienmodell zeichnet sich ab, das Bild eines autoritären Unterschichtvaters – *autoritär, aber keineswegs brutal.* Sosehr ein persönliches Interesse an Respektierung seiner Autorität vorhanden ist, sowenig ist diese Autorität ein Freibrief für Schläge. Diese bleiben an einen Erziehungsauftrag gebunden und grenzen sich deutlich ab: gegen massive Prügel, ja Mißhandlungen auf der einen Seite (M404C, 10) und gegenüber jüngeren Kindern, von denen Gehorsam noch nicht verlangt werden könne (er bezieht sich dabei auf seine 9jährige Tochter) andererseits (M404C, 5).[38]

In der Untersuchungsgruppe gibt es einige Väter, die diesem Typus entsprechen; aber diese Väter, sie sind alle erwerbstätig, sind die meiste Zeit des Tages und an den meisten Tagen in der Woche mit ihren Kindern nicht zusammen – im Gegensatz zu ihren Ehefrauen, zumal wenn sie nicht erwerbstätig sind. Gibt es diesen autoritären Typus auch unter ihnen?

Frau Fellner hatte ihrer Tochter (sieben Jahre alt) erlaubt, sich noch kurz vor dem Abendessen an einem Kiosk an der Ecke einen Kaugummi zu kaufen; sie sollte aber in zehn Minuten wieder zurück sein. Nach einer Stunde war das Mädchen immer noch nicht da. Frau Fellner packte den Säugling, der schon zum Schlafen zurechtgemacht war, in den Kinderwagen und ging gemeinsam mit ihrem Mann auf die Suche.

F: [...] und wir alle Spielplätze abgelaufen, und nirgends hab i's gefunden – na hab i mir schon denkt, daß was passiert ist. Wars mittlerweile halb acht. Und na gehn wir da hinter, na sitzt sie da bei der Schui, sitzt da aufm Gehweg mit zwei andere Mädchen und spuit si amüsant. Und i hab mir da Sorgen gemacht und dann hab i des für nötig gehalten, weil erstens hab i an Buben nomal rausreißen müssen, mitnehmen, weil i kann ihn ja net aloa einsperren, wenn er net schlaft, und nacha hab i sie gesucht in alle Himmelsrichtungen und na hockt sie dort und tut si amüsant spielen. Da hab i schon für notwendig gefunden, daß i ihra an Arsch verhau. Weil i gesagt hab, si soll si des kaufen und glei heimkommen, und sie hat des net tan. Es war kurz vor sechse und bis halbe achte hab i sie erst gefunden. Eineinhalb Stunden später. Des geht doch net: Und da hat sie von mir an Arsch richtig ... mei Mann hat zwar gsagt, laß stehen, hat gsagt, des muß net sein, hab i gsagt, des muß schon sein. Weil sonst, sag i, spielt sie mit mir direkt an Hanskasperl. Sag i, und von da ab ist Schluß gwesen. Wenn i sag, sie muß glei wieder kommen, ist sie aa da. Weil mei Mann, der sagt dann, aber er tut ihra nix. Er gibt ihra höchstens, daß er ihra Hausarrest gibt. Und i seh des net ein, na seh i des net ein. (F406C, 7f.)

Auch dies ist eine Situation, wie sie jeder Mutter einmal passiert, und auch die Reaktion von Frau Fellner – Sorge, Ärger, »den Arsch verhaun« – ist nachvollziehbar. Dennoch sind die Schläge nicht selbstverständlich. Ihr Mann hatte in der Situation gesagt, sie solle die Tochter (7 Jahre alt) nicht schlagen. Warum schlägt Frau Fellner ihre Tochter? Sie hat ein klares Gebot nicht beachtet (gleich wieder heimzukommen), sie hat ihrer Mutter Sorgen gemacht und ihren kleinen Bruder aus seiner Einschlafphase gerissen (Frau Fellner habe ihn nicht zurücklassen können, als sie auf die Suche ging, sagt sie). Vor allem aber geht es um eine Lehre für die Zukunft: Wenn die Tochter dafür nicht bestraft wird, glaubt sie – so Frau Fellner –, sie könne das immer so machen. Aber sie hat zu »folgen«, zu gehorchen (»I bin ihr Mutter, und sie muß mir folgen«, F406C, 12), andernfalls wird man als Mutter/Vater zum »Hanskasperl« der Kinder (»weil sonst komm i ja net durch, na täten sie mit mir ja grad, was sie wollten«, F406C, 12).

Frau Fellner geht es also, auf den ersten Blick wie Herrn Dexer, um die Aufrechterhaltung ihrer Hegemonie. Sie rechtfertigt sich allerdings nicht mit dem Hinweis auf die Anforderungen des »späteren Lebens«, sondern mit dem Anspruch auf Gehorsam, den sie als Mutter verlangen kann. Zugleich aber bringt sie *ihre Sorgen* ins Spiel, für die sie die Tochter verantwortlich macht. Das macht ihr Handeln willkürlicher, aber auch weniger abstrakt als das Verhalten von Herrn Dexer, ganz unabhängig vom Altersunterschied der betroffenen Kinder, der die Wahrnehmung des »Problems« natürlich maßgeblich beeinflußt. Ihr Zorn gibt den Schlägen die Energie und Überzeugungskraft. Die Rationalität des Kindes selber jedoch hat gegenüber ihren Sorgen und Ängsten kein Gewicht. Daß es sich auf dem Heimweg verspielt, ist lediglich als Anlaß zur Sorge von Bedeutung und als Hinweis für eine Unvernunft, der man mit Schlägen begegnen muß, wenn sie in Zukunft abgebaut werden soll. Die Rationalität der Mutter,

ihre Sorgen und Ängste, haben fraglos Geltung und rechtfertigen die Schläge. Jedem Dritten, kaum allerdings dem Kind selber, dürften sie »akzeptabel« erscheinen, und Frau Fellner selber führt sie ebenfalls als »roten Faden« ihrer Erklärung ein: Wenn man sich Sorgen macht als Mutter, sind Schläge legitim.
Mit Blick auf die Erziehungspraxis von zwei Freundinnen erklärt Frau Briel, wie falsch sie es findet, wenn man sich bei körperlichen Strafen zu sehr von Stimmungen und persönlichen Motiven leiten läßt. Was sie am meisten an Schlägen kritisiert ist,

F: [...] daß des ungerecht passiert. Daß die in den verkehrten Situationen zuschlägt. Also, da, in dem Moment, bloß weil die da herinn' steht und ihr Mann hats no gfragt, warum hast ihr jetzt oine gschmiert? Aja, die ist mir halt grad im Weg gstanden. Des ist für mi koi Argument net, da täts so oft Situatione gebe, bei dene, weil die haben ja a freche Gosch, die hängat ihrer Mutter a Goschn an [schwäb. für »nachmaulen«], und des juckt sie alles net, des hört sie gar net. Oder bei a andren Freundin, die erzieht ihr Tochter aa so, und die hat aa immer so a freche Gosche an ihr Mutter na. Die ist so alt wied Barbara [das ist ihre älteste Tochter, 7; MSH]. Die redt mit Erwachsene, wie wenn lauter so kloane Madl vor sich hätt'. Mit meim Mann red't die, i hab scho oft gsagt, des gibts ja net, das ist genauso, meine, die hat mi gestern so gschockt, wie die gsagt hat (unverst.) ..., da hätt i ihr normalerweis eine putzen wollen, das hab i mir scho oft denkt. Weil wie kommt die dazu, des isch eine bodenlose Frechheit. Die moint, weil jetzt da jemand da isch, da muß sie so aufdrehert sei, und des ist des, was i net leide ka. Und i wollt zum Mann no sage, aber i habs dann aa vergessen, aber beschäftigt hat mi des dann scho. Weil normalerweis macht die des nie. Aber mir warn zu lang dahoim, sag i immer. Weil da nimmt die dann die Untugenden an und des Nachgoscheln hats oimal versucht, na hab i gsagt, Barbara, wenn i des jetzt no oimal hör von dir, dann schepperts. Weil des brauchts mir net anfange, mit deiner Nachmaulerei. Und dann hat sies aa nimmer gmacht. Aber des da, Bürschle, Bürschle, des gibts bei mir net.

I: Hilft das was?

F: Doch, des hilft scho. Des ist des Komische, i woiß net, warum des hilft. Wahrscheinlich moints wirklich, daß i's amal pack. Weil i hab des ja jetzt gsagt, wenn die mi gnervt hat bis zum Gehtnimmer. Na hab i gsagt, Mensch Mädle, di pack i nomal und hau di gega die Wand, daß i di abschabe ka. (lacht) Und dann schauts mi an, (lacht) i sag immer, weils ja wahr ist, reg mi doch net immer so auf. I muß echt sagen, i find, daß die sehr gut erzogen ist. Im Gegensatz zu andre, ma ka mit ihr hingeh, wo ma mag, sie ist anständig, i fall mit der net auf, und a jeder lobt mi, und da bin i stolz drauf. Daß i die so gut erzogen hab. (F402C, 16f.)

Diese Gesprächspassage handelt von der *Grenze zwischen Gewalt und Nicht-Gewalt.* Frau Briel befürwortet Schläge als Erziehungsmittel. Was sie an der Erziehungspraxis ihrer Freundinnen falsch findet, ist die Launenhaftigkeit (Unberechenbarkeit), mit der sie ihre Töchter körperlich strafen. Sie kritisiert aber auch die Gründe. Frau Briel zieht die Grenze zwischen Gewalt und Nicht-Gewalt also weniger nach Intensität und Häufigkeit der Gewaltanwendung als nach dem Maßstab der *situationsunabhängigen Geltung* und nach *inhaltlichen Prinzipien* (Erziehungszielen). Respekt vor Erwachsenen, besonders: nicht zu widersprechen, ist ein solches Prinzip (»Gerechtigkeit« ein anderes). Sie nennt es eine »bodenlose Frechheit«, wenn Kinder ihren Mann anreden, als wäre er gleichaltrig. Das ist eine Situation (»Nachgoscheln« eine andere), in der eine Ohrfeige gerechtfertigt wäre. Solche »Untugenden« regen Frau Briel richtig auf. Jedoch: Es bleibt in ihrer Erziehungspraxis beim Drohen. Obwohl Frau Briel Gründe anführt, die das Schlagen eindeutig befürworten bzw. gerechtfertigt erscheinen lassen, gibt es doch einen Bruch darin angesichts ihrer Zufriedenheit, daß es nicht unbedingt Schläge braucht. Frau Briel gibt ein deutliches Beispiel *normativer Akzeptanz von Gewaltanwendung* in der Erziehung, und dennoch bleibt ein Element von Illegitimität spürbar, das sie Schläge nicht als Mittel der Wahl ansehen läßt. Die Drohung selber ist eigentümlich ambivalent; sie soll gleichzeitig glaubwürdig (eine Ankündigung) und nicht so ernst gemeint sein. Was gemeint ist zu decodieren, wird dabei zwangsläufig Aufgabe des Kindes. Die Ambivalenz der Drohung jedoch erlaubt ihr, einen offenkundigen *Normenkonflikt* zu neutralisieren.

Spontane Gewaltanwendung – aus Sorge, Ärger oder weil man sich als Mutter oder Vater provoziert, herausgefordert fühlt – bringt die Überlegenheit der Eltern gegenüber den Kindern unmittelbar zur Geltung, während beziehungsdynamisch eine Art Pseudogleichheit herrscht. Dennoch ist eine solche Gewaltanwendung nicht regellos, sondern überraschend strukturiert.

M: [...] Bei der Eva, die war letzte Woche arrogant, unverschämt und gelogen, daß ma halt davon geplagt ist. Da war der ausschlaggebende Punkt [sie sollte, MSH] keinen Schlüssel untern Teppich legen und prompt [hat sie, MSH] wieder an Schlüssel untern Teppich gelegt, weils zu faul war, eben den reinzutun. Und des waren zuvor aa no einige Kleinigkeiten, die si 14 Tage lang angestaut haben, und dann bin i ihra halt nach, gell. Und seitdem i ihra a paar aufn Arsch gehaut hab, seitdem ist sie wieder sehr lieb, sehr friedlich und handsam.

I: Was hat Sie letztlich dazu veranlaßt, so zu handeln?

M: Des kimmt dann aus der Situation raus. [...] I hab zu ihra gesagt: des wißt ihr doch, daß ihr keinen Schlüssel untern Teppich legts. Dann hat sie gesagt, ja, des hat sie noch nie gehört, des hat sie nicht gewußt. Und des war halt der ausschlaggebende Punkt. Na hab i ihr halt ... Diese kaltschnäuzige Lügerei einfach, des war halt der ausschlaggebende Punkt. [...]

I: Wie haben Sie sich selbst in der Situation gefühlt?

M: Verarscht und richtig verarscht. Also, des kann ma sagen, als wenns halt an Deppen vor sich hätt. [...]

I: Sie hätten ja auch heftiger zuschlagen können.

M: Ja, hätt i, ja, i hätt mi so neisteigern ...

I: Warum haben Sie es nicht gemacht?

M: Ja, weil des langt ja. Des soll ja wirken.

I: Sie haben sich also soweit unter Kontrolle?

M: Ja, des hab i schon unter Kontrolle. Also, i würd nie praktisch die Kontrolle über mi verlieren und da losprügeln, weil dann täten die mir wieder viel zuviel leid. I mein, des ist ganz klar. Des würd i nie tun. Oder daß i ihnen mit am Gegenstand so lang losdonner – daß a Verletzung, die Kinder also davontragen würden, des war ja a Schmarrn, gell.

I: Warum haben Sie nicht weniger heftig zugeschlagen?

M: I moan, es soll ja Wirkung erzielen, und wenn i ihra bloß a bißl a Klaps gib, dann lachts ja aus, weil des zählt ja dann nix, gell. [...]

I: Hätten Sie andere Möglichkeiten gehabt in der Situation?

M: Naa, des ist praktisch dann des letzte Mittel, würde a anderes. [...] Ob man jetzt reden tät oder irgendein Entzug oder was, des würd also nix mehr helfen. Weil des haben wir ja vorher scho lang genug tan. (M405C, 3-7)

Die Tochter, von der Herr Engel spricht, ist gerade zehn Jahre alt; aber sie erscheint in seiner Schilderung – arrogant, unverschämt, kaltschnäuzig, faul – so mächtig, daß er sich gegen sie behaupten muß. Er fühlt sich »als Depp behandelt«, das heißt als nicht ernst zu nehmen, im Gegenteil: »verarscht«, also ausgenutzt, für dumm verkauft. Die subjektiven Anteile an Kränkung (es könnten in anderen Situationen auch Sorge und Betroffenheit sein), die in den voranstehenden Beispielen immer *auch* vorhanden waren, stehen hier eindeutig im Vordergrund. Diese Episode, an sich nichts Außergewöhnliches, demonstriert *die brisante Legierung von Abhängigkeitsstruktur und Beziehungsdynamik* zwischen Eltern und Kindern. Nicht einmal ein spezifischer Anlaß ist erforderlich, es genügt eine stille Eskalation über einen gewissen Zeitraum, um irgendein Ereignis als exemplarisch erscheinen zu lassen. Mit Freunden, Kollegen und in anderen engen Beziehungen kann sich eine ähnliche Dynamik entwickeln; aber nicht einmal in Ehebeziehungen ist Gewalthandeln derartig unvermittelt massiv wie in der Eltern/Kind-Beziehung.

Erstaunlich an der Schilderung ist außerdem die deutliche Ambivalenz zwischen massiven Affekten, in die – wie Herr Engel deutlich sagt – er sich hätte »reinsteigern« können, und der Kontrolliertheit seiner Reaktion. Sie weist darauf hin, daß der *Spontaneität seines Verhaltens tiefsitzende Regeln legitimen Verhaltens* (z. B. in Gestalt einer Rangordnung der Zwangsmittel) zugrunde liegen, die reflexiv zugänglich sind und rekonstruiert werden können, wie es hier geschieht. Schläge sind in dieser Situation »ultima ratio« gewesen, anders als in den vorangehenden Beispielen, in denen die Schläge »prima ratio« waren, Mittel der Wahl also. »Reden« und »irgendein Entzug«, Hausarrest, Fernsehverbot etc., haben sich bereits als nutzlos herausgestellt. Das instrumentelle Motiv der Wirkung hat Priorität; daher unterscheidet sich die Reaktion von Herrn Engel einerseits von einem Prügeln, das die Kinder verletzen würde, andererseits aber ist der »Klaps« für alltägliche Disziplinierungen durchaus geeignet, in diesem Fall nicht wirkungsvoll genug, in dem sich der Vater von der Tochter bereits lächerlich gemacht fühlte. Der Erfolg spricht für sich: Die Tochter hat sich wieder in ein Kind zurückverwandelt: »lieb, friedlich und handsam«. Die väterliche Autorität hat sich gegen die Herausforderung behauptet. Wiewohl heftig, war die Reaktion *dosiert*; sie gehört zu den schlummernden Ressourcen legitimer Macht und muß daher nicht entgleisen.

Wenn Gewalthandeln erzieherisch begründet wird, so läßt sich dieser Abschnitt *resümieren*, gibt es vordergründig kein Normalitätsproblem – es sei denn, die ganze Idee von »Erziehung« verändert sich. In der Erziehung fungieren Schläge und andere Zwangsmittel als Strafen, »Erinnerungen«, »Korrekturen«, die von Eltern als Eltern bewußt und kontrolliert gehandhabt werden. Zu Schlägen kommt es indes auch in erregten Situationen, »spontan«, in wütender oder verärgerter Stimmung; dabei kann sich der Erwachsene provoziert oder gekränkt fühlen, es kann zu einer gegenseitigen »Reizung« und Eskalation kommen, kurz: Die Differenz zwischen Kind und Eltern wird scheinbar eingeebnet und durch die körperliche Überlegenheit wiederhergestellt. Schläge können eher Probleme der Erwachsenen mit sich selbst anzeigen als Probleme, die Kinder verursachen. Nicht zuletzt können Schläge, körperlicher Zwang etc. weniger ein Moment der Eltern/Kind-Beziehung als eines der Alltagsbewältigung sein: Sie sind unter bestimmten Umständen ein ökonomisches Mittel, um Probleme aus der Welt zu schaffen; sie können mehr mit der Organisation der Lebensumstände zu tun haben als mit dem jeweiligen Kind und seinen Eigenschaften, Handlungen, den Beziehungen zwischen ihm und seinen Eltern. Die Zwecke der Gewaltanwendung sind unproblematisch, entsprechend kreisen die Schilderungen der Mütter und Väter primär um die Angemessenheit körperlicher Strafen, also um den instrumentellen Aspekt von Gewalthandeln, über den sich recht unbefangen sprechen läßt. Dennoch bleibt das Element von Zwang und Schmerz unübersehbar und damit ein *Widerspruch zwischen »moralischen« Zwecken/Zielen und »unmoralischen« Mitteln* virulent. Dieser Widerspruch muß »erklärt« werden; das ist das »geheime« Thema jener Rechtfertigungen und Entschuldigungen, Erwägungen legitimer Anlässe und Umstände, unter denen körperliche Strafen in den vorangehenden Situationsschilderungen als tolerabel, akzeptabel oder wünschenswert dargestellt werden. Ob die faktischen Handlungsabläufe so planvoll sind, wie diese Begründungen suggerieren, ist unwahrscheinlich, aber auch nicht so ausschlaggebend. Als Handlungsorientierungen explizieren sie gesellschaftlich vermittelte Basisstrukturen des Eltern/Kind-Verhältnisses und verdeutlichen vorpädagogische Elemente des Erziehungshandelns.

Schläge – sei es der »Klaps«, die »paar hintendrauf«, die »Watsch'n«, »Schell'n« oder welches Instrument aus dem nicht

nur sprachlich umfassenden Arsenal der körperlichen Zwangsmittel sonst – sind immer Handlungen, um einen *Widerstand des Kindes als Kind zu überwinden* (vgl. Newson/Newson 1976). Der Trotz, die Rebellion, der Ungehorsam etc. sind dabei noch die einfachste Form des Widerstands; fast wichtiger sind die Widerstände, die sich aus der eigenartigen Vernunft von Kindern ergeben: Träumen, Spielen, Zeit verlieren, die das linear-quantitative Zeitkalkül »erwachsener« Rationalität stören; Lernen, Entwicklung, die Experimente, Umwege, Erkunden von Grenzen, vorzeitige Gewißheit implizieren und dem Erwachsenen Geduld abnötigen – auch eine Auseinandersetzung mit seinem eigenen Lernen. Der Kinderalltag funktioniert nach anderen Regeln als der Erwachsenenalltag. Körperlicher Zwang, Schläge sind auch ein Mittel, um diese Diskrepanz mit der Überlegenheit der Erwachsenen zu beseitigen. Eine grundlegende Frage an das Material lautete daher: Wie wird diese Verschiedenartigkeit bewältigt? »Erziehung« ist *eine* Rechtfertigung für die Überwindung dieser Widerstände. Private *Erziehungstheorien* sind handlungsorientierende Entwürfe der Eltern/Kind-Beziehung und sollen die Frage beantworten, warum bestimmte Zwangsmaßnahmen im Hinblick auf die Entwicklung des Kindes, die innere Ordnung der Familie und die Anforderungen der Gesellschaft sinnvoll, notwendig und nützlich sind.
Das Erzieherische an Schlägen, wie es die Mütter und Väter in ihren Schilderungen begründen, ist ihr *regelhafter Charakter*. Die Natur dieser Regeln allerdings ist mehrdeutig: Mal ist es die elterliche Überlegenheit selber – die Verantwortung, der Anspruch auf Respekt oder die Lebenserfahrung –, die die Schläge begründet, mal sind es die Regeln des Berufslebens, auf das die Familienerziehung ja vorbereiten soll und die so die Regeln des Eltern/Kind-Verhältnisses bestimmen. Die Grenze zwischen Selbstzweck und funktionaler Bindung von Schlägen ist fließend, damit aber auch die Begrenzung der Schläge selber. Wenn die elterliche Überlegenheit verschmilzt mit Betroffenheit, wenn Mütter oder Väter sich also gekränkt fühlen, sich Sorgen machen oder ärgern etc., dann wird das willkürliche Element in der Erziehung dominant, und es kann auch auf ihre Zielsetzungen übergreifen: Diese Gefahr wird an einigen Stellen der zitierten Schilderungen erkennbar. Die Schildernden versuchen, ihr in

einer Kasuistik der Angemessenheit und einer Rangordnung von Schlägen (vgl. S. 329, Anm. 15) zu begegnen. Die kasuistischen Erwägungen bewältigen *Normkonflikte.* Diese lassen offenkundig werden, daß die instrumentellen Erwägungen über körperliche Strafen vordergründig sind. Der personale, spezifische Charakter der Eltern/Kind-Beziehung ist nicht zu trennen von einer fundamentalen, gesellschaftlich regulierten Asymmetrie, die nicht nur eine mit der Geschlechtshierarchie zwischen den Eltern unvergleichliche Überlegenheit, sondern auch eine (ebensowenig vergleichbare) gegenseitige Abhängigkeit impliziert. Deshalb ist die Grenze zwischen elterlicher Erziehung und Gewalt, an der sich die Schilderungen der Väter und Mütter abarbeiten, *als prinzipielle Grenze nicht zu ziehen.*

Gegenseitige Abhängigkeit

Wenn sich körperliche Aggressionen gegen Kinder nicht als »Erziehung« begründen lassen, müssen sie als (irrationale) *Ausnahmeerscheinungen* dargestellt werden. Andernfalls geriete man mit dem Gesetz in Konflikt und/oder man könnte sich nicht mehr als Mutter/Vater rechtfertigen. Wer aber »nicht bei Verstand« war, ist auch nicht verantwortlich. Das Verhalten ist, weil irrational, nicht interpretierbar, wenigstens aber nicht zurechenbar. Gerade deshalb ist seine Irrationalität – als Ausnahme, Exzeß etc. – funktional für die Verteidigung des Elternstatus: für die Eltern selbst wie für die pädagogisch-therapeutischen Institutionen, die (statt der Justiz) eine Handlungsgrundlage erhalten. (Neopädiatrische Erklärungsansätze, daran sei kurz erinnert, beruhen auf der Voraussetzung, Mißhandlung sei eine Anomalie, die nur unter Rekurs auf innerpsychische Prozesse verstanden werden könne.)

F: Meistens ist es was, wenn ich ihnen des schon hundertmal gesagt hab und dann machen sies trotzdem wieder. [...] Da habens an Kinderfilm angschaut und er wollte, des war der Helmut, hat die Rollos runtergelassen, und da ist er eben naufgestiegen. Und meistens kommens ja sowieso von unten, vom Dreck, vom Sandkasten, haben ihre uralten Sachen an, und dann kommens wieder rein eben, und da dürfen sie sich sowieso, mit die dreckigen Sachen, das ist eben unser

Reich, und sie haben ihr Reich, und das wissen sie, daß wir das so wollen. Und mit die dreckigen Sachen, mit die sandigen, dürfen sie si aa net auf die Couch setzen. Und dann steigt der mit die Füße rauf, i hab des gesehen und bin nei, und hab gsagt, spinnst du, du woaßt des ganz genau, und bin hin und hab ihm oane gschmiert. [...] I hätt ihm ja koane gschmiert, wenn er si draufgesetzt hätt, aber daß er glei mit die Schuh naufsteigt. Des woaß er nämlich ganz genau. Eigentlich, des woaß er ja scho, daß er si net draufsetzen derf. Er hat si ja scho am Boden hingsetzt ghabt, und steigt er so mit die Schuh nauf. Des war z. B. gestern abend, da hab i ihnen erklärt, irgendwas nach meim Plan, was sie machen sollen heute in der Früh, alles, was sie also, was sie mit zur Oma nehmen sollen und so. Die haben mir also nicht zugehört. Und na hat, hab i aa vergeblich, immer wieder versucht, Gehör zu verschaffen, aber da hat eben immer koana ghört, und dann hab i aa hinglangt, dann habens alle, der Heinrich hat halt dann scho des Weinen angefangen. Vielleicht hat er sich ungerechtfertigt gehalten, des kann sein, wenn a Kind also, wenn sies für, wenn sie si irgendwie da benachteiligt vorkommen oder wenns wirklich ungerecht war, nach ihrm Ding, dann trifft sies viel mehr als wenn ... Es kann ja öfters sein, daß was war, was net so schlimm war, und ma war selber net so gut beinand, oder war eben im Streß – würd ma net machen in ner andern Situation. Wenn ma selber ruhig und ausgeglichen wär, jetzt, und des trifft dann a Kind, wenns also ungerechtfertigterweise ist, also da bloß als Beispiel, da hat er ja gwußt, daß er des net derf, und dann hat er aa nix drauf gsagt. Und da war er aa net erbost drüber. (F412C, 9-11)

[...]

F: I mein, des weiß i ja aa, des ist ja nachher dann immer das schlechte Gewissen, hab i aa jedesmal danach, aber öfters bin i wirklich in so a Verfassung, daß i einfach sag öfters, des brauchen die jetzt einfach, die fordern des richtig raus, solang macha die hin und solang werd das getrieben, was ma eh net will. Und also da öfters da ... vielleicht später, oder wenns ma dann wieder besser geht, dann denk i mir, des ist, des war aa nix. Es müßt scho was anders geben, aber in dem Moment kann i einfach net anders. Na fordern sie mich so raus, daß i da, find i des einfach gerechtfertigt. (F412C, 13)

Das ist die einzige Schilderung, in der ein Elternteil sich in die Kinder, mit denen er/sie sich auseinandersetzen muß, *hineinversetzt*, die einzige auch, in der von einem »schlechten Gewissen« über das Schlagen gesprochen wird. Frau Huber erzählt zunächst eine Begebenheit, die mit einer Ohrfeige endete. Die Begründung wird auf mehreren Ebenen entfaltet: auf der ersten Ebene gibt es eine geltende Regel im Familienleben der Hubers, die man mit den Worten der Erzählerin etwa so formulieren könnte: »Das Zimmer mit dem Fernseher ist das Reich der Erwachsenen, ihr habt euer Reich.« Auf einer zweiten Ebene wird diese Regel situationsbezogen konkretisiert. Diese Konkretisierung könnte man etwa so ausformulieren: »Es ist eine Verletzung der Regel, wenn ihr mit euren sandigen Sachen in unser Reich eindringt und dann auch noch auf die Couch steigt.« Auf einer dritten Ebene wird dieser Regelverstoß den Kindern als ein bewußter Verstoß zugeschrieben: »Du weißt das ganz genau« (daß du das nicht darfst), habe sie zu ihrem Sohn gesagt, ehe sie ihm die Ohrfeige gab, erzählt Frau Huber. Diese drei Ebenen rechtfertigen die Ohrfeige, indem sie eine Ursache/Folge-Relation herstellen. (Bewußter Verstoß gegen eine anerkannte Regel läßt die Strafe auf dem Fuße folgen.) Vorausgesetzt bleibt bei alledem die Begründungs*bedürftigkeit* der Ohrfeige: Nur unter bestimmten Bedingungen ist Schlagen legitim.

Anschließend, fast übergangslos, berichtet Frau Huber eine zweite Episode, in deren Lichte dieser Regelverstoß und seine Ahndung eine Bedeutung erhalten als Beispiel für die Hilflosigkeit und Ohnmacht, die Frau Huber gegenüber ihren Kindern empfindet. Diese Ohnmacht wird durch zweierlei charakterisiert; zum einen beklagt Frau Huber, ihre Kinder hätten ihr nicht zugehört, als sie ihnen ihren Plan für den Besuch bei der Großmutter erklären wollte; zum anderen aber muß sie erkennen, daß ihre Wirklichkeit und die der Kinder ganz verschieden voneinander sind. Daher müssen sich, Frau Huber sieht es ganz deutlich, die Kinder ungerecht behandelt fühlen, wenn sie sie in dieser Situation ohrfeigt; Frau Huber spricht sogar davon, sie fühlten sich womöglich benachteiligt, und drückt damit aus, daß die Erwachsenen- und die Kinderwelt unterschiedliches Gewicht, unterschiedlich viel Macht auf ihrer Seite haben.

Überlegenheit auszunutzen widerspricht aber dem gesellschaftlichen Bild und ihren eigenen Ansprüchen von der Aufgabe und den Eigenschaften einer Mutter: Eine Mutter muß die Interessen und Bedürfnisse der Kinder gewissermaßen stellvertretend wahren. Aber die Hilflosigkeit, die sie gegenüber den Kindern empfindet und die zu den in den Augen der Kinder, wie sie es antizipiert, ungerechten Schlägen führt, wird doch gerade von den Kindern als Kindern hervorgebracht, ist also verknüpft mit ihrer Rolle als Mutter. Frau Huber steckt in einem *Widerspruch zwischen Empathie und Selbstbehauptung*, der strukturell an die soziale Position der Mutter als eines »Daseins für andere« gebunden ist. In diesem Widerspruch, den Frau Huber als Konflikt erlebt, steckt das Gewaltmoment der geschilderten Episoden. Die Selbstaufgabe, das »Dasein für andere« als Norm, als gesellschaftliche Fassung der Mutterrolle stürzt Frau Huber in diesen Konflikt. Das ist die vierte Ebene dieser Schilderung, sie markiert den vergesellschafteten Charakter dieser Episoden.

Wie geht Frau Huber mit diesem Konflikt um? Sie erwägt: Als Mutter dürfte sie nicht stimmungs- und launenabhängig schlagen, als Frau jedoch kann sie nicht immer so »gut beinander«, so ausgeglichen und so ruhig sein, wie sie es als Mutter sein müßte. Daher hat sie so häufig ein schlechtes Gewissen, erzählt sie und meint, es müsse etwas Besseres geben als Schläge.

Aber der Konflikt ist nicht zu lösen. Im Dilemma zwischen Empathie und Selbstbehauptung entscheidet sich Frau Huber schließlich, daß die Kinder ihre zeitweilig schlechte Verfassung zu respektieren hätten, ja: daß es eine Herausforderung sei, wenn sie es nicht tun. Die Herausforderung rechtfertigt die Schläge: Sie sind das einzige Mittel, sich gegen die Kinder zu behaupten.

I: Wer ist Ihr Gegenüber in solchen Momenten?

F: Daß er ein unverschämtes Ungeheuer ist und mich dauernd ärgert. Ohne zu berücksichtigen, daß ma sowieso scho alles für sie tut. Weil ma sowieso schon schaut, daß es ihnen gut geht, und sich selber einschränkt und ... (F412C, 14)

Diese Recodierung der Wahrnehmung vom Kind als fünfter Ebene der Begründung ist besonders aufschlußreich für die Verschränkung sozialer und psychischer Elemente von Situationen familialen Gewalthandelns, weil sie unmittelbar handlungsorientierend ist. Sie wäre nach dem Vorangegangenen aufzufassen als Bewältigung eines strukturellen Konflikts zwischen der empathischen und der Selbstbehauptungsdimension bzw. der wechselseitigen Abhängigkeit in der Mutter/Kind-Beziehung.

Das Dilemma, über das Frau Huber reflektiert, kann sie allein mit Reflexion nicht auflösen. Denn sie ist für die Kinder ebenso-

sehr eine zentrale Figur ihres Lebens, wie die Kinder für sie ein konstituierendes Element ihrer Lebenssituation sind. Daraus ergibt sich eine wechselseitige Abhängigkeit, die gleichwohl eine überlegene Macht der Mutter einschließt; die Überlegenheit ermöglicht der Mutter, die Kinder als »belastende Umweltbedingungen« zu codieren und so die Fürsorglichkeit als unangemessen erscheinen zu lassen. So ist es möglich, daß Frau Huber ihre Kinder schlägt, obwohl sie deren Wirklichkeit versteht. Die wechselseitige Abhängigkeit im Mutter/Kind-Verhältnis drückt sich darin aus, daß Frau Huber sich nur selbst behaupten kann, wenn sie ihr kindliches Gegenüber als übermächtig, als »Ungeheuer« codiert und so den Widerspruch in den Interessen manifestiert, der zwischen ihr als Frau und den Kindern existiert. Diese Stilisierung des Kindes als ebenbürtig oder gar überlegen ist eng verknüpft mit strukturellen Ambivalenzen der Mutter/Kind-Beziehung. Diese Beziehung impliziert große Macht, aber auch Abhängigkeit und Identitätsprobleme. Das Kind situativ als übermächtig zu codieren ist also alles andere als irrational oder gar eine pathologische Wahrnehmungsverzerrung.
Frau Huber ist weit entfernt von Ansprüchen auf formalen Respekt, der ihr als Mutter zukomme, wie er etwa von Frau Fellner formuliert wird; um so mehr macht sie deutlich, daß auch ein »modernes« psychologisiertes Selbstverständnis der Beziehung zu Kindern und der Empathie für Kinder das Problem der Grenzen der Mutterrolle nicht löst, ja sogar verschärfen kann und Schläge auch nicht per se ausschließt. Das Beispiel kann belegen, daß das Eltern/Kind-Verhältnis nicht allein ein erzieherisches ist und der Umgang mit den Kindern im Alltag immer auch eine *Bewältigung der eigenen, nicht nur biographischen, sondern auch soziokulturellen Lebenssituation* verlangt. Welche enorme Dynamik sich dabei entfalten kann, vermag folgendes Beispiel sichtbar zu machen:

F: Also, des war aa so. I hab in mein Geldbeutel neigschaut. Und da hab i zufällig, also, i bin ja so gschlampert, was Geld anbelangt, bei mir liegt halt immer was rum, und des verführt ihn natürlich aa. [...] Also, i hab an dem Tag gewußt, was i an Kleingeld im Geldbeutel gehabt hab. [...] Und na schau i nei, ist des Geld weg. Natürlich hab i ihn da in Verdacht gehabt. [...] Ja, und dann hab i ihn zur Rede gestellt. Ja, er woaß net, wo er das Geld hingebracht hat – das liegt irgendwo. Na hab i gesagt, des suchst jetzt. Na hat ers natürlich net gefunden, weil ers ja ausgeben hat, gell, und hat mi da also praktisch hingehalten. [...] Wissens, zwoa, drei Tag ist des so gangen. [...] Na hat er mir des eben erklärt, daß er die also kauft hat, und dann hab i ihn dann aa aufgrund dessen so droschen. Weil da hat er mi scho so lang hingehalten, wissens. Wenn er glei gesagt hätte, ja, i hab des Geld genommen, weil i des kaufen wollt, dann hätt i ihn geschimpft. Und wär sauer gewesen. [...] Aber durch des Hinhalten und des Warten, weil i ja dauernd auf ihn eingeredet hab, i will jetzt des unbedingt sehn. [...] Und des hat si halt dann so gesteigert, also, da bin i dann und hab den Kochlöffel geholt, und hab ihn droschen. Dann ist der abbrochen (lacht) und i bin nomal raus und hab an Bettklopfer geholt. Der war mir aa bald no draufgangen. Und so an Haß hab i ghabt. Also, da hab i an richtigen Haß ghabt. (F405C, 11 f.)

Ein alltäglicher Vorfall: Ein Sohn, zu diesem Zeitpunkt zehn Jahre alt, stiehlt seiner Mutter Geld aus dem Portemonnaie, einen kleinen Betrag. Zur Rede gestellt, lügt er. Er hatte das Geld für einen kleinen Einkauf gebraucht, den ihm die Mutter zuvor verboten hatte. Auch das ist noch nicht mehr als ein Schimpfen wert; daß der Sohn zwei, drei Tage seinen Diebstahl und sein Lügen zu verbergen sucht, daß er seine Mutter »hinhält«, das erst – so die Schilderung – beschwört die Prügel herauf. Seine Erklärungen kommen zu spät; er wird fürchterlich verdroschen: erst mit dem Kochlöffel, dann mit dem Bettklopfer. Für einen unbeteiligten Dritten mutet diese Reaktion zunächst unverhältnismäßig an. Was hat sie in den Augen der Mutter notwendig gemacht?

F: Also, wenn i ihn schlag, dann bin i erstens amal, also, da hat er mi dann total ausm Häusel bracht. [...] Und wenn i ihn dann schlag, wissens, irgendwie (Pause) des ist sowas, wie soll i sagen, also da drück i totale Macht auf ihn aus. Da ordne i des Kind total unter. Und die Wut, wo i da in mir hab, die gibt mir die Kraft, den so zu prügeln. Also, wie soll i des sagen? Des ist net, daß i ihn also demütigen will, des ist, wie wenn i über ihn reinbrechen tät. Und da wird er für mi also wie zu einem Gegenstand, da seh i den nimmer so als Kind, als menschliches Wesen, das was ma also da verletzen kann. Natürlich hab i mir gedacht, daß ihm net derschlagst (lacht), des scho. Also, aber sonst, i hab mir gedacht, also wo i da so geschlagen hab auf ihn, so auf ihn eingeschlagen hab, hab i mir gedacht, wenn jetzt der grün und blau ist, gell, also an die Füß runter und die Lehrerin sieht des oder daß des Jugendamt einschalten, des war mir vollkommen wurscht. Des war mir vollkommen egal. (F405C, 13)

Auch Frau Engel interpretiert die soziale Situation zwischen ihrem Sohn und sich selbst so, daß sie aus ihrer Mutterrolle heraustreten und diese vorbehaltlose Machtdemonstration inszenieren kann. *Er* war schuld, *er* habe sie total aus der Fassung gebracht. (»Unter anderen Umständen würde ich mich gar nicht so verhalten«, könnte man sie ergänzen.) Dann denkt sie genau nach und findet eine Formulierung, die so eigenartig ist, daß man sie ganz wörtlich nehmen sollte: Sie drückt (wenn sie ihn schlägt) »totale Macht auf ihn aus«, sie ordnet das Kind total unter, das heißt doch: Ihre Überlegenheit, die sie als Mutter und als Erwachsene hat, spielt sie ohne jeden Vorbehalt aus; die Abhängigkeit, in der sich der Sohn befindet, soll er nun ohne jede erzieherische Brechung zu spüren bekommen. Das ist keine amorphe Überschwemmung mit Affekten: Sie bleibt sich auch dann noch bewußt, daß sie ihn nicht erschlagen darf, und sie denkt sogar an die öffentlichen Kontrollen, bei denen sie bzw. ihr Sohn auffällig werden könnte. Sie macht sogar eine Unterscheidung zwischen der Wut, die ihr die Kraft (also die Form) zum Prügeln gibt, und dem Prügeln selber, dem gegenüber ihr Sohn nicht anders als hilflos und ohnmächtig sein kann.

Das Bild, das sie in dieser Situation von ihrem Sohn hat, zeichnet sie indes nicht in den Dimensionen von Macht und Ohnmacht, von Groß und Klein, wie man es erwarten würde als Konsequenz einer Machtdemonstration, sondern sie sieht ihren Sohn als *Gegenstand*, nicht als menschliches Wesen, mit anderen Worten: Sähe sie ihn als ihren Sohn, mit dem sie eine spezifische Beziehung hat, der selber Motive, Gefühle, eine eigene Wirklichkeit hat als menschliches Wesen (als das sie sich selbst einstuft) – sie könnte ihn gar nicht derart massiv verprügeln. Bei Frau Engel tritt wie bei Frau Huber ein stilisiertes Bild von den Kindern an die Stelle der Beziehung zu ihnen. In diesem Bild sind die Kinder überlebensgroß, wie Ungeheuer, nicht mehr schutzbedürftig und abhängig. Ohne dieses Bild, ohne diese Stilisierung des Verhältnisses zu den Kindern wären die Schläge, deretwegen Frau Huber ein »schlechtes Gewissen« hat, nicht zu rechtfertigen. Sie kann sich sogar ausdrücklich dafür entscheiden.

Frau Engel schildert eine Demonstration der Macht, die sie über ihren Sohn hat, und rechtfertigt sie mit der *Gewalt der Affekte, die ihr Sohn in ihr ausgelöst hat.*

F: I woaß net, wie i des ausdrücken soll, des ist so schwer. Des ist koa Macht, wo i sag, also dir zeig i jetzt, wer du bist und wer i bin. [...] Wissens, des ist einfach der Haß, wo mi da so treibt. Also net, um ihm zu zeigen, daß er da nur a Kind ist, oder was, sondern des, was er da in mir entfacht hat, des bricht dann über ihm raus. [...] (F405C, 14)

Das Opfer ist der Täter, meint sie; etwas sei in ihr »entfacht« worden, das dann über ihm »rausgebrochen« sei. Sie selber weiß, daß sie es war, die über ihm »rausgebrochen« ist. Die heftigen Affekte *legitimieren* die Distanzierung von der wechselseitigen Abhängigkeit der Mutter/Kind-Bindung, ermöglichen es, sich davon zu befreien, indem sie sie vereindeutigen. Es wäre ein Mißverständnis zu glauben, Frau Engel hielte ihr Verhalten für ein Unglück; sie hält es für legitim:

I: Würden Sie in einer solchen Situation wieder so reagieren?
F: Dann würd ich wieder so reagieren.
I: Das wissen Sie schon?
F: Ja.
I: Ihre Gefühle haben auch eine Berechtigung?
F: I find scho.
I: Und entsprechend müssen Sie auch handeln können?
F: Auf jeden Fall. Weil i moan, des Kind hat ja auch seine Freiheit, also i moan, er hat ja aa an Verstand, daß er damit denkt. Und er woaß genau, was er damit bewirkt.
I: Er ist also ein vollwertiges Gegenüber?
F: Genau. Und er muß ja des verantworten können, was er da treibt. (F405C, 24 f.)

Hier unterstreicht sie ausdrücklich, was sie in ihrer Situationsschilderung schon zu erkennen gegeben hatte: Sie sieht ihren Sohn als *ebenbürtig*, wie einen Erwachsenen; *entsprechend massiv muß die Selbstbehauptung ausfallen.* Ihr entsprechen »Freiheit« und »Verstand«, die sie ihm zuschreibt.[39]

Das »irrationale Verhalten« massiver Gewaltanwendung von Müttern und Vätern gegenüber ihren Kindern ist, wie das folgende Beispiel zeigen wird, auch rekonstruierbar als *Extremform eines Typus* der Eltern (hier: Vater)/Kind-Beziehung, in der die

Kinder – konträr zu den beiden vorangegangenen Beispielen – unpsychologisch gesehen werden. In der Logik dieses Erziehungsstils gibt es keine prinzipielle Grenze zwischen »akzeptabler« und »nicht mehr akzeptabler« Gewaltanwendung. Sie muß »von außen«, von den Folgen der Handlung und von den Reaktionen der Umgebung her gezogen werden. Für die Selbstdeutung der Akteure (hier: des betroffenen Vaters) folgt aus dieser Objektivierung der Handlung eine Selbstdistanzierung: Man versteht sich selbst nicht mehr.

M: Ja, es war zu dera Zeit, wo wir no in der Pension drinna gwohnt haben. [...] Und da war i aa ganz durcheinand. Und i glaab, damals ist sie [seine Frau, MSH] zum Einkaufen gegangen, da war i mit dene drei Kinder aloa. Und da hab i scho Sorgen ghabt, mit der Pension, wo i da drinna war, in einem Zimmer, wie des weitergeht und so. Und dann, der Georg hat dann geschrien, und hat nimmer aufghört, und i hab momentan nimmer gwußt, was i da macha soll. Weil i hab net gwußt, ob der was zum Essen kriagt hat und so. Praktisch gar nimmer gwußt, was i macha soll. Und danna is ma halt durchdraht, und da hab i eahm halt oane geschmiert. Und drum war er im Krankenhaus.
[...]

M: Des ist so schnell gangen, na hat er an richtigen Bluterguß ghabt, an großen, und da hab i natürlich Angst ghabt, weil i mir denkt hab, daß i eahm irgendwie verletzt hab oder was. Und na habens ihn halt im Krankenhaus drinn, na habens geröntgt und durchgecheckt, alles.

I: Haben Sie ihn auf die Schulter geschlagen oder ins Gesicht?

M: Ins Gsicht. I hab nimmer gewußt, was i macha soll, hab i mir denkt ghabt, daß er ruhig ist, ist mir ausgrutscht, hernach hats mir ja so leid tan. Drum mach i sowas nimmer. [...]

M: I hab abgeschalten. I hab mir denkt ghabt, wi wenn i an Erwachsenen vor mir hätt. So Reflex, reiner Reflex. Nacha ist mir kommen, was hast jetzt da gmacht. Der Bua kann si net wehren, gar nix. (M411C, 6, 11 f.)

Das Sozialamt hatte Herrn Geiger und seine Familie in einer Pension untergebracht, weil die Geigers keine Wohnung hatten. Er war erwerbslos. Das war eine belastende Situation für die Familie, mit vier Kindern mehrere Monate in einem Zimmer zu leben. Der Sohn, den Herr Geiger ohrfeigte, war damals (die Situation ist gut ein Jahr her) noch nicht ein Jahr alt. Ein schreiender Säugling, ein Vater, der nicht weiß, wie er sich dazu verhalten soll, eine belastende Lebenssituation: Unter diesem Druck »dreht er durch« und schlägt den Jungen heftig. Immer wieder betont Herr Geiger, er habe »nicht gewußt, was er machen sollte«. Das heißt: Er habe aus Hilflosigkeit geschlagen, nicht aus Absicht, eigentlich *überhaupt nicht mit Bewußtsein* – die Schläge sind »ausgerutscht«, waren ein »Reflex«, er hatte »abgeschaltet«.

Er habe sich verhalten, »wie wenn er einen Erwachsenen vor sich gehabt hätte«: Aber anders als in den beiden vorangehenden Beispielen hat er das Kind nicht als ebenbürtig oder übermächtig erlebt. Er wußte vielmehr einfach nicht, wie er sich gegenüber einem schreienden Säugling verhalten sollte. Darum hatte er sich bisher offenbar nicht gekümmert; Kinderbetreuung ist Sache seiner Frau. Er kennt seinen Sohn zu wenig, um wissen zu können, was ihm fehlt – wenn ihm überhaupt etwas fehlt. So stellt das Handlungsziel, das Kind solle »ruhig« sein, weil es ihn störe – Herr Geiger kann dieses Ziel formulieren, obwohl er »nicht wußte, was er machen sollte« –, ein Problem dar, für dessen Lösung ihm die Ressourcen fehlen. Die These lautet also: Herr Geiger hat sich verhalten, *wie er sich in Situationen der Hilflosigkeit gewöhnlich verhält* – nur übte er dieses Verhalten zur falschen Zeit und am falschen Ort aus. Die These würde an Plausibilität gewinnen, wenn man Hinweise dafür beibringen könnte, daß die Schläge eine *heftige Form seines Umgangs mit den Kindern in alltäglichen Konfliktsituationen* sind. Dafür gibt es in der Tat Hinweise.

M: Von de Zwilling der Bua, der war grantig, und hab i ihn ins Zimmer neitan und hab die Tür zugmacht. Hab i mir denkt, jetzt kannst di ausspinnen, und wennst wieder ruhig bist, es Schreien aufhörst, na hab i mir denkt halt, na kannst wieder rausgehen. Und des war der Fall, na hat er aa a Ruh geben ghabt. Na hab i mir dacht, da schaust liaba mal nach, der stellt doch bestimmt was an. Tatsächlich hat er mir die Tapeten runtergerissen. Na hab i ihn halt auf d' Finger naufgehaut, daß ers nimmer macht. Na hab i ihn mit Fleiß da drinna lassen, na hab i ihn ins Bett neiglegt. Hab i mir denkt, jetzt schlaft er, weils wieder ruhig ist. Fünf Minuten später geh i wieder nei, na hat er wieder rumzupft ghabt. Naa, was will i da macha. Hab i ihn glei drinnalassen, also du bleibst solang drinn, du kommst ma net raus. [...]

I: Und dann war das vergessen ...

M: Ja, momentan war i scho sauer auf eahm. I hab ihn dann halt gar nimmer angschaut. Weil des tut ihm weher, als wie wenn i ihm auf d' Finger hau. Des hat er si da na scho gmerkt, und jetzt langt er aa nimmer hin.
I: Was glauben Sie, warum macht er das?
M: Warum? Also, wegen Langeweile net [...] Vielleicht hab i des, wo i kloa war, des a so gmacht. Daß er des von mir hat. Des ko sei.
I: Ich glaub nicht, daß sich sowas vererbt, vielleicht machts ihm einfach Spaß?
M: Also, der geht scho nach mir. Der hat vui von mir.
[...]
I: Die Gerda macht Ihnen ja besondere Sorgen. Können Sie vielleicht eine Situation schildern, in der sie nicht tut, was sie tun sollte?
M: Bei der is so, bei der Gerda, mit der kann ma aa reden, aber die hat manchmal so Tag drinn, da laßt sie si überhaupt nix sagen. Dann ist sie bösartig, dann stampfts in Boden nei, und schreit und schreit und schreit und hört nimmer auf. Na gehts auf die anderen Kleinen los, und wenn i dann was sag, dann gehts halt ab und zu mal auf mei Frau und mi los.[...]
I: Was tun Sie, wenn die Gerda bös oder trotzig ist?
M: Des mach ma beide, wenn ma halt sehn, wenn mir des sehn, mir zwoa halt, daß sie des macht, danna kriagts erstens mal Fernsehverbot und mitm Spuin ists sowieso vorbei. Und wenn i's derwisch, dann kriagts ja scho oane auf d' Finger, daß na nix mehr anlangt. Und des hab i aa scho gmacht. Des laßts einfach net bleiben.
[...]
I: Was will sie mit dieser Aggressivität ausdrücken?
M: I kann mir vorstellen, daß sie halt moant, daß sie aa scho jemand ist. Daß sie des derf, weil damals, wo sie bei ihre Eltern noch drauß' war, die Kloa, die Gerda, da hats ja alles derfa. Und sie war lang draußen. [...] Da hats gmoant, des, was sie da draußen hat macha derfa, des derfs bei uns aa. Und da hab i ihr glei an Strich durch d' Rechnung gmacht. [...] (M411C, 4f.; 7; 9f.)

Auf die Frage nach Situationen, in denen seine Kinder etwas tun, was ihn stört, was sie ändern sollen, schildert Herr Geiger exemplarische Begebenheiten mit dem Zwillingssohn Gregor (zum Zeitpunkt des Interviews zwei Jahre alt) und mit seiner Tochter Gerda (drei Jahre alt). Die Begebenheiten sind aktuell, das heißt: sie fanden und finden nicht unter den belastenden Bedingungen des Pensionsaufenthalts, sondern in der neuen Wohnung statt, in der die Familie seit einem knappen Jahr lebt.[40]

Anlässe einzugreifen sind Verhaltensweisen wie: schlecht gelaunt sein, die Tapeten von den Wänden zupfen, zornig und trotzig sein, schreien. Die Antworten sind: ins Zimmer einsperren, tagsüber ins Bett legen, auf die Finger schlagen, nicht beachten, Verbot, fernzusehen und zu spielen. Die Anwendung körperlicher Gewalt (auf die Finger schlagen) dominiert nicht; sie gehört in ein *Spektrum von nichtphysischen Zwangsmitteln* und gilt störenden Verhaltensweisen, die mit den Händen zusammenhängen (Tapeten zupfen, etwas anfassen); das gilt auch für andere Reaktionen: So wird Gregor ins Bett gesteckt, weil er schlecht gelaunt ist und schreit. Wieder andere Bestrafungen zielen direkt auf das Selbstwertgefühl der Kinder: etwa die bewußt-instrumentell gehandhabte Nichtbeachtung. Sein Umgang mit den Kindern, wie ihn Herr Geiger schildert, ist averbal; mit seiner Tochter könne man (an »normalen« Tagen) reden. Aber wenn es zu Konflikten kommt, dann wird agiert; Herr Geiger »denkt sich« etwas, aber er teilt es nicht seinen Kindern mit. Obwohl er mindestens zweimal in den hier zusammengestellten Gesprächsausschnitten vom Interviewer ermuntert wird, über die Motive und Ziele seiner Kinder in den geschilderten Situationen zumindest zu spekulieren, kann er sich offenbar keine Vorstellung darüber machen, warum sich seine Kinder so verhalten, wie er es wahrnimmt und zu ändern sucht. Seine Interpretationen ihres Verhaltens sind moralische Qualifizierungen ihrer Andersartigkeit als Kinder (»bösartig«; »meint, daß sie auch schon jemand ist«, das heißt: sie ist anmaßend, nicht »klein« genug) oder Vorstellungen, daß sein Sohn Eigenschaften von ihm (dem Vater) biologisch geerbt habe. Im Mittelpunkt seiner Schilderungen aber stehen einzelne Verhaltensweisen, die ihn stören und die er ändern möchte. Da er mit seinen Kindern keine Empathie entwickelt, die Kinder ihm daher als irrationale Wesen vorkommen müssen, sucht er diese Verhaltensweisen durch das Setzen unangenehmer Reize zum Verschwinden zu bringen. Diese Reize sind verschieden stark ausgeprägt und richten sich auf unterschiedlich breite Verhaltensbereiche; der Angriff auf das Selbstwertgefühl (»Strich durch die Rechnung«) ist das umfassendste Instrument im Arsenal dieses Erziehungsstils.

Die Episoden, die Herr Geiger schildert, würden eine »Feinsteuerung« erfordern. Wenn die Kinder »außer Kontrolle geraten«, dann wäre eine Interpretation ihrer Situation erforderlich, um handeln zu können. Solche Interpretationen, das belegen diese Episoden, sind für den Erziehungsstil von Herrn Geiger nicht konstitutiv. Insofern birgt er die Gefahr von Hilflosigkeit in kritischen Situationen in sich, wie es die eingangs geschilderte Mißhandlungssituation war: Seine Frau, für die Erziehung der Kinder zuständig, war ja zum Einkaufen gegangen und hatte ihn mit den Kindern allein gelassen. Es besteht also *kein qualitativer Unterschied zwischen dem geschilderten Verhalten von Herrn Geiger bei der Mißhandlung und in den geschilderten Alltagssituationen;* sein Verhalten in der Mißhandlungssituation ist lediglich von größerer Entfaltung seiner Körperkraft gekennzeichnet.[41] *Die Mißhandlungssituation ist weniger den belastenden Lebensbedingungen der Familie oder der Beziehungsdynamik zwischen Vater und Kindern geschuldet als der kognitiven Strukturierung der Handlungssituation bzw. dem handlungsleitenden Bild des kindlichen Gegenüber.* Aus der subjektiven Konstruktion der Familienwirklichkeit ist das Verhalten von Herrn Geiger plausibel rekonstruierbar. Seine Darstellung, er habe »im Reflex« gehandelt, ist als Entschuldigung zu interpretieren, die sich an eine kontrollierende Öffentlichkeit richtet.

Eine kurze *Zwischenbilanz*: Die *paradoxe Normalität elterlicher Gewaltanwendung*, die seit Steele und Pollock ein Leitmotiv der Forschung ist, wird in diesem Abschnitt über Situationen des Gewalthandelns *jenseits der imaginären Grenze angemessener Strafen* anschaulich und ein Stück genauer beschreibbar.

Die Hilflosigkeit und Ohnmacht, die Frau Huber ihren Kindern gegenüber in bestimmten Situationen empfindet, ist nicht Ratlosigkeit über angemessene Erziehungsmittel, sondern ein situativ zugespitzter Ausdruck ihrer sozialen Position gegenüber den Kindern. Ihre Empathie mit den Kindern, speziell ihr Prinzip, daß Bestrafungen von den Kindern nachvollziehbar sein müssen, läßt sich nicht in Einklang bringen mit ihren eigenen Lebensbedürfnissen, führt zu Überforderung. Es findet gewissermaßen eine *Entpädagogisierung des elterlichen Gewalthandelns statt, indem die Bestrafung der Kinder die Lebenssituation der Mutter als Frau bewältigen hilft.* Ihr schlechtes Gewissen stellt die Verbindung zwischen der Frauen- und der Mutterrolle her und signalisiert, daß die imaginäre Grenze zwischen Erziehung und

Gewalt – bildlich gesprochen – vom Rande der Familie in ihr Zentrum gerückt ist.

Die soziale Wahrnehmung des Kindes als »Ungeheuer« oder »Gegenstand« hat, wie die beiden ersten Berichte zeigen, in Situationen des Gewalthandelns in Familien eine strategische Funktion. Sie bestimmt, warum ein Kind unter gegebenen praktischen Umständen und unter Bezug auf allgemeine Grundsätze Schläge erhält und nicht Schutz, Fürsorge oder Förderung. Das Bild vom Kind ist ein situationsspezifischer Code, der die Legitimitätsgrenzen der Gewaltanwendung bestimmt, wenn er nicht das Kindliche am Kind überhaupt ausblendet und es zu einem Quasi-Erwachsenen macht, eine scheinhafte Gleichheit, Ebenbürtigkeit, ja: Überlegenheit des Kindes konstruiert, die von den Müttern und Vätern Selbstbehauptung verlangt. Erst diese Codierung erlaubt die Entmischung von Fürsorglichkeit und überlegener Macht in der Generationsbeziehung und ist daher als eine *Bedingung von Mißhandlung* zu identifizieren. Der Normkonflikt, der in den Fallbeispielen des vorigen Abschnitts anschaulich wurde, wird in dieser Codierung gewissermaßen aufgehoben, reguliert.

In den ersten beiden Fallbeispielen steht das handlungsleitende Bild vom Kind in einem genetischen Zusammenhang mit der Lebenssituation der betroffenen Mütter; das gibt der Wahrnehmung des Kindes als »Ungeheuer« eine mehr als nur psychologische Plausibilität. In dem dritten Fallbeispiel wird das kindliche Gegenüber nicht als übermächtig beschrieben. Hier trifft eher die These von Steele und Pollock zu, die Mißhandlung von Kindern sei die *Extremform eines weit verbreiteten Musters* der Kindererziehung. Diesem Muster liegt eine »verhaltenstheoretische« Codierung der Subjektivität des Kindes zugrunde. Es erscheint als ein irrationales Bündel von Eigenschaften, die moralisch qualifiziert und von außen gesteuert werden müssen. Aversive Reize sollen erwünschtes Verhalten konditionieren. In diesem Modell gibt es keinen Konflikt zwischen Zweck und Mittel wie in den ersten beiden Beispielen. Es gibt damit auch keine immanente Grenze für die Stärke dieser Reize, so daß, was Dritte als »Gewalt«/»Mißhandlung« identifizieren, in der Tat nichts anderes ist als eine mit besonderer Kraft ausgeführte Verhaltenssteuerung. Auch hier jedoch läßt sich die Codierung des kindlichen

Gegenüber als eine Bewältigung der elterlichen Abhängigkeit vom Kind deuten. Die Hilflosigkeit und Ohnmacht, die Herr Geiger erlebte, bevor er sein Kind schwer verletzte, setzt eine geschlechtsspezifische Arbeitsteilung voraus, in der der Vater keine intimen Kenntnisse von seinen Kindern erwirbt.

Gegen ein vordergründiges Reden von »Streß« oder »Überlastung« belegen die Fallbeispiele dieses Abschnitts, daß (erstens) Ohnmacht und Hilflosigkeit gegenüber den Kindern im Zusammenhang geschlechtsspezifischer Lebenssituationen zu sehen sind und daß (zweitens) auch massives Gewalthandeln *keine Anomalie, sondern eine strukturelle Möglichkeit im Eltern/Kind-Verhältnis* ist, die auf einem unlösbaren Grundkonflikt beruht. Die Fallbeispiele geben (drittens) Aufschluß darüber, daß die paradoxe Normalität elterlichen Gewalthandelns sich über eine Recodierung der sozialen Wahrnehmung des Kindes vermittelt.

Die Vergesellschaftung von Ohnmacht

Wenn Frau Köck sich erinnert, wie sie ihren dreijährigen Sohn verprügelte – zum Zeitpunkt des Interviews war das erst ein paar Monate her –, dann ist ihr erster Gedanke, so etwas dürfe nie wieder vorkommen.

F: Des war des oane Moi. Und i hab aa zu mir selber gsagt, des muß des eine Mal blieben sein. Des derfat nie mehr vorkommen. Weil ma da einfach wirklich ohne Hirn auf den eintritt, oder auf den einschlagt, egal, wo man hintrifft. [...] Zuerst hab i ihn halbtot geschlagen. (F415C, 5)
[...]

F: Wo i dann aufgehört hab zum Schlagen, ist er liegenblieben und hat dann so vor sich hingejammert. I hab ihm gesagt, dann bleibst jetzt da. (F415C, 11)

Der Schreck, die Scham, die Reue, daß sie zu so etwas fähig war, behindert die Erinnerung daran, was genau geschah. Dabei wird allmählich klar, daß es sich dabei um alles andere als ein irrational-zufälliges, quasi schicksalhaftes Ereignis handelte. Frau Köck berichtet, daß sie mit ihrem Sohn und seinem Trotz überfordert war.

F: Und i hab ja aa gemerkt, [...] daß er wirklich mit mir macht, was er will. Der hat eben, wenn er sei Schreien aufgesetzt hat, da hat er oan so an Tonfall und dann Fußstampfen, dann hat er mit mir alles erreicht, damit i mein Seelenfrieden gehabt hab. Daß i halt gesagt hab, kumm, kriegst des Guttl oder kriegst des Gummibärli, bloß, damit a Ruh ist. Des hat der schamlos ausgenützt. (F415C, 10)
[...]
F: Aber so war des ja bloß no, jetzt schau bloß, daß'd nauskummst, schleich di, i kann di nimmer sehn. Nach dem Motto, mir glangts bis daher, i krieg koa Luft nimmer, i kann nimmer. (F415C, 15)

Frau Köck »wird dem Jungen nicht mehr Herr« (F415C, 9); sie erlebt ihn als so mächtig in seinem Trotz, daß eine Er-oder-ich-Situation entsteht. Um das Verprügeln zu provozieren, reicht sie allerdings nicht aus, denn Frau Köck *tut sich nach Hilfe um.* Der Junge soll halbtags in den Kindergarten; aber er will da nicht hin. Jetzt stehen Mutter und Kindergärtnerinnen gemeinsam dem Kind gegenüber. Die pädagogischen Expertinnen, auf die Frau Köck große Hoffnungen setzt und die im Kindergarten ganz ähnliche Probleme mit dem Jungen haben, recodieren die Situation nun in entscheidender Weise und liefern eine Deutung der Situation, die Frau Köcks Problem zu lösen verspricht.

F: Ja, i glaub, des ist scho no so gangen, daß i also aa mit anderen Leuten drüber geredet hab. Daß mi der Karli so nervt. Aa eben mit der Kindergärtnerin und so, und aa no mit ner anderen Dame, und die hat halt gesagt, du mußt durchgreifen, der tanzt dir auf der Nasen rum und der macht ja bloß no, was er will. Vielleicht so, daß ma irgendwie des Gefühl hat, Herrgott, der ärgert mi jetzt scho so lang, oamoi zeig i's ihm jetzt richtig.
I: Da hatte sich was angestaut ...
F: Ja, aa bedrängt von außen – mei Mann aa, Mensch, du laßt ja alles mit dir machen. Aufd Nacht jammerst mir vor, daß der Karli so unmöglich ist, und du greifst ja nie durch. Der hat bestimmt net gsagt, hau ihn amal richtig, aber: Sei mal konsequent. Und was weiß i. Aber im Moment passiert des scho ganz spontan. Aber des ist dann so komisch, daß ma dann nimmer aufhörn kann. Da stehst dann davor, oamoi neighaut, des hätt ja glangt. Aber i woaß aa net. Weil ma unbedingt moant, der muß jetzt mitgehn. I hab ihn dann aa wieder angezogen, na hab i ihn wieder ausgezogen. Er hat gestrampelt und dann auf mi also eingehaut, mit seine Schuh. Also, da ist ma ohne Hirn. [...] Also, in dem Moment, wo i zuhau, denk i vielleicht net dran, daß jetzt die andern aa ..., ja scho, na sagen wir mal, der

Einfluß von der Kindergärtnerin, weil die gsagt hat, geben Sie bloß net nach, wenn der sagt, i will net in Kindergarten, dann sands verratzt, dann bringens den nie mehr rein. Wenn der angemeldet ist, na muß er reingeh. Weil wenn Sie sagen, oamoi derfst neigehn, oamoi brauchst net, dann geht der net. Dann zahlen Sie den halben Monat umasunst. Und i hab mir eigentlich aa vorgenommen, hab gsagt, drei Jahr ist er mir auf der Nase rumgetanzt, und diesmal, beim Kindergarten halt i durch. Weil für mi des einfach so wichtig war, daß i nachmittags einfach amal ein paar Stunden für mich hab, damit i eben aa wieder die Nerven für ihn hab. (F415C, 6f.)

Frau Köck erhält *Unterstützung aus ihrer sozialen Umgebung.* Diese Hilfe besteht in einer Deutung ihres Problems und einem Rat, wie sie sich verhalten soll. Das Verhältnis zwischen ihr und ihrem Sohn wird als *Machtkampf* interpretiert. Dabei wird die Wechselbeziehung zwischen Mutter und Sohn, auch die dreijährige Geschichte dieses »Machtkampfes«, wenn man der Schilderung von Frau Köck folgt, nicht einmal erwähnt, geschweige denn die Perspektive oder die Motive des Kindes erörtert. Das Kind wird so – wie Frau Huber es nannte – als »Ungeheuer« konstruiert, mächtig und unvernünftig/unzugänglich zugleich. Während die Deutung also die Beziehung zwischen Mutter und Sohn unterbricht, ist der Rat eine Erlaubnis, den Machtkampf mit den überlegenen Mitteln der Erwachsenen zu führen. Die Erlaubnis wird nicht von lediglich persönlich bedeutungsvollen Personen gegeben, sondern sie kommt auch von pädagogischen Experten, mit anderen Worten: Die Wächter der Normalität schalten sich unmittelbar in den innerfamilialen Diskurs ein. Allerdings lautet der Rat nicht: »Schlagen Sie Ihr Kind!«, sondern: »Greifen Sie durch, seien Sie konsequent, lassen Sie sich nicht auf der Nase herumtanzen!« Die Struktur der Handlung wird vorgegeben (eine Demonstration der überlegenen Macht), aber nicht, was Frau Köck konkret tun soll. Daher impliziert dieser Rat zwei Fragen. Die öffentlichen Ratgeber fragen: Kann sie sich durchsetzen? Und Frau Köck, der der Rat gegeben wurde, muß sich fragen: Kann ich mich gegen meinen Sohn, das Ungeheuer, durchsetzen? Der Rat impliziert eine *Herausforderung der persönlichen Kompetenz* von Frau Köck und verschärft damit ihr Problem. Verschärft wird ihre Lage auch durch ihren Mann, der ebenfalls den Rat »Durchgreifen« mit einem Zweifel an ihrer Kompetenz als Mutter verknüpft.

So ist die Situation von Frau Köck mit dem Ausdruck »Überforderung« oder »Überlastung« eigentlich nicht richtig beschrieben, weil sie eben nicht nach dem Modell eines Dampfkessels funktioniert, sondern die spezifische Reaktion der Gewaltanwendung auf spezifische Weise vorbereitet wird; die zentrale Rolle spielt auch in diesem Fall die Recodierung des Bildes vom Kind in der Beziehung von Frau Köck zu ihrem Sohn.
Die situative Umsetzung der Erlaubnis »durchzugreifen«, gerät zu einer Aktion »ohne Hirn«, wie Frau Köck formuliert. Warum, so fragt sie selbst, hat sie nicht nur einmal zugeschlagen, warum konnte sie nicht mehr aufhören? Ihre Situationsschilderung enthält drei Elemente, deren Zusammenwirken eine Antwort geben kann: Sie *wollte* sich durchsetzen; in diesem Wunsch wirkt die Provokation des Rates (»Geben Sie bloß nicht nach!«, zitiert Frau Köck die Kindergärtnerin). Zweites Element: Ihr Sohn strampelt, als sie ihn zum Kindergarten anziehen will, sie nennt es, »er hat auf mich eingehauen« (vgl. S. 153 f.): Das »Ungeheuer« greift sie an. Drittes Element: Ihr eigenes Interesse an Zeit für sich selbst; nach drei Jahren »Auf-der-Nase-Rumtanzen« will sie ein paar Stunden pro Tag für sich haben. Das *Mandat* der Öffentlichkeit, die Herausforderung ihrer eigenen *Kompetenz als Mutter*, die Deutung der Schläge als *Verteidigung* und das Element der *Selbstbehauptung* geben unterschiedliche Rechtfertigungen in einer Jetzt-oder-nie-Situation.
Dabei ist auch hier auffällig, daß ihr Verhalten keineswegs »hemmungslos« ist, sondern Grenzen legitimen Handelns im Rahmen der Situationsdeutung befolgt.

F: [...] daß i mir z. B. a Gegenstand holen tät, und mit am Gegenstand auf ihn einhau – des tät mir nie einfallen. Also es ist halt so, daß i, wenn er nix, überall draufhau, wo i ihn triff. Hingegen, wenn i bei Verstand bin, dann denk i immer, daß i net an Kopf triff, und was weiß i, net ins Gesicht hau, sondern einfach halt am Popo oder auf die Finger. Des ist in dem Moment nimmer der Fall. (F415C, 14)

Frau Köck nimmt für sich in Anspruch, »nicht bei Verstand« gewesen zu sein und daher alle Vorsicht vergessen zu haben; daß sie jedoch mit Gegenständen schlagen könnte – keineswegs ungewöhnlich, wie Frau Engel im vorigen Abschnitt bewies –, komme »nie« in Frage: eine Unterscheidung, die sie nur »bei Verstand« treffen kann.

Alle Familien der Untersuchungsgruppe mit Kindern über zehn Jahren berichten von Konflikten um Schule, Berufsausbildung und außerfamiliale Orientierungen heranwachsender Kinder. Bei allen findet Gewaltanwendung im Zusammenhang mit diesen Konflikten statt. Bei denen, die ihre Kinder relativ selten und/oder weniger heftig schlagen, sind die Episoden bei diesen Konflikten am heftigsten, wobei nicht nur körperliche Zwangsmittel verwendet werden. In einer Familie (413) wurde so massiv geprügelt, daß man nach den Kriterien der Kinderschutzzentren von Mißhandlung sprechen kann.

F: Der hat momentan zu nichts mehr Lust ghabt. So wie si des daheim wieder eben ausgeartet hat [sie meint: sobald wir zu Hause nicht mehr konsequent darauf geachtet haben, daß er lernt, MSH], so hat er koa Lust mehr ghabt in die Arbeit. Angefangen hats eigentlich mit der schulischen Leistung, er hat nix glernt, hatte dadurch in der Zwischenprüfung zwei 5er, dann gabs dahoam Krach, und zwar alle Tag, und er hat koa Lust mehr ghabt zum Arbeiten, hat si krankschreiben lassen. Das war des Problem momentan. (F401C, 3)

Frau Antz schildert Probleme mit ihrem Sohn. Anton ist 17 Jahre alt und lernt ein Handwerk. Was ihr Sorgen macht: Seit einem halben Jahr sind seine (berufs)schulischen Leistungen sehr schlecht geworden, er hat keine Lust mehr zu arbeiten. Was ihre Sorgen verstärkt: Er hat Freunde, die ihr nicht gefallen, »Arbeitslose«, »Grattler« (ein bayerischer Ausdruck für »Gesindel«). Ihr Mann erzählt, daß es diese Freunde schon länger gibt; vor knapp zwei Jahren kam der Sohn wegen Automatenknackens mit der Polizei in Konflikt; auch Alkohol ist in den Augen der Eltern ein Problem, das aus seiner Zugehörigkeit zu dieser Clique rührt. Anton war immer schon das Sorgenkind der Eltern, sie haben immer schon Druck auf ihn ausgeübt, damit er für die Schule lernt. Wenige Tage vor dem Interview hatte sich – nicht zum ersten Mal – die Situation zugespitzt. Es war nämlich herausgekommen, daß Anton unentschuldigt seinem Arbeitsplatz ferngeblieben war und auch die Berufsschule geschwänzt hatte. Schließlich hatte er sich eine Krankmeldung besorgt, obwohl er gar nicht krank war. Seine Mutter hatte ihn jeden Morgen geweckt und pünktlich zur Arbeit geschickt.

F: Dann hab i, am Dienstag hab ihn dann rausg'schmissen. [...] Na hab i gsagt, weißt du was, pack deine Sachen und geh. Und zwar raus. Des ist mir wurscht, was aus dir werd, ob du untergehst oder net.
[...]
Und um halb zehn hat er dann angrufen, wo soll i bloß hin, soll i wirklich nimmer heimkommen und hat gheult und Gott-weiß-was. [...] Na hab i gsagt, setzt di in Bus und fahr heim, aber sofort. Na haben mir bis um zwei diskutiert. (F401C, 5; 8)

An diesem Tag geht er aber auch nicht zur Schule.

F: Na hab i ihm a solche geschallert, dann hab i gsagt, also oans sag i dir, deine verfluchten Lügen dauernd, des setzt oam aa so zu. (...) Na hab i gsagt, warum bist du eigentlich net in die Schule gangen? Ja, i weiß es net. I hab dann nimmer gwußt, was i tun soll. (F401C, 5 f.)

Frau Antz erzählt eine dramatische Geschichte, aber unter den Familien der Untersuchungsgruppe steht sie nicht allein da.[42] Sie war enttäuscht, deprimiert und wütend; aber in den Vordergrund stellt sie ihre Sorge, daß sein Verhalten unabsehbare Folgen für seine Zukunft haben kann:

F: Wie er dann weg war, hab i mir scho denkt, der verpatzt si jetzt sei ganzes Leben. Jetzt ist er 17 Jahr alt, und wenn i mir vorstell, 60 Jahr soll er vielleicht leben, des is mir einfach zu unbegreiflich alles, ne. Daß er so dumm ist wie jetzt, wo ma a Krise haben, und alles hinschmeißt und in zwoa Jahr vielleicht des alles bitter bereut, des was i jetzt sag. I kann ihn jetzt net untergehen lassen, mit seine net ganz 18 Jahr. Des ist net drinn. (F401C, 15 f.)

Das sagt sie ihrem Sohn auch direkt und begründet damit, warum sie ihn so unter Druck setzt:

F: Na hab i schon gsagt, wenn du mir wurscht wie andere, denen sand die Kinder wurscht. Die sagen, schleich di und mach was'd willst. Des ist dei Leben; i kann des net. I kann da net zuschaun, daß du kaputt gehst. Für nix dein' Lehrplatz verlierst in der heutigen Zeit. I kann net tatenlos zuschaun, des mußt doch verstehn. (F401C, 16 f.)

Unter den Mitteln, die ihr zur Verfügung stehen, verspricht sie sich von Ohrfeigen und Drohungen am wenigsten, und den Sohn zu verstoßen – nichts anderes bedeutet ja wohl die Aufforderung, das Elternhaus zu verlassen – steht sogar in völligem Gegensatz zu dem Ziel, den Sohn nicht »kaputtgehen« zu lassen. Warum also dennoch Ohrfeige, Drohung, Verstoßen?

I: Wollten Sie mit der Ohrfeige was erreichen?

F: Naa. Naa, des war einfach so, bestimmt net. I ärgert mi dann eigentlich über solche Spontaneitäten ganz kolossal. Des muß i echt sagen. Mei Meinung ist immer, des ist wirklich koa Lösung des Problems. Und i hab als Erwachsener vielleicht immer die größere Macht, net körperlich, sondern eben auch ... und des tut mir scho leid, und des sag i ihm dann aa. Des sag i ihm schon, daß ich des absolut nicht will und wollte. Des hab i ihm gestern aa gsagt, sag i, des war wirklich net des, was ich wollte. Des woaßt du genau, aber du forderst oan wirklich so raus, i hab momentan wirklich net weitergewußt. (F401C, 16)

Frau Antz stellt ihre Ohrfeigen so dar, als hätten sie mit dem spezifischen Anlaß gar nichts zu tun: sie seien »Spontaneitäten«, sie habe es nicht gewollt, ihr Sohn habe sie herausgefordert. Außerdem entschuldigt sie sich: Schläge seien keine Lösung, Erwachsene ohnehin überlegen (ihre Schläge mithin ein Mißbrauch ihrer Überlegenheit), aber sie habe nicht mehr weitergewußt. Ihr Mann allerdings erzählt, daß sie gerade ihren Sohn Anton auch schon mit Gegenständen, also massiv verprügelt hat. (Frau Ingerl berichtet, s. S. 338, Anm. 42, sie sei so wütend über ihre Tochter gewesen, daß sie sie einmal fast erschlagen hätte.) Welche Mittel stehen Frau Antz denn überhaupt zur Verfügung, um ihr Ziel zu erreichen? Sie hat keinen eigenen Betrieb, in dem ihr Sohn lernen, den er möglicherweise später übernehmen könnte, um sich so eine Existenz zu sichern. Sie verfügt mit ihrem Mann auch über kein Vermögen, das sie vererben könnte. Der Arbeitsmarkt entzieht sich ihrer Kontrolle vollständig, ebenso die technologischen und qualifikatorischen Veränderungen, welche die gegenwärtige und zukünftige Gestalt von Berufen und Arbeitsplätzen bestimmen. Die einzigen Mittel, über die sie verfügt, betreffen ihren Einfluß auf die »moralische Seite« der Arbeitskraft, auf Anpassungsbereitschaft, Disziplin und die anderen »Tugenden«, die man als Lohnabhängiger zum materiellen Überleben benötigt (vgl. S. 220: Herrn Dexers Versuch, die Ethik der Lohnarbeit zur Richtschnur seiner Erziehung zu machen). Die aktuelle Situation, in der sie sich gegenüber ihrem Sohn befindet, öffnet ihr indes die Augen darüber, daß sie auch hier nur – oder vielleicht: nur noch – begrenzte Einflußmöglichkeiten hat. Diese Möglichkeiten mobilisiert Frau Antz in der gegenwärtigen Krisensituation.

F: Schaun, daß i seine Freunde kennenlern, dann such i ihn mir halt wieder mal, wo er grad ist, und schau, mit wem er umgeht. Des weiß ich unterdessen. Und sag ihm des auch, daß des Arbeitslose sind. Und bring ihm des klar, daß er sich alles verbaut, und warum und weshalb, und er möcht wieder in Sportverein reingehen. (F401C, 22)

Sie zählt Tätigkeiten auf, die alle eine große Nähe zu den Lebensfeldern ihres Sohnes suchen und ihn »aufklären« über die (ihr so erscheinende) Abträglichkeit seiner sozialen Umgebung. Ihre Fürsorge für den »gefährdeten« Sohn ist eng verknüpft mit einer Kontrolle seines Lebenswandels. Diese *Ambivalenz* durchzieht alle Ressourcen, die sie mobilisieren kann, und diese Ambivalenz ist weniger mit ihrer Person verbunden als mit dem *Typus familialer Fürsorge* überhaupt, die ja Unmündigen gilt. Wenn die Kinder indes auf der Schwelle zu ökonomischer und rechtlicher Selbständigkeit stehen, wird diese Ambivalenz familialer Fürsorge (zu der Alternativen schwer denkbar sind) kritisch: weil die betreffenden Jugendlichen sie primär als Einschränkung empfinden mögen, zugleich aber die familialen Ressourcen – besonders in Zeiten ökonomischer Krisen und beträchtlicher Jugenderwerbslosigkeit – mehr denn je erforderlich zu sein scheinen.
Frau Antz wendet im direkten Kontakt mit dem Arbeitgeber die Gefahr einer fristlosen Kündigung ab (F401C, 8), die wegen unentschuldigten Fernbleibens vom Arbeitsplatz möglich wäre. Beim Jugendamt erkundigt sie sich nach Hilfen und stellt einen Kontakt mit der zuständigen Sozialarbeiterin her (ebda.). Über Bekannte organisiert sie eine Nachhilfe für den Sohn (F401C, 11) und will wieder stundenweise erwerbstätig werden, um die Kosten dafür aufzubringen (F401C, 12). Vor allem aber mobilisiert sie die Bindung ihres Sohnes an seine Mutter; er hängt nach wie vor an ihr (F401C, 23 f.). Sie bekundet ihre Liebe zu ihm und daß sie ihn daher nicht untergehen lassen könne (F401C, 16). Sie erinnert ihn jedoch auch daran, daß sie Opfer gebracht und auf vieles verzichtet habe, und verlangt dafür, daß auch er an sich arbeite, etwas für sich tue (F401C, 17); seine Chancen seien praktisch ihr Lebenswerk (F401C, 25). Mit dieser Bindung kann sie auch drohen und Druck ausüben: Sie habe Angst um ihn, sie könne nicht schlafen, wenn er nicht zu Hause sei – im gleichen Atemzuge: Sie wolle ihm seine Freiheit lassen (F401C, 25). Zugleich verstärkt sie die Bindung und stellt Nähe her, indem sie

sich für die Schläge entschuldigt und um Verständnis bittet (F401C, 16); sie weint vor ihm (F401C, 4). Schließlich mobilisiert sie seinen älteren Bruder, der schon nicht mehr zu Hause lebt; er ist der »gute Sohn«, der ihm ins Gewissen redet und ihn daran erinnert, was die Eltern alles für ihn getan, welche Opfer sie gebracht haben für die Kinder (F401C, 9). Frau Antz kann aber noch eine weitere Ressource nutzen, nämlich ein attraktives Heim, ein »Nest« mit Tischtennisplatte, Sauna, Kaffee und Kuchen (F401C, 26), in dem Platz ist für alle Kinder und ihre zukünftigen Familien, wenn sie einen Platz brauchen sollten. Mit anderen Worten: Rettung aus der Krise scheint ihr möglich, wenn Anton sich einfügt in die häusliche Ordnung, dort Verantwortung übernimmt und statt seiner Freunde in der Stadt die Gesellschaft seiner Familie wählt (F401C, 26f.). Frau Antz hat konkrete Ziele:

F: Ich möcht des net, daß er alles verliert. Im Gegenteil, ich möcht ja, daß er des jetzt fertigmacht. I hab ihm ja gsagt, mach dei Lehre fertig, und lern und wenn dann a Jahr, sag – i hab zu nix mehr Lust, aber du hast wenigstens die Lehre abgeschafft, weil i mir dann denk, na ist er schon eineinhalb Jahr älter, und bis dahin hat er vielleicht wieder an andern Verstand. (F401C, 27f.)

Frau Antz nutzt die Machtmittel, die ihr als Mutter zu Gebote stehen, um ein Problem zu bewältigen, das sich nicht nur ihr persönlich, sondern als systematisches Problem stellt: *Wie sind Entwicklung des Kindes und Funktionsanforderungen der Gesellschaft mit den Mitteln der Familie zu koordinieren?* Dieses Problem stellt sich in einer bestimmten Lebensphase der Familie, in einem bestimmten »sozialen Alter« des betroffenen Kindes, in dem die »fürsorgliche Macht« der Familie problematisch wird. Würde die Beziehungsdynamik zwischen Mutter und Sohn hier im Mittelpunkt der Analyse stehen, würde schnell sichtbar werden, wie problematisch diese Beziehung ist. Aber *unter dem Gesichtspunkt der Vergesellschaftung der Mutter-Sohn-Beziehung* tritt vor allem hervor, daß das familienweltliche Problematisch-Werden der Ambivalenz von Fürsorge und Kontrolle in einer spezifischen Weise forciert wird. Es gerät nämlich durch die Verkleinerung der sozioökonomischen Handlungsspielräume unter einen Erfolgsdruck, dem sie gar nicht genügen kann, weil sie die entscheidenden Parameter für ein erfolgreiches Überwechseln in ein sozioökonomisch unabhängiges Erwachsenenleben nicht in der Hand hat. Dieser Druck führt zu einer *Diffusität und Kontingenz* der Beziehungen zwischen Eltern und Kindern, zu einer *Funktionalisierung der Bindung*, wie sie in der Schilderung von Frau Antz deutlich erkennbar ist. Der Sohn wird unter Druck gesetzt und dabei gleichzeitig den familialen Bindungen entfremdet, denn diese sind nicht als Druckmittel für erfolgreiches Erwachsenwerden gedacht: Es wären Trennungsprobleme des Sohnes zu erwarten, wenn er eine klar umrissene Zukunft vor sich sähe. Da es die auch objektiv kaum gibt, ist die private Familienwelt gezwungen, primär Plazierungsinstrument zu werden. Die Logik der Plazierung entfremdet die Logik der Familienwelt, psychosoziale Manöver werden zu *Manövern der Überwältigung und zu funktionalen Äquivalenten der Anwendung körperlicher Gewalt.*

Diffusität und Kontingenz der familialen Beziehungen unter dem Druck der Vergesellschaftung läßt auch die Schilderung von Frau Engel erkennen:

F: Wenn i ihn aa so schlag, dann ist es, also des ist einfach a Druck von der Schui, der wo mi dazu bewegt. Wissens, weil die von der Schui, die verlangen einfach, [...] daß die Eltern die Kinder so präpariert in die Schui bringen, daß die Lehrer keine Arbeit mehr damit haben. Und alles, was negativ anfällt, allweil glei zu die Eltern und ja, was istn mim Kind, warum reagiert des so? Und i fühl mi da irgendwo, immer eng, also, da wirst in so a Eck neidrängt und aus dem reagiert ma dann so.

I: Warum kriegt der Ernst die Watschen ab und nicht der Lehrer?

F: Ja, weil der so blöd reagiert. Weil, wissens, wenn er dann a schlechte Noten heimtragt, da kriegt er einfach oane, weil des geht net. (F405C, 29)

Es wäre eine Verkürzung, sie so zu verstehen: Weil die Schule das Elternhaus für das schulische Lernen funktionalisiert, kommt es zu Ohrfeigen, verschlechtert sich das Klima in den Familien; man kann ebensowenig argumentieren: Weil die Berufsaussichten von Jugendlichen heute so schlecht sind, wird das Verhältnis von Mutter und Sohn so terroristisch. Vielmehr *vermittelt sich die Funktionalisierung über die Verantwortung der Eltern für die gesellschaftliche Zukunft der Kinder* und unterschiebt ihr eine neue Bedeutung. Diese Verantwortung wird bewußt akzeptiert und geht in die Situationsdeutung entscheidend ein; zugleich aber ist diese Verantwortung ohnmächtig, verzweifelt. Wenn Frau Engel formuliert, sie fühle sich »ins Eck hineingedrängt«, dann trifft dieser Ausdruck die Situation besser. Sie meint damit, daß sie als Mutter in einen Druck gerät, der sie gegenüber ihrem Sohn *unfrei* macht. Weil, so ließe sich als These formulieren, die Beziehung von Mutter und Sohn als Familienbeziehung lebensweltlicher und biographischer Natur ist, kann sie die Voraussetzungen der Teilnahme an der schulischen Erziehung schaffen; aber wenn sie das schulische in das lebensweltliche Milieu der Familie verlängern will, verliert sie unter der Funktionalisierung tendenziell ihre Orientierung, und auch ihre spezifische Produktivität ist bedroht. Zu erwarten wäre, daß unter diesen Umständen der Lehrer zum gemeinsamen Gegner von Mutter und Sohn wird. Aber der Druck auf die Familie ruft ein Verhalten des Kindes hervor (das Unterschlagen der Noten), das den Eltern als «absenderlos«, als lediglich auf sie bezogene Aktion erscheint. Sie reagieren dann auch so, als handele es sich lediglich um eine Sache zwischen ihnen und ihrem Sohn. Es findet also offenbar eine *Transformation* statt, in der eine *neue Ebene von Ursache/Folge-Beziehungen* konstituiert wird. Mit anderen Worten: Frau Engel schlägt, weil der Sohn die Noten *ihr* unterschlägt; da beruhigt es sie nicht, daß es *schulische* Noten sind, die er unterschlägt: Sie sind längst zu einem *Beziehungsproblem zwischen den beiden* geworden.

Gewalthandeln der Eltern im Generationenverhältnis, so läßt sich dieser Abschnitt *resümieren*, nimmt nicht nur als körperliches Strafen einen begrenzbaren pädagogischen Ort am Rande des Familienlebens ein. Es muß vielmehr die *strukturelle Ambivalenz* von Überlegenheit und Abhängigkeit, von »erwachsener« und »kindlicher« Rationalität, kurz: von *Hierarchie und Andersartigkeit* bewältigen. Das Eltern/Kind-Verhältnis ist indes nicht nur von idiosynkratischer Immanenz. Als Basisstruktur familialer Sozialisation impliziert es immer auch eine *Antizipation der gesellschaftlichen Zukunft* der Kinder. Diese Zukunft ist gewissermaßen die »Probe auf den Erfolg« der Familienerziehung. Ihre Antizipation bedeutet aber eine systematische Brechung der privaten Familienwirklichkeit, weil Familie auf den sozialen Wandel

der Anforderungsstrukturen an kindliche Entwicklungsprozesse – also auf den Wandel der Verwertungsbedingungen der Familienerziehung – nur reagieren kann. Daher gewinnen Instanzen der öffentlichen Erziehung für die Familie eine strategische Bedeutung. Die Fallbeispiele dieses Abschnitts thematisieren diese beiden Aspekte der Vergesellschaftung des Eltern/Kind-Verhältnisses für familiales Gewalthandeln.
In der ersten Schilderung tauchen bekannte Elemente auf: Auch Frau Köck steht im Konflikt, ob sie nur noch Mutter oder auch eine Frau mit eigenen Interessen sein darf; auch Frau Köck berichtet, wie sich ihre Wahrnehmung des Sohnes veränderte, wie sie ihn als übermächtig erlebte. Die massiven Schläge, von denen Frau Köck berichtet, sind aber eine Konsequenz der Hilfe, die sie von den pädagogischen Fachkräften des Kindergartens erhalten hat – sie waren nicht etwa der Anlaß, Hilfe zu suchen. Was ein Problem zwischen Frau Köck und ihrem Sohn, vielleicht noch zwischen Frau Köck und ihrem Mann gewesen ist, wird durch die professionelle Diagnose zu einem »objektiven« Tatbestand. Diese Diagnose bezieht sich spezialistisch auf das »Problemkind« und interpretiert dessen Verhalten vor dem Hintergrund von Normalitätsstandards der Eltern/Kind-Beziehung und der kindlichen Entwicklung. Daraus resultiert ein Ratschlag zur Erziehung, der implizit die Kompetenz der Mutter, ihre Probleme mit dem Kind zu lösen, in Frage stellt, ihre Schwierigkeiten also noch verschärft. Aber die Intervention der pädagogischen Experten hat noch eine weitere Dimension: Sie interpretieren den Konflikt zwischen Mutter und Sohn als Machtkampf, das heißt nach einem familienunspezifischen Modell der gesellschaftlichen Auseinandersetzung. Wenn sie die Mutter dann auffordern, ihre legitime Überlegenheit wiederherzustellen, verknüpfen sie die Codierung der Mutter (der übermächtige Sohn) mit dem kulturellen Muster von Gewalt und Gegengewalt. Eine ähnliche Rolle, wie Frau Köck schildert, spielen die soziale Umgebung und der Ehemann. Der Vorgang, den Frau Köck ausführlich schildert, ist in Anlehnung an Stark et al. (1979) als »soziale Konstruktion eines privaten Ereignisses«, nämlich »Mißhandlung«, aufzufassen. Ein Wunsch nach Hilfe und Unterstützung wird zurückgewendet auf die häusliche Situation, welche der Anlaß für die Hilfesuche war. Die Ohnmacht, die Frau Köck

gegenüber ihrem Sohn erlebte, wurde professionell rekonstruiert, aus ihrem lebensweltlichen Zusammenhang gelöst und in ihre private Verantwortung zurückverwiesen. So entsteht eine *»sekundäre Ohnmacht«*, die Ergebnis eines Vergesellschaftungsprozesses ist. Die Bewältigung dieser Ohnmacht kann ihren Ausdruck finden in einem kulturellen Muster, das vom offiziellen Kontrollpersonal angeboten wird. Die gesellschaftliche Ausgrenzung der (hier: familialen) Gewalt, ihre Tabuierung in Gestalt legitimer Gegengewalt (die per definitionem nicht als Gewalt gilt) geht so in den Konflikt zwischen Mutter und Sohn ein. (Dies ist ein Versuch, Wolffs Konzept familialer Gewalt gegen Kinder als einer ethnopsychischen Störung, als einer konformistischen Form von Devianz soziologisch zu adaptieren.)
Auch die beiden anderen Schilderungen zeigen, wie sich die Beziehung zwischen Eltern (in beiden Fällen sind es Mütter) und Kindern verändert, wenn sie unmittelbar unter den Druck gesellschaftlicher Funktionsanforderungen – vermittelt über Schule, Berufsausbildung – geraten. Instruktiv ist in beiden Fällen, daß die restlose Subsumierung der Eltern/Kind-Beziehung unter diese Anforderungsstrukturen diese Beziehung selber unterbricht, genauer: Der Versuch einer Zweckbindung dieser diffus-expressiven Beziehung läßt sie orientierungslos werden und droht ihre spezifische Produktivität zu zerstören. Das war gemeint, als von *Diffusität und Kontingenz* einer solcherart subsumierten Eltern/Kind-Beziehung gesprochen wurde. Als Kind weiß man gewissermaßen nicht mehr, mit wem man es zu tun hat und worauf man sich verlassen soll. Die Unterbrechung der Beziehung bedeutet ja auch, daß die Perspektive des Kindes nicht mehr gefragt ist, daß es sich nur noch anpassen soll. Die Funktionalisierung der Eltern/Kind-Beziehung vermittelt sich dabei mit dem Verantwortungsgefühl von Eltern, sie wird also angeeignet, wird zur bejahten Unterwerfung und konstituiert in dieser Aneignung eine neue Ebene der Familienkonflikte und Familiendynamik. Diese stehen unter dem abstrakten Zwang einer ungewissen Zukunft. Unter diesem Zwang werden Schläge, psychischer Druck, Drohungen etc. gleichermaßen zu Ausdrucksformen einer quasi subjektlosen *Logik der Überwältigung*. Das Konzept der *strukturellen Vernachlässigung*, das – unterschiedlich ausgeführt – bei Steele/Pollock, Gil und Garbarino *Grenzen der*

familialen Reproduktion und – ebenso unterschiedlich – bei Walker, Fillmore und Herman/Hirschman eine spezifische *Beziehungsfalle* anvisiert, erhält mit diesen Fallbeispielen Belege, die mit Fug und Recht »alltäglich« genannt werden können.

IV

Vorüberlegungen zu einer Theorie familialer Gewalt

Welche sozialen Bedeutungen hat Gewalthandeln im Familienleben? Unter dieser Leitfrage stand die Interpretation von Protokollen narrativer Interviews (und anderen Materials), die im Dritten Teil dieser Untersuchung vorgelegt wurde. Im Rahmen einer paradoxen Erkenntnisstrategie (vgl. S. 121) wurde sie als Frage nach der Alltäglichkeit des Gewalthandelns, ja: nach seiner Bedeutung für die Herstellung von Familie als Lebenszusammenhang gestellt. Würden sich jene öffentlichen und professionellen Diskurse bestätigen, die »Gewalt in Familien« als brutale, antisoziale, destruktive Abweichung begreifen, die ein moralisierendes »Niemals Gewalt!« rechtfertigt? Oder würde sich unter dieser Perspektive die kritische These vom »Mythos Gewalt« darin bewähren, daß sie über eine Rekonstruktion der sozialen Funktionen von familialer Gewalt auch Voraussetzungen für differenziertere Maßstäbe der Legitimität familialen Gewalthandelns schafft? Gegenstand der Interpretation waren Normalisierungsstrategien: diskursive Taktiken, mittels deren die Akteure als Interviewpartner die öffentliche Vermutung vom abweichenden Charakter familialen Gewalthandelns und ihre eigene normative Orientierung an einem harmonischen, gewaltfreien Familienleben mit ihrer sozialen Praxis als Familienmitglied vereinbaren können.
Von einer Explorativstudie kann man eine detailreiche Sensibilisierung und Irritation gegenüber vorgeblichen Selbstverständlichkeiten erwarten. Sie überzeugt durch die Komplexität und Spezifität ihrer Wahrnehmungen und vermag so zu neuartigen theoretischen Konzepten zu ermutigen. In diesem Sinne sollen im folgenden die Ergebnisse der Interpretationen resümiert und gewissermaßen probeweise theoretisiert werden. Über die inhaltliche Frage nach dem »Mythos Gewalt«, das heißt nach einem Typus öffentlicher Problempolitik, soll ein Modell der sozialwissenschaftlichen Konzeptualisierung angedeutet werden. Es muß

die Verdinglichungen vermeiden, denen die Analysen sozialwissenschaftlicher Konstruktionen von »Gewalt in Familien« im Zweiten Teil galten. Diese beruhen, so die These, darauf, daß die verurteilende Ausgrenzung von »Gewalt« aus dem legitimen Spektrum der Familienwirklichkeiten in den öffentlichen Diskursen des Gewaltschutzes (vgl. S. 42 ff.) unreflektiert nachvollzogen wird und in einer Selektivität der Gegenstandskonstitution zum Ausdruck kommt, die konkurrierende Perspektiven ausschließt. In diesem Sinne war im Zweiten Teil u. a. die Aufspaltung zwischen psycho- und soziogenetischen Modellen, die Blindheit von Analysen der Familientypik von Gewalt für die Vergesellschaftung des Familienlebens und die Polarisierung zwischen einer Betrachtungsweise diskutiert worden, die auf familiale Machtstrukturen,und einer, die auf familiendynamische Verstrikkungen abhebt.

Skizze eines historisch-gesellschaftstheoretischen Bezugsrahmens

Das Spezifische an der familialen Gewalt wird nur greifbar werden, wenn der Zusammenhang zwischen der Offenheit des Gewalthandelns für soziale Bedeutungen und seiner Sinnlichkeit, das heißt Körper- und Situationsbezogenheit historisch begriffen werden kann.

»Gewalt« wird der Familienwirklichkeit (»von außen«) zugeschrieben; von den Akteuren selber wird dieser Ausdruck nicht gebraucht, um ihr Handeln zu kennzeichnen. Die Einheitlichkeit und Eindeutigkeit, die er suggeriert, ist ein Artefakt dieser Etikettierung. Es ist daher verständlich, daß in der vorliegenden Arbeit, die sich um Gewalt als Familienwirklichkeit bemüht, Ausdrücke wie Gewalt, Gewalttätigkeit, -anwendung, -handeln, personale/direkte/körperliche Gewalt, Zwang, Abhängigkeit, Ungleichheit, Hierarchie, Macht, Herrschaft u. a. in unübersichtlicher Weise gebraucht werden (vgl. aber S. 322, Anm. 1). Offensichtlich ist es schwierig, das Spezifische familialer Gewalt gegenüber dem ohnehin schon facettenreichen Begriff »Gewalt«, wie er in der politischen Philosophie, im Staats- und Strafrecht seine Tradition hat (vgl. Röttgers 1974), zu bestimmen, zumal dieser Begriff immer schon in der Dualität einer Struktur- und einer Handlungskomponente (zum Beispiel als »Staatsgewalt« und »Gewalttätigkeit«, begriffsgeschichtlich als »potestas« und »violentia«) bestand, die sich nicht auflösen ließ. Zudem ist »Gewalt in Familien« in der (deutschen) Familiensoziologie kein eingeführter Terminus; in der angelsächsischen Familienforschung ist er mittlerweile etabliert, allerdings in der Bedeutungskomponente »violentia« individuellen, beobachtbaren gewalttätigen Verhaltens. Daher sind zunächst einige begriffliche Klärungen angebracht, die ohne grundlegende sozialtheoretische Anmerkungen allerdings nicht möglich sind.

Gewalt, so die systematische Argumentation bei Rammstedt (1974b, 1978), ist zunächst keine soziale Handlung, sondern konstituiert Sozialität als einmaligen, an die physische Existenz von Individuen gebundenen *Akt, den jemand einem anderen (qua Stärke) antut.* Dieser Akt bedarf keiner gemeinsam geteilten Symbole. Dieses protosoziale Proprium von Gewalt läßt sich begriffsgeschichtlich in Einklang bringen mit der vorstaatlichen Ungeschiedenheit von Gewalt und Gewalttätigkeit im germanischen Recht (Gewalt als Qualität des Freien, vgl. Röttgers a.a.O., S. 159). Soziologisch ist Gewalt als zeitlich generalisierte, auf Dauer gestellte, regelhafte relevant, also als *erwartete, angedrohte Gewalt: als Zwang*, der, soziale Interaktion steuernd, als sozialer Mechanismus wirkt, das heißt der gewalttätigen Handlung nicht bedarf, subjektlos sein kann. Unter Rekurs auf Hobbes' Theorie der *Konstitution einer sozialen Ordnung* nennt Rammstedt als *Zweck* von Gewalt die Gewaltvermeidung, Gewalt als *Mittel* dient der Erlangung eines Vorteils. Im historischen Prozeß der Monopolisierung physischer Gewaltsamkeit beim Staat (Weber) ist der Gewaltzweck Gewaltvermeidung im Staat institutionalisiert worden, der sich daraus legitimiert. Die bürgerliche Ordnung beruht auf Gewalt als sozialem Mechanismus, das heißt auf dem reflexiven Mechanismus der Erwartungserwartung von Gewalt als der Voraussetzung der Nichtanwendung von Gewalt. Auf diesem Mechanismus bauen Interaktionen auf, die dauer- und regelhaft sind und als soziales Handeln analysiert werden können. Gewaltanwendung ist also nicht durch die Anwendung körperlicher Kraft bestimmt, sondern durch ihre Vermitteltheit mit dem Mechanismus der Erwartungserwartung. Das ist auch die erste wichtige Feststellung für eine Bestimmung familialer Gewalt, die ja in den öffentlichen und professionellen Diskursen durch ihre Handgreiflichkeit charakterisiert wird.

Angesichts des Widerspruchs zwischen Gewaltvermeidung als Zweck und Gewaltanwendung als Mittel kann eine Sozialstruktur nur entstehen, so Rammstedt weiter, wenn er in einer *Hierarchie* aufgehoben wird. Gewalt wird transformiert in *Macht*/Herrschaft, das heißt in die »Chance, innerhalb einer sozialen Beziehung den eigenen Willen auch gegen Widerstreben durchzusetzen« (Weber 1956, S. 38); diese Chance beruht auf der Erwartung des Gegenübers, daß von ihm Gewaltanwendung erwartet wird, auf die mit Gewalt geantwortet wird. Daher muß unter der Voraussetzung eines Machtverhältnisses Gewalt nur noch angewendet werden, wenn die soziale Struktur insgesamt bedroht ist. Sie garantiert insofern den sozialen Mechanismus, der die Nichtanwendung von Gewalt sichert, und stellt damit ihren Sozialität konstituierenden Charakter unter Beweis. Die gesellschaftliche Ordnung beruht also genetisch auf Gewalt; aber diese ist im historischen Prozeß, Gewaltvermeidung zu realisieren (ohne dabei individuell auf Gewaltanwendung zu verzichten), unsichtbar geworden: Sie ist transformiert worden zu Macht und *Recht*; es gibt statt Gewalt nur noch *Konflikte*. Mit anderen Worten: Diese Transformation, die kulturtheoretisch als »Prozeß der Zivilisation« (Elias) beschrieben worden ist, hat den gesellschaftlichen Verkehr pazifiziert, aber die Gewalt nicht »abgeschafft«, ja: nicht abschaffen können, sondern lediglich »suspendiert«. Die Institutionalisierung der Gewaltvermeidung (im Staat) ist selber gewaltbewehrt, um die Kanalisierung der Gewaltanwendung garantieren zu können. Das Charakteristikum von Gewalt ist also einerseits ihre Stellung »zwischen« Aggression – die »psychosomatisch bedingt« (Rammstedt) ist – und Macht, die Gewaltanwendung sozial reguliert, und andererseits das Wechselverhältnis, prozeßorientiert gesprochen: die Dialektik von Gewalt und Gewaltfreiheit.

Die Transformation der Gewalt in Macht und Recht hat zur Folge, daß aus der Sicht der sozialen Ordnung die Gewalt nun außerhalb ihrer selbst steht: Sie wird entweder *aus dem System ausgegrenzt* (wie die »besonderen Gewaltverhältnisse«, heute: »rechtlich geregelten Sonderbeziehungen«, beispielsweise die Beziehungen zwischen Ehepartnern und zwischen Eltern und Kindern), oder die *Grenze zwischen Konflikt und Gewalt wird normativ reguliert* (das Thema der Studien Michel Foucaults über die Psychiatrie, das Gefängnis etc.). Beides macht Gewalt zu einer *illegitimen individuellen Handlung*, die angesichts der gesellschaftlich vorgesehenen gewaltfreien Kanalisierungen von Gewalt (etwa in Gestalt von Diskussion oder des Rechtsweges) als unangemessenes Handeln beurteilt und *psychologisch erklärt* (»Kurzschluß«) wird. Gegebenenfalls wird ihm mit Recht und Macht begegnet. Für den Mythos Gewalt ist die normative Ausgrenzung der Gewalt aus der sozialen Ordnung und ihre Naturalisierung als individuelle illegitime Handlung konstitutiv. Vor dem Hintergrund dieser Argumentation ist es auch nicht beliebig, daß die normative Regulierung dieses Handelns in der Familie pädagogisch-therapeutischen Instanzen obliegt.

So überaus gerafft die Argumentation von Rammstedt hier auch referiert und kommentiert wurde: Sie setzt doch Begriffe wie Gewalt, Gewaltanwendung, Zwang, Macht, Recht, Konflikt, Hierarchie in ein Verhältnis, das die gesellschaftliche Vermitteltheit familialen Gewalthandelns, die Pseudokonkretheit des Mythos, beschreibbar macht. William J. Goode (1971, s.o., S. 90) hatte mit seiner Unterscheidung von »force« und »violence« dieses Thema – wenn auch in strukturfunktionalistischer Perspektive – für die Familienforschung bereits angesprochen. Für eine Theorie familialer Gewalt ist indes nicht nur wesentlich, zwischen Zwang und Handgreiflichkeit zu unterscheiden, sondern auch den Zusammenhang zwischen beiden, und zwar auf der Ebene interpersoneller (Subjekt/Subjekt) Interaktion ebenso wie auf der Ebene von Individuum und Gesellschaft (Subjekt/Objekt), zu bestimmen.

Daß Gewalt auf körperlicher Stärke beruht und die Zufügung von Schmerz bedeutet, ist für Gewalt in Familien zunächst besonders augenfällig. Die Familie ist ein Ort in der Gesellschaft, an dem direkter, körperlicher Zwang die Sozialbeziehungen regulieren kann: Hier gilt noch die alte Einheit von »potestas« und »violentia«, gilt noch die alte »patria potestas«, auch wenn dieses patriarchale Recht über Leben und Tod des Nachwuchses zunehmend an rechtlich formulierte und staatlich überwachte Bedingungen geknüpft ist (vgl. Foucault 1983, S. 161 ff.). Schon die Rede von »Mißhandlung« und »Vernachlässigung« signalisiert, daß diese Macht eingeschränkt ist. Auch ist nicht allein die körperliche Mißhandlung und Tötung von Kindern und Ehefrauen gemeint; die familientypischen indirekten Formen der psychischen und sexuellen Nötigung, die an jedem anderen gesellschaftlichen Ort rechtlich relevant wären, verweisen auf den konstituierenden Charakter persönlich ausgeübten körperlichen Zwangs für Familien. Diese Ausnahmestellung der Familie beruht, so ließe sich im Anschluß an Rammstedt vermuten, in der Ausgrenzung der Intimsphäre bei der Etablierung der bürgerlichen Gesellschaft und ihrer staatlichen Ordnung. Familie also als vorkonstitutionelles Relikt, als Sphäre der Bedürfnisse und der Leidenschaften?

Diese historischen Zusammenhänge kommen allerdings nicht zur Sprache, wenn familiale Gewalt lediglich als *körperliche Aggression* konzeptualisiert wird, wie es am elaboriertesten in der New Hampshire-Schule geschieht (vgl. Gelles/Straus 1979, S. 550-560). Obwohl dieser Forschungsansatz von der politikwissenschaftlichen Violence-Forschung stark motiviert war (S. 28 f.), hat er deren Konzept der »non-decisions« – soziale Vorstrukturierungen, die in gegebenen Handlungssituationen nicht mehr problematisiert werden, z. B. schichten- oder geschlechtsspezifisch ungleich verteilte Lebenschancen (Narr 1974, S. 26 ff.) – nicht adaptiert. Sie bleiben in einem Konzept familialer Gewalt, das sich auf individuelle aggressive Akte konzentriert, per definitionem der Aufmerksamkeit entzogen. Die Differenz zwischen den quasi subjektlosen Zwängen und den subjektiv-intentionalen Aspekten in gegebenen Handlungssituationen verschwindet vollends in der Aura der Naturtatsache, die den Aggressionsbegriff umgibt. Zugleich aber nimmt die Rede von der Gewalt als »Aggression« diese Differenz hinterrücks wieder in Anspruch, wenn darin einerseits individuelles und (zwischen)staatliches Verhalten, Verhalten von Frauen, Männern und Kindern zusammengefaßt, andererseits aber im jeweiligen konkreten Fall lediglich von individuellem Verhalten als psychologischem Datum gesprochen wird (Volmerg 1977; Krovoza 1981).
Von diesem psychologisierenden Erbe hat sich die sozialwissenschaftliche Diskussion um »violence« nur mühsam und dann in der Friedensforschung ausdrücklich darauf reflektierend trennen können. In der Forschung über »family violence« indes hat lediglich David Gil (s. o., S. 60 ff.) mit solchen »non-decisions« als inhaltlichen Voraussetzungen

individueller Gewalttätigkeit argumentiert und sich dabei dem Konzept »strukturelle Gewalt« angenähert, das Galtung (1975) in die Friedensforschung eingebracht hat. In der Diskussion um »Gewalt in Familien« hat dieses Konzept als kritische Vokabel fungiert, um strukturelle Optionen: die historisch mögliche, politisch jedoch unterbundene Verwirklichung individueller Potentiale, zu bezeichnen. In der Frauenforschung ist mit dem »kontextspezifischen Ansatz« (Dobash/Dobash 1983) die Perspektive des Opfers von Gewalt in einen rechtlichen, kulturellen und historischen Zusammenhang gestellt worden (s. u., S. 315, Anm. 36). Gil jedoch hat ebenso wie die »kontextspezifische« Frauenforschung eher die Komplexität des Problems (a.a.O.) verdeutlicht, als einen überzeugenden Theorieansatz vorgelegt. Mindestens drei Probleme sind ungelöst: Wie ist das Verhältnis von Macht und Gewalt in der Familie zu bestimmen? Wie kann ein prozeßorientierter Begriff des Gewalthandelns formuliert werden, der statt des sichtbaren Handlungsergebnisses das Leiden der von Gewalt Betroffenen in den Mittelpunkt stellt? (Rammstedt 1974a; S. 238-241) Schließlich: Wie kann die gesellschaftliche Vermitteltheit familialer Gewalt – ihre historische Dimension und ihr Verhältnis zum Bereich gesellschaftlicher Arbeit – begriffen werden, um das soziale Handeln in Familien als soziale Praxis fassen zu können?

Tatsächlich hat der philosophische und rechtliche Diskurs über Gewalt die Beziehungen zwischen den Geschlechtern und den Generationen in der Privatsphäre als »natürlich« vorausgesetzt (vgl. Röttgers, a.a.O.). Für die bürgerliche Familie hieß diese »natürliche Ordnung« – ohne daß ich mich hier intensiver mit Befunden der historischen Familienforschung auseinandersetzen will –, daß Eigentum private Autonomie begründet, eine von den Gesetzen des Warenverkehrs freigesetzte kleinfamiliale Intimsphäre. Diese beruhe, so das Selbstverständnis, auf Freiwilligkeit, Liebesgemeinschaft und Bildung, mit einem Wort: auf Humanität (vgl. Habermas 1968[3], S. 59). »Natürlich« war diese Humanität ihrem Selbstverständnis nach; zur Ideologie – zu einer allerdings bis heute einflußreichen – wird dieses Selbstverständnis, wenn es verleugnet, daß es die Autonomie des männlichen Warenbesitzers ist, der als Familienoberhaupt die kleinfamiliale Intimität als Abhängigkeitsstruktur bestimmt und über die Vererbung des Eigentums und die sozialisatorische Vermittlung der gesellschaftlichen Funktionsanforderungen ihre Vergesellschaftung repräsentiert. Sie ist, wie andere Bereiche des Verkehrs der Privatleute auch, Gegenstand gesetzlicher Regelungen. Von einem »besonderen Gewaltverhältnis« und damit von einem »rechtsleeren Raum« sind die privaten Beziehungen zwischen den Geschlechtern und Generationen in Ehe und Familie zu rechtlich geregelten Sonderbeziehungen geworden (Calliess 1978, S. 50f.). Insofern sind Ehe und Familie Teil der öffentlichen Ordnung und Objekt der auf Gewaltvermeidung gerichteten Staatsmacht.

Wenn Tyrell (1979) die Ausdifferenzierung eines »exklusiven Ortes praktizierter Liebe, Menschlichkeit und primärer Solidarität« als historischen Prozeß beschreibt, weist er darauf hin, daß die extreme Störbarkeit dieses Beziehungszusammenhangs durch das staatliche Gewaltmonopol, nämlich durch Recht, eingedämmt wird (a.a.O., S. 26). Es besteht also ein sehr direkter Zusammenhang zwischen dem Prozeß der Monopolisierung physischer Gewaltsamkeit und der Störbarkeit familialer Intimität: Der Staat und seine sozialen Agenturen stabilisieren diese Störbarkeit, bringen sie aber auch ständig mit hervor, weil sie die private Logik der Familienbeziehungen für gesamtgesellschaftliche Zwecke zu funktionalisieren versuchen. Auch Donzelot (1980) hat zeigen können, wie die Etablierung der modernen Kleinfamilie nicht einfach nur einen »eigenlogischen« Privatraum freigesetzt, sondern eine spezifische Moral hervorgebracht hat, die z. T. gegen die Familien durchgesetzt werden mußte, und zwar vor allem von den Instanzen der Fürsorge. Diese Moral umfaßte den Paternalismus der Unternehmensführung als Modell der Machtstrukturen innerhalb der Familie, das Sparen als Moral der wirtschaftlichen Autarkie (und der persönlichen Lebensplanung) und die Hygiene der Hausmedizin (und damit das Bündnis zwischen Mutter und Arzt als Scharnier zwischen »autonomer Privatsphäre« und öffentlichem Interesse an deren Funktionieren). Donzelot sieht die Eigenlogik nicht in einer substantiellen »primären Solidarität« wie Tyrell, sondern als ständigen Widerstand der familialen Lebenswelt gegen das »rationale« Funktionieren. Dieser Widerstand fordert das »Ordnen der Familie« heraus, einen ständigen Kampf gegen die Abweichung, gegen die Besonderheit. So beschreibt Donzelot den Prozeß der Vergesellschaftung. Seine Darstellung arbeitet den Prozeß der politischen und sozialpädagogischen Regulierung eines »funktionierenden Familienlebens« heraus, der eine Zerstörung solidarischer Beziehungen bedeutet.[1] Donzelot schildert also quasi einen Prozeß der ständigen Konkretisierung des staatlichen Gewaltmonopols, das die Sphäre des privaten Lebens eben nicht nur (liberalistisch) freisetzt, sondern aktiv organisiert und dabei eine »sekundäre Dialektik« von Normalität und Abweichung, von Intimität und Gewalt in Gang setzt.

Für die Familien der eigentumslosen Lohnarbeiter galt dies immer schon in besonderem Maße. Als Gewalt in Familien im 19. Jahrhundert erstmals als soziales Problem »entdeckt« wurde, waren proletarische und verelendete Familien gemeint, in denen es Kinderarbeit, Prostitution und Alkoholismus, chronische Krankheiten, Kriminalität und miserable Wohnverhältnisse gab. Die öffentliche Thematisierung der familialen Privatsphäre war jedoch nicht Sache des Staates, sondern ihrerseits Privatsache: Sie wurde von philanthropischen Verbänden betrieben (Donzelot 1980; Honig 1984; May 1978), die mit ihrer erzieherischen Intervention ein medizinisch, ökonomisch und moralisch »gesundes« Familienleben herzustellen suchten und dabei aufs engste mit den entsprechenden Professionen und mit der Justiz kooperierten.

Im historischen Prozeß der Verallgemeinerung von Lohnarbeit ist von den Familien der bürgerlichen Privateigentümer primär die Ideologie von der Autonomie der kleinfamilialen Intimität übriggeblieben. Die Philanthropie wurde zum Vorläufer einer sozialstaatlichen Vergesellschaftung (Böhnisch 1982) von Familie: Ohne Familienpolitik wäre Familie nicht mehr lebensfähig. Dabei tritt der Sozialstaat nicht nur kompensatorisch für den Verlust der Eigentumsbasis ein (als »fürsorgliches Patriarchat«: Ostner 1983, S. 288, S. 291 ff.), sondern nimmt auch aktiv formend und regulierend Einfluß auf die inhaltliche Gestalt des Familienlebens, ohne allerdings den juristischen Sonderstatus von Ehe und Familie anzutasten. Unter den Bedingungen des staatlichen Schutzes für Ehe und Familie (Grundgesetz, Art. 6) bleiben Elemente legitimer privater Willkür, also der persönlichen Verfügung über Personen, erhalten. Sie geraten aber unter eine Fürsorgepflicht (Knieper 1981; beispielhaft die Bedeutung der Kategorie »Wohl des Kindes« in der erziehungspolitischen Diskussion oder die Diskussion um das Mitte der siebziger Jahre neu gefaßte Scheidungsfolgenrecht; vgl. Sachße/Tennstedt 1982).

Man kann diese Vorgänge als eine *sozialstaatliche Transformation der Monopolisierung physischer Gewaltsamkeit* auffassen: Der Staat dehnt seinen Anspruch, vor Gewalt zu schützen, über die Staatsbürger und Wirtschaftssubjekte hinaus auch auf die Privatpersonen und ihre Intimsphäre aus. Familiales Gewalthandeln wird so zu einem Problem für die Legitimität der sozialen Ordnung.[2]

Einerseits hat die Ausdehnung des staatlichen Gewaltschutzes traditionelle Abhängigkeitsverhältnisse aufgelöst, indem beispielsweise das Gleichheitspostulat qua Verrechtlichung auf die Intimsphäre ausgedehnt wurde (z. B. in der Familienrechtsreform von 1957); darin knüpft der staatliche Gewaltschutz an die aufklärerische Idee an, nicht lediglich Ruhe und Ordnung zu stiften, sondern Freiheitsspielräume zu eröffnen. Daher steckt in den öffentlichen Diskussionen auch das für gesellschaftliche Modernisierungsprozesse konstitutive Motiv der Emanzipation und der Enttraditionalisierung: Auch dieses Motiv trägt zur Konkurrenz der Diskurse, zu ihrer Auseinandersetzung untereinander bei. So spricht einiges dafür, daß Familie im Prozeß der sozialstaatlichen Vergesellschaftung mittels Verrechtlichung immer »gewaltfreier« wird. Die Rechte der Personen und ihre Subjekthaftigkeit treten stärker hervor (Individualisierung). So betrachtet, scheint die Rede vom Tabu über der familialen Gewalt eher den fortschreitenden Prozeß ihrer Delegitimierung widerzuspiegeln als ihre ungebrochene Geltung auszudrücken. Andererseits aber hat dieser Prozeß mit sich gebracht, daß die Definitionsmacht des Staates und der Instanzen sozialer Kontrolle die Ohnmacht der Familie gegenüber dem Vergesellschaftungsprozeß dadurch verstärkt und verdeutlicht, daß sie sie unter einen generalisierten Gewaltverdacht stellen und so legitimerweise regulieren können. Die Souveränität der Diagnose von Schwierigkeiten bei der Bewältigung der gesellschaftlichen Modernisierung/Rationalisierung geht immer mehr auf den sozialen Sektor über, während die Lösungskompetenz den Subjekten zugeschrieben wird.

»Gewalt in Familien« ist also nicht jene unmittelbare Gegebenheit, als welche sie der Mythos Gewalt suggeriert. Die öffentlichen Diskurse über Gewalttätigkeit gegen Frauen und Kinder in Familien signalisieren vielmehr einerseits, daß familiale Gewalt nicht mehr als »natürlich« betrachtet wird; andererseits ist die spektakuläre Gewalt, wie sie diese Diskurse thematisieren, ein Artefakt des sozialstaatlichen Gewaltschutzes. Als öffentliches Thema artikuliert »Gewalt in Familien« aber auch, daß die traditionalen Gewaltverhältnisse in Familien erodieren: Die Geschlechts- und Generationsbeziehungen pluralisieren sich, die Erwartungen an emotionale Selbstverwirklichung im Familienleben nehmen zu (Held 1983; Schumacher/Vollmer 1982), die Sensibilität für Zwangsausübung wird größer. Die Kehrseite der Pluralisierung indes ist Vereinzelung; so reflektiert »Gewalt in Familien« auch eine Reaktion auf den Zerfall traditionaler Machtverhältnisse und Handlungsmuster in Familien. Wie immer sich diese generellen Thesen bewähren mögen: Der Ausdruck »Störung« für die psychosoziale Wirklichkeit familialen Gewalthandelns scheint in jedem Falle zu kurz gegriffen, weil die Ordnung der Familie, die »gestört« sein soll, nicht mehr als »natürliche Ordnung«, nicht einmal mehr als selbstverständlich begriffen werden kann und zudem Objekt sozialstaatlicher Regulierung ist.

Von »Gewalt in Familien« kann man strenggenommen in zweierlei Weise sprechen: Zum einen, aus der Sicht des öffentlichen Gewaltschutzes, als von illegitimen individuellen Handlungen; in dieser Logik müßte es korrekterweise »Gewalttätigkeit« heißen, müßte familiales Gewalthandeln als kriminelles Delikt aufgefaßt werden. Die Straftatbestände für familiales Gewalthandeln sind bekannt, und sie bestimmen ja auch weithin die Kategorien der öffentlichen Debatte über Gewalt in Familien. Widerspruchsfrei ist diese Sichtweise allerdings wegen der tolerierten Elemente privater Willkür nicht. In den modernen sozialtherapeutischen Interventionsformen wird der staatliche Strafanspruch daher suspendiert, um die normativen Grenzen »flottieren« (Donzelot) lassen zu können. Zum anderen, aus der Sicht der Subjekte, müßten die rechtlichen Regelungen des Familien-, Jugend- und Erziehungsrechts »Gewalt in Familien« genannt werden, denn sie repräsentieren die ordnungstiftende Macht des Staates in der Familie. Die Dialektik von Gewalt und Gewaltfreiheit im Prozeß der Monopolisierung der physischen Gewaltsamkeit beim Staat eröffnet indes eine weitere Perspektive, von »Gewalt in Familien« zu sprechen: Die Perspektive der Ausgrenzung. Sie kommt

in den Interviews zur Sprache. Darin erscheint familiales Gewalthandeln als Bewältigungsstrategie, als ein Versuch, angesichts konfligierender Erwartungen und Ansprüche Normalität und einen Alltag von Familie herzustellen.
Ausgehend von Rammstedts systematischer Argumentation, sollte gezeigt werden, daß »Gewalt« ein politisch-philosophischer und ein quasi anthropologischer Begriff ist. Seine Anwendung auf Familie bzw. auf den Reproduktionssektor setzt eine bestimmte historische Entwicklung voraus, in der »Gewalt« familientheoretisch einen spezifischen Sinn bekommt, den es zu explizieren und an der Empirie familialen Gewalthandelns bzw. seiner reflexiven Darstellung zu konkretisieren gilt. Diese Explikation, so wurde schließlich argumentiert, steht vor dem Problem, daß »Gewalt« als politisch-historische und als familial-interaktionelle Wirklichkeit nicht identisch ist, sondern daß beide Wirklichkeiten aufeinander verweisen.

Normalisierungen: Die Herstellung von Familie als Lebenszusammenhang

Die Schilderungen von Beteiligten haben sichtbar werden lassen, wie wenig die Zuschreibung »Gewalt« mit der Familienwirklichkeit aus der Sicht der Akteure zu tun hat. Während die öffentlichen Diskurse unter dem Imperativ rechtlicher, therapeutischer und politischer Intervention Gewalthandeln nach den Kriterien der körperlichen Verletzung, Beziehungsstörung oder Unterdrückung, kurz: als Abweichung von einem erwünschten Zustand körperlicher Integrität, psychosozialen Gleichgewichts oder sozialer Emanzipation codieren, erzählen die Betroffenen von Gewalthandeln als »fact of life« und Bestandteil des Familienlebens.
Es ist ein teils unproblematisch-selbstverständlicher Bestandteil, ja: Gewalthandeln wird in manchen Zügen sogar als produktiv, erwünscht, zumindest als unvermeidlich angesehen. Es wird aber auch geschildert als ein Aspekt von Familie, der prinzipiell nicht akzeptabel, ja: ein Scheidungsgrund ist, dessen man sich schämt,

unter dem man leidet, ohne ihm entgehen zu können. Unproblematisierten Kriterien legitimer Gewaltanwendung – bestes Beispiel immer noch die körperlichen Strafen in der Erziehung – stehen Kriterien der Konfliktbewältigung gegenüber, die Gewalt als Mittel der Auseinandersetzung prinzipiell ausschließen. Traditionelle patriarchale und moderne »partnerschaftliche« Normierungen mit ihren Kriterien der Bedürfnisorientierung, Gegenseitigkeit und Konfliktbereitschaft scheinen alltagsweltlich zu koexistieren. Körperliche und psychische Aspekte von Zwang werden dabei nicht immer unterschieden, sie verschränken sich oft oder fungieren in den Schilderungen als funktionale Äquivalente.

Die Interpretation konnte zeigen, daß diese Schilderungen einer *»doppelten Logik«* unterliegen: Gewalthandeln von Familien steht in einem Horizont subjektiver Deutungen und Handlungsorientierungen, die einer interpersonellen Dynamik folgen und einen »privaten Kosmos« bilden; aber in diesen Kosmos ragen kollektive Bedeutungen hinein. Die individuellen Orientierungsmuster sind je verschieden, aber definitiv gesellschaftlich vorgeprägt.

Diese »doppelte Logik« unterscheidet familiales Gewalthandeln einerseits von aller Gewalt, die sich politisch versteht, das heißt, qua Rechtsetzung und Rechterhaltung (Benjamin) die gesellschaftliche Ordnung einzurichten oder zu verändern sucht; andererseits unterscheidet sie es von krimineller Gewalt, dem klassischen Fall individuellen Handelns gegen die legitime soziale Ordnung. Familiales Gewalthandeln ist sich zumindest nicht bewußt, daß es die gesellschaftliche Ordnung verändern will, und es versteht sich auch nicht als bewußte Verletzung dieser Ordnung.

Die normative Regulierung der *Grenze* zwischen Konflikt und Gewalt bzw. zwischen Gewalt und Nicht-Gewalt, mittels deren die Ausgrenzung von Gewalt aus dem sozialen System bewerkstelligt werden soll, findet im Alltagswissen von Familienmitgliedern, das sich in den Schilderungen von Situationen des Gewalthandelns artikuliert, eine Entsprechung. Die »accounts« drehen sich um solche Unterscheidungen; sie wollen die Grenze bestimmen und die Kriterien explizieren, wo sich »Gewalt« und »Nicht-Gewalt« voneinander unterscheiden lassen. Ein charakteristischer Widerspruch durchzieht die »accounts«: Während sie die Vielfalt und Präsenz von Gewalthandeln dokumentieren, sind sie begleitet von normativer Ablehnung und von der Schilderung traumatisierender Erfahrungen des Gewalterleidens. Auch Männer und Frauen, die Gewaltanwendung in ihrer Familie befürworten, drücken diesen Widerspruch aus: In diesem Sinne gibt es keine zweifelsfrei akzeptable Ausübung von Zwang; sie ist immer von einem *Normkonflikt* begleitet. Die »accounts« drehen sich um die Frage, was noch und was nicht mehr tolerierbar ist, erklären, unter welchen Bedingungen ein Gewalthandeln akzeptabel, zu rechtfertigen ist, erzählen, warum es in bestimmten Situationen und Umständen entschuldbar ist. Dabei verfügen diese Schilderungen für die Wirklichkeit »diesseits« der Grenze über eine Fülle sprachlicher Ausdrücke (vgl. S. 329, Anm. 15); jenseits der Grenze wird von »Gewalt« gesprochen. Es gibt allerdings keine allgemein anerkannten Kriterien, wo diese Grenze verläuft, ja: sie wird zwischen den Gesprächspartnern sogar in vergleichbaren Situationen verschieden gezogen. Wichtiger ist offenbar, *daß* es eine solche Grenze, eine solche Unterscheidung gibt; an ihr entscheidet sich, was »normal« ist.

Zweierlei ist daran abzulesen: einmal der Zwiespalt, daß Gewalthandeln in Familien offenbar unabdingbar ist, während es doch im Gegensatz steht zum Bild von Schutz und Fürsorge in der Familie – ein Bild, in dem sich persönliche Wünsche und Erwartungen der Befragten ausdrücken; zum anderen drückt sich darin die öffentliche Mißbilligung familialer Gewalt aus, das Bild von Asozialität und Brutalität, von dem sich die befragten Frauen und Männer distanzieren. Darin wird die Präsenz der staatlichen und philanthropischen Sanktionsmacht spürbar, die privates, familiales Gewalthandeln – wenn auch in durchaus widersprüchlicher Weise – zu unterdrücken trachtet, um so das Bild familialer Friedfertigkeit (das dadurch selber widersprüchlich wird) aufrechtzuerhalten. Eine Grenzziehung, eine Unterscheidung zwischen »normal« und »nicht normal«, erlaubt, diesen doppelten Normkonflikt zu bewältigen. Normalisierungen sind daher keine »Ausreden«, sondern sie sind unverzichtbar, wenn die Akteure sich als Familienmitglieder im Interview (und sich selbst gegenüber) konsistent darstellen wollen. Diese Konsistenz jedoch trägt die Spuren der öffentlichen Bewertung/Regulierung des (priva-

ten) Familienlebens und der subjektiven Maßstäbe für ein gelungenes/befriedigendes Familienleben.
Grenzziehungen trennen aber nicht nur, sie schaffen auch neue Zusammenhänge. Normalisierungen sind daher nicht nur interaktionstaktisch zu verstehen und als Antwort auf (fremde und eigene) Erwartungen; sie entwerfen auch eine je spezifische Familienwirklichkeit. Die Unterscheidungen, was »Gewalt« und was »Nicht-Gewalt« sei, sind fast so vielfältig wie die Episoden, die geschildert werden. Sie variieren situationsspezifisch mit der Rolle des/r Schildernden in der Situation und subkulturelle Bedeutungen spielen eine wichtige Rolle. Die Grenze zwischen »normal« und »abusive violence« läßt sich zwar von Dritten »objektiv«, an Verhaltensmerkmalen orientiert, ziehen (wie es Gelles und Straus 1979 definitorisch und Straus et al. 1980 in ihrer empirischen Studie getan haben): Aber die Bewertungen und Deutungen der Akteure sind – Greenblat und Bograd hatten das ja bereits belegt (vgl. S. 103 ff.) – von solchen Verhaltensmerkmalen weitgehend unabhängig. Auf biographische Erfahrungen, den situativen Kontext und ihre sozialen Bedeutungen kommt es an. Das gilt auch für andere, in der Literatur einflußreiche Unterscheidungen: für die zwischen »instrumenteller« und »expressiver« Gewaltanwendung etwa oder für die Unterscheidung zwischen »Rechtfertigungen« und »Entschuldigungen« in den »accounts«. Solche Unterscheidungen treffen bestimmte Aspekte, aber sie trennen Zusammenhänge, die für familiales Gewalthandeln gerade charakteristisch zu sein scheinen. Versucht man, entlang der Situationsschilderungen solche Zusammenhänge zu rekonstruieren und sich so einen Begriff davon zu machen, was »Gewalt« als Familienwirklichkeit bedeutet, so trifft man zunächst auf vielfältige und multidimensionale Wirklichkeiten. »Gewalt« scheint kaum isolierbar und überall präsent zu sein; das Konzept weckt Zweifel an seiner deskriptiven und analytischen Kraft. Es ist wichtig, sich zu erinnern, daß diese Vielfalt und Unübersichtlichkeit subjektiver Wirklichkeiten eine *ausgegrenzte* Vielfalt ist; die Selektivität der öffentlichen und professionellen Thematisierungen spektakulärer Gewalttätigkeit läßt sie nicht zu (Übersicht 4 gibt eine stichwortartige Orientierung über die Ebenen, auf denen im folgenden die sozialen Konstruktionen von Gewalt als Familienwirklichkeit diskutiert werden).

Übersicht 4
Gewalt als Familienwirklichkeit:
Elemente der sozialen Konstruktion familialen Gewalthandelns in den »accounts«

Motive	Handlungsmodi	Kontexte	Konsequenzen	Alltagstheorien
Kontrolle	instrumentell	Familiendynamik	Schmerz, Verletzung	»ökonomischer Konflikt-beendiger«
Kontakt	funktional	Geschlechts- und Generationshierarchie	Gehorsam, Anpassung	Durchsetzung von Überlegenheit
Selbstausdruck	expressiv	sozialökologische Lebenssituation	Selbstbehauptung	»Befreiungsschlag«
	rituell	gesellschaftliche Anforderungsstruktur	erneuerte Gegenseitigkeit	»Aggressionslust«

Den »accounts«, die im Dritten Teil interpretiert worden sind, lassen sich neben dem zu erwartenden Kontrollmotiv zwei weitere *Motivierungen* von Gewalthandeln entnehmen: ein Kontaktmotiv und ein Motiv des Selbstausdrucks. Es lassen sich vier *Handlungsmodi* unterscheiden: der instrumentelle Gebrauch körperlichen Zwangs, zum Beispiel bei körperlichen Strafen oder bei der »Erziehung« der Ehefrau; damit verwandt die funktionale Verwendung eines differenzierten Arsenals nichtkörperlicher Zwangsmittel, die über ihre Funktion auf die intentionale Zufügung von Schmerz verweisen; expressive Handlungen bilden eine dritte Gruppe (Gewalthandeln als Selbstbehauptung), die sich nicht wegen ihrer oft heftigen Gefühle, sondern wegen ihrer Zweckfreiheit von den instrumentellen und funktionalen Gewalthandlungen unterscheiden läßt; die vierte Gruppe bilden rituelle Gewalthandlungen in dem Sinne, daß sie einem normativen Skript oder Bild folgen, das verselbständigt ist gegenüber der Logik interpersonellen Handelns. Unter den *Kontexten*, die auf Situationen des Gewalthandelns appliziert werden, lassen sich ebenfalls vier unterscheiden: Einmal ist da der Kontext der Beziehungs- oder Familiendynamik, in dem es um Bedürfnisse und Befriedigungen, Nähe und Distanz, Anerkennung von Verschiedenartigkeit geht; zum anderen die Hierarchisierung der Geschlechts- und Generationenverhältnisse, die sich in der innerfamilialen Arbeitsteilung, in ungleichwertigen Alternativen zu einem Leben in der Familie bzw. in einer existentiellen, wenn auch (auf verschiedenen Ebenen) gegenseitigen Abhängigkeit ausdrückt; außerdem strukturiert die sozialökologische Lebenssituation der Familie (vergleichbar Garbarinos Begriffspaar social impoverishment vs. social enrichment, S. 80 ff.) die Bedeutungen familialen Gewalthandelns. Ein vierter Kontext, den die »accounts« für die Explikation von Bedeutungen in Anspruch nehmen, sind die Struktur der gesellschaftlichen Erwartungen an das familiale Reproduktionsmilieu sowie die Rolle, die soziale und/oder therapeutische Dienste dabei spielen. Diese Kontexte stellen das private Gewalthandeln und seine Interaktionsdynamik in die Spannung von Intimität und Vergesellschaftung und problematisieren das Verhältnis von Macht und Gewalt. Auch die *Konsequenzen* familialen Gewalthandelns werden in den Situationsschilderungen auf spezifische Weise unterschiedlich gefaßt: Es ist von Schmerz und Verletzungen die Rede, aber auch von Gehorsam und Unterwerfung, Anpassung, ohne daß eine körperliche Verletzung vorausgegangen wäre. Eine dritte Gruppe von Konsequenzen familialen Gewalthandelns betrifft die Behauptung der eigenen Identität; die vierte Konsequenz von Gewalthandeln schließlich, die in den Berichten auftaucht, ist die Erneuerung von Gegenseitigkeit in der Beziehung: sei es gegenüber den Kindern oder als »Katharsis« zwischen den Ehepartnern.

Motive, Handlungsmodi, Kontexte, Handlungskonsequenzen der Ausübung körperlichen Zwangs werden in *alltagstheoretischen Konzepten familialen Gewalthandelns* integriert, die »quer stehen« zur Trennung zwischen weit verbreiteter, harmloser (weil wenig körperlichen Schaden anrichtender), sozial tolerierter oder gar erwünschter Gewaltanwendung einerseits und vergleichsweise seltener, gefährlicher, sozial verachteter Anwendung körperlichen Zwangs andererseits. In einem dieser Konzepte ist Gewalthandeln eine Alltagsroutine, ein »ökonomischer Konfliktbeendiger«; ein anderes faßt es als Durchsetzung/Bekräftigung von Überlegenheit im Geschlechter- und Generationenverhältnis; andere Situationsschilderungen formulieren das Konzept einer »nicht kalkulierenden« Gewalt als Selbstverwirklichung in einer Situation subjektiver Ohnmacht. Schließlich gibt es noch ein viertes Konzept: Gewalthandeln als aggressiver Ausdruck eines Bedürfnisses nach Beziehung und Berührung.

In diesen pragmatischen Formulierungen kommt allerdings nur noch schwach zum Ausdruck, wie diese Alltagskonzepte die Intensität und Dramatik von Gewalthandeln als Familienwirklichkeit formulieren. Zum einen ziehen sie *unterschiedliche Medien* der Familieninteraktion in der Darstellung von »Gewalt« zusammen: Obwohl die Explorationen von Schilderungen *körperlicher Gewaltanwendung* ausgingen, stellten die Interviewpartner/innen sehr schnell *Zusammenhänge mit nichtkörperlichen, ja: mit (wenn es denn so etwas gibt) »Nichthandlungen«* her, konkret: Sie stellten körperliche Strafen beispielsweise in einen Kontext von Drohungen, von Kränkungen und direkten Attacken auf das Selbstwertgefühl, sie betonten den funktionalen Aspekt von Gewaltanwendung und stellten so Zusammenhänge mit Verboten her, mit dem Entzug von Nähe und Zuneigung. Körperliche Gewalthandlungen erscheinen in den Schilderungen nicht als isolierte Aktionen von abgegrenzter Genese und Bedeutung, sondern als Ele-

mente und als Pendant emotionaler, beziehungsdynamischer Manöver, deren mächtigstes »Totschweigen« genannt wird: der Versuch, »Nichtbeziehung« zu praktizieren. Die Intensität und Dramatik von Gewalthandeln in Familien wird zum zweiten in *einem alltagsweltlichen Wissen über Machtverhältnisse in Familien und über Traumatisierungen, also in Leidenserfahrungen*, gefaßt, die als biographische Erinnerung präsent sind. In den Schilderungen aktueller Ereignisse werden beide Dimensionen nicht expliziert, sondern vorausgesetzt und gehen in die Unterscheidungen von »Gewalt« und »Nicht-Gewalt« bzw. in die Bewertungen von Anlässen, Umständen, Verlauf und Ergebnissen von Gewalthandeln ein. (Die Auswertung der Einstellungsdaten hatte diese »Tiefenschicht« des Alltagswissens zutage gefördert, vgl. S. 169 ff.).
Vor allem aber stellen die alltagstheoretischen Konzepte familialen Gewalthandelns in den »accounts« einen familientypischen Zusammenhang zwischen *Liebe und Gewalt bzw. Intimität und Hierarchie* her, der immer auch ein Zusammenhang zwischen dem »privaten Kosmos« der familialen Lebenswelt und seiner Vergesellschaftung ist. Die »doppelte Logik« familialen Gewalthandelns ist also auch eine Logik des Zusammenhangs von Gegensätzen. Was damit gemeint ist, kann in folgendem Beispiel illustriert werden: Immer wieder taucht in den Schilderungen Ohnmacht als ein Gefühl auf, das dem Gewalttätigwerden unmittelbar vorausgegangen ist. Gemeint jedoch ist ganz Unterschiedliches, je nachdem, ob es die Ohnmacht einer Mutter gegenüber ihrem Kind ist, die Ohnmacht eines Mannes gegenüber einer Ehefrau, die ihm in ihrer Interaktionskompetenz überlegen ist, oder ob es die Ohnmacht einer Ehefrau ist, die sich gegen die Schläge ihres Mannes zur Wehr setzt.[3]
Normalisierungen sind diskursive Techniken der Konstruktion subjektiver Wirklichkeiten. Die sozialen Bedeutungen, die in diese Wirklichkeiten eingehen, reflektieren sich in den alltagstheoretischen Konzepten der Akteure. Vor allem zwei Dimensionen dieser Konzepte sind es, die über die situative Relevanz der Normalisierungen hinaus auf deren strukturelle Relevanz verweisen. Familiales Gewalthandeln kann nicht angemessen verstanden werden, wenn man diese Dimensionen außer acht läßt.
Die eine Dimension betrifft die familienstrukturellen Vorgaben der Normalisierungen. Deren Kern ist eine *strukturelle Ambiva-*

lenz von Macht und Gewalt: Ungleichheit und Abhängigkeit, die Ressourcen von Macht in Familien, sind Voraussetzungen des familientypischen Gewalthandelns; Macht ist aber nicht lediglich potentielle Gewaltausübung, sie ist auch unverzichtbares Medium von Beziehung. Nur so wird verständlich, daß in den Interviews so häufig das »Totschweigen« als Steigerung von Gewalt genannt wird: Es ist die Bedrohung der Beziehung überhaupt. Wäre umgekehrt Gewaltanwendung nur als Exekution von Abhängigkeitsverhältnissen zu denken, so wäre nicht erklärbar, warum einige Episoden erzählt werden konnten, in denen körperliche Aggression als Versuch, eine unterbrochene Beziehung wiederherzustellen, geschildert wird. Gewalthandeln in Familien hat einen Doppelcharakter von Sinnlichkeit, ja: Beziehungswunsch und Selbstsetzung einerseits, Destruktivität und Entsprachlichung andererseits. Dieser Versuch, die strukturelle Ambivalenz von Macht und Gewalt in Familien zu beschreiben, geht über die familiensoziologische These vom Antagonismus zwischen Intimität und Hierarchie in der familialen Binnenstruktur hinaus. Für eine Analyse familialer Gewalt ist allerdings wesentlich, genau zu untersuchen, wie diese Ambivalenz im Einzelfall determiniert ist. Sie unterscheidet sich, wie die präsentierten Materialien und die Interpretationen zeigen, schon grundsätzlich in der Dimension der Beziehungen zwischen den erwachsenen Lebenspartnern (Geschlechtshierarchie in Lebensgemeinschaften) und in der Dimension der Beziehungen zwischen Eltern und Kindern (Generationskonflikt). Dort gewinnen die Schwächsten, die unmündigen Kinder nämlich, gerade aus ihrer Schwäche eine Macht, welche die Identität der Mütter fundamental bedrohen kann. Gewalthandeln – das wäre eine Konsequenz dieser veränderten Blickrichtung – wäre dann nicht aus einem Zusammenbruch mütterlicher Fürsorge zu erklären (Steele/Pollock), sondern aus der sozialen Konstruktion von Mütterlichkeit unter den Bedingungen der Hausfrauenehe (zur »Macht ohne Stärke« der Frauen vgl. M. Brückner 1983; s. o., S. 110 ff.).

Die andere Dimension betrifft die sozialstrukturellen Vorgaben und kann als *strukturelle Ambivalenz von Autonomie und Vergesellschaftung* gekennzeichnet werden. Die Individualisierung und Intimisierung der modernen Familie hat eine inhaltliche Offenheit der sozialen Bedeutungen von Privatheit mit sich gebracht.

Zugleich aber ist Familie zum Objekt sozialhygienischer Ordnungspolitik geworden. Tyrell und Donzelot analysieren komplementäre Aspekte der Rationalisierung familialer Lebenswelten. Die strukturelle Ambivalenz besteht darin, daß Familie ihre Legitimation, ihren »Gebrauchswert« für ihre Mitglieder, aus den subjektiv realisierten Wünschen nach selbstbestimmten Lebenszusammenhängen bezieht, aus ihrer Offenheit als Gestaltungschance, während ihr Vergesellschaftungspotential familienpolitisch durch eine Reihe unterschiedlicher Professionen hergestellt werden muß. Umgekehrt beweist sich die Offenheit als Autonomie erst darin, daß die Familie ihr Vergesellschaftungspotential unter Beweis stellt. Das vorgelegte Fallmaterial und seine Interpretation belegen einerseits die These von Goode (1971) – nicht allein Macht, auch Liebe steuere das Familiensystem – gewissermaßen durch die Gegenprobe, nämlich durch die Rolle von Gewalthandeln bei der Wiederherstellung von Reziprozität. Aber die Offenheit, die sich hier demonstriert, hat ihre Kehrseite im strukturellen Mangel an traditionalen Handlungsabläufen und Sinnsystemen, die eine professionelle Intervention strukturell notwendig erscheinen lassen. Manche Schilderungen (S. 243 ff.) lesen sich wie Illustrationen der sozialhygienischen Vormundschaft über Familie, wie sie Donzelot (bezogen auf heutige medizinische Interventionen in Fällen von Frauenmißhandlung Stark et al. 1979; 1983), analysiert haben. Im Sinne einer unbeobachteten Privatsphäre kann Autonomie aber nur aufrechterhalten bleiben, wenn in der einzelnen Familie aktiv das Bündnis mit den Instanzen des Sozialen gesucht wird – auch dafür gibt es im Protokollmaterial zahlreiche Belege (z. B. S. 250 ff.). Die ganze Ambivalenz von Autonomie und Vergesellschaftung kommt dort zum Vorschein, wo die beziehungsdynamische Basis des familialen Reproduktionsmilieus durch den »Überhang« der Vergesellschaftung instrumentalisiert wird.

Im Blick auf diese beiden Dimensionen familialen Gewalthandelns erhalten die Normalisierungsstrategien der Akteure, wie sie in den »accounts« die Selbstdarstellung bestimmen, mehr als eine lediglich interaktionstaktische Bedeutung. Der ausgrenzende und synthetisierende Modus ihrer Wirklichkeitskonstruktionen ist als *Bewältigung von Brüchen bzw. Gegensätzen der Vergesellschaftung* zu interpretieren, *die Familie als Lebenszusammenhang ermöglichen soll.* So müssen beispielsweise in dem entsprechenden Abschnitt über Situationen des Gewalthandelns gegenüber Kindern moralische Zwecke und unmoralische Mittel, sie zu erreichen, unter dem Titel »Erziehung« miteinander vereinbart werden. Der Widerspruch zwischen Zweck und Mittel wird dabei transformiert in Kasuistik und in eine Anzahl differenzierter Regeln legitimen Verhaltens, die dennoch den Normkonflikt und die Antinomie von Macht/Abhängigkeit und Fürsorge/Zuneigung nicht auflösen können. Die gesellschaftlich gezogene Grenze zwischen »Erziehung« und »Entwürdigung« ist fiktiv und wird familienweltlich mittels Normalisierung gezogen. So wird Erziehungshandeln überhaupt erst möglich (vgl. auch Broszat 1982).

Gewalt und Intimität

Der gesellschaftliche Konflikt um die Legitimität privaten, familialen Gewalthandelns – wie er in der Konkurrenz öffentlicher Diskurse über »Gewalt in Familien« sich manifestiert (S. 43 ff.) – ist nur möglich, weil dieses private Handeln zu einer öffentlichen, das heißt: rechtlich und politisch relevanten Angelegenheit geworden ist. Die Verrechtlichung von privaten Verhältnissen läßt allerdings die Mehrdeutigkeit der familialen Beziehungen nur noch in bestimmten Grenzen zu: Privates Gewalthandeln erscheint nurmehr als Miß-Handeln. Seine Voraussetzungen in der hierarchischen und arbeitsteiligen Struktur von Familie werden dabei als Nicht-Gewalt definiert (dabei wären sie als Strukturentscheidungen aufzufassen, die Handlungsmöglichkeiten und Leidenserfahrungen bestimmen); oder jene familientypischen Aspekte von Gewalthandeln, die Momente des Aushandelns von Beziehungen und inhaltlich offen sind, werden als »gewaltfrei« ausgeblendet. Daher läßt sich das öffentliche Problem mit der familialen Gewalt deutlich unterscheiden von dem privaten Problem, das die einzelnen Männer, Frauen und Kinder in den jeweiligen Familien mit ihrem Gewalthandeln haben. Sie sind damit konfrontiert, daß Familie eine Logik der Nähe und Egalität *und* eine Logik der Abhängigkeit und Verfügung innewohnt. Je geringer die Spielräume und Ressourcen, je drängender die Notwendigkeit einer »intakten Familie«, desto mehr gewinnt der Aspekt von Abhängigkeit und Ungleichheit an Gewicht.

Die Ausgrenzungen der öffentlichen und professionellen Diskurse über »Gewalt in Familien« halten den Mythos Gewalt ebenso aufrecht, ja: erneuern ihn ebenso wie die Selektivität der sozialwissenschaftlichen Konstruktionen von familialer Gewalt. Diesen Mythos zu kritisieren erfordert einen Bezugspunkt, der diese Verdinglichung erkennbar macht. Dieser Bezugspunkt ist die Besonderheit dessen, was gesellschaftlich dem Privaten vorbehalten ist, darin seine Sphäre findet. Dies ist unter modernen Bedingungen die Intimität der Kleinfamilie. Diese Intimität bezieht sich auf Körperlichkeit, Sinnlichkeit, Sexualität und realisiert sich in symbolisch vermittelter Interaktion. Sie ist »pure« Beziehung und daher gezwungen, sich ständig selber zu erzeugen (Ostner/Pieper 1980).

Die konstituierende Rolle dieser Verständigungsprozesse verdankt sich der »Exterritorialisierung der Familie aus dem gesamtgesellschaftlichen Produktions- und Zirkulationsgefüge bei gleichzeitiger Bezogenheit ihrer Funktionen auf diesen Zusammenhang« (Becker-Schmidt 1983a, S. 184; vgl. Krovoza 1976). »Exterritorialisierung der Familie« meint weniger den so häufig zitierten Verlust produktiver Funktionen als den Verlust von Eigentum als Basis der Vergesellschaftung von Familie, aber auch als Voraussetzung eines bestimmten – bürgerlichen – Typus familialer Privatheit, der sich – wie Habermas (s. o., S. 263) in Erinnerung rief – als gesellschaftlicher Ort der Humanität begriff. Dies macht die familialen Verständigungsprozesse zwiespältig; sie sind *sinnlich*, das heißt: körper- und bedürfnisbezogen, *und ohnmächtig* gegenüber ihrer Vergesellschaftung zugleich.

Die Ausgrenzung der Familie aus der Logik der Kapitalverwertung hat eine historisch neue emotionale Bindung in den Beziehungen zu den Kindern und im Eheverhältnis (vgl. Ariès 1975; Sennett 1983; Shorter 1977) hervorgebracht. Die Intimität der eigentumslosen Kleinfamilie ist als »sekundär hergestellte gemeinsame Gegenständlichkeit« (z. B. Kinder, »Liebe«, gemeinsame Geschichte; Ostner/Pieper 1980, S. 122) beziehungsdynamisch bestimmt. Die Ausgrenzung bedeutet für die familiale

Intimität einerseits eine Freisetzung, eine Offenheit für Erfahrungen, eine *Eigenlogik* inhaltlicher Bedeutungen des privaten Familienlebens und bedingt einen Typus familialer Arbeit (ebda.), der sich so weit der Logik der Warenproduktion entziehen kann, daß Kindheit, Reproduktion und Regeneration materiell und psychosozial realisiert werden können (Becker-Schmidt, a.a.O., S. 185). Andererseits bleiben die Familienfunktionen auf die Gesamtgesellschaft bezogen, ja: Sie sind ihr *partiell subsumiert*. Daraus folgen widersprüchliche Erfahrungen und Handlungsbedingungen (»strukturell bedingte simultane Unverträglichkeiten«, ebda.).[4] So beschwört diese private Emotionalität systematisch biographische Krisen herauf, wenn sie die Kinder dem »Ausscheidungsrennen einer gleichgültigen Konkurrenzgesellschaft« (Heinsohn) überläßt bzw. sie darauf hin zu erziehen sucht, ohne in der Lage zu sein, ein Versprechen auf die Zukunft geben zu können. Die Intimität der eigentumslosen Kleinfamilie hat außerdem ein System persönlicher Abhängigkeit zwischen den Geschlechtern und Generationen hervorgebracht, das mit der traditionalen Identität von Lebensform und -inhalt (der »primären gemeinsamen Gegenständlichkeit«, Ostner/Pieper, a.a.O.) und den entsprechenden Handlungsmodellen ebensowenig zu tun hat wie mit Lohnabhängigkeit, die seine materielle Existenzbasis ist.

Die Intimisierung verdeckt jedoch eher, wie sehr die moderne Familie der eigentumslosen Lohnarbeiter sich von der Familie des bürgerlichen Warenbesitzers unterscheidet, wenn sie auch ihr Idealbild von sich dort entlehnt. Der Unterschied besteht in dem objektiven Desinteresse an eigenen Nachkommen, das den säkularen Rückgang der Geburtenraten überzeugend erklärt (Heinsohn/Knieper 1974). Jedoch ist die Diskrepanz erklärungsbedürftig, die zwischen dem globalen Trend zur Ökonomisierung des Privatlebens und dem intensiven Interesse besteht, das heutige Lohnarbeiter-Eltern durchschnittlich an ihren *existierenden* Kindern nehmen. Dies gilt um so mehr, als auch die Geschichte der proletarischen Familie weniger von Nähe und Zuwendung gegenüber den Kindern gekennzeichnet ist als von dem Motiv der Ökonomisierung: von dem Interesse nämlich, die Arbeitskraft des Kindes möglichst früh zur Subsistenzsicherung der Familie heranziehen zu können.

Die »Exterritorialisierung« und ihr Resultat, die Entstehung einer familialen Psychologie und »Beziehungsarbeit«, haben dazu beigetragen, die Grenze von Öffentlichkeit und Privatheit zu verschieben: Die familiale Intimität wird zum Inbegriff des Privaten, während die Ökonomie und der Beruf zu einer quasiöffentlichen Sphäre werden. Zugleich aber wird die Lohnarbeiterfamilie vom Staat in ihrem Bestand garantiert und ihre Moral von der Philanthropie überwacht. In diesem Sinne ist sie entprivatisiert, weil sie ohne eigene Basis die elementaren Funktionen von Schutz und Orientierung nicht mehr erfüllen kann. Die »Erhitzung des familialen Binnenklimas« (Shorter) und die Enttraditionalisierung der Familienbeziehungen bestätigen nur scheinbar die soziale Autonomie von Familie; sie finden vielmehr im Schutz (und, wie Donzelot gezeigt hat, im Schatten) staatlicher Familienpolitik und philanthropischer Sozialhygiene statt (vgl. Habermas 1968[3], S. 171 ff.). Die »partnerschaftliche« und »kindzentrierte« moderne Familie als Produkt der Hausmedizin, der Erziehungsberatung und der Ehehygiene?
Angesichts der vieldeutigen Allgegenwärtigkeit von Gewalthandeln in den Familien der Explorativstudie erscheint es als fruchtbare Perspektive, *Gewalthandeln in heutigen Familien als eine private Strategie der Herstellung von Intimität aufzufassen.* Normalität, Alltag, kurz: eine »innere Ordnung« von Familie als Lebenszusammenhang soll unter den Bedingungen einer Individualisierung der geschlechts- und generationsspezifischen Lebensmuster, einer zunehmenden Marktvermitteltheit der Familienökonomie und einer sozialstaatlichen Vergesellschaftung sichergestellt werden. Wegen des Doppelcharakters der Intimität, der dem Doppelcharakter der Exterritorialisierung von Familie entspricht, kann diese Strategie ebensosehr scheitern wie gelingen. Sie muß die strukturellen Ambivalenzen von Macht und Gewalt bzw. Egalität und Hierarchie und von Autonomie und Vergesellschaftung – die nach den vorangegangenen Überlegungen als *strukturelle Ambivalenz von Ökonomisierung und Nichtrechenhaftigkeit* des Familienlebens spezifiziert werden kann – bewältigen. Diese Ambivalenzen entsprechen dem gesellschaftlichen Status von Familie: Das System persönlicher Abhängigkeit ist spezifisch für die geschlechts- und generationshierarchische Beziehungsstruktur – aber es ist (im Sinne der »strukturell be-

dingten simultanen Unverträglichkeiten«) unter modernen, verrechtlichten Lebensverhältnissen und der »sachlichen Gewalt des Kapitals« eine Anomalie. Für die familiale Reproduktionsfunktion ist dieses System jedoch nicht nur unvermeidlich, sondern auch unverzichtbar. Es scheint nämlich unter den gegebenen Produktionsverhältnissen das einzige Medium zu sein, in dem jene vorvertraglich verbindliche Fürsorge und Bindung organisierbar ist, welche sozialisatorisch eine Charakterstruktur generiert, die in der Konkurrenz des Arbeitsmarktes zu überleben ermöglicht.[5]

Als symbolisch vermitteltes interpersonelles Handeln ist familiales Gewalthandeln reflexiv und in seinen sozialen Bedeutungen offen. Es integriert die Dimension der Körperlichkeit/Sinnlichkeit in den Prozeß der »sekundären Herstellung gemeinsamer Gegenständlichkeit« (Ostner/Pieper, a.a.O.), das heißt: in den Prozeß der Herstellung von Familie als privatem Lebenszusammenhang. Die Zwiespältigkeit des Gewalthandelns beruht darauf, daß in der körperlichen Aggression die Komponenten der Sinnlichkeit und der Macht zusammenfließen. Daher kann sie in die alltägliche Herstellung von Intimität ebenso eingehen, wenn diese Herstellung als Prozeß gegenseitiger Anerkennung, wie wenn sie als Prozeß der – im wörtlichen Sinne – Vergewaltigung verläuft. Psychoanalyse und Zivilisationstheorie haben Lust, Schmerz und Domestizierung am gesellschaftlichen Ort Familie in ihrer konstituierenden Dynamik beschrieben.

Der Zwiespältigkeit des Gewalthandelns entspricht die der familialen Intimität. Familie bestätigt sich als Lebenszusammenhang darin, daß ihre Mitglieder die Familienwirklichkeit ihren Handlungen zurechnen können. Der Alltag macht Sinn, wenn er von jedem Individuum der Familie als auch von ihm/ihr hergestellter Alltag verstanden werden kann. Jeder Konflikt, jede Andersartigkeit, jede Divergenz bestätigt diesen Zusammenhang, wenn sie *als* Konflikt, Andersartigkeit etc. interpretiert werden können. Die Bezogenheit des eigenen Handelns und der Selbst-Deutungen auf den/die andere/n ist dann unproblematisch; sie stiftet den Zusammenhang, und dieser wiederum ist Ressource für die Selbstvergewisserung der Akteure. Die kommunikative Herstellung des familialen Lebenszusammenhangs ist allerdings vorstrukturiert von einer institutionellen Matrix (politisch sanktionierter und ökonomisch verankerter) kultureller Definitionen der Geschlechts- und Generationsrollen, an die ungleiche Lebens- und Teilhabechancen, Rechte, individuelle Entwicklungsmöglichkeiten etc. geknüpft sind. Diese sozialen Ungleichheiten – mit Becker-Schmidt (1983b, S. 250) könnte man von einer Hierarchisierung der Lebensbereiche entlang der Linie privat/öffentlich bzw. Haus-/Erwerbsarbeit sprechen – gehen stillschweigend in die Verständigungsprozesse ein, aus denen Familie als Lebenszusammenhang hervorgeht. Den Akteuren sind diese materiellen Voraussetzungen ihres Alltags in der Regel nicht bewußt, weil die private Form des familialen Lebens sie unsichtbar macht, das heißt: personalisiert, sie als individuelle Besonderheit und nicht als Merkmal einer allgemeinen Struktur erscheinen läßt.

Solange den Akteuren die Struktur sozialer Ungleichheit im familialen Lebenszusammenhang nicht bewußt ist, ist diese ein unproblematischer Bezugspunkt für Selbstdefinitionen und Handlungsorientierungen und bestenfalls daran ablesbar, was Becker-Schmidt »non-challenge-of-potentials« nennt (ebda.; vgl. auch Narr 1974 zu den sozialen Kosten der »non-decisions«). Jedoch wird unter dem quasi absenderlosen Zwang der Vergesellschaftung (in den Situationsschilderungen des Dritten Teils wird er in der sozialen Marginalisierung einiger Familien und angesichts der Aufgabe am deutlichsten, dem Nachwuchs eine persönliche Zukunft zu repräsentieren) die Eigenlogik der familialen Lebenswelt *kontingent*. Dann wird Gewalthandeln zur manifesten Ausübung von – nicht nur körperlichem – Zwang und drückt jene Verohnmächtigung aus, die eine Folge der Exterritorialisierung von Familie ist.

Was dieses Gewalthandeln zur Gewalt macht, ist die Ungleichheits- und Abhängigkeitsstruktur von Familie. Die institutionelle Matrix von Familie ist nur unter günstigen Umständen und nicht prinzipiell in der inhaltlichen Offenheit der »sekundären Herstellung gemeinsamer Gegenständlichkeit« emotional und diskursiv zu verflüssigen. Unter den Bedingungen der Vergesellschaftung als Verohnmächtigung bietet das System persönlicher Abhängigkeit die einzige Handhabe, um Macht zu mobilisieren und mit ihr die Diffusion der familialen Eigenlogik aufzuhalten. Dies geschieht als Regression auf einen Typus der familialen Ordnung, der im Prozeß der Modernisierung problematisch geworden ist.

Er vermag weder Lebensmuster verbindlich zu strukturieren, noch sind die sozioökonomischen Voraussetzungen für die patria potestas gegeben. Wie die Interpretationen des Protokollmaterials allerdings zeigen, ist dieser patriarchale Typus der familialen Ordnung immer noch präsent genug, um für Gewalthandeln Begründungen zu liefern, die es als »normal«: gerechtfertigt, notwendig, verbreitet erscheinen lassen. Daher ist es auch kein Widerspruch, von Gewalt als Ausdruck einer gesellschaftlich induzierten Verohnmächtigung zu sprechen und zugleich festzuhalten, daß Gewalt von den relativ Stärkeren an den relativ Schwächeren – überwiegend von den Männern im Eheverhältnis, von den ökonomisch und sozial Selbständigen gegenüber den Alten und Pflegebedürftigen, den Eltern gegenüber den Kindern – geübt wird. Sie haben das Privileg, diese Bewältigungsform wählen zu können. Jede andere Variante familialen Gewalthandelns ist, die Interpretationen des Protokollmaterials enthalten vielfältige Belege dafür, dem Typus einer Beziehung näher, die von gegenseitiger Anerkennung gekennzeichnet ist, auch wenn sich diese Reziprozität als Kampf realisiert.

Der Familienvater ist nicht mehr das Modell der Staatsmacht. Die Macht in privaten Sozialbeziehungen, zumal in der Familie, ist (qua Verlust ihrer Eigentumsbasis) historisch depotenziert, ist zum Objekt der Staatsmacht und der Sozialhygiene geworden. Familiales Gewalthandeln wird von ihnen unter dem Titel »Schutz von Ehe und Familie« in widersprüchlicher Weise (nämlich zugleich toleriert und kontrolliert) vorausgesetzt. Verfügungsmacht über Frauen ist keine Macht aus eigenem Recht mehr, sondern abgeleitete, in rechtlich zunehmend enger gezogenen Grenzen allenfalls zugelassene; noch deutlicher gilt dies für die elterliche Gewalt, die rechtlich reguliert und in bezug auf die gesellschaftliche Zukunft der Kinder ohnmächtig ist. Dies gilt, obwohl Gewalt gegen Kinder wie gegen Frauen – wie Analysen von Praktiken in Justiz, Medizin und sozialen Diensten immer wieder belegen können – immer noch und immer wieder gesellschaftliche Unterstützung findet. Binnenfamilial bestimmen Sinnlichkeit und Ohnmacht die strukturelle Relevanz familialen Gewalthandelns; sein Bezug auf die Abhängigkeitsstruktur von Familie ist gebrochen und indirekt. Patriarchaler Zwang – wie beispielsweise jene berichtete »Erziehung zur Ehefrau und Mutter« – wendet Gewalt *demonstrativ* an, ist in diesem Sinne terroristisch, das heißt: Er richtet sich weniger gegen die konkrete Frau, ist von dieser auch nicht motiviert, sondern will die patriarchale Verfügung als Prinzip behaupten. Aber er setzt die historische Depotenzierung individueller Verfügung von Männern über Frauen (zugunsten von personunabhängigen, rechtlich kodifizierten Ansprüchen, den »Rechten und Pflichten«) voraus und beruht letztendlich auf körperlicher Überlegenheit: den physischen und protosozialen Aspekt von Gewalt erneut bestätigend. Neben dieses Modell patriarchaler Verfügung ist, in den Schilderungen deutlich erkennbar, ein individualisiertes Familienmodell getreten. Aber Gewalthandeln verschwindet in diesem Modell nicht, sondern wird als Ausdruck von Bedürfnissen recodiert sowie situations-/personspezifisch definiert: In diesem Sinne ist dieses Gewalthandeln *authentisch*. Im äußersten Fall wird diese Gewalt zur verzweifelten Selbstbehauptung, die als »subsoziale Reaktion« die Sozialstruktur (also auch die rechtlich geregelten Ansprüche und Verpflichtungen auf den/die andere/n) nicht negiert (was sie zum Objekt staatlicher Gewaltvermeidung oder für therapeutische Motivinterpretation geeignet machen würde), sondern »annulliert«, das heißt: sich ihren Maßstäben entzieht (vgl. Rammstedt 1974a, S. 246; vgl. Röttgers 1974, S. 219). Diese Überlegung impliziert, daß familiales Gewalthandeln nicht an seinen Konsequenzen, auch nicht an seinen bekundeten Zwecken und seiner Zweckangemessenheit (also als Mittel) zu bestimmen ist, sondern an seinen spontanen, zweckfreien, sinnlichen, prozeßhaften Eigenschaften (vgl. Rammstedt 1974a, S. 238). Familiales Gewalthandeln wäre dann nur vergleichbar mit *Gewalt als Manifestation*, wie sie Walter Benjamin – der sie im Zorn vorgezeichnet sieht – der mythischen Gewalt in ihrem Kreislauf von Rechtsetzung und Rechterhaltung entgegenstellt (Benjamin 1981[4], S. 55; Benjamin hat dabei natürlich nicht Gewalt in Familien, sondern revolutionäre Gewalt im Auge, die er als einen transzendentalen Begriff konzipiert).

Bezogen auf das Generationsverhältnis bedeutet die These von der »subsozialen Reaktion«, daß für die Gewalt gegen Kinder in Familien weniger die Strafe und die körperliche Mißhandlung charakteristisch sind, sondern eine *strukturelle Vernachlässigung*, ein Ignorieren des Kindes als Kind, wie es im sog. sexuellen

Mißbrauch und in der Vernachlässigung (im Sinne von »neglect«) zum Ausdruck kommt. Strukturelle Vernachlässigung meint eine Unentschiedenheit von Zuneigung und Ablehnung, den unberechenbaren Wechsel zwischen Bestrafung, emotionaler Ausbeutung einerseits, Zuwendung, Schutz und fördernder Unterstützung andererseits, wie es Ann Fillmore auf Grund von klinischen Erfahrungen beschrieben hat (1981, S. 10). Strukturelle Vernachlässigung von Kindern ist eine Erscheinung der Diffusität und Kontingenz, welche die lebensweltliche Logik der familialen Intimität unter den subjektlosen Zwängen der Vergesellschaftung bestimmen kann. Sie ist das Ergebnis, so die These, aus der Diskrepanz der beiden dominanten Tendenzen, die der Entstehung der modernen, eigentumslosen Familie geschuldet sind: zum einen der Tendenz zur Ökonomisierung des Lohnarbeiterprivatlebens, in dem eigene Kinder nur die Konkurrenzfähigkeit der Arbeitskraft einschränken, zum anderen der Tendenz zur Emotionalisierung und Individualisierung der Familienbeziehungen, die zu einer familialen »Kultur der Fürsorge« (Shorter) geführt hat, für die es kein geschichtliches Beispiel gibt. Aber die Emotionalisierung und Individualisierung hat den Kinderwunsch von einem existentiellen, individuell-ökonomischen Interesse zu einem persönlichen Bedürfnis gemacht. Es macht die soziale Lage der Kinder abhängig von der Psychologie ihrer Eltern, die den Kindern nicht einmal die Dauerhaftigkeit des Bedürfnisses versprechen können. Barbara Sichtermann (1982) hat sehr anschaulich beschrieben, wie schwer es Eltern/Müttern fällt, ein kontinuierliches Interesse am eigenen Kind und eine konsistente Aufmerksamkeit für seine Entwicklung zu entwickeln. Die Liebe zum Kind ist in der modernen Familie intensiv, aber *strukturell labil*. Eine stabile und dauerhafte Emotionalität zwischen Eltern und Kindern ist nur in Lebens- und Produktionsformen möglich, in denen die Generationen und Geschlechter gemeinsame Lebenspläne entwickeln können (Heinsohn 1985). Charakteristisch für »Gewalt« in der modernen, eigentumslosen, von Gefühlen statt existenziellen Interessen dominierten Kleinfamilie ist nicht, wie der Mythos Gewalt suggeriert, eine Ubiquität der Brutalität, ein Alltag manifester Unterdrückung und quasifeudaler Verfügung über Kinder und Frauen, sondern eine *strukturelle Labilität der emotionalen Bindungen*.

Die Berichte von Situationen des Gewalthandelns skizzierten eine mehrdeutige und vielgestaltige Wirklichkeit: »Alltagsschläge« und Disziplinierungen stehen neben wochenlangem, erbitterten »Totschweigen«; die Ohrfeige für den Säugling mit ihren fatalen Folgen steht neben der »blinden Wut« unter Alkohol, dem die Wohnungseinrichtung zum Opfer fällt; von Gegenwehr wird berichtet, von Gewalttätigkeit als Katharsis einer lange Zeit gespannt-sprachlosen Beziehung, von Verstehen und Akzeptieren der aggressiven Ausbrüche. Die »Normalität« dieser Ereignisse für Familien wird kaum verständlich, wenn man sich auf den Spezialfall brutaler Gewaltanwendung beschränkt: jenen Spezialfall, der im Mittelpunkt öffentlicher Mißbilligung und politischer Skandalisierung steht. Die Situationsschilderungen haben vielfach belegt, daß die Ausübung diffusen und trivialen Zwangs im Alltag einer Dynamik persönlicher Abhängigkeit unterliegt, die sie nicht prinzipiell unterscheidbar sein läßt von gewalttätigen Übergriffen; die Berichte zeigen auch, daß noch im Zustand höchster Wut und Selbstgewißheit die scheinbar »blinde Wut« Regeln und Maximen folgt, die sich spezifizieren lassen. Schließlich belegen die Schilderungen auch, daß Gewalthandeln keineswegs einer affirmativen Logik folgen muß, sondern zu Lösungen kommen will, Gegenseitigkeit und Nähe erzwingen will.

Gewalthandeln ist insofern für Familie »normal«, als es ihren Strukturen und Widersprüchen folgt. Gewalthandeln beruht auf der institutionellen Matrix von Ungleichheit und Abhängigkeit, die allen interpersonellen Prozessen der Herstellung eines je besonderen Familienlebens vorausgeht. Gewalthandeln kann in vielen Aspekten als Strategie der *Bewältigung der Widersprüche kleinfamilialer Intimität nach Maßgabe dieser Widersprüche* verstanden werden.

Die Normalität familialer Gewalt besteht darin, daß sie strukturell möglich ist; aber diese Möglichkeit ist paradox, weil das familiale Gewalthandeln die geschlechts- und generationshierarchische Struktur von Familie in Anspruch nimmt, um deren zentrifugale Tendenzen zu überwinden und den Lebenszusammenhang Familie herzustellen/aufrechtzuerhalten. Das muß scheitern, wenn das Gewalthandeln keinen Entwurf auf Reziprozität verfolgt, sondern auf traditionale, gleichwohl entwertete

Muster von Hierarchie und überlegener physischer Stärke zurückgreift. Als Bewältigungsstrategie ist Gewalthandeln riskant, weil es gefährden kann, was es sichern will, und die Bedingungen, auf die es reagiert, nicht beherrscht.

Anmerkungen

1 Die gesellschaftliche Definition eines sozialen Problems

1 Anders als in Großbritannien und den USA ist die Gewalt gegen alte Leute in ihren Familien noch kaum Gegenstand öffentlicher Diskussion (vgl. Dieck 1984; Gravenhorst 1985; Eastman 1985); von Gewalt unter Geschwistern bzw. von Kindern gegen ihre Eltern berichtete (für die Bundesrepublik) erstmals DER SPIEGEL (1983) einer breiten Leserschaft. Generell ist die öffentliche Aufmerksamkeit für Phänomene familialer Gewalt hierzulande im Unterschied zur Situation beispielsweise in Großbritannien, den Niederlanden, besonders aber in den USA immer noch sehr selektiv.

2 Gewalt in Familien wurde in den Niederlanden, in Großbritannien und vor allem in den USA schon früher »entdeckt«. Der jüngste Durchbruch von »family violence« als öffentliches Thema ist mit den Veröffentlichungen von Kempe et al. (1962) über das »battered child syndrome« anzusetzen. Seither hat sich, wie später in der Bundesrepublik auch, die »Entdeckung« in Schüben vollzogen (gegenwärtig ziehen »marital rape« und »child sexual abuse« die meiste Aufmerksamkeit auf sich); Forschung und Hilfsprogramme haben sich seit Ende der sechziger Jahre intensiv und differenziert entwickelt. Die fachliche Diskussion in der Bundesrepublik vollzieht vielfach lediglich nach, was in den USA bereits diskutiert wurde.

3 Dabei darf die Rolle der *Massenmedien* als Multiplikatoren nicht unterschätzt werden (vgl. Nelson 1984, Kap. 4). Wie substantiell die Durchsetzung neuer Problemdefinitionen und Interventionspraktiken ist, läßt sich jedoch verläßlicher an Phänomenen wie der *Neuorientierung* belegen, die der *Deutsche Kinderschutzbund (DKSB)* seit ca. 1978 vollzogen hat. Der Anstoß dazu kam überwiegend von außen, von Programmatik und Praxis der entstehenden Kinderschutzzentren. Im Frühjahr 1985 hat der Bundesvorstand des DKSB theoretische Grundlagen und pragmatische Leitlinien für die Kinderschutzarbeit verabschiedet, die – nach einem mehrjährigen Prozeß innerverbandlicher Auseinandersetzung und Erprobung – die größte Organisation eines nichtstaatlichen Kinderschutzes in der Bundesrepublik an das Niveau der internationalen Diskussion und Praxis in diesem Bereich ankoppelten (DKSB 1985). Es würde zu weit führen nachzuzeichnen, wie die Wohlfahrtsverbände und die öffentliche Sozialarbeit, aber auch die Polizei und Teile der Justiz – in unter-

schiedlicher Weise und unterschiedlichem Ausmaß – sich nach und nach das Thema »Gewalt in Familien« aneigneten (ein Prozeß, der sich in Zukunft auf eher noch breiterer Basis vollziehen dürfte). Auch die Entwicklung in den verschiedenen involvierten Berufsgruppen, zum Beispiel in der Ärzteschaft, nachzuzeichnen bzw. die Verbindungen von »Gewalt gegen Kinder« mit den Praktiken und Reformbestrebungen der psychosozialen Dienste zu schildern, wäre ein Thema für sich.

Ein starker Beleg für die politische Karriere des Themas ist die Fachtagung, die das *Bundesministerium für Jugend, Familie und Gesundheit* im Januar 1984 über »Gewalt gegen Frauen« mit großer öffentlicher Resonanz durchführte – dabei dokumentierend, daß die Frauenpolitik der Bundesregierung dieses Feld besetzen will (BMJFG 1984). Eine ähnliche Veranstaltung über »Gewalt gegen Kinder« hatte das *Presse- und Informationsamt der Bundesregierung* 1979 im Vorfeld des Modellversuchs »Hilfen für Kinder in Notlagen« durchgeführt. Die *Fraktion DIE GRÜNEN im Bundestag* hat im November 1984 mit einer Großen Anfrage den sexuellen Mißbrauch von Kindern zu einem parlamentarischen Thema gemacht, erstmals in der Geschichte der Bundesrepublik (Deutscher Bundestag 1984). Im September 1985 hat die Bundesregierung ihre schriftliche Antwort vorgelegt (Deutscher Bundestag 1985).

Natürlich manifestieren solche Ereignisse und Initiativen nicht die Durchsetzung, am ehesten noch die »offizielle Anerkennung« familialer Gewalt als ein relevantes Problem. Insofern ist die Nennung dieser Ereignisse auch durch ihre Aktualität legitimiert. Wie brüchig und wie ambivalent diese »Anerkennung« ist, wird erkennbar, wenn man sich an die *Auseinandersetzungen* erinnert, in denen diese Anerkennung errungen wurde. Diese Auseinandersetzungen wurden beispielsweise um die Errichtung jedes einzelnen Frauenhauses – ob autonom oder nicht – geführt (im Jahre 1982 sollen es in der Bundesrepublik 120 gewesen sein, vgl. Lewkowicz 1982; die Arbeitsgruppe Frauenrechte [1983] nennt 56 autonome Frauenhäuser im Frühjahr 1983). Die große Debatte, die Ende der siebziger Jahre um die Form der finanziellen Förderung von Frauenhäusern geführt wurde und an der alle bedeutenden Träger der Jugend- und Sozialhilfe teilgenommen haben, belegt die *Brisanz* der Auseinandersetzung. In dieser Debatte, die keineswegs abgeschlossen ist (vgl. Arbeitsgruppe Frauenrechte, a.a.O.), ging und geht es um nichts weniger als um die Identität der Zufluchtsstätten für Frauen als einem Teil der feministischen Emanzipationsbewegung.

Die *Ambivalenz des Erfolgs*, Gewalt in Familien als soziales Problem durchgesetzt zu haben, bemißt sich vor allem danach, ob nicht nur die »Entdeckung«, sondern auch die *Kontrolle über die Bearbeitung* des sozialen Problems dem Neuen Kinderschutz bzw. der Frauenbewegung zugeordnet bleibt (Stallberg 1984). Mit anderen Worten: Einerseits beruht der Erfolg der Skandalisierung von Gewalt gegen Kinder und Frauen auch darauf, daß private Gewalt den staatlichen Eingriff geradezu gebietet (Sack/Eidmann 1985, S. 5); andererseits beschwört dieser Erfolg einen Dauerkonflikt zwischen den Verfahren und Strukturen der Sozialverwaltung und dem Selbstbestimmungsmotiv der Basisinitiativen herauf. (Autonome) Frauenhäuser und Kinderschutzzentren haben diesen Konflikt immer gesehen und sich der Gefahr der Einvernahme so weit widersetzt, wie dies unter den Bedingungen der Abhängigkeit von öffentlichen Geldern möglich war und ist.

4 Die Stärke dieser beiden Argumentationslinien beruht darauf, daß sie auf die Problematik der *Entwicklungsstörungen* von Kindern focussieren, deren Ursachen weit komplexer (soziale Deprivation, Armut; vgl. Elmer 1977) sind, als es die raum/zeitliche Evidenz einer körperlichen Mißhandlung suggeriert. Aus gesundheitspolitischer Perspektive sind diese Retardierungen gegenüber körperlichen Verletzungen das gravierendere Problem und lassen die Mißhandlung als Spezialfall der Vernachlässigung erscheinen (Pelton 1979; vgl. auch Sack/Eidmann 1985).

5 Der Prozeß der Verrechtlichung bezieht die familiale Privatsphäre unmittelbar auf den unabgeschlossenen historischen Prozeß der Monopolisierung legitimer physischer Gewaltsamkeit beim Staat (Weber); eine »ursprüngliche Autonomie« privater und öffentlicher Gewalt hat es allerdings nie gegeben. Zur Verrechtlichung der Ehebeziehungen vgl. Heinsohn/Knieper (1974).

6 Straus erwähnt einen weiteren, mutmaßlich wesentlichen Anstoß nicht: daß nämlich in Reaktion auf die Studentenunruhen und die Aufstände in Ghettos der Schwarzen die Aggressions-, spezifischer: die Violence-Forschung stark expandierte und auf großes öffentliches Interesse stieß; einige bemerkenswerte theoretische und empirische Studien sind damals entstanden (vgl. Narr 1974). Was die Bundesrepublik und die Anfänge der Violence-Forschung hierzulande betrifft, so muß man die Kontinuität mit der Friedensforschung sehen, in der nicht nur Galtungs Konzept der »strukturellen Gewalt« aufgegriffen wurde, sondern die Beziehung zwischen öffentlicher und privater Gewalt zwar nicht explizit theoretisch formuliert, aber implizit untersucht worden ist (als pauschaler Beleg mag ein Hinweis auf die Veröffentlichungen der Hessischen Stiftung Friedens- und Konfliktforschung genügen; s. auch die Arbeiten von Horn und Rammstedt).

7 In der Bundesrepublik steckt – anders als in den USA – die sozialwis-

senschaftliche Forschung über familiale Gewalt erst in den Anfängen (vgl. Petri 1981, S. 928-931; Pelz-Schreyögg 1985; Gravenhorst/Honig 1985).

Diese Anfänge finden so wenig wie die amerikanischen Autoren der späten sechziger und frühen siebziger Jahre eine familiensoziologische Tradition der Beschäftigung mit diesem Thema vor. Über Machtverhältnisse und Konfliktstrukturen hat die deutschsprachige Familiensoziologie – anders als die amerikanische – nicht viele Veröffentlichungen hervorgebracht (Siegert 1977; Held 1978; Metzmacher/Schulz 1983; in Anknüpfung an die ältere katholische Ehedoktrin Siebel 1984). Allerdings gibt es *spezifische Anknüpfungspunkte*, die der Forschung in der Bundesrepublik spezifische Chancen und Perspektiven eröffnen. So haben Kritische Gesellschaftstheorie und Psychoanalyse schon in den dreißiger und vierziger Jahren – im Exil – die Rolle der Familie bei der Transformation gesellschaftlicher Herrschaft in individuelle Charakterstrukturen und die Autoritätsstruktur der Familie selber sowie deren historisch-ökonomische Bedingungen untersucht und theoretisch formuliert (Fromm et al. 1936; Adorno et al. 1968). In den sechziger und siebziger Jahren hat die schichtspezifische bzw. sozialstrukturelle Familienforschung daran angeknüpft, allerdings ohne ein Konzept familialer Gewalt zu entwickeln (Ottomeyer 1980; Steinkamp 1980).

»Gewalt in Familien« ist, betrachtet man die Rolle des Themas in der sozialwissenschaftlichen Forschung in der Bundesrepublik, eher ein *Querschnittsthema*, das propädeutisch oder programmatisch behandelt wird, als ein ausdifferenzierter Forschungsgegenstand. So gesehen, gehört die Friedensforschung (vgl. Anm. 6) mit ihrem Konzept der strukturellen Gewalt (Galtung 1975) und ihrer Auseinandersetzung mit der Aggressionsforschung (U. Volmerg 1977, 1978; B. Volmerg 1978) ebensosehr zur Genealogie der bundesrepublikanischen Forschung über familiale Gewalt wie die Ansätze zu einer Kritischen Theorie des Subjekts (z. B. Horn 1972; Schülein et al. 1981) bzw. Politischen Psychologie (z. B. Brückner 1972, 1982). In diesem Bezugsrahmen sind besonders die psychoanalytisch argumentierenden Arbeiten zur Gewalterziehung zu erwähnen (Horn 1967; Petri/Lauterbach 1975; Petri 1981; Hochheimer 1975) und das Konzept »Pathologie des Gehorsams« zu nennen (Brückner 1966), das plausibel macht, daß sich der unterdrückte Haß der Geschlagenen leicht funktionalisieren läßt für Formen organisierter Friedlosigkeit (vgl. auch Mantell 1972; Milgram 1972; Theweleit 1977). Charakteristisch für diese Querschnittsperspektive ist der Versuch, die Vergesellschaftung der Subjektivität, die Vermittlung individuellen Handelns und historisch-ökonomischer Strukturen in einer Perspektive der Befreiung zu rekonstruieren. Daher hat der Begriff »Gewalt« in der deutschen Diskussion immer andere Konnotationen als der angelsächsische Begriff »violence«; dieser ist ein verhaltenstheoretisches Konzept, während »Gewalt« aus einer politisch-philosophischen bzw. staatsrechtlichen Denktradition stammt (Röttgers 1974). Wenn in der deutschen Diskussion von »Gewalt in Familien« gesprochen wird, ist daher immer auch eine philosophische Tradition angesprochen (zu deren heutiger Relevanz wichtige Arbeiten vorliegen, vgl. etwa Rammstedt 1974; Röttgers/Saner 1978). Aus dieser Tradition wird auch plausibel, warum in den letzten Jahren zivilisationstheoretische (z. B. Krovoza 1981; U. Volmerg 1983) und ethnopsychoanalytische (Wolff 1982; Beiderwieden et al. 1984) Konzepte eine wachsende Rolle in der Diskussion spielen. Solange auch die Diskussion über Gewalt in Familien faktisch eine über Gewalt von Eltern an Kindern gewesen ist: Die genannten Traditionslinien sind auch von der feministischen Forschung über Gewalt gegen Frauen rezipiert worden. Deren Bezugsrahmen unterscheidet sich aber grundsätzlich von diesen Traditionen, wo Gewalt gegen Frauen nicht lediglich als Einzelproblem, sondern als Signatur der gesellschaftlichen und familialen Existenz von Frauen begriffen wird.

Was an *empirischen Untersuchungen* vorliegt, wurde überwiegend staatlich in Auftrag gegeben und soll dazu beitragen, Hilfen für mißhandelte Frauen und Kinder zu entwickeln (Clausen 1981; Hagemann-White et al. 1981; Eidmann et al. 1982; Honig 1982a; Baurmann 1983; Behme/Schmude 1983; Petri 1981, der auch die älteren deutschen Studien über Einstellungen zu elterlichen Schlägen für Kinder referiert; Teubner et al. 1983; Beiderwieden et al. 1984; Büttner et al. 1984). Der charakteristische Beitrag der empirischen Frauenforschung besteht in autobiographischen Berichten und Selbstaussagen von Betroffenen (zum Teil in Übersetzungen: Sebbar 1980; Millett 1980; Hagemann-White et al. 1981; Dorpat 1982; Gardiner-Sirtl 1983; Armstrong 1985). Die Untersuchung von Brückner (1983) geht dagegen sowohl über den Anwendungsbezug wie über den Self-report-Charakter dieser Untersuchungen hinaus.

Theoretische Studien – zu denen die Untersuchung von M. Brückner auch zu zählen wäre – befaßten sich, was Gewalt gegen Kinder angeht, zunächst wie zu Beginn der sozialwissenschaftlichen Forschung in den USA mit den Problemen der Definition, des Ausmaßes und der Bedingungsfaktoren (Wolff 1975; Kranz 1979; Schmude 1980; Bujok-Hohenauer 1982; Heinsen 1982; Kullmer 1982). Es dominierten jedoch Berichte über Erfahrungen aus der pädagogisch-therapeutischen Praxis und ihre theoretische Aufarbeitung (z. B. Sartorius 1979; Bernecker et al. 1982; Behme/Schmude 1983). Später begannen sich die Fragestellungen zu differenzieren, wie die Arbeiten von Petri (1979, 1981, 1982) zu einem soziohygienischen *Konzept von Prävention* oder der Zugang über eine *Theorie sozialer Probleme* bei Stallberg (1984) demonstrieren. Die avanciertesten Beiträge zu einer *Theorie der Kindesmißhandlung* stammen von Wolff (1975; 1981; 1982; Beiderwieden/Wolff 1982); sie stehen in der Tradition der Kritischen Theorie und integrieren ethnopsychoanalytische Argumentationen. Sack und seine Mitarbeiterinnen haben ihre Studie über Gewalt in der Familie im Bezugsrahmen des *labeling approach* konzipiert (Sack/Eidmann 1985) und sich auf diesem Wege von den vorgegebenen Problemdefinitionen der Sozialen Dienste, die sie auftragsgemäß zu untersuchen hatten, emanzipiert. Zugleich gewinnt dieser Ansatz ein Verhältnis zu den Problemdefinitionen der Frauenhausbewegung und wird so zu einem Beispiel für einen genuin sozialwissenschaftlichen Zugang zur Problematik familialer Gewalt. *Kindheitstheoretische* (Brinkmann/Honig 1984) und *rechtssoziologische Konzepte* (Zenz 1979) sind ebenfalls in der Diskussion von Bedeutung. Die sozialwissenschaftliche Frauenforschung argumentiert *patriarchatstheoretisch* und wählt sich dafür nicht die Familie zum orientierenden Bezugsrahmen (von Werlhof 1977, 1985; Benard/Schlaffer 1978; Hagemann-White et al. 1981; Brückner 1983; Kavemann/Lohstöter 1984; Bennholdt-Thomsen 1985). So kann die feministische Sozialwissenschaft die Frage der *Frauenarbeit*, die Frage *weiblicher Sexualität* und die Frage kultureller *Weiblichkeitsmythen* im Patriarchat auf die scheinbar rein innerfamiliale, interaktionelle Wirklichkeit von Gewalt gegen Frauen in Familien beziehen. Innerhalb eines patriarchatstheoretischen Rahmens konzentriert sich die feministisch-sozialwissenschaftliche Forschung auf die Fragen *körperlicher Gewalt gegen Ehefrauen* und *sexueller Gewalt gegen Mädchen/Töchter*. Sie greift das Problem darüber hinaus unter dem Blickwinkel auf, welchen *Beitrag die gesellschaftlichen Hilfs- und Kontrollinstitutionen zu seiner Herstellung und Definition* leisten. Diese Forschungen lassen sich gegenwärtig weniger durch eine geschlossene theoretische Position (einflußreich jedoch Prokop 1976) als durch eine betroffenenorientierte Perspektive charakterisieren, die unterschiedliche theoretische Traditionen aufnimmt und überarbeitet.

8 Man muß auf die unterschwellige Verharmlosung aufmerksam machen, die diese vordergründig sensibilisierende Metapher kommuniziert: »Je mehr, desto schlimmer« ist der Maßstab dieser Sensibilisierung, d. h. eine Abstraktion von den strukturellen Bedingungen, die Kindes- bzw. Frauenmißhandlungen ermöglichen. Die Fixierung der Aufmerksamkeit auf das Ergebnis (die zählbare Gewalttat) blockiert

die Aufmerksamkeit für den Prozeß. Insofern entspricht diese Metapher dem Reaktionsmuster staatlicher Instanzen und bekräftigt die Konstellation privater und öffentlicher Gewalt. Zugleich macht sie blind für »selbstverständliche«, »ganz gewöhnliche« Gewalt; vgl. Brinkmann (1983).

9 Es fehlt in der Bundesrepublik eine sorgfältige Dunkelfeld-Forschung über familiale Gewalt, also eine empirische Untersuchung der sozialen Konstruktionsprozesse, wie sie in der Kriminalitätsforschung längst geläufig ist. Bis eine physische Handlung aus der Familie an die Öffentlichkeit gelangt, durchläuft sie einen vielfältigen sozialen Prozeß der Definition, Filterung, Selektion, Interpunktion etc.: Auf diesen Vorgang weist die Dunkelfeld-Metapher *auch* hin. »Dunkel« ist die Komplexität und der Zusammenhang von Gewalt in Familien, ihre Verwobenheit in die Normalität, in den Familienalltag. Mit den Worten von Marsden (1978, S. 124): Man muß sich die »unbekannte Wirklichkeit nicht wie einen Eisblock vorstellen, von dem man nur einen Teil sieht, sondern wie einen Elefanten, von dem die Suchtrupps im dunklen Dschungel immer nur einen spezifischen Körperteil erwischen, von dem man nicht auf den ganzen Elefanten hochrechnen« kann. Gelles (1975) hat einmal in einem Aufsatz versucht, den Labeling-Ansatz auf die Gewalt in Familien anzuwenden, und die erwähnte Studie von Sack et al. stellt den ersten deutschen Versuch dar, einen wesentlichen Aspekt dieses sozialen Konstruktionsprozesses, die institutionellen Reaktionen – soziale Dienste, Frauenhäuser etc. – auf geschlagene Frauen, empirisch zu untersuchen.

10 Tilmann Broszat hat gezeigt, daß der Neue Kinderschutz mit seinem Versuch, ein sozialtherapeutisches Modell der Intervention durchzusetzen, einen Legitimationsdruck auf den »alten« Kinderschutz ausübt, indem er effektivere Maßnahmen verspricht, als sie die alten strafrechtlichen Strukturen leisten. Dieses Versprechen verschafft dem Neuen Kinderschutz erst sein Gewicht in der politisch-administrativen und Medienöffentlichkeit (vgl. Broszat 1984, S. 64).

11 In seiner Analyse des Spektakulären der veröffentlichten Gewalt arbeitet Tilmann Broszat (1982, S. 73-75) heraus, daß es die Lust der Konsumenten des Mythos in der Form der Empörung über die Gewalt zu befriedigen vermag. Es ist, so Broszat im Anschluß an Baudrillard, gerade die Differenz zwischen der situativen, offenen Brutalität und der strukturellen, aber entsprachlichten Machtstruktur in den Lebensverhältnissen der Akteure, welche den Reiz, die Faszination ausmacht, den Darstellungen privater Gewalt auf die Betrachter ausüben. Daher stellt das Spektakuläre die Tabuierung der Gewalt unter Beweis und bekräftigt sie; auch als Anlaß moralischer Verurtei-

lung bleibt das Spektakuläre pseudokonkret und ist keineswegs eine empirische Referenz der Enttabuierung. Im übrigen kann an dieser Stelle nur pauschal daran erinnert werden, daß sich Freud grundlegend mit der inneren Beziehung von Schmerz und Lust befaßt hat.

Dem moralisierenden Gewaltbegriff, der – wie dargelegt – zu theoretisch-epistemologischen Hilflosigkeiten führt, entspricht ein einseitiger Leidensbegriff. Sartre hat die These formuliert, in einer Gesellschaft, die sich über Warenproduktion und Tauschverkehr konstituiert, löse sich menschliche Subjektivität in einer »utilitären Kollektivität« auf und könne sich erst im Scheitern zurückgewinnen (Sartre 1981; vgl. auch Sartre in: Fanon 1981). Leiden als etwas nur Negatives, als etwas zu Beseitigendes aufzufassen, als »Störung«, ist allzu deutlich der Dialektik von Fürsorge und Kontrolle geschuldet, die Donzelot (1980) als Entwicklungsmotor der modernen Familie analysiert hat. Inwiefern ist Gewalt in Familien ambivalent und widersprüchlich: Inwiefern ist sie nicht nur ein Schmerz-Zufügen, sondern selber ein Leiden (Ausdruck von Ohnmacht), und inwiefern ist in diesem Leiden nicht nur ein Scheitern, sondern auch ein Sich-Zurückgewinnen (vgl. auch Rammstedt 1974a) zu sehen?

12 Konkret (und verkürzt) gesprochen: Der Neue Kinderschutz bedarf der Bilder schwer verletzter Kinder, um die Überlegenheit, genauer: die Legitimität *seiner* Problemdefinitionen belegen zu können; die Frauenbewegung bedarf der dramatisierenden Behauptung riesiger Zahlen schwer mißhandelter Ehefrauen, um die Ohren der Öffentlichkeit für *ihre* Botschaft zu öffnen.

13 Von einer »Kinderrechtsbewegung« in der Bundesrepublik zu sprechen tut den antipädagogischen Zirkeln fast schon zuviel der Ehre an und nivelliert zugleich die Differenziertheit der Kritik an Erziehung, die – von einer Kritischen Erziehungswissenschaft ganz abgesehen – in der Bundesrepublik vertreten wird. Eine Kinderrechtsbewegung, die den Namen verdient, gibt es im angelsächsischen Bereich mit seinen spezifischen pädagogischen und erziehungsphilosophischen Traditionen (vgl. Oelkers/Lehmann 1981). In der Bundesrepublik muß man mindestens unterscheiden zwischen Vertretern einer Antipädagogik – beispielsweise von Braunmühl, Alice Miller – und dem Arbeitskreis »Freundschaft mit Kindern« – ein bekannter Repräsentant ist von Schoenebeck –, die zwar eng miteinander kooperieren, aber ganz unterschiedliche Strategien verfolgen. Das Deutsche Kindermanifest (1980), vorgelegt vom Komitee Kinderrechte in der Demokratie, könnte man noch am ehesten als Charta einer deutschen Kinderrechtsbewegung auffassen. Dennoch spreche ich typisierend von »Kinderrechtsbewegung«, um den Aspekt der Fundamentalkritik an der gesellschaftlichen Verabredung dessen, was unter »Erzie-

hung« verstanden werden soll und daran, daß »Erziehung« den Status der Unmündigkeit festschreibe, hervorzuheben. Insofern handelt es sich um einen politischen Diskurs über Kinder und Kindheit.

II Sozialwissenschaftliche Konstruktionen familialer Gewalt

1 Das Portrait ist höchst selektiv; es orientiert sich an dem inhaltlichen Maßstab einer »unbewußt gebliebenen Theoriegeschichte«. Weil die angelsächsische, vornehmlich amerikanische sozialwissenschaftliche Empirie und Theorie die Maßstäbe bestimmt und einen entscheidenden Einfluß – auch auf die deutsche Diskussion – ausübt, orientiert sich die Darstellung primär an ihr. Die deutsche Diskussion wird unter dem Gesichtspunkt ihrer eigenständigen Traditionen und ihres originellen Beitrags zu der Diskussion dargestellt. Eine umfassende Zusammenstellung sozialwissenschaftlicher Literatur über Gewalt in Familien bietet Pelz-Schreyögg (1985); einen Überblick über die Positionen und Themen der deutschen Diskussion über Gewalt in Familien geben Gravenhorst/Honig (1985); siehe auch die Auswahlbibliographie deutschsprachiger Literatur über Gewalt gegen Kinder und Kinderschutz von Brinkmann/Honig (1986).

2 Der Aufsatz von Kempe et al. hatte einen beträchtlichen Einfluß auf die moderne Konstruktion von Kindesmißhandlung. Er wurde veröffentlicht in der Zeitschrift der mächtigen American Medical Association und mit einem empfehlenden Hinweis im Editorial versehen. Im selben Jahr (1962) fand eine Konferenz des U.S. Children's Bureau, einer Behörde des amerikanischen Gesundheitsministeriums, über diesen Aufsatz statt, zu der Rechtsanwälte, Ärzte und Sozialarbeiter eingeladen waren. Sie endete mit der Empfehlung, die Meldung von Kindesmißhandlungen an die Wohlfahrtsbehörden gesetzlich zu regeln. Mitte 1967 hatten alle amerikanischen Bundesstaaten solche Gesetze – die »mandatory laws« – erlassen: ein Vorgang, für den es, so David Gil, in der Geschichte amerikanischer Gesetzgebungsvorhaben wenige Vergleiche gibt. So unterschiedlich diese Gesetze von Staat zu Staat auch sind: Sie verpflichten Ärzte und gewisse andere Berufsgruppen dazu (mindestens empfehlen sie es), der Justiz oder den Wohlfahrtsbehörden Fälle von Kindesmißhandlung zu melden; Privatpersonen werden von möglichen zivil- oder strafrechtlichen Haftungsansprüchen, die aus solchen Meldungen folgen könnten, ausdrücklich freigestellt.
Damit war auch ein Rahmen geschaffen, in dem Forschung eines bestimmten Typus stattfinden konnte. Es dominierten *klinische Stu-*

dien über Persönlichkeitsmerkmale mißhandelnder Eltern. Sie hatten das Ziel, verbesserte *Diagnosekriterien* zu erhalten. In diesem Kontext stehen die Versuche, psychiatrische Konzeptualisierungen der *Eltern/Kind-Interaktion* und *Persönlichkeitstypologien* zu entwikkeln: auch die *intergenerationelle »Vererbung«* von Mißhandlungsmustern ist eine Idee, die in diesen Jahren und in diesem Zusammenhang aufkam (vgl. Gil 1970, S. 18-48).
Bemerkenswert an diesem Vorgang ist auch, daß er die traditionelle Zurückhaltung, ja: den Widerstand der Ärzte gegen die Veröffentlichung ihres »Vertrauensverhältnisses« mit den Patienten brach, genauer: den Auftrag des Ärztestandes verknüpfte mit der staatlichen Wohlfahrtspolitik; darauf kann an dieser Stelle jedoch nicht weiter eingegangen werden (vgl. zur Signifikanz dieses Vorgangs für die Entstehung moderner Kontrolltechniken Donzelot 1980; zur Kontextualisierung mit der Entwicklung des amerikanischen Wohlfahrtssystems Castel et al. 1982).

3 Zenz (1979, S. 155 ff.) gibt eine umfassende und detaillierte Darstellung der medizinisch, kriminologisch und psychiatrisch bestimmten Forschung über Kindesmißhandlung in den sechziger und siebziger Jahren; die deutsche Diskussion berücksichtigend Bujok-Hohenauer (1982), Stober (1979).

4 Die Mißhandlung von Kindern ist ein Straftatbestand, sie führt als körperliche Verletzung auch zu medizinischen Problemen – insofern handelt es sich um ein gesellschaftlich unerwünschtes Verhalten: Aber sind die Täter krank? Zwar ist oft versucht worden, Eltern für psychotisch zu erklären, die ihre Kinder schwer verletzen; aber schon Spinetta und Rigler (1972) weisen den psychotischen Störungen nur eine Randbedeutung zu, und in den späteren Rezensionen des Forschungsstandes (Parke/Collmer 1975; Keller/Erne 1983) wird diese Erklärung vollständig aufgeben.

5 Das Konzept der Risikofaktoren ist unter methodologischen und theoretischen Gesichtspunkten heftig kritisiert worden. Ohne auf diese Kritik ausführlich und im Detail einzugehen, sei nur auf zwei Beiträge verwiesen: Newberger et al. (1977) haben bei dem Versuch, ätiologische Unterschiede zwischen verschiedenen sozialpädiatrischen Krankheitsbildern (Mißhandlung, Vernachlässigung, Unfälle, Vergiftungen und Rückstand der körperlichen Entwicklung) trennscharf zu bestimmen, den mächtigen Einfluß sozialökologischer Streßfaktoren auf *alle* diese Krankheitsbilder betont. Obwohl das Studium von 560 Kindern Unterschiede in der Art und im Ausmaß belastender Lebensbedingungen ergab, waren diese Unterschiede jedoch bei weitem nicht stark genug, um daraus Risikofaktoren mit prognostischem Wert abzuleiten, die sich auf die Persönlichkeit der

Eltern dieser Kinder beziehen. Die Suche nach solchen *persönlichkeits- oder auch interaktionsbezogenen Risikofaktoren* trägt daher in hohem Maße das Risiko der Stigmatisierung in sich. Detaillierter noch auf die methodologischen Mängel des »High Risk«-Konzepts eingehend, haben Cicchetti und Aber (1980) das Screening-Programm der Denver-Schule am Beispiel einer Veröffentlichung von Kempe/Kempe (1980, am. 1978) kritisiert (vgl. auch Gray et al. 1979). Aber auch die Pointe dieser Autoren ist eine professionspolitische: Wenn die Vorhersage zukünftiger Mißhandlungsfälle der Königsweg der Prävention sein soll, dann wird dieser Königsweg erkauft mit einer so hohen Zahl von Fehlklassifikationen, daß man von einer Pathologisierung/Psychiatrisierung der Eltern/Kind-Beziehungen sprechen muß (vgl. auch Engfer 1986).

Man muß zwei weitere Bemerkungen hinzufügen: Unter der Hand bekräftigen die »screening procedures« die traditionelle, patriarchale Familienorganisation, weil ausschließlich die Mutter/Kind-Interaktion zur Grundlage der Beobachtung, Bewertung und Prognose gemacht wird; das ist eine spezielle Implikation des reduktionistischen Ansatzes dieser Verfahren. Ambivalenzen in dieser Beziehung und im Verhalten werden damit automatisch zu Hinweisen auf Störungen im Mutter/Kind-Verhältnis. Sie könnten ja auch als Momente der Entwicklung einer Beziehung zu verstehen sein. Es muß nicht ausdrücklich darauf hingewiesen werden, wie solche frühen Beurteilungen eine Eigendynamik als »self-fulfilling prophecies« entfalten können. Darüberhinaus sind auch die inhaltlichen Befunde der einzelnen Studien unbefriedigend, weil sie kaum Erklärungskraft haben. Hunter et al. (1978) nennen etwa einen Kranz plausibler Faktoren, ohne daß sie Ursachen Gestalt gewinnen lassen können: Soziale Isolation kristallisiert sich als zentrale Bedingung heraus, soziale Unterstützung als zentrale Ressource, Mißhandlungen zu vermeiden. Auch bei Lynch et al. (1976, vgl. Lynch/Roberts 1977) wird nicht recht deutlich, was Familien, in denen Kinder mißhandelt werden, von solchen Familien unterscheidet, in denen Kinder nicht mißhandelt werden; Hinweise auf Probleme beim »maternal bonding« bleiben in bezug auf ihre Konsequenzen vage, zumal Untersuchungen wie die von Gray et al. (1979) zeigen, daß bereits einfache Laieninterventionen (Familienhelfer) enorm dazu beitragen können, Mißhandlungen zu vermeiden: Kindesmißhandlung als Problem kumulierender Belastungen?

Angesichts solcher Begrenztheiten argumentieren heutige High-risk-Studien demographisch und/oder sozialökologisch; Garbarino beispielsweise (vgl. Garbarino et al. 1977; Garbarino/Crouter 1978; Garbarino 1981; Garbarino/Sherman 1980) ermittelt keine Persönlichkeitsmerkmale, sondern soziale und vor allem regionale Indikatoren von Gefährdung. In Deutschland geht Anette Engfer die Problematik in einer Prospektivstudie an, in der Verhaltensbeobachtungen (z.B. von Kinderkrankenschwestern auf der Entbindungsstation) und Selbsteinschätzungen der Betroffenen verknüpft (Engfer 1984; 1985) und so die Prognosen entscheidend verbessert werden.

6 Die wesentliche Einsicht von Steele und Pollock ist nicht die Zentrierung auf die Persönlichkeit mißhandelnder Eltern, sondern daß *Mißhandlung die Extremform eines weitverbreiteten Musters von Kindererziehung* ist. Diese Erkenntnis beendet potentiell die Ausgrenzung und Pathologisierung von Eltern, die ihre Kinder mißhandeln. Unter dem therapeutisch-politischen Handlungszwang, Kindesmißhandlung zu beenden, findet indes eine *Individualisierung des Problems* statt, deren Aporien durch eine Ausweitung des Bezugsrahmens bewältigt werden sollen: die Geburtsstunde des »Mißhandlungsmilieus«. Armut, schlechte Wohnverhältnisse, Arbeitslosigkeit, Alkoholismus, gestörte Eheverhältnisse, kurz: soziale Deprivation wirken als Belastungen, welche ohnehin schon schwache Persönlichkeiten vollends zusammenbrechen lassen: Die Mißhandlungsfamilie (bzw. Multi-Problem-Familie) ist geboren.
Zuletzt ist der Versuch, die Mißhandlung von Kindern in Familien allein aus der Persönlichkeitsstruktur mißhandelnder Eltern zu erklären, gescheitert, als man versuchte, den sexuellen Mißbrauch von Kindern aus der Persönlichkeit der Täter zu erklären (vgl. Tierney/Corwin 1983). Diese Situation läßt drei Deutungen zu; erstens: Die Persönlichkeitsstrukturen *allein* reichen als Erklärung nicht aus; man muß die handelnden Personen in ihrem psychosozialen Zusammenhang betrachten, mit anderen Worten: die Familie und ihre Lebensumwelt müssen als Analyse-Einheit gewählt werden; zweitens: Die ausschlaggebenden Bedingungen für die Mißhandlung von Kindern liegen überhaupt nicht innerhalb der Personen oder ihres Beziehungsnetzes, sondern außerhalb: es sind ihre Lebensverhältnisse; drittens: Daß es keinen diagnostizierbaren »Typ« der mißhandelnden Persönlichkeit gibt, hat seinen Grund darin, daß die Mißhandlung keine »Krankheit« ist, überhaupt kein einheitlicher »Gegenstand«, kein homogenes »Problem« (vgl. Sack/Eidmann 1985, S. 20ff.). Die zweite Deutung führt zu soziogenetischen Erklärungsmustern, von denen im Anschluß am Beispiel von David Gil die Rede sein wird. Die erste Deutung hat zur *familientherapeutischen Wendung des psychogenetischen Paradigmas* geführt, einer Wendung, welche die Praxis der Sozialarbeit und Therapie im Interventionsfeld »Gewalt in Familien« heute bestimmt.
Justice/Justice (1976) haben den Terminus der »mißhandelnden Fa-

milie« geprägt und sie durch die *symbiotischen Beziehungen* charakterisiert, die ihre Mitglieder aneinander binden. Symbiose meint einen Modus der Bindung bei unfreiwillig ineinander verschränkten Ich-Grenzen. Mißhandlung wird als Problem des psychosozialen Systems Familie aufgefaßt, nicht als Problem lediglich eines Mitgliedes der Familie (des »Täters«). Das System Familie wird eingebettet gedacht in seine soziale Ökologie, aus der charakteristischerweise, wenn auch nicht ausschließlich, die Stimuli stammen, welche eine *Krise* des familiären Gleichgewichts herbeiführen. Dieses Konzept ist zentral; Arend Koers (1982) faßt den typischen Verlauf so: Unter äußerem – etwa Arbeitslosigkeit – oder innerem Druck zerbricht das psychosoziale Gleichgewicht, die realistische Einschätzung von Problemen und Problemlösungsmöglichkeiten. Gefühle der Ohnmacht treten auf, Angst als Reaktion auf die erlebte Bedrohung entsteht. In ihrer nach außen gewendeten Form führt sie zu Aggression gegen Sachen oder – und das ist der Fall bei Mißhandlung – gegen Personen.

Die Übersicht von Berger (1980a, b) macht deutlich, daß diese Perspektive weniger einen neuen Erklärungsansatz bedeutet, als daß sie unter der Voraussetzung, Mißhandlung sei ein gravierendes Problem der sozialen Gesundheit, eine Deutung anbietet, die interventionsleitend ist. Eine lesenswerte feministische Kritik an der familientherapeutischen Codierung familialer Gewalt liefert M. Bograd (1984).

Die Faszination familientherapeutischer Deutungen von Gewalt gegen Kinder oder Frauen beruht darauf, daß das Scheitern individualgenetischer Erklärungen die Notwendigkeit nicht aufhebt zu erklären, warum und wie Gewalt *in der Familie* stattfindet, also wie Gewalt in Familien (re)produziert wird. Die vorliegenden Ansätze geben aber darauf nur eine pragmatische, keine theoretische Antwort. Ein avanciertes Beispiel ist die Untersuchung von Büttner et al. (1984). Fünf Gruppen von Vorschulkindern inszenierten in Rollenspielen familiäre Konfliktthemen; die Texte der dabei entstehenden Gruppenprozesse wurden tiefenhermeneutisch interpretiert. In den Rollenspielen stellen die Kinder ihre Erfahrungen mit Gewalt in Familien dar; sie spielen, was sie als Teilnehmer von Konflikten gelernt haben, setzen die Manöver und Mechanismen in Szene, die sie aus ihren Familien kennen.

Die Rollenspiele der Kinder symbolisieren nach Büttner et al. eine Beziehungsdynamik, die um *unlösbare Bedürfniskonflikte* kreist; ihre Themen: Versorgung, Orientierung, Liebe (bei den Drei- und Vierjährigen); männliche und weibliche Identität (bei den Fünf- bis Sechsjährigen); bei den Neunjährigen geht es schon um Wünsche, erwachsen zu werden. In den Rollenspielen erkennen die Autoren den Widerschein eines *gesellschaftlich sanktionierten Nullsummen-*

spiels der Konfliktlösung: Das Glück des einen ist nur auf Kosten des Glücks eines anderen zu verwirklichen. Unter diesen Bedingungen ist die *Gewalt in Familien* durch eine *Zwangsläufigkeit und Unaufhaltsamkeit*, eine automatische Eskalation der Konflikte charakterisiert. Das einschüchternde Anschreien, der Rausschmiß, die Prügel, die körperlichen Verletzungen – gemeinhin als sichtbare Beweise der Gewalt in Anspruch genommen – sind lediglich Anhängsel dieser Eskalation. Gefühle von Ohnmacht und Hilflosigkeit und »nackter Wut« treiben die *Dynamik* an. Die *Handlungsstrategien* sind subkulturspezifisch: körperliches Agieren bei den einen – Spaltung, Delegation, Ausgrenzung etc. bei den anderen. *Äußere Lebensumstände* verschärfen die Konflikte, *gesellschaftliche Tabus* (etwa das der familiären Harmonie) desymbolisieren sie. Gewalt in Familien »erwächst aus der wiederholten Erfahrung, daß ein harmonisches Zusammenleben trotz aller Versuche nicht möglich ist« (S. 63).

Pointiert binden die Autoren den Gewalt-Begriff an das *subjektive Gefühl der Verletzung*, an das Leiden an der Gewalt. Es entgeht ihnen aber, daß die beziehungsdynamischen Kämpfe nicht nur außerfamiliale Anlässe haben oder von äußeren Belastungen verschärft werden, sondern daß sie eine *soziale Form* haben, daß die Gestalt und die Unlösbarkeit der Bedürfniskonflikte an eine *gesellschaftliche Vorstrukturierung von Handlungsmöglichkeiten* und Alternativen für Familienmitglieder gebunden sind: an Rechte, Subsistenzchancen, Abhängigkeitsverhältnisse, Lebensperspektiven. Die fehlende Reflexion auf die Formbestimmtheit beziehungsdynamischer Konflikte führt zu einer *Indifferenz* des Gewaltkonzepts. Dieselben Phänomene, für die Büttner et al. den Ausdruck »Gewalt« benutzen, sind in der Familientherapie unter anderen Begriffen bekannt. Was bedeutet das neue Etikett? Ich meine: es gibt das Versprechen, die bestürzende Ausweglosigkeit therapeutisch zu beheben. Hier wird die *Problempolitik* spürbar, die Gewalt in Familien als öffentliches Thema protegiert. Die therapeutische Codierung des Gewaltproblems hat aber nicht nur eine Indifferenz des Gewaltbegriffs zur Folge, sie totalisiert ihn auch. Die Dynamik der Rollenspiele, die stereotype »Einigung auf das Unglück« (S. 51) suggeriert, Familie sei nichts weiter als eine Fabrikation von Unglück. Dies unterschlägt die strukturelle Offenheit von Familie, die ebenso fremd- wie selbstbestimmt ist. Kindererziehung in der Familie ist eben nicht nur Zurichtung einer lohnarbeitsfähigen Arbeitskraft, sondern auch »Beziehungsarbeit«, Produktion lebendiger Arbeitskraft, die Voraussetzung ihrer Verwertung ist. Wegen dieses undialektischen Verständnisses von Familienkonflikten wird »Gewalt« unversehens zu einem sentimentalen Begriff für die Schmerzen der Vergesellschaftung.

7 David Gil hat eine paradigmatische *Definition von Kindesmißhandlung* formuliert: »Jedes Kind, ungeachtet seiner individuellen Verschiedenheit und Eigenartigkeit, wird als gleichwertig betrachtet und hat daher einen Anspruch auf gleiche soziale, ökonomische, bürgerliche und politische Rechte, so daß es sein inneres Potential ausschöpfen und gleichermaßen teilhaben kann an Leben, Freiheit und Glück. Diese Wertvoraussetzungen beruhen auf der humanistischen Philosophie unserer Unabhängigkeitserklärung. In Übereinstimmung mit diesen Werten wird jede Handlung oder Unterlassung von Individuen, Institutionen oder der Gesellschaft als Ganzer sowie alle Umstände, die aus solchen Handlungen oder Unterlassungen resultieren, als Mißhandlung oder Vernachlässigung definiert, die Kinder ihrer gleichen Rechte und Freiheiten berauben und/oder ihre bestmögliche Entwicklung behindern« (Gil 1979a, S. 4).
Üblicherweise wird angemerkt, diese Definition sei so weit, daß sie »unpraktikabel« und nicht operationalisierbar sei. Sie enthält in der Tat eine Reihe von schwer abgrenzbaren Konzepten. Mir scheint indes wichtiger, daß diese Definition Mißhandlung *und Vernachlässigung* umfaßt, daß sie ein Konzept von *Kindheit* impliziert, das *nicht über den Lebensort Familie definiert* ist und daher *eigenständige Rechte von Kindern* begründet, und daß sie – damit eng verbunden – ein Konzept von *Lebenschancen* von Kindern enthält, das über das Bindungskonzept weit hinausgeht. Alles zusammengenommen, steht diese Definition von Mißhandlung/Vernachlässigung von Kindern der *Kinderrechtsbewegung* und Antipädagogik näher als einem (familien-)therapeutisch verfahrenden Kinderschutz.

8 Gil argumentiert hier ähnlich wie Galtung (1975); die breite und kontroverse Diskussion über den Begriff der strukturellen Gewalt soll hier nur erwähnt werden; vgl. Jander (1978).

9 Weder die Frauenbewegung noch sozialkritische Forscher, die über Gewalt in Familien arbeiten, erkennen diese Bedeutung Gils für ihre eigene theoretische Position an; vgl. etwa die abwertenden Bemerkungen bei Marsden 1978, S. 114f.

10 Das Konzept »Streß« bei Gil ist unscharf; es meint einmal Merkmale sozialstruktureller Benachteiligung, dann Gefühle der Überforderung, an anderen Stellen einen Mangel an Fähigkeiten und Mitteln, um Anforderungssituationen zu bewältigen (zu den empirischen Befunden s. u., S. 73-75).

11 Die Position von Pelton ist eine antitherapeutische Position, und die ist gewiß berufspolitisch ebensowenig unschuldig wie die Position der Mediziner, die sie (darin ähnlich übrigens Newberger/Bourne 1979) attackiert. Seine Extremposition ist jedoch konsequent entwikkelt aus der – professionspolitisch ergänzten – Gilschen Position.

Kindesmißhandlung verliert in dieser Perspektive ihre Besonderheit als ein Problem sui generis; sie ist eine der Folgen von Armut und gesellschaftlicher Diskriminierung und nicht durch Therapie und Einzelfallhilfe, sondern nur durch Sozialpolitik, durch Veränderung der materiellen Lebensumstände zu beeinflussen. Als Extremposition vergißt dieses Urteil indes seinerseits Gils Begriff von struktureller Gewalt; Pelton identifiziert vielmehr unter der Hand Gewalt als eine Unterschichtproblematik und verkürzt damit die Argumentation von Gil – die sich verschiedener Ursachenebenen bewußt war und Unterscheidungen zwischen Ursachen und Erscheinungen traf – um ihrem gesellschaftstheoretischen Horizont.

12 Empirische Befunde zur Rolle von Schichtzugehörigkeit und Streß s. u. S. 74 f.

13 Gil hat einen für seine Argumentation zentralen Gedanken nicht weitergeführt. Der historische Bezugsrahmen für seine gesellschaftstheoretische Konzeption von Kindesmißhandlung ist *Kindheit*. Erst dieses Konzept erlaubt es ihm, »weitverbreitete Armut, Hunger, Unterernährung, Vernachlässigung und Ausbeutung, verdummende Erziehung und unangemessene gesundheitliche Versorgung und ein breites Maß an physischer Gewalttätigkeit zu Hause, in den Schulen, in Kinderpflege- und vielen anderen Einrichtungen für Kinder« (Gil 1975, S. 241) als einen Zusammenhang aufzufassen. Kindheit als eine Form struktureller Gewalt ist indes historisch unglaublich wandelbar, sie ist Objekt einer Vielzahl ordnender, helfender, kontrollierender Berufe (vgl. Brinkmann 1984; Brinkmann/Honig 1984a). Gil hat es auch hier bei Hinweisen belassen, so daß seine Argumentation zwar Plausibilität beanspruchen kann, aber erst in späteren Jahren und ohne Gils Zutun hat eine Kindheitsforschung eingesetzt, die ähnliche Fragen historisch und empirisch untersucht (z. B. Ariès 1975; DeMause 1977; Rutschky 1977; Johansen 1978; Ende 1980; Hengst et al. 1981).

14 »Kindesmißhandlung ist als eine ethnopsychische Störung zu verstehen, d. h. als ein strukturiertes psychokulturelles Symptomgefüge, ein Muster, das die moderne Gesellschaft ihren Mitgliedern zur Verfügung stellt, um einen besonderen inter- und intra-psychischen Konflikt auszudrücken. [...] (Es ist ein) soziokulturelle(s) Muster gewaltsamer Konfliktlösung im Umgang mit der jüngeren Generation, das unter ganz bestimmten Voraussetzungen von Erwachsenen gegenüber Kindern benutzt und aktualisiert wird. [...] Kindesmißhandlung [...] ist nichts anderes, als in Erwachsenen-Kind-Beziehungen *auf eine konformistische Art deviant* zu sein« (Wolff 1982, S. 72 f.; Hervorh. MSH).

15 Das Argumentationsmuster leistet eine eindrucksvolle Integration

und Reformulierung von Erklärungsansätzen, die theoriegeschichtlich konkurrierend auftreten. So taucht das alte Modell des »role reversal« wieder auf, der Streßbegriff wird weiterentwickelt, die Bedeutung sozialstruktureller Faktoren und kultureller, gewaltbefürwortender Werte wird neu gefaßt, das sozialökologische Person/Umwelt-Modell integriert. Das theoretische Grundmuster ist *ethnopsychoanalytisch*, angereichert mit Einsichten einer psychoanalytischen Zivilisationstheorie.

16 »Die Beschneidung und Verweigerung grundlegender Lebens- und Entfaltungsrechte der Kinder allein als ein Problem des Familienzusammenhangs zu sehen, würde zu kurz greifen. Solche Beeinträchtigungen zeigen sich auf der institutionellen Ebene [...] ebenso wie auf der sozialstrukturellen Ebene, in den gesellschaftlichen Ungleichheitsverhältnissen, die unterschiedlich gute Entwicklungschancen setzen. In diesem Gesamtzusammenhang ist auch die Problematik der Kindesmißhandlung zu sehen« (Kinderschutzzentrum Berlin 1975, S. 5; s. auch Wolff 1975, S. 23).

17 Dabei ist das Kriterium der Intervention die *Schädigung* des Kindes; darin unterscheidet sich der Neue Kinderschutz von der Praxis der Frauenhäuser, die um ein Konzept von *Abhängigkeit in einem Machtverhältnis* zentriert ist. Vgl. die »Arbeitsdefinition« des Neuen Kinderschutzes: »Kindesmißhandlung stellt eine nicht-zufällige gewaltsame und/oder psychische Beeinträchtigung oder Vernachlässigung des Kindes durch die Eltern oder Erziehungsberechtigten dar, die das Kind schädigt, verletzt, in seiner Entwicklung hemmt und gegebenenfalls zu Tode bringt« (Wolff 1975, S. 24; s. auch BMJFG 1980, S. 7; generell zur Differenz zwischen »politischer« Programmatik und »moderner« Praxis im Neuen Kinderschutz s. auch Abelmann 1984).

18 Immerhin enthält das erste wichtige sozialwissenschaftliche Textbuch über Gewalt in Familien (Steinmetz/Straus 1974) einen Auszug aus der berühmten Reportage von Michener (1974) über die Reaktionen von Eltern, deren Kinder als unbewaffnete Demonstranten auf dem Campus der Kent State University in Ohio von der Nationalgarde erschossen worden waren (Mai 1970, kurz nach dem Einmarsch amerikanischer Truppen in Kambodscha). Diese Reportage demonstriert den Zusammenhang zwischen politischer, militärischer Gewalt und der Gewalt »zu Hause«, zwischen Eltern und Kindern.

19 Mißhandlung wird bei Gelles als Reaktion auf eine situative Überlastung (vgl. die Weiterentwicklung dieses Motivs bei Garbarino; s. u., S. 81 f.) aufgefaßt, in der die gewaltausübende Person auf ein Mittel zur Konfliktlösung zurückgreift, das er/sie in der eigenen Kindheit erlernt hat. So ist in dem Gelles-Modell die Familie nicht nur ein Ort, an dem unter bestimmten Bedingungen und Umständen gewalttätig

agiert wird, sondern sie ist der *spezifische Ort, an dem gewalttätige Konfliktlösung gelernt und gesellschaftlich reproduziert wird* (Steinmetz/Straus 1974). Psychopathische Zustände und Persönlichkeitsmerkmale spielen in diesem Modell nur eine marginale Rolle; warum Individuen gewalttätig werden, wird mit dem Frustration-Aggression-Ansatz erklärt; warum sie aber in der Familie gewalttätig werden, bleibt seltsamerweise unerörtert. Das Gelles-Modell steht daher individuumsbezogenen Erklärungsmodellen näher als Modellen, welche die Struktur von Familie oder gar makrostrukturelle Ursachen in den Mittelpunkt stellen.

20 Vgl. zu diesem nach wie vor zu wenig beachteten Problembereich die Arbeit von Finkelhor/Pillemer (1984); vgl. auch S. 289, Anm. 1.

21 Die Auswirkungen aggressiver Rollenmodelle auf eigenes aggressives Verhalten ist gut belegt; innerhalb des *sozial-situationalen Ansatzes* der Forschung über Kindesmißhandlung, der sich auf das bereits bei Gelles skizzierte Modell der (Miß-)Handlungssituation und seine Bedingungen und Umstände konzentriert, spielen sie eine zentrale Rolle. Hier werden Erziehungs- und Strafstile bzw. -muster, kognitive Attribuierungen und alltägliche Interaktionsmuster zwischen Eltern und Kindern untersucht (vgl. Engfer 1982).
Das sozial-situationale Modell der Beschreibung, Differenzierung und Erklärung von Mißhandlung (Parke/Collmer 1975; Keller/Erne 1983) leitet heute einen wesentlichen Teil der psychologischen Forschung über Gewalt gegen Kinder an und hat eine Fülle von Einzelstudien hervorgebracht, deren Ertrag hier nicht resümiert wird. Ähnlich wie die familiensystemische Perspektive im Bereich von Therapie und Sozialarbeit hat sich das sozial-situationale Modell an einem bestimmten Punkt der Entwicklung ausdifferenziert und von der sozialwissenschaftlichen Diskussion abgekoppelt. Für sie hat diese Ausdifferenzierung den weitgehenden Verlust der interaktionellen bzw. Verhaltensdimension zur Folge, wenn sie nicht statt dessen (therapeutisches) Wissen über die Familiendynamik aufgreift (vgl. Anm. 6).

22 Alle drei Gruppen von Streßfaktoren betreffen äußere bzw. interpersonelle Bedingungen des Familienlebens. So konnte der Eindruck entstehen, die soziologische Perspektive auf Gewalt in Familien befasse sich mit der Kumulation von Streßfaktoren und ihren destruktiven Wirkungen auf das Familienleben (Keller/Erne 1983, S. 8). Gelles und Straus arbeiten allerdings heraus, daß die Struktur von Familie selber bereits eine wesentliche Streßquelle ist; Straus und Hotaling (1980) zeigen, daß die Bedingungen der Intimität in Familien zugleich die Bedingungen von Gewalt in Familien sind (s. o., S. 86 f.).

Es gibt grundsätzliche Probleme mit dem Streß-Konzept. Sind damit dauerhafte Lebensbedingungen gemeint oder plötzlich eintretende Einzelereignisse? Ist der kontinuierliche Druck maßgeblich oder eher der häufige Wechsel der Lebensumstände? Ist Streß ein Situationsmerkmal, eine psychologische Realität (jemand fühlt sich unter Druck), oder läßt sich »Streß« als Relation von Anforderung und Bewältigungsfähigkeit/-ressourcen bestimmen? Inwiefern ist Streß keine Belastung, sondern ein Motiv für Rollenbewältigung? Wie läßt sich der Faktor »Streß« unterscheiden vom Faktor »Sozioökonomischer Status« oder »Schichtzugehörigkeit«? (Vgl. Farrington 1980; Foss 1980; vgl. die gesellschaftstheoretische Konzeption von »Streß« bei Gil: s. o., S. 63; einen prägnanten Überblick gibt Buchholz 1984, Kap. 3).

23 Die Belege für einen »cycle of violence«, also für generationsübergreifende Muster der Gewaltausübung, seien – so Gelles – häufig nicht vorhanden oder beruhten auf klinischen samples ohne Vergleichsgruppen; wo sie statistisch belegt werden, seien die Zusammenhänge zwischen Gewalterfahrung und Gewalttätigkeit eher mittelmäßig. Pagelow (1982) hat die empirischen Belege für die »cycle«-These erneut geprüft und kommt zu dem Ergebnis: Wenn überhaupt, belegten sie eine »Weitergabe« gewalttätigen Verhaltens zwischen Vätern und Söhnen, nicht aber zwischen Müttern/Vätern und Töchtern. Um den »cycle of violence« hat sich in der Beratungspraxis eine Aura des Determinismus gebildet, die nun sicher keine Stütze in der Forschung findet: als gäbe es eine »soziale Vererbung« von Gewalttätigkeit in der Familie. Dem halten Herrenkohl et al. (1983) Befunde entgegen, körperliche und emotionale Vernachlässigung in der Kindheit erhöhten zwar das Risiko signifikant, daß Eltern ihre Kinder mißhandelten, aber »andere frühere oder aktuelle Belastungen oder Unterstützungen können sehr einflußreich für die Balance sein und positiv oder negativ das elterliche Verhalten beeinflussen« (a.a.O., S. 315). Auch ist noch unklar, was dieser »cycle of violence« eigentlich ist: Geht er auf kognitive Erfahrungen mit körperlichen Strafen zurück, oder ist eher eine grundlegende Beeinträchtigung des kindlichen Selbstwertgefühls maßgebend? Handelt es sich um eine Persönlichkeitsstörung oder um ein an Rollenmodellen orientiertes Ergebnis sozialen Lernens? Schließlich: Handelt es sich dabei überhaupt um konkurrierende Erklärungen, oder sind es Erklärungen für unterschiedliche Formen der Gewaltanwendung in der Familie?

Ähnlich verhält es sich mit Streß. Die Bandbreite der empirisch belegten Streßfaktoren ist so groß, daß die Nützlichkeit des Konzepts fraglich zu werden droht. Straus (1980a, b) zeigt zudem (auf der Basis eines repräsentativen Samples), daß zwar mit der Zahl streßhafter

Lebensereignisse die Wahrscheinlichkeit von Gewalttätigkeiten in Familien zunimmt; er weist aber auch nach, daß dieser Zusammenhang nur gilt, wenn andere Faktoren hinzutreten: ein aggressives Rollenmodell in der Herkunftsfamilie, ein niedriger sozioökonomischer Status, eine männerdominierte Machtstruktur in der Ehe, soziale Isolation, normative Zustimmung von Gewaltanwendung in der Familie und/oder geringe Zufriedenheit über die Ehebeziehung. Die letzten drei genannten Faktoren können durchaus als Reaktionen auf Gewalttätigkeiten in einen statistischen Zusammenhang mit »violence« und »stress« geraten und müssen nicht unbedingt als Ursachen gesehen werden.

Daß auf Streß mit Wut und Gewalttätigkeit reagiert wird, ist selber Resultat sozialen Lernens (Walker 1983, S. 32) und keineswegs selbstverständlich. Was die spezifische Streßquelle »Isolation« anbelangt, so fand Straus (1980) statistische Belege dafür, daß »social support« die Anwendung von Gewalt als Konfliktlösungsmittel durchaus fördern kann: Im Sinne möglicherweise jener »community standards«, die Parke/Collmer zum Maßstab ihrer Gewaltdefinition machen (s. Anm. 25). Gewaltanwendung, das wäre daraus zu schließen, wird also keineswegs nur »aus Verzweiflung« oder als »ultima ratio« verständlich, sondern beispielsweise auch als aktive Kontrolle unerwünschten Verhaltens.

Was die Bedeutung sozioökonomischer Faktoren angeht, so weisen Gravenhorst (1984) und mit ihr andere feministische Autorinnen darauf hin, daß nach den vorliegenden Daten niedriger sozialer Status und soziale Deprivation, zum Beispiel Erwerbslosigkeit, die Wahrscheinlichkeit von Gewaltanwendung gegen *Frauen* und von sexuellem Mißbrauch von Mädchen *nicht* erhöhe. Dies wäre als Hinweis darauf zu werten, daß »Gewalt in Familien« ein zu allgemeines Konzept ist, um wichtige Unterschiede auszudrücken (dazu auch Breines/Gordon 1983).

24 Im Detail können die Zahlen nachgelesen werden bei Straus et al. 1980, Straus 1980a, b und zahlreichen anderen Aufsätzen von Straus, Gelles und Steinmetz aus der zweiten Hälfte der siebziger Jahre. Die jeweils 3,8% beziehen sich auf die massivsten körperlichen Attacken aus den Conflict Tactics Scales (CTS) von Straus (1979), berücksichtigen aber nicht die Konsequenzen (Verletzungen) dieser Attacken. Zum zugrundeliegenden Mißhandlungsbegriff (violence) s. Anm. 25; die Kriterien der Erhebung sind heftig umstritten: allerdings weniger wegen methodologischer und technischer Unzulänglichkeiten, sondern wegen der theoretischen Implikationen, auf die sich auch im vorliegenden Text das Hauptaugenmerk richtet.

25 Während Gelles/Straus ihre Definition von »violence« lediglich auf

die beobachtbaren Eigenschaften eines Verhaltens stützen wollen, berücksichtigen Parke und Collmer ausdrücklich auch die normativen Maßstäbe, die »community standards«, die mit diesem Verhalten verknüpft werden. Mit anderen Worten: Sie gehen davon aus, daß Gewalt abweichendes Verhalten sein *muß*, daß – umgekehrt – ein Verhalten wie körperliche Züchtigung, das von über 90% der Bevölkerung gezeigt wird, allein deshalb keine Gewalt sein kann, weil es von einer übergroßen Mehrheit praktiziert wird. Die Definition kann daher den Doppelstandard nicht sichtbar machen, den das Violence-Konzept von Straus, Gelles und ihren Kollegen zutage fördert. Statt dessen wird die gesellschaftliche Tabuierung der Gewalt in Familien in die Definition aufgenommen: »Jedes Kind, das (eine) nicht-zufällige körperliche Verletzung(en) aufweist, die ihm durch Handlungen oder Unterlassungen, welche die anerkannten Maßstäbe (community standards) für die angemessene Behandlung von Kindern verletzen, von seinen Eltern oder Pflegepersonen zugefügt wurden, gilt als mißhandelt« (Parke/Collmer 1975, S. 513).

26 Das Ziel der Gelles-Studie war, die Alltäglichkeit von Gewalt zwischen verheirateten Männern und Frauen zu erkunden, also unterhalb der »Spitze des Eisbergs« kriminalstatistischer Zahlen über das Ausmaß innerfamilialer Gewaltanwendung zu explorieren. Vierzig Familien, die einer privaten Wohlfahrtsagentur bzw. der Polizei wegen Gewaltanwendung bekannt waren, wurden mit vierzig weiteren Familien aus deren Nachbarschaft verglichen, die nicht in Kontakt mit Hilfeeinrichtungen standen. Ohne auf die Befunde dieser spannenden Untersuchung im einzelnen einzugehen – zur damaligen Zeit stellte sie erstmals nichtklinische und nichtbehördliche Daten über Ursachen, Ausmaß und Typen familialer Gewalt in einem wegen der vielen Originalzitate anschaulichen Kontext zur Verfügung –, sind zwei Ergebnisse besonders hervorzuheben.

Gelles prüfte die populäre Annahme, daß Armut und Unterschichtzugehörigkeit mit Gewaltanwendung einhergehe, und beschäftigte sich dabei besonders mit der These von O'Brien (1971), daß Gewalt in Familien vorkomme, in denen der Ehemann den ihm zugeschriebenen dominanten Status persönlich nicht ausfüllen könne, z. B. weil er arbeitslos ist, weil er eine schlechtere Ausbildung hat als seine Frau, weil er aus Mangel an individuellen Fähigkeiten die Vater/Führer-Rolle nicht ausführen kann. Diese aus einem funktionalistischen Konzept von Eheharmonie stammende These kann Gelles vielfach illustrieren. Aber ungewollt und ohne es zu formulieren, illustriert er dabei die ungleiche Machtstruktur in Familien und wirft die Frage auf, wie die strukturelle Ungleichheit und Abhängigkeit zwischen Männern und Frauen in der Ehe zusammenhängt mit offener Gewaltanwendung. Statt eines unterscheidenden Kriteriums findet er eine Voraussetzung von Gewaltanwendung und müßte eigentlich nach den Bedingungen der Gewaltlosigkeit fragen. Das zweite wichtige Ergebnis dieser Studie betrifft die Regeln und die Rechtfertigungen von Gewaltanwendung in Familien (»The social meaning of violence«). Wenn man geglaubt hatte, Prügel und Schlimmeres seien unbeherrschtes oder spontanes Verhalten, dann muß einen Gelles' Studie eines Besseren belehren. Die These von dem kulturellen Mandat der Gewaltanwendung in Familien – trotz aller Indizien pauschal und mit vielen Fragen behaftet geblieben – wird in den Aussagen der interviewten Männer und Frauen plastisch. Biographisch erworben oder alltäglich gesellschaftlich vermittelt, verfügen Männer und Frauen über Deutungen, welche Gewaltanwendung nicht als Widerspruch ehelicher Intimität, sondern als deren – sei's unvermeidlichen, entschuldbaren, sei's selbstverständlichen und sogar »gesunden« – Bestandteil codieren. Auch hier wirken unthematisiert stumme Vorstrukturierungen, die bestimmen, was »weiblich« ist und was »männlich«. Für diese hat Gelles keinen Sinn, dennoch legen seine Daten und Protokolle davon Zeugnis ab. Beide Ergebnisse lassen nicht zu, »Violence in the Family« allein als beobachtbares individuell-aggressives Verhalten zu studieren.

27 Die Unterstellung, *daß* die Familie eine besonders gewalttätige soziale Gruppe sei, speist sich aus dem außerwissenschaftlichen Prozeß der »Entdeckung« familialer Gewalt, aus frühen Studien von Gelles, Steinmetz und Straus über das Ausmaß von Gewaltanwendung in Familien sowie aus der Auswertung epidemiologischer kriminologischer Literatur.

28 Ebenso wie die ursprüngliche These selber müßte diese Reformulierung nach der Ehe- und nach der Eltern/Kind-Dimension differenziert werden.

29 Eigentümlicherweise verfolgen Straus und Hotaling in ihrer These nicht die *Wechselbeziehung* von Intimität und Gewalttätigkeit. In der Forschung über Inzest/sexuellen Mißbrauch und Vergewaltigung ist diese Wechselbeziehung für die Theoriebildung wichtig geworden (vgl. Herman 1981).

30 Straus nennt neun Varianten, in denen die patriarchale Struktur von Familie und Gesellschaft Gewalttätigkeit in Familien schafft (vgl. Straus 1980c):

- Die Zuschreibung der dominierenden Rolle an Männer verlangt im Kontext einer individualistisch orientierten Leistungsgesellschaft den Nachweis der Überlegenheit durch überlegene Ressourcen wie Intelligenz, Dienstleistungen oder materielle Mittel. Von einer Übereinstimmung zwischen zugeschriebener Rolle und individueller Kompetenz kann jedoch nicht ausgegangen werden. So fungiert allein die körperliche Überlegenheit als »letzte Ressource«, um die überlegene Position als Mann aufrechtzuerhalten (Statusinkonsistenz-Theorie, vgl. O'Brien 1971; Gelles 1974; Allen/Straus 1980).

- Die Entstehung männlicher Identität im Sozialisationsprozeß trägt Züge der zwanghaften, aggressiven Distanzierung von Frauen, weil die kleinfamiliale Organisation des Sozialisationsprozesses einerseits die Frauen/Mütter zu den zentralen Identifikationsfiguren von Kindern macht, andererseits aber die familiale und gesellschaftliche Rolle von Frauen geringerwertig gegenüber der von Männern ist (Parsons 1968[2]).
- Der geschlechtsspezifische Arbeitsmarkt bietet Frauen keine volle Alternative zur Versorgung durch Männer; das macht Frauen materiell abhängig von Ehemännern und zwingt sie, Gewalttätigkeit zu ertragen (vgl. Gelles 1976, dt. 1978).
- Die geschlechtsspezifische Arbeitsteilung in Familien gibt Frauen die primäre Verantwortung für die Erziehung der Kinder. Zugleich ermöglicht diese Erziehungsarbeit weder eine eigenständige Subsistenzsicherung, noch wird sie ausreichend durch kommunale Tagespflege-Einrichtungen unterstützt.
- Kinder brauchen angeblich zwei Eltern; so sehr die kulturelle Norm die Bedeutung der Mutter-Kind-Beziehung betont, so sehr betont sie den Nachteil eines fehlenden Vaters. Gesellschaftliche Abwertung und ökonomische Benachteiligung von alleinerziehenden Müttern fließen in dieser Vorstellung zusammen.
- Ehefrau und Mutter zu sein ist unter den gegebenen gesellschaftlichen und kulturellen Verhältnissen die primäre Rolle von Frauen. Gesellschaftlicher Respekt ist gebunden an diese Rolle; das macht es Frauen schwer, andere Optionen zu leben, und bestraft den Versuch, eine gewalttätige Ehebeziehung zu verlassen (vgl. Gelles 1976; dt. 1978).
- Ein negatives Selbstbild von Frauen, besonders in bezug auf Leistungsfähigkeit und Selbstverantwortung, ist eine Konsequenz der gesellschaftlichen Lage von Frauen und begünstigt es, daß Frauen die Gewalttätigkeit ihrer Ehemänner tolerieren.
- Zwar nicht mehr juristisch, aber in den Traditionen der Alltagskultur lebt die Vorstellung fort, daß Frauen männliches Eigentum seien und daß sie in mancherlei Hinsicht »wie Kinder« seien. Beides gibt Ehemännern eine verdeckte moralische Rechtfertigung – parallel zum offenen rechtlichen Anspruch auf körperliche Bestrafung der Kinder –, auf Frauen körperliche Gewalt auszuüben (»the marriage license as a hitting license«, vgl. Straus 1974, 1976, dt. 1976).

– Die Organisation des Justiz-, Polizei- und Gesundheitssystems benachteiligt Frauen bei deren Versuch, öffentlichen Schutz vor gewalttätigen Übergriffen ihrer Männer zu erlangen (vgl. Stark et al. 1979).

Der Einfluß der Frauenbewegung auf Straus' Argumentation ist unverkennbar. Er wird nicht nur in einer generellen Sensibilität für die sexistische Organisation der Gesellschaft erkennbar, sondern auch in der Aufmerksamkeit für die *Interdependenz inner- und außerfamilialer Strukturen.* Insofern ist der Einwand von Marsden (1978, S. 113), Straus und seine Kolleg/inn/en trennten die Gewalttätigkeit in Familien vom gesellschaftlichen Kontext, in dem Familien leben, ab, nicht mehr zutreffend. Allerdings bleibt das *soziale Lernen von Gewalttätigkeit in der Herkunftsfamilie das zentrale Bindeglied,* welches die individuelle Anwendung von Gewalt erklären soll (Gelles/Straus 1979) und die soziologische Argumentation wieder in eine Individualisierung umkippen läßt. Das wirft die theoretische Frage nach der *subjektiven Aneignung von Gewaltverhältnissen* auf, die generell zu wenig diskutiert ist (es sei denn in einem psychoanalytischen Bezugsrahmen, s. u.).

31 Dieser Gedanke ist von Marsden (1978) in labeling-theoretischer (interaktionistischer) Orientierung als »Vokabular der (akzeptablen) Motive« bzw. als Strategie der Verleugnung und Neutralisierung ausgeführt worden (S. 104; vgl. Anm. 42). Greenblat (1983) faßt diese Kalkulation objektiv in einem »moral environment«, das Gewaltanwendung opportun erscheinen läßt (a.a.O., S. 225 ff.).

32 Besonders einflußreich waren die Untersuchungen von Gayford (1975a, b) mit Frauen, die Zuflucht im Chiswick House gesucht hatten, dem ersten britischen Frauenhaus. Er charakterisiert die Frauen als schutzlos, wie Kinder, ihren eigenen Gewalt provozierenden Handlungen und Eigenschaften ausgeliefert. Dieses »Erklärungsmuster« in seinen vielfältigen Abwandlungen bildet auch das wohlwollend-diskriminierende Skript sozialpolitischer Maßnahmen für mißhandelte Frauen: Diese fungieren, wie es sich etwa in der Diskussion um die Anwendung des § 72 BSHG auf die finanzielle Förderung von Frauenhäusern in der Bundesrepublik zeigte, als »Problemgruppe mit sozialen Anpassungsschwierigkeiten«.

33 Anders als die »Child Abuse Industry«, die seit Ende der sechziger Jahre eine große Zahl von Veröffentlichungen hervorgebracht hat, anders auch als die Disziplin Soziologie, die sich – zumindest in den angelsächsischen Ländern – das Thema »Gewalt in Familien« zunehmend aneignet, ist die *wissenschaftliche Beschäftigung mit Gewalt gegen Frauen als Frauen*, die vornehmlich von feministischen Sozialwissenschaftlerinnen, Therapeutinnen und Aktivistinnen der Frauenbewegung betrieben wird, noch in den Anfängen.

Wie in den anderen Teilbereichen familialer Gewalt ist auch hier die angelsächsische Diskussion führend und prägt die Argumentation in der Bundesrepublik sehr. Bislang gibt es m. W. nur einen Übersichtsaufsatz. Er präsentiert die feministische Codierung des Themas materialreich und konsistent als ein theoretisches Konzept vor dem Hintergrund einer sozialen Bewegung (Breines/Gordon 1983). Den *Stand der Forschung* über Gewalt gegen Frauen resümiert für den deutschen Sprachraum Brückner (1983). Sie hebt folgende *Befunde empirischer Studien* besonders hervor: Die häufig an kleinen samples und in klinischen settings durchgeführten Untersuchungen haben *keinen Typus der mißhandelten Frau* herauskristallisieren können; Vergleichsuntersuchungen haben *keine klaren Unterschiede zwischen mißhandelten und nicht mißhandelten Frauen* ermitteln können. Das *Ausmaß der Gewalt gegen Frauen* und bestimmte *Merkmale der Gewalttätigkeit* – mit der Dauer der Beziehung zunehmende Brutalität und die häufig belegten Mißhandlungen in der Schwangerschaft – belegen, daß *Frauen mißhandelt werden, weil sie Frauen sind.* Untersuchungen über die mißhandelnden Männer ergaben ebensowenig besondere Auffälligkeiten (Brückner 1983, S. 38 f.).

34 Wenn Frauen ermordet werden, dann ist die Wahrscheinlichkeit am größten, daß sie von ihren Ehemännern oder Liebhabern umgebracht werden; bei Körperverletzungen sind die Zahlen der Polizeistatistik, die Dobash/Dobash bis ins vorige Jahrhundert verfolgen, noch krasser: in rund 90% von Gewalttätigkeiten in Familien, zu denen Polizisten gerufen werden – so die Zahlen für England und Wales zwischen 1950 und 1960 – werden die Frauen von ihren Männern attackiert und verletzt. Die Studien von Levinger, O'Brien, Parnas, Whitehurst und anderen, die Straus und Steinmetz (1974) zitieren, werden auch von Dobash/Dobash herangezogen.

35 Ganz ähnlich in der deutschen Diskussion: »Als Mißhandlung begreifen wir jeden Angriff auf die körperliche und seelische Integrität eines Menschen unter Ausnutzung einer gesellschaftlich vorgeprägten relativen Machtposition« (Hagemann-White et al. 1981, S. 24). Nicht erst, wenn eine Frau verletzt wird, erleide sie Gewalt; Mißhandlung wird als eine *Ausdrucksform* von gesellschaftlicher Benachteiligung und Diskriminierung gefaßt, als Machtmißbrauch (vgl. Hagemann-White et al. 1981, S. 18, 21 f.). Die latente Brutalität, die Drohung mit Mißhandlung (Hagemann-White 1983, S. 114) gehöre zum Frauenalltag: Diese Drohung weist das Gewaltverhältnis aus. Sie ist präsent u. a. in der Alltäglichkeit verbaler und tätlicher sexueller Übergriffe, sexueller Belästigungen am Arbeitsplatz, in der Angst vor Vergewaltigung. Die *alltägliche Realität* von Gewalt gegen Frauen herrsche schon dort, »wo einer Frau die Entwicklung und Äußerung eines

eigenen Willens gar nicht erst möglich wird« (ebda.) – gleich, ob die Frau subjektiv dies auch so erlebe. Das Kriterium »Ausnutzung eines Machtgefälles« wird jedoch so gehandhabt, daß »sich gezwungen fühlen« gleichgesetzt wird mit »der andere wendet seine überlegene Macht an« (Hagemann-White et al. 1981, S. 22-24). Unversehens wird die Differenz zwischen individueller Gewalthandlung und männlich dominierten Machtverhältnissen in der Weise eingezogen, daß einerseits der symbolische Charakter auch einer einzelnen aggressiven Handlung zum Kriterium struktureller Gewalt gegen Frauen erhoben (Hagemann-White et al. a.a.O., S. 24 in ausdrücklicher Distanzierung von Dobash/Dobash), andererseits der Eindruck massenhaften individuellen Terrors von Männern erweckt wird (s. o.). Dem entspricht, daß die Situation von Frauen als auswegloser Zwang, die Rolle von Frauen als die eines *passiven Opfers* beschrieben wird (vgl. Knappe 1979); vgl. Wardell et al. 1983 und Loseke/Cahill 1984 zur Kritik an einem vordergründigen »Viktimismus«. Lerke Gravenhorst resümiert den Kern der feministischen Konzepte zum männlichen Geschlecht in der Diskussion über Gewalt gegen Frauen (Gravenhorst 1984a, S. 3): »Ein mißhandelnder Mann repräsentiert den ›Mann auf der Straße‹ (vgl. Benard/Schlaffer 1980) – er unterscheidet sich in nichts vom Durchschnitt der Männer. Das heißt auch umgekehrt: Der Mann auf der Straße ist ein potentieller Mißhandler von Frauen, ein potentieller Gewalttäter gegen sie.« Das Konzept der Potentialität soll die Differenz zwischen der strukturellen Gewalt und der individuellen Gewalttätigkeit schließen; die individuellen Männer gelten als mögliche Gewalttäter. »Das heißt für jede Frau, die Männer ihres sozialen Umfeldes mit anderen Augen zu sehen, immer mißtrauisch und wachsam zu sein« (Kavemann/Lohstöter 1984, S. 10). Daß Männer zwangsläufig so handeln, wie es einem objektivistischen Konzept struktureller Gewalt gegen Frauen entspricht, läßt sich empirisch kaum belegen (Gravenhorst 1983, S. 136); daß die Daten über das Ausmaß männlicher Gewalttätigkeiten an Frauen sie als potentielle Täter eher denn als potentielle Nichttäter antizipieren ließe, läßt sich ebensowenig belegen (Gravenhorst 1984a, S. 4); die Frage schließlich, wie die Gewalt befürwortenden Normen des Patriarchats in konkreten Situationen wirksam werden (vgl. Greenblat 1983), ist eine empirische Frage, über die man zuwenig weiß (ebda.).

36 Dobash/Dobash nennen ihren methodologischen Ansatz einen »kontextspezifischen Ansatz« und meinen damit eine Rekonstruktion individueller Schicksale in ihrem historischen und kulturellen Zusammenhang. Sie wenden sich zunächst mit Cicourel gegen die objektivistische Abstraktion vom interaktionellen und institutionellen Setting,

in dem soziale Handlungen verlaufen und die Interviews entstehen. »Wir glauben in der Tat, daß die Erklärung sozialer Phänomene eine Beachtung der Bewertungen und der Schilderungen von Teilnehmern gewalttätiger Ereignisse beinhalten muß ebenso wie den interaktionellen Kontext des Ereignisses, aber dies ist für uns lediglich eine notwendige Basis einer Erklärung und nicht schon eine notwendige und hinreichende Bedingung. Es ist auch wesentlich, eine Reflexion auf den weiteren Hintergrund von Männer/Frauen-Beziehungen einzuschließen, ebenso auf den sozialen, kulturellen und ökonomischen Hintergrund der Institution Ehe« (Dobash/Dobash 1983, S. 268). Aus diesen Prinzipien resultiert eine äußerst aufwendige Technik der reflexiven Interpretation des Protokollmaterials, das bei den Gesprächen mit den Frauen angefallen ist. Diese soll sicherstellen, daß eine Vermittlung zwischen der makrostrukturellen Ebene und der individuellen Situation der einzelnen Frau zustande kommen kann. Breines/Gordon formulieren das methodologische Programm einer feministischen Sozialwissenschaft von der Gewalt in Familien: »Was wir brauchen, ist [...] eine Interpretation (von Gewalt), die historisch reflektiert ist [...] und viele Ebenen der menschlichen Erfahrung berücksichtigt – psychologische, soziologische, rechtliche – die alle in einer einzelnen Situation enthalten sein können [...] Um eine einzelne gewalttätige Handlung in Familien zu verstehen, muß man auf die generellen Kontexte und Muster achten, aber auch auf die spezifische Bedeutung. Das erfordert die Beachtung der Selbstinterpretationen der Beteiligten; es verlangt auch die Integration psychologischer und kultureller Analysen in die Beschreibung von Verhalten in intimen Beziehungen« (Breines/Gordon 1983, S. 517, 530).

37 In der Bundesrepublik vertritt von Werlhof eine ähnliche Position in ihren Thesen über den Zusammenhang von Frauenmißhandlung und Klassengesellschaft: Die private *Produktion von Arbeitskräften* für den Arbeitsmarkt, so die These, von *Subsistenz* und die private *psychosoziale Reproduktion* ist Frauen als Müttern, Hausfrauen, Ehefrauen zugewiesen: Sie leisten mit Gebären, Erziehen, Kochen, Putzen, Nähen, Trösten, Ermutigen und nicht zuletzt mit ihrer Sexualität *unbezahlte Arbeit*, die einerseits als direkte Verlängerung der Arbeitszeit des Mannes Mehrwert fürs Kapital schafft, andererseits eine, auch ökonomisch unverzichtbare Leistung für den Mann erbringt (a.a.O., S. 95). »Diese Drei-Klassen-Struktur ist typisch für unsere Gesellschaft: Das Kapital – der Mann – die Frau. Das Kapital beutet den Mann aus, der Mann die Frau« (ebda., S. 98). Dies konstituiert einen doppelten Interessengegensatz: den zwischen Kapital und Arbeit und den zwischen Mann und Frau; die Anwendung von Gewalt ist das entscheidende Mittel, diesen *Interessengegensatz*

unter Kontrolle zu halten bzw. sich die *Arbeitskraft von Frauen unentgeltlich anzueignen*. Die Aneignung und Vergewaltigung von Frauen ist indes älter als der Kapitalismus; sie stehen am Beginn des Patriarchats, das als eine ökonomisch-sexuelle Ordnung aufzufassen ist, die im Kapitalismus um die Ausbeutung von männlichen Lohnarbeitern und die Ausbeutung der Natur ergänzt wurde (v. Werlhof 1977; vgl. auch v. Werlhof 1985).

38 Diese Unterscheidung deckt die *Ambivalenz einer Argumentation auf, die das Ausmaß von Gewalt gegen Frauen als Indiz für die Spezifität der Gewalt gegen Frauen* anführen will (vgl. Kapitel 1). Ein zentraler Einwand gegen Straus' CTS-Skala aus feministischer Sicht lautet, sie fingiere »violence« als eindimensionales, stufenweise sich verschärfendes Faktum und verfehle damit vollständig die kontextabhängige Bedeutung von Gewalttätigkeit: ein Einwand, der in der Polemik gegen das Steinmetzsche Konstrukt des »battered husband syndrome« zentral war, um dem *statistischen Befund eines größeren Ausmaßes der Gewalttätigkeit von Frauen gegen ihre Ehemänner* den Wind aus den Segeln zu nehmen. »Sich wehren« mag ebenso aussehen wie »angreifen«, ist aber doch fundamental verschieden (vgl. Steinmetz 1977-78; Pleck et al. 1977-78), lautet der entscheidende Einwand. Stark et al. meinen, daß in der Kontroverse von *zwei verschiedenen Erfahrungen* die Rede ist, und unterscheiden daher zwischen »privater« Aggression und »sozialer« Gewalt.

39 Allerdings müssen drei kritische Einwände formuliert werden:
Warum konserviert die medizinische Diagnostik und Therapie (auf deren Praktiken stützt sich die Argumentation, wenn sie auch darauf nicht beschränkt ist) eine Machtstruktur, die sich im Prozeß der Modernisierung befindet? Für die Familienpolitik hat Karin Jurczyk (1978[3]) gezeigt, daß ihre ideologischen Orientierungen stark von den wechselnden Erfordernissen der materiellen Produktion und des Arbeitsmarktes bestimmt sind – besonders, was die Rolle der Frauen anbelangt: wenn erforderlich, wird auch die Familienunabhängigkeit von Frauen forciert.
Welches ökonomische Interesse – auch diese Frage bleibt offen – hat ein Familienmann an einer (Ehe-)Frau, die infolge der »Unterstützung von außen« depressiv wird, trinkt, ihren Haushalt vernachlässigt etc., also die Symptome zeigt, die ihre Mißhandlung (angeblich) provozieren? Worin liegt der Gewinn – angeblich wird doch die patriarchale Machtstruktur rekonstituiert?
Schließlich: So einleuchtend Stark et al. die angebliche Machtvollkommenheit und Omnipotenz des Familienmannes entmystifizieren – unterschätzen sie nicht doch den Zwangscharakter der privaten Beziehungsstruktur? Argumentieren sie nicht doch reichlich objekti-

vistisch, wenn sie die Fixierung einer ausweglosen, subjektlos erscheinenden Zwangsstruktur ausschließlich der Intervention des medizinisch-juristischen Systems zuschreiben? Verfehlen sie dabei nicht die spezifische Verblendung, man sei auch in den Zwängen von Familie noch sein eigener Herr?

40 Körperliche Integrität ist ein fundamentales Rechtsgut und eine Legitimationsgrundlage des staatlichen Monopols physischer Gewaltsamkeit. Insofern ist das Persönlichste und Unmittelbarste (Körperlichkeit) sehr direkt auf die Sphäre des Politischen und des Staatlichen bezogen (als Rechtsverstoß), und zwar vermittelt (bei privatem Gewalthandeln) über die Institution Familie.

41 In ihrer explorativen Studie über emotionale Beziehungen in den ersten Jahren einer Ehe fand sie wenige Belege für eine *Zustimmung* zu Gewaltanwendung in der Ehe. Weniger als ein Viertel der Männer und Frauen empfanden bestimmte Umstände oder Bedingungen als akzeptable Gründe für Schläge (Greenblat fragte nicht nach Mißhandlungen, sondern nach leichteren Formen der Gewaltanwendung wie Ohrfeigen u. ä.). Die genannten Gründe für Akzeptanz waren dabei vor allem Selbstverteidigung und die sexuelle Untreue eines Partners/einer Partnerin. Greenblat fand jedoch ein beträchtliches Ausmaß der *Duldung* von Schlägen in der Ehe. Das tolerierende Argument gegenüber schlagenden Frauen lautet dabei, sie seien körperlich nicht in der Lage, ernsthafte Verletzungen zuzufügen; das entsprechende Argument gegenüber Männern heißt, sie seien »außer sich« gewesen, hätten sich »nicht mehr unter Kontrolle« gehabt.

42 Techniken der Neutralisierung beziehen sich auf abweichendes Verhalten. Es sind Rechtfertigungen, die anerkannte Normen situationsbezogen für weniger wichtig erklären als die Handlungsorientierungen, die »erklärt« werden müssen. Techniken der Neutralisierung antworten auf das allgemeine Problem der situationsangepaßten Interpretationsbedürftigkeit von Normen; sie versuchen, Konformität und Abweichung miteinander zu vereinbaren. Es sind also weder »Entschuldigungen«, noch sind es kontradiktorische Handlungsorientierungen, sondern es sind gewissermaßen Versuche, die Bandbreite dessen auszudehnen, was als »normal« gilt, und so *Handlungsvoraussetzungen* zu schaffen.

43 Marsden beschreibt im Anschluß an Sykes/Matza »Techniken der Neutralisierung« (1968), der Verleugnung, des Weg-Erklärens, der Verschiebung von Verantwortung, beschreibt Skripts und Routinen der alltäglichen Gewaltanwendung. Bei Marsden ist der interaktionistische Zugang *denunzierend* (ebenso Ferraro 1983): Angesichts der unzweifelhaften Gewalttätigkeit stehlen sich die Täter aus der Verantwortung. Bograd und Greenblat sind demgegenüber theoretisch

radikaler und fragen: Was bedeuten gewalttätige Handlungen und Situationen für die Beteiligten? Wie ist die Wirklichkeit der Akteure zu beziehen auf Konzepte wie »Macht«, »Abhängigkeit«, »Ausbeutung«, »Patriarchat« u. a., allgemein: auf ein historisch, kulturell, gesellschaftstheoretisch gefaßtes Konzept »Gewalt«?

44 Lenore Walker mußte dafür den Vorwurf einstecken, sie bekräftige die herrschende Beleidigung der Opfer männlicher Gewalt (Wardell et al. 1983, S. 72).

45 Gewalttätige Ehebeziehungen entstehen, so Walker, nicht aus der Interaktion der Ehepartner, auch nicht aus provozierenden Persönlichkeitszügen der mißhandelten Frau, sondern aus *erworbenen Verhaltensmustern des mißhandelnden Mannes* (1983a, S. 37f.). Das Muster der unberechenbaren Gewalttätigkeit war schon in seiner Herkunftsfamilie vorhanden; ein strenger Vater und eine schwache Mutter, die teils in Kollusion mit dem Vater abwiegelt, teils im Bündnis mit dem Sohn diesen vor dem Schlimmsten bewahren will, erzeugen beim Sohn ein tiefes Gefühl von Unsicherheit, von Unfähigkeit, das eigene Leben zu kontrollieren, und zugleich eine Erwartung, jemand möge ihm den Streß mildern (vgl. Herman/Hirschman 1977 und Armstrong 1985, S. 259f., 265f., für die Eltern/Tochter-Konstellation). Unsicherheit korrespondiert einem Bedürfnis nach Einfühlung und Unterstützung, das umschlagen kann in Eifersucht und Besitzanspruch. Es ist charakteristisch für die Tendenz zur Schematisierung in der feministischen Diskussion über Gewalt in Familien, daß die Rolle der Männer kaum zum Gegenstand theoretischer Anstrengung wird, obwohl Gewalt als Charakteristikum der Beziehungen von Männern zu Frauen angesehen wird; Lenore Walker ist da eine Ausnahme. Zum Täter/Opfer-Schema in der feministischen Diskussion vgl. Haug (1980).

46 Die Ausdrücke »sexueller Mißbrauch«/»Inzest« werden hier im allgemeineren Sinne von »sexueller Viktimisierung« verwendet.
»[...] über die Hälfte der angezeigten Sexualkontakte mit Kindern besteht aus ausgesprochen *oberflächlichen* und *harmlosen* Kontakten [...], die keine Schäden bei den deklarierten Opfern verursachen. Einige Autoren, die annehmen, *alle* oder die *meisten* registrierten Fälle mit sexuellem Mißbrauch von Kindern enthielten Gewalt, Drohung oder Machtmißbrauch, werden hier mit Ergebnissen konfrontiert, die diese Meinung widerlegen« (Baurmann 1984[3], S. 24; Hervorh. Baurmann; vgl. bestätigend Böllinger 1986, S. 97 zu den Folgen gewaltloser sexueller Handlungen von Erwachsenen mit Kindern). Andererseits jedoch »ist der Anteil von sexuellen Gewalttaten (im weitesten Sinne) in Wirklichkeit dreimal höher [...], als aus der strafrechtlichen Registrierung geschlossen werden kann« (ebda.).

Die sexuelle Gewalt gegen Kinder scheint nach Baurmanns Analyse angezeigter Sexualdelikte entsprechend ihrer Tat-, Opfer- und Tätermerkmale also zugleich harmloser *und* gefährlicher zu sein, als in der öffentlichen Diskussion vorausgesetzt wird: Dieser Sachverhalt wirft ein charakteristisches Licht auf den »Mythos Gewalt« (s. o., S. 42 ff.). Die öffentliche Aufregung richtet sich nämlich einerseits auf den Exhibitionisten und auf den »fremden Onkel«, der den Kindern im Park Bonbons schenkt, als Quellen einer unheimlichen Gefahr. Dies schlägt sich dann in einem entsprechenden Ausmaß von Anzeigen nieder. Dabei geht die weit größere Gefahr, und davon lenkt die Empörung über den »Kinderschänder« ab, von der vertrauten Umwelt aus. Sexueller Mißbrauch von Kindern findet weit überwiegend zwischen Vätern und Töchtern statt: Herman/Hirschman (1977) geben (für die USA) an, 97% der Täter seien männlich, 93% der Opfer weiblich (vgl. auch Finkelhor 1979; für die Bundesrepublik bestätigt Baurmann 1983); es scheint gesichertes Wissen, daß die Männer aus der unmittelbaren sozialen Umgebung der Opfer kommen: Väter, Stiefväter vor allem, aber auch nahe Verwandte, Freunde der Mutter (zum Mißbrauch durch Mütter/Frauen vgl. Finkelhor/Russell 1984). Andererseits lassen die Kategorien der strafrechtlichen Registrierung nicht erkennen, in welchem tatsächlich viel größeren Ausmaß Gewaltanwendung oder -drohung im Spiel sind. Insofern wirken die strafrechtlichen Tatbestände in doppelter Weise »verdunkelnd«. Dramatisierung und Verschleierung ergänzen sich und bewirken, daß die familiale Wirklichkeit der Sexualität mit Kindern unkenntlich wird. Unter dem Vorzeichen eines »Schutzes der sexuellen Selbstbestimmung« wirkt diese Verdunkelung (zumindest hierzulande) bis in die aktuellen Diskussionen über den sexuellen Mißbrauch von Kindern/Mädchen hinein, welche ja das tatsächliche Ausmaß gewalttätiger Sexualität mit Kindern/Mädchen skandalisieren will. Hier scheint es oft, als habe die Empörung über die Gewalt lediglich einen neuen Anlaß gefunden, sei aber nach wie vor nicht in der Lage, die Problematik der Sexualität zwischen den Generationen auf einem Niveau zu diskutieren, wie es in den zwanziger Jahren beispielsweise in der »Zeitschrift für psychoanalytische Pädagogik« schon erreicht war. Was das Ausmaß sexueller Viktimisierung von Kindern in Familien anbelangt, referiert Finkelhor (1984, S. 1 f.) sechs Studien aus den Jahren 1978 bis 1983, deren (für die USA geltende) Befunde er so zusammenfaßt: »Zwar fallen die genauen Zahlen in diesen Untersuchungen unterschiedlich aus, weil sich die Untersuchungsgruppen, die zugrunde gelegten Definitionen und die Einfühlsamkeit der gestellten Fragen unterscheiden; aber sie lassen einwandfrei die Feststellung zu, daß bei einer bedeutenden Minderheit von

Kindern sexuelle Viktimisierung vorkommt« (a.a.O., S. 2). Auf der Basis dieser Studien nimmt Finkelhor an, daß mindestens 10% aller Mädchen und 2% aller Jungen im Alter bis zu 18 Jahren in den USA (mindestens einmal) sexuell mißbraucht wurden. Bei dieser Feststellung legt sich Finkelhor nicht auf eine bestimmte Definition des Ausdrucks »sexueller Mißbrauch« fest; dieser ist im übrigen nur sprachlich identisch mit dem Straftatbestand »sexueller Mißbrauch« im deutschen Recht. (Finkelhor weist auch auf den Kinsey-Report von 1953 hin, nach dem 9% der ca. viereinhalbtausend befragten Frauen berichteten, sie hätten sexuellen Kontakt mit einem Erwachsenen gehabt, bevor sie 14 Jahre alt waren.)
In der öffentlichen Diskussion wird mit dem Ausdruck »sexueller Mißbrauch« jedoch Begriffspolitik getrieben, indem die klar definierten Unterschiede, die im deutschen Strafrecht zwischen »Inzest« (§ 173 StGB) und »sexueller Mißbrauch von Schutzbefohlenen« (§ 176 StGB) bestehen (vgl. Baurmann 1983, S. 59-68), verwischt werden. Wie sich Exhibitionismus (»Gliedvorzeigen«) oder gar Pädophilie zu der suggerierten Einheitlichkeit eines von brutaler Gewaltanwendung gekennzeichneten sexuellen Mißbrauchs verhalten sollen, bleibt offen. Gänzlich unthematisiert bleibt, wie die sexuelle Komponente der Eltern/Kind-Beziehung von ihrem »Mißbrauch« unterschieden werden soll – und wer die Unterscheidung trifft. Daß in der öffentlichen Diskussion über sexuelle Gewalt an Kindern unterschwellig auch vor-Freudsche Vorstellungen von einer ursprünglichen sexuellen Unschuld des Kindes wirksam sind, läßt sich daran erkennen, daß in der Systematik von »child abuse and neglect« zwar von »emotioneller Vernachlässigung«, aber nicht von sexueller Vernachlässigung – verstanden als Mangel an körperlicher, zärtlicher Zuwendung durch die Eltern – gesprochen wird, ja: ein solcher Ausdruck würde vermutlich als frivol empfunden. Sandor Ferenczi jedenfalls hatte ihn zu Anfang der dreißiger Jahre noch als neben der gewaltsamen Attacke zweites Bestimmungselement des sexuellen Mißbrauchs von Kindern gefaßt.
Die wissenschaftlichen Beiträge zu diesem Thema (z. B. McFarlane 1978; Meiselman 1978; Rush 1982, am. 1980) wurden zuerst von feministischen Sozialwissenschaftlerinnen und Therapeutinnen geleistet. Charakteristisch für die feministische Thematisierung sind autobiographische Berichte (Armstrong 1985, am. 1978; Butler 1978; Brady 1980). Mit der Thematisierung sexuellen Mißbrauchs von Mädchen/Kindern hat die feministische Sozialwissenschaft erstmals die Generationsproblematik in ihre Fragestellungen aufgenommen und die Familie systematisch als Bezugsrahmen von Gewalt gegen Frauen akzeptiert. Parallel wurde der sexuelle Mißbrauch von (Ehe-)

Frauen (»marital rape«) zum Thema (Russell 1981; Finkelhor/Yllo 1980, 1983, 1985). Mittlerweile hat »sexual abuse« die physische Mißhandlung an öffentlicher Resonanz überflügelt (zumindest in USA), und es gibt zahlreiche nichtfeministische Studien darüber (z. B. Finkelhor 1978, 1979, 1981, 1984).

47 In der deutschen Diskussion wird dieser Aussage heftig widersprochen. Das verwundert nicht, wenn dieser Widerspruch aus rechtsmedizinischer Sicht erhoben wird (Trube-Becker 1982). Aber er wird auch von feministischen Autorinnen auf der Basis von Erfahrungen in einer Selbsthilfegruppe von sexuell mißhandelten Frauen/Mädchen und anwaltschaftlicher Vertretung von Frauen/Mädchen vor Gericht vorgebracht (Kavemann/Lohstöter 1984). Die gesammelten Selbstaussagen betroffener Frauen, die aufgrund einer BRIGITTE-Veröffentlichung zusammenkamen (Gardiner-Sirtl 1983), bestätigen indes, was die Signifikanz von Brutalität für die Viktimisierung anbelangt, eher die Befunde von Baurmann, Finkelhor, Herman/Hirschman. Allerdings spielen dabei eine Vielzahl von Faktoren eine wichtige Rolle – vor allem das Alter der Mädchen. Die Berichte der Frauen veranschaulichen aber auch das enorme Tabu über dem Inzest/sexuellen Mißbrauch in der Familie. Noch viele Jahre später bewirkt es bei den betroffenen Frauen Depressionen und Angst. Es entsteht der Eindruck einer »Verschwörung des Schweigens« (so der Titel des Buches von Sandra Butler).

48 Theoretisch geht es also um das Verhältnis von Struktur (Patriarchat) und Situation (Handlung, Motiv, Deutung), von Geschlechtskategorie (Männer/Frauen) und Subjekt (Biographie, Selbstkonzept, Handlungsorientierung). Damit steht Brückner in der Argumentationslinie von Greenblat (1983) und Bograd (1984a), die ja die strukturelle Bedeutung der Interpretationsleistungen von Akteuren betonen. Allerdings argumentiert Brückner nicht interaktionistisch, sondern psychoanalytisch; dies erlaubt ihr, das Geheimnis jener »Ironien der Normalität« aufzulösen, die sich wie ein roter Faden durch die theoretischen Argumentationen der harten Empiriker aus New Hampshire (Straus, Gelles u. a.) ziehen, mit anderen Worten: den *Zusammenhang von Liebe und Gewalt* in Ehe und Familie zu verstehen.

49 Brückners Konzept »Weiblichkeitsbilder« läßt sich als Fortsetzung, Konkretisierung und Entsprechung der *»Männerphantasien«* von Klaus Theweleit (1977) verstehen. Margrit Brückner ist im übrigen die einzige deutschsprachige feministische Autorin, die »Gewalt« (gegen Frauen) konsequent als einen gesellschaftlich vermittelten symbolischen Zusammenhang und damit als »soziale Konstruktion« thematisiert, statt sich auf die Gegenständlichkeit des Gewaltakts zu fixieren (vgl. explizit Brückner/Kieper-Wellmer 1985, S. 305 f.).

50 Nancy Chodorov hat sich mit der Präsenz dieses Bildes von der omnipotenten Mutter beschäftigt und findet es nicht nur im Instrumentarium der Frauenunterdrückung, etwa dem Konzept von »maternal bonding« als Schlüssel einer gesunden kindlichen Entwicklung, sondern auch in der »neuen Mütterlichkeit« der Frauenbewegung (Chodorov 1985, am. 1978; vgl. Brückner a.a.O., S. 100; Breines/Gordon 1983, S. 498).

51 Es ist sehr wichtig zu verstehen, wie unter den Voraussetzungen patriarchaler Unterdrückung sich eine moralische Macht von Frauen herausbildet, die auch beziehungsdynamisch wirksam wird. Diese Einsicht kompliziert auch das Konzept »Opfer«; Margrit Brückner hat dies am Beispiel der Enttäuschungen und der Resignation von Frauenhausmitarbeiterinnen diskutiert (a.a.O., S. 47-58).

52 Walker und Fillmore beschreiben ganz ähnliche Verbindungen von Lebensbedrohung und Fürsorge/Anhänglichkeit, die ein »brainwashing«, eine emotionale Falle für die betroffenen Frauen bewirken (s. o., S. 105 f.).

III Gewalthandeln von Familien

1 Als *beobachtbares Verhalten* wird Gewalthandeln als Oberbegriff für alle Formen der Ausübung körperlichen Zwangs qua Schmerzzufügung verwendet. (Die Ausdrücke Gewaltanwendung, -ausübung, -tätigkeit, personale bzw. direkte Gewalt, körperliche Aggression, sexuelle Belästigung bzw. Vergewaltigung sind unter diesem Gesichtspunkt synonym.) Außerdem soll das Konzept *sinnhaft strukturiertes soziales Handeln* fassen (im Sinne von Röttgers 1978, S. 92) und damit zum einen die (vom Objekt der Handlung) »bloß« zugeschriebene Absicht, Zwang auszuüben, zum anderen indirekte Formen von Zwang (Erpressung, geschlechts- und generationsspezifisches Ausnutzen, Vernachlässigung) miteinbegreifen und so die interaktionelle, symbolisch vermittelte Erzeugung von Gewalterleiden empirischer Untersuchung zugänglich machen.

Inhaltlich bestimmt sich Gewalthandeln auf drei Ebenen:

- Es ist einmal psycho-somatische, das heißt: vor-soziale, quasi-anthropologische, Sozialität konstituierende Voraussetzung von Zwang im Sinne von Rammstedt (1974b; s. o. S. 259). Wenn in der Family-Violence-Forschung von »violence« als »physical aggression« gesprochen wird, wird theoretisch auf dieser Ebene gesprochen.
- Zum anderen ist familiales Gewalthandeln symbolische Interaktion, Ausübung von Zwang auf der Grundlage von sozialen Me-

chanismen der Erwartungserwartung im Horizont subjektiver Situationsdeutungen und Handlungsentwürfe.

– Schließlich ist Gewalthandeln vergesellschaftetes Handeln. Das bedeutet zweierlei: Es ist einmal sozial vorstrukturiert durch die Machtverhältnisse zwischen den Geschlechtern und den Generationen in Familien; es ist aber auch Objekt des staatlichen Gewaltmonopols (Narr 1980) bzw. nicht-staatlicher, gesellschaftlicher Mächte (Klönne 1978). Was »Gewalt in Familien« bedeutet (und was nicht), bestimmt sich nicht nur qua gewalttätiger Handlungen, sondern auch mittels sozialstaatlicher und rechtlicher Maßnahmen und Etikettierungen sowie den Situationsdeutungen der Akteure.

Die drei Inhaltsebenen addieren sich nicht, sondern überschneiden sich. So ist die vor-soziale, an physische Kraft gebundene Ebene des Gewalthandelns für soziale Bedeutungen zunächst offen. Die Psychoanalyse hat diese Offenheit darin ausgedrückt, daß sie das vitale Potential der Destruktivität immer gesehen hat: Es ist für die Selbst-Setzung (G. Anders), die Objekt-Besetzung ebensowichtig wie für die lebensgeschichtliche Ablösung von der Herkunftsfamilie, ja: ohne Destruktivität sind Individuierungsprozesse nicht möglich. Als symbolisch vermittelte Interaktion ist Gewalthandeln in Familien zwar vorstrukturiert durch die familientypischen persönlichen Abhängigkeiten, die hierarchische Struktur der Geschlechts- und Generationsbeziehungen sowie eine Hierarchisierung der Lebensbereiche (Becker-Schmidt) entlang der Linien privat/öffentlich und Haus-/Erwerbsarbeit, andererseits jedoch ermöglicht die Privatheit von Familie eine formspezifische inhaltliche Offenheit der Bedeutungen von Gewalthandeln, konkret: Sie ermöglicht, die Grenzen zwischen Gewalt und Nicht-Gewalt bzw. von Schmerz und Lust im Medium der Reziprozität zu variieren. Die Ver-Staatlichung der Gewalt und die Vergesellschaftung von Familie sind als Individualisierung der Subsistenzsicherung, des rechtlichen Status der Familienmitglieder und ihrer kommunikativ vermittelten Bedürfnisstruktur einerseits ein Stück Freisetzung und Emanzipation aus partikularen Bindungen und traditionalen Gewaltverhältnissen. Sie haben eine Sensibilisierung für Einschränkungen der persönlichen Integrität bewirkt, sind also an einen modernen Subjektbegriff gebunden. Andererseits hat diese Pazifizierung der Intimsphäre das patriarchale Familienmodell, wenn auch unter Auflagen, bestätigt, indem sie es als Bereich rechtlich geregelter Sonderbeziehungen legitimer privater Willkür überließ. Als Ausgrenzung und nicht als Bewältigung privatisierter Gewalt erweist sich diese Pazifizierung darin, daß sie das Gewaltpotential der Familienstruktur weitgehend ignoriert und die manifeste Gewalttätigkeit qua disruptiver Eingriffe sanktioniert.

Gewalthandeln in Familien, wie es hier verstanden wird, ist also nicht gleichzusetzen mit einem beobachtbaren Verhalten der Schmerzzufügung, auch nicht wenn es in der Absicht geschieht (oder so wahrgenommen wird), Zwang auszuüben oder als Mittel zur Erreichung eines Vorteils dienen soll. In der Untersuchung wird *Gewalthandeln als Element einer Tätigkeit des Herstellens von Familie im Alltag* aufgefaßt. Es bezieht sich dabei auf die genannten drei inhaltlichen Ebenen, die zugleich zentrale Referenzen einer *Theorie familialer Gewalt* darstellen.

2 Ich gehe hier nicht auf die interaktionistische Konzeptualisierung von Familie ein, die in der Bundesrepublik ausführlich diskutiert worden ist. Im Unterschied zur amerikanischen Diskussion ist in der Bundesrepublik der Doppelcharakter von Familie als Lebens- und Lernfeld einerseits, als gesellschaftliche Agentur mit einer ökonomisch, gesetzlich und politisch gestützten Infrastruktur andererseits herausgearbeitet worden; vgl. Mollenhauer et al. 1975, bes. S. 144 ff.

3 Auf den Terminus »Herstellung« oder gar »Tätigkeit des Herstellens«, auf seine Implikationen und die Mißverständnisse, die an ihn geknüpft werden können, gehe ich hier nicht ein, nachdem es seit über zehn Jahren in der Bundesrepublik eine intensive Diskussion über Symbolischen Interaktionismus und Ethnomethodologie gibt; vgl. zuletzt Stephan Wolff (1983), der das ethnomethodologische Programm im Blick auf die bundesrepublikanische Diskussion sehr übersichtlich resümiert und in einem empirischen Projekt über die soziale Organisation des Helfens realisiert hat. Zu der Notwendigkeit, den »ethnomethodologischen Blick« historisch zu konkretisieren, vgl. Honig 1984a.

4 Das gilt auch da, wo er selbstverständlich, routinisiert, quasi-automatisch, ja: unbewußt und reflexhaft verläuft. Die Interviews bringen die zugrundeliegende Reflexivität dieses Handelns zur Sprache und machen es so auch einer Selbstreflexion zugänglich. An dieser Selbstreflexion und ihrer Bestätigung in der Interview-Interaktion hängt ein zentrales Kriterium der Gültigkeit von Interpretationen/Auswertungen der Gespräche mit den Familien (vgl. S. 142).

5 Der Wandel subjektiver Vorstellungen/Bilder von Familie, genauer: der Vorstellungen von Harmonie und Konflikt in der Ehe ist vielleicht eine der wichtigsten Quellen für das öffentliche Interesse am Thema »Gewalt in Familien«; vgl. Held 1983.

6 Mit dieser Widersprüchlichkeit haben sich bislang noch am ehesten Therapeuten und Erziehungsberater beschäftigt, wenn sie sie auch überwiegend unter dem Interesse an »Störungen« betrachten. Die »Störung« ist aber erst im Unterschied zum »Funktionieren« erkennbar; beide bilden in dieser Unterscheidung eine Einheit. Doppelseitig

ist auch das Handeln, das ihnen zugrunde liegt: Es umfaßt nicht lediglich beziehungsdynamische Idiosynkrasien, Persönlichkeitsmerkmale und biographische Symbolisierungen, sondern verläuft auch in kollektiven Mustern, orientiert sich an kulturellen Werten, findet unter materiellen Lebensverhältnissen, Handlungsalternativen und Entwicklungschancen statt, zieht öffentliche Eingriffe und Zuschreibungen auf sich. »Störung« ist immer auch ein Urteil, eine Zuschreibung aus einem meist nichtfamilialen Kontext, ein Aspekt von Vergesellschaftung.

7 Die Begründung der Gegenstandsangemessenheit einer »paradoxen Erkenntnisstrategie« wird vertieft in Honig (i. Druck).

In der gegenwärtigen *methodologischen und theoretischen Diskussion* über »Gewalt in Familien« sind qualitative Intensivstudien umstritten. Das mag einmal daran liegen, daß die frühen klinischen Studien über Kindesmißhandlung in den USA methodologisch höchst unzulänglich waren. Sie haben zwar das öffentliche Problembewußtsein geschärft, aber wenig methodisch reflektiertes Wissen hervorgebracht. Gelles (1973, 1979a, 1980) kritisiert die Beschränkung auf klinische Untersuchungsgruppen, den Verzicht auf Vergleichsgruppen, den Typus der Fallstudie mit ihren Ex-post-Erklärungen und induktiven Schlüssen sowie die geringe Größe bzw. fehlende Repräsentativität der samples und geißelt Zirkelschlüsse und andere fundamentale Fehler des Argumentierens in der Mehrzahl dieser frühen Studien. Der Kritik von Gelles kommt um so mehr Gewicht zu, als sie gegenüber der Hegemonie von Ärzten, Psychiatern und Sozialarbeitern die Existenzberechtigung sozialwissenschaftlicher Forschung begründete und den dominierenden Typus von Sozialwissenschaft in den USA repräsentiert, der sich dann auch in der Family-violence-Forschung durchsetzte. Der zweite Grund für die Umstrittenheit qualitativer Studien in der Family-violence-Forschung ist sicher, daß die methodologische Diskussion, die seit Beginn der siebziger Jahre das Wirklichkeitskonzept der Sozialwissenschaft problematisierte (Gerdes 1979; Bonß/Hartmann 1985), in diesem Forschungsfeld kein Echo fand. Das änderte sich erst, als feministische Sozialwissenschaftlerinnen mit der Mainstream-Soziologie à la Gelles in eine *forschungspolitische Kontroverse* über »Gewalt gegen Frauen« eintraten. Das Problem wurde gewissermaßen noch einmal neu »entdeckt«, und zwar in Gestalt autobiographischer Berichte betroffener Frauen und eines neuen Typus »klinischer samples«, nämlich Frauen, die in Frauenhäusern Zuflucht vor der Gewalt ihrer Männer, Freunde etc. gesucht hatten (exemplarisch: Martin 1976; Dobash/Dobash 1979). In der feministischen Sozialwissenschaft wurde ein methodologisches Konzept kontextspezifischer Interpretation gewalttätiger Handlungen entwickelt (Dobash/Dobash 1983; für die Bundesrepublik Mies 1984; Methoden in der Frauenforschung 1984, darin besonders der Beitrag von Becker-Schmidt, der die Nähe zu vorliegenden Konzepten kritischer Sozialforschung untersucht; Ostner 1982 zur »handwerklichen« Seite; s. o., S. 315, Anm. 36).

Die veränderte Situation spiegelt sich in dem Resümee der theoretischen und methodologischen Diskussion über »Gewalt in Familien«, mit dem Finkelhor (1983a) in Anlehnung an Gelles (1980) und Zigler (1979; 1980) die Ausgangssituation in den achtziger Jahren beschreibt. Er konstatiert einen *Mangel an Theorie-Entwicklung*; implizit wirft er sogar die Frage auf, ob viele Anstrengungen der siebziger Jahre um einen operativen Violence-Begriff, um Bedingungsfaktoren und verläßliche Aussagen über den Umfang des Problems nicht einem Artefakt gegolten haben, weil sie in der Regel unterstellten, »violence« sei ein isoliertes Phänomen sui generis. Immer noch scheint die Forschung unter der Suggestion des Täter/Opfer-Verhältnisses und der körperlichen Verletzung zu stehen. Für die Bundesrepublik hat Kullmer (1982) herausgearbeitet, daß viele Fragen und Behauptungen zum Ausmaß, zur Schichtabhängigkeit, zu den Bedingungsfaktoren familialer Gewalt gegen Kinder, die derzeit die öffentliche Diskussion beherrschen, mit den Methoden der statistischen Analyse – legt man nur ihre selbstgesetzten Maßstäbe für die Begründetheit von Aussagen zugrunde – nicht beantwortbar sind. Kullmer gelangt auf dem Wege einer immanenten Kritik repräsentativitätsstatistischer Methodik zur Kennzeichnung der Sackgasse jenes Forschungsprogramms, das zumindest die siebziger Jahre in den USA bestimmte. Parallel zu Finkelhor, aber zurückhaltender, erhofft sich Kullmer, daß seine Analyse »die Entwicklung neuer Ansätze zur wissenschaftlichen Untersuchung der Kindesmißhandlung anregen« könnte (a.a.O., S. 279). Die vorliegende Arbeit versteht sich sowohl in methodischer wie in theoretischer Hinsicht als Beitrag dazu. Finkelhor konstatiert neben Theoriemangel eine *Einfallslosigkeit im Methodischen*. Immer noch dominieren öffentlich identifizierte Fälle von Gewaltanwendung in den gewählten Untersuchungsgruppen, und »one-shot-surveys« sind die bevorzugten methodischen Designs. Langzeit-Untersuchungen, Inhaltsanalysen und kontextspezifische Methoden nennt Finkelhor ausdrücklich als ermutigende neue Entwicklungen (S. 14). Finkelhors Resümee skizziert ein Forschungsfeld, das wieder geöffnet zu sein scheint, das wieder auf die *Suche nach seinem Gegenstand* gegangen ist. Bei dieser Suche erleben qualitative Intensivstudien eine Renaissance und ihre Rehabilitation. Schon einmal hatten qualitative Studien von einer solchen Situation profitiert: Das war Anfang der siebziger Jahre, als Gelles (1974) und später La-

Rossa (1977) ihre Explorationen über soziale Bedeutungen von Macht und Gewaltanwendung in Familien vorlegten. Sie hatten damit übrigens auch bewiesen, daß sich sehr wohl im direkten Gespräch mit Betroffenen ausführlich und detailliert über Gewaltanwendung in Familien sprechen läßt. Beide Untersuchungen wurden aber theoretisch nicht ausgeschöpft, sondern als »Pilot-Studien« dem Primat eines szientistischen Empiriekonzepts untergeordnet.

8 Das Kinderschutzzentrum München stellte zwar den Kontakt zu sechs Familien her, lieferte aber über die Daten zu den Auswahlkriterien hinaus keine weiteren Informationen oder Diagnosen über diese Familien. Das Forscherteam betonte gegenüber den Familien die vollständige Trennung des Forschungsvorhabens von den Aufgaben des Zentrums. Es gab weder während der Besuche noch später einen Austausch von Informationen über die Familien. Da die Verbindung zwischen diesen Familien und dem Zentrum auch während der Interviewserie fortbestand, war gesichert, daß die Mitarbeiter des Kinderschutzzentrums hätten hilfreich intervenieren können, wenn dies notwendig geworden wäre.

9 Die Listen mit Belastungs- und Konfliktsituationen entstanden in Modifizierung von Disbrow et al. (1977), Straus (1979) und Engfer (1982; Arbeitsbericht zum Antrag an die DFG, 1984), was sozioökonomischen Streß für das Familiensystem anbelangt von Walper/Silbereisen (1982). Anette Engfer (Psychologisches Institut der Universität München) hat bei der Formulierung von Items der Eltern/Kind-Interaktion viele hilfreiche Ratschläge gegeben und unveröffentlichtes Material ihrer aktuellen Studie zur Verfügung gestellt. Bei der Formulierung von Items zum Familienklima, zu Belastungen der Ehe-Interaktion, Empathie, Coping-Strategien und Lebensqualität waren Olson et al. (1982) anregend. Johnson (1975) ist in Operationalisierungen von Autorität und Macht in der familialen Interaktion eingegangen. Das sind einige wichtige Beispiele für den Versuch, bei der Konstruktion des Leitfadens für die Intensivinterviews – das gilt ebenso für die beiden anderen Teile der Interviewserie, die hier nur in geringen Ausschnitten einbezogen werden – von anderen Untersuchungen zu lernen; was die Skalen von Disbrow et al. und Straus anbelangt, kann sogar von Vergleichbarkeit mit der vorliegenden Studie ausgegangen werden. Dank gilt neben Anette Engfer auch Wolfgang Buchholz, Institut für Praxisforschung, und Reiner Frank, Max-Planck-Institut für Psychiatrie, beide München, für Unterstützung und Kritik bei der Operationalisierung, der Formulierung der Items und Konstruktion der Fragebogen/Leitfäden.

10 Einen Versuch, »mundanes Denken« von der Fixierung auf abstrakte Merkmale kompetenter Regelverwendung zu befreien und den histo-

rischen Gehalt solcher Orientierungsmuster zu formulieren (vgl. S. 324, Anm. 3), hat Tilmann Broszat (1982) in seiner Analyse der Bedeutung von Schlägen in der Kindheit für die gegenwärtigen Handlungsorientierungen von Eltern gegenüber ihren Kindern unternommen. Anhand von Gesprächsprotokollen kann Broszat zeigen, daß dies leidvolle Erfahrungen waren, aber auch Erfahrungen mit latenten Macht- und Abhängigkeitsstrukturen und mit Versuchen, einen Alltag zu organisieren. Gewaltanwendung als Mittel, ein »normales Familienleben« herzustellen, ist heute fragwürdig geworden: Das Konzept »intakte Familie« ist eher an die Norm der Gewaltfreiheit gebunden. Zugleich ist Familie eine Abhängigkeitsstruktur geblieben, wenngleich sich ihre rechtliche Verfassung weiter »demokratisiert« hat. Dadurch geraten die Anstrengungen, einen Familienalltag zu organisieren, in Widersprüche, bei deren Bewältigung nicht auf Vorbilder zurückgegriffen werden kann.

11 Auf die lange und differenzierte Debatte über die Geltungsbegründung von Interpretationen qualitativen Interviewmaterials wird hier nicht eingegangen. Lediglich hingewiesen sei auf das Konzept der *Falsifizierung von Strukturhypothesen* im Kontext der objektiven Hermeneutik (vgl. zuletzt Oevermann 1983, S. 155). Oevermann wehrt sich vehement gegen eine Vermischung forschungslogischer und forschungspraktischer Fragen und argumentiert – beispielsweise in der Kontroverse mit Terhart (vgl. Garz/Kraimer 1983) – entschieden gegen Vorstellungen von einem »Dialog mit den Interpretierten«; vgl. die gelassene Einschätzung dieser Kontroverse in der Rezension von Klaus Gerdes in: Soziologische Revue 8, 1985, 1, S. 43 f.

12 Die Reliabilität der erforderlichen Rating-Prozeduren hat Klaus Wahl im Rahmen anderer Auswertungen des Interviewmaterials geprüft. Dazu wurden u. a. ratings der Selbstaussagen durch die beiden anderen Mitglieder des Forschungsteams zugrunde gelegt.

13 Frau Huber (412) schildert die Verletzung als unglückliche Folge eines Stoßes, den sie von ihrem Mann im Zuge einer handgreiflichen Auseinandersetzung erhielt (vgl. S. 210 f.). Außerdem habe es sich um ein einmaliges Ereignis gehandelt.

14 Zwei Beispiele zur Illustration:

I: Also, Handgreiflichkeiten kommen bei Ihnen nicht vor?

M: Naa, und schon aus dem Grund: Weil, angenommen, wenn ich meiner Frau eine schmieren tat, so hat sies wenigstens bekundet – ob sies machen tät, weiß ich net – aber da wär für sie Feierabend. Also, so ist es, sie hat zum Ausdruck gegeben, also, wenn ich ihr eine runterhau, dann ist hier herin Schluß beim ... Also, wenns einmal soweit kommt, dann würd sie ... dann ist aus. Deswegen haben wir des irgendwie nie gemacht. (M415C, 20)

F: Also, a Auseinandersetzung mit Schlagen, des wär für mich des Letzte gewesen. Wenn er das getan hätte, und i hab diese Situation [die sie kurz zuvor geschildert hatte, MSH] bestimmt heraufbeschwört, aber er woaß ganz genau – also, des hab i ihm von Anfang an gesagt, wenn er mi oamal schlagt, dann ists aus. Und des hat er gewußt. (F405C, 46f.)

Ein Spiegelbild der vielfältigen Wirklichkeiten, die sich hinter dem Verhaltensdatum verbergen, ist die Sprache, in der Streit, Auseinandersetzungen, Handgreiflichkeiten etc. geschildert werden. Im Bayerischen – und gewiß ganz ähnlich in den anderen volkskulturellen Idiomen des Deutschen – gibt es ein breites Spektrum von Ausdrücken für Schläge, Ohrfeigen, Prügel etc., die im Hochdeutschen keine Entsprechung haben. Mehr noch: Hochdeutsche Ausdrücke wie »Streit«, »Auseinandersetzung«, »Konflikt«, »Ohrfeige« oder gar »Gewalt« signalisieren im Bedeutungsspektrum des Bayerischen einen Zustand ernsthafter Konfrontation, eine hohe Eskalationsstufe. Im Bayerischen haben die Ausdrücke viel mehr Zwischentöne – nicht nur Zwischenstufen der Eskalation, sondern zusätzliche Dimensionen, die dem binären Schema »Gewalt/Nicht-Gewalt« fremd sind. In den sprachlichen Ausdrücken über Streit und Gewaltanwendung wird immer auch Beziehung mitkommuniziert (was keineswegs Abschwächung, sondern auch eine Verschärfung, z. B. Herabsetzung und Verachtung, bedeuten kann), während die hochdeutschen Ausdrücke Empörung, Mißbilligung, die gesellschaftliche Sanktionierung privater Gewaltanwendung (auch in ihrer Doppelmoral) kommunizieren. In den Reaktionen der Interviewpartner auf das Vokabular der (hochdeutsch sprechenden) Interviewer/in wurde dies als Irritation und Mißverständnis erkennbar (deutlich zu unterscheiden von Irritationen und Pseudomißverständnissen, die von dem Thema der Interviews bedingt waren). Ein Beispiel sind die Unsicherheiten, welche der Begriff »Streit« hervorrief; für viele Interviewpartner signalisierte der Begriff eine sehr ernste Konfrontation, außerdem signalisierte er ein Hin-und-Her, klar unterschieden von Ärger oder Wut, Mißfallen oder Unzufriedenheit, die zum Anlaß oder Motiv von einseitiger körperlicher Aggression werden können.

Die Vielfalt der sprachlichen Ausdrücke im Bayerischen darf aber nicht mit ungegliederter Fülle verwechselt werden; es gibt klare Grenzen, Unterscheidungen und Bedingungen, unter denen ein Ausdruck und kein anderer gilt. Beispielsweise sind »Schell'n«, »Watschen« und – schon schärfer – »eine richtige Backpfeif'n, die überhaupt nicht schaden tut« Ausdrücke für die hochdeutsche »Ohrfeige«; allerdings drückt die »Ohrfeige« nicht aus, daß Schläge ins Gesicht etwas qualitativ anderes sind als Schläge »hintendrauf«, auf

Hände oder Arme. »Watschen«, die bewußt ins Gesicht gezielt sind, heißen anders: Das sind »Fotzen«. Es wird »übern Mund« geschlagen, jemand kriegt »eine geschmiert«, »geschossen« oder »es duscht«. Diese Ausdrücke fallen bereits in die Kategorie der »Schläge« im Unterschied zu den »Ohrfeigen« und unterscheiden sich noch einmal von der »Tracht Prügel«. Man kann dabei »eine Zünftige gelangt« kriegen oder jemandem »ein paar Richtige naufhauen«, man kann jemanden auch »richtig durchlassen«; aber »echt ausrasten«, »jemanden z'samm'dreschen«, »z'samm'schreien« geht schon in die Richtung »mit Gegenständen«, wo es anfängt, gefährlich zu werden, wo Verletzungen drohen.

16 »F«, »M« markiert eine Frau bzw. einen Mann als Sprecher/in, »I« entsprechend eine/n Interviewer/in; wenn in der Interviewsituation zwei Interviewer anwesend sind, wird als »IF« bzw. »IM« gekennzeichnet, wer spricht. Die Herkunft des Zitats wird in der Reihenfolge Sprecher/Familiennummer/Gesprächsteil/Seite des Protokolls gekennzeichnet.

17 »Na« bedeutet »da«, »naa« bedeutet »nein«, »a« bedeutet »ein/e«, »aa« bedeutet »auch«.

18 Herr Dexer (404) gehört wie Frau Köck (415) und Frau Engel (405) zu jenen Paaren der Untersuchungsgruppe, in denen Gewaltanwendung durch eine quasi formale Verabredung ausgeschlossen bzw. zum Trennungsgrund erklärt worden ist (s. S. 144f.; 147). Man könnte daher der Meinung sein, weil das Schlimmste – die Schläge – ausgeschlossen wurden, wird das »Zweitschlimmste« – der Beziehungsabbruch – »schlimmer als Schläge« genannt. Dagegen sprechen folgende Argumente: »Totschweigen« u. a. hat eine andere Qualität als Schläge; diese sind wenigstens noch eine Art Kontakt (vgl. Frau Köck, S. 159, aber auch Herrn Engel, S. 165); man kann »Schlagen« und »Totschweigen« also nicht hierarchisieren – zumal wenn man, wie Frau Huber (S. 157) die Erniedrigung für das Entscheidende an den Schlägen hält. Das zweite Gegenargument, welches das erste stützt, lautet: Einen Beziehungsabbruch oder »Totschweigen« kann man nicht verbieten, es sind quasi Nichthandlungen bzw. indirekte Handlungen im Gegensatz zu Schlägen, und sie signalisieren bereits das Ende einer Beziehung, während die Schläge lediglich Anlaß für die Beendigung der Beziehung sein sollen.

19 Grundlage der Auswertung sind Antworten und statements auf die Frage »Wissen Sie etwas darüber, ob es bei Ihren Verwandten, Nachbarn, Bekannten etc. Schläge gibt? Machen Sie sich Gedanken darüber?« Sporadische Passagen über diese Thematik aus anderen Teilen des explorativen Interviews wurden ebenfalls herangezogen. Diese Fragen ähneln der Frage, die David Gil bei seiner Dunkelfeld-

studie 1965 formuliert hatte, um die Obergrenze der Fälle von Kindesmißhandlungen zu ermitteln: »Die Teilnehmer wurden gefragt, ob sie persönlich Familien kennen, die in den vergangenen zwölf Monaten in Vorfälle von Kindesmißhandlungen verwickelt waren, bei denen Kinder verletzt wurden« (Gil 1970, S. 58).

20 Grundlage dieses Textabschnittes sind Fragen aus dem biographischen (A-)Teil des Gesprächsleitfadens nach Erinnerungen an Schläge und sexuelle Belästigungen in Kindheit und Jugend, an Auseinandersetzungen zwischen den Eltern bzw. Pflegepersonen und nach den »schlechtesten Kindheitserinnerungen«.

21 »Gewalt gegen Kinder« definiert Frau Engel als Ablehnung der Existenz des Kindes: »[...] des sand dann die Leute, die ihre Kinder nicht verstehen wollen. Und jede Situation, wo die Kinder machen, also wo ma mit Erklärungen was anfangen kann und die Eltern so aggressiv reagieren, so unverständlich, also, des empfind ich als schlimmste Gewalt, wenn die Kinder immer unverstanden sand.« (F405C, 38f.)

22 In solchen Familien ähnelt die Ablösung vom Elternhaus einer Ausstoßung, ja: Einige Frauen und Männer haben explizit von einer *Flucht* gesprochen. Die einen *gehen ins Ausland* (von Österreich nach Deutschland), um einen Beruf zu lernen, ein anderer Weg ist die *Wehrpflicht*, vor allem aber ist die *eigene Familie* ein bevorzugter Weg, die Herkunftsfamilie hinter sich zu lassen, ohne die unerfüllten Hoffnungen auf Geborgenheit aufzugeben. Daß negative und schmerzvolle Erfahrungen mit der Herkunftsfamilie ein starkes Motiv für die *Gründung einer eigenen Familie* sein können, hat auch unsere Studie über den Alltag von Unterschichtfamilien ergeben (Wahl et al. 1980, S. 65-97). Familienflucht und der feste Wille, selber im Verhältnis zu den eigenen Kindern keine Schläge zuzulassen, ja: eine *Sensibilität für das, was Schläge für Kinder bedeuten* können, sind gerade für solche Mütter und Väter der Untersuchungsgruppe charakteristisch, die sich daran erinnern, wie sehr sie als Kinder unter Schlägen gelitten haben.

23 Der »alte Schmarrn«, von dem ihr Mann nichts mehr hören will, ist die Gründungsgeschichte ihrer Ehe. Geheiratet wurde, weil Frau Funk schwanger war; das erste Kind war nicht erwünscht und zerstörte hochfliegende berufliche Pläne des Mannes. In den ersten Jahren der Ehe hatte Frau Funk Freundschaften und häufige Kontakte mit einer Gruppe von Frauen, die sich in einem Frauentreffpunkt kennengelernt hatten. In dieser Gruppe wurde Frau Funk sehr unterstützt, nicht nur für Kind und Mann zu leben. Das führte zu Konflikten mit ihrem Mann, und sie mußte diese Freundschaften abbrechen. Schon damals trank Frau Funk periodenweise viel Alko-

hol. Immer wieder gab es heftigen Streit und, wie Herr Funk im Gespräch an anderer Stelle sagt, es war eine »brutale Zeit« mit massiven Prügeleien. Seine Eltern mögen sie nicht, halten engen Kontakt zu ihrem Sohn, während sie dessen Frau immer wieder brüskieren. Es kränkt Frau Funk, daß er sie nicht stärker in Schutz nimmt. Jetzt hat er eine Gastwirtschaft übernommen, die seinem Vater gehört, und sie wohnen in der Nähe seiner Eltern. Wenige Tage vor dem Gespräch, aus dem die zitierten Passagen stammen, war sie für eine Woche verschwunden, hatte Mann und Kinder ohne Nachricht zurückgelassen. Dieses Ereignis »schwebt« über dem Gespräch.

24 Die Frauen, die in der Schilderung von Herrn Fellner sich »einbilden, daß sie die Macht haben« und ihre Männer »zu kommandieren« versuchen, provozieren – in der Logik der Norm gesprochen –, von ihren Männern geschlagen zu werden. Ausgangspunkt dieser Klarstellung war die (von Herrn Fellner immer wieder beobachtete) Situation, daß Männer sich in einem Ehestreit nicht durchsetzen können, statt dessen weggehen und sich betrinken. Wieder zu Hause, finden sich die Männer ausgesperrt und verschaffen sich gewaltsam Einlaß; anschließend gehen die Attacken auf Möbel und Frauen weiter. Der Alkohol versetzt die Männer in die Lage, qua Gewalttätigkeit ihre Überlegenheit wiederherzustellen, die sie mit der Niederlage im Streit verloren haben. Ohne Alkohol würde das nicht passieren, ja: würden die Frauen die Männer schlagen, meint Herr Fellner. Wenn sich die Männer nicht manchmal Mut antrinken, würden sie – wie Herr Fellner am Beispiel seiner Schwäger erkennt – unterm Pantoffel ihrer Frauen stehen. Den Männern kommt es zu, Herr im Hause zu sein; wer diese Rolle nicht behaupten kann, ist kein richtiger Mann. Mit den Mitteln sympathisiert er nicht, aber den Zweck: daß klar sein muß, wer in der Familie das Sagen hat, den unterstützt er.

M: Der Alkohol macht da viel mit. Ja, sagen wir mal so, die streiten, da gibts Frauen, die schmeißen ihre Männer raus. Und dann geht der zum Saufen, kommt zurück und jetzt will ihn sie nimmer reinlassen. Da haut er so an der Tür rum – und wenn er na doch reinkommt, na kriegt's halt glei eine, und so gehts halt los, mit die Tassen oder die Teller oder was und so ... (M406C, 28)

Ein Ehekonflikt geht offenbar besonders leicht in Schläge über, wenn die Frauen den »Hausherrn« – aus welchen Gründen auch immer – aussperren. Dann nämlich ist das fundamentale Recht beeinträchtigt, zu »seiner« Wohnung Zutritt zu haben. Dieses Recht wird dann mit körperlichen Mitteln durchgesetzt. Herr Funk schildert eine solche Episode, die vor allem deshalb interessant ist, weil *Alkohol dabei keine »vernebelnde« Rolle spielt und die Nähe von »Rechten« und »Gefühlen« (Wut) so eng ist:*

M: I bin ja so sauer worden, daß alles – i war dann echt so wild, und hab gsagt, ja, ja, i möcht d' Scheidung einreichen, des und des, kann i mei Frau zur Wohnung naussperrn, na hat der Rechtsanwalt gsagt, nee, des können's net. Sie müssen Ihrer Frau Zutritt zur Wohnung gewähren, solang sie net einen eigenen Wohnsitz hat. Okay, hab i gsagt, mach i aa. Hab i sie neilassen, hat's dies und jenes gmacht und kocht. Und plötzlich, na war i nausgsperrt aus der Wohnung. Na hab i denkt, [...] ja, sag amal, was ist denn jetzt, bist denn jetzt bloß, bist denn bloß no der Idiot. I muß zur Tür neilassen, und sie nimmt si des Recht raus, und sperrt mi da zur Wohnung naus. [...] Mir ist es in dem Moment nur no um des gangen, i muß sie neilassen und du derfst mi raussperren. [...] Hab i gsagt: Mach auf, i hau die Tür ein, sag i, irgendwie komm i nei, aber wenn i drin bin, hab i gsagt, dann Gnade dir Gott. Weil dann, dann bring i di um da drinn'. (013, 21 f.)

25 Herr Jost entwickelt im Interview eine ganze Theorie der Wirkung von Alkohol im allgemeinen und in seiner körperlichen und seelischen Verfassung im besonderen. Die ausführlichen Darlegungen, die an dieser Stelle zu weit führen würden, sind nicht allein unter ihrer Funktion als Entschuldigung oder Rechtfertigung gewalttätigen Verhaltens zu analysieren, sondern auch als Strategie, eine in ihren Widersprüchen individuell kaum noch zu bewältigende Lebenssituation auf einer »theoretischen« Ebene zu »erklären«. Die »Aus-Zeit«, welche der Alkoholrausch verschafft, lediglich als Freibrief zu interpretieren, würde die Analyse moralisieren; dies als Einwand gegen den labeling-approach, wie ihn Dennis Marsden (1978) praktiziert, aber auch gegen die Verabsolutierung von Gelles' These (1974, S. 111 ff., besonders S. 117): weil Alkohol eine gesellschaftlich akzeptierte Entschuldigung für gewalttätiges Verhalten sei, werde er individuell als Vorwand benutzt.

26 Der Protokolltext der Interviews mit Frau Jost ist kaum für Zitate geeignet, weil er fast nur unvollständige Sätze, kurze Textbrocken etc. enthält. Die Interviews beruhten fast völlig auf paraverbaler Kommunikation, die im Textprotokoll keinen Ausdruck findet. Das Interview war ein Versuch, Frau Jost zu einer Selbstdarstellung zu verhelfen. Ihr Schweigen – so erscheint es im Protokoll – ist ein authentischer Ausdruck ihrer Lebenssituation. Die folgenden Protokollauszüge sind eine behutsame Montage.

27 Frau Jost hatte sich vom ersten Teilhonorar für die Teilnahme an den Interviews einen Kanarienvogel gekauft (Herr Jost hatte seinen Anteil vertrunken); Herr Jost erwähnt in seinem Gespräch mit der Interviewerin diesen Einkauf als Beispiel dafür, daß er ein Kind zur Frau habe. (M414C, 51)

28 Der Drohung des Mannes, die Frau (ohne eigene Subsistenzquellen) zu verlassen (vgl. z.B. M411C, 31f.), entspricht die Drohung der Ehefrau/Mutter, den Mann gemeinsam mit den Kindern zu verlassen (F406C, 41f.). Für Herrn Jost (vgl. S. 187-194) wäre es das schlimmste, wenn ihn seine Frau (mit den Kindern) verließe (M414C, 74): Diese merkwürdige Anhänglichkeit und die latente Verzweiflung eines Mannes, der »die Hosen anhat« und seine Frau »erzieht«, können sich – wie es ja vielfältig in den Berichten von Frauenhäusern zum Ausdruck kommt – zum Terror steigern (vgl. dazu Brückner 1983, z.B. S. 60f.).

29 Ein weiteres, sehr lebendiges und eindrucksvolles Beispiel für *soziale Kompetenz als Machtressource* (»auslachen«, »seine Wut kontrollieren«) gibt Frau Engel (F405C, 49-51).

30 Dritten dürfte diese Annahme tollkühn vorkommen. Die Erfahrungen von Frauenhäusern belegen ebenso wie empirische Untersuchungen über Gewalt in der Ehe, daß Frauen nicht nur trotz, sondern auch wegen einer Schwangerschaft schwer geschlagen werden (vgl. z.B. Gelles 1975b).

31 Man könnte vermuten, daß sie – wäre Frau Geiger diese Operation nicht gelungen – ihren Versuch dazu, wie die anderen Frauen, als »Provokation« hätte entwerten müssen, die ihr »verdiente Schläge« eintrug.

32 Der Grundgedanke der These ist von dem Konzept des »Antagonismus der Geschlechter« entlehnt, das Ross (1982) in ihrer Analyse des Ehelebens im Proletariat von Ost-London um die Jahrhundertwende benutzt hat. Das Konzept beruht auf der These, daß es in der proletarischen Familie der damaligen Zeit »zwei Ökonomien« gegeben habe – die Erwerbsökonomie des Ernährers und die »weibliche Ökonomie« der Hausfrau –, mit denen gegensätzliche Interessen an Familie verknüpft waren; dies war die »Basis« des Antagonismus. Das Überleben der Familie konnte nur gesichert werden, wenn beide Ökonomien – konkret: der Lohn des Mannes und die geldwerten Leistungen der Frau – koordiniert wurden. Es ist fraglich, ob für die heutige Familienökonomie, die zunehmend marktvermittelt ist, diese Analyse noch triftig ist (vgl. Glatzer 1984; Ostner 1984). Das wirft die Frage auf, *welche individuell-ökonomischen Interessen Frauen/Mütter heute in eine solche Auseinandersetzung einbringen und wie sich diese Interessen konstituieren* oder ob die Abhängigkeit der Hausfrau heute womöglich noch größer ist. Diese Frage wird hier nicht weiterverfolgt. Frau Jost jedenfalls hat sich mit der Aufgabe ihres Berufs, mit der Unterordnung unter ein »Familienoberhaupt« und mit den Schwangerschaften einem Bild von Familie und von dem Platz der Frau in der Familie zugeordnet, das identitätsstiftend ist.

Wenn man, was hier bewußt nicht geschehen ist, die lebensgeschichtlichen Umstände und die soziokulturellen Bedingungen berücksichtigt, wird außerdem ein Mangel an Alternativen sichtbar, der die Frage erlaubt: Was kann eine Frau von ihrer Herkunft, mit ihrer Ausbildung anderes tun, als zu versuchen, unter allen Umständen eine »gute Ehefrau und Mutter« zu werden? Es gibt im Ernst kein Modell eines alternativen Lebensentwurfs für Frauen wie Frau Jost. Die Lebensperspektive einer »guten Ehefrau und Mutter« hat überdies für sich, daß Frau Jost ihre Zukunft in den eigenen Händen zu halten scheint, wenn sie sie auch abhängig macht vom »Familienoberhaupt«. Die Falle, in der sich Frau Jost heute wiederfindet, ihr Unglück, besteht daher nicht nur im Mangel an Ressourcen gegenüber der Brutalität ihres Mannes, sondern auch darin, daß sie ihre gegenwärtige Lebenssituation als Ergebnis ihrer Leistung/Unfähigkeit, als Verwirklichung ihres Lebensentwurfs und zugleich als kollektives Schicksal von Frauen anerkennen muß.

33 Zwei der sechs Frauen aus der Untersuchungsgruppe, in deren Partnerbeziehung die Anwendung körperlicher Gewalt gegenwärtig vorkommt und/oder in einer lebendigen Erinnerung ist, spielen dabei selber eine initiative, nicht nur reagierende Rolle.

34 Ihr Mann sagt: »Und da hab i aa manchmal gmerkt, daß direkt drauf gwart hat. Daß i richtig losgeh. Ja, die hat des einfach so wie der Ludwig [einer seiner Söhne, 9; MSH] aa, die Situation ist ziemlich ähnlich gewesen ... Daß i einfach solang gereizt und ausprobiert werd, solang, bis mi dann rausgfordert haben« (M416C, 20) ... und ich zuschlage, müßte man ergänzen. Herr Linke, der von »ihrer ganzen Psychologie« nichts hält, versteht offenbar nicht, was dieses »Reizen« bedeuten soll. Der Vergleich seiner Frau mit seinem Sohn zitiert die »Frau-als-Kind«-Metapher (vgl. 183; 188 ff.). Er interpretiert »Provokation« als Angriff, nicht als Wunsch nach Kontakt und Auseinandersetzung.

35 Zum Hintergrund der folgenden Gesprächsausschnitte: Zu Beginn ihrer Ehe, berichtet sie, hatte sie große Schwierigkeiten, ihre Rolle zu finden: Das erste Kind kam viel zu früh, der Mann hatte ihr viel zu wenig Temperament, und sie hat sich »angehängt gefühlt«, in ihrer Freiheit beschnitten. Sie sei unausgeglichen gewesen und habe nicht gewußt, was sie wollte. Immer wieder wollte sie sich scheiden lassen; diese Situation spitzte sich zu, wenn sie begann, die Koffer zu packen, und die Wohnung verlassen wollte.

F: (lacht) Also, des war, da wollt i aa mal wieder zur Haustür naus, und hat mi der packt und hinter geschmissen, daß i direkt aufpassen hab müssen, daß i mi net irgendwo anhau. Naa, halt, ja, da wollt i scho zur Haustür naus, da hat er mi ins Schlafzimmer nei, und da hat er mi na aufs Bett geschmissen – und des war also wirklich wahnsinnig. Weil mit dera Kraft hätt i net gerechnet, daß mi der da so durch die Gegend wirbelt. Aber passiert ist mir da nix oder so. Aber Angst hab i eben ghabt, weil er da für mi unberechenbar war. Obwohl mei Mann net unberechenbar ist. Aber wenn ma si no net so lang kennt, und solchene Sachen passieren, dann woaß ma net, weil na sieht ma scho die Steigerung. Die Wut, wo er da hat. (F405C, 49)

36 »Eine Freundin, angehende Lehrerin, in deren Augenhöhle ein herrliches Veilchen schillerte, erzählte mir von dem Ritual, das sie mit ihrem Geliebten entwickelt hat. ›Wenn wir mit Worten bis zur Erschöpfung zerstritten sind, verständigen wir uns mit einem Blick. Dann ist es wieder soweit. Wir legen die Brille, die Uhr, den Schmuck ab, und dann prügeln wir uns, daß die Fetzen fliegen, aber mit einer wortlos kalkulierten Dosis, irgendeinem letzten Rest von Rücksichtnahme. Danach geht es uns besser. Wir schlafen dann meistens erschöpft nebeneinander ein.‹« (Zeller 1981, S. 1228) Barbara Sichtermann hat in einer Kritik an feministischen Konzepten weiblicher Sexualität an den bei Freud paradigmatisch analysierten Zusammenhang von Schmerz und Lust erinnert (1983, S. 83). Zur Ritualisierung von Gewalthandeln als einer Form der »Zivilisierung«, in der die Sinnlichkeit/Körperlichkeit der Gewalt nicht der öffentlichen Moral und Ordnung geopfert wird, vgl. Rutschky 1985; zur zivilisationstheoretischen Analyse der »rohen Gewalt« siehe auch Honig (i. Druck).

37 Im Unterschied zu dem Abschnitt über Gewaltanwendung zwischen den erwachsenen Partnern in Familien kommen nicht beide Seiten, sondern nur Mütter und Väter, also nur eine Seite der Eltern/Kind-Beziehung zu Wort; aus einer Reihe sehr unterschiedlicher Gründe sind Interviews mit den Kindern nicht geführt worden, was ein bedauerliches Manko ist. Ein wichtiger Unterschied zu dem Abschnitt über Gewalthandeln in Ehebeziehungen besteht darin, daß es vier Paare gab, in denen massive Formen der Gewaltanwendung vorkommen/vorkamen, aber acht oder vielleicht neun Eltern/Kind-Beziehungen, in denen aktuell oder früher massiv geschlagen wird/wurde. Daher konnten alle vier Paare und auch einige Beispiele weniger massiven Gewalthandelns dargestellt werden, aber es ist unmöglich, auf gegebenem Raum alle diese sechzehn oder achtzehn Mütter/Väter fallanalytisch zu repräsentieren. Das gilt um so mehr für die weit zahlreicheren und vielfältigeren Formen »milder« Gewaltanwendung gegen Kinder. In den Familien der Untersuchungsgruppe leben 37 Kinder, deren Alter breit streut (vgl. S. 126). Das verstärkt den Zwang, sich thematisch zu konzentrieren, weiter. Den

gleichen Zwang übt die Problematik des Verhältnisses von Paar- und Elternproblemen aus. (So ist bei der Befragung über Konfliktthemen in der Paarbeziehung beispielsweise das Thema »Meinungsverschiedenheiten über die Erziehung der Kinder« dominant.) Angesichts der Fülle des Materials und der Gesichtspunkte werden selektive Auswahl und Präsentation des Materials noch wichtiger als im Abschnitt über Gewalthandeln zwischen den erwachsenen Partnern. Die Auswertung des Materials über Gewaltanwendung gegen die Kinder in den Familien focussiert gänzlich auf Kriterien und Grenzziehungen, mittels derer die Anwendung körperlichen Zwangs zu einem »normalen« Element des Generationsverhältnisses erklärt wird. Die Variation zwischen Vätern und Müttern als »Täter«, zwischen jüngeren und älteren Kindern, massiveren und milderen sowie körperlichen und nichtkörperlichen Formen von Zwang, wie sie die Auswahl der Fallbeispiele bestimmt hat, gilt allein dieser Dimension.

38 Seine Frau, die ihren Mann »streng« nennt, in der Erziehung der Kinder »das totale Gegenteil« zu ihm (F404C, 18), bestätigt diese Grenzen. Herr Dexer hat neben der »Lebensvorbereitung«, der die Schläge dienen, noch ein anderes wesentliches Ziel in seiner Erziehung, das man in diesem Zusammenhang berücksichtigen muß: »Was mir wichtig erscheint ist, daß das Kind Vertrauen hat und daß mit Problemen kommt. Egal, was für Probleme. Ob des kleine Probleme sind, obwohl für Kinder sind oft kleine Probleme schon riesengroße Probleme. Und egal, was für Probleme das sind.« (M404C, 5)

39 Hier soll nicht das neopädiatrische »role reversal«-Konzept einer Störung der Generationsbeziehung durch Rollenumkehr interaktionistisch reformuliert werden. Lerke Gravenhorst hat gezeigt, daß auch die »Befriedigungen aus einem Leben mit einem Kind [...] nicht denkbar (wären), wenn (die Eltern) das Kind nur als einen naturwüchsigen Gegenstand erführen. [...] Darüber hinaus ist das Kind ein Wesen, das das Potential in sich trägt, ein ›eigenständiges Zentrum von Aktivität‹ (Kohut) zu sein, [...]« (Gravenhorst 1982, S. 46). So richtig es ist, die existentielle Abhängigkeit der Kinder von ihren Eltern zu betonen, so falsch wäre es, daraus auf Passivität zu schließen. Die Stilisierung der Kinder zu geborenen Opfern ist ein Element des »Mythos Gewalt«.

40 Die geschilderten Episoden lassen sich also nicht, wie es manche sozialökologischen Argumentationen nahelegen, auf das Konto einer zu kleinen oder zu schlechten Wohnung buchen. Es tritt in ihnen vielmehr ein charakteristischer *Stil des Umgangs* mit den Kindern hervor, der – wenn man ihn überhaupt auf diesem Wege charakterisieren will – mit den materiellen Lebensverhältnissen über erlebte Ausweglosigkeit vermittelt ist. Es ist ein verdinglichendes Mißver-

ständnis zu glauben, allein oder primär über eine Vermehrung der Wohnräume, die einer Familie zur Verfügung stehen, darauf Einfluß nehmen zu können.

41 Für die Schilderungen von Herrn Geiger trifft die Grundannahme des empirizistischen Violence-Konzepts zu, nämlich die ununterbrochene Kontinuität und graduelle Steigerung von den leichtesten zu den gefährlichsten Formen körperlicher Aggression. Diese Grundannahme trifft zu, weil die Handlungsorientierungen von Herrn Geiger sich ebensowenig auf die Situationsdefinitionen seiner Kinder beziehen, wie das empirizistische Konzept »violence« sich in seinen verhaltensbezogenen Klassifikationen von Situationsdeutungen der Akteure abhängig macht. Sobald Situationsteilnehmer die soziale Bedeutung von Gewalthandeln interpretieren, ist dieses Konzept in Frage gestellt. Was in diesen Interpretationen stereotyp, gesellschaftlich vorstrukturiert etc., kurz: der subjektiven »Interpretationshoheit« entzogen erscheint – auf diese »Objektivität« könnten sich die Verhaltensklassifikationen ja beziehen lassen –, sind *historische* Sachverhalte und eignet nicht dem Verhalten als Verhalten.

42 Herr und Frau Dexer erzählen, daß ihr ältester Sohn – zum Zeitpunkt der Interviews ist er 16 Jahre alt – in einer Clique mehrere Automaten geknackt hat und dafür zu einer Jugendstrafe verurteilt worden ist; die Verurteilung lag erst kurze Zeit zurück. Herr und Frau Ingerl, besonders die Mutter, beklagen sich über fast die gleichen Dinge, über die Frau Antz sich Sorgen macht: Desinteresse an der Schule, an der Arbeit; Lügen, Rauchen, »schlechte Freunde«.

F: ... da war immer irgendwas und na wars wieder des Lernen, na wollts nimmer lernen. Dann ist des mim Pausenlos-Anlügen angangen. Und in die Disco gehn, und na ist des no mim Rauchen aufkommen, und na wollts zur Schwiegermutter ziehn, die wollts aber net haben. (F413C, 4)

Frau Ingerl spricht über ihre Tochter, die zum angesprochenen Zeitpunkt 16 Jahre alt war. Herr Dexer und Herr Antz sehen das Automatenknacken als »Lausbubenstreich« (Herr Antz) oder als »Blödsinn« (Herr Dexer), klassifizieren es als altersbedingtes Verhalten, ohne es allerdings auf die leichte Schulter zu nehmen. Die persönliche Betroffenheit der Eltern scheint selbstverständlich zu sein; dennoch lohnt es sich zu fragen, was eigentlich daran so problematisch ist, wenn jugendliche Kinder die Lust an der Schule verlieren, eigene Freunde haben (die den Eltern nicht gefallen) oder lügen (was Erwachsene ständig tun).

F: Na hab i gsagt, du kannst froh sein, daßd a Lehrstell hast, und du kannst dei Arbeit verlieren. Wo findst denn heut a Arbeit, ist heut sowieso so schwierig überhaupt, a Arbeit zum finden. Hab i gsagt,

> andere suchen weiß-Gott-wielang [...] und sand todunglücklich, bringen si um. Sag i, und du hast dei Arbeitsstell, und stellst es aufs Spiel, so leichtfertig. (F404C, 7 f.)

Frau Dexer fühlt sich offenbar weniger persönlich getroffen davon, daß ihr Sohn beim Stehlen erwischt und »auffällig« geworden ist, als daß sie darin eine *Gefährdung seiner sozialen und materiellen Existenz* erkennt. Wenn er seine Lehrstelle verliert, verliert er den Zugang zu einer unabhängigen Existenz als Erwachsener. Für die Eltern wäre dies ein Scheitern ihrer Anstrengungen, den Sohn »zu plazieren«, in das Gefüge der Erwerbsarbeit einzufädeln.

IV Vorüberlegungen zu einer Theorie familialer Gewalt

1 Ein Beispiel für solche »solidarischen« Beziehungsstrukturen gibt Ross (1982) in ihrer Arbeit über proletarische Ehen im London der Jahrhundertwende. Die Autorin macht dabei deutlich, daß »Solidarität« keineswegs »Friedfertigkeit« bedeutet, sondern einen handfesten »Antagonismus der Geschlechter« einschließt, der auf geschlechtsspezifisch unterschiedlichen Interessen an Familie beruht. »Solidarisch« meint hier also nicht eine Idealisierung vergangener Familienverhältnisse, sondern eine familiale Verkehrsform, die vom sozialhygienischen Skript der staatlich-philanthropischen Familienmoral unabhängig ist. Zugleich wird durch diese Interpretation deutlich, daß Donzelot die sozialstaatliche Transformation des Monopolisierungsprozesses physischer Gewaltsamkeit beschreibt, also einen Aspekt gesellschaftlicher Modernisierung (vgl. S. 334, Anm. 32).

2 Es ist unmöglich, an dieser Stelle auf die sozialstaatliche Transformation des staatlichen Gewaltmonopols und seiner Definitionen, was für die soziale Ordnung bedrohlich sei, detaillierter einzugehen. Ebensowenig kann darauf eingegangen werden, wie sich in diesem Zusammenhang die Vorstellung von »Gefahrenabwehr« veränderte. Die Rede vom »Gewaltschutz« drückt nicht deutlich genug aus, daß die sozialstaatliche Transformation des Gewaltmonopols nicht die Beseitigung familialer Gewalttätigkeit, sondern ihre Pazifizierung, d. h. Kontrolle bedeutet. Diese Kontrolle wird von der Sittenpolizei, heiße sie nun Familienpolizey, Philanthropie oder Familienfürsorge, wahrgenommen. Als Element privater Willkür in rechtlich geregelten Sonderbeziehungen fällt diese kontrollierte Gewalt unter den Schutz des Staates, den Ehe und Familie genießen. Damit erhält sie quasi eine staatliche Lizenz, die indes widerruflich ist. Stark et al. (1979; Stark/Flitcraft 1983) zeigen etwa, daß der öffentliche und professionelle Umgang mit familialem Gewalthandeln erstens in einer Reduzierung

auf die spektakulären, aber ephemeren Aspekte und zweitens in einer Stabilisierung – nicht auf einer Abschaffung, wie suggeriert – dieser Gewalttätigkeiten besteht. Gewalt in Familien als chronifizierte Struktur von Familienleben *entsteht erst durch die öffentliche Intervention*, so Stark et al., weil die patriarchale Familienstruktur – da ohne Alternative – nicht zerfallen darf. Da aber die moderne Familie keine eigene ökonomische Existenzbasis hat, muß diese sozialstaatlich kompensiert und deren patriarchale Beziehungsstruktur therapeutisch/pädagogisch gestützt werden. Gewalttätigkeit gegen Frauen und Kinder erhält in dieser theoretischen Perspektive den Status von sozialen Kosten, die familienpolitisch um so eher in Kauf genommen werden, als sie legitimieren, daß die Familie gewissermaßen »unter Aufsicht« sozialhygienischer Instanzen gestellt wird. Zumindest wird die »Gewaltfamilie« zum abschreckenden Beispiel und Gegenbild der »normalen (=intakten) Familie« (s. o., S. 96 ff.).

Es macht also einen guten Sinn, wenn man den politisch-philosophisch/staatsrechtlichen Begriff »Gewalt« auf die Familie anwendet. Er reflektiert die politische Subsumtion der Familie unter den Staat (Honig 1983). Als Ergebnis dieser Subsumtion wird die familiale Gewalt als spektakuläres Mittel individualisiert. So tritt sie in den sozialwissenschaftlichen Konzepten als »körperliche Aggression« auf, die – wie es die Interpretationen der explorativen Interviews zeigen – als Zeichen für Zwang erlebt und für die sozialtherapeutischen Agenturen zum Objekt der Intervention wird. Diese Vermitteltheit sichtbarer Gewalttätigkeit wird in den öffentlichen Diskursen des Gewaltschutzes, auch in seinen sich politisch begreifenden Varianten, selten gesehen. So entsteht die Vorstellung, daß, wer Gewalt ausübt, auch die Macht haben müsse. Die politische Subsumtion der Familie unter den Staat hat bei der Entstehung der Lohnarbeiterfamilien allerdings lediglich eine historisch-spezifische Ausprägung erfahren. Der Kern dieser Subsumtion ist Sexualpolitik (Heinsohn 1980): der, sei's gewaltsame, sei's qua Recht regulierende/sanktionierende, sei's monetär-subventionierende Einfluß, den der Staat auf die gesellschaftliche Stellung von Frauen (Gerhard 1978) und Männern und auf ihr generatives Verhalten – verstanden als biologische und sozialisatorische Produktion von Arbeitskraft – zu nehmen sucht. Heinsohn/Knieper/Steiger (1979; vgl. auch Heinsohn/Knieper 1974) haben diesen Einfluß in einer »Allgemeinen Bevölkerungslehre der Neuzeit« rekonstruiert (vgl. als konkurrierenden Ansatz Honegger 1978). M. E. sehen Heinsohn et al. jedoch ebensowenig wie Stark et al., daß die Bevölkerungs- bzw. Sozialpolitik, von der die neuzeitliche Familie »geschaffen« wird, ihrerseits modernisierungstheoretisch reflektiert werden muß. Anders ist nicht zu erklären, daß die moderne, eigentumslose Familie nicht in ihrem Objektstatus verbleibt. Im Medium der von Eigentum und materieller Reproduktionsarbeit freigesetzten Intimität entwickeln sich Bedürfnisdynamik und Subjektivitätswünsche (»kommunikative Individualisierung«), die eine *Eigenlogik der familialen Lebenswelt* bedingen (vgl. S. 279 ff.). Diese Eigenlogik bewährt sich u. a. darin, daß sie erst ermöglicht, Alternativen zu traditionalen Identitäts- und Lebensmustern unter der Perspektive von Emanzipation zu entwerfen. Auch das Spezifikum von Gewalt in der modernen Familie ist ohne Reflexion auf diese Eigenlogik nicht zu bestimmen, wenn diese Eigenlogik auch zu dem Schein beiträgt, Gewalt sei in Familien etwas Unvermitteltes, eben ein illegitimes Mittel, das als gegeben vorausgesetzt werden könne.

3 In diesem Zusammenhang von Gegensätzen zeichnen sich trotz der Vielfalt von Situationen und Bedeutungen *Themen* ab, um die familiales Gewalthandeln kreist. Macht, Ohnmacht und Übermacht ist eines von ihnen, das zwischen Ehepartnern und zwischen Eltern und Kindern in einer Vielzahl von spezifischen Variationen erscheint: als Phantasma männlicher Dominanz und als Überwältigung durch das Kind in einer alternativelosen Lebenssituation von Frauen, um nur zwei Beispiele zu nennen. Strafe ist ein anderes Thema, nicht nur zwischen Eltern und Kindern; aber fast noch charakteristischer für die Mehrdimensionalität privaten, familialen Gewalthandelns ist das Thema des Überlebens, der Herstellung einer inneren Ordnung von Familie gegen den Sog sozialer Marginalisierung: als eine männliche, aber auch als eine Strategie von Frauen, die Familie als Geschlechtsschicksal erfahren und das Beste daraus zu machen suchen. Ein Thema ist aber auch die ständige Spannung zwischen der Intimität und Nähe des familialen Lebenszusammenhangs, den Konflikten, über die es sich reguliert, und dem Gewalthandeln, das eine Dimension dieser Nähe und dieser Konflikte, aber auch »das Andere der Intimität« und der gleichwertigen Verschiedenartigkeit sein kann. Die Themen, die sich durch die Situationsschilderungen ziehen, dokumentieren *Gewalthandeln als Element einer strukturellen Labilität* von Familie und Familienleben. Sie ist der Grund dafür, daß die Unterscheidung zwischen »gewalttätigen« und »gewaltfreien« Familien nicht prinzipiell, sondern nur graduell zu treffen ist.

4 Mit dem Ausdruck »Eigenlogik« ist nicht die weit verbreitete Rede von der – anthropologisch, institutionentheoretisch oder schlicht mit dem Hinweis auf eine selbstbestimmte Privatsphäre begründeten – »Autonomie« der Familie gemeint, die sich von der Vergesellschaftung quasi ausnehme; auch eine Wechselbeziehung zwischen der Entfremdung des Alltags und deren Kompensation qua Familie trifft die Dialektik von Privatisierung und Vergesellschaftung, von Fremd-

und Selbstbestimmung, die hier gemeint ist, nicht (vgl. Ostner/Pieper 1980, S. 108 ff.; zu konventionellen Konzepten familialer Autonomie vgl. Rosenbaum 1978², S. 142 ff.). Auf das grundlegende Problem der strukturellen Grenzen und der Wechselbeziehung zwischen Warenproduktion und familialer Reproduktionsarbeit kann hier nicht eingegangen werden (vgl. Leviathan 13, 1985, 2, Heftthema Frauenarbeit; Ostner 1984).

5 Unter den Bedingungen familialer Privatheit wird zumal in der Eltern(Mutter)/Kind-Beziehung jenes »emanzipatorische Minimum« (Habermas) hervorgebracht, ohne das Sozialität nicht möglich ist. Krovoza (1976) spricht von vor- oder antikapitalistischen »Inkludien« familialer Sozialisation; vgl. auch Negt/Kluge (1972, S. 44-50).

Literaturverzeichnis

Abelmann, K.: »Modern« oder »politisch« – Wohin geht der neue Kinderschutz? In: Brinkmann/Honig 1984, S. 145-157

Adorno, Th. W. et al.: Der autoritäre Charakter. Zwei Bände. Amsterdam 1968

Adorno, Th. W.: Gesammelte Schriften, Bd. 1. Frankfurt 1973

Allen, C. M./Straus, M. A.: Resources, power, and husband-wife-violence. In: Straus/Hotaling 1980, S. 188-208

Antler, St.: The rediscovery of child abuse. In: Pelton 1981, S. 39-54

Arbeitsgruppe Frauenrechte im Komitee für Grundrechte und Demokratie et al. (Hg.): Droht das Aus fürs Frauenhaus? Bestandsaufnahme zur Situation der autonomen Frauenhäuser. Rechtliche und finanzielle Forderungen. Sensbachtal 1983

Ariès, P.: Geschichte der Kindheit. München 1975 (Taschenbuchausgabe München 1978)

Armstrong, L.: Kiss daddy goodnight. Frankfurt 1985 (New York 1978)

Bacon, R.: Sozialhistorische Bemerkungen zur Diskussion über familiale Gewalt. In: Bernecker 1982, S. 52-68

Badura, B. (Hg.): Angewandte Sozialforschung. Frankfurt 1976

Barabas, F./Sachße, Ch.: Bevölkerungspolitik und Vergesellschaftung von Erziehung. Kritische Justiz 8, 1975, S. 129-134

Barry, K.: Sexuelle Versklavung von Frauen. Berlin 1983

Bast, H. et al. (Hg.): Gewalt gegen Kinder. Kindesmißhandlungen und ihre Ursachen. Reinbek 1975

Bast, H.: Lage der Kinder in der Bundesrepublik Deutschland. In: ders. et al. 1975, S. 45-98

Bauriedl, Th.: Beziehungsanalyse. Frankfurt 1980

Baurmann, M. C.: Sexualität, Gewalt und psychische Folgen. Schriftenreihe des Bundeskriminalamts, Bd. 15. Wiesbaden 1983

Baurmann, M. C.: Sexualität, Gewalt und die Folgen für die Opfer. Zusammengefaßte Ergebnisse aus einer Längsschnittuntersuchung bei Opfern an angezeigten Sexualkontakten. Dritte, wesentlich überarbeitete Auflage 1984

Becker, H. S.: Typologisches Verstehen. In: Bühl, W. (Hg.): Verstehende Soziologie. München 1972, S. 214-251

Becker-Schmidt, R.: Widersprüchliche Erfahrungen und Ambivalenz: Arbeitserfahrungen von Frauen in Fabrik und Familie. KZfSS 32, 1980, S. 681-704

Becker-Schmidt, R.: Schlußbemerkungen. In: dies. et al.: Arbeitsleben – Lebensarbeit. Konflikte und Erfahrungen von Fabrikarbeiterinnen. Bonn 1983, S. 183-193 (1983a)

Becker-Schmidt, R.: Einleitende Bemerkungen. In: Kreckel, R. (Hg.): Soziale Ungleichheiten. Soziale Welt, Sonderband 2. Göttingen 1983, S. 249-254 (1983b)

Becker-Schmidt, R.: Probleme einer feministischen Theorie und Empirie in den Sozialwissenschaften. In: Methoden in der Frauenforschung 1984, S. 224-238

Behme, U./ Schmude, M.: Der geschützte Raum. Diagnose und Therapie mißhandelter Kinder. Berlin 1983

Beiderwieden, J.: Kindesvernachlässigung. Die uneigentliche Verneinung des Kindeswunsches. Thesen für ein Forschungsprojekt. Unv. Ms., Köln 1985

Beiderwieden, J. et al.: Jenseits der Gewalt – Hilfen für mißhandelte Kinder. Abschlußbericht der wissenschaftlichen Begleitung des Modellversuchs »Hilfen für Kinder in Notlagen (Kinderwohngruppen)«. Ms., Fachhochschule für Sozialarbeit und Sozialpädagogik. Berlin 1984

Beiderwieden, J./Wolff, R.: Gewalt und Zivilisation. Grundlegende Anmerkungen zu einer Theorie der Kindesmißhandlung. Manuskript eines Vortrags auf dem Vierten Internationalen Kongreß über Kindesmißhandlung und -vernachlässigung in Paris 1982

Belsky, J.: A theoretical analysis of child abuse remediation strategies. J. clin. psychol. 1978, S. 113-117 (1978a)

Belsky, J.: Three theoretical models of child abuse: A critical review. Child Abuse and Neglect 2, 1978, S. 37-49 (1978b)

Belsky, J.: Child maltreatment. An ecological integration. American Psychologist 35, 1980, 4, S. 320-335

Benard, Ch./Schlaffer, E.: Die ganz gewöhnliche Gewalt in der Ehe. Texte zu einer Soziologie von Macht und Liebe. Reinbek 1978

Benard, Ch./Schlaffer, E.: Der Mann auf der Straße. Über das merkwürdige Verhalten von Männern in ganz alltäglichen Situationen. Reinbek 1980

Benard, Ch./Schlaffer, E.: Liebesgeschichten aus dem Patriarchat. Von der übermäßigen Bereitschaft der Frauen, sich mit dem Vorhandenen zu arrangieren. Reinbek 1981

Benjamin, J.: Die Fesseln der Liebe: Zur Bedeutung der Unterwerfung in erotischen Beziehungen. Feministische Studien 4, 1985, 2, S. 10-33

Bennholdt-Thomsen, V.: Zivilisation, moderner Staat und Gewalt. Eine feministische Kritik an Norbert Elias' Zivilisationstheorie. Beiträge zur feministischen Theorie und Praxis 8, 1985, 13, S. 23-35

Berger, A. M.: The child abusing family: 1. Methodological issues and

parent-related characteristics of abusing families. The American Journal of Family Therapy 8, 1980, 2, S. 53-66 (1980a)
Berger, A. M.: The child abusing family: II. Child and childrearing variables, environmental factors and typologies of abusing families. American Journal of Family Therapy 8, 1980, 4, S. 52-68 (1980b)
Bernecker, A. et al.: Ohnmächtige Gewalt. Kindesmißhandlung: Folgen der Gewalt – Erfahrungen und Hilfen. Reinbek 1982
Bock, G./Duden, B.: Arbeit aus Liebe – Liebe als Arbeit: Zur Entstehung der Hausarbeit im Kapitalismus. In: Frauen und Wissenschaft. Beiträge zur Berliner Sommeruniversität für Frauen 1976. Berlin 1977
Böhnisch, L.: Der Sozialstaat und seine Pädagogik. Sozialpolitische Anleitungen zur Sozialarbeit. Neuwied/Darmstadt 1982
Böllinger, L.: Sexualstrafrecht und Herrschaft. Überlegungen zum »Kindersex-Skandal« der GRÜNEN/Nordrhein-Westfalen. Kritische Justiz 19, 1986, 1, S. 90-101
Bograd, M.: Family systems approaches to wife battering: A Feminist critique. Amer. J. Orthopsychiat. 54, 1984, 4, S. 558-568
Bograd, M.: How battered women and abusive men account for domestic violence: Excuses, justifications, or explantations? Paper presented at the Second National Conference for Family Violence Researchers, Durham, August 1984 (1984a)
Bograd, M.: Methodological approaches to domestic violence: A theoretical and empirical comparison. Paper presented at the Second National Conference for Family Violence Researchers, Durham, August 1984 (1984b)
Bonß, W./Hartmann, H. (Hg.): Entzauberte Wissenschaft. Zur Relativität und Geltung soziologischer Forschung. Soziale Welt, Sonderheft 3, 1985
Bourne, R./Newberger, E. H. (eds.): Critical perspectives on child abuse. Lexington 1979
Brady, C.: Father's day. New York 1980
Breckner, I./Schmals, K. M.: Transformierung von Gewaltverhältnissen im Prozeß der Verstädterung kapitalistischer Industriegesellschaften. Papier für die Sektion Stadt- und Regionalsoziologie der DGS 1982
Breines, W./Gordon, L.: The new scholarship on family violence. Signs 8, 1983, 3, S. 490-531
Brinkmann, W.: Gewalt gegen Kinder oder Vom dicken Ende unter der Spitze des Eisbergs. In: Deutscher Kinderschutzbund 1983, S. 37-55
Brinkmann, W.: Kindheit im Wandel. Überlegungen zu ihrem Entstehen, ihrem Verschwinden und ihrem Stellenwert für die Pädagogik. Unv. Ms. eines Habilitationsvortrages. Würzburg 1984
Brinkmann, W./Honig, M.-S. (Hg.): Kinderschutz als sozialpolitische Praxis. Hilfe, Schutz und Kontrolle. München 1984

Brinkmann, W./Honig, M.-S.: Umrisse eines Kinderschutzes als sozialpolitischer Praxis. In: dies. 1984, S. 7-20 (1984a)
Brinkmann, W./Honig, M.-S.: Gewalt gegen Kinder, Kinderschutz. Eine sozialwissenschaftliche Auswahlbibliographie. Dritte, aktualisierte und erweiterte Auflage, München 1986
Broszat, T.: Schläge aus Liebe. Wie Familien versuchen, eine normale Familie zu leben. In: Honig 1982, S. 53-94
Broszat, T.: Mythos Gewalt. Veröffentlichte Entrüstung als Legitimation von Kinderschutz. In: Brinkmann/Honig 1984, S. 44-76
Broszat, T.: Familiale Sinnproduktion zwischen Normalität und Gewalt. Ms., München 1984 (1984a)
Brownmiller, S.: Gegen unseren Willen. Vergewaltigung und Männerherrschaft. Frankfurt 1980
Brückner, M.: Die Liebe der Frauen. Über Weiblichkeit und Mißhandlung. Frankfurt 1983
Brückner, M./Kieper-Wellmer, M.: Das Frauenhaus als Aufbruchschance. Neue Praxis 15, 1985, 4, S. 296-310
Brückner, P.: Zur Pathologie des Gehorsams. In: Flitner, A./Scheuerl, H. (Hg.): Einführung in pädagogisches Sehen und Denken. München 1966, S. 98-111
Brückner, P.: Zur Sozialpsychologie des Kapitalismus. Frankfurt 1972
Brückner, P.: Psychologie und Geschichte. Berlin 1982
Buchholz, W.: Lebensweltanalyse. Sozialpsychologische Beiträge zur Untersuchung krisenhafter Prozesse in Familien. München 1984
Büttner, Ch. et al.: Wenn Liebe zuschlägt. München 1984
Bujok-Hohenauer, E.: Gewalt gegen Kinder: Zum Stand von Forschung und Praxis. In: Honig 1982, S. 13-52
Bundesministerium für Jugend, Familie und Gesundheit (Hg.): Kindesmißhandlung – Kinderschutz: Ein Überblick. Broschüre. Bonn 1980
Bundesministerium für Jugend, Familie und Gesundheit. Arbeitsstab Frauenpolitik (Hg.): Dokumentation der Fachtagung »Gewalt gegen Frauen« des Bundesministers für Jugend, Familie und Gesundheit vom 12./13. 1. 1984 in Bonn. Broschüre des BMJFG, Bonn o. J. (1984)
Butler, S.: Conspiracy of silence. San Francisco 1978

Caffey, J.: Multiple fractures in the long bones of infants suffering from chronical hematoma. Am. J. Roentgenol. 1946, S. 163-173
Calliess, R.-P.: Gewalt und Recht. In: Röttgers/Saner 1978, S. 50-60
Castel, F. et al.: Psychiatrisierung des Alltags. Frankfurt 1982
Chapman, J. R./Gates, M. (eds.): The victimization of women. Beverly Hills 1978
Chodorov, N.: Das Erbe der Mütter. Psychoanalyse und Soziologie der Geschlechter. München 1985 (Berkeley 1978)

Cicchetti, D./Aber, J. L.: Abused children – abusive parents: An overstated case? Harvard Educational Review 50, 1980, 2, S. 244-255
Clausen, G.: Mißhandelte Frauen im Netz sozialer Hilfen. Untersuchung im Auftrag der Freien und Hansestadt Hamburg, Leitstelle Gleichstellung der Frau. Broschüre, Hamburg 1981

De Mause, L. (Hg.): Hört ihr die Kinder weinen. Eine psychogenetische Geschichte der Kindheit. Frankfurt 1977
Deutscher Bundestag: Große Anfrage der Fraktion DIE GRÜNEN. Sexueller Mißbrauch von Kindern. Drucksache 10/2389, 15. November 1984
Deutscher Bundestag: Antwort der Bundesregierung auf die Große Anfrage der Fraktion DIE GRÜNEN. Sexueller Mißbrauch von Kindern. Drucksache 10/3845, 18. September 1985
Deutscher Kinderschutzbund (Hg.): Schützt Kinder vor Gewalt! Vom reaktiven zum aktiven Kinderschutz. Weinheim 1983
Deutscher Kinderschutzbund (Hg.): Wenn Eltern zuschlagen ... Gesellschaftliche Voraussetzungen und Bedingungen der Kinderschutzarbeit. Broschüre, Hannover 1985
Deutsches Kindermanifest (3. 5. 1980). In: Meyer, B. (Hg.): Die Zukunft unserer Kinder beginnt immer jetzt! Darmstadt 1981, S. 177-179
Devereux, G.: Angst und Methode in den Verhaltenswissenschaften. München 1973
Devereux, G.: Innen und Außen: Die Natur des Streß. In: ders.: Ethnopsychoanalyse. Frankfurt 1978, S. 53-65
Dieck, M.: Patienten und Klientenstrukturen von Diensten des Sozial- und Gesundheitswesens für ältere Menschen/Pflegeleistungen innerhalb der Familien. Unv. Ms., Deutsches Zentrum für Altersfragen, Berlin 1984
Disbrow, M. A. et al.: Measuring the components of parents' potential for child abuse and neglect. Child Abuse and Neglect 2, 1977, S. 279-296
Dobash, R. E./Dobash, R. P.: Wives: The ›appropriate‹ victims of marital violence. Victimology 2, 1977-78. 3-4, S. 426-442
Dobash, R. E./Dobash, R. P.: Violence against wives. New York 1979
Dobash, R. P./Dobash, R. E.: The context-specific approach. In: Finkelhor et al. 1983, S. 261-276
Donzelot, J.: Die Ordnung der Familie. Frankfurt 1980
Dorpat, Ch.: Welche Frau wird so geliebt wie du. Berlin 1982

Eastman, M.: Gewalt gegen alte Menschen. Freiburg 1985
Ehrenreich, B./English, D.: For her own good. 150 years of the experts' advice to women. New York 1978

Ehrenreich, B./English, D.: Zur Krankheit gezwungen. Eine schichtenspezifische Untersuchung der Krankheitsideologie als Instrument zur Unterdrückung der Frau im 19. und 20. Jahrhundert am Beispiel der USA. München 1982[3]

Eidmann, D. et al.: Gewalttätigkeiten in der Familie und soziale Hilfen. Kurzfassung des Forschungsberichts »Gewalt in der Familie«. Ms., Universität Hannover, 1982

Elias, N.: Über den Prozeß der Zivilisation. Zwei Bände. Frankfurt 1976

Elmer, E.: A follow-up study of traumatized children. Pediatrics 59, 1977, 2, S. 273-279

Ende, A.: Battering and neglect: Children in Germany 1860-1978. The Journal of Psychohistory 7, 1979/80, 3, S. 249-279

Engfer, A.: Bedingungen und Auswirkungen harten elterlichen Strafens. Diss., Trier 1982

Engfer, A.: Entwicklung punitiver Mutter-Kind-Interaktionen im sozioökologischen Kontext. Antrag an die Deutsche Forschungsgemeinschaft. Universität München, Institut für Psychologie 1984 (sowie Arbeitsbericht zum Antrag)

Engfer, A.: Probleme in der frühen Mutter-Kind-Beziehung – Eine Prospektivstudie (Poster). In: Albert, D. (Hg.): Bericht über den 34. Kongreß der Deutschen Gesellschaft für Psychologie in Wien 1984, Band 1. Göttingen 1985, S. 379

Engfer, A.: Kindesmißhandlung. Stuttgart 1986

Engfer, A./Gavranidou, M.: Sources of stress and support – their impact on the mother-child relationship. Paper presented at the Inaugural European Conference on Developmental Psychology. Groningen, Netherlands, 1984

Erdheim, M.: Die Wissenschaft, das Irrationale und die Aggression. In: Duerr, H.-P. (Hg.): Der Wissenschaftler und das Irrationale, Bd. 1. Frankfurt 1981, S. 505-517

Erdheim, M./Nadig, M.: Größenphantasien und sozialer Tod. Kursbuch 58, 1979, S. 115-126

Family Violence Research Program, Program Bibliography. University of New Hampshire, Durham. Ms., Juni 1984

Farrington, K. M.: Stress and family violence. In: Straus/Hotaling 1980, S. 94-114

Ferraro, K. J.: Rationalizing violence: How battered women stay. Victimology 8, 1983, 1-2, S. 203-212

Fillmore, A.: The abused child as a survivor. Paper presented at the Third International Congress of Child Abuse and Neglect. Amsterdam 1981

Finkelhor, D.: Psychological, cultural, and family factors in incest and family sexual abuse. J. Marr. Fam. Counsel. 4, 1978, October, S. 41-49

Finkelhor, D.: Sexually victimized children. New York 1979
Finkelhor, D.: Sexual abuse: A sociological perspective. Child Abuse and Neglect 7, 1981, S. 195-205
Finkelhor, D.: Introduction. In: ders. et al. 1983, S. 11-15
Finkelhor, D.: Common features of family abuse. In: ders. et al. 1983, S. 17-28 (1983a)
Finkelhor, D. et al. (eds.): The dark side of families. Current family violence research. Beverly Hills 1983
Finkelhor, D.: Child sexual abuse. New York 1984
Finkelhor, D./Pillemer, K.: Elder abuse: Its relationship to other forms of domestic violence. Paper presented at the Second National Conference for Family Violence Researchers, Durham, August 1984
Finkelhor, D./Russell, D.: Woman as perpetrators. In: Finkelhor, D. 1984, S. 171-187
Finkelhor, D./Yllo, K.: Forced sex in marriage. Crime and Delinquency 28, 1980, S. 459-478
Finkelhor, D./Yllo, K.: Rape in marriage: A sociological view. In: Finkelhor et al. 1983, S. 119-131
Finkelhor, D./Yllo, K.: License to rape. Sexual abuse of wifes. New York 1985
Foucault, M.: Sexualität und Wahrheit. Frankfurt 1983
Foss, J. E.: The paradoxical nature of family relationships and family conflict. In: Straus 1980, S. 115-135
Frank, R./Stachiw, A.: Neue Handlungsmöglichkeiten in der Kinderklinik – dargestellt an einem Fall von sexuellem Mißbrauch. In: Brinkmann/Honig 1984, S. 214-230
Frauen gegen Männergewalt. Berliner Frauenhaus für mißhandelte Frauen. Erster Erfahrungsbericht. Berlin-West 1978
Frauenhaus Köln: Nachrichten aus dem Ghetto Liebe. Frankfurt 1980
Frieze, I. H.: Perceptions of battered wives. In: Frieze, I. H. et al. (eds.): New approaches to social problems. San Francisco 1979
Fromm, E. et al.: Autorität und Familie. Paris 1936
Fürniss, T.: Mutual influence and interlocking professional-family process in interventions of professionals in families with father-daughter incest and stepfather-stepdaughter child sexual abuse. Child Abuse and Neglect 7, 1982, S. 207-223
Fürniss, T.: Family process in the treatment of intrafamilial child sexual abuse. Journal of Family Therapy 5, 1983, S. 263-278
Fürniss, T.: Conflict-avoiding and conflict-regulating patterns in incest and child sexual abuse. Acta Paedopsychiatrica 50, 1984, S. 299-313

Galtung, J.: Strukturelle Gewalt. Beiträge zur Friedens- und Konfliktforschung. Reinbek 1975

Garbarino, J.: The human ecology of child maltreatment: A conceptual model for research. J. Marr. Fam. 39, 1977, November, S. 721-735
Garbarino, J.: An ecological approach to child maltreatment. In: Pelton 1981, S. 228-267
Garbarino, J. et al.: Screening neighborhoods for intervention: A research for child protective services. Journal of Social Service Research 1, 1977, S. 135-145
Garbarino, J./Crouter, A.: Defining the community context of parent-child relations: The correlates of child maltreatment. Child Development 49, 1978, S. 604-616
Garbarino, J./Sherman, D.: High-risk families and high-risk neighborhoods. Child Development 50, 1980, S. 188-198
Gardiner-Sirtl, A.: Als Kind mißbraucht – Frauen brechen das Schweigen. München 1983
Garz, D./Kraimer, K. (Hg.): Brauchen wir andere Forschungsmethoden? Beiträge zur Diskussion interpretativer Verfahren. Frankfurt 1983
Gayford, J.: Battered wives. Medicine, science, and law 15, 1975, 4, S. 237-245 (1975a)
Gayford, J.: Wife battering: A preliminary survey of 100 cases. British Medical Journal 25, 1975, S. 194-197 (1975b)
Gelles, R.: Child abuse as psychopathology. A sociological critique and reformulation. Am. J. Orthopsychiat. 43, 1973, S. 611-621 (deutsch in: Bast et al. 1975, S. 263-277)
Gelles, R. J.: The violent home. Beverly Hills 1974
Gelles, R. J.: The social construction of child abuse. Am. J. Orthopsychiat. 45, 1975, 3, S. 363-372
Gelles, R. J.: Violence and pregnancy. A note on the extent of the problem and needed services. Family Coordinator 24, 1975, January, S. 81-86 (1975b)
Gelles, R. J.: Abused wives: Why do they stay? J. Marr. Fam. 38, 1976, November, S. 659-668 (deutsch: Mißhandelte Frauen: Weshalb bleiben sie bei ihren Männern? Wege zum Menschen 30, 1978, 2/3, S. 73-89)
Gelles, R. J.: Methods for studying sensitive family topics. Am. J. Orthopsychiat. 84, 1978, 3, S. 408-424
Gelles, R. J.: Family violence. Beverly Hills/London 1979
Gelles, R. J.: Etiology of violence: Overcoming fallacious reasoning in understanding family violence and child abuse. In: Gelles 1979, S. 169-178 (1979a)
Gelles, R. J.: Violence in the family: A review of research in the seventies. J. Marr. Fam. 42, 1980, November, S. 873-885
Gelles, R. J.: Applying research on family violence to clinical practice. J. Marr. Fam. 44, 1982, 1, S. 9-20

Gelles, R.J.: An exchange/social control theory. In: Finkelhor et al. 1983, S. 151-165
Gelles, R.J./Cornell, C.P. (eds.): International perspectives on family violence. Lexington 1983
Gelles, R.J./Cornell, C.P.: Intimate violence in families. Beverly Hills/London 1985
Gelles, R.J./Straus, M.A.: Determinants of violence in the family: Toward a theoretical integration. In: Burr, W.R. et al. (eds.): Contemporary theories about the family, Vol. 1. New York 1979, S. 549-581
Gerdes, K. (Hg.): Explorative Sozialforschung. Stuttgart 1979
Gerhard, U.: Verhältnisse und Verhinderungen. Frauenarbeit, Familie und Rechte der Frauen im 19. Jahrhundert. Frankfurt 1978
Gerhard, U./Metz, R.: Bonn drängt Frauen am Arbeitsmarkt ins Aus. Frankfurter Rundschau 27.1.82
Giesen, B.: Moralische Unternehmer und öffentliche Diskussion. Überlegungen zur gesellschaftlichen Thematisierung sozialer Probleme. KZfSS 35, 1983, S. 230-254
Gil, D.: Violence against children: Physical abuse in the United States. Cambridge 1970
Gil, D.: Gewalt gegen Kinder. In: Bast et al. 1975, S. 241-263 (Original: Violence against children. J. Marr. Fam. 33, 1971, 4, S. 637-648)
Gil, D. (ed.): Child abuse and violence. New York 1979
Gil, D.: Unraveling child abuse. In: ders. 1979, S. 3-17 (1979a)
Gil, D.: Societal violence and violence in families. In: ders. 1979, S. 357-385 (1979b)
Gil, D.: Kindesmißhandlung – Gesellschaftliche Ursachen. In: Kinderschutzzentrum Berlin 1980, S. 26-40
Giovannoni, J.M./Becerra, R.M.: Defining child abuse. New York/London 1979
Glatzer, W.: Haushaltsproduktion. In: Glatzer, W./Zapf, W. (Hg.): Lebensqualität in der Bundesrepublik. Frankfurt/New York 1984, S. 366-388
Goode, W.J.: Force and violence in the family. J. Marr. Fam. 33, 1971, 4, S. 624-636 (deutsch in: Bast et al. 1975, S. 131-155)
Gravenhorst, L.: Gewalt gegen Frauen: Wut über Männer, Mitleiden mit Frauen – Widersprüche und Begrenzungen für Analyse und praktische Strategien. Anmerkungen zu: Frauenhaus Köln, Nachrichten aus dem Ghetto Liebe. Frankfurt 1980. Unv. Ms., München 1980; erw. als: Frauenforschung als Forschung über Gewalt gegen Frauen. Anmerkungen aus Anlaß des Berichts des Frauenhauses Köln, Nachrichten aus dem Ghetto Liebe. Unv. Ms., München 1981
Gravenhorst, L.: Was Eltern von ihren Kindern haben können. päd. extra sozialarbeit 6, 1982, 3, S. 44-48

Gravenhorst, L.: Frau und Mann im Patriarchat: Die falsche Liebe oder die falsche Theorie? Feministische Studien 2, 1983, 1, S. 134-140

Gravenhorst, L.: Gewalt und Mißhandlung innerhalb der Familie als Folge von Erwerbslosigkeit. Unv. Ms., München 1984

Gravenhorst, L.: Private Gewalt von Männern und feministische Sozialwissenschaft. Beitrag zur Sitzung der Sektion Frauenforschung in den Sozialwissenschaften beim 22. Deutschen Soziologentag in Dortmund 1984 (1984a)

Gravenhorst, L.: Private violence and feminist social science. Questions to a feminist theory program. Paper presented at the Second National Conference for Family Violence Researchers, Durham 1984 (1984b)

Gravenhorst, L.: Die ambivalente Bedeutung von »Familie« in den Biographien von Mädchen und Müttern. In: Gravenhorst, L. et al.: Lebensort Familie. Alltag und Biografie von Mädchen, Bd. 2. Opladen 1984, S. 9-47 (1984c)

Gravenhorst, L.: Altersmißhandlung, familiale Gewalt gegen alte Angehörige. Unv. Ms., Deutsches Jugendinstitut, München 1985

Gravenhorst, L./Honig, M.-S.: Gewalt in Familien. Topographie einer Diskussion, die noch geführt werden muß. In: Pelz-Schreyögg 1985, S. V-XXVI

Gravenhorst, L./Wahl, K.: Was heißt »Gültigkeit« und wie kommt sie zustande? Methodologische Anmerkungen zu einer qualitativen Familienstudie. In: Oeter, R. (Hg.): Bericht über die 5. Tagung Entwicklungspsychologie, Bd. 1. Universität Augsburg 1982, S. 54-57

Gray, J. et al.: Prediction and prevention of child abuse and neglect. Journal of Social Issues 35, 1979, 2, S. 127-139

Greenblat, K. St.: A hit is a hit is a hit ... Or is it? Approval and tolerance of the use of physical force by spouses. In: Finkelhor et al. 1983, S. 235-260

Habermas, J.: Strukturwandel der Öffentlichkeit. Neuwied/Berlin 1968[3]

Haffner, S.: Gewalt in der Ehe und was Frauen dagegen tun. Dritte, überarbeitete Auflage mit einem Nachwort 1978 (zuerst 1976)

Hagemann-White, C.: Gewalt. In: Beyer, J. et al. (Hg.): Frauenhandlexikon. Stichworte zur Selbstbestimmung. München 1983, S. 114-118

Hagemann-White, C. et al.: Hilfen für mißhandelte Frauen. Schriftenreihe des Bundesministers für Jugend, Familie und Gesundheit, Band 124. Stuttgart 1981

Hagemann-White, C.: Sozialisation: Weiblich – Männlich? Alltag und Biographie von Mädchen. Band 1. Hg. von der Sachverständigenkommission Sechster Jugendbericht. Opladen 1984

Haug, F.: Opfer oder Täter? Über das Verhalten von Frauen. Das Argument 22, 1980, 123, S. 643-649

Heinsen, E.: Wie groß ist das Ausmaß von Gewalt gegen Kinder? Probleme mit Zählungen und Schätzungen zur Kindesmißhandlung. In: Honig 1982, S. 95-126
Heinsohn, G.: Die staatlich betriebene Sehnsucht nach dem Kind. Sozialmagazin 5, 1980, 8 (S. 84-93) und 9 (S. 52-55)
Heinsohn, G.: Hexenverfolgung, Kinderwelten, Erziehungsprobleme. In: Heinsohn/Steiger 1985, S. 213-313
Heinsohn, G./Knieper, R.: Theorie des Familienrechts. Geschlechtsrollenaufhebung, Kindesvernachlässigung, Geburtenrückgang. Frankfurt 1974
Heinsohn, G./Knieper, R./Steiger, O.: Menschenproduktion. Allgemeine Bevölkerungslehre der Neuzeit. Frankfurt 1979
Heinsohn, G./Steiger, O.: Die Vernichtung der weisen Frauen. Hexenverfolgung. Menschenproduktion. Kinderwelten. Frankfurt 1985
Held, Th.: Soziologie der ehelichen Machtverhältnisse. Darmstadt/Neuwied 1978
Held, Th.: Harmonie und Konflikt in der Ehe. Einige Bemerkungen zur Konzeptgeschichte sowie einige Spekulationen über die Entwicklungen in der »real world«. Diskussionsvorlage für die Tagung des Arbeitskreises »Historische Familienforschung«, Bad Homburg, 21. 4.-23. 4. 1983
Helfer, R. E./Kempe, C. H.: Child abuse and neglect. The family and the community. Cambridge 1976
Helfer, R. E./Kempe, C. H. (Hg.): Das geschlagene Kind. Frankfurt 1978 (am. 1968)
Hengst, H. et al.: Kindheit als Fiktion. Frankfurt 1981
Herman, J.: Father-daughter incest. Cambridge 1981
Herman, J./Hirschman, L.: Father-daughter incest. Signs 2, 1977, 4, S. 735-756
Herrenkohl, E. C. et al.: Perspectives on the intergenerational transmission of abuse. In: Finkelhor 1983, S. 305-316
Hille, B./Jaide, W.: Die Situation von Frauenhäusern und hilfesuchenden Frauen. Wissenschaftliche Untersuchung zum Modellversuch »Frauen- und Kinderschutzhaus Hannover«. Broschüre, herausgegeben vom niedersächsischen Sozialminister. Hannover 1984
Hochheimer, W.: Die permanente Reproduktion der autoritären Persönlichkeit. In: Bast et al. 1975, S. 155-195
Honegger, C. (Hg.): Die Hexen der Neuzeit. Studien zur Sozialgeschichte eines kulturellen Deutungsmusters. Frankfurt 1978
Honig, M.-S.: Welcher Tropfen bringt das Faß zum Überlaufen? Latente Gewalt im Familienalltag. In: Sartorius 1979, S. 31-40
Honig, M.-S.: Der Mythos, daß eine glückliche Kindheit machbar ist. päd. extra sozialarbeit 5, 1981, 7/8, S. 30-35

Honig, M.-S. (Hg.): Kindesmißhandlung. Gewalt gegen Kinder als öffentliches Thema. München 1982
Honig, M.-S.: Was tun Jugendämter in Fällen von Kindesmißhandlung? Ergebnisse einer Umfrage. In: ders. 1982, S. 127-170 (1982a)
Honig, M.-S.: Wie kann man sinnvoll von »Gewalt in Familien« sprechen? In: Deutscher Kinderschutzbund 1983, S. 56-71
Honig, M.-S.: Wider einen familistisch verkürzten Kinderschutz! Thesen zum Verhältnis von Familienökonomie, Frauenfrage und Philanthropie. In: Brinkmann/Honig 1984, S. 125-144
Honig, M.-S.: Helfen ist abweichendes Verhalten. extra sozialarbeit 8, 1984, S. 46-47 (1984a)
Honig, M.-S.: Familiale Gewalt als soziales Handeln. In: Neue Beiträge zur Erziehungs- und Familienberatung (i. Druck)
Honig, M.-S./Ostner, I.: Jugendhilfe zwischen Gleichberechtigungs- und Ordnungspolitik. Neue Praxis 13, 1983, 4, S. 349-364
Honig, M.-S./Wolff, R.: Neue Kinderschutzarbeit in der Bundesrepublik – eine Zwischenbilanz. Soziale Arbeit 32, 1983, 12, S. 614-622
Hopf, Ch.: Die Pseudo-Exploration – Überlegungen zur Technik qualitativer Interviews in der Sozialforschung. Zeitschrift für Soziologie 7, 1978, 2, S. 97-115
Hopf, Ch.: Soziologie und qualitative Sozialforschung. In: Hopf, Ch./Weingarten, E. (Hg.): Qualitative Sozialforschung. Stuttgart 1979, S. 11-37
Hopf, Ch.: Nicht-standardisierte Erhebungsverfahren in der Sozialforschung – Überlegungen zum Forschungsstand. In: Kaase, M./Küchler, M. (Hg.): Herausforderungen der empirischen Sozialforschung. Mannheim 1985, S. 86-108
Horn, E.: Nötigung des Ehegatten zum Beischlaf – strafbar? Zeitschrift für Rechtspolitik 18, 1985, 10, S. 265-267
Horn, K.: Dressur oder Erziehung. Frankfurt 1967
Horn, K.: Psychoanalyse – Kritische Theorie des Subjekts. Aufsätze 1969-1972. Amsterdam 1972
Hotaling, G. T./Straus, M. A.: Culture, social organization, and irony in the study of family violence. In: Straus/Hotaling 1980, S. 3-22
Huggins, M. D./Straus, M. A.: Violence and the social structure as reflected in children's books from 1850 to 1970. In: Straus/Hotaling 1980, S. 51-67
Hunter, R. S. et al.: Antecedents of child abuse and neglect in premature infants: A prospective study in a newborn intensive care unit. Pediatrics 61, 1978, S. 629-635

Institut für Demoskopie Allensbach: Prügelstrafe als Elternvorrecht. Allensbacher Berichte 1979, Nr. 7

Jander, M.: Strukturelle Gewalt. Die Entfaltung eines Begriffs, sowie die Möglichkeiten und Schwierigkeiten, damit umzugehen. medien + erziehung 22, 1978, 4, S. 256-266
Johansen, E. M.: Betrogene Kinder. Eine Sozialgeschichte der Kindheit. Frankfurt 1978
Johnson, B./Morse, M. A.: Injured children and their parents. Children 15, 1968, S. 147-152
Johnson, C.: Authority and power in japanese-american marriage. In: Cromwell, R./Olson, D. H. (eds.): Power in families. New York 1975, S. 182-196
Jurczyk, K.: Frauenarbeit und Frauenrolle. Zum Zusammenhang von Familienpolitik und Frauenerwerbstätigkeit in Deutschland 1918-1975. Frankfurt/New York 1978[3]
Justice, B./Justice, R.: The abusing family. New York 1976

Kalmuss, D./Straus, M. A.: Wife's marital dependency and wife abuse. J. Marr. Fam. 44, 1982, S. 277-286
Kaufmann, F.-X.: Kinder als Außenseiter der Gesellschaft. Merkur 34, 1980, 8, S. 761-771
Kaufmann, F.-X./Lüscher, K.: Wir brauchen eine Politik für Kinder. Neue Sammlung 19, 1979, S. 221-233
Kavemann, B.: Das Opfer muß die Folgen tragen. Sexueller Mißbrauch an kleinen Mädchen. Sexualpädagogik und Familienplanung 1983, 2, S. 6-8
Kavemann, B./Lohstöter, I.: Väter als Täter. Sexuelle Gewalt gegen Mädchen. Reinbek 1984
Keller, H. R./Erne, D.: Child abuse: Toward a comprehensive model. In: Center for Research on Aggression: Prevention and control of aggression. New York 1983, S. 1-36
Kempe, C. H. et al.: The battered-child-syndrome. J. Am. Med. Assoc. 181, 1962, S. 17-24
Kempe, C. H./Helfer, R. E.: Helping the battered child and his family. Philadelphia 1972
Kempe, R. S./Kempe, C. H.: Kindesmißhandlung. Stuttgart 1980 (am. 1978)
Kickbusch, I./Riedmüller, B. (Hg.): Die armen Frauen. Frauen und Sozialpolitik. Frankfurt 1984
Kinderschutzzentrum Berlin: Plan und Begründung. Berlin 1975
Kinderschutzzentrum Berlin (Hg.): Forum Kindesmißhandlung. Prävention, Intervention, Nachsorge. Broschüre, o. O., o. J. (Berlin 1980)
Kinderschutzzentrum Bremen: Jahresbericht 1984. Bremen 1985
Klein, D.: Can this marriage be saved? Battery and sheltering. Crime and Social Justice 1979, 12, S. 19-33

Klönne, A.: Anmerkungen zum Problem Gewalt und Herrschaftsordnung. In: Röttgers/Saner 1978, S. 61-70

Kluge, A.: Das Politische als Intensität alltäglicher Gefühle. Freibeuter 1, 1979, S. 56-62

Knappe, M.: Gewalt in der Ehe: Der Mythos vom Masochismus der Frau. In: Albrecht-Désirat, K./Pacharzina, K. (Hg.): Sexualität und Gewalt. Bensheim 1979, S. 41-47

Knieper, R.: Familienrecht. In: ders., Zwang, Vernunft, Freiheit. Frankfurt 1981

Köckeis-Stangl, E.: Methoden der Sozialisationsforschung. In: Hurrelmann, K./Ulich, D.: Handbuch der Sozialisationsforschung. Weinheim 1980, S. 321-370

Koers, A.: Wege der Hilfe bei Kindesmißhandlung. In: Bernecker et al. 1982, S. 123-151

Korbin, J. E. (ed.): Child abuse and neglect. Cross-cultural perspectives. Berkeley 1981

Kranz, W.: Kindesmißhandlung: Die Abhängigkeit der Daten von Standpunkt und Zielen des Betrachters. Familiendynamik 4, 1979, 4, S. 362-375

Krovoza, A.: Produktion und Sozialisation. Frankfurt 1976

Krovoza, A.: Vorüberlegungen zu einer psychogenetischen Theorie der Gewalt. In: Krovoza, A. et al. (Hg.): Zum Beispiel Peter Brückner. Treue zum Staat und kritische Wissenschaft. Frankfurt 1981

Kullmer, Th. H.: Eine methodenkritische Untersuchung zur medizinisch-statistischen Erforschung der Kindesmißhandlung in der Bundesrepublik Deutschland. Zeitschrift für Bevölkerungswissenschaft 8, 1982, 2, S. 243-282

LaRossa, R.: Conflict and power in marriage. Expecting the first child. Beverly Hills/London 1977

Lau, S. et al.: Aggressionsopfer Frau: Körperliche und seelische Mißhandlung in der Ehe. Frankfurt 1979

Leviathan 13, 1985, 2, Thema: Frauenarbeit

Levinger, G.: Sources of marital dissatisfaction among applicants for divorce. Am. J. Orthopsychiat. 36, 1966, S. 803-807

Lewkowicz, M.: Gewalt gegen Frauen als soziales Problem. Frauenhäuser als gesellschaftliche Reaktion. Theoretische Ansätze und empirische Untersuchung der Lebenssituation von Frauen im Frauenhaus. Archiv für Wissenschaft und Praxis der sozialen Arbeit 13, 1982, 4, S. 233-305

Light, R. J.: Abused and neglected children in America: A study of alternative policies. Harvard Educational Review 43, 1973, S. 556-598

Lindgren, A.: »Niemals Gewalt«. Auszug aus der Rede anläßlich der

Verleihung des Friedenspreises des Deutschen Buchhandels am 22. Oktober 1978 in der Paulskirche zu Frankfurt am Main. Kinderschutz Aktuell. Zeitschrift des Deutschen Kinderschutzbundes 1979, 1, S. 16-17

Loseke, D. R./Cahill, S. E.: The social construction of deviance. Experts on battered woman. Social Problems 31, 1984, 3, S. 296-310

Lüders, Ch./Reichertz, J.: Wissenschaftliche Praxis ist, wenn alles funktioniert und keiner weiß, warum – Bemerkungen zur Entwicklung qualitativer Sozialforschung. SLR 12, 1986, S. 90-102

Lynch, M. A.: Child abuse. The critical path. The Journal of Maternal and Child Health 1976, July, S. 25-29

Lynch, M. A. et al.: Child abuse: Early warnings in the maternity hospital. Develop. Med. Child. Neurol. 18, 1976, S. 759-766

Lynch, M. A./Roberts, J.: Predicting child abuse: Signs of bonding failure in the maternity hospital. British Medical Journal 1977, 1, S. 624-626

Lynch, M. A./Roberts, J.: Consequences of child abuse. London 1982

Lystad, M. H.: Violence at home: A review of the literature. Am. J. Orthopsychiat. 45, 1975, 3, S. 328-345

Maden, M. F./Wrench, D. F.: Significant findings in child abuse research. Victimology 2, 1977, 2, S. 196-224

Marsden, D.: Sociological perspectives on family violence. In: Martin, J. P. (ed.): Violence and the family. Chichester 1978, S. 103-133

Martin, D.: Battered wives. San Francisco 1976

MacFarlane, K.: Sexual abuse of children. In: Chapman/Gates 1978, S. 81-109

Mantell, D. M.: Familie und Aggression. Zur Einübung von Gewalt und Gewaltlosigkeit. Frankfurt 1972

May, M.: Violence in the family: an historical perspective. In: Martin, J. P. (ed.): Violence and the family. Chichester 1978, S. 135-167

McGrath, C.: The crisis of domestic order. Socialist Review 9, 1979, S. 11-30

Meiselman, K.: Incest. San Francisco 1978

Melnick, B./Hurley, J. R.: Distinctive personality attributes of child-abusing mothers. Journal of Consulting and Clinical Psychology 33, 1969, S. 746-749

Merrill, E. J.: Physical abuse of children: an agency study. In: The American Humane Association (ed.): Protecting the battered child. Denver 1962

Merten, W.: Die Marginalisierung familialer Gewalt. In: Bernecker et al. 1982, S. 39-51

Methoden in der Frauenforschung. Symposium an der Freien Universität

Berlin. Herausgegeben von der Zentraleinrichtung zur Förderung von Frauenstudien und Frauenforschung. Frankfurt 1984
Metzmacher, U./Schulz, St.: Konflikt und Identitätsbildung in der Familie. Soziologische Forschungen, Bd. 6. Hg. am Institut für Soziologie der Technischen Universität. Berlin 1983
Michener, J. A.: The Kent state four / should have studied more. In: Steinmetz/Straus 1974, S. 180-186
Mies, M.: Methodische Postulate zur Frauenforschung – dargestellt am Beispiel der Gewalt gegen Frauen. Beiträge zur feministischen Theorie und Praxis 7, 1984, 11, S. 7-25 (geringfügig überarbeiteter Nachdruck aus: Beiträge zur feministischen Theorie und Praxis 1, 1978, S. 41-63)
Mies, M.: Die Debatte um die »Methodischen Postulate« zur Frauenforschung. In: Methoden in der Frauenforschung 1984, S. 165-197
Milgram, St.: Das Milgram-Experiment. Zur Gehorsamsbereitschaft gegenüber Autorität. Reinbek 1982
Miller, A.: Die Töchter schweigen nicht mehr. In: dies.: Du sollst nicht merken. Frankfurt 1983, S. 390-397 (Leicht gekürzte Fassung eines Beitrags, der im Oktober 1982 im Sonderheft »Bücher« der Zeitschrift BRIGITTE erschienen war)
Millett, K.: Im Basement. Meditationen über ein Menschenopfer. Köln 1980
Mitscherlich-Nielsen, M.: Patriarchalische Strukturen in einer »vaterlosen Gesellschaft«. In: Schultz, H.-J. (Hg.): Vatersein. München 1984
Mollenhauer, K. et al.: Die Familienerziehung. München 1975
Morgan, P.: From battered wife to program client: The state's shaping of social problems. Kapitalistate 9, 1981, S. 17-39
Morris, M. G./Gould, R. W.: Role reversal: A necessary concept in dealing with the »battered child syndrome«. Am. J. Orthopsychiat. 33, 1963, 2, S. 298-299
Mühlfeld, C. et al.: Auswertungsprobleme offener Interviews. Soziale Welt 32, 1981, 3, S. 325-352

Narr, W.-D.: Gewalt und Legitimität. In: Rammstedt 1974, S. 59-106
Narr, W.-D.: Physische Gewaltsamkeit, ihre Eigentümlichkeit und das Monopol des Staates. Leviathan 8, 1980, 4, S. 541-573
Nau, E.: Persönlichkeiten der Täter und Opfer bei Kindesmißhandlungen. In Berliner Berufsverband der Sozialarbeiter e.V. (Hg.): Kindesmißhandlungen. Vorträge der Arbeitstagung vom 14. Juni 1961. Broschüre, Berlin 1961
Nave-Herz, R.: Familiale Veränderungen in der Bundesrepublik Deutschland seit 1950. ZSE 4, 1984, 1, S. 45-63
Negt, O./Kluge, A.: Öffentlichkeit und Erfahrung. Frankfurt 1972
Negt, O./Kluge A.: Geschichte und Eigensinn. Frankfurt 1981

Neidhardt, F. et al.: Aggressivität und Gewalt in unserer Gesellschaft. München 1973
Nelson, B. J.: Making an issue of child abuse. Political agenda setting for social problems. Chicago 1984
Newberger, E. H. et al.: Pediatric social illness: Toward an etiological classification. Pediatrics 60, 1977, 2, S. 178-184
Newberger, E. H.: The myth of the battered child syndrome. In: Bourne/Newberger 1979, S. 15-18
Newberger, E. H./Bourne, R.: Kindesmißhandlung in Medizin und Recht. Familiendynamik 4, 1979, 4, S. 333-354 (Original: Am. J. Orthopsychiat. 48, 1978, S. 593-607)
Newson, J./Newson, E.: Day-to-day aggression between parent and child. In: Department of Health and Social Security: Violence. (N. Tutto, ed.) London 1976, S. 90-106

O'Brien, J. E.: Violence in divorce-prone families. J. Marr. Fam. 33, 1971, S. 692-698
Oelkers, J./Lehmann, Th.: Liberalismus, Ideologiekritik und Antipädagogik. Z. f. Päd. 27, 1981, S. 105-125
Oevermann, U.: Hermeneutische Sinnrekonstruktion: Als Therapie und Pädagogik mißverstanden, oder: Das notorische struktur-theoretische Defizit pädagogischer Wissenschaft. In: Garz/Kraimer 1983, S. 113-155
Oevermann, U.: Versozialwissenschaftlichung der Identitätsformation und die Verweigerung von Lebenspraxis: Eine aktuelle Variante der Dialektik der Aufklärung. In: Lutz, B. (Hg.): Soziologie und gesellschaftliche Entwicklung. Verhandlungen des 22. Deutschen Soziologentages in Dortmund 1984. Frankfurt/New York 1985, S. 463-474
Ohl, D./Rösener, U.: Und bist du nicht willig ... Ausmaß und Ursachen von Frauenmißhandlung in der Familie. Frankfurt/Berlin/Wien 1979
Olson, D. H. et al.: Family inventories. University of Minnesota, St. Paul 1982
Ostner, I.: Beruf und Hausarbeit. Die Arbeit der Frau in unserer Gesellschaft. Frankfurt 1978
Ostner, I.: Zur Vergleichbarkeit von Aussagen in lebensgeschichtlichen Interviews. Beiträge zur feministischen Theorie und Praxis 1982, 7, S. 61-75
Ostner, I.: Kapitalismus, Patriarchat und die Konstruktion der Besonderheit »Frau«. In: Kreckel, R. (Hg.): Soziale Ungleichheiten. Soziale Welt, Sonderband 2. Göttingen 1983, 278-297
Ostner, I.: Haushaltsproduktion heute. Implikationen eines Konzepts und seine Realisierung. In: Fürstenberg, F. et al. (Hg.): Selbsthilfe als ordnungspolitische Aufgabe. Baden-Baden 1984, S. 143-177

Ostner, I./Pieper, B.: Problemstruktur Familie – oder: Über die Schwierigkeit, in und mit Familie zu leben. In: dies. (Hg.): Arbeitsbereich Familie. Umrisse einer Theorie der Privatheit. Frankfurt 1980, S. 96-170

Ottomeyer, K.: Gesellschaftstheorien in der Sozialisationsforschung. In: Hurrelmann, K./Ulich, D. (Hg.): Handbuch der Sozialisationsforschung. Weinheim 1980, S. 161-193

Owens, D. M./Straus, M. A.: The social structure of violence in childhood and approval of violence as an adult. Aggressive Behavior 1, 1975, 2, S. 193-211

Pagelow, M. D.: Woman-battering. Victims and their experiences. Beverly Hills 1981

Pagelow, M. D.: The »cycle of violence« in families: Fact or fiction? Paper presented at the Tenth World Congress of the International Sociological Association in Mexico City 1982

Parke, R. D./Collmer, C. W.: Child abuse: An interdisciplinary analysis. In: Hetherington, E. M. (ed.): Review of child development research, Vol. 5. Chicago/London 1975, S. 509-590

Parsons, T.: Über wesentliche Ursachen und Formen der Aggressivität in der Sozialstruktur westlicher Industriegesellschaften. In: ders.: Soziologische Theorie. Neuwied 1968², S. 223-255

Pelton, L. M.: Kindesmißhandlung und -vernachlässigung: Der Mythos der Schichtunabhängigkeit. Familiendynamik 4, 1979, 4, S. 303-317 (am.: Child abuse and neglect: The myth of classlessness. Am. J. Orthopsychiat. 78, S. 608-617)

Pelton, L. H. (ed.): The social context of child abuse. New York 1981

Pelz-Schreyögg, H.: Gewalt in Familien. Übersicht über die deutsch- und englischsprachige sozialwissenschaftliche Literatur 1975-1983/84. München 1985

Petri, H.: Konzepte der Prävention von Mißhandlungen und Gewalt gegen Kinder. In: Bundesvereinigung für Gesundheitserziehung (Hg.): Gesunde Kinder – unsere Verantwortung. Bonn 1979, S. 133-140

Petri, H.: Aspekte familiärer Gewalt. Eine empirische Untersuchung. Psyche 35, 1981, 10, S. 927-962

Petri, H.: Versorgungsmodelle und präventive Strategien bei Gewalt gegen Kinder. Sozialpsychiatrische Informationen 12, 1982, 67, S. 51-58

Petri, H./Lauterbach, M.: Gewalt in der Erziehung. Plädoyer zur Abschaffung der Prügelstrafe. Frankfurt 1975

Pfohl, St. J.: Die »Entdeckung« der Kindesmißhandlung. In: Stallberg, F. W./Springer, W.: (Hg.): Soziale Probleme. Neuwied/Darmstadt 1983, S. 151-167

Pizzey, E.: Schrei leise! Mißhandlungen in der Familie. Stuttgart 1976
Pleck, E. et al.: The battered data syndrome: A comment on Steinmetz' article. Victimology 3, 1978, 1-2, S. 680-683
Prokop, U.: Weiblicher Lebenszusammenhang. Von der Beschränktheit der Strategien und der Unangemessenheit der Wünsche. Frankfurt 1976

Radbill, S. X.: Mißhandlung und Kindestötung in der Geschichte. In: Helfer/Kempe 1978, S. 37-65
Rammstedt, O. (Hg.): Gewaltverhältnisse und die Ohnmacht der Kritik. Frankfurt 1974
Rammstedt, O.: Zum Leiden an der Gewalt. In: ders. 1974, S. 235-255 (1974a)
Rammstedt, O.: Gewalt und Hierarchie. In: ders. 1974, S. 132-156 (1974b)
Rammstedt, O.: Grenzen der Gewalt. In: Röttgers/Saner 1978, S. 71-81
Rammstedt, O.: Subjektivität und Sozialwissenschaften. In: Schülein, J. A. et al. 1981, S. 39-75
Richter, H. E.: Eltern, Kind, Neurose. Reinbek 1969
Richter, H. E. et al. (Hg.): Familie und seelische Krankheit. Reinbek 1976
Riedmüller, B.: Hilfe, Schutz und Kontrolle. Zur Verrechtlichung der Kindheit. In: Hengst 1981, S. 132-190
Riedmüller, B. et al.: Sozialforschung als Mittel der Reformpolitik. In: Soziale Welt, Sonderband 1, 1982, S. 307-334
Röttgers, K.: Andeutungen zu einer Geschichte des Redens über die Gewalt. In: Rammstedt 1974, S. 157-234
Röttgers, K.: Nachwort I: Kritik oder Gewalt – Ende eines philosophischen Themas. In: Röttgers/Saner 1976, S. 82-96
Röttgers, K./Saner, H.: Gewalt. Grundlagenprobleme in der Diskussion der Gewaltphänomene. Basel 1978
Rosen, R.: Gewalt gegen Frauen – Einige Theorieansätze. In: Albrecht-Désirat, K./Pacharzina, K. (Hg.): Sexualität und Gewalt. Bensheim 1979
Rosenbaum, H.: Familie als Gegenstruktur zur Gesellschaft. Stuttgart 1978[2]
Rosenbaum, H.: Formen der Familie. Untersuchungen zum Zusammenhang von Familienverhältnissen, Sozialstruktur und sozialem Wandel in der deutschen Gesellschaft des 19. Jahrhunderts. Frankfurt 1982
Ross, E.: »Fierce questions and taunts«: Married life in working-class London. In: Feminist Studies 8, 1982, 3, S. 575-602
Rounsaville, B. J.: Theories in marital violence: Evidence from a study of battered women. Victimology 3, 1978, 1-2, S. 11-31

Rush, F.: The best kept secret. New York 1980 (deutsch: Das bestgehütete Geheimnis. Berlin 1982)
Rutschky, K. (Hg.): Schwarze Pädagogik. Quellen zur Naturgeschichte der bürgerlichen Erziehung. Frankfurt/Berlin/Wien 1977
Rutschky, M.: Das Aggressionstabu. Merkur 39, 1985, 9/10, S. 755-763
Russell, D. E. H.: Rape in marriage. New York 1982
Ryan, W.: Blaming the victim. New York 1971

Sachße, Ch./Tennstedt, F.: Familienpolitik durch Gesetzgebung. Die juristische Regulierung der Familie. In: Kaufmann, F.-X. (Hg.): Staatliche Sozialpolitik und Familie. München 1982, S. 87-130
Sack, F. et al.: Gewalt in der Familie. Unv. Projektbericht (3 Bde.), Hannover 1982
Sack, F./Eidmann, D.: Gewalt in der Familie. Kurzfassung des Forschungsberichts. Verv. Ms., Hannover 1985
Sartorius, W. (Hg.): »... auch wenn das Kind schon blaugeschlagen ist ...« Aus der Arbeit der Beratungsstelle für Kinderschutzarbeit. München (Broschüre), 1979
Sartre, J. P.: Was ist schreiben? In: ders., Was ist Literatur? Reinbek 1981, S. 13-35
Sartre, J. P.: Vorwort. In: Fanon, F.: Die Verdammten dieser Erde. Frankfurt 1981 (1966), S. 7-27
Scheerer, S.: Neue soziale Bewegungen und Strafrecht. Kritische Justiz 18, 1985, 3, S. 245-254
Schmude, M.: Zum Problem der Definition bei Kindesmißhandlung. In: Kinderschutzzentrum Berlin 1980, S. 41-51
Schülein, J. A. et al.: Politische Psychologie. Entwürfe zu einer historisch-materialistischen Theorie des Subjekts. Frankfurt 1981
Schumacher, J./Vollmer, R.: Differenzierungs- und Entdifferenzierungsprozesse im Familiensystem. In: Hondrich, K.-O. (Hg.): Soziale Differenzierung. Langzeitanalysen zum Wandel von Politik, Arbeit und Familie. Frankfurt 1982, S. 210-352
Schumm, W. R. et al.: Classifying family violence. Whither the woozle? J. Fam. Iss. 3, 1982, 3, S. 319-340
Scott, M./Lyman, S.: Accounts. ASR 33, 1968, S. 42-62
Scott, M./Lyman, S.: Accounts, deviance, and social order. In: Douglas, J. (ed.): Deviance and respectability: The social construction of moral meanings. New York 1970
Sebbar, L.: Gewalt an kleinen Mädchen. Naumburg 1980
Senatsbericht: Bericht über die Situation mißhandelter und vernachlässigter Kinder in Berlin. Hg. vom Senator für Familie, Jugend und Sport. Broschüre, Berlin 1977
Sennett, R.: Verfall und Ende des öffentlichen Lebens. Frankfurt 1983

Shorter, E.: Die Geburt der modernen Familie. Reinbek 1977
Sichtermann, B.: Vorsicht Kind. Eine Arbeitsplatzbeschreibung für Mütter, Väter und andere. Berlin 1982
Sichtermann, B.: Vergewaltigung und Sexualität. In: dies., Weiblichkeit. Zur Politik des Privaten. Berlin 1983, S. 35-43
Siebel, W. (Hg.): Herrschaft und Liebe. Zur Soziologie der Familie. Berlin 1984
Siegert, M. T.: Strukturbedingungen von Familienkonflikten. Frankfurt 1977
Snell, J. et al.: The wifebeater's wife. Archives of General Psychiatry 11, 1964, August, S. 107-112
Der Spiegel 37, 1983, 29, S. 50-62: »Was haben wir da für ein Ungeheuer?«
Der Spiegel 38, 1984, 29, S. 30-40: »Wenn du was sagst, bring' ich dich um«: Sexueller Mißbrauch von Kindern in ihren Familien.
Spinetta, J. J./Rigler, D.: The child-abusing parent: A psychological review. In: Psychological Bulletin 77, 1972, 4, S. 296-304
Stallberg, F. W.: Alternativer Kinderschutz: Erfolgsbedingungen, Probleme, Zukunftsaussichten. In: RdJB 32, 1984, 3/4, S. 230-235
Stark, E. et al.: Medicine and patriarchal violence: The social construction of a ›private‹ event. International Journal of Health Services 9, 1979, 3, S. 461-493
Stark, E./Flitcraft, A.: Social knowledge, social policy, and the abuse of women: The case against patriarchal benevolence. In: Finkelhor et al. 1983, S. 330-348
Stark, R./McEvoy III, J.: Middle-class violence. Psychology Today 4, 1970-71, 11, S. 52 ff.
Steele, B. F./Pollock, C. B.: Eine psychiatrische Untersuchung von Eltern, die Säuglinge und Kleinkinder mißhandelt haben. In: Helfer/Kempe 1978, S. 161-243
Steinkamp, G.: Klassen- und schichtenanalytische Ansätze in der Sozialisationsforschung. In: Hurrelmann, K./Ulich, D. (Hg.): Handbuch der Sozialisationsforschung. Weinheim 1980, S. 253-284
Steinmetz, S. K.: Occupation and physical punishment: A response to Straus. J. Marr. Fam. 33, 1971, S. 664-666
Steinmetz, S. K.: Occupational environment in relation to physical punishment and dogmatism. In: Steinmetz/Straus 1974, S. 166-172
Steinmetz, S. K.: The cycle of violence. Assertive, aggressive, and abusive family interaction. New York 1977
Steinmetz, S. K.: The battered husband syndrome. Victimology 2, 1977-78, 3-4, S. 499-509
Steinmetz, S. K.: Violence between family members. A review of the recent literature. Marriage and Family Review 1, 1978, 3, S. 1-16

Steinmetz, S. K./Straus, M. A. (eds.): Violence in the family. New York 1974
Stober, B.: Familie und Kindesmißhandlung – Eine Literaturübersicht. Familiendynamik 4, 1979, 4, S. 376-388
Straus, M. A.: Some social antecedents of physical punishment: A linkage theory interpretation. J. Marr. Fam. 33, 1971, S. 658-663
Straus, M. A.: A general systems theory approach to a theory of violence between family members. Social Science Information 12, 1973, 3, S. 105-125
Straus, M. A.: Foreword. In: Gelles 1974, S. 11-17
Straus, M. A.: Cultural and social organisational influences on violence between family members. In: Prince, R./Barried, D. (eds.): Configurations. Biological and cultural factors in sexuality and family life. New York 1974, S. 53-69
Straus, M. A.: Sexual inequality, cultural norms, and wife-beating. In: Viano, E. (ed.): Victims and society. Washington 1976, S. 543-559 (deutsch in: Haffner 1976, S. 170-185)
Straus, M. A.: Measuring intrafamily conflict and violence: The conflict tactics (CT) scales. J. Marr. Fam. 41, 1979, S. 75-88
Straus, M. A.: Stress and physical child abuse. Child abuse and neglect 4, 1980, S. 75-88 (1980a)
Straus, M. A.: Social stress and marital violence in a national sample of american families. In: Wright, F. et al. (eds.): Forensic psychology and psychiatry. Annals New York Academy of Science 347, 1980 (1980b)
Straus, M. A.: Sexual inequality and wife-beating. In: Straus/Hotaling 1980, S. 86-93 (1980c)
Straus, M. A.: A sociological perspective on the causes of family violence. In: Green, M. R. (ed.): Violence and the family. Boulder 1980, S. 7-31 (1980d)
Straus, M. A.: Ordinary violence, child abuse, and wife-beating. What do they have in common? In: Finkelhor et al. 1983, S. 213-234
Straus, M. A./Hotaling, G. T. (eds.): The social causes of husband-wife violence. Minneapolis 1980
Straus, M. A. et al.: Behind closed doors. Violence in the American family. New York 1980
Sykes, G. M./Matza, D.: Techniken der Neutralisierung: Eine Theorie der Delinquenz. In: Sack, F./König, R. (Hg.): Kriminalsoziologie. Frankfurt 1968

Terhart, E.: Intuition – Interpretation – Argumentation. Zur Geltungsbegründung von Normen. ZfPäd 27, 1981, 5, S. 769-793
Terhart, E.: Schwierigkeiten (mit) der »objektiven Hermeneutik«. Eine Antwort auf Ulrich Oevermann. In: Garz/Kraimer 1983, S. 156-175

Teubner, U. et al.: Untersuchung »Vergewaltigung als soziales Problem – Notruf und Beratung für vergewaltigte Frauen«. Schriftenreihe des Bundesministers für Jugend, Familie und Gesundheit, Band 141. Stuttgart 1983

Theweleit, K.: Männerphantasien. Zwei Bde. Frankfurt 1977

Tierney, K. J./Corwin, D. L.: Exploring intrafamilial sexual abuse: A systems approach. In: Finkelhor et al. 1983, S. 102-116

Trube-Becker, E.: Gewalt gegen das Kind. Vernachlässigung, Mißhandlung, sexueller Mißbrauch und Tötung von Kindern. Heidelberg 1982

Tyrell, H.: Familie und gesellschaftliche Differenzierung. In: Pross, H. (Hg.): Familie – wohin? Leistungen, Leistungsdefizite und Leistungswandlungen der Familien in hoch industrialisierten Gesellschaften. Reinbek 1979, S. 13-77

Tyrell, H.: Familienalltag und Familienumwelt. ZSE 2, 1982, 2, S. 167-188

Tyrell, H.: Herrschaft und Liebe. Zu einer Soziologie der Familie. Fam RZ 32, 1985, 9, S. 884-885

Volmerg, U.: Gesellschaftliche Verhältnisse und individuelles Verhalten in der Aggressionsforschung. Eine kritische Bestandsaufnahme. In: Friedensanalysen. Für Theorie und Praxis 5. Frankfurt 1977, S. 17-84

Volmerg, B.: Zur Sozialisation struktureller Feindseligkeit. In: Friedensanalysen. Für Theorie und Praxis 6. Frankfurt 1978, S. 44-77

Volmerg, U.: Gewalt im Produktionsprozeß. In: Friedensanalysen. Für Theorie und Praxis 6. Frankfurt 1978, S. 15-43

Volmerg, U.: Gewalt im Alltag und die Ghettoisierung des Bösen. In: Friedensanalysen 17. Frankfurt 1983, S. 16-29

Wahl, K./Tüllmann, G./Honig, M.-S./Gravenhorst, L.: Familien sind anders! Wie sie sich selbst sehen: Anstöße für eine neue Familienpolitik. Reinbek 1980

Wahl, K./Honig, M.-S./Gravenhorst, L.: Wissenschaftlichkeit und Interessen. Zur Herstellung subjektivitätsorientierter Sozialforschung. Frankfurt 1982

Wahl, K./Honig, M.-S./Gravenhorst, L.: Plurale Wirklichkeiten als Herausforderung an die Soziologie. Methodologische und forschungspraktische Überlegungen am Beispiel von »Gewalt in Familien«. In: Soziale Welt, Sonderband 3. Göttingen 1985, S. 391-412

Walker, L.: Battered women and learned helplessness. Victimology 2, 1977-78, 3-4, S. 525-534

Walker, L.: The battered woman. New York 1979

Walker, L.: Victimology and the psychological perspectives of battered women. Victimology 8, 1983, 1-2, S. 82-104

Walker, L.: The battered woman syndrome study. In: Finkelhor et al. 1983, S. 31-48 (1983a)
Walper, S. U./Silbereisen, R. K.: Auswirkungen ökonomischer Veränderungen auf das Familiensystem. Theoretische und methodische Überlegungen zu Erhebungen bei den Eltern des Berliner Jugendlängsschnitts. Technische Universität Berlin 1982
Wardell, L. et al.: Science and violence against wives. In: Finkelhor et al. 1983, S. 69-84
Washburne, C. K.: A feminist analysis of child abuse and neglect. In: Finkelhor et al. 1983, S. 289-292
Weber, M.: Wirtschaft und Gesellschaft. Erster Halbband. Köln/Berlin 1964
Weingarten, E. et al. (Hg.): Ethnomethodologie. Beiträge zu einer Soziologie des Alltagshandelns. Frankfurt 1976
Werlhof, C. von: Sexualität und Ökonomie. Über den Zusammenhang von Frauenmißhandlung und Klassengesellschaft. In: Kerscher, I. (Hg.): Konfliktfeld Sexualität. Neuwied 1977, S. 91-106
Werlhof, C. von: Zum Verhältnis von »Staat«, »Kapital« und »Patriarchat«. Beiträge zur feministischen Theorie und Praxis 8, 1985, 13, S. 63-78
Werner, F.: Vermeidung emotionaler Offenheit – der Gesprächsstil in einer Männergruppe. In: Methoden in der Frauenforschung 1984, S. 115-140
Willemsen, R.: Gewalt als Unterhaltung. Merkur 39, 1985, 2, S. 91-105
Wolff, R.: Kindesmißhandlungen und ihre Ursachen. In: Bast et al. 1975, S. 13-45
Wolff, R.: Gesichtspunkte zu einer Theorie familialer Gewalt. In: Schaller, B. et al. (Hg.): Schau unter jeden Stein. Merkwürdiges aus Kultur und Gesellschaft. Dieter Claessens zum 60. Geburtstag. Frankfurt 1981, S. 345-359
Wolff, R.: Kindesmißhandlung als ethnopsychische Störung. In: Bernekker et al. 1982, S. 69-80
Wolff, R.: Der schwierige Versuch, Neues zu schaffen. Zur Entwicklung des Kinderschutz-Zentrums Berlin. In: Bernecker 1982, (1982a)
Wolff, St.: Die Produktion von Fürsorglichkeit. Bielefeld 1983
Wolfgang, M./Ferracuti, F.: The subculture of violence. New York 1967

Zalba, S. R.: The abused child II: A typology for classification and treatment. Social Work 12, 1967, S. 70-79
Zeller, M.: Die Lust des Zerstörens. Ein Plädoyer für die Wilden in unserer Gesellschaft. Merkur 35, 1981, 12, S. 1223-1234
Zenz, G.: Einleitung. In: Helfer/Kempe 1978, S. 17-34
Zenz, G.: Kindesmißhandlung und Kindesrechte. Frankfurt 1979

Zigler, E.: Controlling child abuse in America: An effort doomed to failure? In: Bourne/Newberger 1979, S. 171-213
Zigler, E.: Controlling child abuse: Do we have the knowledge and/or the will? In: Gerbner, G. et al. (eds.): Child abuse. An agenda for action. New York 1980, S. 3-32

Nachwort zur Taschenbuchausgabe 1992
Sexuelle Ausbeutung von Kindern
Stand und Perspektiven der Forschung

Familiale Gewalt ist in dieser Gesellschaft so normal wie Armut, Obdachlosigkeit oder Drogenmißbrauch. »Gewalt in der Familie ist nach den bisherigen (...) Erkenntnissen die verbreitetste Form von Gewalt« stellt die Gewaltkommission der Bundesregierung fest (Schwind, Baumann et al. 1990, Bd. 1, 75). Diente die patria potestas einst der obrigkeitlichen Gewalt zum Modell und zur Begründung, so wird die Gewalt an Kindern und Frauen in der Familie und außerhalb der Familie heute im Prinzip gleich behandelt: als kriminelle Handlung. Die soziale Wirklichkeit der Gewalt zwischen den erwachsenen Partnern und zwischen Eltern und Kindern gewinnt ihre Relevanz jedoch nicht allein in der Logik der staatlichen Gewaltkontrolle, sondern in der familialen Eigenlogik von Macht und Intimität. Diese Ambivalenz macht sich bis in die jüngsten rechtspolitischen Kontroversen um die körperliche Züchtigung von Kindern (§ 1631 BGB) und die Vergewaltigung in der Ehe hinein bemerkbar.

Die Studie »Verhäuslichte Gewalt« versteht sich nicht als Beitrag zu einer wirkungsvolleren Gewaltkontrolle, sondern zu einem besseren Verständnis der Gewaltgenese. Die Untersuchung hatte zum Ziel, familiale Gewalt nicht als Delikt oder als Psychopathologie zu behandeln, sondern sie aus der strukturellen Logik und der situativen Dynamik der Beziehungen zwischen Eltern und Kindern, Männern und Frauen in Familien heraus zu verstehen. Dazu wählte sie aber nicht den Weg der Ursachenforschung, sondern der Analyse jener Diskurse, in denen sich das soziale (und auch das normalwissenschaftliche) Wissen von »Gewalt« (hier: in Familien) bildet. Dieses Wissen steht unter dem Apriori der Gewaltkontrolle. Es erzwingt eine Naturalisierung des sozialen Phänomens »Gewalt« und erzeugt eine Pseudo-Objektivität, die sich in Bildern von Blut und Tränen dokumentiert. Diese fiktive Faktizität, der Alltagsmythos »Gewalt«, ist eine Schlüsselkategorie der Untersuchung. Sie fungiert auch als Instrument einer kritischen Darstellung der – überwiegend angelsächsischen – Family-Violence-Forschung. Im empirischen Teil der Studie wird der Versuch unternommen, diesen Alltagsmythos, dieses Artefakt der Gewaltkontrolle gewissermaßen rückzuübersetzen in die Eigenlogik familialer Privatheit. Tatsächlich läßt die Sozialphänomenologie körperlicher Aggression eine paradoxe Normalität – das zweite Schlüsselkonzept der Untersuchung – der Gewaltanwendung in Familien erkennen. Körperliche Aggression spielt im Familienalltag keineswegs nur eine randständige Rolle, sie ist jedoch Träger äußerst unterschiedlicher, sogar gegensätzlicher Bedeutungen: »Schläge aus Liebe«. Gewaltanwendung kann strategisch und impulsiv zugleich sein, ein Instrument, die Kontrolle über andere zurückzugewinnen, und eine regressive Erfahrung, die Kontrolle über sich selbst zu verlieren (Goldner et al. 1990, Stets 1988). »Gewalt« ist auch für die Akteure in Situationen familialen Gewalthandelns ein »super summary symbol« (Neidhardt 1986): ein Wort für die körperlich vermittelte Erfahrung, vom anderen als Person negiert zu werden (Denzin 1984). Der Ausdruck »Gewalt« ist daher methodisch nicht zur Klassifizierung objektiver Verhaltensmerkmale geeignet, sondern muß als Unwert-Urteil reflektiert werden. Der Terminus »Gewalt in Familien« ist eine Metapher der Instanzen sozialer Kontrolle für spezifische Erscheinungsformen der Dialektik von Intimität und Macht unter den Bedingungen geschlechter- und generationenhierarchischer Abhängigkeitsverhältnisse.

Das Nachwort soll das erstmals 1986 erschienene Buch aktualisieren und weiterführen, indem es diesen Ansatz auf die sexuelle Ausbeutung von Kindern innerhalb und außerhalb von Familien bezieht. Angesichts der Pluralität familialer Lebensformen kann innerfamiliale Gewalt als Spezialfall von – wie die Amerikaner es schwer übersetzbar nennen – »intimate violence« begriffen werden. Sexuelle Ausbeutung in sozialen Nahbeziehungen unterscheidet sich von körperlicher Gewalttätigkeit: Nicht die Absicht oder die als solche vom Gegenüber wahrgenommene Absicht, körperlich zu verletzen, sondern die Verletzung eines Tabus[1] qualifiziert eine sexuelle Handlung als »Mißbrauch«.

Auf den ersten Blick wechselt das Nachwort das Thema und erweitert das Untersuchungsfeld; tatsächlich jedoch ist die sexuelle Ausbeutung von Kindern besonders geeignet, dem Mythos Gewalt – der in diesem Bereich die Form einer »Ideologie des sexuellen Mißbrauchs« (Rutschky 1990) angenommen hat – die Objektivität einer sozialen Krankheit zu nehmen und die Dialektik von Intimität und Macht zu verstehen. Die sexuelle Ausbeutung von Kindern konstituiert sich in der Ambiguität von Leiblichkeit im Generationenverhältnis, nicht im Verstoß gegen Rechtsnormen, die den »Mißbrauch« definieren. Diese Ambiguität verweist in theoretischer Hinsicht auf fließende Grenzen und prinzipielle Unterschiede der Sexualität von Erwachsenen/Eltern und Kindern – eine Weiterführung des Konzepts »paradoxe Normalität«. Daher ist ein Macht-Begriff nicht angemessen, der sich am staatlichen Gewaltmonopol und seiner juridischen Form (Verbot und Gesetz) einerseits, dem gehorsamen Subjekt andererseits – einer Dichotomie von Herrschaft und Ohnmacht – orientiert, wie er den problempolitischen Diskurs des sexuellen Mißbrauchs bestimmt. Angemessener ist, in Anlehnung an Foucault (1983), die Vorstellung eines Spiels der Machtbeziehungen von Autonomie und Abhängigkeit. Ein solches positives Verständnis von Macht läßt sich verbinden mit der »vis«-Komponente des Gewaltbegriffs, die oft unterschlagen wird, weil die Gewaltdiskussion auf den Gegensatz von »potestas« und »violentia« (Staatsgewalt und Rechtsbruch) fixiert ist. Die »vis«-Komponente des Gewaltbegriffs meint das quasi-anthropologische, leibliche Können und Vermögen jedes Einzelnen, die Sinnlichkeit von Macht als Jedermannsressource (von Trotha 1987). Aus der Perspektive der »potestas« ist »vis« eine elementare Gefahr der sozialen Ordnung; aus der Perspektive von »Jedermann« ist sie ein Potential der Selbstbestimmung. Die Betonung der »vis«-Komponente im Gewaltbegriff und die Differenzierung zwischen Machtbeziehungen und Herrschaftsverhältnissen ermöglichen es, die Dichotomie von »Täter« und »Opfer« zu überwinden und den/die Einzelne als selbstverantwortlich handelndes Subjekt zur Geltung zu bringen. Das staatlich-juridische Modell von Gesetz und Verbot, das den problempolitischen Diskurs von sozialen Bewegungen und Professionen in der Bundesrepublik dominiert, bekräftigt dagegen das bestehende Tabu, indem es die körperliche Nähe zwischen Erwachsenen und Kindern in Gestalt der »Tatsache« des sexuellen Mißbrauchs als Gefahr inszeniert.

Unter dieser theoretischen Perspektive skizziert das Nachwort im

Rückgriff auf jüngere Beiträge vor allem der angelsächsischen Literatur den Stand der Forschung über »child sexual abuse«, die 1986 erst in den Anfängen steckte. Die Darstellung will die doppelte Funktion von Information und Kritik erfüllen und orientiert sich an den problempolitischen Fragen nach Definition, Ausmaß und Folgen sexueller Ausbeutung von Kindern. Die drei Kapitel des Textes folgen diesen Fragen; das kurze Schlußkapitel zieht ein Resümee und macht einen Vorschlag für zukünftige Forschung.

I
Der essentialistische Gewaltbegriff und die sexuelle Ausbeutung von Kindern

Vor-Orientierung: »Gewalt«

Das Wort »Gewalt« umfaßt drei Bedeutungskomponenten, die sich sprachgeschichtlich zurückverfolgen lassen und für die politische Philosophie (Röttgers 1974) relevant geworden sind. »Potestas«, die eine etymologische Komponente, meint die institutionalisierte, legitime, heute konkret: staatliche Gewalt, gleichbedeutend mit staatlicher Macht, das »Monopol der legitimen physischen Gewaltsamkeit« (Max Weber). Die zweite Komponente, »violentia«, meint – von der »potestas« aus gesehen – die illegitime, individuelle Gewaltanwendung, die potentiell ein Delikt ist. In der politischen Philosophie hat sie aber auch die Bedeutung des Generalstreiks (Sorel), des Umsturzversuchs, des Widerstands aus Ohnmacht, der die Legitimität für sich beansprucht. Die dritte Bedeutungskomponente, »vis«, meint die leibliche, quasi-anthropologische Fähigkeit (als »Jedermannsressource«, von Trotha 1987) zur Gewaltanwendung qua körperlicher Kraft.

Um zu verdeutlichen, warum Gewalt ein soziales Problem ist, wird in der Regel auf eine binäre Schematisierung zurückgegriffen; es gibt dann nur legitime oder illegitime Gewalt, Gewalt im Namen des Rechts oder gegen das Recht (Luhmann 1974, 107). Wenn man sich die Begriffskomponenten vergegenwärtigt, erkennt man, daß die Schematisierung das komplexe Verhältnis von »potestas«, »violentia« und »vis« verzerrt, das die Machtfrage mit dem Problem der Gerechtigkeit und der von der Leiblichkeit der Gewalt bedingten Ambiguität sozialen und nicht-sozialen Handelns verknüpft.

Die Gewaltforschung hat es also mit ethischen und empirischen Problemen zu tun. Sie befindet sich daher in einem methodologischen Dilemma. Sie ist ihrem Gegenstand nicht gewachsen, wenn sie nicht wissenschaftlich und moralisch zugleich argumentiert. Die gegenwärtige Diskussion über die Gewalt an Frauen und Kindern scheitert an dieser Herausforderung, weil sie den Gewaltbegriff essentialistisch faßt. Zum einen identifiziert sie Gewalt mit Gewalttätigkeit (bzw. körperlicher Aggression). »Die Gewalttätigkeit, ablesbar an ihren gezeigten Wirkungen, wird zum Akt der Gewalt, ja zur Gewalt selbst« (Rammstedt 1974a, 238). In diesem Sinne ist der essentialistische Gewaltbegriff aktionistisch (a.a.O., 241). Seine Verbindlichkeit bezieht er aus dem Strafrecht[2]. Zum anderen ist er naturalistisch in dem Sinne, daß er sich empirisch gibt, das Beobachtbare jedoch unreflektiert mit soziokulturellen Unwert-Urteilen auflädt, die der beobachtbaren Gewalthandlung nicht inhärent sind. In der Diskussion über Gewalt an Frauen und Kindern tritt der essentialistische Gewaltbegriff in einer advokatorischen Variante auf. In dieser Variante bezieht er sich auf die Leidenserfahrungen von Opfern der Gewalt, jedoch aus der Perspektive parteilich urteilender Dritter. Der advokatorische Gewaltbegriff transformiert diese Erfahrungen nach Maßgabe der binären Schematisierungen von Täter vs. Opfer, Schuld vs. Unschuld, aktiv vs. passiv, Gewalt vs. Nicht-Gewalt. Das Scheitern besteht darin, daß dabei die ethisch-politische Perspektive der Gewaltkontrolle und die empirische und theoretische Problematik der Gewaltgenese unvermittelt bleiben.

Die binäre Schematisierung des Gewaltproblems erscheint als Selbstverständlichkeit, verdankt sich jedoch der historischen Herausbildung des modernen Staates und seines Anspruchs auf das Monopol legitimer physischer Gewaltsamkeit. Dieser Anspruch soll es möglich machen, Gewalt durch Recht zu ersetzen und damit eine sittliche Ordnung zu stiften.

Das Monopol legitimen physischen Zwanges konstituiert Politik als Funktionsbereich der modernen Gesellschaft. Die monopolisierte Gewalt ist »eine Art Deckungsreserve« (Neidhardt 1986, 136) der staatlichen Macht, der generellen Voraussetzung staatlichen Funktionierens. In diesem Zusammenhang wird klar, warum der Monopolanspruch der *physischen* Gewalt gilt. Denn die Voraussetzungslosigkeit, Allgemeinheit und Erfolgssicherheit ihrer Zwangswirkungen, ihre »elementare Asozialität« (Neidhardt), machen sie zu einer fundamentalen Bedrohung dauerhafter Sozialstrukturen.

Aus dieser Perspektive erscheint die Gewalt an Frauen und Kindern jedoch ausschließlich unter dem Gesichtspunkt einer möglichen Bedrohung des staatlichen Gewaltmonopols bzw. der Legitimität der von ihm versprochenen gerechten Ordnung. Tatsächlich ist unter dem Vorzeichen einer entwickelten sozialstaatlichen Rechtsordnung der Schutz vor physischer, insbesondere sexueller Gewalt an Frauen und Kindern – auch in Familien – zur Aufgabe staatlicher Organe und zum Thema der Gesetzgebung geworden (Schneider 1987). Die etatistische Perspektive faßt Gewalt im Geschlechter- und Generationenverhältnis einerseits als individuelle, illegitime Handlung auf. »Gewalt« ist ein eindeutig verbotenes, beobachtbares, persönlich zurechenbares Verhalten. Andererseits hat der Gewaltbegriff im Strafrecht eine »Versozialstaatlichung« erfahren, wie Friedhelm Neidhardt es genannt hat. Entscheidend sind nicht Tat und Täter, sondern die Folgen der Tat. »Gewalt liegt vor, wenn es Opfer und Verletzungen gibt« (Neidhardt 1986, 122). Parallel dazu ist der Gewaltbegriff im Strafrecht »vergeistigt« worden, das heißt: die Unterscheidung von körperlichen und sonstigen Zwangsmitteln wird relativiert, und der Gewaltbegriff wird psychologisiert (ebda.).

In dieser Perspektive wird jedoch übersehen, daß die Gewalt von

Männern an Frauen und Kindern sich in der Unterscheidung von legitimer und illegitimer Gewalt gar nicht explizieren läßt, denn niemand hat das Recht, eine/n andere/n körperlich oder psychisch zu verletzen, von dem umstrittenen Fall der körperlichen Strafe für Kinder abgesehen. Das Problem der Gewalt im Geschlechter- und Generationenverhältnis hat sich von der Unterscheidung zwischen legitimer und illegitimer Gewalt, die noch im 19. Jahrhundert galt, auf die Unterscheidung zwischen Gewalt und Nicht-Gewalt verschoben (Honig 1988a). Wo diese Grenze ist, bestimmt sich allein nach Maßgabe der Macht- und Intimitätsstrukturen zwischen den jeweiligen Männern und Frauen, Eltern und Kindern[3]. »Gewalt« läßt sich als Form des Scheiterns von Intimität an den Machtverhältnissen zwischen den Geschlechtern und Generationen fassen (Honig 1988b). Daher bedarf es eines »vergeistigten« Gewaltbegriffs, wenn der (Sozial-)Staat den Schutz vor dieser Art Gewalt zu seiner Sache macht.

Die Asymmetrie der etatistischen Perspektive läßt sich weiter verdeutlichen mit einem Hinweis auf das Konzept der »symbiotischen Mechanismen« (Luhmann 1974). Niklas Luhmann hat den symbiotischen Mechanismus der Gewalt dem gesellschaftlichen Funktionsbereich der Politik zugeordnet, dem Funktionsbereich »Familie« dagegen den symbiotischen Mechanismus »Sexualität«. Familiale Gewalt nach dem Modell körperlicher Aggression zu identifizieren, wie es aus der Perspektive des staatlichen Gewaltmonopols geschieht, reicht zur Bestimmung ihrer Spezifität nicht aus (Honig 1989, 1990). Spezifisch für familiale Gewalt ist die Ambiguität der Körperlichkeit (»vis«) zwischen Sexualität und Gewalt. Die Spezifität muß also im Verhältnis von »Sexualität« und »Gewalt« bzw. im Verhältnis von »Liebe« und »Macht« als den Familie bzw. Politik zugeordneten Kommunikationsmedien bestimmt werden. Die Kommunikationsmedien »Liebe« und »Macht« schließen sich nicht aus, sondern überlagern sich. In diesem Zusammenhang ist es nützlich, sich an Otthein Rammstedts Bemerkung zu erinnern, Gewalt müsse begrifflich zwischen die sozial bedingte Macht und die psychosomatisch bedingte Aggression gestellt werden (Rammstedt 1978, 71). Die Leiblichkeit der Aggression ist denn auch nicht per se zerstörerisch zu denken, sondern sie ist an die soziale Interaktion gekoppelt, in der Intimität hergestellt wird.

Mit dem Wechsel der Perspektive ändert sich also die Definition des Gewaltproblems und der Gewaltbegriff. Die Aufgabe einer sozialwissenschaftlichen Theorie der Gewalt im Geschlechter- und Generationenverhältnis ist es, das Verhältnis von »Liebe« und »Macht« im Prozeß der Konstruktion von Intimität zwischen Männern und Frauen, Eltern und Kindern deutlich zu machen.

Wovon ist die Rede? Operationale Definitionen

Die sozialwissenschaftliche »Intimate Violence«-Forschung ist mit derlei vertrackten Schwierigkeiten zunächst nicht belastet. Sie hat »violence« im Visier, das heißt: individuelle körperliche Aggression. Sie arbeitet seit den 70er Jahren an Antworten auf drei grundlegende Fragen: Wie sind die Gewaltphänomene des Familienlebens zu definieren? Welches Ausmaß haben sie? Welche Faktoren und Bedingungen sind für sie verantwortlich (Gelles 1980, 1985)?

Bislang ist keine dieser drei Fragen befriedigend beantwortet. Die Vorschläge einer operationalen Definition beispielsweise unterscheiden sich zum Teil erheblich, je nachdem ob sie sich auf Form, Intensität und Häufigkeit des Gewaltakts (einschließlich von Formen des Unterlassens, »neglect«) selbst, auf die physischen und/oder psychischen Folgen für das Opfer, die Absicht des Täters/der Täterin, auf situative Bedingungen und Umstände, die die Folgen für das Opfer mildern, oder auf Maßstäbe »angemessenen Verhaltens« stützen, die etwa die Unterscheidung von »körperlicher Züchtigung« und »Mißhandlung« regeln (Emery 1989, 321). Reinhart Wolff trifft den Kern der Anstrengungen um eine angemessene Definition, wenn er »Mißhandlung als eine schädigende Konstellation« charakterisiert, die sich »auf dem Kontinuum aller möglichen Verhaltensweisen, von der Liebe auf der einen Seite bis zum Mord und Totschlag auf der anderen« befindet (Wolff 1991, 38).

»Schädigung« ist aber nicht nur ein empirisches, sondern auch ein moralisches Phänomen; Gewalt als schädigende Konstellation: Das trifft sich mit dem oben skizzierten »versozialstaatlichten Gewaltbegriff«. Die »Intimate Violence«-Forschung bewegt sich denn auch immer schon im Horizont von Versuchen der Kontrolle, Behandlung und Vorbeugung dieses Verhaltens. Jeder Versuch einer Definition steht unter der Erwartung, sozial relevant, das heißt: für Polizei, Sozialarbeit oder Therapie aussagekräftig und handhabbar zu sein. »Definitionen von Mißhandlung oder Gewalt«, meint Robert Emery in seinem Literaturbericht 1989, »können niemals wissenschaftliche Standards erfüllen, weil sie nicht als wissenschaftliche Begriffe gemeint sind« (Emery 1989, 322). »Gewalt« ist kein Beobachtungs-, sondern ein Beurteilungsprädikat; der Begriff taugt nicht zur Beschreibung, sondern reflektiert Schlußfolgerungs- und Interpretationsprozesse (Löschper 1988, 1992).

Richard Gelles formulierte schon 1975, daß es »kein objektives Verhalten gibt, das automatisch als Mißhandlung betrachtet werden kann« (Gelles 1975, 364). Michele Bograd pointiert: »Physische Kraftentfaltung allein, wie destruktiv auch immer sie sein mag, wird erst dadurch zu ›Gewalt‹, daß ihr eine entsprechende soziale Bedeutung zugeschrieben wird. Daß ein Mann seine Ehefrau schlägt, kann nicht geleugnet werden; ob der Akt ›gewalttätig‹ ist oder nicht, gut oder schlecht, normal oder deviant, ist eine Frage sozialer Interpretationen« (Bograd 1984a, 2). In gleichem Sinne stellt Christine Hallett für den Bereich der Kindesmißhandlungen fest: »Kindesmißhandlung ist keine Krankheit, die sich in klaren und unverwechselbaren Zeichen manifestiert und einfache Ursachen hat. Es ist ein Urteil, das über eine Reihe von Verhaltensweisen und ihre Folgen gefällt wird« (Hallett 1988, 122).

Gelles, Bograd und Hallett sprechen hier von methodologischen Problemen und von institutionellen Praktiken (Zuschreibungsprozessen), z. B. klinischen Diagnosen. Auch die biographische Rekonstruktion bzw. die »accounts« (Deutungsmuster), in denen Beteiligte gegenüber Dritten ihr Verhalten in gewaltsamen Situationen erklären, rechtfertigen und entschuldigen (wie in den Interviews von »Verhäuslichte Gewalt«), sind solche Interpretationen. Der physische Gewaltakt selbst ist sozial voraussetzungslos, gerade nicht symbolisch vermittelt. Die Spezifität von Gewalt als sozialem Phänomen besteht in ihrer Zweiwertigkeit von Protosozialität und Interpretationsbedürftigkeit.

»Gewalt« ist also kein sich in seiner Bedeutung quasi von selbst verstehender Sachverhalt. Die empirische Gewaltforschung hat es nicht nur mit einem Verhalten, sondern auch mit kulturellen Normen, professionellen Bewertungen und situativen Deutungen zu tun, die dem »Gegenstand« angehören. Eine »kontext-spezifische« Empirie charakterisiert den spezifischen Zugang der feministisch-sozialwissenschaftlichen Gewaltforschung (Dobash/Dobash 1983; Yllö/Bograd 1988). Richard Gelles hat 1979 gemeinsam mit Murray Straus eine Definition familialer Gewalt als soziales Phänomen vorgeschlagen, in der die Wahrnehmung bzw. Attribuierung des Gewalt-Opfers über die Qualifizierung einer Handlung als »gewaltsam« entscheidet. »Gewalt ist der absichtliche oder als absichtlich wahrgenommene Gebrauch körperlicher Kraft mit dem Ziel, Schmerz zuzufügen« (Gelles/Straus 1979, 554). Entscheidend an dieser Definition ist der Versuch, die Spezifität von Gewalt (»violence«) in der Verknüpfung von Körperlichkeit, Handlung und Leiden mit den Deutungsmustern der Beteiligten zu bestimmen.

Zusammengefaßt: Wenn die empirische Gewaltforschung ihre etatistische Perspektive aufgibt, kann sie auch ihre Fixierung auf den beobachtbaren physischen Gewaltakt aufgeben. Ihr Thema wird dann die Gewalt als soziales Phänomen, als soziales Konstrukt. Operationale Bestimmungen von Gewalt (hier: an Frauen und Kindern) müssen die Variable der Deutung und Bewertung kenntlich machen. Gewalt als soziales Phänomen hat zwei Bedeutungskerne: Sie kristallisieren sich um Politik mit der Gewalt und um Erfahrungen von Gewalt. Die Problempolitik legt den »versozialstaatlichten« Gewaltbegriff zugrunde; sie bezieht sich also auf eine vermeintliche oder tatsächliche, bereits eingetretene oder zukünftige Schädigung und folgt Maximen der Gewaltkontrolle. Erfahrungen mit Gewalt dagegen sind an soziale Situationen, interpersonelle Beziehungen und die Ambiguität der Leiblichkeit gebunden; sie entstehen in einem »Kampf um Identität«.

Sexueller Mißbrauch: Zwei Typen von Definitionen

Die sozialwissenschaftlichen Definitionen von sexueller Gewalt an Kindern[4] sprechen von »child sexual abuse« bzw. »Mißbrauch«, knüpfen also explizit ein soziales Unwert-Urteil an Merkmale beobachtbaren Verhaltens. Welche Maßstäbe legen diese Definitionen dabei zugrunde?

David Finkelhor, der seit Ende der 70er Jahre einige der wichtigsten empirischen Studien über »child sexual abuse« vorgelegt hat, sagt: »Ich definiere sexuellen Mißbrauch als den Gebrauch eines Kindes durch einen Erwachsenen oder eine wesentlich ältere Person zum Zweck der eigenen sexuellen Befriedigung« (Finkelhor 1985, 27; vgl. Finkelhor 1984, Kap. 2).
Das Schlüsselkriterium dieser Definition ist die objektive Altersdifferenz. Sie indiziert Gewalt im Sinne eines Schädigungspotentials, weil sie auf der Seite der älteren Person überlegene Macht und größeres Wissen über Sexualität impliziert und weil Sexualität zwischen Erwachsenen und Kindern formell und/oder konventionell tabuiert ist (Finkelhor 1984, 152f.). Sexueller Mißbrauch wird als instrumentelle Handlung gefaßt. Allerdings bleibt unklar, wie die schädigende Absicht des Älteren operationalisiert werden soll. Die Definition beruht also nicht auf faktischen Schädigungen, auch die Unterscheidung zwischen Mißbrauch innerhalb und außerhalb der Familie[5] ist lediglich eine empirische Frage; ebensowenig sind körperlicher Kontakt und Anwendung von Zwang konstitutive Merkmale des sexuellen Mißbrauchs im Sinne dieser Definition. Sie eignet sich gut für Studien zur Epidemiologie von »sexual abuse«.
Indem sie von der Beziehung zwischen den Beteiligten abstrahiert, legt diese Definition einen essentialistischen Gewaltbegriff zugrunde. Kritisch ist daher zu fragen, ob sexuelle Handlungen zwischen Erwachsenen und Kindern tatsächlich per se mit Gewalt gleichzusetzen sind.
Barbara Kavemann und Ingrid Lohstöter, die in diesem Themenfeld zu den meistzitierten Autorinnen in der Bundesrepublik gehören, heben dagegen allein auf die Erfahrung des Opfers ab, als Person mißachtet zu werden: »Was verstehen wir unter sexuellem Mißbrauch? All das, was einem Mädchen vermittelt, daß es nicht als Mensch interessant und wichtig ist, sondern daß Männer frei über es verfügen dürfen; daß es durch seine Reduzierung zum Sexualobjekt Bedeutung erlangt; daß es mit körperlicher Attraktivität und Einrichtungen ausgestattet ist, um Männern ›Lust‹ zu verschaffen. Hierzu gehört jeder Übergriff auf das Mädchen« (Kavemann/Lohstöter 1984, 10; vgl. dies. 1985).
»Sexueller Mißbrauch« meint hier die (geschlechtsspezifische) Erfahrung der Degradierung zum Mittel männlicher Sexualbefriedi-

gung. »Sexueller Mißbauch« wird nach dem Modell der Vergewaltigung verstanden, aber radikal subjektiviert. Im Ansatz hebt diese Definition, anders als die Finkelhor's, auf die spezifische Qualität der Gewalterfahrung als Leidenserfahrung ab. Ihre Funktion hat sie, ebenfalls anders als die Definition Finkelhor's, nicht im Kontext empirischer Forschung, sondern im Kontext von Problempolitik.

Dadurch gerät sie aber in ein unlösbares Dilemma. Einerseits soll allein die Betroffene zwischen Nähe und Übergriff, Sexualität und Gewalt unterscheiden können. Andererseits kann der sexuelle Mißbrauch nur dann als soziale Tatsache bekämpft werden, wenn die Gewalterfahrung objektivierbar und verallgemeinerbar ist. Dieses Dilemma eines advokatorischen Gewaltbegriffs fußt auf der Widersprüchlichkeit seiner empirischen Referenzen (Opfererfahrung vs. beobachtbare Übergriffe). Die Autorinnen lösen es mit der Argumentationsfigur einer »Mißbrauchsvermutung«: Ein für Dritte beobachtbarer Anhaltspunkt für die Gewalterfahrung soll nicht erst eine offensichtliche körperliche Schädigung, auch nicht die beobachtbare Anwendung von Gewalt oder ein sich wiederholendes, womöglich über viele Jahre erstreckendes Geschehen sein; Anhaltspunkt ist vielmehr, wie die Autorinnen sagen, »jeder Übergriff«. Dies ist aber keine Lösung des Dilemmas, weil die Bewertung einer (sexuellen) Handlung als »Übergriff« Teil der subjektiven Gewalterfahrung ist; im Lichte der »Mißbrauchsvermutung« erscheinen Kinder/Mädchen als »geborene Opfer«. Vor diesem Hintergrund wird klar, warum die Figur der »Dunkelziffer« sowie autobiographische Bekenntnisse von Mißbrauchsopfern einen zentralen Stellenwert für die Beglaubigung des Mißbrauchs als »soziale Epidemie« haben und warum es nicht nur psychologisch, sondern problempolitisch entscheidend ist, Erlebnisse mit sexuellem Mißbrauch im diagnostischen Gespräch »auf gar keinen Fall in Frage zu stellen« (Steinhage 1989, 50)[6].

In beiden Definitionen ist, wenn auch unterschiedlich allgemein, von (sexuellen) Handlungen die Rede. Beide Definitionstypen gehen wie selbstverständlich von der Vorstellung eines beobachtbaren Gewaltakts aus. Mag diese für die Wirklichkeit von Mißhandlung und Vergewaltigung noch eine suggestive Plausibilität für sich beanspruchen können, so muß der aktionistische Gewaltbegriff an einer Wirklichkeit sexuellen Mißbrauchs scheitern, der mehrheitlich nicht unter Anwendung physischer Gewalt und mit sichtbaren Folgen stattfindet und der gerade mit seinen besonders schädigenden Erscheinungsformen im Kontext einer vertrauten Beziehung zwischen den Beteiligten steht. Ein aktionistischer Gewaltbegriff führt hier in die Sackgasse. »Eng damit verwoben ist schließlich die Tendenz, die Sexualität zu einem Faktum zu reduzieren, die sexuelle Handlung, den sexuellen Akt überzubewerten, zu isolieren und zu einem Trauma an sich zu erheben, ohne auf den Beziehungshorizont, in dem eine sexuelle Handlung geschieht oder auch nicht, abzustellen und zu differenzieren« – eine Tendenz, die sonst dem Strafrecht eigen ist (Schorsch 1989, 144). Beide Definitionstypen trennen Aspekte, die für ein theoretisch angemessenes Verständnis (und auch für eine erfolgversprechende Konzeption von Hilfe und Prävention) nicht nur je für sich, sondern auch in ihrem Zusammenhang verstanden werden müssen: die handlungs- und die erfahrungsbezogenen Aspekte sexueller Übergriffe.

Ihrerseits abgetrennt vom Handlungs- und Erfahrungszusammenhang der Akteure wird »Mißbrauch« in beiden Definitionstypen als Verletzung einer moralischen Norm bestimmt, nämlich der Norm der Reziprozität, der gegenseitigen Anerkennung als je besonderes Subjekt: eine Voraussetzung von Kommunikation überhaupt. Finkelhor nimmt auf die Reziprozitätsnorm vom Täter her Bezug, wenn er die Instrumentalisierung von Kindern für die sexuelle Befriedigung Erwachsener hervorhebt. Kavemann/Lohstöter greifen sie aus der Opferperspektive auf, wenn sie auf die subjektive Erfahrung der Degradierung abheben. Die Verletzung dieser Norm folgt der Logik von Machtverhältnissen: die Verfügung der Älteren über die Jüngeren bei Finkelhor, der Männer über die Frauen bei Kavemann/Lohstöter. Bei Finkelhor bezieht sie sich auf die universalistische Norm des »informed consent« (Finkelhor 1979; 1984, 17f.), bei Kavemann/Lohstöter auf das Motiv der Befreiung aus einem Gewaltverhältnis, in dem Frauen/Mädchen zu Sexualobjekten verdinglicht werden.

Auf der Verbindung empirischer und ethischer Aspekte gründet der kritische Impuls der Sensibilisierung für die sexuelle Gewalt an Kindern als soziales Problem; aber die Verknüpfung ist abstrakt und daher anfällig dafür, die Normen der Gewaltkontrolle als die Normen der Betroffenen auszugeben.

Schädigung oder Normverstoß?

Den Gewaltcharakter des sexuellen Mißbrauchs bestimmen die beiden zitierten Definitionstypen anhand eines normativen Begriffs von Kommunikation. Was unterscheidet nun den sexuellen Übergriff z. B. von der physischen Mißhandlung – nicht klinisch[7], sondern theoretisch[8]? Und was unterscheidet den sexuellen Übergriff von der sexuellen Handlung (»Brauch« vs. »Mißbrauch«, »non-abuse« vs. »abuse«)?

Schon in seiner ersten, damals bahnbrechenden Studie »Sexually Victimized Children« (1979) schrieb David Finkelhor: »Wir wissen mehr über sexuelle Devianz als über sexuelle Normalität. ... Wir fragen nach sexuellen Erfahrungen von Kindern mit Erwachsenen und wissen kaum etwas darüber, wie sie überhaupt Sexualität erleben« (a.a.O., 20). Im Diskurs über den sexuellen Mißbrauch wird Sexualität tendenziell nur noch als sexuelle Gewalt zum Thema, das heißt: als Gewalt. Die Unterscheidung zwischen »abuse« und »non-abuse« wird in der Diskussion weniger an einer wie auch immer zu objektivierenden Schädigung festgemacht – die doch fester Bezugspunkt jenes »versozialstaatlichten« Gewaltbegriffs war –, sondern an Vorstellungen der Altersangemessenheit und Kindgemäßheit sexueller Handlungen (Watkins/Bentovim 1992, 198 und 228), also an einer impliziten normativen Theorie der Kindheit. Im Grunde geht es dabei um eine Theorie kindlicher Sexualität und um eine Ethik sexueller Selbstbestimmung von Kindern; sie wäre die Voraussetzung, in einem theoretisch, empirisch und klinisch fundierten Sinne von »Mißbrauch« sprechen zu können (Honig, i. Ersch.). Statt diese Dis-

kussion zu ermöglichen, wiederholen und bekräftigen die Definitionen für »sexuellen Mißbrauch« das soziokulturelle Tabu, die Verurteilung und das Verbot sexueller Kontakte zwischen Erwachsenen und Kindern.
Freiwilligkeit und Gewaltlosigkeit sexueller Handlungen zwischen Erwachsenen und Kindern (Pädophilie-Debatte) und die Frage nach der sexuellen bzw. parasexuellen Aktivität von Kindern sind daher die eigentlich umstrittenen Themen der Debatte. Das erklärt, warum sie immer wieder Anlaß aufgeregter Polemik sind[9].

Problempolitik

Die bundesdeutsche Diskussion – ob politisch, in den Medien oder wissenschaftlich geführt – hat es schon sprachlich nicht vermocht, aus dem Schatten eines strafrechtlichen Gewalt- und Sexualitätsbegriffs herauszutreten. »Sexueller Mißbrauch von Kindern« ist der Name eines Straftatbestands (§ 176 StGB). Bei dem Versuch, das soziale Problem der sexuellen Ausbeutung zu veranschaulichen und Wege seiner Bekämpfung zu eröffnen, dient die Legaldefinition des § 176 StGB als Bezugspunkt. Er ist dafür gut geeignet, weil seine Tatbestandsmerkmale sehr heterogen sind und nur von einer diffusen, in der Kultur der Moderne allerdings tief verankerten Vorstellung einer schutzbedürftigen Unschuld von Kindern zusammengehalten werden (Baurmann 1991a, Kentler 1987, Ostendorf 1986). Diese Heterogenität wird im Sinne eines »vergeistigten« bzw. »versozialstaatlichten« Gewaltbegriffs interpretiert; in diesem Sinne geht die Diskussion von empfundenen Verletzungen bei den Opfern aus und rechnet ihnen individuelle Täter und ihre sexuellen Handlungen ursächlich zu. »Gewalt« wird in den Gegensätzen von Täter und Opfer, Schuld und Unschuld gefaßt. Die Diskussion behält also die binäre Optik des staatlichen Gewaltmonopols bei, dehnt die Thematik des Gewaltbegriffs jedoch zugleich aus. Nun können soziale Bewegungen und helfende Berufe mit ihren Skandalisierungen bzw. Diagnosekriterien an die Matrix der strafrechtlichen Gewaltkontrolle quasi »andocken«[10]. Das ist insofern paradox, als das Strafrecht täterfixiert ist und die Belange des Opfers dem Strafanspruch des

Staates so weit unterordnet, daß zusätzliche Viktimisierungen durch Ermittlung und Strafverfahren oft nicht einmal beachtet werden.
In der Bundesrepublik stagniert die Diskussion über den »sexuellen Mißbrauch von Kindern«, weil sie an einem aktionistischen Gewaltbegriff festhält und die konventionelle staatsfixierte Gewaltdebatte weiterführt. In der Auseinandersetzung um den »sexuellen Mißbrauch« wird der Gewaltbegriff vollends zur Metapher, weil physische Gewaltakte unter den Verletzungen der sexuellen Selbstbestimmung, die gemeint sind, bei weitem nicht die wichtigste Rolle spielen. Es geht in der Auseinandersetzung um den »sexuellen Mißbrauch« daher nur vordergründig um Entdeckung, Verleugnung und Tabuierung; im Kern geht es um moralische Maßstäbe für die Konstruktion von Wirklichkeit, um die Grenze und den Unterschied von »Brauch« und »Mißbrauch«. Eberhard Schorsch (1989) konstatiert einen soziokulturellen Wandel der Bewertung kindlicher Sexualität im Vergleich mit den Diskussionen um die Reform des Sexualstrafrechts Anfang der 70er Jahre; er bildet quasi den Horizont der gegenwärtigen Debatte um die sexuelle Gewalt an Kindern. Schorsch nennt drei Schauplätze dieses Wandels: Die Ideologisierung von Kindersexualität und Sexualität mit Kindern, die Betroffenenliteratur der Opfer sexueller Ausbeutung und die Veränderungen der Sicht und des Stellenwertes von Sexualität.

Rekonstruktion der Gewalterfahrung

Die strategische Aufgabe sozialwissenschaftlicher Forschung[11] besteht darin, die Dichotomien des Gewaltdiskurses aufzulösen, indem sie die zugrunde liegenden Trennungen rekonstruiert. Sie muß versuchen, um die feministische Familientherapeutin Viviana Goldner zu zitieren, »die reduktionistische Sicht zu überwinden, daß Männer einfach ihre Macht mißbrauchen und Frauen an ihrer eigenen Viktimisierung mitwirken, weil sie ihre Männer nicht verlassen« (Goldner et al. 1990, 344).
Der dichotomisierende Reduktionismus des Denkens läßt sich als eine kulturelle Technik verstehen, bedrohliche Vermischungen und Ambivalenzen in Schach zu halten. Der Inzest ist das klassi-

sche Beispiel einer solchen zivilisatorisch, aber auch lebensgeschichtlich bedrohlichen Vermischung gegensätzlicher Strebungen, eines »spannungsreichen emotionalen Gemischs aus Bewunderung, Neid, Mißgunst, Liebe, Eifersucht und Rivalität« (Benz 1991, 1128). Das Inzest-Tabu soll dies verhindern. »Im Tabu werden Handlungen verschlüsselt«, so Katharina Rutschky, »die über das Stadium der Ambivalenz, den chronischen Widerspruch von Ja und Nein, von Abscheu und Lust nicht hinausentwickelt worden sind« (Rutschky 1990).

Das Material einer solchen Rekonstruktion ist die Erfahrung der Beteiligten mit der Gewalt. Die Ambiguität der Leiblichkeit entzieht die Gewalterfahrung den binären Schematisierungen eines etatistischen Gewaltdiskurses. Ohne diese Ambiguität zu reflektieren, bleibt die Grenzlinie zwischen Sexualität und Gewalt undeutlich; auf diese Grenze kommt es aber an (Sichtermann 1983, 35). Diese Reflexion öffnet den Blick für Grundprobleme und Konfliktkonstellationen zwischen Männern und Frauen bzw. Eltern und Kindern in Familien, deren Bearbeitung nicht nur lebensgeschichtlich außerordentlich relevant ist (Benz 1991, 1132 ff.). Dagegen schließt sich die dramatische Inszenierung von Bekenntnissen der Opfer der hektischen Debatte über eine effektivere Gewaltkontrolle an und setzt die Tabuierung des Gewaltproblems fort (Honig 1992a, Rutschky 1990, 1992).

Dabei ist das forschungsethische Problem, die Einzigartigkeit der Gewalt darzustellen, mit dem methodologischen Problem verknüpft, eine analytische Terminologie der Erklärung zu finden, in der die Erfahrungsgehalte aufgehoben sind, die in der Sprache der Beteiligten verschlüsselt werden. Liz Kelly hat es prägnant formuliert: »Es macht einen wichtigen Unterschied, ob man Definitionen ausdehnt, um die Komplexität der subjektiven Erfahrung ausdrücken zu können, oder ob man unterschiedliche Formen sexueller Gewalt in eine Kategorie zusammenzieht« (Kelly 1988, 67).

Im folgenden wird der Terminus »sexuelle Ausbeutung von Kindern« verwendet (Abelmann-Vollmer 1987, 1989). Der Ausdruck »sexuelle Gewalt« bleibt den Fällen vorbehalten, in denen Kindern unter physischem Zwang oder der Drohung damit sexuell ausgebeutet werden. Da »sexueller Mißbrauch« jenseits seiner strafrechtlichen Bedeutung ein diffuser und mißverständlicher

Begriff ist, sollte er in sozialwissenschaftlichen Argumentationen nicht mehr verwendet werden. Der Terminus »sexuelle Ausbeutung von Kindern« bringt zum Ausdruck, daß der Verstoß gegen die Selbstbestimmung von Kindern nicht nach dem Modell körperlichen Zwangs verstanden werden kann. Der kritische Punkt ist vielmehr, daß Kinder – je jünger sie sind, desto mehr – auf die Fürsorge derer nicht verzichten können, von denen sie abhängig sind. Der Ausdruck »Sexuelle Ausbeutung« distanziert sich von der Logik strafrechtlicher Normierungen und Sanktionen und öffnet den Blick für die Komplexität der Erfahrungen von Kindern mit Intimität und Macht sowie für ihre Möglichkeiten, diese Erfahrungen produktiv zu verarbeiten. Die Option für den Begriff »sexuelle Ausbeutung« steht also unter dem Interesse an der lebensgeschichtlichen Genese sexueller Selbstbestimmung.

II
Eine verheimlichte Epidemie?

Jeder 3. Daddy vergewaltigt seine Tochter
Graffito an einer Hauswand in Lüchow

Das Ausmaß sexueller Ausbeutung von Kindern in der Bundesrepublik ist unbekannt. Anders als in Großbritannien und den USA gibt es weder eine Übersicht darüber, wieviele neue Fälle pro Jahr den sozialen Diensten, Ärzten, der Polizei etc. bekannt werden (Inzidenzzahlen), noch liegt eine Studie über das »Dunkelfeld« vor, d. h. über den Anteil der Bevölkerung, der in der Kindheit Opfer von »sexual abuse« geworden ist (Prävalenz)[12].

Registrierte Sexualdelikte an Kindern[13]

Die einzigen verläßlichen Zahlen liefert die Polizeiliche Kriminalstatistik (PKS); man muß sie allerdings richtig interpretieren[14]. Die PKS weist aus, wieviele »Fälle« (und wieviele Opfer) Kinder betreffender Sexualdelikte in einem bestimmten Jahr von der Polizei aufgenommen, ermittelt und der Staatsanwaltschaft zur Anklage übergeben wurden. Die PKS ist also eine »Verdachtsstatistik« (Gundlach/Menzel 1991). Die Zahlen sind das Ergebnis eines institutionalisierten Prozesses der Wahrnehmung, Interpretation und Bewertung, in dem eine soziale Realität zum »Delikt« wird; die formellen Maßstäbe, an denen sich dieser Prozeß orientieren soll, sind in den entsprechenden Straftatbeständen definiert[15]. Die PKS ist ein Arbeitsnachweis der Polizei, ein Dokument der Kriminalitätsverwaltung. Es wäre daher falsch zu sagen, daß die Kriminalstatistik die soziale Wirklichkeit der sexuellen Ausbeutung von Kindern »spiegelt«[16].

Es gibt in der Bundesrepublik fünfzehn Vorschriften des Strafrechts, die Beeinträchtigungen der sexuellen Selbstbestimmung von Kindern und Jugendlichen betreffen und zu ihrem Schutz verwendet, z. T. dafür umfunktioniert werden können[17]; dabei ist unbedingt zu beachten, daß die betreffenden Delikte kriminologisch alles andere als homogen sind[18]. Die öffentliche Diskussion konzentriert sich fast ganz auf den § 176 StGB (»Sexueller Mißbrauch von Kindern«)[19]; dieser Straftatbestand umfaßt in mindestens zweierlei Hinsicht heterogene Sachverhalte:

– Die Bandbreite der Handlungen, die mit Strafe bedroht werden, ist sehr groß. Sie reicht von obszönen Reden und Doktorspielen über exhibitionistische Handlungen und Vorzeigen von Pornographie bis zu genitalen Manipulationen, Mißhandlungen und Vergewaltigungen und schließt sogar Tötungen ein. Die Heterogenität erklärt sich aus dem Zweck der Vorschrift. Nach dem Willen des Gesetzgebers dient der § 176 StGB dem Schutz der kindgemäßen Sexualität und ihrer ungestörten Entwicklung (Ostendorf 1986, 153). Er soll eine von vorzeitigen sexuellen Erlebnissen freie Gesamtentwicklung des Kindes sichern und es vor sexuellen Reizen aller Art schützen; daher ist der Straftatbestand auch an eine Schutzaltergrenze von 14 Jahren gebunden (Kentler 1987). »Sexueller Mißbrauch« ist nicht erst bei Anwendung von Gewalt gegeben. Die Norm ist ein »abstraktes Gefährdungsdelikt«, es muß also kein Schaden beim Opfer, nicht einmal eine Gefährdung im konkreten Fall vorliegen (Ostendorf 1986, 149).

– Der Tatbestand stellt »sexuellen Mißbrauch« durch Familienmitglieder ebenso unter Strafe wie durch Fremde, durch Erwachsene ebenso wie durch Jugendliche (nach der Strafverfolgungsstatistik 1988 waren von den 1834 nach § 176 Abgeurteilten 177 Jugendliche). Das Strafrecht kennt zwei Straftatbestände, die speziell auf sexuelle Gewaltdelikte an Kindern innerhalb von Familien angewendet werden, die §§ 173 (Beischlaf zwischen Verwandten) und 174 StGB (Sexueller Mißbrauch von Schutzbefohlenen; sie ist die Parallel-Norm zum »Kindesmißhandlungsparagraphen« § 223b und umfaßt wie dieser den innerfamilialen Mißbrauch als eine Fallgruppe neben anderen), so daß der § 176 StGB für den sexuellen Mißbrauch in Familien lediglich als Auffangvorschrift fungiert. Primär wird die Norm auf Fälle außerfamilialen Mißbrauchs angewendet. Dies spiegelt sich auch in der Polizeilichen Kriminalstatistik (PKS) wider: Nach der PKS von 1990 kannten 57,6% der polizeilich ermittelten Opfer die Tatverdächtigen vorher nicht, dagegen waren lediglich 4,76% der Opfer mit den Tätern verwandt (eigene Berechnungen, vgl. Albrecht 1991, 75). Dies wird in der Öffentlichkeit meist nicht berücksichtigt; sogar die Bundesregierung behauptet, die Kriminalstatistik weise drei Viertel der Täter als Familienangehörige aus (BMJFFG 1989). Die Polizeiliche Kriminalstatistik für 1990 verzeichnet 12741 Fälle vollendeten und versuchten sexuellen Mißbrauchs von Kindern (§ 176 StGB); 15936 Kinder unter 14 Jahren waren Opfer dieser Straftaten, davon 11963 Mädchen und 3603 Jungen; auf drei weibliche kommt also etwa ein männliches Opfer[20]. Da die Polizeiliche Kriminalstatistik nicht zwischen erstmaligen und Wiederholungsfällen unterscheidet, können diese Zahlen jedoch nicht als Inzidenzziffern aufgefaßt werden.

Seit 1988 ist die Zahl der Fälle angestiegen; im Zehn-Jahres-Vergleich jedoch (1980-1990) haben sie um 3,2% abgenommen (1980: 13165 Fälle)[21]. In diesem Zehn-Jahres-Zeitraum hat die Zahl aller registrierten Straftaten gegen die sexuelle Selbstbestimmung, die der Polizei angezeigt wurden, um 13,2% abgenommen – in einer Gegenbewegung zur allgemeinen Kriminalitätsentwicklung, die für den genannten Zeitraum eine Zunahme registrierter Straftaten um 16,8% aufweist (Baurmann 1992a).

In der bereits erwähnten Studie über Opfer sexueller Gewalt und sexueller Normverletzungen hat Michael C. Baurmann die untersuchten Fälle einer Clusteranalyse unterzogen (Baurmann 1983, 389 ff.). Dabei traten zwei deutlich unterscheidbare Fallgruppen in Erscheinung, die quer zu den Straftatbeständen stehen, unter denen sie polizeilich registriert werden. Baurmann hat diese Fallgruppen im einzelnen beschrieben (a.a.O., 397 ff.). Danach unterscheiden sich die registrierten Sexualdelikte am stärksten nach den Merkmalen »Gewalt« und »Bekanntschaftsgrad«; beide Merkmale hängen außerdem miteinander zusammen. In einer Pfadanalyse konnte Baurmann ermitteln, daß dieselben beiden Variablen auch für die erlebte Schädigung beim Opfer maßgeblich sind (a.a.O., 461 ff.). Angezeigte Sexualdelikte lassen sich aufgrund dieser Analyse daher unterscheiden in (1) exhibitionistische, relativ oberflächliche, gewaltfreie erotische und sexuelle Handlungen, die keine Schäden beim Opfer verursachen und in (2) sexuelle Gewalthandlungen und Bedrohungen mit Schäden beim Opfer. Die erste Gruppe umfaßt fast 60%, die zweite Gruppe etwa 30% der Fälle. Über die Hälfte der angezeigten Sexualdelikte sind also eher harmlos, sexuelle Gewalttaten sind jedoch dreimal häufiger als aus ihrer strafrechtlichen Registrierung geschlossen werden kann (a.a.O., 406 ff.).

Rund 45% der Sexualdelikte werden als »Sexueller Mißbrauch von Kindern« (§ 176 StGB) registriert. Baurmanns Clusteranalyse belegt, wie heterogen diese Fälle sind: Bis zu 35% von ihnen lassen sich der ersten Fallgruppe zuordnen (Baurmann 1991a, 58), rund 20% sind sonstige oberflächliche sexuelle Handlungen; aber etwa die Hälfte sind Fälle, in denen die Abhängigkeit des Kindes ausgenutzt wurde, in denen der Täter versuchte, sich das Kind gefügig zu machen, ihm Geschenke zu versprechen oder in denen das Kind (beispielsweise vor einem betrunkenen Täter) Angst hatte, Fälle also, in denen das Kind im weitesten Sinne bedroht wurde oder sich bedroht fühlte (Baurmann, persönliche Mitteilung). Eine Teilgruppe davon, über 20% aller Fälle, haben »recht viel gemeinsam mit sexueller Nötigung und Vergewaltigung« (Baurmann 1983, 408), sind also als sexuelle Gewalttaten anzusehen.

Es ist also nicht davon auszugehen, daß alle registrierten Fälle des § 176 StGB oder auch nur die meisten Gewalt, Drohung oder Machtmißbrauch enthalten (ebda.). Das gewalttätige Segment ist jedoch überwiegend in Familien und ihrem sozialen und verwandtschaftlichen Nahraum angesiedelt. »Mit zunehmendem Bekanntschaftsgrad, ..., steigt die Wahrscheinlichkeit, daß die inkriminierten sexuellen Handlungen intensiver, über einen längeren

Zeitraum und mit mehr Gewalt ausgeführt werden« (Baurmann 1992a; Baurmann 1983, 261 ff., 373 ff.; Albrecht 1991). Die nicht gewalttätigen Übergriffe sind mehrheitlich außerhalb dieses Umfeldes angesiedelt, sie machen aber den größten Teil der registrierten Sexualdelikte aus.

Am stärksten sind die 6- bis 13jährigen Mädchen gefährdet: Der angezeigte sexuelle Mißbrauch (§ 176 StGB) betrifft 0,35% der Mädchen dieser Altersgruppe in der Bevölkerung (Baurmann 1991a, 63). Die meisten Tatverdächtigen stellt nicht, wie man vermuten könnte, die Altersgruppe der Väter und Onkel, sondern die Gruppe der 14- bis 17jährigen Männer. Jugendliche und junge Männer sind generell unter den Sexualtätern überrepräsentiert. Die Strafverfolgungsstatistik für 1988 gibt an, daß acht von 10 000 Männern im Alter zwischen 14 und 20 Jahren wegen eines Sexualdelikts angezeigt wurden (a.a.O., 60).

Zusammenfassend läßt sich also festhalten, daß sich Aussagen über registrierte Sexualdelikte an Kindern nicht allein auf den § 176 StGB (»Sexueller Mißbrauch von Kindern«) stützen dürfen, sondern alle einschlägigen Vorschriften zugrunde liegen müssen. Diese Straftatbestände sind jedoch außerordentlich heterogen; sie umfassen u. a. Moraldelikte ebenso wie Gewaltdelikte, Straftaten im sozialen Nahraum ebenso wie organisierte Kriminalität (z. B. Mädchenhandel). Der Kriminalstatistik läßt sich nicht zuverlässig entnehmen, wieviele Sexualdelikte an Kindern innerhalb und wieviele außerhalb von Familien verübt werden; der § 176 StGB eignet sich für diesen Zweck schon gar nicht. Anzahl der registrierten Delikte und Intensität der Gewaltanwendung stehen in einem umgekehrten Verhältnis zueinander. Die Erfahrung einer sexuellen Grenzüberschreitung machen Kinder nach der PKS eher mit fremden als mit vertrauten Personen, aber der vertraute Mann ist gefährlicher als der fremde. Unter den Tätern sind Jugendliche überrepräsentiert.

Das Dunkelfeld

Das Dunkelfeld nicht angezeigter Straftaten wird für die jeweiligen Sexualdelikte sehr unterschiedlich groß geschätzt (vgl. Baurmann 1978, 183, Anm. 5; 1983, 90 ff.; 1991a)[22]. Für den Straftatbestand »Sexueller Mißbrauch von Kindern« (§ 176 StGB) wird ein Verhältnis angezeigter zu nicht angezeigten Straftaten von 1:5 angenommen[23] (Baurmann 1991a). Bei einem Hellfeld von 12741 registrierten Delikten wäre demnach für 1990 von 63700 Fällen sexuellen Mißbrauchs im Sinne des Strafgesetzbuches auszugehen, von denen 79700 Kinder betroffen wären.

Aus der Opferperspektive sind die genannten Zahlen aus den oben genannten Gründen aber nicht besonders aussagekräftig. Nimmt man die Schädigung des Opfers zum Maßstab, so erscheint es sinnvoller, quer zu den einschlägigen Straftatbeständen die Opferzahlen der an Kindern verübten sexuellen Gewaltdelikte zugrunde zu legen. Auf dieser Grundlage ergibt sich eine Zahl von 58000 bis 96000 Kindern unter 14 Jahren, die 1990 Opfer von sexueller Gewalt wurden; eine Größenordnung von 80000 kommt der Realität vermutlich am nächsten[24].

Bei der Abschätzung des Dunkelfeldes sind zwei grundsätzliche Vorbehalte zu beachten (zur Theorie des Dunkelfeldes Baurmann 1983, 90ff.):

– Die Struktur der abgeurteilten, angezeigten und nicht angezeigten Straftaten ist wahrscheinlich nicht die gleiche. In den abgeurteilten Fällen sind die Täter mehrheitlich mit dem Opfer bekannt oder verwandt, und es handelt sich um besonders schwerwiegende Fälle (Baurmann 1983, 258). Dies ist zunächst ein strafprozessuales Artefakt, denn ohne einen bekannten Täter ist per definitionem keine Gerichtsverhandlung möglich. Es ist daher nicht zulässig zu unterstellen, daß auch im Dunkelfeld der nicht angezeigten Sexualdelikte bekannte und verwandte Täter die Mehrheit bilden. Es trifft zu, daß sexuelle Ausbeutung in Familien besonders selten angezeigt wird; es ist aber falsch, daraus zu schließen, daß die nicht angezeigten Fälle in erster Linie innerfamilialen »Sexuellen Mißbrauch von Kindern« betreffen. Baurmann schätzt, daß etwa ein Drittel der geschätzten rund 80000 gewaltsamen Sexualdelikte an Kindern auf Straftaten in Familien entfallen. Im Dunkelfeld der nicht angezeigten Delikte bilden die unbekannten, weil fremden Täter eine mindestens so große Gruppe wie unter den angezeigten Delikten; dort beträgt ihr Anteil über die Hälfte: Da Gewaltanwendung und Bekanntschaftsgrad bei Sexualdelikten an Kindern aber kovariieren, würde dies bedeuten, daß das Dunkelfeld auch einen größeren Anteil harm-

loser Fälle umfaßt als die angezeigten oder gar verurteilten Sexualdelikte. Das Hellfeld ist also nicht »die Spitze des Eisbergs«.
– Für eine inhaltliche Diskussion über die sexuelle Ausbeutung von Kindern ist es entscheidend, den Unterschied von Legal- und Sozialdefinition zu beachten. Dunkelfeldschätzungen setzen ein Konzept von »Mißbrauch« bzw. »Gewalt« als Sexualdelikt voraus. Abgesehen davon, daß keineswegs eindeutig ist, was ein »Sexualdelikt« ist, muß das »Dunkelfeld« nicht nur als »Reich nicht angezeigter Delikte«, sondern als soziales Handlungs- und Konfliktfeld betrachtet werden, das nach einer anderen als der strafrechtlichen Logik funktioniert und in einem spezifischen Prozeß der »Filterung« in »Kriminalität« verwandelt und dabei registriert wird (Hanak et al. 1989, 17 ff.). Erfahrungen von Selbsthilfegruppen, Mädchenhäusern, aber auch Erziehungsberatungsstellen, Vorschuleinrichtungen und anderen sozialen Diensten geben einen realistischeren Einblick in die Verhältnisse. Diese differenzierenden, am Einzelfall orientierten Erfahrungen lassen sich aber nicht quantitativ generalisieren.

Seit der Veröffentlichung von Barbara Kavemann und Ingrid Lohstöter wird immer wieder behauptet, es würden »schätzungsweise jährlich 300 000 Kinder sexuell mißbraucht« (Kavemann/Lohstöter 1984, 28). Diese Behauptung ist aus der Luft gegriffen und inhaltlich völlig unklar. Die erwähnte Opferuntersuchung des Bundeskriminalamts und sein Autor, Michael C. Baurmann, werden zu Unrecht als Quelle genannt. Baurmann selbst hat die falschen Angaben mehrfach richtiggestellt (z. B. in Baurmann 1991b)[25]. Gravierender als eine falsche Schätzung ist der Versuch, mit Hilfe unscharfer Begriffe zu suggerieren, die Zahlen seien der stichhaltige Beleg für eine heimliche Epidemie sexueller Gewalt an Mädchen: »etwa alle drei Minuten« werde ein Mädchen sexuell mißbraucht (Kavemann/Lohstöter, a.a.O.)[26].

Die dramatischen Dunkelfeldschätzungen dokumentieren nicht nur das Problem nicht, sondern sie präformieren die Wahrnehmung der sozialen Wirklichkeit zwischen Erwachsenen (Männern) und Kindern (Mädchen) als potentiell gefährlich. Der Schutzgedanke hat die Idee der Selbstbestimmung von Kindern in den Hintergrund gedrängt; dies konnte vor allem deshalb wie selbstverständlich geschehen, weil das Strafrecht den »Schutz der sexuellen Selbstbestimmung ... als Mittel zum Bewahren einer vermeintlichen Asexualität des Kindes« (Baurmann 1991a, 52) betrachtet. Das Operieren mit Strafrecht und Polizeistatistik verdeckt, daß die für das Delikt »Sexueller Mißbrauch« grundlegende Frage unbeantwortet ist: Was ist kindgemäße Sexualität? »Während über die Einführung der Kinder in die Welt der Liebe, der Erotik und Sexualität längst nicht mehr nachgedacht wird, tut man es um so mehr, wenn es um ihren Schutz vor sexuellem Mißbrauch geht« (Rutschky 1992, 118).

Amerikanische Prävalenzstudien

Anders als in der Bundesrepublik sind in den USA große Anstrengungen unternommen worden, um Ausmaß, Erscheinungsformen, Umstände und Ursachen der physischen Gewalt in Familien (zuletzt: Gelles/Straus 1988, Straus/Gelles 1990) und der sexuellen Ausbeutung von Kindern zu ermitteln.
David Finkelhor hat Methodologie und Ergebnisse von 19 Studien zu »child sexual abuse« – die früheste aus dem Jahr 1929, allein fünf aus 1985 – in einem umfassenden Literaturbericht über den Stand der empirischen Sozialforschung zur sexuellen Ausbeutung von Kindern analysiert (Finkelhor et al. 1986).

Methodologische Voraussetzungen

Als erstes fällt ins Auge, wie breit die Ergebnisse streuen. Dafür sind u. a. auch theoretisch wichtige Unterschiede der operationalen Definitionen, bei der Zusammenstellung der Untersuchungspopulationen und bei der Durchführung der Studien verantwortlich (vgl. Haugaard/Emery 1989):
– Was sind »Kinder« im Sinne der Problematik des »sexuellen Mißbrauchs«? Umstritten ist, ob »Kindheit« unter dem Gesichtspunkt von »sexuellem Mißbrauch« als einheitliche Altersphase betrachtet werden muß. Die meisten Studien implizieren ein Konzept von Kindheit, das in Altersgrenzen zum Ausdruck kommt. Häufig wird der Eintritt der Pubertät als Altersgrenze gesetzt. Viele Studien lehnen sich an gesetzliche Festlegungen eines Schutzalters bei Sexualdelikten an; andere legen die Grenze zwischen 15 und 17 Jahren fest.

– Impliziert »Sexueller Mißbrauch«, daß er von Erwachsenen ausgeübt wird? Manche Studien machen den ausbeuterischen Charakter sexueller Handlungen am Altersunterschied zwischen Täter und Opfer fest, setzen beispielsweise einen Altersunterschied von 5 Jahren bei einem bis zu zwölfjährigen Kind, von 10 Jahren bei älteren Kindern fest.
– Sollen nur erzwungene oder auch konsensuelle Handlungen in die operationale Definition eingeschlossen werden? Wenn das Kriterium ungewollten oder erzwungenen sexuellen Kontakts zugrundegelegt wird, werden auch sexuelle Übergriffe von Gleichaltrigen – zumal in der Adoleszenz – darunterfallen.
– Welche Handlungen sind gemeint? Sollen »Gliedvorzeigen« und Verleitung zu sexuellen Aktivitäten, bei denen der Ältere das Kind nicht berührt, als »Mißbrauch« aufgefaßt werden, oder nur jene Handlungen, die mit unmittelbarem Körperkontakt einhergehen (»contact« vs. »non-contact abuse«)?
– Soll die operationelle Definition von »sexuellem Mißbrauch« auf innerfamiliales Geschehen begrenzt werden oder nicht?
– Wie muß die Untersuchungsgruppe strukturiert sein? Die Studien mit Studentensamples haben homogenere Ergebnisse als die Studien auf der Grundlage von Zufallsstichproben. Die allgemeinen Bevölkerungsumfragen finden z. T. weit höhere Prävalenzraten als die College-Samples.
– Die Ergebnisse hängen wesentlich von der Zahl sowie der sorgfältigen und konkreten Formulierung der entsprechenden Fragen, von einer guten Interviewer-Schulung und davon ab, wie die Befragungssituation gestaltet wird.

Zwei neuere Untersuchungen

Die jüngste Studie ist zugleich die erste, die auf der Basis eines repräsentativen Querschnitts der US-amerikanischen Bevölkerung durchgeführt wurde (Finkelhor et al. 1989, 1990; vgl. Siegel et al. 1987; für Großbritannien Baker/Duncan 1985). Die Studie untersucht die sexuelle Ausbeutung von Jungen und Mädchen innerhalb und außerhalb der Familie. Die operationelle Definition von »child sexual abuse« umfaßt folgende Dimensionen:
– Sie legt eine Altersgrenze von 18 Jahren zugrunde,

– bezieht sexuelle Handlungen ohne direkten körperlichen Kontakt ein und
– nimmt die subjektive Bewertung der Befragten zum Kriterium, ob diese Handlungen als »abusive« gelten sollen,

schneidet den Gegenstandsbereich also relativ weit. Einige Befunde:

– 27% der befragten Frauen und 16% der Männer berichteten von sexueller Ausbeutung in ihrer Kindheit, jeweils ein gutes Fünftel davon bis zu einem Alter von acht Jahren.
– 21% der Mädchen, aber 40% der Jungen machten diese Erfahrung mit Fremden; dagegen berichteten 29% der Mädchen gegenüber 11% der Jungen von Mißbrauch durch Verwandte. 6% der betroffenen Frauen wurden von ihrem Vater oder Stiefvater mißbraucht (das entspricht einer Rate von 2% der gesamten Stichprobe). Die Hälfte der Täter waren Personen, die auf die betroffenen Kinder Einfluß hatten (»authority figures«).
– Die meisten Täter waren Männer (bei Jungen 83%, bei Mädchen 98%), unter ihnen waren die meisten mehr als zehn Jahre älter; allerdings berichteten die befragten Männer häufiger als die Frauen von sexuellen Übergriffen durch ältere Jugendliche.
– Die Hälfte der weiblichen und zwei Drittel der männlichen Opfer berichteten von versuchter und/oder realisierter Penetration.
– Ein knappes Fünftel aller Übergriffe (beide Geschlechter) wurde mit körperlicher Gewaltanwendung erzwungen.
– Die Mehrheit waren einmalige Ereignisse; nur rund ein Zehntel der berichteten Erfahrungen erstreckte sich über länger als ein Jahr, wobei sich kein signifikanter Unterschied zwischen den Geschlechtern zeigte.
– Ein Drittel der Frauen und über 40% der Männer hatten über ihre Erfahrungen noch nie zu jemandem gesprochen.

Es handelt sich eigentlich um eine Studie über sexuelle Ausbeutung in Kindheit *und Jugend*; die hohe Altersgrenze bedingt auch höhere Prävalenzraten. Die Befunde verbieten es, den sexuellen Mißbrauch lediglich als eine Bedrohung für Mädchen zu sehen. Jungen erleben jedoch eher als Mädchen Übergriffe durch Fremde und auch mehr homosexuelle Angriffe; die Täter jedoch sind in beiden Fällen in der Regel männlich. Bemerkenswert ist auch, daß die weitaus meisten Vorfälle einmalig sind und Gewaltanwendung im Gesamtspektrum lediglich in einem Fünftel der Fälle vorkommt.

Die in Anzahl und Formulierung der Fragen sowie hinsichtlich der Interviewtechnik subtilste Studie wurde von Diana H. Russell mit einer Stichprobe von 930 Frauen in San Francisco durchgeführt (Russell 1983, 1984, 1986). Abgesehen davon, daß kein Vergleich Frauen/Männer durchgeführt wird, operationalisiert die Untersuchung »sexual abuse« wie die Finkelhor-Studie.

– 38% der befragten Frauen berichteten von sexuellen Übergriffen innerhalb und außerhalb ihrer Familie, die direkten körperlichen Kontakt – vom ungewollten, aber nicht erzwungenen Kuß bis zur Vergewaltigung – einschließen, bevor sie 18 Jahre alt waren. (Die Rate erhöht sich auf 56%, wenn sexuelle Handlungen ohne körperliche Berührung einbezogen werden.)

– 11% der Täter sind den Mädchen völlig fremd gewesen, 29% waren Verwandte, die größte Gruppe mit 60% bildeten Personen, die die Frauen kannten, zu denen sie aber keine nähere Beziehung hatten.

– 16% der Frauen berichteten, daß sie sexuellen Mißbrauch in ihrer Familie erlebt haben, 31% hatten Erfahrungen mit außerfamilialem Mißbrauch; jeweils die meisten von ihnen waren zu dem Zeitpunkt noch nicht 14 Jahre alt.

– 40% der Frauen, die von innerfamilialer sexueller Ausbeutung berichteten, nannten Eltern oder Geschwister als Täter, in mehr als der Hälfte der Fälle Väter oder Stiefväter. Das heißt, daß 4,5% aller Frauen dieser Stichprobe Inzest erlebt hatten: eine Rate, die doppelt so hoch ist wie in der Finkelhor-Studie.

– Lediglich 4% der Täter in Fällen inner- und außerfamilialer Ausbeutung waren Frauen.

Russell klassifiziert die sexuellen Übergriffe nach den Kriterien »Gewaltanwendung« und »Grad des Übergriffs« in drei Intensitätsstufen. Dabei zeigt sich, daß gravierende sexuelle Übergriffe außerhalb der Familie mehr als doppelt so oft vorkamen wie innerhalb der Familie: 53% vs. 23% wurden von den befragten Frauen als »sehr gravierend« eingestuft, wohingegen die am wenigsten gravierenden Ereignisse zu 20% außerhalb und zu 36% innerhalb der Familie stattfanden. Im übrigen wurden nur 2% der berichteten Fälle innerfamilialer sexueller Ausbeutung und 6% der außerfamilialen Fälle der Polizei gemeldet.

Beide Untersuchungen zeigen, daß eine quantitativ bedeutende Gruppe von Kindern und Jugendlichen in den USA z. T. gravierende sexuelle Übergriffe erlebt haben[27]. Vor dem Hintergrund der bundesdeutschen Diskussion ist bemerkenswert, daß in beiden Studien die absolute Mehrheit der Täter mit den Opfern keine nähere Beziehung hat, daß Väter unter den Tätern eine Minderheit bilden, daß Inzest den geringsten Anteil am Ausmaß sexueller Ausbeutung von Kindern hat und generell die gravierendsten Übergriffe mehrheitlich von nicht-verwandten und nicht-vertrauten Personen verübt werden. Die Gruppe sexueller Übergriffe, die die größte Empörung auslöst und im Vordergrund der öffentlichen Diskussion steht, kommt also vergleichsweise am seltensten vor: nämlich diejenigen sexuellen Gewalttaten, die von Vätern an Töchtern verübt werden, lange andauern und den Charakter von Vergewaltigungen haben.
Es ist unklar, unter welchen Bedingungen diese Befunde auf die Verhältnisse in der Bundesrepublik übertragen werden können. Es gibt große Unterschiede zwischen der Bundesrepublik und den USA, was die kulturellen Traditionen von Sexualität und Gewalt angeht; die Rate der Gewaltdelikte beispielsweise ist in den USA dreimal so hoch wie in der Bundesrepublik. Daher muß man sich dringend davor hüten, die amerikanischen Prävalenzstudien als »Beweise« für das »wirkliche Ausmaß« sexueller Gewalt an Kindern in der Bundesrepublik anzusehen[28].

Jungen als Opfer, Frauen als Täter

Die Diskussion über sexuelle Ausbeutung würde unzulässig verkürzt, wenn dabei nur von Mädchen gesprochen würde; das macht die Finkelhor-Studie hinreichend klar. Die Forschung beschäftigt sich erst seit relativ kurzer Zeit mit Jungen als Opfern (Banning 1989, Bolton et al. 1989, Friedrich et al. 1988, Finkelhor 1984; Glöer/Schmiedeskamp-Böhler 1990; Janus et al. 1987; Krug 1989; Risin/Koss 1987; Watkins/Bentovim 1992). Allerdings sind Mädchen weit häufiger Opfer sexueller Ausbeutung als Jungen, sie werden es in einem jüngeren Alter und eher innerhalb als außerhalb ihrer Familie. Aufgrund der generellen Differenz zwischen Inzidenz- und Prävalenzdaten läßt sich vermuten, daß die

sexuelle Ausbeutung von Jungen seltener bekannt wird als die von Mädchen; die Ursachen sind weitgehend ungeklärt (Watkins/Bentovim 1992). In den amerikanischen Prävalenzstudien stehen weibliche zu männlichen Opfern im Verhältnis von 4:1 bis 1,5:1[29]; bei den klinischen Daten dagegen schwanken die Relationen zwischen 9:1 in den älteren und 5:1 in den jüngsten Inzidenzstudien (Finkelhor/Baron 1986, 61 f., Watkins/Bentovim 1992, 199 f.). Eine neuere britische Studie fand in einer klinischen Population sogar ein Drittel Jungen (Hobbs/Wynne 1989).
Neben der Geschlechtszugehörigkeit sind das Alter (die 6- bis 7jährigen und die 10- bis 12jährigen sind doppelt so stark wie der Durchschnitt aller Altersgruppen betroffen) und Störungen im Eltern/Kind-Verhältnis (Abwesenheit von Mutter und/oder Vater, schlechte Beziehung oder Konflikte zwischen den Eltern) Risikofaktoren für sexuelle Ausbeutung. Im Unterschied zur körperlichen Mißhandlung scheint sexuelle Ausbeutung eher schichtunabhängig vorzukommen; nicht eindeutig sind die Befunde zum Risikofaktor »Soziale Isolation« (Finkelhor/Baron 1986, 71 f.). Aufsehenerregend sind die Daten von Diana Russell über die Gefährdung von Mädchen durch Stiefväter: Während 2,3% der Töchter ihres Sample's, die mit ihren natürlichen Vätern aufwuchsen, von sexuellen Übergriffen berichteten, waren es 17% der Mädchen mit Stiefvätern (Russell 1984, 19).
Dennoch gilt für die Risiken sexueller Ausbeutung von Kindern das gleiche wie für die Risiken körperlicher Mißhandlung: »Die unvollkommenen Zusammenhänge zwischen Risikofaktoren und tatsächlichem Verhalten zeigen an, daß die Diskontinuitäten von mindestens dem gleichen Interesse sind wie die Kontinuitäten« (Emery 1989, 323).
Die Frage nach besonders gefährdeten Gruppen von Kindern kann problematisch werden, wenn der Eindruck entsteht, daß die Kinder mitverantwortlich sind für die sexuellen Übergriffe, denen sie nicht entgehen können. Aus Täterinterviews ist bekannt, daß es ein Gespür für »verwundbare« Kinder gibt und Täter mit solchen Kindern gezielt Kontakt aufnehmen (Groth 1979, Berliner/Conte 1990).
Die Täter sind, bei Jungen wie bei Mädchen, primär Männer. In diesem empirischen Sachverhalt drückt sich offenbar ein sozialisatorisch erworbenes kulturelles Muster von Männlichkeit aus,

in dem Sexualität Ausdruck von Emotionalität und Überlegenheit zugleich ist (James/MacKinnon 1990). Die Forschung rückt die Täterpsychologie jetzt stärker in den Vordergrund (Finkelhor 1986a), aber per saldo weiß man jenseits von Kategorien der Psychopathologie wenig darüber. Angesichts des »männlichen Monopols« (Finkelhor 1986b, 128) ist es von kritischer Bedeutung zu fragen, warum Frauen – wenn auch in ungleich geringerem Ausmaß – Kinder sexuell ausbeuten (Finkelhor/Russell 1984). Klinische Berichte nennen in 5% bis zu 15% der Fälle Frauen als alleinige oder, wie in polyinzestuösen Familien, gemeinschaftliche Täterinnen (Faller 1991, Watkins/Bentovim 1992, 205). In den acht Fallstudien von Krug (1989) scheint das betroffene Kind die Rolle des fehlenden oder unbefriedigenden Partners einnehmen zu müssen. Banning (1989) weist darauf hin, daß in unserer Kultur Frauen/Müttern eine weit größere Bandbreite körperlicher Kontakte mit ihren Kindern zugestanden wird als Männern/Vätern (vgl. auch Watkins/Bentovim 1992, 206; Sroufe/Ward 1980). Fast die Hälfte der Jungen, die Risin/Koss (1987) von sexuellen Interaktionen mit älteren Frauen – typischerweise Babysitterinnen – berichteten, sagten, sie hätten sich freiwillig daran beteiligt; die meisten berichteten denn auch, sie fühlten sich nicht als Opfer (a.a.O., 321).

Diese Befunde deuten an, daß die Kategorien »Täter« und »Opfer« nicht so eindeutig sind, wie sie erscheinen. Die Inzidenz- und Prävalenzstudien können ebenso wie die Statistiken registrierter und abgeurteilter Kriminalität den unbeabsichtigten, aber fatalen Effekt haben, das Bild sexueller Gewalt an Kindern als einer objektiven Realität, als einer »sozialen Krankheit« zu verstärken, die sich relativ problemlos quantifizieren läßt. Dieses Kapitel hat dagegen zeigen wollen, wie voraussetzungsvoll diese Zahlen und Kategorien sind und wie differenziert ihre Aussagekraft interpretiert werden muß. Die zuletzt referierten Befunde zu Jungen und Frauen lassen ahnen, daß jenseits dieser Zahlen und Kategorien völlig andere, vielleicht die entscheidenden Fragen beginnen – beispielsweise die Frage nach den kulturellen Normierungen von Körperlichkeit zwischen Männern/Vätern oder Frauen/Müttern einerseits, Töchtern/Söhnen andererseits und die Frage, wie sie Struktur und Dynamik des Generationenverhältnisses bestimmen.

III
Die Erfahrung sexueller Ausbeutung

Die empirische Forschung über die Folgen sexueller Viktimisierung bei Kindern bildet eine wesentliche Quelle der Legitimation sozialpolitischen Handlungsbedarfs. Es ist die potentielle Schädigung des Opfers, die den Sozialstaat auf den Plan ruft.

Die Forschung hat eine große Vielfalt möglicher psychischer Folgen belegen können, aber eine theoretische Integration der Befunde hat sie nicht geleistet (Wodarski/Johnson 1988). Im übrigen hat die Forschung einen »gender bias«: Man hatte lange angenommen, die sexuelle Ausbeutung von Jungen sei selten und habe, wenn überhaupt, nur geringe Folgen für ihre weitere Entwicklung (Rush 1985, 257ff.).

Im folgenden wird kein Literaturbericht gegeben (vgl. Beitchman et al. 1991, 1992; Browne/Finkelhor 1986; Moggi 1991, Moggi/Clemencon 1991, Teegen et al. 1992). Statt dessen wird versucht, ein Profil der in zahllose Einzelbefunde zerfallenden Forschung zu zeichnen und die Frage aufzuwerfen, was eigentlich das »Trauma« des sexuellen Mißbrauchs ausmacht.

Kurz- und langfristige Folgen

In ihrem Literaturbericht über Ergebnisse empirischer Forschung zu den Folgen sexueller Ausbeutung von Kindern unterscheiden Angela Browne und David Finkelhor (1986) zwischen unmittelbaren, das heißt: in den ersten zwei Jahren, und langfristigen, das heißt: das Leben der Erwachsenen beeinträchtigenden Folgen.

Die empirischen Studien bestätigen viele klinische Beobachtungen. Dies gilt zumindest für einen Teil der betroffenen Kinder besonders für die unmittelbaren Reaktionen von Schreck, Angst, Wut, Feindseligkeit, Depression und altersunangemessenem sexuellen Verhalten[30] (Browne/Finkelhor 1986, 69). Reaktionen, die nur bei männlichen Kindern vorkommen, sind Angst vor Homosexualität, eine aggressive Selbstbehauptung gegenüber anderen und ein Agieren der Viktimisierungserfahrung in der Rolle des Täters gegenüber anderen Kindern (Watkins/Bentovim 1992, 239).

Die Befunde über langfristige Folgen sexueller Viktimisierungen sind methodisch allerdings besser gesichert. Das in der klinischen Literatur am häufigsten genannte Symptom, Depression, hat sich auch in den empirischen Studien gut bestätigen lassen. Neben Depressionen zeigen erwachsene Frauen, die als Kinder sexuell mißbraucht wurden, häufiger als nicht-mißbrauchte Mädchen selbstdestruktives Verhalten, Angst, Gefühle der Isolation und der Stigmatisierung und ein schwaches Selbstwertgefühl. Im Vergleich zu Frauen, die nicht mißbraucht wurden, so Beitchman et al. im jüngsten vorliegenden Literaturbericht über langfristige Folgen sexueller Ausbeutung (1992), berichten weibliche Opfer sexueller Ausbeutung im Erwachsenenalter darüber hinaus häufiger von Sexualstörungen und Selbstmordphantasien bzw. -versuchen; außerdem berichten sie von homosexuellen Erfahrungen als Jugendliche oder Erwachsene. Opfer sexueller Ausbeutung werden als Jugendliche und Erwachsene überzufällig oft erneut Opfer sexueller Gewalt. Unter Drogenabhängigen, psychiatrischen Patienten, jugendlichen Trebegängern und Prostituierten sind sie überrepräsentiert (Finkelhor 1984, Janus/Burgess/McCormack 1987).

Für Männer sind die langfristigen Folgen ähnlich, besonders was Suizidalität, schwaches Selbstwertgefühl und Probleme in intimen Beziehungen angeht. Nach dem vorliegenden, allerdings begrenzten Wissen gibt es jedoch zwei wichtige Unterschiede: Männer reagieren im Vergleich zu Frauen häufiger mit Drogenmißbrauch als mit Depression und Angst, und in Kontinuität zu ihren spezifischen unmittelbaren Reaktionen neigen sie eher dazu, selber Kinder sexuell auszubeuten (Watkins/Bentovim 1992, 240).

Grad und Dauer der Beeinträchtigung

Nicht alle Formen sexueller Ausbeutung haben ein gleich großes Schädigungspotential. Entsprechend zeigt sich in den Studien, die Angela Browne und David Finkelhor ausgewertet haben, daß nicht alle Frauen, die sexuell ausgebeutet wurden, dadurch gleich schwer beeinträchtigt sind. Die meisten von ihnen zeigen eine leichte Beeinträchtigung oder haben diese Erfahrung offenbar überwunden. Jedoch ein bis zwei Fünftel der Kinder, die Ärzte

und Psychologen bald nach dem Übergriff sehen, und ein Fünftel der erwachsenen Frauen zeigen Zeichen ernster psychopathologischer Störungen im Vergleich zu Gleichaltrigen, die keine Mißbrauchserfahrungen haben (Browne/Finkelhor 1986, 164).
Eine Vergleichsstudie zwischen 369 sexuell ausgebeuteten Kindern und 319 Kindern, die keine derartigen Erfahrungen machen mußten, zeigte, daß die individuelle Verarbeitung des Mißbrauchs außerordentlich stark variiert: »Einige Kinder scheinen sehr ernsthaft beeinträchtigt, andere weniger. Und wieder andere scheinen davon überhaupt nicht berührt zu sein« (Conte/Schuerman 1987, 389). Opfer sexueller Gewalt, so Browne/Finkelhor (1986, 72), sind nicht dazu verurteilt, für ihr Leben gezeichnet zu sein. »Obwohl die Folgen sexuellen Mißbrauchs einige Zeit lang verborgen bleiben können, weil einige Opfer erst im späteren Verlauf ihres Lebens Symptome zeigen, ist es nicht unausweichlich, daß jedes Opfer einer zukünftigen Katastrophe entgegenlebt« (Conte/Schuerman, ebda.).
Eine Follow-up-Studie von Judith Martin und Elizabeth Elmer über Opfer schwerer und schwerster körperlicher Mißhandlungen unterstützt diese Einschätzung. Martin und Elmer hatten die Kinder, von denen »Children in Jeopardy« (1967), eine der bahnbrechenden frühen Arbeiten der neueren Child-Abuse-Forschung, handelte, mehr als zwanzig Jahre später erneut untersucht. Die damaligen Kinder lebten unter äußerst schwierigen und benachteiligenden sozioökonomischen Verhältnissen, und dies hat sich auch in ihrem Erwachsenenleben nicht entscheidend geändert. Dennoch sind auch hier die individuellen Unterschiede in der Verarbeitung der lebensgeschichtlichen Erfahrung von Gewalt außerordentlich groß. »Einige Personen zeigen begrenzte Autonomie und wenig Lebenstüchtigkeit, wie sie von Erwachsenen erwartet wird; andere haben Familie, Beruf und stabile soziale Beziehungen. Es gab wenige Hinweise auf offene Aggression in der Gruppe ...« (Martin/Elmer 1992, 75). Insgesamt zeigt die Studie, daß aufgrund traumatischer Mißhandlungserfahrungen in der frühen Kindheit keineswegs selbstverständlich ein Scheitern als Erwachsene erwartet werden muß.

Nach dem gegenwärtigen Forschungsstand ist offen, wie wichtig das Alter des Kindes für die Stärke der Beeinträchtigung ist; postpubertärer Mißbrauch scheint schädigender zu sein als Mißbrauch vor der Pubertät (Beitchman et al. 1992, 115; aber: Browne/Finkelhor 1986). Je länger der Mißbrauch andauert, je mehr physischer Zwang angewendet wird, desto größer ist die Gefahr einer erheblichen psychischen Schädigung. Sexuelle Ausbeutung durch vertraute und/oder autoritative Personen wie Väter oder Stiefväter ist für Kinder besonders traumatisch, ebenso orale und anale Penetration (ebda.). Eine Differenzierung des Traumatisierungspotentials nach dem Merkmal »Anwendung körperlichen Zwangs« kann sich auf einen breiten Konsens in der Forschung stützen (Beitchman et al. 1992, 113). Gewaltanwendung, Dauer und Nähe zum Täter sind bei innerfamilialer Ausbeutung oft verknüpft (Russell 1986). Die Folgen sexueller Ausbeutung sind offenbar gravierender, wenn die Täter Männer statt Frauen, Erwachsene statt Jugendliche sind. Die Prognose für die Opfer scheint ebenfalls schlechter zu sein, wenn sie keine Unterstützung durch ihre Familien erhalten, sich mit ihren Erfahrungen niemandem anvertrauen können oder wenn sie aus ihrer vertrauten Umgebung entfernt werden (Browne/Finkelhor 1986, 75).
Wie verletzend der *sexuelle* Charakter des Übergriffs ist – unabhängig von weiteren Merkmalen wie der Androhung oder Anwendung von Gewalt, Dauer und Häufigkeit der Übergriffe, Beziehung zum Täter, Art der sexuellen Handlung oder Geschlecht des Opfers – ist, von spezifischen körperlichen Verletzungen abgesehen, ungeklärt (Beitchman et al. 1992, 101).

Mediatoren

Gibt es spezifische psychische Beeinträchtigungen, die sich direkt auf die Erfahrung sexueller Ausbeutung zurückführen lassen? Diese Frage ist z. B. für die Diagnostik relevant.
Die niederländische Psychologin Nel Draijer hat erwachsene Frauen über Kindheitserfahrungen mit Mißhandlung und sexueller Ausbeutung befragt (Draijer 1990) und dabei die Rolle von

Mediatoren herausgearbeitet (vgl. auch Beitchman et al. 1992, Conte/Schuerman 1987). 15,6% der befragten Frauen waren vor ihrem 16. Lebensjahr von einem Familienmitglied sexuell mißbraucht worden; knapp die Hälfte dieser Frauen (44,4%) wurden mehrfach in Verbindung mit Drohungen und Gewaltanwendung vergewaltigt, meistens durch Väter, Stief- und Pflegeväter.
Im Vergleich mit der Kontrollgruppe, berichtet Draijer, »zeigten sich bei den mißbrauchten Frauen alle psychischen und psychosomatischen Probleme wie z. B. Ängste, Depressionen, selbstzerstörerisches Verhalten, sexuelle und Beziehungsprobleme, Eß- und Schlafstörungen, Alpträume usw., um nur einige zu nennen. Die größten Unterschiede zwischen den beiden Gruppen zeigten sich in folgenden Bereichen: Gefühlen der eigenen Wertlosigkeit, der Einsamkeit, Minderwertigkeit und der Unfähigkeit, anderen Menschen zu vertrauen« (Draijer 1990, 133).
Draijer fragt, ob die Erfahrungen der sexuellen Ausbeutung die späteren Störungen und Beeinträchtigungen direkt verursacht haben, welche Aspekte dieser Erfahrungen dafür ausschlaggebend sind, oder ob es gemeinsame Dritt-Faktoren gibt. Ihr Ergebnis: Die Frauen stammen aus Familien, »in denen der sexuelle Mißbrauch mit anderen Formen der Mißhandlung und Vernachlässigung einherging, in denen die Mädchen früh von den Eltern getrennt wurden und weder Väter noch Mütter als liebevolle Bezugspersonen verfügbar waren« (a.a.O., 134). Klinische Berichte über Jungen, die sexuell ausgebeutet wurden, berichten ebenfalls oft, daß diese Kinder auch physisch mißhandelt wurden (Watkins/Bentovim 1992, 214).
Welches Gewicht hat die sexuelle Viktimisierung gegenüber den anderen Erfahrungen von Gewalt und gegenüber einem Familienklima, das von Ablehnung und Vernachlässigung geprägt ist? »Spätere psychische Probleme hängen offenbar in bedeutender Weise mit der emotionalen Vernachlässigung in der Kindheit zusammen, d. h. wenn die Eltern aufgrund ihrer eigenen emotionalen Probleme oder Krankheiten für Kinder nicht verfügbar waren. Gleichermaßen scheint eine kalte, autoritäre und kontrollierende elterliche Haltung zu diesen Problemen beizutragen. Sexueller Mißbrauch und körperliche Mißhandlung in der Kindheit sind per se traumatisch, und zwar unabhängig von elterlicher Ablehnung und Vernachlässigung, mit denen sie im allgemeinen ein-

hergehen. Die Erfahrung aufgezwungener Sexualität und körperlicher Mißhandlung im Erwachsenenalter trägt ihrerseits zu der aus früher Kindheit stammenden Verwundbarkeit bei« (Draijer 1990, 138).

Die Studie belegt also, daß sexuelle Viktimisierungen eigenständige Bedingungen für psychische Probleme im Erwachsenenalter setzen; sie reichen aber nicht aus, um die späteren Beeinträchtigungen zu erklären. Ebenso ausschlaggebend ist, ob ein Familienzusammenhang von Ablehnung und Kälte geprägt ist oder ob er Kindern hilft, sich zu schützen bzw. traumatische Erfahrungen zu bewältigen (a.a.O., 140 f.). Diese Befunde stimmen überein mit den Folgerungen, die Robert Emery aus dem Stand der Forschung über »family violence« zieht: »Erstens, es gibt keine einzelne Verhaltens- oder Gefühlsreaktion mißhandelter Kinder, die nur sie charakterisiert. Zweitens: Die Erfahrung, Opfer von Gewalt zu sein, ist nicht unbedingt der ausschlaggebende Faktor für viele psychologische Schwierigkeiten mißhandelter Kinder. Andere Aspekte ihrer psychologischen Umgebung, die oft körperliche Mißhandlung begleiten, können sich psychologisch noch schädigender auswirken. ... Als Gruppe weisen mißhandelte Kinder aller Altersstufen im Vergleich zu nicht mißhandelten Kindern eine Vielzahl psychologischer Störungen auf, aber es gibt keine Eins-zu-eins-Beziehung zwischen Gewalterfahrung und Symptomausprägung« (Emery 1989, 324).

Sekundäre Viktimisierung

Weil sexuelle Übergriffe auf Kinder nicht allein strafrechtlich relevant sind, sondern auch tiefsitzende kulturelle Tabus verletzen, ist die Reaktion der unmittelbaren sozialen Umgebung und auch der Sozialbehörden, der Polizei etc. häufig von heftigen Affekten und einem massiven subjektiven Handlungsdruck begleitet. Dabei können Situation und Erleben des Kindes aus dem Blick geraten – eine Konstellation, die für das Kind u. U. traumatischer sein kann als die »primäre Viktimisierung«. Dabei spielt u. a. eine wichtige Rolle, wie das Kind bisher Sexualität in der eigenen Familie erlebt hat. »Wenn das Kind sexuell aufgeklärt ist, sich vor Sexualität nicht generell fürchtet und Kenntnis von sexuellem

Mißbrauch von Kindern hat, dann ist es eher unwahrscheinlich, daß kurze und flüchtige Begegnungen mit Fremden ernstere oder anhaltende Auswirkungen haben. ... Auf der anderen Seite können selbst relativ harmlose Begegnungen bei einem Kind Panik und mehr oder weniger lang anhaltende Angst- und Schuldgefühle auslösen, wenn Sexualität für dieses Kind etwas Beängstigendes, Tabuisiertes und Schuldbeladenes ist. Ähnliche Symptome können auftreten, wenn Eltern oder Erzieher mit Angst oder Panik reagieren, das Ereignis dramatisieren, dem Kind unterstellen zu lügen oder ihm das Gefühl geben, es sei jetzt »geschändet« oder sei selbst schuld daran, daß es überhaupt so weit kommen konnte« (Kutchinsky 1991, 37).

Zusammenfassend erscheint es außerordentlich problematisch, das Schädigungspotential sexueller Ausbeutung als objektive Gegebenheit zu begreifen. Die meisten sexuellen Übergriffe auf Kinder hinterlassen keine körperlichen Spuren, und diese sind selten eindeutig (Fegert 1989)[31]. Sexuelle Ausbeutung kann viele verschiedene psychische Konsequenzen haben, und die gleichen Verhaltensauffälligkeiten können ganz verschiedene Ursachen haben; die psychischen Beeinträchtigungen der Betroffenen können von den psychosozialen Antezedenzbedingungen sexueller Ausbeutung mindestens so sehr bestimmt sein wie von dieser selbst. Und nicht zuletzt kann die Tabuierung von Körperlichkeit zwischen Eltern und Kindern und von Sexualität in der Erziehung ebenso dazu beitragen, daß eine sexuelle Viktimisierung zur traumatischen Erfahrung wird, wie emotionalisierte Reaktionen der sozialen Umwelt oder die Eingriffe und Maßnahmen der Sozial- und Justizbehörden. Daher ist es fatal, wenn Verhaltensauffälligkeiten, die als Folgen sexueller Ausbeutung dokumentiert wurden, wie eine »Check-Liste« für diagnostische Rückschlüsse auf sexuelle Übergriffe verwendet werden (Trube-Becker 1987, Enders 1990, Steinhage 1990, Braecker/Wirtz-Weinrich 1991).

Viktimisierung als Interaktion

Sexuelle Ausbeutung ist kein mechanischer Vorgang, der von außen auf einen Körper einwirkt und dort »Störungen« bewirkt oder »Beschädigungen« setzt, sondern ein psychosoziales und in-

teraktives Geschehen. Daher ist es von entscheidender Bedeutung, die Erfahrungen zu verstehen, die Kinder mit sexuellen Übergriffen machen. Dies allerdings steht erst am Anfang; die Forschung beschäftigt sich erst seit wenigen Jahren damit (Finkelhor 1987a, 363). Die feministische Soziologin Liz Kelly (1988a, 1988b) demonstriert an sechzig Tiefeninterviews mit Frauen, daß die Erfahrung, Bewertung und Verarbeitung von sexuellen Übergriffen interindividuell äußerst unterschiedlich sein kann. Mit Auszügen aus Interviewprotokollen dokumentiert sie, daß Frauen auch »Gliedvorzeigen«, »Doktorspiele« Gleichaltriger und verbale sexuelle Belästigungen als einschüchternde Formen sexueller und sozialer Degradierung als Mädchen/Frau erleben können. Es ist daher nicht zulässig, von Parametern beobachtbaren Verhaltens – beispielsweise Gewaltanwendung – generell auf eine »schwere« oder »weniger schwere« Schädigung zu schließen. David Finkelhor und Angela Browne (1985; Finkelhor 1987a) haben ein Modell entwickelt, das psychische Schädigungen mit vier traumagenetischen Faktoren sexueller Ausbeutung verknüpft. Finkelhor und Browne verstehen die destruktiven Folgen sexueller Ausbeutung als traumatische Reaktion (zum Traumabegriff vgl. Draijer 1990, 128-130, Horowitz 1976): »Die traumagenetischen Faktoren verändern das kognitive und emotionale In-der-Welt-Sein von Kindern und erzeugen ein Trauma, indem sie das Selbst-Konzept, das Weltbild und das Gefühlspotential von Kindern verzerren« (Finkelhor/Browne 1985, 531).
Die Erfahrung sexueller Ausbeutung kann kognitive und affektive Orientierungsmuster erschüttern, die die Handlungsfähigkeit von Individuen überhaupt erst ermöglichen. Dazu gehört ein Glaube an die persönliche Unverwundbarkeit, die Wahrnehmung der Welt als geordnet, sinnhaft und vorhersehbar, die Annahme, man selbst sei eine Person mit eigenem Wert und die anderen Menschen seien es wert, mit ihnen Beziehungen einzugehen. Die sexuelle Viktimisierung kann diese grundlegenden Orientierungsmuster dadurch ins Wanken bringen, daß der Körper-Erfahrung des Selbst, der Erfahrung der körperlichen und personalen Integrität, dem Sinn für die Grenzen des Selbst, für Selbst-Besitz und Unterscheidung zwischen dem Selbst und den Anderen in einer emotional überwältigenden Weise die Grundlage entzogen wird. Eine solche Erfahrung ist weder durch Verleugnung noch durch

Konfrontation verarbeitbar, weil sie zu mächtig ist, die Grundlagen der Verarbeitungsfähigkeit, das Selbst-Konzept des Opfers, seine Sicht der Welt und seine affektiven Fähigkeiten angreift. Entsprechend wäre es falsch, Reaktionen auf diese Erfahrung »pathologisch« zu nennen, als »Fehl-Anpassung« zu bezeichnen (Roth/Leibowitz 1988).

Das Modell von Browne und Finkelhor beruht auf vier Faktoren:

– »Traumatische Sexualisierung« meint einen Prozeß, in dem die sexuellen Gefühle und Einstellungen eines Kindes durch den Mißbrauch in einer altersunangemessenen und nicht kindgemäßen Weise geformt werden (ebda.). Dies kann beispielsweise dadurch geschehen, daß ein Kind wiederholt belohnt wird für ein sexuelles Verhalten, das seiner Entwicklung nicht entspricht. Die Erfahrungen sexueller Ausbeutung variieren sehr stark nach Maßgabe des Ausmaßes und der Art traumatischer Sexualisierung, beispielsweise ob das Kind lediglich passiver Zeuge etwa einer Exhibition ist oder ob es aktiv an den sexuellen Handlungen teilnimmt.

– »Verrat« meint, daß Kinder entdecken, daß jemand, von dem sie vital abhängig sind, ihnen Schaden zufügt. Beispielsweise kann ein Kind entdecken, daß es durch Lügen manipuliert worden ist; nach dem eigentlichen Mißbrauch kann ein Kind von seiner Familie bei der Verarbeitung der Erfahrung im Stich gelassen werden.

– »Ohnmacht« meint einen Prozeß, in dem der Wille des Kindes, seine Bedürfnisse und seine Gewißheit, als Akteur etwas bewirken zu können, ständig mißachtet werden. Dies geschieht zum Beispiel, wenn andere in das Territorium des Kindes und in seinen Körper wiederholt eindringen. Zwang und Manipulation verschärfen diesen Prozeß, aber auch die Erfahrung, nichts ausrichten zu können gegen diese Übergriffe, generell jede (Loyalitäts-) Falle, in der ein Kind sich gefangen fühlt.

– »Stigmatisierung« schließlich meint die negativen Konnotationen – Scham und Schuld etwa –, die dem Kind im Umfeld der Mißbrauchserfahrung zugeschrieben werden und die das Kind in sein Selbst-Bild integriert. Diese negativen Bedeutungen der Erfahrung können direkt von dem Angreifer kommuniziert werden, zum Beispiel kann der Druck, niemandem etwas zu sagen, Schuldgefühle erzeugen. Aber auch die eigene Familie oder die nähere soziale Umgebung kann dem Kind die Schuld an dem Geschehen zuschreiben.

Dieses Modell stellt die Erfahrung des Kindes in den Mittelpunkt, nicht Merkmale des Täters oder Merkmale der sexuellen Handlungen. Es erlaubt, über die jeweiligen Situationen und Umstände der sexuellen Ausbeutung hinaus die persönlichen Lebensumstände des Kindes und die Geschehnisse nachher zu berücksichtigen, die eine Verarbeitung erleichtern, erschweren oder gar eigene traumatische Erfahrungen bedingen.

Ambivalenz und Ambiguität der Gefühle

Lucy Berliner und Jon R. Conte (1990) haben 23 Kinder im Alter von 10 bis 18 Jahren, die nach z. T. langjähriger und massiver sexueller Ausbeutung in therapeutischer Behandlung waren, um eine Beschreibung des Prozesses gebeten, in dem sie zu Opfern wurden. Berliner/Conte haben aus diesen retrospektiven Schilderungen einen dreistufigen Ablauf herausgefiltert.

Über die Hälfte der befragten Kinder beschrieben ihre ursprüngliche Beziehung zu dem Angreifer als positiv: »Über die Hälfte sagte, daß sie ihn liebten, mochten oder an ihm hingen« (a.a.O., 32). Die andere Hälfte hatte neutrale oder negative Gefühle. Die Erfahrung der Verletzbarkeit entsteht an einem unsichtbaren Punkt auf einem Kontinuum zärtlicher, erotisierter und sexueller Handlungen. Es kommt zu einer Sexualisierung körperlicher Kontakte. Berliner/Conte können nicht entscheiden, ob die Kinder diese Veränderung schon in der Situation selber oder erst in der Retrospektive wahrgenommen haben (a.a.O., 38). Das zweite Element ist die Rechtfertigung oder Neutralisierung des sexuellen Übergriffs durch den Angreifer; in vielen Fällen wurde der Gehorsam des Kindes auch erzwungen. Das dritte Element ist die Kooperation des Kindes. Wenn es den Tätern gelang, Kinder in die sexuelle Beziehung zu involvieren und – manchmal, aber nicht in der Regel durch Zwang und Einschüchterung – zum Schweigen zu veranlassen, war die traumatische Falle vollständig. Die häufigste Methode, das Kind zur Kooperation zu veranlassen, schreiben Berliner/Conte (a.a.O., 38), war es, das Bedürfnis des Kindes nach Zärtlichkeit, Anerkennung und Fürsorge zu befriedigen.

Im Kern der Erfahrung, Opfer sexueller Ausbeutung zu sein, steht offenbar dieses Bedürfnis nach Zuwendung. Die klinische

Rekonstruktion macht die Widersprüchlichkeit der Gefühle, die Verwirrung der Realitätswahrnehmung und die Verwischung der Autorschaft von Handlungen als wesentliches Element der Opfererfahrung deutlich. »Wir verstehen noch nicht vollständig«, schreiben Berliner/Conte (a.a.O., 39), »wie Kinder den schrittweisen Prozeß wahrnehmen, in dem die nicht-sexuelle Berührung sexuelle Bedeutung annimmt.« Schuldgefühle, Beschädigung des Selbstwerts, Angst entstehen, wenn das Kind sich als mit-verantwortlich erlebt. Das spezifische Trauma sexueller Gewalt – das Gefühl, mitschuldig zu sein – wird offenbar erst dadurch möglich, daß manifeste Gewalt nicht im Spiel ist (vgl. Armstrong 1985). Autobiographische Schilderungen machen sehr anschaulich, daß die alltägliche sexuelle Ausbeutung – vor allem innerhalb von Familien oder durch bekannte und/oder vertraute Personen – in einem schwer durchschaubaren und verwirrenden Geflecht von Abhängigkeit, psychischem Zwang, Überredung, Verführung, Zärtlichkeit und Neugier stattfindet und Gewaltanwendung keineswegs die Regel ist. »Inzest hat für mich nicht nur als Therapeutin eine konkrete Bedeutung, sondern auch, weil ich selber ein Opfer bin. Ich war 15, als die spielerischen Flirts meines Vaters sich in hoch sexualisierte Berührungen verwandelten. Dies zuzugeben, ist für mich schwierig, aber noch schmerzhafter ist die Tatsache, daß ich die Zuwendung meines Vaters genossen habe. Ich fühlte mich sehr schuldig über meine Beteiligung am Inzest, als wäre ich dafür verantwortlich. Heute weiß ich es besser. Es war die Verantwortung meines Vaters als Erwachsenem und als Elternteil, sexuelle Kontakte zwischen uns zu vermeiden, aber dies habe ich damals nicht verstanden. Ich fühlte mich auch schuldig dafür, mit meiner Mutter zu konkurrieren. Sie war erst 33 Jahre alt und sehr attraktiv. Ich war begeistert von der Anziehungskraft, die ich auf meinen Vater ausübte, und sein Streicheln fühlte sich gut an, aber nach einigen Monaten wurden meine Schuldgefühle zu groß. Ich fand irgendwie den Mut und sagte ihm, er soll damit aufhören. Er tat es, aber die psychische Schädigung war schon da« (Forward/Buck 1978, 1).

Ist der Erwachsene eine vertraute Person und das Kind in seinem Selbst-Konzept an diese Person gebunden, können die Folgen sexueller Übergriffe zerstörerisch sein; dies trifft besonders für den Inzest zu. Abelmann-Vollmer spricht von der »doppelten

Bindung von Abhängigkeit und Vertrauen« (1989, 4). Inzestuöse Beziehungen sind tief ambivalent, weil sie bedrohlich und lebensnotwendig zugleich sind (Levold et al. 1990, 80; vgl. Hirsch 1987). Es ist charakteristisch für die inzestuöse Viktimisierung, daß die Kinder die impliziten und expliziten kommunikativen Botschaften des Erwachsenen internalisieren (Roth/Leibowitz 1988, 86). Daher ist die verwirrende und destruktive Selbst-Erfahrung der Kinder nachvollziehbar. Widersprüchliche Gefühle und die Verwirrung der Beziehungen sind schwer zu verstehen, zu formulieren und Dritten zu vermitteln. Inzest-Erfahrungen sind in einer überwältigenden Weise diskrepant zu den Orientierungsmustern von Kindern gegenüber dem Selbst und der sie umgebenden Welt, besonders in einer Lebensphase, in der die Person ihr grundlegendes Selbst-Konzept herausbildet.

IV
Bilanz: Ein Wechsel der Perspektive

In diesem Nachwort wurde versucht, den Stand der Forschung zum »sexuellen Mißbrauch von Kindern« kritisch darzustellen. Den methodologischen Status eines großen Teils dieser Forschung kennzeichnet eine theoretisch nicht kontrollierte Vermischung von Moral und Empirie. Bislang ist theoretisch unklar und empirisch diffus geblieben, wie die im ersten Abschnitt dieses Nachworts dargestellten definitorischen Unwert-Urteile über sexuelle Handlungen zwischen Erwachsenen und Kindern mit den psychischen Beeinträchtigungen und Verhaltensauffälligkeiten zusammenhängen, die klinisch und empirisch belegt sind. Die Befunde zeigen eine große Bandbreite von Konstellationen mit einem sehr unterschiedlichen Schädigungspotential, und sie zeigen, daß dieses Potential sich interindividuell außerordentlich unterschiedlich ausprägt. Die Rede von Störungen und Auffälligkeiten setzt die Vorstellung einer Normalität voraus. Was ist das Spektrum »normaler« sexueller Interaktionen zwischen Erwachsenen/Eltern und Kindern (Rosenfeld et al. 1986, 1987)? Welche Rolle spielt Sexualität im Leben und in der Entwicklung von Kindern, »normalerweise«? Diesen Vergleichsmaßstab muß oder will die Forschung indes an keiner Stelle in Anspruch nehmen.

Die Diskussion bewegt sich daher in einem permanenten Zirkelschluß: Das Unwert-Urteil »Mißbrauch« wird von den dokumentierten Schädigungen legitimiert; diese wiederum definieren, was »Mißbrauch« inhaltlich heißt. Mit anderen Worten: Über die Diagnose der Schädigung wird das schutzwürdige Gut definiert. Das entspricht ganz der Logik sozialstaatlicher Gewaltkontrolle, wie sie eingangs analysiert wurde. Das soziale Unwert-Urteil bestätigt sich selbst und muß sich nicht mehr begründen. Die theoretisch und methodologisch entscheidende Frage wird dethematisiert: Soll sich das Konzept »sexuelle Ausbeutung« auf schädigende Konsequenzen für die Opfer oder auf die Tabuierung sexueller Handlungen zwischen Erwachsenen und Kindern stützen? Entscheidet man sich für die erste Variante, dann würde sich die Frage stellen, ob es sexuelle Kontakte zwischen den Generationen gibt – und wenn ja: welche –, die für Kinder *nicht* schädigend sind. Entscheidet man sich für die zweite Variante, dann müßte die Forschung das Tabu, den Tabubruch und deren soziale Funktionen untersuchen. Statt dessen untersucht die Forschung »Ausmaß« und »Folgen« sexueller Ausbeutung und gerät damit in den beschriebenen Zirkelschluß. Statt das Tabu über den intergenerationalen sexuellen Kontakten zu explizieren und empirisch zu prüfen, stellt sie moralische Probleme als Probleme psychischer Gesundheit dar. Damit wird nicht nur das Tabu blind bestätigt, auch die lebendigen Erfahrungen derer, um deren Schutz und Selbstbestimmung es angeblich geht, werden ent-sprachlicht, verzerrt und in der moralisierenden Dichotomie von »Täter« und »Opfer« verdinglicht.

Daher ist es allein schon aus methodologischen Erwägungen geboten, wertfrei von »intergenerationalen sexuellen Kontakten« als Oberbegriff auszugehen und nach den schädigenden Bedingungen und Erscheinungsformen dieser Kontakte zu fragen. Der Begriff »sexuelle Ausbeutung« sollte den schädigenden Kontakten vorbehalten bleiben (vgl. Nelson 1989).

Wegen ihrer Voreingenommenheit widmet die Forschung der Frage, was das Sexuelle am sexuellen Übergriff eigentlich so destruktiv macht, keine differenzierte Aufmerksamkeit. »Läßt man sich auf die Fragestellung nach der Schädlichkeit oder Unschädlichkeit einer sexuellen Handlung ein, dann läßt man sich einen falschen Begriff von Sexualität aufzwingen, der Sexualität zu einem Faktum reduziert. Verweigert man sich einem solchen verdinglichten Sexualitätsbegriff, dann sind Aussagen über Schädlichkeiten nicht in genereller Form zu machen« (Schorsch 1989, 146). Die oben dargestellten traumagenetischen Dynamiken zeigen denn auch, daß es weniger um sexuelle Handlungen als um kommunikative Manöver geht, in denen das Selbst von Kindern bedroht wird; erst in diesem Kontext gewinnt deren sexuelle Thematik Bedeutung. Wenn dagegen Drohung mit und/oder Anwendung von Gewalt im Spiel ist, geht die Schädigung eher auf den gewaltsamen als auf den sexuellen Charakter des Übergriffs zurück. Auch die klinischen Berichte legen nahe, die isolierte sexuelle Handlung etwa gegenüber sexualisierten Kommunikationsstrukturen in Familien nicht überzubewerten, wie sie etwa – unter einer ganz anderen Perspektive – Horst-Eberhard Richter schon in den frühen 60er Jahren in »Eltern, Kind und Neurose« (1963) beschrieben hat. Vor diesem Hintergrund kann sich eine Kritik an der scheinhaften Gleichberechtigung pädophiler Beziehungen stärker auf die Psychodynamik einer fundamentalen und konfliktreichen Verleugnung des Unterschieds zwischen »Kindsein« und »Erwachsensein« stützen als auf einen angeblich Machtgefälle indizierenden Altersunterschied (s. Fn. 7, vgl. Schorsch 1989, Dannecker 1987).

Es gibt ein großes Defizit an Wissen über die Sexualität von Kindern, und die Forschung scheint kein großes Interesse daran zu haben, dieses Desiderat aufzuarbeiten. Die Frage, wie man Kinder darin unterstützen kann, jene sexuelle Selbstbestimmung zu erlangen, um deren Schutz Strafrecht, soziale Dienste und zahlreiche Forscherinnen und Forscher so besorgt sind, scheint ein Tabu zu berühren. Das macht die Auseinandersetzungen um die sexuelle Ausbeutung von Kindern so zwiespältig.

Ich danke Ingrid Breckner für Inspiration, Michael C. Baurmann für die Liebe zum Detail, Anette Engfer, Reiner Frank und Peter Wetzels für viele Anregungen, Hinweise und freundschaftliche Kontroversen über die Grenzen von Fachdisziplinen hinweg.

Anmerkungen

1 Ein Tabu ist nicht lediglich ein Verbot – so wird der Begriff oft nachlässig verwendet –, sondern die angstbesetzte Vermeidung einer unauflösbaren Ambivalenz gegensätzlicher Strebungen (Rutschky 1990).

2 Von einem einheitlichen Gewaltbegriff des Strafrechts kann man allerdings im strengen Sinne nicht sprechen: vgl. Calliess 1974, Krey 1986.

3 Intimität soll nicht als Qualität von Kommunikation (»Quality of Relatedness«) und auch nicht als individuelle Fähigkeit zur Kommunikation (»Individual Capacity«), sondern als Ergebnis eines interpersonellen Konstruktionsprozesses verstanden werden. »Intime Interaktion findet statt, wenn Menschen Bedeutungen teilen oder gemeinsam erzeugen und fähig sind, ihre Handlungen so zu koordinieren, daß sie den Prozeß der wechselseitigen Erzeugung von Bedeutungen ausdrücken« (Weingarten 1991, 287). Zum Verhältnis des linearen Konzepts »Macht« und des systemischen Konzepts »Kommunikation« vgl. Dell 1989.

4 Zu den epidemiologischen und phänomenalen Unterschieden zwischen körperlicher Mißhandlung und sexueller Ausbeutung von Kindern vgl. Finkelhor 1985.

5 Während in der Bundesrepublik der innerfamiliale sexuelle Übergriff auf Mädchen die fachliche und öffentliche Diskussion dominiert, wird in den USA »child sexual abuse« als Oberbegriff für »abuse« innerhalb und außerhalb von Familien verwendet. Dabei bezieht sich der Ausdruck »innerfamilial« auf das Verwandtschaftssystem; »incest«, oder spezifischer »father-daughter-incest« sind Unterbegriffe, die sich auf die Kernfamilie beziehen. »Außerfamilial« meint nicht nur Fremde, diese werden meist noch einmal gesondert betrachtet; mit dem Ausdruck »außerfamilial« sind Bekannte, Nachbarn, Babysitter, aber auch enge Freunde der Familie oder der betroffenen Kinder gemeint.

6 Die Glaubwürdigkeit der betroffenen Kinder ist beim Umgang mit dem Verdacht des sexuellen Mißbrauchs aus diesem Grund ein ebenso zentrales wie hoch emotionalisiertes Thema der Debatte. Heinz Offe, Susanne Offe und Peter Wetzels haben darauf hingewiesen, daß dabei oft »bewußte Falschaussage« und »unzutreffende Anschuldigung« verwechselt oder fahrlässig vermischt werden. Sie arbeiten die Quellen fehlerhafter Anschuldigungen, besonders in vormundschafts- und familienrechtlichen Streitigkeiten heraus und diskutieren die Schwie-

rigkeiten, kindliche Äußerungen oder Verhaltensweisen durch Dritte zutreffend zu interpretieren (Offe, Offe & Wetzels 1992; Roemer/Wetzels 1991).

7 Eine operationale Unterscheidung in klinischen und empirischen Settings wird grundsätzlich nicht auf Gewalttätigkeit, sondern auf die prinzipielle Ungleichzeitigkeit kindlicher und erwachsener Sexualität abheben, die durch das Bewußtsein des Erwachsenen über seine Sexualorganisation bestimmt ist (Dannecker 1987, 83). »Das Kind..., auch wenn es sich aktiv verführerisch verhält, kann alles mögliche wünschen, intendieren, nicht jedoch primär die Verführung zum sexuellen Vollzug« (Schorsch 1989, 142). Theoretisch bedeutet dies, daß die Rede von »sexueller Ausbeutung« bzw. »sexuellem Mißbrauch« immer ein Konzept kindlicher bzw. erwachsener Sexualität und ihrer Unterschiede voraussetzt (vgl. Honig i. Ersch.); genauer wäre gewiß, im Anschluß an Rüdiger Lautmann von »Sexualitäten« im Plural zu sprechen (Lautmann 1984). Methodisch ergibt sich daraus, daß Intention und Erleben der Beteiligten noch größere Bedeutung für die Bewertung der Situation durch Dritte zukommen als bei körperlichen Aggressionen. Beides wird in Fällen von »sexuellem Mißbrauch« zwischen Geschwistern besonders wichtig (Diskussion über »very young perpetrators«, Doktorspiele als sexueller Mißbrauch?). Moralische Maßstäbe dürfen nicht als Hinweise auf psychisch-soziale Schädigungen maskiert werden, daher sollten sich die Unwert-Urteile Dritter nicht von der Erfahrung der Beteiligten ablösen. Dritte sollten überhaupt nur von »(ggfs. schädigenden) intergenerationalen erotischen/sexuellen Kontakten« sprechen (Nelson 1989; vgl. Kap. IV). Sie lassen sich als mehrdimensionales Kontinuum verstehen, dessen Extrem genitaler und/oder gewaltsamer sexueller Handlungen Erwachsener mit Kindern auch als Verhaltensdatum relativ eindeutig ist.

8 Es gibt eine Reihe weiterer Definitionen sexuellen Mißbrauchs, so die weitverbreitete von Schechter/Roberge (1976). Ähnlich wie die Definitionen von »child physical abuse« oder »violence« unterscheiden sie sich in einer Reihe von operativen Merkmalen, nicht jedoch in ihrer moralisch-empirischen Doppelstruktur.

9 Noch in guter Erinnerung sind die Reaktionen auf die Programmdiskussion der Partei DIE GRÜNEN von Nordrhein-Westfalen über »Sexualität und Herrschaft« (1985). Gutes Anschauungsmaterial aus jüngster Zeit bietet ein empirischer Beitrag über »Sexualität zwischen Männern und Mädchen« (Johannesmeier 1991) und die Stellungnahmen und Leserbriefe dazu in der Zeitschrift »Sexualmedizin« (Heft 9, 1991); allgemein: Gröning 1989, Rutschky 1992, 97ff.

10 Eine bemerkenswerte Ausnahme stellt die sog. LINTAS-Kampagne des Deutschen Kinderschutzbundes e. V. (DKSB) in der zweiten Jah-

reshälfte 1991 dar. Sie ist in der Bundesrepublik der bislang einzige Fall einer öffentlichen Sensibilisierungskampagne, die den moralisierenden Schematismus von Täter und Opfer, Schuld und Unschuld vermieden hat und die Parteinahme für das Leiden der betroffenen Kinder nicht mit einer De-Humanisierung der Täter verband. Die Konzeption der Kampagne »Helfen statt Schweigen« wurde von der Frankfurter Werbeagentur LINTAS:Frankfurt gemeinsam mit Fachkräften der DKSB-Bundesgeschäftsstelle erarbeitet. Das Echo war in wichtigen Teilen des Verbandes, bei vielen Professionellen und Einrichtungen dieses Arbeitsfeldes und auch in den überregionalen Medien zunächst negativ. Den Verantwortlichen wurde charakteristischerweise u. a. Verharmlosung vorgeworfen. Dagegen wurde der eigens eingerichtete Telefondienst der DKSB-Bundesgeschäftsstelle stark in Anspruch genommen. In den sechs Monaten der Kampagne wurden über 700 Beratungsgespräche nicht nur mit zahlreichen betroffenen Kindern, Jugendlichen und Müttern, sondern auch mit Männern (Tätern) geführt, die sich noch nie offenbart hatten und Hilfe suchten (DKSB 1992).

11 Den besten Überblick über den Stand der soziologischen und psychologischen Forschung zur sexuellen Ausbeutung von Kindern geben Finkelhor 1984, Finkelhor et al. 1986, Haugaard/Repucci 1988; vgl. auch Wodarski/Johnson 1988. Besonders hinzuweisen ist auf die ausgezeichnete empirische Studie über Inzest »The Secret Trauma« von Diana E. H. Russell (1986). Dem lange vernachlässigten Aspekt der sexuellen Ausbeutung von männlichen Kindern und Jugendlichen ist der umfangreiche Literaturbericht von Watkins/Bentovim (1992) gewidmet.

In der Bundesrepublik sind in den letzten Jahren sehr viele Veröffentlichungen über den »sexuellen Mißbrauch von Kindern« erschienen, darunter eine große Zahl autobiographischer Berichte. Die Fachdiskussion ist gespalten. Der überwiegende Teil der Literatur stammt von Autorinnen und Autoren, die sozialpädagogisch und feministisch orientiert sind. Ihre Beiträge sind in erster Linie an Fragen der Intervention und Prävention interessiert (zuletzt Hartwig 1990, Braekker/Wirtz-Weinrich 1991). Diese Literatur versteht sich meist advokatorisch, d. h. als Anwalt der Opfer, und skandalisiert die angebliche Ubiquität des sexuellen Mißbrauchs. Nur ausnahmsweise stützt sie sich dabei auf eigene Forschung; die internationale Diskussion nimmt sie nicht oder nur selektiv zur Kenntnis. Die – vornehmlich von Teilen der Frauenbewegung ausgehende – Skandalisierung hatte Öffentlichkeit und einschlägige Berufsgruppen anfangs sensibilisiert; mittlerweile trägt sie kaum noch zur Differenzierung der Diskussion bei, sondern agiert eine »Obsession mit Gewalt und sexuellem Mißbrauch« (Rutschky 1992, 113). Katharina Rutschky hat den »emphatischen Voyeurismus« (1992, 30) des Skandalisierungsmotivs jüngst in einem Essay bloßgelegt (dazu Honig 1992b). Empirische Forschung findet – anders als in der Diskussion über Kindesmißhandlung und Gewalt an Frauen in den 70er Jahren – hauptsächlich in der Psychologie, der Kinder- und Jugendpsychiatrie, in der Sexualforschung und in der Kriminologie statt; dort werden auch die wichtigsten klinischen Erfahrungen dokumentiert. Den Stand dieser Diskussion in der Bundesrepublik repräsentieren u.a. Baurmann 1992a, b; Elliger/Schötensack 1991; Engfer 1990; 1991; Hirsch 1987; Kutchinsky 1991; Martinius/Frank 1990; Moggi 1991; ZPID 1990. Innovative Problematisierungen thematisieren Gewaltphänomene im Kontext einer Theorie der Moderne (Breckner 1990, Wahl 1989, 1990).

12 Erste Ergebnisse einer Würzburger Prävalenzstudie, die mit 1018 Universitäts- und Fachhochschulstudenten und -studentinnen sowie Berufsschülern und -schülerinnen durchgeführt wurde, berichten Elliger/Schötensack 1991. Am Kriminologischen Forschungsinstitut Niedersachsen (Wolfgang Bilsky, Christian Pfeiffer, Peter Wetzels) wird zur Zeit unter dem Projekttitel »Persönliches Sicherheitsgefühl, Angst vor Kriminalität und Gewalt, Opfererfahrung älterer Menschen« mit 15 000 Befragten in den alten und neuen Bundesländern die erste deutsche Prävalenzstudie auf der Basis eines repräsentativen Bevölkerungsquerschnitts durchgeführt; die Feldphase soll im Sommer 1992 abgeschlossen sein.

13 Dieser und der folgende Abschnitt sind aufgrund mehrerer detaillierter Diskussionen mit Michael C. Baurmann entstanden. Er hat mir nicht nur viele Fragen beantwortet, sondern auch Materialien und eigene Berechnungen zur Verfügung gestellt. Für die etwaigen Fehler der Darstellung trage ich jedoch allein die Verantwortung.

14 Eine Kritik an Zählungen und Schätzungen zur Kindesmißhandlung hatte Elke Heinsen bereits 1982 vorgelegt. Ihre Überlegungen und Argumente gelten auch für die sexuelle Ausbeutung von Kindern; vgl. auch Kullmer 1982.

15 Dieser soziale Prozeß müßte rekonstruiert werden, um den Wirklichkeitsgehalt der Polizeilichen Kriminalstatistik abschätzen zu können; vgl. Steinhilper 1986. In Großbritannien und den USA sind die operativen Wahrnehmungs- und Verarbeitungsmuster verschiedener einschlägiger Professionen für den Bereich der physischen Mißhandlung von Kindern untersucht worden (Giovannoni/Becerra 1979, Giovannoni 1989, Hallett 1988).

16 Die Strafverfolgungsstatistik dokumentiert, wieviele Verdachtsfälle sich jährlich nach den straf- und strafprozeßrechtlichen Maßstäben bestätigen lassen bzw. zu Aburteilungen und Verurteilungen führen.

Diese Zahlen sind viel geringer. PKS und Strafverfolgungsstatistik lassen sich nicht in ein direktes Verhältnis zueinander setzen; dafür wäre eine Verlaufsstatistik notwendig, die es nicht gibt; vgl. Heinsen 1982.

17 In Betracht kommen neben den §§ 173 (Beischlaf zwischen Verwandten, der in der Strafrechtssystematik nicht den Straftaten gegen die sexuelle Selbstbestimmung zugeordnet ist) und 174 (Sexueller Mißbrauch von Schutzbefohlenen) die §§ 174a (sexueller Mißbrauch von Gefangenen, behördlich Verwahrten oder Kranken in Anstalten), 174b (Sexueller Mißbrauch unter Ausnutzung einer Amtsstellung), 175 (Restverbot einer Sexualität mit einem Mann unter 18 Jahren), 177 (Vergewaltigung), 178 (Nötigung), 180 (Förderung sexueller Handlungen Minderjähriger), 182 (Verführung), 183 (exhibitionistische Handlungen), 183a (Erregung öffentlichen Ärgernisses), 184 (Verbreitung pornographischer Schriften) und 184b (Jugendgefährdende Prostitution), nicht zuletzt 211 (Sexualmord) des Strafgesetzbuches.

18 »Insgesamt ist zu kritisieren, daß ... gewaltlosen Normverstößen, Delikten aus dem Bereich der organisierten Kriminalität, sexuellen Gewalttaten und Ausbeutungshandlungen in Abhängigkeitsverhältnissen mit dem Arbeitsbegriff ›Sexualdelinquenz‹ eine Gemeinsamkeit zugeschrieben wird, die kriminologisch und dogmatisch sehr fragwürdig ist und so auch die kriminalpolitische Diskussion erschwert« (Baurmann 1992a).

19 § 176 (Sexueller Mißbrauch von Kindern) (1) Wer sexuelle Handlungen an einer Person unter vierzehn Jahren (Kind) vornimmt oder an sich vornehmen läßt, wird mit Freiheitsstrafe von sechs Monaten bis zu zehn Jahren, in minder schweren Fällen mit Freiheitsstrafe bis zu fünf Jahren oder mit Geldstrafe bestraft.

(2) Ebenso wird bestraft, wer ein Kind dazu bestimmt, daß es sexuelle Handlungen an Dritten vornimmt oder von einem Dritten an sich vornehmen läßt.

(3) In besonders schweren Fällen ist die Strafe Freiheitsstrafe von einem Jahr bis zu zehn Jahren. Ein besonders schwerer Fall liegt in der Regel vor, wenn der Täter

1. mit dem Kind den Beischlaf vollzieht oder
2. das Kind bei der Tat körperlich schwer mißhandelt.

(4) Verursacht der Täter durch die Tat leichtfertig den Tod des Kindes, so ist die Strafe Freiheitsstrafe nicht unter fünf Jahren.

(5) Mit Freiheitsstrafe bis zu drei Jahren oder mit Geldstrafe wird bestraft, wer

1. sexuelle Handlungen vor einem Kind vornimmt,
2. ein Kind dazu bestimmt, daß es sexuelle Handlungen vor ihm oder einem Dritten vornimmt, oder

3. auf ein Kind durch Vorzeigen pornographischer Abbildungen oder Darstellungen, durch Abspielen von Tonträgern pornographischen Inhalts oder durch entsprechende Reden einwirkt, um sich, das Kind oder einen anderen hierdurch sexuell zu erregen.
(6) Der Versuch ist strafbar; dies gilt nicht für Taten nach Absatz 5 Nr. 3.

20 Die Opferstatistik der PKS macht Angaben zu acht der für den Schutz der sexuellen Selbstbestimmung von Kindern in Betracht kommenden Straftatbestände:
– Die PKS weist keine Zahlen zum § 173 (»Beischlaf zwischen Verwandten«) aus. Nach internen Berechnungen des Bundeskriminalamts wurden 1990 ca. 600 versuchte und vollendete Fälle angezeigt (Baurmann, persönliche Mitteilung).
– Die Polizei ermittelte 1990 664 Jungen und Mädchen unter 14 Jahren als Opfer sexuellen Mißbrauchs von Schutzbefohlenen (§§ 174, 174a, 174b StGB), versuchter und vollendeter Vergewaltigung (§ 177) und sexueller Nötigung (§ 178). Davon sind 120 Kinder von Vergewaltigung betroffen, ausschließlich Mädchen.
– 60 Kinder unter 14 sind als Opfer von Straftaten gemäß § 180, 180a StGB (»Förderung sexueller Handlungen Minderjähriger«, »Förderung der Prostitution« aufgeführt.
– Vier Kinder unter 14 Jahren wurden Opfer von Sexualmorden.
Weil die Kriminalstatistik die soziale Beziehung zwischen Opfer und Täter nicht altersbezogen ausweist, kann bei Delikten, die im Unterschied zum Straftatbestand des »Sexuellen Mißbrauchs« nicht über eine Altersgrenze definiert sind, keine genaue Aussage darüber gemacht werden, wieviele der betroffenen Kinder Opfer von Verwandten bzw. von Fremden waren. Die registrierten Fälle von »Beischlaf zwischen Verwandten« betreffen allerdings faktisch meist leibliche Kinder; ist der Verwandte z. B. ein Stiefvater, wird die Straftat als »sexueller Mißbrauch von Schutzbefohlenen« registriert. Diese Delikte werden überwiegend im Bekannten- und Verwandtenkreis des Kindes begangen; mit einigen wichtigen Einschränkungen (überfallartige und Gruppennotzucht) läßt sich aufgrund der engen Zusammenhänge von Bekanntschaftsgrad und Gewaltintensität indirekt auch bei den Vergewaltigungen und sexuellen Nötigungen darauf schließen, daß sie vom sozialen Nahraum ausgehen.

21 Bei der Interpretation dieses Rückgangs muß berücksichtigt werden, wie sich der allgemeine Geburtenrückgang in der Bundesrepublik zwischen 1980 und 1990 auf die Altersgruppe der 0- bis unter 14jährigen ausgewirkt hat.

22 Auf die Begründungen für die jeweiligen Schätzungen des Hell-/Dunkelfeld-Verhältnisses kann hier nicht näher eingegangen werden.

23 Das bedeutet: Angezeigte und nicht-angezeigte Delikte zusammen sind fünfmal so häufig wie die angezeigten Straftaten.

24 Diese Zahl kommt folgendermaßen zustande:
– Bei einem engen Begriff sexueller Gewalt an Kindern sind jene 20,6% der registrierten Delikte nach § 176 StGB zugrundezulegen, die aufgrund der Baurmann'schen Clusteranalyse mit Vergewaltigung und sexueller Nötigung vergleichbar sind; in absoluten Zahlen handelt es sich um 2625 Fälle bzw. 3283 betroffene Kinder im Jahr 1990. Legt man dagegen einen weit gefaßten Gewaltbegriff zugrunde, indem lediglich der bis zu 35% betragende Cluster »Exhibitionismus« ausgeschlossen wird, dann gelangt man zu rund 8700 Fällen bzw. 10 900 betroffenen Kindern. Baurmann macht aber aufgrund seiner Daten darauf aufmerksam, daß weitere rund 20% registrierte Fälle sonstige oberflächliche sexuelle Handlungen darstellen, so daß knapp die Hälfte, zwischen 45% und 49% bzw. rund 6100 der im Jahr 1990 angezeigten Fälle sexuellen Mißbrauchs im weitesten Sinne mit der Androhung oder Anwendung von Gewalt übrigbleiben; davon waren ca. 7650 Kinder betroffen. Unter der Annahme einer Hell-/Dunkel-Relation von 1:5 gewinnt man daher die Aussage, daß im Jahr 1990 16 500 bis 54 500 Kinder von nicht nur oberflächlichen Formen sexuellen Mißbrauchs im strafrechtlichen Sinne betroffen waren, wobei die Zahl von 38 250 Kindern als Opfer eines mit Angst erlebten sexuellen Übergriffs am aussagekräftigsten ist.
– Die PKS verzeichnet für 1990 524 Opfer sexueller Ausbeutung von Schutzbefohlenen (§ 174, 174a, 174b) unter 14 Jahren. Man geht in diesem Bereich von einer Hell-/Dunkelfeld-Relation von 1:35 aus; unter dieser Voraussetzung wäre von 18 400 betroffenen Kindern auszugehen.
– Die Relation für Vergewaltigung und sexuelle Nötigung beträgt 1:5; bei 120 registrierten Opfern (nur Mädchen) führt dies zur Annahme von insgesamt rund 600 Vergewaltigungen und sexuellen Nötigungen an Kindern.
– Von der »Förderung sexueller Handlungen Minderjähriger« und »Förderung der Prostitution« sind schätzungsweise zehnmal mehr Kinder betroffen als polizeilich registriert werden, also im Jahre 1990 insgesamt 600.
– Während für Sexualmord kein Dunkelfeld angenommen wird, ist das Dunkelfeld für Inzest sehr hoch (1:35); daher lassen sich 22 400 Straftaten vermuten. Man nimmt an, daß die Zahl der betroffenen Kinder etwa gleich groß ist.

25 Baurmann hat die fehlerhafte Rechenoperation der Autorinnen, für die er in Anspruch genommen wird, detailliert nachvollzogen: »Zunächst fällt auf, daß die Autorinnen in diese Dunkelfeldschätzungen

›Vergewaltigungen‹ und ›Sexuelle Nötigungen‹ von ›Mädchen unter 18 Jahren‹ hineingenommen haben; folglich sollten sie aber präziser von ›sexuellen Gewalthandlungen gegen Mädchen und Frauen‹ sprechen.
Weiterhin fällt auf, daß mir eine Dunkelfeldschätzung im Bereich des ›Sexuellen Mißbrauchs von Kindern‹ von 1:20 zugeschrieben wird (richtig wäre gemäß der dort zitierten Quellenangabe: ›1:2 bis 1:18‹). Diese fragwürdige Dunkelfeldschätzung (1:20) wird dann als Multiplikator für 15 000 angezeigte Fälle von sexuellem Mißbrauch und sexueller Gewalt gegen Kinder benutzt. Diese Hellfeldzahl war aber bei Erscheinen des Buches (1984) schon um etwa 3000 bis 3500 Opferfälle übertrieben, selbst wenn man Fälle von Exhibitionismus vor Kindern als ›sexuellen Mißbrauch‹ oder als ›sexuelle Gewalt‹ bewertet. Wenn man dies nicht so bewertet, dann war die Hellfeldzahl sogar um 6000 bis 7000 Opferfälle übertrieben.
Völlig unbeachtet ließen die Autorinnen, daß sexuelle Gewalttaten im engeren Sinne, sowie sexuelle Mißbräuche von Kindern und exhibitionistische Handlungen vor Kindern ganz unterschiedliche Hell-/Dunkelfeldrelationen aufweisen. Kavemann/Lohstöter multiplizieren recht unbekümmert 15 000 (angebliche gewalttätige Viktimisierungen von Kindern) mit 20 (angebliches Dunkelfeld) und kamen so auf »jährlich 300 000 Kinder, die sexuell mißbraucht werden«. Viele spätere Veröffentlichungen beziehen sich auf diese fehlerhafte Berechnung, schreiben sie oft mir oder dem BKA zu, benennen sie manchmal sogar als Untergrenze und manchmal als die jährliche Anzahl von sexuellen *Gewalt*taten gegen Kinder« (Baurmann 1992a, Anm. 18).

26 Auf die möglichen Folgen für die Praxis sozialer Berufe haben Offe et al. (1992) hingewiesen: »Vor allen Dingen aber trägt der so übersteigerte Eindruck von einer riesigen Welle des sexuellen Kindesmißbrauchs dazu bei, Kritik und Reflexionsfähigkeit sowie das notwendige Mindestmaß an professioneller Distanz und Besonnenheit bei Diagnose und Interventionsplanung zu verlieren. Es wird nicht nur – wie es erwünscht ist – verstärkt auf sexuellen Mißbrauch als Möglichkeit geachtet und so das Schweigen über ein Tabu gebrochen, sondern es werden auch Hinweise vorschnell als Gewißheit betrachtet, und es kommt zu der Annahme, daß jedem Verdacht auf Mißbrauch auch tatsächlich ein solcher zugrunde liegen muß.« Ob »Parteilichkeit«, Rettungsphantasie oder Angst vor öffentlicher Kritik an einer angeblichen Untätigkeit der Sozialbehörden das Handeln motiviert: Es handelt sich nicht nur um einen Mangel an Besonnenheit, sondern um den grundlegenden Irrtum, Mißhandlung, Vernachlässigung und sexuelle Ausbeutung ließen sich wie objektive Gegebenheiten »erkennen« oder »aufdecken«; das »Entdecken« fußt aber auf Interpretatio-

nen und Schlußfolgerungen sozialer Phänomene. In Großbritannien hat eine auf diesem Grundirrtum fußende Praxis 1987 zur sogenannten »Cleveland Crisis« geführt, als auf Grund vorläufiger und später oft nicht bestätigter Diagnosen innerhalb kurzer Zeit relativ viele Kinder durch behördliche Anordnung von ihren Familien getrennt wurden (Report of the inquiry..., 1988).

27 Darüber hinaus aber fehlt es an Vergleichsmaßstäben. David Finkelhor nennt »child sexual abuse« einen bedeutenden Risikofaktor für viele Probleme psychischer Gesundheit (Finkelhor 1987b). Wie läßt sich dieses Risiko veranschaulichen, und mit welchen Risiken für die psychische und physische Gesundheit von Kindern läßt sich sexuelle Ausbeutung vergleichen? Michael C. Baurmann hat einen Versuch zur Veranschaulichung gemacht, der sich möglicherweise übertragen läßt (Baurmann 1987); eine bereits ältere britische Studie vergleicht Gesundheitsgefährdungen von Kindern durch sexuelle Gewalt mit Gefährdungen durch Verkehrsunfälle und Asthma (Burton 1969).

28 In den USA selbst werden die Prävalenzstudien kontrovers diskutiert. Neil Gilbert etwa gibt seiner Analyse den Titel »The Phantom Epidemic of Sexual Assault« (1991) und spricht von den »advocacy numbers« u. a. auch der Studie von Russell. »Advocacy numbers« sind quantitative Befunde, die methodisch korrekt erhoben sind, aber auf »advokatorischen« Definitionsgrundlagen basieren. Es ist leicht zu erkennen, daß dabei die Unterscheidung von »abuse« und »non-abuse« kontrovers ist. Diese Kritik gewinnt Brisanz im Zusammenhang mit der Diskussion über unzutreffende Anschuldigungen vor Gericht (Dillon 1987) und der über »underreporting« vs. »overreporting«, die von Professionellen geführt wird (vgl. die Kontroverse in der Zeitschrift Social Work 1987 und zwischen Berliner, Besharov und Zellman 1991). Sie beruht auf Berichten über die hohe Zahl von Fällen (ca. 60%) von »child abuse« und »child sexual abuse«, die den Behörden aufgrund der »mandatory laws« gemeldet werden, sich aber nicht bestätigen lassen. Nach der Welle der Betroffenheit breitet sich in den USA jetzt offenbar Skepsis (Waller 1991 mit Literaturhinweisen) und eine Vorsicht vor »Hyper-Wachsamkeit« (Schetky 1986) aus.

29 Die Würzburger Prävalenzstudie (Elliger/Schötensack 1991) ermittelte sogar ein Verhältnis weiblicher zu männlicher Opfer von 2:1.

30 Unter »altersunangemessenem sexuellen Verhalten« wird u. a. Masturbieren in der Öffentlichkeit, übermäßige sexuelle Neugier und häufiges Entblößen der Geschlechtsorgane von 4- bis 6jährigen Kindern verstanden (Browne/Finkelhor 1986, 68).

31 Bücher wie Trube-Beckers »Gewalt gegen das Kind« (1982, 2., überarb. Auflage 1987) erwecken demgegenüber fälschlicherweise den Eindruck, daß sexuelle Ausbeutung in der Regel von körperlicher

Mißhandlung und Vernachlässigung begleitet ist. Aber selbst körperliche Verletzungen lassen sich nur selten – was Nicht-Medizinern zunächst kaum verständlich ist – unzweideutig als Folgen von »Mißhandlung«, »Vernachlässigung« oder »sexuellem Mißbrauch« diagnostizieren; es ist fast immer ein mehrstufiger Bewertungsprozeß erforderlich. Vgl. dazu die medizinische Habilitationsschrift von Reiner Frank (1992).

Literatur

Nachweise, die bereits im Literaturverzeichnis der Originalausgabe enthalten sind, wurden nicht erneut aufgenommen.

Abelmann-Vollmer, K.: Gewalt in Familien: Eine Studie zur Inzestproblematik. Theoretische und praktische Überlegungen aus dem Kinderschutzzentrum Bremen. In: Deutscher Kinderschutzbund (DKSB) e.V. (Hg.), Sexuelle Gewalt gegen Kinder. Hannover 1987, S. 40-54

Abelmann-Vollmer, K.: Herrschaft und Tabu. Kinderschutz Aktuell 1989, 2, S. 4-7

Albrecht, H.-J.: Gewalt gegen Kinder aus kriminologischer Sicht. In: Bayerisches Staatsministerium für Arbeit, Familie und Sozialordnung (Hg.), Gewalt gegen Kinder. Dokumentation einer wissenschaftlichen Tagung. Brosch., München 1991, S. 67-98

Baker, A. W./Duncan, S. P.: Child Sexual Abuse. A Study of Prevalence in Great Britain. Child Abuse & Neglect 9, 1985, S. 457-467

Banning, A.: Mother-Son Incest: Confronting a Prejudice. Child Abuse & Neglect 13, 1989, S. 563-570

Baurmann, M. C.: Kriminalpolizeiliche Beratung für potentielle Opfer von Straftaten gegen die sexuelle Selbstbestimmung. In: Bundeskriminalamt (Hg.), Kriminalpolizeiliche Beratung. Wiesbaden 1978 (BKA-Schriftenreihe, Bd. 47)

Baurmann, M. C.: Männergewalt. Erscheinungsformen und Dimensionen von Gewalt gegen Frauen und Mädchen. Vorgänge 1987, 6 (Nr. 90), S. 50-60

Baurmann, M. C.: Junge Menschen und sexuelle Delinquenz. In: W. Rotthaus (Hg.): Sexuell deviantes Verhalten Jugendlicher. Dortmund 1991, S. 29-69 (1991a)

Baurmann, M. C.: Die offene, heimliche und verheimlichte Gewalt von Männern gegen Frauen sowie ein Aufruf an Männer, sich gegen Männergewalt zu wenden. In: D. Janshen (Hg.), Sexuelle Gewalt. Die allgegenwärtige Menschenrechtsverletzung. Frankfurt am Main 1991, S. 223-251 (1991b)

Baurmann, M. C.: Straftaten gegen die sexuelle Selbstbestimmung – Zur Phänomenologie sowie zu Problemen der Prävention und Intervention. In: Martin Killias (Hg.), Sexualdelinquenz. Grüsch i. E. (1992a)

Baurmann, M. C.: Eine fragwürdige Gleichsetzung: Männerfokus = Gewaltfokus = Täterfokus? Ms., i. Ersch. (1992b)

Beitchman, J. H., K. J. Zucker, J. E. Hood, G. A. daCosta & D. Akman:

A Review of the Short-Term Effects of Child Sexual Abuse. Child Abuse & Neglect 15, 1991, S. 537-556
Beitchman, J. H., K. J. Zucker, J. E. Hood, A. G. daCosta, D. Akman & E. Cassavia: A Review of the Long-Term-Effects of Child Sexual Abuse. Child Abuse & Neglect 16, 1992, S. 101-118
Benz, U.: Allerleirauh oder: Der ganz normale Inzest. Merkur 45, 1991, 12, S. 1125-1134
Berliner, L., D. J. Besharov, G. L. Zellman: Commentary – Reporting Child Abuse. Journal of Interpersonal Violence 6, 1991, 1, S. 110-118
Berliner, L./J. Conte: The Process of Victimization: The Victims' Perspective. Child Abuse & Neglect 14, 1990, S. 29-40
Bolton, F. G., L. A. Morris, A. E. MacEachron: Males at Risk. The Other Side of Child Sexual Abuse. Newbury Park/London 1989
Braecker, S./W. Wirtz-Weinrich: Sexueller Mißbrauch von Mädchen und Jungen. Weinheim 1991
Breckner, Ingrid: Leiden an der Moderne. Konstitutionsbedingungen von Leiden im historischen Prozeß gesellschaftlicher Modernisierung. Diss., Bielefeld 1990
Browne, A./D. Finkelhor: Initial and Long-Term Effects: A Review of the Research. In: D. Finkelhor et al. (ed.), A Sourcebook on Child Sexual Abuse. Newbury Park/London 1986, S. 143-179
Der Bundesminister für Jugend, Familie, Frauen und Gesundheit: Sexuell mißbrauchte Mädchen brauchen mehr öffentliche Hilfen. Pressedienst vom 13. Oktober 1989 (Zwischenbericht der wissenschaftlichen Begleitung des Modellprojektes »Beratungsstelle und Zufluchtswohnung für sexuell mißbrauchte Mädchen«)
Bundesrepublik Deutschland, Bundeskriminalamt: Polizeiliche Kriminalstatistik 1990. Wiesbaden, Juli 1991
Burton, L.: Vulnerable Children. Three Studies of Children in Conflict: Accident Involved Children, Sexually Assaulted Children, and Children With Asthma. Liverpool/London 1969
Calliess, R.-P.: Der Begriff der Gewalt im Systemzusammenhang der Straftatbestände. Tübingen 1974
Conte, J. R./J. R. Schuerman: The Effects of Sexual Abuse on Children. A Multidimensional View. Journal of Interpersonal Violence 2, 1987, 4, S. 380-390
Dannecker, M.: Zur strafrechtlichen Behandlung der Pädosexualität. In: ders., Das Drama der Sexualität. Frankfurt 1987, S. 72-89
Dell, P. F.: Violence and the Systemic View: The Problem of Power. Family Process 28, 1989, 1, S. 1-14
Denzin, N. K.: Toward a Phenomenology of Domestic, Family Violence. American Journal of Sociology 90, 1984, 3, S. 483-513
Deutscher Kinderschutzbund (DKSB): Kampagne »Helfen statt Schwei-

gen« gegen die sexuelle Ausbeutung von Kindern. Auswertungsbericht. Ms., Hannover 1992

Dillon, K. M.: False Sexual Abuse Allegations: Causes and Concerns. Social Work 32, 1987, 6, S. 540-541

Draijer, N.: Die Rolle sexuellen Mißbrauchs und körperlicher Mißhandlung in der Ätiologie psychischer Störungen bei Frauen. In: J. Martinius/R. Frank (Hg.), Vernachlässigung, Mißbrauch und Mißhandlung von Kindern. Bern/Stuttgart 1990, S. 128-142

Elmer, E.: Children in Jeopardy: A Study of Abused Minors and Their Families. Pittsburgh 1967

Elliger, T. J./Schötensack, K.: Sexueller Mißbrauch von Kindern – eine kritische Bestandsaufnahme. In: G. Nissen (Hg.), Psychogene Psychosyndrome und ihre Therapie im Kindes- und Jugendalter. Bern/Stuttgart 1991, S. 143-154

Enders, U.: Zart war ich, bitter war's. Sexueller Mißbrauch an Mädchen und Jungen. Erkennen – Schützen – Beraten. Köln 1990

Emery, R.: Family Violence. American Psychologist 44, 1989, S. 321-328

Engfer, A.: Kindesmißhandlung und sexueller Mißbrauch. In: M. Markefka, B. Nauck (Hg.), Handbuch der Kindheitsforschung. Neuwied, i. Ersch.

Engfer, A.: Entwicklung von Gewalt in sogenannten Normalfamilien. System Familie 4, 1991, 2, S. 107-116

Faller, K. C.: Polyincestuous Families. An Exploratory Study. Journal of Interpersonal Violence 6, 1991, 3, S. 310-322

Fegert, J.: Diagnostik und klinisches Vorgehen bei Verdacht auf sexuellen Mißbrauch bei Mädchen und Jungen. In: J. Walter (Hg.), Sexueller Mißbrauch im Kindesalter. Heidelberg 1989, S. 68-101

Finkelhor, D.: Sexual Abuse and Physical Abuse: Some Critical Differences. In: E. Newberger/R. Bourne (eds.), Unhappy Families. Littleton 1985, S. 21-30

Finkelhor, D.: Abusers: A Review of the Research. In: D. Finkelhor et al., A Sourcebook on Child Sexual Abuse. Newbury Park/London 1986, S. 89-118 (1986a)

Finkelhor, D.: Abusers: Special Topics. In: D. Finkelhor et al., A Sourcebook on Child Sexual Abuse. Newbury Park/London 1986, S. 119-142 (1986b)

Finkelhor, D.: The Trauma of Child Sexual Abuse. Two Models. Journal of Interpersonal Violence 2, 1987, 4, S. 348-366 (1987a)

Finkelhor, D.: The Sexual Abuse of Children: Current Research Reviewed. Psychiatric Annals 17, 1987, 4, S. 233-241 (1987b)

Finkelhor, D./Baron, L.: High-Risk Children. In: D. Finkelhor et al.: A Sourcebook of Child Sexual Abuse. Newbury Park/London 1986, S. 60-88

Finkelhor, D./A. Browne: The Traumatic Impact of Child Sexual Abuse: A Conceptualization. American Journal of Orthopsychiatry 55, 1985, 4, S. 531-541

Finkelhor, D. et al.: A Sourcebook on Child Sexual Abuse. Newbury Park/London 1986

Finkelhor, D., G. Hotaling, I. A. Lewis, Ch. Smith: Sexual Abuse and Its Relationship to Later Sexual Satisfaction, Marital Status, Religion and Attitudes. Journal of Interpersonal Violence 4, 1989, 4, S. 379-399

Finkelhor, D., G. Hotaling, I. A. Lewis, Ch. Smith: Sexual Abuse in an National Survey of Adult Men and Women: Prevalence, Characteristics, and Risk Factors. Child Abuse & Neglect 14, 1990, S. 19-28

Finkelhor, D./D. E. H. Russell: Women as Perpetrators. In: D. Finkelhor (ed.), Child Sexual Abuse. New Theory and Research. New York 1984.

Forward, S./C. Buck: Betrayal of Innocence. Los Angeles/New York 1978

Foucault, M.: Sexualität und Wahrheit. Band 1. Der Wille zum Wissen. Frankfurt 1983

Frank, R.: Kinderärztlich/kinderpsychiatrische Untersuchungen an mißhandelten und vernachlässigten Kindern und deren Familien. Eine prospektive Untersuchung an einer Kinderklinik. Habilitationsschrift, München 1992

Friedrich, W. N., R. L. Beilke, A. J. Urquiza: Behaviour Problems in Young Sexually Abused Boys. Journal of Interpersonal Violence 3, 1988, 1, S. 21-28

Gelles, R. J.: Family Violence. Annual Review of Sociology 11, 1985, S. 347-367

Gelles, R. J./Straus, M. A.: Intimate Violence. New York/London 1988

Gilbert, N.: The Phantom Epidemic of Sexual Assault. The Public Interest 103, Spring 1991, S. 54-65

Giovannoni, J.: Definitional Issues in Child Maltreatment. In: D. Cicchetti/V. Carlson (eds.), Child Maltreatment. Theory and Research on the Causes and Consequences of Child Abuse and Neglect. Cambridge/New York 1989, S. 3-37

Glöer, N./Schmiedeskamp-Böhler, I.: Verlorene Kindheit. Jungen als Opfer sexueller Gewalt. München 1990

Goldner, V., P. Penn, M. Sheinberg, G. Walker: Love and Violence. Gender Paradoxes in Volatile Attachments. Family Process 29, 1990, 4, S. 343-364 (dt.: Familientherapie 17, 1992, 2, S. 109-140)

Groth, N.: Men Who Rape. New York 1979

Gröning, K.: Sexualität mit Kindern. Vom Wandel einer Diskussion. Neue Praxis 19, 1989, 3, S. 195-204

Gundlach, Th./Menzel, Th.: Fehlerquellen der Polizeilichen Kriminalstatistik und ihre Auswirkungen am Beispiel Hamburgs. Schriften der Polizeiführungsakademie. Hiltrup 1991

Hallett, Christine: Research in Child Abuse: Some Observations on the Knowledge Base. Journal of Reproductive and Infant Psychology 6, 1988, S. 119-124

Hanak, G., J. Stehr, H. Steinert: Ärgernisse und Lebenskatastrophen. Über den alltäglichen Umgang mit Kriminalität. Bielefeld 1989

Hartwig, L.: Sexuelle Gewalterfahrungen von Mädchen. Konfliktlagen und Konzepte mädchenorientierter Heimerziehung. Weinheim/München 1990

Haugaard, J. J./R. Emery: Methodological Issues in Child Sexual Abuse Research. Child Abuse & Neglect 13, 1989, S. 89-100

Haugaard, J. J./Repucci, N.: The Sexual Abuse of Children. San Francisco 1988

Hirsch, M.: Realer Inzest. Psychodynamik des sexuellen Mißbrauchs in der Familie. Berlin/Heidelberg 1987

Hobbs, C. J./Wynne, J. M.: Sexual Abuse of English Boys and Girls: The Importance of Anal Examination. Child Abuse & Neglect 13, 1989, S. 195-210

Honig, M.-S.: Über die Sexualität von Kindern. In: Deutsches Jugendinstitut (Hg.), Von Kind an. Aufwachsen in Deutschland. München (i. Ersch.)

Honig, M.-S.: Parteilichkeit als Dilemma. Warum sich die Sozialarbeit mit familialer Gewalt so schwer tut. In: M.-E. Karsten/H.-U. Otto (Hg.), Die sozialpädagogische Ordnung der Familie. Beiträge zum Wandel familialer Lebensweisen und sozialpädagogischer Interventionen. Weinheim/München (2., überarb. Aufl., i. Ersch.), S. 87-99 (1992a)

Honig, M.-S.: Die Kunst des Liebens. Zur Debatte über Sexualität und Macht im Generationenverhältnis. Sozialwissenschaftliche Literatur Rundschau 1992, 25 (1992b)

Honig, M.-S.: Gewalt in der Familie. In: H.-D. Schwind, J. Baumann et al. (Hg.), Ursachen, Prävention und Kontrolle von Gewalt: Analysen und Vorschläge der Unabhängigen Regierungskommission zur Verhinderung und Bekämpfung von Gewalt (Gewaltkommission), Bd. III (Sondergutachten). Berlin 1990, S. 343-361

Honig, M.-S.: Warum ist es so schwierig, Gewalt in der Familie nach strafrechtlichen Maßstäben zu behandeln? In: Bundeskriminalamt (Hg.), Was ist Gewalt? Auseinandersetzungen mit einem Begriff. Bd. 3, Symposium »Polizei und Gewalt«. Wiesbaden 1989, S. 157-168

Honig, M.-S.: Vom alltäglichen Übel zum Unrecht. Über den Bedeutungswandel familialer Gewalt. In: Deutsches Jugendinstitut (Hg.), Wie geht's der Familie? Ein Handbuch zur Situation der Familie heute. München 1988, S. 189-202 (1988a)

Honig, M.-S.: Gewalt – kein Thema für die Familiensoziologie? Zur Kritik des Intimitätskonzepts. In: Universität Trier, FB IV Soziologie

(Hg.), Symposium »Persönliche Beziehungen«. Typoskript, Trier 1988, S. 71-89 (1988b)
Horowitz, M. J.: Stress Response Syndromes. New York 1976
James, K./L. MacKinnon: The »Incestuous Family« Revisited: A Critical Analysis of Family Therapy Myths. Journal of Marital and Family Therapy 16, 1990, 1, S. 71-88
Janus, M.-D., A. W. Burgess, A. McCormack: Histories of Sexual Abuse in Adolescent Male Runaways. Adolescence 22, 1987, 86, S. 405-417
Johannesmeier, H.: Sexualität zwischen Männern und Mädchen. Sexualmedizin 20, 1991, 5, S. 232-236
Kavemann, B./I. Lohstöter: Plädoyer für das Recht von Mädchen auf sexuelle Selbstbestimmung. In: B. Kavemann et al., Sexualität – Unterdrückung statt Entfaltung. Alltag und Biografie von Mädchen, Bd. 9. (Sachverständigenkommission Sechster Jugendbericht, Hg.). Opladen 1985, S. 9-94
Kelly, L.: What's in a Name? Defining Child Sexual Abuse. Feminist Review. Special Issue: Family Secrets. Child Sexual Abuse. No. 28, 1988, S. 65-73 (1988a)
Kelly, L.: How Women Define Their Experiences of Violence. In: K. Yllö/M. Bograd (eds.), Feminist Perspectives on Wife Abuse. Newbury Park/London 1988, S. 114-132 (1988b)
Kentler, H.: Für eine Angleichung der Schutzaltersgrenzen. In: H. Jäger/E. Schorsch (Hg.), Sexualwissenschaft und Strafrecht. Stuttgart 1987, S. 37-53
Krey, V.: Zum Gewaltbegriff im Strafrecht. In: Bundeskriminalamt (Hg.), Was ist Gewalt? Auseinandersetzungen mit einem Begriff. Zwei Bde., Wiesbaden 1986, Erster Teil: Bd. 1, S. 11-106, Zweiter Teil: Bd. 2, S. 11-100
Krug, R. S.: Adult Male Report of Childhood Sexual Abuse by Mothers: Case Descriptions, Motivations and Long-Term Consequences. Child Abuse & Neglect 13, 1989, S. 111-119
Kutchinsky, B.: Sexueller Mißbrauch von Kindern. Verbreitung, Phänomenologie und Prävention. Zeitschrift für Sexualforschung 4, 1991, 1, S. 33-44
Lautmann, R.: Der Zwang zur Tugend. Die gesellschaftliche Kontrolle der Sexualitäten. Frankfurt 1984
Levold, T., E. Wedekind, H. Georgi: Familienorientierte Behandlungsstrategien bei Inzest. System Familie 3, 1990, S. 74-87
Löschper, G.: Aggressiv sind immer die anderen. Untersuchungen zu aggressiven Interaktionen an Schulen. In: Bundeskriminalamt (Hg.), Was ist Gewalt? Auseinandersetzungen mit einem Begriff. Bd. 3, Symposium »Polizei und Gewalt«. Wiesbaden 1989, S. 241-257
Löschper, G.: Definitionsschwierigkeiten. Oder: Eine Orientierungs-

hilfe der Psychologie in den (semantischen) Nebelschleiern des Aggressionsbegriffs. Kriminologisches Journal 24, 1992, 1, S. 8-22

Luhmann, N.: Symbiotische Mechanismen. In: Horn, K. et al., Gewaltverhältnisse und die Ohnmacht der Kritik. Frankfurt 1974, S. 107-131

Maisch H.: Familiäre Sexualdelinquenz – Die neue Emotionalisierung eines alten Themas. In: H. Jäger/E. Schorsch (Hg.), Sexualwissenschaft und Strafrecht. Stuttgart 1987, S. 84-104

Martin, J. A./E. Elmer: Battered Children Grown Up: A Follow-Up Study of Individuals Severely Maltreated as Children. Child Abuse & Neglect 16, 1992, S. 75-87

Martinius, J./R. Frank (Hg.): Vernachlässigung, Mißbrauch und Mißhandlung von Kindern. Erkennen, Bewußtmachen, Helfen. Bern/Stuttgart 1990

Moggi, F.: Sexuelle Kindesmißhandlung: Definition, Prävalenz und Folgen. Zeitschrift für Klinische Psychologie, Psychopathologie und Psychotherapie 39, 1991, S. 323-335

Moggi, F./R. Clemencon: Affektive, sexuelle und zwischenmenschliche Probleme bei erwachsenen Frauen, die als Kinder Opfer sexueller Mißhandlungen waren. Forschungsbericht Nr. 81 aus dem Psychologischen Institut der Universität Fribourg/Schweiz, 1991

Neidhardt, F.: Gewalt. Soziale Bedeutungen und sozialwissenschaftliche Bestimmungen des Begriffs. In: Bundeskriminalamt (Hg.), Was ist Gewalt? Bd. 1, Wiesbaden 1986, S. 109-147

Nelson, J. A.: Intergenerational Sexual Contact: A Continuum Model of Participants and Experiences. Journal of Sex Education & Therapy 15, 1989, 1, S. 3-12 (Eine Erwiderung von Wendy Maltz und eine Antwort darauf schließen sich unmittelbar an.)

Offe, H., S. Offe, P. Wetzels: Zum Umgang mit dem Verdacht des sexuellen Kindesmißbrauchs. Hinweise für die Praxis sozialer Dienste. Neue Praxis 22, 1992, 3, S. 240-256.

Ostendorf, H.: Strafrechtliche Sozialkontrolle gegenüber dem sexuellen Mißbrauch von Kindern im sozialen Nahraum in der Bundesrepublik Deutschland. In: Lone Backe et al. (Hg.), Sexueller Mißbrauch von Kindern in Familien. Köln 1986, S. 148-161

Report of the Inquiry into Child Abuse in Cleveland 1987. London 1988

Richter, Horst-Eberhard: Eltern, Kind und Neurose. Stuttgart 1963 (Taschenbuchausgabe: Reinbek 1969)

Risin, L. L./M. P. Koss: The Sexual Abuse of Boys. Prevalence and Descriptive Characteristics of Childhood Victimizations. Journal of Interpersonal Violence 2, 1987, 3, S. 309-323

Roemer, A./P. Wetzels: Zur Diagnostik sexuellen Mißbrauchs bei Kindern in der forensisch-psychologischen Praxis. Praxis der Forensischen Psychologie 1, 1991, 1, S. 22-31

Rosenfeld, A. A., R. Bailey, B. Siegel, G. Bailey: Determining Incestuous Contact Between Parent and Child. Frequency of Children Touching Parents' Genitals in a Nonclinical Population. Journal of the American Academy of Child Psychiatry 25, 1986, 4, S. 481-484

Rosenfeld, A. A., B. Siegel, R. Bailey: Familial Bathing Patterns: Implications for Cases of Alleged Molestation and for Pediatric Practice. Pediatrics 79, 1987, 2, S. 224-229

Roth, S./L. Leibowitz: The Experience of Sexual Trauma. Journal of Traumatic Stress 1, 1988, 1, S. 79-107

Rush, F.: Das bestgehütete Geheimnis: Sexueller Kindesmißbrauch. Berlin 1985 (3. Aufl.)

Russell, D. E. H.: The Incidence and Prevalence of Intrafamilial and Extrafamilial Sexual Abuse of Female Children. Child Abuse & Neglect 7, 1983, S. 133-146

Russell, D. E. H.: The Prevalence and Seriousness of Incestuous Abuse: Stepfathers vs. Biological Fathers. Child Abuse and Neglect 8, 1984

Russell, D. E. H.: The Secret Trauma. Incest in the Lives of Girls and Women. New York 1986

Rutschky, K.: Wie Probleme gemacht werden. Zur Ideologie des sexuellen Mißbrauchs und der Mißhandlung von Kindern. DIE ZEIT Nr. 47, 16. November 1990

Rutschky, K.: Erregte Aufklärung. Kindesmißbrauch: Fakten & Fiktionen. Hamburg 1992

Schechter, M. D./L. Roberge: Sexual Exploitation. In: R. E. Helfer/C. H. Kempe (eds.), Child Abuse and Neglect. The Family and the Community. Cambridge, Mass. 1976, S. 127-142

Schetky, D. H.: Editorial: Emerging Issues in Child Sexual Abuse. Journal of the American Academy of Child Psychiatry 25, 1986, S. 490-492

Schneider, U.: Körperliche Gewaltanwendung in der Familie. Notwendigkeit, Probleme und Möglichkeiten eines strafrechtlichen und strafverfahrensrechtlichen Schutzes. Berlin 1987

Schorsch, E.: Kinderliebe. Veränderungen der gesellschaftlichen Bewertung pädosexueller Kontakte. Monatsschrift für Kriminologie 72, 1989, 2, S. 141-146

Schwind, H.-D./J. Baumann et al. (Hg.): Ursachen, Prävention und Kontrolle von Gewalt. Analysen und Vorschläge der Unabhängigen Regierungskommission zur Verhinderung und Bekämpfung von Gewalt (Gewaltkommission). Vier Bde., Berlin 1990

Sichtermann, B.: Vergewaltigung und Sexualität. In: dies., Weiblichkeit. Berlin 1983, S. 35-43

Siegel, J. M., S. B. Sorenson, J. M. Golding, M. A. Burnam & J. A. Stein: The Prevalence of Child Sexual Assault. American Journal of Epidemiology 126, 1987, 6, S. 1141-1153

Sroufe, L. A./M. J. Ward: Seductive Behavior of Mothers of Toddlers: Occurrence, Correlates, and Family Origins. Child Development 51, 1980, S. 1222-1229

Statistisches Bundesamt (Hg.): Strafverfolgung 1988. Wiesbaden, April 1990

Steinhage, R.: Sexueller Mißbrauch an Mädchen. Ein Handbuch für Beratung und Therapie. Reinbek 1989

Steinhilper, U.: Definitions- und Entscheidungsprozesse bei sexuell motivierten Gewaltdelikten. Konstanz 1986

Stets, J. E.: Domestic Violence and Control. New York/Berlin 1988

Straus, M. A./R. J. Gelles (eds.): Physical Violence in American Families. Risk Factors and Adaptations to Violence in 8,145 Families. New Brunswick/London 1990

Teegen, F., M. Beer, B. Parbst, S. Timm: Sexueller Kindesmißbrauch. Psychodynamik und Bewältigungsstrategien. In: H. Heid et al. (Hg.), Sexueller Mißbrauch an Kindern und Jugendlichen. Diagnostik, Krisenintervention, Therapie (i. Ersch.)

von Trotha, T.: Distanz und Nähe. Über Politik, Recht und Gesellschaft zwischen Selbsthilfe und Gewaltmonopol. Tübingen 1987

Trube-Becker, E.: Gewalt gegen das Kind. Vernachlässigung, Mißhandlung, sexueller Mißbrauch und Tötung von Kindern. Heidelberg 1987 (2., überarb. Aufl.)

Wahl, K.: Die Modernisierungsfalle. Gesellschaft, Selbstbewußtsein und Gewalt. Frankfurt 1989

Wahl, K.: Studien über Gewalt in Familien. München 1990

Waller, P.: The Politics of Child Abuse. Society 28, 1991, 6, S. 6-13

Watkins, B./A. Bentovim: The Sexual Abuse of Male Children and Adolescents. A Review of Current Research. Journal of Child Psychology and Psychiatry 33, 1992, 1, S. 197-248

Weingarten, K.: The Discourses of Intimacy: Adding a Social Constructionist and Feminist View. Family Process 30, 1991, S. 285-305

Wodarski, J. S./S. R. Johnson: Child Sexual Abuse: Contributing Factors, Effects, and Relevant Practice Issues. Family Therapy 15, 1988, 2, S. 157-173

Wolff, R.: Hilfeparadigma und soziale Arbeit. Zur konzeptuellen Bedeutung des neuen Kinderschutzes. Neue Kriminalpolitik 1991, 4, S. 37-39

Yllö, K./M. Bograd (eds.): Feminist Perspectives on Wife Abuse. Newbury Park/London 1988

Zentralstelle für Psychologische Information und Dokumentation (ZPID), Universität Trier (Hg.): Kindesmißhandlungen und sexueller Mißbrauch von Kindern. Bibliographien zur Psychologie, Nr. 59. Trier 1990

Register*

* Das Register wurde von Haymo Pelz erstellt.